历史与思想研究译丛 | Studies on History and Thought

Augustine of Hippo:
A Biography

[美] 彼得·布朗(Peter Brown) 著

钱金飞 沈小龙 译

奥古斯丁

希波的

中国社会科学出版社

图字 01-2011-6451

图书在版编目(CIP)数据

希波的奥古斯丁/(美)布朗(Brown)著;钱金飞,沈小龙译.—北京:中国社会科学出版社,2013.10(2017.8重印)

(历史与思想研究译丛)

ISBN 978-7-5161-3265-4

Ⅰ.①希… Ⅱ.①布…②钱…③沈… Ⅲ.①奥古斯丁,A.(354～430)—传记 Ⅳ.①B503.1

中国版本图书馆 CIP 数据核字(2013)第 224528 号

出 版 人	赵剑英	
责任编辑	陈 彪	
责任校对	刘 嵘	
责任印制	张雪娇	

出版发行　中国社会科学出版社

社　　址	北京鼓楼西大街甲 158 号
邮　　编	100720
网　　址	http://www.csspw.cn
发 行 部	010—84083685
门 市 部	010—84029450
经　　销	新华书店及其他书店

印刷装订	北京明恒达印务有限公司
版　　次	2013 年 10 月第 1 版
印　　次	2017 年 8 月第 3 次印刷

开　　本	640×960　1/16
印　　张	42.5
插　　页	2
字　　数	653 千字
定　　价	85.00 元

历史与思想研究译丛

主　编　章雪富
副主编　孙　毅　游冠辉

"历史与思想研究译丛" 总序

    本译丛选择现代西方学者的思想史研究经典为译介对象。迄今为止，国内译介西方学术著作主要有两类：一是西方思想的经典著作，例如柏拉图的《理想国》和亚里士多德的《形而上学》等等；二是现代西方思想家诠释西方思想史的著作，例如黑格尔的《哲学史讲演录》和罗素的《西方哲学史》等等。然而，国内学术界对基于专业专精于学术富有思想底蕴的学者型的阐释性著作却甚少重视，缺乏译介。这就忽视了西方思想史研究的重要一维，也无益于西方思想史的真实呈现。西方学术界的实际情况却是相反：学者们更重视富有启发性的专业研究著作。这些著作本着思想的历史作历史的发微，使思想史的客观、绵延和更新的真实脉络得到呈现。本译丛希望弥补这一空缺，挑选富有学术内涵、可读性强、关联性广、思想空间宏阔的学者型研究经典，以呈献于中国学术界。

    本丛书以"历史与思想"为名，在于显明真实地把握思想脉络须基于历史的把捉方式，而不是着意于把一切思想史都诠释为当代史。唯有真实地接近思想的历史，才可能真实地接近历史鲜活的涌动。

    本丛书选译的著作以两次地中海文明为基本视野。基于地中海的宽度，希腊、罗马和犹太基督教传统多维交融、冲突转化、洗尽民族的有限性，终能呈现其普世价值。公元 1 世纪至 6 世纪是第一次地中海文明的发力时期，公元 14 世纪开始的文艺复兴运动则是西方文明的第二次发力。这两次文明的发生、成熟以及充分展示，显示了希腊、罗马和基督教所贡献的不同向度，体现了西方思想传统的复杂、厚实、张力和反思力。本丛书所选的著作均以地中海为区域文明的眼光，作者们以整体的历史意识来显示不同时期思想的活力。所选的著作以此为着眼点，呈现社会历史、宗教、哲学和生活方式的内在交融，从而把思想还原为历史的生活方式。

主编 章雪富

2008 年 12 月 16 日

　　出于两个方面的考虑，我决定在原来的奥古斯丁传记重印本中添加一个包含了两个部分的"跋"。我希望能够公正地展示出最近新发现的、大量的奥古斯丁的信件和布道辞。我也希望能够展示出，在过去的三十年中奥古斯丁研究在以什么样的方式发生变化。我决定，不对原版文字做任何的变动。不然的话，一方面非常麻烦，另一方面，无论如何都有点狂妄。因为这部传记绝没有打算成为一项对奥古斯丁的综合性研究，对任何时代都是有效的，所以需要将其看作是一本科学指南而不断地更新。这本书不过是一位年轻的学者在其学术生涯的一个特别的时期所写的一部作品。通过在 20 世纪 60 年代所写的这部传记中添加一个"跋"，我希望自己能够遇到那位年轻人——那位只有我现在一半岁数的年轻人，就像在转过一个拐角时和他不期而遇。我想，他会因为遇到我并了解到许多新发现而激动不已。奥古斯丁一生中的许多他一无所知的事情，如今已经得到了明证。在现代的奥古斯丁研究中，有些主题会让他非常感兴趣，数量也多得让他做梦都想象不到。奥古斯丁研究的一些全新的视野已经被打开了，这将补充或更正他最初所写的东西。我希望，现在的读者也能够经历这样一种惊喜，尽管他们朝着相反的方向走。他们将不但能够读到那本在 20 世纪 60 年代所写的传记，而且还能看到奥古斯丁人生中的一些新的方面，只是随着这些新的信件和布道辞在 1981 年、1992—1996 年的出版，这些方面才为我们所知。他们还将看到一篇对现代奥古斯丁研究的综述，这篇综述能够使他们从一个很不相同的角度，去回顾他们刚刚阅读的这部作品。

　　我保留了原书中的大事年表。然而，读者们应该明白，大事年表中所提到的许多作品，如今都有英译本了。奥古斯丁部分作品的写作日期既没有遭到质疑也没有受到改动。对于这些作品而言，日期改动本身无关紧要；但我们必须要记住：即便是对奥古斯丁一些不太重要的作品（如布道辞和信件）的日期进行重新认定，也将不可避免地影响到我们对奥古斯丁生活环境和他思想变化的判断。我并没有将这些变化记录在这本书的大事年表中，读者们可以随着我的叙述，对照使用这些大事年表。我之所以这样做，是因为我相信，我在"跋"中所提到的那些现代作品将足以表明如今存在着哪些译本，将让读者们清楚地了解奥古斯丁生平和著作年表中哪些方面已经被修正了，以及这些修正会带来怎样的影响。

最后，奥古斯丁研究发展很快，在这样一个发展很快的领域内（尤其是在这一幸运的时代里，对最新发现的证据的解读是非常重要的），有必要在此作出如下声明：在这篇"跋"中，我只能把自己可以在美国得到的、出版日期最晚为1998年底和1999年初的著作考虑在内。

尽管从20世纪60年代左右起到现在我一直都在从事奥古斯丁研究，但如果我不能从同伴学者们大量的杰作中吸取养分的话，这篇"跋"无论如何都达不到现在这个水平。对于那些随意的读者而言，"跋"中的那些注释不过是作者博学的一种常见的表现而已，但对我而言，却远非如此，其中饱含着许多温暖的记忆，饱含着我的感谢和钦佩之情。在此，我要特别感谢古尔万·马代克（Goulvin Madec）和弗朗索瓦·多尔博（François Dolbeau），他们无与伦比的知识和批判技能，对这篇"跋"的最终定稿产生了极其重要的影响。我还要感谢马克·维西（Mark Vessey）在这篇"跋"的每一个写作阶段，异常敏锐地阅读了每一个章节。当然，"跋"中和原书中的任何错误，都由作者本人负责。

新泽西州
普林斯顿市
普林斯顿大学
1999年3月17日

序言

在这本书中，我试图将奥古斯丁生活的一些经历和特点展现给读者们。这不仅仅是因为他生活在一个急剧变化的时代，而且还因为他本人就是不断变化的。当奥古斯丁还是一个学校里的小男生时，他生活在一个十分安全的行省内，经常为狄多和埃涅阿斯[1]的故事感伤不已。在描述奥古斯丁的生平时，那位研究罗马帝国衰亡的历史学家可能从这些事件开始，描写到奥古斯丁作为北非一个港口城市的主教去世为止——而当时那座城市正被一伙来自瑞典南部某部落的入侵者所封锁。他也可能将注意力放在奥古斯丁自身的一些更让人难以捉摸的变化之上：他总是被一些细枝末节（比如不过是向朋友打招呼时用语的变化）提醒去关注奥古斯丁那漫长的心路历程。然而，最为困难和难得的，就是这位历史学家试图将精力集中在这个重要的领域，在那里奥古斯丁的内在变化和外在变化是相互影响的。奥古斯丁将不得不面对新环境带来的挑战，他的生活方式也将在不知不觉中被这些冗长的日常事物所改变；反过来，通过和他自身所关注的事物的微妙结合，外部环境也将在不同的时期展现出不同的意义。通过写作、行动以及影响一批数量不断增加的人群，奥古斯丁势必加快他周围世界的变化，而这种变化之剧丝毫不亚于他内心深处的变化。如果我能够使人们对这些不同层次的变化之间微妙的交叠留有某些印象，进而使人们相信，通过这样的方式，有可能探悉一个生活在如此遥远过去的人物，那么我就十分满足了。

这样的设想将不可避免地使我将注意力更多地集中在奥古斯丁一生的某些方面，而不是其他方面。在探寻我正在追踪的变化时，我非常强烈地意识到，我已经被牵引，顺着山坡向上攀爬。打个比方，我发现自己已经

超越了奥古斯丁作为主教所从事的那些日常工作的平原，但远远够不着他
沉思三位一体的高峰。然而，我敢肯定，我不会为了自己的设计而故意隐
去奥古斯丁生平的某些部分，也不会对他深邃的思想作任何的压缩。至
少，我敢肯定，过去的几代人已经对奥古斯丁做出了如此之好的研究，以
至于如果我不能够公正地评价他生活、思想以及个性的多个方面，那么别
人就会来纠正我的那些删减。读者们还应当明白，对我而言，我经常提及
的很多作者，并不仅仅是一些名字，他们的观点有力地支持或者是补充了
我的看法：他们就是那些我能够有幸站在其肩膀上的巨人。

　　尽管我们很幸运，有一些由现代人撰写的传记作为路标[2]，但对奥古
斯丁的研究是没有穷尽的。就像奥古斯丁跳出自己的研究一样，人们也只
有从自己的研究中跳出来，才能领会"当人以为完毕时，他却正在开始"
（《便西拉智训》18 章 6 节）的涵义。为此，我就尽可能地参考那些最新
的研究成果，但那同时意味着，在涉及那些我不得不接触的各个问题时，
我必须要论及各种大相径庭的观点以及各个观点的内在涵义，尽可能地做
到不遗漏。尽管一些学者的成果也很重要，但由于他们的研究已经为当代
的奥古斯丁研究者所吸收，因此我就省略了这些学者的成果，而我也清楚
地意识到这一点。有些问题充满争议，面面俱到地论述每一个争议是不可
能的，因为有时一个争议就可能占据整卷的篇幅，所以我必须避开许多很
有争议的观点。我还可以肯定，那些包含在我书中的著作和文章，将会像
植物一样，一旦被拔起，就会带出现代人对奥古斯丁及其时代研究的整个
根系。

　　我首先要向牛津万灵学院院长以及学院的各位同仁表达我最诚挚的谢
意。只有那里极为罕见的宁静，才能够使我有可能考虑开始这项工作；只
有那里极具特色的学术氛围，才能够激励我，使我保持活力，直到完成本
书的写作。而我也将自始至终按照晚期罗马帝国史专家莫米利亚诺（A.
Momigliano）教授提出的较高的学术标准来要求自己。我还要感谢许多学
识渊博的朋友们的帮助，是他们，在我写作的过程中，鼓励着我；是他
们，在我完稿之后，花费大量的精力来校正我的错误。其中，我要特别感
谢我的老师，尊敬的帕克（T. M. Parker）博士，还有查德威克（H.
Chadwick）教授和罗伯特·马库斯（Robert Markus）。约翰·马修斯
（John Matthews）的博学以及他对奥古斯丁那个时代的某些方面所作出的
深刻评价，使我受益良多。我也很清楚地意识到，欠自己学生的实在是太

多了，很难一一说清楚。每年为数不多的牛津现代史学院的本科生们怀着极大的热情和好奇心，穿过连接古代史和中世纪史、连接历史学、神学和哲学之间的桥梁，这些桥梁既渺无人烟，又充满变数。这种热情和好奇心又强化了我对奥古斯丁及他那个时代的迷恋。

若没有迈克尔·华莱士（Michael Wallace）细致入微的关怀、极大的热情以及在文献书目方面的才能，这本书是不可能付梓的。读者们也应当和我一样，感谢他编撰的年代表和所有奥古斯丁著作的英译本书目。感谢海斯洛普大学（Heythrop College）的沙利耶神父（Father Charlier）为本书所作的索引。我还要向那位不畏辛劳、拥有高超打字技巧的希拉·克莱顿（Sheila Clayton）夫人表达我的谢意。最后，在我们共同奋斗的过程中，我的妻子让我领会到了奥古斯丁如是评价的力量，即"朋友就是一个能够和自己分享肺腑之言的人"。

万灵学院，牛津

1966 年 6 月

注释

[1] 狄多，罗马神话中迦太基的女王和建国者；埃涅阿斯，希腊神话中特洛伊的英雄。——译者注

[2] 比较著名的有 C. Andresen，*Bibliographia Augustiniana*，1962，T. Van Bavel，*Répertoire bibliographique de S. Augusyin*，1950—1960（Instrumenta Patristica，III），1963—5502 titles；E. Lamirande，'Un siécle et demi d'études sur l'ecclésiologie de S. Augustin'，*Revue des études augustiniennes*，viii，1962，pp. 1 - 124 - 988 titles. 每年，*Revue des études augustiniennes* 会出版详尽的《奥古斯丁学刊》（Bulletin augustinien），约 400 种。

关于圣奥古斯丁已有和正在译为英文的著作如下：

《神圣大公教会教父丛书》（*A Library of the Fathers of the Holy Catholic Church*），牛津，1838—1858 年。

《奥古斯丁文集》（*The Works of Aurelius Augustine*），爱丁堡，1871—1876 年。

《教会的教父》（*The Fathers of the Church*），纽约，1947—。

《古代基督教会的作家们》（*The Ancient Christian Writers*），威斯敏斯特、马里兰和朗文，伦敦，1946—。

《基督教古典丛刊》（*Library of Christian Classics*），伦敦，1953—1955 年。

《尼西亚及后尼西亚教父著作选集》（*A Select Library of Nicene and Post-Nicene Fathers*），纽约，1887—1902 年（选自牛津和爱丁堡译本，增加的译本将在表里说明）。

入选的布道辞已被译为英文的如下：

《关于新约中某些教训的布道》（*Sermons on Select Lessons of the New Testament*），牛津，1844—1845 年。

《登山宝训注释及相关的十七篇布道》（*Commentary on the Sermon on the Mount with seventeen related Sermons*），纽约，1951 年。

《圣诞节和主显节的布道》（*Sermons for Christmas and the Epiphany*），伦敦，1952 年。

《184 年到 265 年之间的布道》（*Sermons 184 -265*），纽约，1959 年。

入选的书信发表情况如下：

爱丁堡，1872—1873 年（相当完整）；伦敦，1919 年（只有一小部分的选译）；伦敦，1953 年（入选的作品尽管很多，但并不完全）；纽约，1951 年（这将成为一套完整的系列丛书）。

列在大事年表中、并在伦敦出版的一些译文同时也已经在英国和美国出版。

在脚注中，我将遵照传统，使用如下书名和版本的缩略语形式：

Misc. Agostin. i = Morin，Sermones post Maurinos Reperti，*Miscellanea Agostiniana*，i，1930

P. L. = J. P. Migne，*Patrologiae Cursus Completus*，*Series Latina* (volume number in Roman，column in Arabic numerals)

Vita = *Sancti Augustini Vita a Possidio episcopo* （esp. inf. p. 412，n. 4）

目录

第五部分　421—430 年

跋

第 一 部 分

354—385 年

大事年表一

354 年		奥古斯丁于塔加斯特出生。
361 年	朱利安(Julian)皇帝(至 363 年)。	
364 年	罗家提斯特派分裂(Rogatist Schism)。	
367 年	奥索尼乌(Ausonius)在特里尔 (Trier)教导格拉提安(Gratian)。	
370 年		从马道拉(Madaura)返回 塔加斯特。
371 年		第一次去迦太基。
372 年	菲尔姆斯(Firmus)的叛乱。	帕特里丘(Patricius)去世。 与他人同居。
373 年	12 月 1 日,安波罗修的祝圣(Consecration of Ambrose)。	阅读《荷尔顿西乌斯》 (*Hortensius*)。 阿迪奥达图斯(Adeoda- tus)出生?
374 年	菲尔姆斯去世。	
375 年	11 月 17 日,瓦伦廷一世去世。	从迦太基返回塔加斯特 教书。
376 年		朋友去世,返回迦太基。
378 年	8 月 9 日,瓦伦斯(Valens)在阿德里亚堡 (Adrianople)被西哥特人(Visigoths)击败 身亡。	
379 年	狄奥多西一世(Theodosius I)即位。 奥索尼乌担任执政。	
380 年	温迪希安努(Vindicianus)就任迦太基 总督?	撰写 *De Pulchro et Apto* (已经轶失)。
383 年	马克西姆(Maximus)叛乱(6 月)。 米莱维斯的福奥斯图(Faustus of Milevis) 到达迦太基。 安波罗修在特里尔(从 10 月到第二年的 1 月)。 罗马发生饥荒。	渡海到罗马。
384 年	西马库斯(Symmachus)出任罗马的市政 长官。 维克托里祭坛之争(Altar of Victory contro- versy)(夏天)。 马可罗比乌的《农神节》(*Saturnalia*)问世。	在米兰被任命为修辞学教 授(秋天)。
385 年	哲罗姆(347—? 420)从奥斯蒂亚(Ostia) 乘船前往东方(8 月)。	莫尼卡到米兰(春末)。

1

非　　洲[1]

7

354 年，当奥古斯丁在塔加斯特［今阿尔及利亚的苏格艾赫拉斯（Souk Ahras）］城出生的时候，这座小镇已经存在三百多年了。罗马人那非常强烈的自尊，使得他们能够散布在整个北部非洲，这种自尊也成了他们众多优秀品质的核心之一。同时也正是这种自尊，使他们能够骄傲地宣称，他们组成了塔加斯特"最为辉煌的"议会。[2]

自公元前 1 世纪起，一个"经济发展的奇迹"改变了北非腹地。[3]

经济上的增长波及的地区是如此之广，以至于这是一次空前绝后的繁荣。到公元 3 世纪时，北非高原（也就是奥古斯丁的出生地——古老的努米底亚）的高地和河谷种满了庄稼，纵横交错的道路将一座座城镇紧密相连。朝南翻过欧雷斯山，在撒哈拉沙漠的边缘之上，在那些开发得很好的地区和尚未得到开发的地区之间，有一条由座座要塞组成的链条，保卫着努米底亚的边境线。在那个盛世里，塞斯德鲁斯［Thysdrus，即现在的艾尔杰姆（El-Djem）］地区的居民，在一片开阔地的中央建造起一个与罗马的圆形大剧场几乎同样大小的、四周有着阶梯式座位的露天圆形大剧场。然而，该盛世最为特别的纪念物却是提姆加德（Timgad）碑铭。如今的提姆加德，是阿尔及利亚南部的一座十分荒芜的高原。然而在当时，它却是塔加斯特南部很远地区的一个小镇，"打猎、沐浴、游戏和欢笑，那就是提姆加德市民们的生活。"[4]

8

　　到 4 世纪时，原先的扩张灾难性地停止了。宏伟的建筑计划被搁置，古老的公共建筑已经开始崩裂，一个个"由简陋小木屋组成的商业区"，宛如阿拉伯城镇中廉价商品店中蜿蜒曲折的通道那样杂乱无章，开始不合时宜地挤到罗马古城内整齐划一的大街周围。非洲的财富已经从它先前的中心移走了。取而代之的是，橄榄树逐步布满了努米底亚南部的山坡。在非洲，奥古斯丁可以整夜地工作，他的灯中装满了未经提炼的非洲灯油，而这也是他在意大利期间让他感到宽慰的东西。[5]这种油由一些小人物生产，他们来自没有罗马城的傲慢狂妄的小乡村。这些对外部世界充满怀疑的、体格健壮的橄榄种植者，居住在组织得十分完好的村社之内，他们的生活习惯从古至今几乎没有发生任何改变。如今他们却成为决定非洲之兴旺繁盛与衰亡的人："这里有一个名叫迪翁（Dion）的人，他很虔诚，有 80 岁了，种了四千多棵橄榄树。"[6]

　　奥古斯丁的家乡塔加斯特就座落在这个新非洲边缘的一座高原之上，处于迦太基的管辖之下，但它以前却属于古老的努米底亚王国。我们的想象力总是被迦太基所管辖的非洲，也就是地中海沿岸的非洲地区所左右。然而，奥古斯丁却成长于离地中海 200 英里、高出地中海 2000 英尺的地区。辽阔的松树林、又高又宽种满玉米和橄榄的山谷，切断了这个地区与地中海的联系。当他还是一个孩子时，他只能看着一杯水，想象大海的样子。[7]

　　这是一个农民的世界。城镇只是文化的象征，而不是一个和乡村有着很大差别的实体。让他们所有人都感到自豪的是，这些微型罗马只有区区几千人口，过着与当今西班牙小村镇或者意大利小镇居民一样的生活。只有那买得起土地的人，才能在土地上找到生活的乐趣。在那些马赛克镶嵌画之上，我们可以看到这些非洲的罗马人高大的乡间住房：两层的别墅被牧场、鱼塘和用于观赏的柏树林环绕。我们还可以看到，这些地主穿着飘逸的长袍，接受被驯服的农民的鞠躬致敬，还有骑着高头大马狩猎的场景。这些人就是乡村和城市的保护者。当这些人在大批随从的簇拥下来到公共集会场时，早就有人规劝好那些穷人，要他们向主人一再地鞠躬致敬。[8]

　　然而，土地之上也伴随着苦难：那些"被压弯脊梁的人"的不幸到了饿死的边缘，其苦难程度与沙皇时代的俄国不相上下。[在奥古斯丁出生十年前，努米底亚南部就曾经历了一场农民起义。这场农民起义和基督教中的一个好战组织之间有十分明显的联系。]作为一座罗马人城镇中的受人敬重的成员，奥古斯丁受到保护，躲过了这场灾难。实际上，作为一名教师，后来成为一名主教，他是一小群与土地没有直接联系的集团成员之一；他甚至能够十分怀旧地谈论园艺，将农业看成一种"令人神清气爽的活动"[9]。晚年时期，当他厌倦书桌时，也只能将以前在乡村中溜达和打鸟的漫长时光所留下的遥远记忆深深地埋藏在心中。[10]

作为罗马人城镇中的一名正式成员，奥古斯丁一定是自由的和有文化的，但他不一定富有。他的父亲帕特里丘（Patricius）生活穷困，他的财产不多，有罗马公民权，可是不得不受地方长官和当地法律管辖，只是一个小市民。[11]这使奥古斯丁在一个充满竞争的艰难环境中，在一群虽然自傲但却很贫困的绅士中成长。对这样的一些人而言，接受古典教育是通向成功的一张通行证。他十分勉强地完成了自己的古典教育，避免失去这张能够让他迈向成功的通行证。为了帮助他完成这一十分重要的教育，他的父亲作出了巨大的牺牲。帕特里丘和他的家人一方面不得不穿着俭朴[12]，另一方面，他本人也不得不十分辛苦地劳作。有一年遇到灾荒，奥古斯丁发现，他必须放弃在马道拉[Madaura，或者是马道洛斯（Madauros），即现在的姆道鲁什（Mdaourouch）]的一座令人愉快的"大学城"中的学习，而不得不在那落后的塔加斯特过一种无人管教的生活。[13]以上的一切，构成了奥古斯丁早年生活的绝大部分。他的堂兄弟们则更为不幸，他们一直都没有受到适当的教育[14]，因而不得不面对贫困，以及那由一批没文化的小地主所构成的狭小天地里的无聊和乏味。

然而，帕特里丘或许可以以亲戚的身份向当地的一个大贵族罗马尼阿努（Romanianus）请求赞助。[15]在此之前，罗马尼阿努经常为了保护自己的财产而出席意大利的帝国法庭；在返回塔加斯特时，他经常通过提供斗兽表演、赞助像奥古斯丁那样的年轻人来展示自己的实力。他不但可以接受来自那些与他同样身份的市民的溢美之词和塑像，而且还有望从皇帝那里得到头衔和行政官员的职位。[16]在4世纪那个多变的时代里，运气和才干可以消除帕特里丘和罗马尼阿努之间的差距。385 年末，奥古斯丁在米兰成为一名修辞学教授，从而处于这样一种地位：可以拿一名女继承人和一名行省长官的前途来开玩笑。[17]就像同时代另外一名成功的非洲人所做的那样，在那个时候，他完全有理由这样想：

10
> 我在乡村中长大，是一位贫穷的、没受过文化教育的人的儿子。然而，在这个时代，我通过对文学的追求，也过上了贵族们的生活。[18]

对像帕特里丘和罗马尼阿努那样的人而言，他们并不会无缘无故地将自己看做罗马人。奥古斯丁是绝对懂拉丁文的，他受到了很好的拉丁文化教育，而拉丁文化本身具有很强的排他性。在拉丁文化和之前存在的"当地"传统之间，掺杂着一种难以衡量的本质上的冲突，这种冲突能够将文明和未开化分开。非洲的那些非罗马的东西，只能被这样的一个人，用罗马人的术语来加以描绘。当地村民只使用他们的方言，而那里的城市人不但使用方言，而且还使用拉丁语。奥古斯丁用"迦太基方言"这个词语来指称这种方言。尽管如此，这并不表示这些人说的都是古迦太基语。奥古斯丁是一个受到良好教育的人，他本能地用这个传统的但并不是很特别的术语，来表示当时北部非洲所使用的任何一种非拉丁语的语言。[19]

4 世纪的非洲已经被全面拉丁化了。但即使这样，它仍然保留着一些不同的东西。外部世界的看法是一致的。然而，非洲人自己却认为：非洲是糟蹋在自己人手中的。[20]

在 2 世纪和 3 世纪，罗马人大批涌入非洲，在他们的手中，罗马文化发生了明显不同的变化。他们给我们以"巴洛克"而不是古典的印象。[21]比如说，那些很有才华的非洲人，喜欢玩弄一些空洞的辞藻、诙谐的双关语、韵律和猜谜的游戏。作为主教，由于奥古斯丁能够在言辞机辩方面展现出非凡的才华，因此他得到了参加宗教集会的民众的极大崇拜。[22]这是一个有争议的人。他是在自我调整中茁壮成长的。为了给听众留下深刻印象，他经常颠倒短语的语序，使用虽然生动但却较为牵强的比喻。即使在他 70 岁的时候，仍然能够在他身上看到这种非洲人独有的才华。有个辩论对手曾经在一场辩论中非常尴尬地承认了这一点："看起来你确实已经做到了妙笔生花的地步了，这到底是为什么啊！"[23]这些人委托他人制作的马赛克镶嵌画，色彩明亮，充满细致入微的日常生活细节，显得有些怪异。[24]这些人是能够写小说的，他们从不放过细节，对于如何描写恶人具有敏锐的洞察力，这有助于激起人们的兴趣和偏好，而这种偏好又确保了现代人毫无困难地将唯一两本拉丁文著作与现代小说相提并论。那两本拉丁文著作都是由非洲人写的：阿普列乌（Apuleius）[25]写的《金驴》和奥古斯丁写的《忏悔录》。在此之前，当奥古斯丁为狄多和埃涅阿斯的故事而哭泣时，有人曾经鼓励他说，这种感伤是一件值得荣耀的事。在埃涅阿斯这位正直的罗马城建造者的一生中，与狄多的故事堪称一个颇具非洲色彩的插曲。[26]正是一位非洲诗人，通过撰写那位被遗弃的女王的情书，才弥补了维吉尔所作的省略。[27]

然而，这些伟大的非洲作家不过是一些突然闪现的流星。一般的非洲人则以做律师而闻名于世。奥古斯丁也有可能成为一名律师。

> 拥有支配那些大人物的雄辩口才，让众多的客人密切关注自己为他们利益而辩护的每一个巧妙的措词，让他们把希望完全寄托在这位辩护者的嘴上，这真是一件伟大的事情啊！[28]

就像伊丽莎白时代喜好诉讼的乡村绅士一样，"善良的非洲农民"也不得不"非常熟悉法庭的法规"[29]。在伊丽莎白时代的那些人中间，存在一种既枯燥又可怕的墨守法律的思想，存在一种立志通过法庭中的辩论来操纵公共生活的形式的激情，这对于少数人的幻想和情感，在很多方面都是一种有效的补充。就在那个时期，非洲基督教会的领袖们也已经将这种充满活力的变化引入到他们的争论中。一种不讲人情但很实用的法制文化已经在基督教会的新环境中迅速成长起来了。在一位非常了解奥古斯丁却不喜欢他的神学的意大利主教的眼里，奥古斯丁不过是一位最近出现、为大家所熟知、"以法律为生的非洲人"的典型而已。[30]

然而，奥古斯丁却下定决心，他宁愿做一名教师。这同样也体现了非洲人独特的爱好：他们对教育的顶礼膜拜。天真的人会在他们的墓碑上雕刻一些俗气的诗文。有个摩尔人士兵的孙子，会把自己吹嘘为"一名对罗马文学很在行的教授"；还有一个人，称自己是他那个小镇的"西塞罗"。在非洲，对一群小人物而言，罗马教育简直成了身份和地位的象征。这种环境并不有利于培育真正的天才。在 4 世纪和 5 世纪中，阿奎丹和上埃及因为"突然涌现"出一批文学天才而闻名遐迩。[31]然而，在非洲，情况正好相反，由非洲教授们写的许多古典学教材都蒙上了一层厚厚的尘土。[32]这些人都能够正确地读出"*homo*"这个单词[33]，有人会写一部《墨丘里和文学的联姻》，还有的人，为了证明自己比奥古斯丁高出一筹，会在那些文人谈到"多纳徒"时，叫奥古斯丁去完成一项写作"多纳徒派"的任务。[34]由于某种原因，2 世纪和 3 世纪那极度过剩的活力已经不复存在了：4 世纪的非洲已经成了一潭死水。[35]

在塔加斯特，至少有这样一些严厉又很贫困的乡村绅士的儿子们，在早年时期，团结一致，一起追求进步。在奥古斯丁个人的传记背后，我们也能够窥见一部"多人的传记"——一群杰出青年决心摆脱一个非洲小镇的习惯势力。在这些朋友中，许多人在一生中面对困难和危险时都做到了团结一致；这批充满热情的学生在步入中年的时候形成了一个难以击败的主教集团，掌控着基督教会在非洲的命运。奥古斯丁当上主教时所使用的"*Dulcissimus concivis*"，即"市民同胞们，我最亲爱的朋友"[36]，将罗马人公众生活中的古典语言带到了基督教教阶制度的新世界之中。

然而，在奥古斯丁那一代人的时期，这些旧的模式越来越不能够满足人们的需要了。富裕的地主、喜好闯荡冒险的学生、喜好争论的主教，仍然不得不一次又一次地"渡海"到意大利："渡海"（*navigare*）是奥古斯丁著作的一个不变的主题。[37]但他们也发现，要实现自己的雄心壮志并不是一件容易的事。塔加斯特所有怀着远大抱负的年轻人，后来返回到某个行省的大环境中，在一些小镇上充当主教，以此度过余生。因为罗马皇帝们并不需要这些南方人的服务。他们不得不警戒着受到威胁的北部边境线。朝廷也随着军队一起，在高卢、意大利北部和多瑙河沿岸各省之间移动。对他们来说，非洲不过是一个可靠的税收来源地、罗马的一个管理得很好的粮仓而已。那些从塔加斯特来的人，包括罗马尼阿努本人以及那些受他资助的人，会发现，他们自己就像 18 世纪晚期的盎格鲁—爱尔兰人一样，并不为罗马所需，尽管他们是一个文化十分发达、经济十分繁荣的社会的代表，但他们还是不得不眼看着自己的国家沦落到纯粹的"殖民地"的境地，被一群来自大洋彼岸的陌生人治理。[38]

然而，时代已经发生了变化。4 世纪时，罗马帝国正面临长期战争所带来的压力。[39]在北方，它已经成为蛮族军队掠夺的对象；在东方，它又不得不面临那组织精良，而且还具有军国主义色彩的波斯王国的挑战。皇帝也带领着由重骑兵组成的罗马军团在边界巡查。每一次灾难来临之时，当他们骑上战马，人们都会怀着极大的热情高呼，他们为"永远的胜利者"、"世界秩序的恢复者"而战。在人们的记忆中，税收增长了两倍，有时甚至达到三倍之多。穷人们成了严重的通货膨胀的牺牲品，富人们则通过前所未有的敛财手段来保卫自己。皇帝本人也成了一名遥远的、让人敬畏和令人鼓舞的关键人物。他的敕令是用金粉写在一张紫色的纸上，人们在领受皇帝敕令时，要十分恭敬地包好自己的双手。敕令被人们所"崇拜"，通常情况下，它都将经过很好的包装。皇帝的仆人们只能通过恐怖手段来进行统治。一个像帕特里丘那样自恃有身份的人，与其他人一样，已习惯成为当地无可争议的领袖，即使这样一个人，也会发现，他相形见绌于那些"暴发户"，经常受到帝国官僚的欺凌，还会面临一个文明社会中最大的威胁：刑法中那令人惊骇的残酷。他可能被处以鞭刑。一个冒犯皇帝或者皇帝手下的人可能会给整个市民团体带来灭顶之灾。在严刑拷打之后，这些人可能残废；在被处以足以让人破产的罚款后，他们沦为乞丐。[40]

然而，正如经常发生的那样，即使是这样一个濒于消亡的世界，也都十分平静地自认为将永世长存。那些对正在沉沦的罗马帝国的未来持悲观看法的人，只有到了奥古斯丁晚年时才出现；虽然不该这样，但人们还是对奥古斯丁的青年时代持一种十分乐观的态度。非洲的碑铭还说"到处都是黄金时代"[41]，"罗马的威名永葆青春"[42]呢！一位基督教的主教会认为，基督教和罗马文明有着共同的界限：似乎任何基督教的美德都可以在野蛮人身上找到！[43]一位擅长诗文的行政官写道，罗马"因其存在的长久，已经学会了藐视终结"[44]。事实上，罗马仍然是"中央王国"。因为就像在古代中国，知识分子们并不知道其他任何文明国家。在罗马帝国，有这样一个阶层，即那些训练有素的元老院议员和官僚（年轻时，奥古斯丁曾希望成为他们中的一员），他们与中华帝国的"官员"一样，正是他们的绝对忠诚，在支撑着罗马帝国本身。

　　然而，正是罗马人生活中的这个方面发生了最为深远的变化。罗马人文明生活的那些旧有的形式再也不能完全满足这些文明世界中的人了。他们甚至连穿着都发生了变化。比如说，那十分完美的罗马人的官服，仍然会出现在达官贵人们的塑像上，但那些达官贵人自己却穿得像《天方夜谭》中所描绘的那样华丽：长及膝盖的紧身束腰上衣，衣边上绣有精美的图案，长裤的颜色十分鲜艳，右肩上用一颗域外居民生产的别针别住一件巨大的斗篷。波浪状的丝绸都由金线缝制而成，上面饰有与穿戴者身份相应的不同颜色的布块、图形或者是飞龙。如果穿戴者为虔诚的基督徒，就饰有取材于圣经的图画。他们也不再居住在过去的房子之内，不再环绕一个庭院建造方形的房屋；而是居住在精致的宅邸之内，因为镶嵌有大理石和五颜六色的镶嵌画而显得光艳华丽；由里至外，通过拱廊、不同楼层上的大厅、半球形的天花板和扩展型的厚窗帘，展现了一种新的个人色彩和浓重的神秘感。罗马帝国晚期人们的表情反映在他们的塑像上，通常都表现出最具影响力的变化。这些都不再是一种现实主义的画像：他们上扬的眼睛和静止的、拉长了的面庞，表现出了一种对另外一个世界和内心生活的关注，而我们也将能够更加自然地将这一切与罗马时期的圣徒联系起来。

　　对年轻的奥古斯丁而言，传统生活不过是一种虚饰而已。在成为一名古典修辞学教授时，他迎来了自己事业的鼎盛时期，他至少花费了部分时间，去聆听摩尼（一个波斯预言家）的教导。通过阅读普罗提诺（Plotinus）[45]——一名"似乎以存活在肉体之内为耻"[46]的哲学家——的作品，他改变了自己的生活。一位名叫普雷德克斯塔图（Praetextatus）的非基督徒元老院成员，将他原来的头衔说成是"破产者"，将他那神秘的入院仪式说成"真正的幸福"[47]。

　　作为罗马的地方长官被派到米兰的安波罗修（Ambrose）成为那里的大公教会主教。另外一名叫保利努（Paulinus）的贵族，突然结束自己在阿奎丹被庇护的生活，成为一名修士，这使得他的朋友奥索尼乌（Ausonius）老教授很是困惑不解。这些事件都是奥古斯丁未来的预兆。在他一生中，他首先将当 11 年的传统式的学校教师，剩下 44 年当修士和主教。正如圣哲罗姆在这个新时代中描写一个小孩时所写的那样：

> 在这样一个世界，帕卡图拉（Pacatula）出生了。当她玩耍时，灾难环绕着她。在欢笑之前，她先要品尝泪水的苦涩……她忘却过去，逃避现在，满怀渴望地等待着即将到来的生活。[48]

注释

[1] P. Alfaric, *L'Evolution intellectuelle de S. Augustin*(1918)是关于奥古斯丁青年时代最完整、最科学的著作。W. H. C. Frend, *The Donatist Church*：*A Movement of protest in Roman North Africa*(1952)，25—75 页对奥古斯丁时代的非洲有极出色的研究。

[2] *Corpus Inscript. Lat.* VIII, 5145, 5146, 5150.

[3] G. Ch. —Picard, *La civilisation de l'Afrique romaine*(1959)45—102 页很好地反映了这一点；还可参阅 P. C. Walsh, "Massinissa", *Journ. Rom. Studies*, lv, 151—155 页对前罗马时代努米底亚的经济地位的评价。

[4] R. Cagnat, *Carthage*, *Timgad*, *Tébessa*, 1912, p. 70.

[5] *C. Acad.* I, iii, 6.

[6] *Inscriptions latines de la Tunisie*, no. 243；v. esp. Frend, *The Donatist Church*, pp. 38-47.

[7] *Ep.* 7, iii, 6.

[8] *Enarr.* In. Ps. 39, 28.

[9] *de Gen. ad litt*, VIII, viii, pp. 15-18.

[10] *de quant. Anim.* xxi, 36.

[11] *Conf.* II, iii, 5.

[12] *Serm.* 356, 3.

[13] *Conf.* II, iii, 5.

[14] *de beata vita*, i, 6.

[15] v. esp. *C. Acad.* II, i, 3 and Alfaric, *L'Evolution*, p. 7.

[16] *C. Acad.* I, i, 2.

[17] *Conf.* VI, xi, 19.

[18] Aurelius Victer, *de Caesaribus*, XX, 5；v. K. M. Hopkins, "Social Mobility in the

Later Roman Empire：the Evidence of Ausonius", *Classical Quarterly*, n. s. , 11,1961,pp. 239-248。

[19] 对于这个颇具难度的问题，可参见 W. H. C. Frend"A note on the Berber background in the life of Augustine"*Journ. Theol. Studies*, xliii,1942,pp. 188-191; Chr. Courtois,"S. Augustin et la survivance de la punique", *Revue africaine*, 94,1950,pp. 239-282; M. Simon,"Punique ou berbère?", *Annuaire de l'Inst. de Philol. et d'Histoire Orientales et Slaves*, xiii,1955,pp. 613-629(＝*Recherches d'Histoire Judéo-Chrétienne*,1962,pp. 88-100);Picard 的评论, *La Civilisation de l'Afrique*,pp. 393-395。

[20] *Totius orbis descriptio*,62,ed. Müller,*Geographi Graeci minores*,1861,p. 527.

[21] 可参阅 Picard, *La Civilisation de l'Arfique*, ch. VI, Le Baroque africain, pp. 291-353。

[22] Christine Mohrmann, "S. Augustin écrivain", *Rech. augustin.* , i, 1958, pp. 43-66, esp. pp. 61-65.

[23] *C. Jul.* III, xiii, 26.

[24] A. Audollent, *Carthage romaine*, 1901, p. 665; J. Leclercq, "Prédication et rhétorique au temps de S. Augustin", *Revue bénédictine*, lvii, 1947, pp. 117-131, esp. p. 126, 注意非洲人在布道中展现的几乎一致的特点。

[25] 马道卢斯的阿普列乌（约 123—约 170），曾跟随迦太基的一位大师学习，后在雅典学习柏拉图哲学，在罗马学习雄辩术。到过小亚细亚和埃及，学习哲学和宗教。著作有《论巫术》、《论苏格拉底心中的神》、《论柏拉图和他的学说》、《论宇宙》等，其中最有名的是《金驴》。这是目前为止唯一一部保存得比较完整的拉丁文小说。——译者注

[26] *Conf.* I, xiii, 20.

[27] *Epistula Didonis ad Aeneam*, ed. Baehrens, *Poetae Latini Minores*, IV, pp. 271-277.

[28] *Enarr. in Ps.* 136, 3.

[29] Gsell and Joly, *Khamissa, Mdaourouch, Announa*：I, *Khamissa*, p. 29.

[30] *Op. Imp.* I, 48.

[31] e. g. Alan Cameron, 'Wandering Poets：a Literary Movement in Byzantine Egypt', *Historia*, xiv, 1965, pp. 470-509.

[32] *de util. cred.* vii, 17.

[33] *Conf.* I, xviii, 29.

[34] *C. Crescon*, II, i, 2.

[35] B. H. Warmington, *The North African Provinces from Diocletian to the Vandal Conquest*, 1954, p. 111. 要反驳这种否定判断，我们应当对流传下来的那些关于罗马时期非洲的高质量的资料作出评价，特别是镶嵌画（参阅 E. Marec, *Libyca*, i, 1953, pp. 95-108）和异教徒文化的勃兴（pp. 300-302）。关于"当地"各种艺术形式的意义重要的复兴，可参阅 W. H. C. Frend "The Revival If Berber Art", *Antiquity*, 1942, pp. 341-352。

[36] *Ep.* 84, 1.

[37] e. g. *Epp.* 21, 5 and 220, 4; *Serm.* 107, 8.

[38] 参阅 Warmington, *The North African Provinces*, pp. 106-108。

[39] 参阅 A. H. M. Jones, *The Later Roman Empire*, 1964(3 vols.)。

[40] *Ep.* 103, 3-4.

[41] *Année épigraphique*, 1911, no. 217.

[42] J. M. Reynolds and J. B. Ward-Perkins, *The Inscriptions of Roman Tripolitania*, (British School at Room), p. 134 no. 475.

[43] Optatus of Milevis, *de schism. Don.* II, 3(P. L. xi, 1000A).

[44] Prudentius, *C. Symmachum*, II, 660.

[45] 普罗提诺（Plotinus, 204—270），罗马帝国时代希腊哲学家，新柏拉图主义创始人，古代希腊哲学传统的最后一位代表。其学说融汇毕达哥拉斯和柏拉图的思想以及东方神秘主义的流溢说，对中世纪神学及哲学有很大影响。有关其生平的记载大部分来自其学生波菲利（232—304）编纂的普罗提诺《九章集》之序言。——译者注

[46] Porphyry, *On the Life of Plotinus*, I(transl. S. MacKenna, *Plotinus: The Enneads*, 2nd. ed. 1956, p. 1).

[47] *Corpus Inscript. Lat.* VI, 1779.

[48] Jerome, *Ep.* 128, 5.

2

莫 尼 卡

总有一些东西在挑战奥古斯丁看待事物的方式，其中对他的传记作者的挑战也不少。因为他自己的杰作《忏悔录》本身就是一部自传。该书是他43岁左右当上希波主教后写的。这部传记记述了他一生中头33年的经历。正是从这本书中，我们获得了绝大多数我们所知道的奥古斯丁年轻时代的信息。然而，没有一本书像《忏悔录》那样，以其高超的艺术手法，颠覆了人们对传统人物传记的印象。在整本《忏悔录》中，奥古斯丁说明了一个道理，即"内心"的演化是自传作品中最为真实的素材；[1] 而且，正是因为从内心这个角度来考虑问题，历史学家们希望把奥古斯丁青年时代所渴求的许多表面上的细节，变成一种背景资料。例如，在他还是个青年时，他失去了自己的朋友。我们甚至不知道这位朋友的名字，但我们知道的是：

> 由于悲伤，我的内心一片黑暗，无论我看哪里，我看到的只有死亡。我的小镇变成了一个使我无限痛苦的源泉，我的家变成了一个奇异的悲伤之所。没有他，我们一起所做的一切现在都成为一种可怕的苦难。我的目光到处都在搜寻，希望看到他的身影，但我怎么也看不见他。我憎恨所有我和他曾经在一起的地方，因为如今他并不在那里，这些地方再也不会低声告诉我："瞧！他来了！"[2]

　　然而，当他考虑到一个与这种"内心"分析相关的细节时，奥古斯丁总是用令人吃惊的敏锐反应来关注这个细节。让他百思不得其解的是，人们为什么总是忘却他们还是婴儿时的最初表现呢？由于他的父母总是用那些老套的虔诚故事来哄他，因此这位中年主教要自己寻找这个答案。[3]他所看到的不是一个"天真无邪的小家伙"：带着一种令人不安的贪婪，他俯身到乳源之上；一旦别人不能领会他的期望，他就会发怒。"使一个小孩看起来很'天真纯洁'的，不是他内心世界的本质，而是身体上的柔弱。而我本人则见到过一个小孩的忌妒：尽管他还很小，还不能说话，但当他看到另一个婴儿在吃奶时，他就会愤怒得脸色发青。"[4]然而，他也看到了那充满阳光的幸福时刻：

> 　　一位妇女用自己乳汁的滋养，欢迎我来到这个世界……我从她那里获得如此之多的滋养，对她而言也是一种很美妙的经历……后来，我开始发笑，首先是在睡梦中，然后是在醒着时。[5]

　　就是用这种方式，《忏悔录》充满了点点阳光般的温暖。

　　然而，从《忏悔录》的参考附注和其他作品中，我们只是得知，奥古斯丁至少有一个名叫纳维吉乌（Navigius）的兄弟，或许还有两个姐妹。在他出生之时，他的母亲莫尼卡肯定是23岁。奥古斯丁在《忏悔录》中所能记起的，只是他的内心生活，而这种内心生活由一个人主宰，这个人就是他的母亲莫尼卡。

　　自己对孩子们意味着什么，就按照什么来展现自己。很少有母亲能够容忍这种介绍方法，特别是对像奥古斯丁这样复杂的人来说，按此方法来记述她，那就更难做到了。母亲和儿子之间的关系交织于《忏悔录》的始终，也正是因为这种母子关系所形成的线索，《忏悔录》才闻名于世。然而，要达到这一点，需要两方面的努力。奥古斯丁对莫尼卡的阐述，对于理解他本人的性格和了解他母亲的性格，都是同等重要的。尽管他阐述的内容很重要，但更为重要的是，用何种方式来阐述。非常偶然地，我们瞥见了一位确实能够给人以深刻印象的妇女——她的身为主教的儿子多么希望自己能够像她一样：节制、高贵、不饶舌，一名真正的愿意平息熟人朋友之间纠纷的人，并且善于有效地使用讽刺手法。[6]她是在一个信奉基督教的家庭中长大的。[7]在非洲教会中，她坚持传统的做法，而那些受过教育的人总是将安息日禁食[8]和在死者墓边进餐视为"原始"的而加以拒绝。[9]然而，她或许并不是一个完全纯粹的人：例如，她相信，尽管良好的传统教育是非基督教的，但它却最终能够使自己的儿子成为一个更好的基督徒。[10]最重要的是，她是一位内心机敏的人，她的自信能够让人心虚。她预见自己的儿子未来生活的梦也给人留下深刻的印象。她不但能够根据本能得知这些梦中那些真实可靠的东西，而且她还对自己的本能非常自信。[11]

然而，奥古斯丁在其《忏悔录》第九卷中所提供的关于莫尼卡的画像，在绝大多数早期作品中都已经散失了。在奥古斯丁关于自己早年生活的描绘中，莫尼卡首先是以一位并不慈爱的母亲的形象出现的： 18

> 她喜欢我在她的身边，就像寻常母亲一样，但远胜于寻常母亲。[12]

无论何时，若任何一位孩子走上歧途，她都会表现出仿佛正在经历那种产前的剧痛。[13]这位在各方面都很吸引人的母亲，深深地受到自己儿子的伤害，这就是我们通过奥古斯丁的眼睛所看到的莫尼卡的形象。在他28岁那年，这位成功而谨慎的年轻人，深夜溜走，渡海到罗马，欺骗了他的母亲，而不是直接面对自己将母亲抛之脑后的罪过。他写道：

> 我找不到恰当的语言来描绘母亲对我的关爱。为了我的灵性状况，她正在忍受着分娩般的剧痛，而这种剧痛，远胜于她肉体生我时所经历的磨难。如果我罪恶地猝然死去，那必将使她肝肠寸断，我不知道如何才能治愈她的这种创伤。[14]

> 当我们在睡梦中看到他们的时候，如果死者的灵魂能参与生者的活动，如果是他们自己能和我们讲话……那么我那虔诚的母亲将不会错过每天晚上都来看我的机会，她是一位为了能与自己孩子生活在一起而甘愿随他翻山越岭、漂洋过海的母亲。[15]

后来，奥古斯丁认识到，在莫尼卡全心关爱他时，也含有一种"非灵性方面的期望"。[16]然而，尽管如此，她总是正确的。在他早年的生活中，她是上帝的代言人；[17]在他的一生中，他从未说过一句生硬忤逆的话[18]——即使在因为他是一名摩尼教异教徒而被禁止踏进家门时，或者是在她的安排之下，他被迫离开那个与他生活了15年之久的女人时，他也是如此。

与之形成鲜明对比的是，我们并不了解奥古斯丁的父亲帕特里丘。奥古斯丁惜墨如金，非常冷漠地一笔带过了自己的父亲：他慷慨大方，不过"脾气火暴"。[19]帕特里丘曾过度为自己的儿子感到骄傲：为了让奥古斯丁完成学业，他作出了很大牺牲，每个人都很钦佩他这一点。[20]奥古斯丁记述了他沐浴时的一个场景，他的父亲高兴地发现，自己的儿子已经进入青春期了。[21]儿子仅仅回应了一句："在我身上，他只看到那副臭皮囊。"[22]在积攒够供他那位聪明的儿子到迦太基的钱后，帕特里丘就去世了。不久，奥古斯丁失去了一位朋友，对于朋友的离去，奥古斯丁表达了自己深深的悲痛之情。然而，对于自己父亲的离去，他只是匆匆地一笔带过。[23]

关于他的父母，奥古斯丁记得最为生动的就是一种潜在的张力。莫尼卡很敬重帕特里丘，她会用一种稍带讽刺的口吻，告诉她的朋友，毕竟她们只是丈夫们的"女奴"，不应"起来反对她们的主人"。[24]别的丈夫会殴打自己的妻子，帕特里丘却从来没有打过她。当她的丈夫发怒时，她会保持沉默，以免火上浇油，直到他气消。然后她再向他解释自己所持的理由。当帕特里丘对她不忠时，她仍然安静地等待着，直到他最终成为一名基督徒。[25]在奥古斯丁幼年时代，基督教也成为这种张力的一部分：

> 除了我父亲，我们全家人都有了信仰，我也和他们一样。尽管我父亲不信教，但他也不能胜过虔诚母亲在我身上的权力……因为她竭力使您，我的上帝，而不是他，做我的父亲……[26]

正是因为有这样的想法，奥古斯丁才理所当然地吸引了现代心理学家的注意力。即使到了中年撰写《忏悔录》时，孩提时代那种显而易见的张力仍然活跃在奥古斯丁的脑海中。这种张力在孩提时代产生，贯穿了奥古斯丁那漫长多变的一生。然而，注意到这种张力是一回事，领悟这种张力又是另外一回事。现代心理学家相当精确的知识会使我们获得一些意想不到的组合、衍生和分析的结果，而这些都是历史学家们难以完成的。[27]

奥古斯丁的父母亲有着一种共同的品质：决心。为了让儿子接受教育，帕特里丘表现出一种"近似顽固的决心"。[28]莫尼卡又活了九年，她用自己的方式，同样坚信，"我为他流下如此多眼泪的儿子是不会失丧的。"[29]奥古斯丁能够让自己拥有这种品质。做到这一点，他所取得的成就就不会小。首先，从他在对付教会内部的反对者并坚持自己的信仰时所采取的态度中，我们能够看到这样做的结果。人们觉得，帕特里丘和莫尼卡，正好适合做一名4世纪非洲主教的父母亲。

20

总而言之，奥古斯丁在一群人际关系复杂得足以让我们吃惊的朋友中长大。塔加斯特的居民喜欢体验户外生活。一个和妻子相处得不好的人，会整天呆在公共集会场，周围是朋友和食客，当太阳落山该回家时，他的心情也会随之消沉起来。

> 绝大多数日子里，我都能享受这晴朗的阳光……我对每个人都很亲切，为什么每个人都不为我感到遗憾呢?[30]

这就是公众生活。在公众生活中，每个人首先都要致力于维护自己的名誉。"成为人们谈论的对象"[31]是每一个成功的非洲人的夙愿。通过阅读这些非洲人坟墓上的碑文，我们得知，只有奥古斯丁，一位非洲的罗马人，会这样认为："对赞扬的喜好"就足以驱使那些早期的罗马人了。[32]这道"公共阵线"[33]是相当脆弱的。非洲人非常擅长讥讽同伴，而奥古斯丁更是这方面的行家里手。不管是莫尼卡还是奥古斯丁的朋友阿里庇乌（Alypius）[34]，典型的非洲人通常会让他们的生活因为一种偶然的、突然使他们极大的荣誉感立刻消失的讥讽而发生改变。[35]

一个小镇的生活完全可以被那些夙怨破坏。当一个人听到《诗篇》中提到"我的敌人"这个词时，他就会很生气地加以回避。[36]"忌妒"应该成为奥古斯丁体会最深的一种感情，这丝毫不令人奇怪。用护身符的记号来反对那些充满妒意的眼睛，从这里我们就能够体会到它在他非洲同伴中的力量。[37]

尽管这些人非常敏感，但他们对彼此却非常忠诚。正如我们将要看到的那样，在一生中，奥古斯丁几乎没有经历过缺少朋友的时刻，他和亲戚们也保持着良好的关系。在早期教会中，没有哪个思想家会如此一门心思地思考着人际交往的本质。然而在那时，和他所成长的那个紧密相连的世界相比，没有哪个环境能够如此明显地影响奥古斯丁。

在他们的宗教信仰中，我们可以看到这些人更为深层次的想象力
21 模式。这些生活在高原的努米底亚人和现代柏柏尔人[38]有很近的亲缘
关系，而柏柏尔人是一群生活方式非常独特的人。仅仅是莫尼卡这个
名字，或许就能够显示出她那个家庭更为早期的信仰。他们好像是信
奉当地的一个神，即孟女神（godness Mon）。[39]和迦太基人一样，努
米底亚人从来就不崇拜古希腊人和罗马人的那些有人情味的奥林匹亚
诸神。他们的神曾经是"高位神（High-Gods）"[40]，是在圣山之上被
人崇拜的。在腓尼基人[41]那里，他们成为那令人生畏的耶和华的近亲。
非洲的最高之神是萨图恩（Saturn）[42]：一位"最高"、"神圣"和"永
生"的"父亲"。他们的宗教是一种令人恐惧的、牺牲救赎的、仪式纯
洁的宗教，他在梦中发布命令。总之，他是一位严格苛求、旁人不易
了解的父亲，被敬畏地称为"老先生"（The Old Man）。然而，在迦太
基，这位令人敬畏的父亲却在一位更为伟大的女神面前黯然失色："天
国女神"[43]。"天国女神"是一位令人神往的女性形象，即使信奉基督
教的父母，也会将自己的孩子奉献给她。[44]

非洲基督徒的宗教也是很严厉的。人们醉酒，歌唱，狂舞，追求
一种狂喜的体验。[45]实际上，在非洲人的宗教集会中，酗酒是一种非常
普遍的现象。[46]做梦和恍惚也很普遍：[47]淳朴的农民也会在迷糊中躺上
数日。[48]正如我们已经看到的那样，莫尼卡非常相信她的梦。[49]这些梦
被认为是另外一个世界的直接闪现，那个世界能够非常自然地进入人
们的梦中来发出指示，启示人们。[50]这都是一些"伟大的"梦，特别是
涉及一些令人生畏的战斗时更是如此。[51]非洲的大多数基督徒，足足有
两代人之久，都团结在一个"纯洁的"主教集团周围，将外部世界统
统斥为"不洁"：他们中间的一些人因为攻击外部世界的人以及自己内
部的自杀传统仪式而声名狼藉。[52]同样严厉的是，在他们还是摩尼教徒
的那段日子里，奥古斯丁和他的朋友们发现，自己很容易就会相信这
22 种观点，即他们的身体被分开，处于那绝对的"善"和无法控制的
"恶"之间。[53]

对这种"非洲人的特质"轻描淡写是容易的。[54]但是，忽视存在于
一个行省社会之中的各种严格的行为方式，那又将是非常肤浅的。当
奥古斯丁三十多岁时，这些行为方式就不会对他产生影响了。然后就

是他的早年生活的巅峰时刻：他成为米兰城的一位修辞学教授，并打算在意大利定居。他可能像一位已经西方化了的、定居在巴黎的 19 世纪的俄国人。但是，不久他就返回故乡，生活在一群淳朴的非洲人之中，首先是一位隐士，然后是一名教士，后来就成为一名主教。就这样，他度过了自己的一生。就像 19 世纪的"神圣俄国"一样，这个世界从四面八方将他包围起来，就像经常发生在文化人身上的那样：一旦被拒绝，就会很快将自己封闭起来。

注释

[1] v. inf. p. 163.

[2] *Conf.* IV,iv,9.

[3] *Conf.* I,vi,8.

[4] *Conf.* I,vii,11.

[5] *Conf.* I,vi,7-8;cf. *de pecc. mer.* I,xxxv—xxxvii,65-68.

[6] *Conf.* IX,ix,21.

[7] *Conf.* IX,ix,19.

[8] *Epp.* 36,xiv,32,54,ii,3;V. Frend,*Journ. Theol. Studies*,n. s. ,xv,1964,p. 414.

[9] *Conf.* VI,ii,2.

[10] *Conf.* II,iii,8.

[11] *Conf.* VI,xiii,23.

[12] *Conf.* V,viii,15.

[13] *Conf.* IX,ix,22.

[14] *Conf.* V,ix,16.

[15] *de cura ger. promort.* xiii,16.

[16] *Conf.* V,viii,15.

[17] *Conf.* II,iii,7;III,xi,19;xii,21.

[18] *Conf.* IX,ix,30.

[19] *Conf.* IX,ix,19.

[20] *Conf.* II,iii,5.

[21] *Conf.* II,iii,6.

[22] *Conf.* II,iii,8.

[23] *Conf.* III,iv,7.

[24] *Conf.* IX,ix,19.

[25] *Conf*. IX, ix, 19.

[26] *Conf*. I, x, 17.

[27] 据我所知，最著名的是 B. Legewie, *Augustinus: Eine Psychographie*, 1925; E. R. Dodds, "Augustine's Confessions: a Study of Spiritual Maladjustment", *Hibbert Journal*, 26, 1927—1928, pp. 459-473; Rebecca West, *St. Augustine*, 1933; C. Klegemann, "A Psychoanalytic Study of the Confessions of St. Augustine", *Journal of the American Psychoanalytic Association*, v, 1957, pp. 469-484。这些都表明，将一个历史学家的能力和一位心理学家的敏感结合起来，尽管很美好，但要做到太难。

[28] *Conf*. II, iii, 5.

[29] *Conf*. III, xii, 21.

[30] *Inscriptions latines de l'Algérie*, II, no. 820.

[31] Epitaph of Vincentius the dancer: *Libyca*, iii, 1955, pp. 103-121.

[32] 可参阅 Picard, *La Civilisation de l'Afrique*, 249—254 页关于非洲人墓碑的各种看法。

[33] 原文为 public front，指非洲人喜欢被人赞扬的这种共性。——译者注

[34] 阿里庇乌（约 360—约 430），奥古斯丁的知己。曾随奥古斯丁到米兰学习，在罗马出任地方法官，之后跟随奥古斯丁加入基督教会。和奥古斯丁一样，他在米兰由圣安波罗修施洗。394 年，从圣地耶路撒冷返回之后，被任命为塔加斯特主教。在其影响下，塔加斯特复制了罗马公倡导的圣洁生活。1584 年被教皇格列高利追认为罗马殉道者。——译者注

[35] *Conf*. VI, vii, 12; IX, viii, 18.

[36] *Serm*. 90, 9; 254, 4.

[37] Frend, *Donatist Church*, pp. 102-103.

[38] 柏柏尔人（Berber），北非前阿拉伯居民的后裔，大部分散居于摩洛哥、阿尔及利亚、突尼西亚、利比亚和埃及。大多居住在这些国家的山区和沙漠地区。

[39] Frend, *Donatist Church*, p. 230.

[40] 高位神：指地位特别崇高、被视为能力超众的神。——译者注

[41] 腓尼基人，历史上一个古老的民族，精于航海贸易。——译者注

[42] 萨图恩：古罗马宗教中最古老、最原始的农神，司掌播种和种子，罗马人认为他就是希腊的农事之神克罗诺斯，也有人认为他是天神朱庇特的父亲。——译者注

[43] 指塔尼特，迦太基的保护神，罗马人称之为 *Dea Caelestis*。——译者注

[44] J. Toutain, *Les cultes paiens dans l'Empire romain*, III, 1920, pp. 15-37.

［45］ Frend,*Donatist Church*,pp. 174-175.

［46］ *Serm.* 151,4.

［47］ *de Gen. ad litt.* XII,xvii,35-38.

［48］ *de Gen. ad litt.* XII,ii,4.

［49］ *Conf.* III,xi,19;VI,xiii,15.

［50］ *de Gen. ad litt.* X,xxv,41-43. P. Courcelle,*Les Confessions de S. Augustin dans la tradition littéraire : Antécédents et Posterité*,1963,pp. 127-132.

［51］ *Passio Maximiani et Isaac*（P. L. viii,779-780. ）

［52］ Frend,*Donatist Church*,pp. 172-176.

［53］ v. inf. p. 50.

［54］ 可参阅 Picard 所做的评论 *La civilisation de l'Afrique*,pp. 293-297。

3

教　育

奥古斯丁成长为一名敏感的男孩。实际上他期望自己被别人接纳，比如在竞争中获胜，力图避免受到羞辱，他非常害怕在学校中挨打所带来的耻辱。[1]他也会在塔加斯特周围的田野中玩耍，在那个地方捕鸟[2]，欣赏从壁虎身上扯下的正在扭动的尾巴[3]，将雷声想象成罗马战车沉重的车轮在云朵铺成的大石板上前进时发出的声音。[4]然而，奥古斯丁从来没有提到非洲大地上那美丽非常的春天之花。他的嗅觉也不太灵敏。[5]在他的著作中，多次出现关于高山的描写：朝阳之光正滑落进山谷之中[6]，从一处险要山隘那长满树木的斜坡上望去，一座远方之城突然映入眼帘。[7]总之，他被阳光所包围。非洲的阳光是"倾注在万物之上的各种色彩的女王"。[8]他实际上已经感受到阳光的效用。他唯一的诗歌就是赞颂"东方之烛"温暖之光的。[9]

总的说来，奥古斯丁周围几乎就没有什么自然风景。相反，只有一些脸孔：鲜活的面孔，有着一双双马赛克画像上晚期罗马人的大眼睛——那是显示一个人内心生活的眼睛。除了眼睛，那厚厚的皮囊也掩藏着一个人的内心世界。[10]最重要的是，有许多声音。奥古斯丁的世界中充满了各种声音："赞美诗"的声音、丰收时节的欢歌，还有最让人着迷的同伴们的演讲。"话语是盛装内心思想的宝杯。"[11]到底什么才是好东西啊？"一个人的面孔：容貌端庄，容光焕发，满脸的喜形于色"。当然，"通过自己的魅力与和谐的节奏，演讲能够向听众传输信息，触动他们的内心情感，表现一首好诗的优美韵脚和高尚情感"。[12]

奥古斯丁将被教导成演讲界的大师。但是他所受教育的内容却没有取得太多的效果。坦白而言，那些教育的内容都是一些非基督教的思想。他所接受的教育质量也出奇的差：他所读过的古典作家的作品甚至还比不上一个现代的小学生所读到的那么多。他只是非常认真地读过维吉尔、西塞罗（Cicero）、塞勒斯特（Sallust）[13]和泰伦斯（Terence）[14]的作品。并且他所读过的作品都是文学作品，哲学、自然科学和历史学全部都被忽略了。[15]按现代的标准，他是在一种强制性的、缺乏远见的教育方法指引下学习的。这种教育方法是让人记住多到能够把人压垮的东西：奥古斯丁的一个朋友能够背诵维吉尔的所有作品以及西塞罗的许多作品。[16]老师逐字逐句地解释每一篇课文，就像一位艺术专家用一个放大镜仔细审视一幅图画一样。这种方法，是完全不可能用来教好任何外语的，如希腊语。只要想起塔加斯特的老师们向奥古斯丁讲述荷马时所采用的方法，人们就会发抖。奥古斯丁发觉，在自己开始"沉溺于"古典拉丁文作品中时，希腊文却足以使他心烦到发狂的地步。[17]奥古斯丁没能学好希腊文是罗马帝国晚期教育体系的一个重大意外：他成为古代世界中唯一的事实上对希腊文一无所知的拉丁哲学家。[18]作为一名年轻人，尽管自身研究条件并不充分，他还是开始对"智慧"这个哲学家的传统命题进行探索了。一位有文化的希腊听众把这位从迦太基大学中毕业、只会拉丁文的学生视为"一个蠢笨的傻瓜"，好像只知道"希腊哲学家的观点，或者只知道这些观点的零星碎片，而且还是从用拉丁文写成的西塞罗的对话中东挑西拣地拼凑而来的；而不是根据这些哲学家在希腊文书籍中充分发展的原有体系提出的"[19]。

然而，这种教育内容本身的重要性远远赶不上其目标的重要性。八百多年来，其教育目标一直都没有发生任何的变化。4世纪时，甚至在遥远的波尔多和安提阿，修辞学教师那拥挤、嘈杂的教室里[20]，如下内容都是人们孜孜以求的对象："学到说话的艺术，获得劝说当事人所必需的口才和在他们面前展示自己观点的本领。"[21]这种教育的理想结果就是将人培养成雄辩家，即一个"依靠自己的机敏、可自由支配的情感、脱口而出的熟练、极其娴熟的包装技巧，通过辩论，给人们带来欢乐"[22]的人。

　　奥古斯丁所接受的这种教育的最大好处就在于：在其有限的空间内，它力求完美。其目标是达到古典作家那样的超越时空的完美。对这些人而言，维吉尔"不但从来没有犯过任何错误，而且也从来没有写过任何不令人钦佩的字句"[23]。这几个为数不多的古典作家的每一个用词，每一处短语的转换，都显得十分巧妙。这位作家并不只是在写，他是在"设计"他的演讲论文。[24]他是一位"能够掂量出每个词确切含义的人"[25]。要了解这种教育的持久效果，我们只需要看看做为一名主教的奥古斯丁是如何解读圣经的就可以了。他认为，圣经里面的所有东西"都被恰如其分地表述出来"[26]。奥古斯丁通常仅仅凭借自己的记忆，就将自己新的、基督教的"经典著作"引用了 42816 次，并且他只选择每一个自己写下的独特而且注释简明的词：[27]有人经常教导他，在一个由古老传统所构成而行动计划又十分明确的狭隘环境中，每一项设计都务必做到极其准确。这样的一个人，只要通过提及某个古代人物，或只要引用某位古典诗人的半句诗文，就能够与罗马世界另一角落的受过教育的拉丁人进行思想上的交流。[28]这样一群人，通过自己所受的教育，最终成功地达到了那些明确定义的传统完美标准，因此最终能够在 4 世纪末以一个独立群体的姿态出现在社会之中。尽管他们中许多人出身低贱，但由于他们都通晓拉丁文作品，这就十分有效地将他们这个阶层提升到"众人之上"[29]，从而进入像中国古代的士大夫阶层那样的"名流社会"之中。

　　最重要的是，这种教育还教导奥古斯丁要尽量表现自己。学校不但鼓励他伤感流泪，而且还鼓励他让别人伤感流泪。在演说过程中，由于他再现了朱诺不能阻止埃涅阿斯从迦太基渡海到意大利时[30]的那种"愤怒和痛苦"，他受到学校的赞扬。43 岁时，奥古斯丁已经成为一名主教，他写道："这对我有什么用处？所有的这一切都是浮云！"[31]然而，20 年之后，当他再次回想到他第一次胜利时，他写道：

　　　　我们曾经在孩提时代阅读过维吉尔的作品，因此，毫无疑问，多年以来，他仍然是伟大诗人中最为杰出的一位。一开始我们就完全被他迷住了。[32]

　　对于这些心中装着维吉尔的人而言，是不可能忘记那一场景的。

15 岁时，奥古斯丁就已经在塔加斯特学校的鞭笞中修完了课程。
26 如今他作为一个充满天赋的小孩而崭露头角，能够在父母的严格驱使
下，爱上他正在学习的一切。通过这种教育，他已经练就一种惊人的
记忆力，一种不会忽略任何细节的注意力，一门开启人们心扉的艺术。
在我们阅读《忏悔录》时，这些本领依然能够打动我们的心。那时，
他一直待在马道拉。[33]马道拉是一座有着独特氛围的大学城。阿普列乌
斯（Apuleius）这位 2 世纪的柏拉图主义者兼演说家就是这座大学城引
以为豪的对象。对我们而言，阿普列乌斯首先是以《金驴》作者的身
份而为大家所知的，但对奥古斯丁而言，他是一位游戏于黑色剧中的
与众不同的哲学家[34]、《论苏格拉底心中的上帝》的作者。[35]马道拉大
学的教师都不是基督徒：他们就像喜欢自己大学中的四方大院那样喜爱
立有诸位天神雕像的公共集会场。[36]迄今为止，在罗马人统治下的非洲
地区发现了许多墓志铭，其中绝大部分都是由他们写成的。[37]

然而，奥古斯丁不得不在第二年返回塔加斯特。他不得不在那里
等待帕特里丘筹措好自己在迦太基完成学业的费用。[38]这真是不幸的一
年，其间最为突出的就是一场令人不安的破坏文物的运动。[39]对一位满
怀抱负的男孩来说，这突如其来的、迟到的青春期的打击给这一年蒙
上了阴影，到那时为止，他承受着连续不断的压力，这种压力要求他
在学校中获得成功。[40]莫尼卡曾经"非常关切地"告诫他不要接触女
人，这种"特别关切"也没能让这种糟糕情形有所好转。[41]对于那些没
有多少抱负的父母而言，他们的孩子可能在这个年龄就已经结婚了。
后来，奥古斯丁怪罪莫尼卡和帕特里丘（或许在那个时候，他甚至还
憎恨他们）没有安排一桩婚姻来"钝化"那给他带来巨大苦恼的"情
欲之棘"。[42]

因此，奥古斯丁对他在 371 年 17 岁之时到达迦太基时的情景记忆
犹新就一点也不令人吃惊了："我来到了迦太基，周围沸腾着、振响着
罪恶恋爱的鼎镬。"[43]这个鼎镬正是奥古斯丁自己的那只沸腾的鼎镬。
迦太基的生活无疑更令人激动。那都是些既喜欢吵闹又很粗野的学生，
对于那些从非洲各地小城镇而来的小男孩而言，他们第一次体会到了
大城市中的自由，这正是他们所期望得到的东西！这些新来的学生和
27 老师都被"老手"——这些"捣乱鬼"的一致行径惊呆了。很明显，

奥古斯丁不但吃惊于他们的暴行，而且还对自己似乎"属于"他们中一员而感到焦虑不安：因为成为一名"捣乱鬼"是当时"一种引人注目的、赶时髦的方式"。[44]

然而，和那长期被拖延的青春期危机相比，大城市中的生活对奥古斯丁的影响简直就是微不足道。

> 我还没有恋爱，但我渴望恋爱，并且由于内心的渴望，我更恨自己渴望得还不够……我最需要的就是爱和被爱，但最为重要的就是能够享受到爱我之人的肉体……我迫不及待地冲向爱，甘愿成为她的俘虏……我高兴地戴上了苦难的枷锁。由于猜忌和恐惧，愤恨和争吵，我将受到忌妒烧红的铁鞭的鞭打。[45]

这就是奥古斯丁苦盼已久的感情放纵的日子。他发现，剧院是一个"写照我不幸以及点燃我欲火"[46]的世界。他最喜欢观看恋人们分手时的场景："我，一个不幸的年轻人，喜欢上了凄惶欲绝，我到处寻找那些能够让我伤感不已的东西。"[47]

然而，在后来的一年中，所有的一切都变了。并不像某些作家想象的那样，32 岁之前奥古斯丁过着一种放浪形骸的浪子生活，32 岁之后，他的生活就发生了改变。实际上，奥古斯丁是这样一位年轻人，他将自己青春期的热情奔放压抑到了一种很低的程度。在那之后的两年中，他一直都在紧紧地抑制住自己感情的冲动。帕特里丘就要去世了，莫尼卡将接过供应儿子完成学业的重担——一件让她操心不已的事情。[48]大约就在这个时候，奥古斯丁将陷入一桩"二流"婚姻之中。他将和一个不知名的妇女同居达 15 年之久。对于罗马帝国晚期的一名年轻有为的教授而言，做到这一点，真是令人敬佩。[49]就是通过这种方式，他获得了他所想要的。最终，他被"冲到了婚姻的彼岸"[50]。他是否特别喜欢这种体验，这是另外一回事。接着，他的儿子阿迪奥达图斯（Adeodaturs）出生了：这在当时并不受欢迎，后来起到了一种奥古斯丁用来教育年轻丈夫们的那种"让人警醒的"效果。[51]

最后，373 年，19 岁之时，他将经历一次转变，这次转变在他生命中产生了深远的影响：他将进行第一次的宗教"皈依"。

注释

[1] *Conf.* I, ix, 14.

[2] *de quant. anim.* xxi, 36.

[3] *de quant. anim.* xxxi, 62.

[4] *Enarr. in Ps.* 76, 20.

[5] *Conf.* X, xxxii, 48.

[6] *Enarr. in Ps.* 25, 9.

[7] *Conf.* VII, xxi, 27.

[8] *Conf.* X, xxxiv, 51.

[9] *de civ. Dei*, XV, 22.

[10] *de gen. c. Man.* II, xxi, 32.

[11] *Conf.* I, xvi, 26.

[12] *de Trin.* VIII, iii, 4.

[13] 塞勒斯特（前86—约前35），古罗马历史学家。——译者注

[14] 泰伦斯（约前190—约前159），古罗马喜剧作家。——译者注

[15] H. I. Marrou 在他的 *S. Augustin et la fin de la culture antique* (1st ed. 1938) 一书中，特别是 1—104 页以及 *History of Education in the Ancient World* (transl. 1956) 中对此问题作了最好的研究。

[16] *de anim. et eius orig.* IV, vii, 9.

[17] *Conf.* I, xiii, 20.

[18] v. inf. pp. 271-273.

[19] *Ep.* 118, ii, 10.

[20] *de until. cred.* vii, 16.

[21] *Conf.* I, xvi, 26.

[22] *Conf.* V, vi, 11.

[23] *de until. cred.* vi, 13.

[24] *Conf.* XII, xxvi, 36.

[25] *de beata vita*, iv, 31.

[26] v. inf. pp. 250, 256-257.

[27] *de gest. Pel.* xxv, 51; *Ep.* 146.

[28] e. g. *Ep.* 40, iv, 7.

[29] Pseudo-Jerome, *de virginitate*, 12 (P. L. xxv, 178A).

[30] 据维吉尔《埃涅阿斯纪》，特洛伊被攻陷后，埃涅阿斯遵照神意，带领族人寻

找"黄昏之地",重建特洛伊。天后朱诺在海面掀起风暴,使船队偏离航向,特洛伊人漂流到北非迦太基境内,被当地人收留。埃涅阿斯与迦太基女王狄多坠入爱河,忘记了重建特洛伊的使命,众神之王朱庇特为此感到愤怒,派遣使者降临凡间,催促他踏上旅途。埃涅阿斯只好带领族人偷偷离开迦太基,一路北上,进入意大利,成为罗马人的先祖。——译者注

[31] *Conf.* I, xvii, 27.

[32] *de civ. Dei*, I, 3.

[33] 马道拉(Madaura),努米底亚的一座古老城镇,约在1世纪末成为罗马的殖民地,以其学校闻名。——译者注

[34] *Ep.* 138, iv, 19.

[35] as in *de civ. Dei*, books, VIII, IX.

[36] *Ep.* 17, 2.

[37] Alfaric, *L'Evolution intellectuelle de S. Augustin*, pp. 13–15; Warmington, *The North African Provinces*, p. 104, n. 1.

[38] *Conf.* II, iii, 5.

[39] *Conf.* II, iv, 9 sq.

[40] *Conf.* II, iii, 6.

[41] *Conf.* II, iii, 7.

[42] *Conf.* II, ii, 3.

[43] *Conf.* III, i, 1.

[44] *Conf.* III, iii, 6.

[45] *Conf.* III, i, 1.

[46] *Conf.* III, ii, 2, v. Audollent, *Carthage Romaine*, pp. 683–687.

[47] *Conf.* III, ii, 4

[48] *Conf.* III, iv, 7

[49] v. inf. pp. 50–52.

[50] *Conf.* II, ii, 3.

[51] *de bono coniug.* iii, 3.

4

智　　慧

　　遵照规定的课程，我接触到一本西塞罗的著作。一般人更欣赏它的写作风格，胜过喜欢它的思想。然而，这本书中有一篇劝导人们阅读哲学的文章，叫做《荷尔顿西乌斯》（The Hortensius）。这本书确实完全改变了我的思想和情感，使我的祈祷转向您，我的主；使我的计划和希望完全改变。我突然看到，过去所有虚空的希望真是微不足道，这使得我怀有一种不可思议的激情，向往着不朽的智慧，我开始起身归向于您……我的主啊，那时我怀着极大的热忱，想脱离尘世种种而飞到您的身边。[1]

　　几个世纪以来，哲学思想一直被一种浓厚的宗教氛围所包围着。它不仅需要一种知识的训练，而且本身是一种对"智慧"的热爱。而"智慧"也将抚慰那些献身于它的人，并使他们平静。它需要一种自我献身的精神和道德上的自我调节。那些智者也能够认识到自己是谁，站在宇宙中的什么位置，以及他身上的神性部分、他那充满理性的灵魂，能够超越身体方面的各种欲望，超越日常生活中各种虚幻的野心。因为，正如西塞罗在《荷尔顿西乌斯》中所言：

　　　　如果我们所拥有的灵魂是永恒和具有神性的，那我们必然得出这样的结论——在其自然而然的活动中，我们让它参与的机会越多，也就是说，如果我们能够让它更多地参与推理和求知，那么它受人类各种罪恶和错误的羁绊就越少，就越容易向天国攀升并回到天国之中。[2]

30 那篇规劝人们喜爱"智慧"的文章隐藏在如此强烈的宗教语言之中。因此，到 4 世纪末，它已逐渐扮演了一种在传统文化中劝导人们皈依宗教、过修道院式生活的桥头堡这样的角色。[3]

西塞罗已经促使奥古斯丁追寻智慧了：

> 我不应当追随这样或者那样的哲学派别，但是应当喜爱、追求、获致并坚持智慧本身，并用自己全部的力量去拥抱它，而不管它属于哪一学派的学说。就是这激励着我，让我充满火一样的热情，使我处于激情燃烧的状态之中。[4]

当然，奥古斯丁所追寻的智慧的具体形式非常不同于西塞罗所认识到的"智慧"。奥古斯丁是一位具有基督教家庭出身背景的小男孩。在一个只有成年人的作品才能得以留存的时代，要领会一位年轻人"后来才显现效果的"基督教的本质，那将是极端困难的。然而，有一件事是肯定的：异教徒的智慧，也就是没有"基督之名"的智慧，流传下来是没有任何问题的。[5]对于奥古斯丁而言，异教并不意味着什么。在迦太基，他仍然会去观赏那些在迪·卡勒斯迪斯神庙中举行的盛大庆祝仪式，但他是以一种英国新教徒观看那庄严的意大利天主教仪式的态度来欣赏这一切的，也就是说，他认为，尽管这些仪式非常辉煌壮观，而且也引人入胜，但它们对于他所理解的宗教本身，却是毫无益处的。[6]再者，奥古斯丁生长在这样一个时代里：那里的人们认为，许多邪恶的魔鬼与他们生活在同一个物质世界中。他们的这种感受很强烈，就像我们觉得这个世界中存在各种各样的细菌一样。基督徒把"基督之名"当作一种接种疫苗一样来使用。它是安全的唯一保障。当他还是一名小孩时，奥古斯丁就受到"盐的调理"，以防恶魔的侵染；然而，当他还是一个孩子、突然生病的时候，他便恳求得到洗礼。[7]当然，这些基督教的仪式，对于一位成年人而言，就像颁发给他一张接种疫苗证书那样，几乎是不会产生什么太大影响的，但是，这些仪式表明了一种与过去人们那些"不卫生"的异教信仰断然决裂的心态。

在迦太基，奥古斯丁一直都保持着对公教的忠诚。他已经逐渐喜欢上了在那些宏伟的长方形大教堂中所进行的、庄严肃穆的复活节前夕的守夜祈祷。[8]当然，作为一名来自地方省份的陌生人，他要像另外一名来自热那亚的陌生人克里斯托弗·哥伦布将在塞维尔大教堂中遇到他的妻子一样，到教堂之中去寻找一位女朋友。[9]

最为重要的是，4 世纪的基督教将以一种"真正智慧"的形式展现在这样一个男孩面前。在民众的想象之中，基督并不是一位受难的救世主。4 世纪时，耶稣还没有以身背十字架受难的形象出现。相反，他是"伟大的圣子"，"上帝智慧的代表"。[10]在那个时代的石棺上，耶稣总是表现为一名教师，向一群崭露头角的哲学家们宣讲上帝的智慧。对一位文化水平较高的人而言，基督教的本质正蕴含于此。作为"上帝智慧的代表"，基督已经确立起一种对智慧的垄断：基督那清晰的启示已经完全胜过和取代了非基督教哲学家们的那些相互冲突的看法。"这，就是所有哲学家穷尽一生都在追寻，但怎么也追寻不到，怎么也拥抱不了，怎么都无法把握的地方……凡是想成为智者和完人的人，都应去倾听上帝之言。"[11]

因此，奥古斯丁将非常自然地转向圣经去寻找他的"智慧"。[12]但那将是一件很让人失望的事情。为了让他成为一名"有教养和文雅"[13]的人，他被送去上学，而奥古斯丁也正是在这样的期待中成长的。他被精心地装扮起来，以便能够通过模仿古代作家的风格，用拉丁文与其他那些有学问的人进行交流，而这是当时唯一恰当的交流方式。[14]这样的人是不喜欢俚语和行话的，而几个世纪之前，由一些出身卑微而且也毫无名气的作家所翻译的非洲版的拉丁文圣经中，不仅充斥着俚语，还有行话。而且，奥古斯丁在圣经中所读到的东西，似乎对西塞罗原来告诉他所要喜爱的、高度精神化的智慧是没有任何帮助的。其中还乱七八糟地堆砌着许多从旧约圣经而来的世俗和邪恶的故事；[15]而且，在新约圣经中，基督、智慧自身，也是通过一些冗长而又相互矛盾的家谱来介绍的。[16]

然而，这部圣经却是非洲基督教群体的基准原则。非洲人的这种教会特别呆板和保守：许多制度和举措或许直接来自于犹太人会堂，这很容易就会让人们认为，这种宗教集会是一种与旧约圣经并不真心实意地相互妥协的产物。[17]对于任何挑战他们权威的东西，那些主教都非常敏感。这既不是一种"在信仰和道德"方面模糊的权威，更不是一种高度精巧的、保护和劝导人们追寻真理的权力，直到后来，奥古斯丁才明白这种权力。在 4 世纪 70 年代，正如以前一样，主教的权威直接来自他们对"上帝之法"和圣经的占有，以及他们负有保持和发扬光大"上帝之法"以及圣经这样的职责之上。在非洲，圣经是基督教会的中枢，与原来的犹太律法一样严厉和苛求。"哪怕只是变更其中的一个词语，都会被认为是十分严重的亵渎神灵。"[18]它被当作能够进行准确司法统治的源泉。要成为一名真正的基督徒，那很简单，就是完全接受这一"法则"，不要问一些笨拙不雅的问题。[19]

对某些非洲基督徒而言，这种压迫人的环境能够激发他们采取极端措施，进行反抗。一股"新的"、"精神化的"基督教潮流总是与传统教会中严格拘泥于文字的要求发生激烈的碰撞。[20]这种"新型的"基督教已经把旧约看做是一种世俗和令人憎恶的东西并将它抛弃掉。[21]在这样一种基督教中，基督并不需要得到希伯来先知的见证：他直接宣讲上帝，通过他那些高贵的信息，通过他的智慧，借着他显露的奇迹，直指人们的灵魂。[22]除了需要奥古斯丁这样的青年才俊，即"那些接受过良好的艺术和教育的年轻人"[23]之外，上帝不需要任何讲坛。

这就是一批特别活跃于迦太基知识分子阶层中的人以及那些半基督徒学生的看法。[24]宣传他们主张的人"不但说话特别文雅，善于辞令，而且还很时髦"[25]。他们喜欢进行公开辩论，能够像海德公园（Hyde Park）中那些学识渊博的老练演说家一样[26]，从容应付任何言辞激烈的质疑者。[27]他们对传统的基督教圣经的破坏，既明智又持久。他们声称："为了消除那些要求人们信仰上帝的强制性命令给人们带来的恐慌，他们将引导所有喜欢聆听他们教导的人，通过直接地使用理性，到达上帝那里，并远离一切错误。"[28]最为重要的是，他们是一群激进的基督徒。[29]他们认为，公教教徒只是一群"半基督徒"。[30]在他们的思想体系中，基督是一个核心人物；他正是以奥古斯丁在受到启示后所设想的那种样子显现出来，即他是绝妙的智慧准则。[31]这位基督给人以启蒙，教导他们真正认识自身；他唤醒在酒醉中昏睡的亚当，告诉他西塞罗将用一种更为典雅的术语传授他的话，那就是，其心灵具有神性。[32]"耶稣，耶稣之名为恩典所包围。"[33]"他来了，将我们从尘世的罪恶中分离出来；他为我们带来了一面镜子，朝里面看，就能看到整个宇宙。"[34]

这些人被称为摩尼教徒。他们的创始人是摩尼。"作为耶稣基督的传道者"，摩尼曾经在美索不达米亚接受启示，276 年被波斯政府当局处死。[35]摩尼的宗教能够传入信奉基督教的罗马世界，是那个时代将发生宗教骚乱的最为明显的征兆。后来摩尼教向远东等地的扩展和传播，更是令人惊讶。[36]8 世纪末，在中华帝国的边境，曾经有一个信奉摩尼教的国家。[37]后来，通过那富饶的吐鲁番（Turfan）绿洲，波斯和中国得以联系起来。在吐鲁番，摩尼教徒们留下了许多宏伟的寺院，还有描绘摩尼及其朴素信徒们的壁画，以及一些彩饰文字饰雕。这些文字向我们展现了那些先前只能从奥古斯丁著作中获知的摩尼教仪式。[38]在 13 世纪的福建，仍然有摩尼教徒出现。[39]目前发现的一些带有许多注释的摩尼教文献都是用汉语写成的。[40]

摩尼教的传教士从他们的始祖那里接受了关于上帝、人类和宇宙的本质的指示，而这些指示，都是记录在诸如穆罕默德的著作和《古兰经》之中的。摩尼将他们派出去，以便建立起真正的人间教会。他们认为，有一种智慧能够融合和超越以前所有"教派"——罗马世界中基督教"四大福音书作者"、波斯的琐罗亚斯德、中亚的佛陀——的那些既带有偏见又十分草率和随便的直觉意识。[41]

摩尼教的传教士们在 297 年到达迦太基。他们是一些"经过严格挑选的人"，一群因为禁食斋戒而面色苍白、严格遵守一套复杂禁忌的成年男女。他们让大批"新近皈依的听众"（相当于那些"改变宗教信仰、新归信基督教的人"）聚集在他们周围，这些听众很愿意崇拜这些精神偶像，欣赏这些"经过严格挑选的传教士"的苦行禁欲的修行。这些人给他们带来了一种无法抗拒的神秘主义色彩；[42]精致复杂又神秘的祈祷[43]，极其美观的羊皮纸书卷中的摩尼著作[44]，隐藏在他们以"光明"和"黑暗"为题交谈背后的一些更深层次的信息。[45]他们将向奥古斯丁提供"明了的、没有任何掺杂的真理"[46]。

> 我品尝过甘甜的滋味，
> 但发觉什么也比不上真理之味那般甘甜！
> 我品尝过甜美的滋味，

34

但什么也不能与上帝之味媲美！

我接着品尝，

品尝一种甘甜，

但我发觉什么都比不上基督之味。

智慧招待着你，

你可以用心地品尝这一切。[47]

然而，一个20岁年轻人的"智慧"，并不一定就等同于一个中年人的"智慧"。正如奥古斯丁后来所评论的那样：

尽管梦中的食品与真正的食品非常相像，但它不能果腹，因为我们那时只是在做梦。[48]

注释

[1] *Conf.* III,iv,7. 关于西塞罗对奥古斯丁成长的影响，见 M. Testard, *S. Augustin et Cicéron*, 2 Vols. 1958; v. esp. i, pp. 20-35。

[2] Cicero, *Hortensius*, fgt. 97(*Opera*, IV, 3, ed. Müller, 1890, p. 325),转引自 Augustine in *de Trin.* XIV, xix, 26。

[3] v. esp. A. D. Nock, *Conversion: the Old and the New in Religion from Alexander the Great to Augustine of Hippo*, 1933, pp. 164-186.

[4] *Conf.* III, iv, 8.

[5] *Conf.* III, iv, 8; V, xiv, 25.

[6] *de civ. Dei*, II, 4, 14.

[7] *Conf.* I, x, 17.

[8] *C. Ep. Fund.* 8.

[9] *Conf.* III, iii, 5.

[10] *Serm.* 297, 7.

[11] Lactantius, *Divinae Institutiones*, III, 30(P. L. vi, 444—446).

[12] *Conf.* III, v, 9.

[13] *Conf.* III, iv, 8.

[14] v. esp. Christine Mohrmann, "Le latin Commun et le latin des Chrétiens", *Vigiliae Christianae*, 1, 1947, pp. 1-12, esp. pp. 1-3.

[15] *Conf.* III, vii, 12.

[16] e. g. *Serm.* 51, 5.

[17] v. *C. Faust*, XV, 1; v. esp. W. H. C. Frend, *Martyrdom and Persecution in the Early Church*, 1965, p. 374.

[18] *Acta Saturnini*, 18(P. L. viii, 701B).

[19] v. inf. p. 213.

[20] 见 W. H. C. Frend, "The Gnostic-Manichaean tradition in Roman North Africa", *Journ. Eccles. Hist.* iv, 1953, pp. 13 –26。

[21] *C. Faust*. IV, 1.

[22] *C. Faust*. XIII, 1.

[23] *C. Faust*. XX, 3.

[24] *de until. cred*. xiv, 32.

[25] *de until. cred*. i, 3.

[26] 海德公园 (Hyde Park)，英国最大的皇家公园，位于伦敦市中心威斯敏斯特教堂地区，是举行各种政治集会和其他群众活动的场所，有著名的"演讲者之角"。——译者注

[27] e. g. *C. Faust*. XXIII, 1.

[28] *de until. cred*. i, 2.

[29] 摩尼教徒比诺斯替主义者还要激进。他们不仅自称持有基督教之秘传，还自称高于任何基督徒。可参阅 A. Böhlig, "Christliche Wurzeln im Manichäismus", *Bull. de la soc. d'archéologie copte*, xv, 1960, pp. 41–61。

[30] *C. Faust*. I, 1.

[31] *C. Faust*. XX, 1-2.

[32] *de Haeres*. 46, 5.

[33] Allberry, *Manichaean Psalmbook*, p. 185, 20.

[34] Allberry, *Manichaean Psalmbook*, p. 9. 另参 J. Ries, "Jésus-Christ dans la reli-gion de Mani Quelques éléments d'une confrontation de saint Augustin avec un hymaire christologique manichéen copte", Augustiniana, 14, 1964, pp. 437–454。

[35] 目前所见关于摩尼教评价得最好的著作是 H. C. Puech, *Le Manichéisme*: *son fon-dateur, sa doctrine* (Musée Guimet. Bibliothèque de diffusion, *lvi*) 1949. 另参 G. Widengren, *Mani and Manichaeism* (trans. Kessler) 1965; Chr. Baur, *Das manichäische Religionssystem* (1831); G. Bonner, *St. Augustine of Hippo*, *Life and Controversies*, 1963, pp. 157–192; J. Ries, "Introduction aux études manichéennes", *Ephemerides Theologicae Lovanieses*, 33, 1957, pp. 453–482, 35, 1959, pp. 362–409; A. Adam, *Texte zum Manichäismus* (Kleine Texte für Vorlesungen und übungen, 175), 1954。

[36] 参阅 A. Chavannes and P. Pelliot,"Un Traité manichéen retrouvé en Chine",
Journal asiatique,sér. X,xviii,1911,pp. 499-617,sér. XI,i,1913,pp. 99-199,
261-394。

[37] Chavannes-P. Pelliot,*Journal asiatique*,sér. XI,i,1913,pp. 177-196.

[38] 参 Widengren,"*Mani*",pls. 3-8;chapter vii,pp. 107-116。

[39] 参 Chavannes-Pelliot,*Journal asiatique*,sér. XI,i,1913,pp. 340-349,一位名叫
刘路（Lu Liu，1125-1209）的官员的报告。

[40] 参 Chavannes-Pelliot,*Journal asiatique*,sér. X,xviii,1911,pp. 499-617.

[41] 参 Adam,*Texte*,no. 3d,pp. 6-7。

[42] *Conf.* III,vi,11.

[43] *C. Fort.* 3.

[44] *C. Faust.* XIII,18.

[45] *de beata vita*,i,4.

[46] *de util. Cred.* i,2.

[47] Allberry,*Manichaean Psalmbook*,p. 158.

[48] *Conf.* III,vi,10.

5

摩 尼 教

（一） 二元论 [1]

奥古斯丁作为摩尼教徒中的"听众"时间约达九年。在这群更为
激进的人之中，他并没有找到自己追求的智慧。那伙摩尼教徒是名声
不佳的小宗教派别。他们原来是非法团体，后来遭到野蛮的迫害。他
们具有一种地下秘密组织的气氛：在国外的城市中，他们只寄宿在本团
体成员那里；[2]其头领在散布于整个罗马世界的各"秘密据点"网络中
巡游。那些不信教的人都非常憎恶他们[3]，正统的基督徒对他们又恨
又怕。他们是4世纪的"布尔什维克"：潜入基督教会的"第五纵队"，
是一些用最激进的方式来解决他们那个时代各种宗教问题的人。

奥古斯丁认为，只有依靠这个团体，才能解答那个从自己"皈依"
哲学之后就一直让他思考、一直在"折磨"他的问题："我们为什么会
作恶?"[4]摩尼教对"恶"这个问题的回答是年轻的奥古斯丁对摩尼教
认识的核心。其回答异常简单和彻底，从奥古斯丁的著作中，我们就
可以完全知道这一问题的答案。由于发现了远在埃及和新疆（Sinki-
ang）摩尼教徒团体中那热情奔放的祈祷文，我们能够再次领略那个世

纪中最为纯正的摩尼教徒的宗教情感。[5]

奥古斯丁经常参加摩尼教徒的秘密集会，以便能够聆听摩尼的《生命福音书》（*Letter of the Foundation*）。在这庄严的时刻，"听众们""心中都充满了光明"。[6]这种"光明"就是一名摩尼教徒最初的、也就是最基本的宗教体验：他变成了一个对自己的一切十分明了的人。他好像刚刚从沉睡中被一声远方的呼唤唤醒了……成为"一名被召唤到尘世、满口宣称承蒙上天恩赐，终于能够了解自己的灵魂"的人。[7]

在这样被叫醒之后，这位摩尼教徒就会清楚地认识到：他并不自由。他只是将自己当成了自己的一部分，即他"善良的灵魂"[8]。因此，他自身很大一部分并不属于这片纯洁的绿洲，如情欲带来的紧张、愤怒、对性的渴望、败坏的躯体，还有他自身之外那巨大而又不断膨胀的、"牙和爪上都沾满血腥"[9]的世界。所有这些都重重地压在他身上。他希望"得到解脱"，能够"回归"或再次融入最初未受任何打扰的那种完美状态，即那已经游离了很久的"光明之国"。哪些东西有利于实现这一目标，这是非常清楚的。然而，同样清楚的是，人们自身并不能实现这唯一可能的、使其本性变得更好的期望。因此，这个"善良的灵魂"是在受胁迫的情况下发挥效用的：由于某种原因，它发现自己不但受到"监禁"、"限制"和约束，而且还遭到"侮辱和亵渎"，被当时强于它的力量不停地来回催逼。[10]"因为我们是违背自己的意愿而作恶，而且这也是事实……正因如此，我们才试图通晓事物的本因。"[11]

而摩尼教徒向奥古斯丁表明的正是这种"通晓事物的本因"。简而言之，尽管每个人都意识到，善和恶往往非常紧密地混合在其自身和周围世界中，可是，有宗教信仰的人是不可能接受"罪恶源于上帝"这种观念的；而那些理性的思想家又会认为"罪恶源于上帝"这种想法是相当荒谬的。上帝是至善的，是完全不能被怪罪的。必须让我们的上帝免遭任何直接或者间接的怀疑，这种怀疑认为，主应当为各种邪恶负责。这种"对上帝的绝对忠诚"[12]，揭示了摩尼教宗教体系在本质上如此激进的原因，他们是二元论者。他们坚信，邪恶并不来自善神，而是充满敌意的、在法力上与善神不相上下，也是永生不灭的、彼此分离的恶神对善神发动进攻的结果，即"黑暗王国"对"光明王国"

侵蚀的结果。《摩尼光佛教法仪略》（*Chinese Manichaean Catechism*）　37
中说道："人们首先要做的就是区分'二宗'（也就是善神和恶神）。"
"任何将要加入我们宗教团体的人，都必须知晓：'二宗'在本质上是完
全不同的。一个对这种明显区别都毫不敏感的人怎么能够实践此教
义呢？"[13]

　　对这个问题，摩尼教徒都是一些绝不妥协的理性主义者。奥古斯
丁也非常自信地认为，作为一名摩尼教徒，单凭理性，他就能够做到
坚持其宗教信仰的根本教义。[14]他或许会问：

　　　　这些罪恶是从哪里来的？

　　　　恶神又是从哪里来的……如果他来自一个人，那么这个人又
　　是从哪里来的呢？如果他来自某位天使，那么这位天使又来自何
　　方呢？如果您认为，它"来自上帝"，那么似乎所有罪恶和邪恶，
　　就像一根完整的链条，都与上帝自身联系在一起了。这就是摩尼
　　教徒自认为只要提出它就能够使他们大获全胜的问题——好像只
　　要提出一个棘手的问题，就意味着知晓一切一样。如果真是这么
　　回事，那么没有一个人比我更有学问了。[15]

　　用这种思想武装起来的奥古斯丁以及那些被他的新"智慧"所征
服的追随者，都是一些"极其聪明且拥有非凡雄辩才能的年轻人"[16]，
他们感觉到自己是不可战胜的：

　　　　我过去经常与那些试图坚持其信仰、但缺乏辩论技巧的基督
　　徒展开辩论，而且总是能够获胜，获胜次数之多，简直超出了我
　　自身的能力。随着一系列的迅速胜利，年轻人的冲动变成了一种
　　顽固。至于这种辩论的技巧，那是在我成为一名摩尼教的"听众"
　　之后才致力于发展的东西，我非常乐意将那些通过自己的才智或
　　阅读所获得的一切都归功于他们的教导。因此，从他们的布道中，
　　我获得了一种参加宗教辩论的激情，从他们的布道中，我对摩尼
　　教的喜爱也与日俱增。后来，事情发展到令人吃惊的程度，无论
　　他们说什么，我都表示赞同，这并不是因为我更了解他们所说的
　　那个问题，而是因为我想让他们所说的成为真理。[17]

　　作为一名年轻的摩尼教徒，奥古斯丁是一个异常聪明的年轻人。

他皈依摩尼教非常巧合地与他知识的储备、眼界的扩大同步发生。由于他决定"皈依哲学",结果他放弃了成为一名职业律师的意图。非常明显,帕特里丘,以及支持、赞助他的罗马尼阿努,过去都一直对这个孩子寄予厚望:他们希望他以律师的身份,成为帝国的一名文职人员。[18]然而,自 20 岁起,奥古斯丁就希望成为一名献身教育的教师[19],一名严格要求自己、甘为"智慧"献身的人——他急于增强自己作为哲学家的能力。就这样,通过成为一名摩尼教徒,奥古斯丁得以从传统宗教中"解脱"出来。这种解脱,与他从迦太基大学各位长辈和先生以及那些自命不凡的教授的影响下的解脱,非常巧合地同时发生了,奥古斯丁暗地里是非常蔑视这些教授的。[20]令同学们吃惊的是,他早已通过自己的努力,通晓了亚里士多德的逻辑学,也就是所谓的《十范畴论》(*Ten Categories*)。在一位博学的希腊教授的指引下,在罗马的一群有文化的贵族中间,对亚里士多德的研究正得到再一次复兴。[21]在像迦太基这样的一个省城文化圈之内,文人们一直很乐意谈论亚里士多德的这部作品,他们认为它是"伟大的、神赐般的东西"[22];只有年轻的奥古斯丁独自承担起这一挑战。因此,在他接受一种宗教时,特别是当这种宗教又一直主张抛弃任何对他活跃的独立思维能力造成威胁的东西时,几乎就没有人为此感到吃惊了。[23]

因此,作为一名摩尼教徒,奥古斯丁已经能够立即摆脱那些把传统基督徒的宗教思想搅得乱七八糟的想法。他非常自信地认为:

> 我已知晓我的灵魂以及灵魂之上的躯体,
> 自从创世以来,它们就一直相互为敌。[24]

基督教会已经在这个朴素真理的周围建立起来,没有任何必要来"淡化"如此明了的认识[25],没有必要用希伯来人的各种预言所构成的那些笨拙的框架来使它含混不清,同样,也没有必要强迫摩尼教徒相信这一点。[26]对于自己,他是能够把握住宗教的本质的。他最期望得到的就是"直接"(Immediacy)。基督在十字架上的受难直接向这样的人讲述了其灵魂所遭受的痛苦。[27]他的英雄就是多疑的多马,多马渴望直接并亲密地接触神的秘密,而基督并没有藐视他的这一渴望。

总之,奥古斯丁这个严肃而敏感的年轻人,有可能摒弃旧约中那位可怕的父亲形象。摩尼教的宗教体系谨慎地避开了这种强烈的矛盾情绪，这对后来奥古斯丁心中形成的上帝形象，起到了非常重要的作用。在奥古斯丁看来，上帝是一位既能够展现温和与宽容，同时也能够施加惩罚、报复和痛苦的父亲。[28]犹太人严厉的耶和华被看做一位满怀恶意的恶魔，早期的基督教教父则被看做一群肮脏的老家伙而统统被摩尼教所否定。后来，一名摩尼教徒给奥古斯丁写信，信中说：

> 我知道，"你的手伸向我的私处，谋杀然后吃掉，长大然后繁殖"；我知道，您总是讨厌这些东西的；我知道，您是一位喜爱高贵事物的人，喜欢那些脱离尘世、向往天堂、斧正躯体、复活灵魂的事物。[29]

摩尼教确实能够使奥古斯丁成为一名非常朴素、"超凡脱俗的"年轻人。他需要感受到这种"崇高"，或许有人会怀疑这一点。因为在他的一生中，确实还存在许多让他感到非常内疚的事。例如，西塞罗在《荷尔顿西乌斯》中曾经非常明确地写道：

> 肉体上的种种快乐，也就是被柏拉图非常严肃地描绘为"陷阱和万恶之源"的东西，是能够追求的吗？……在所有冲动中，性冲动是最为强烈的，因此它也是哲学的最大敌人……在这个由最强的感情冲动所构成的桎梏中，又有哪个人能够做到用自己的头脑进行思考，重获理性，或者集中精力来做任何别的事情呢？[30]

（很明显，奥古斯丁一生都记得这一段论述。）

> 我，一个不幸的年轻人，在步入成年人的伊始，就成为一个可怜虫，于是常常祈祷说："主啊！请以后，而不是现在，让我能够做到禁欲纯洁吧！"[31]

后来，奥古斯丁感觉到，巧妙地回避任何发自内心的罪恶感，是他作摩尼教徒期间最为显著的特点。摩尼教徒是一些严肃俭朴的人。在那个时期，根据他们苍白的脸色人们很容易就可以认出他们；在现代作品中，他们是一些最为凄苦的悲观主义的人。然而，他们只是在自身的某一方面保持这种悲观主义。他们认为，自己的另一面，也就是他们的"思想"、"善良的灵魂"，是没有受到任何玷污的，甚至可以毫不夸张地说，它是天神才具有的东西。[32]他们的宗教直接导向并确保这一点，也就是他们自身中好的部分，继续不受自身中那些本性卑微的东西的侵染和腐蚀。这种本性卑微的东西最终将"从我们身上剥离和推走，当这一切发生后，这些东西将被击败，被包成一个大大的、单独的方块，好像被囚在一座永恒的监狱之中一样"[33]。而那完全被剥离开的恶的力量，除了能够从外部冲击那善良的自我之外，将永远与善良的自我分开：

> 我除去了肉体这件无用的外衣，感到非常安全和纯净；
> 我抬起那洁白无瑕的、灵魂的双腿，骄傲地将无益的肉体踩在脚下。[34]

就这样，在成为摩尼教徒之后，奥古斯丁能够享受到真正的抚慰，它能抚平他各种强烈的野心，抚平他与人同居所带来的焦虑，抚平那无处不在的、使他与母亲之间的关系蒙上阴影的负罪感，或者至少能够让他的善良世界得以保全和不被玷污：

> 在年轻和叛逆之情初生之时，
> 我甘愿在自己的颈上套上高尚德行的枷锁，受其支配。[35]

在他的宗教情感经历中，这并不是这个异常敏感的年轻人最后一次用如此戏剧化的模式来表达自己的感情。詹姆斯·乔伊斯这样描写他心中的英雄：

> 他很容易发怒，但是他绝不会使这种愤怒成为一种十分持久的感情。他总是感觉到自己能够从这种愤怒的情感中解脱出来，好像外层皮肤很容易就从他的身体上脱落一样。他感觉到，一种非常微妙、神秘又窃窃私语的幽灵已经潜入他的身体，直接用一种邪恶的色欲，燃起他心中之火。它还避开了他的控制，让他神志清醒，却又漠不关心。[36]

奥古斯丁要为自己保存一片不受任何污染的完美绿洲，或许正是这种需要，形成了让他追随摩尼教的最为深刻的动力。在他开始意识到摩尼教宗教体系中各种理性的困难之后很久，他仍然被这种宗教对道德的态度所吸引。在罗马，奥古斯丁生了一场大病，在此期间，他经常为自己与莫尼卡之间的关系而感到内疚。更为严重的是，这种内疚感与日俱增。此时，29岁的奥古斯丁即将投身于一项更大的事业。但尽管如此，他还是非常急迫地倾听"选民"[37]的教导：

因为我仍然坚信，并不是我在作恶，而是一种别的、在我体内却并非是我的东西在行恶……我非常乐意为自己寻找借口，将一切罪恶归咎于在我之内却并非是我的某种东西。总之，行恶的并不是我。但是

——这位未来的基督教主教还会补充说：

其实这完全是我，是我的邪恶不敬和狂妄将我一分为二，使我与我对立相持。[38]

摩尼教徒完全否认自己与恶行之间的关系，他们似乎也为此付出了代价：使"善"独自处于被动和无效的境地。作为一名主教，奥古斯丁将强调摩尼教的这一方面，因为那是摩尼教宗教体系中他唯一强烈反对的地方。[39]摩尼的每一部著作都表现出这种观点，"善良"基本上是被动的，被各种猛烈的恶行所侵害。[40]在摩尼教看来，如今的世界，善良和邪恶非常可怕地混在一起，都是"善良王国"（也就是"光明王国"）遭到"邪恶王国"（也就是"黑暗王国"）粗暴侵蚀的结果。对于"善"和"恶"之间所有的紧张关系，这个"光明王国"完全不知晓。就这样，该"王国"的"统治者"，即"光明之父"，就从邪恶之中分离出来，对于"恶"的侵袭，它显得无能为力，甚至不能与之交战，哪怕连进行一次迟到的、彻底改变自身形象的能力都没有。[41]相反，"黑暗王国"却是一种主动的力量。它侵害、践踏，被驱使着向"光明之地"进发；它的那些贪婪的神灵都具有盲目性，它们完全受同伴所发出的、失控的贪婪呼声所支配。[42]当奥古斯丁26岁撰写一篇美学论文时，他用一种让人可以接受的、古典的方式，反映出这种既奇特又很有感染力的神话。在这里，"善神"再一次成为"不可分割的个体，就像一种没有雄性和雌性差别的神灵"；"恶神"却很活跃，是"一种遭到分割的事物"，不但"毫无理性"，而且既"暴躁又贪婪好色"。[43]

就这样，在整个摩尼教体系中，是"善神"被判定处于被动的状态。总之，摩尼教徒眼中的基督就是那个"正在受难的耶稣"[44]，"在整个可见的世界中，他都处于被折磨的状态之中"[45]。当虔诚到了极点的时候，摩尼教徒就会发现，一个人善良的那部分将被融合到这种亵渎神灵的、超人的物质之中，并与之混为一团；而且，在这个时候，

他们就会将自己的命运完全交付给一位就连他自己都还需要拯救的救世主。[46]

> 我乃一切，我生出众天国，是万物之基；我是世界之生命，众树之汁；万物之子们下面的甘泉。[47]

然而，在这种异常亲密和敏感的联系中，"恶神"的各种力量不受"善神"任何力量的抑制而到处蔓延（后来，奥古斯丁对此感到非常吃惊）：

> 我向自己的灵魂哭诉说，希望我能够幸免于此，幸免于这种相互吞噬的野兽所带来的恐怖。[48]

这个摩尼教徒发现，自己已经处于进退两难的境地。他所信奉的宗教向信徒们许诺说，一旦"被唤醒"，他就能够完全掌握自己的本体，就能够确保自己得救。他所信奉的宗教曾经告诫他说，他中间的一部分总是能够保持不受任何玷污，而且这种宗教还向他提供了一种严格的宗教仪式，该仪式将有助于进一步"固化"其灵魂中那些无法复原的善的因素。然而，这种自信不断被该教派的那些强有力的神秘故事所侵蚀，这些神秘故事使"善神"在面对邪恶的猛烈进攻时，似乎处于完全被抛弃和无助的境地：遭到压制、被侵犯，甚至遭到粗暴的殴打。这个神灵是如此不食人间烟火，以至于他非常危险地就失掉了自己无所不能的力量。那年长的基督教主教对摩尼教非常了解。在公开辩论的时候，他将抓住这个弱点不放，进行攻击，迫使先前信奉摩尼教的朋友退到难以招架的边缘。[49]

然而，在他成长的过程中，就是这种摩尼教成了奥古斯丁的宗教信仰。它为他的各种感情提供了一种最大限度也是最具特色的模具。或许，它比任何别的东西都能够让年轻的奥古斯丁以极其沉重的代价（至少曾经一度）否认那些只有他后来才逐渐接受、在他的神以及他本人身上（或许有人会怀疑这一点）那让人焦虑的特质。而这都是一些既严厉又"像父亲般的"特质，这些特质是基督教信仰中那无所不能的父才具有的：这位父可以爆发义怒，可以施行惩罚，而且他那独一无二的善，因着他儿子们的罪而无法临到他们，如同中间隔了一道无法逾越的鸿沟。

（二）　诺斯

375 年，奥古斯丁从迦太基返回到自己的家乡教授文学。他是带着自己新的"智慧"一起回来的。对一名非洲的公教徒而言，摩尼教徒都是些不折不扣的"异端"。莫尼卡被惊呆了。她不让奥古斯丁进家门。[50]后来她作了一个梦，这个梦告诉她，从长远的角度看，她的儿子一定会重新回到她所信奉的宗教，她才宽容了奥古斯丁。她又咨询了一位基督教主教，这位主教也很肯定地认为，奥古斯丁不会长期信奉摩尼教。他告诉她说，就连他本人都是被当作一名摩尼教徒而抚养长大的，他抄写过摩尼的那些根本性的权威之作，但是不久就发现，这些作品的内容很难让人接受。[51]

这七部根本性的权威之作，奠定了摩尼教教义的根基。这些经典作品将保持住这一教派的特性达 1200 年之久，即使在迦太基和福建这样迥异的环境下，这些经典也能保持住摩尼教的特点。[52]但是对古典时代末期的学者而言，这些经典著作中的启示是一些不折不扣的舶来品：他们无疑都是"一些波斯的神话故事"[53]。

然而，在 375 年，奥古斯丁就可以非常自信地在那些受过教育的罗马人之中宣传他的摩尼教"智慧"了。因为，对于 4 世纪 70 年代到 80 年代早期的非洲人来说，摩尼教就像 20 世纪 30 年代英国的共产主义一样，尽管是舶来品，虽然其核心也相当空洞，但其传播却非常迅速，对许多人而言，它具有丰富的内涵。奥古斯丁的摩尼教是被一个特别团体信奉的摩尼教，是迦太基大学中那些有教养的知识分子的摩尼教，是塔加斯特小镇中那些城市贵族的摩尼教。在迦太基，奥古斯丁的许多学生马上就加入了他的阵营。在像塔加斯特这样的小镇中，在避开基督教权威当局那充满警戒的检查后，很容易就能够把罗马尼阿努和他的亲戚阿里庇乌（Alypius）这样地位显赫的人争取过来。这些人都是"摩尼教的追随者"。在支持这种非法宗教上，罗马尼阿努一点都看不出有什么奇怪的地方，不仅如此，他还在法庭上与那些禁止摩尼教的、信奉基督教的皇帝就此事进行争论。[54]在这些摩尼教"追随者"中，许多人是从异教徒直接转化而来的。摩尼教自称是非洲大陆

上真正的"非犹太教教会"：它吸引着那些因基督教的兴起而受到妨害
44　的异教徒，因为它拒绝承认教会当局那些强迫性手段和旧约中的粗野
言行。[55]它很容易就能够进入那有可能皈依基督教的众多边缘人群；在
这些边缘人物中，许多饱学之士熟读过他们认为是预言基督到来的那
些神谕。[56]在 4 世纪 70 年代，这种知识分子的摩尼教似乎在非洲处于
十分引人注目的境地，奥古斯丁和他的朋友则是这种摩尼教最为活跃
的代表。后来，奥古斯丁写信给一些人，以便解释他所宣传的信仰，
这些人帮助这次摩尼教运动在非洲取得巨大成功。他们是一些勇敢可
靠的教师，除了理性之外，他们听不进任何别的呼吁。只要巧妙地向
他们介绍，他们就能够非常专业地将官方课本用作一种学习的辅助手
段，领会当局的意图。[57]

　　然而，作为一个整体，以上这些人对于摩尼教的传播，可能处于
一种次要的地位。其他摩尼教徒绝不是空谈理论的人。他们还认为，
只有自己才是改革基督教的人。其中的一些确实试图保持其基督教秘
密支持者的身份。后来，在成为主教之后，奥古斯丁就发现，他的一
名"助祭"甚至继续以"听众"的身份参加摩尼教的各种服务。[58]曾经
有一个年轻人，由于深受当时在摩尼教徒中流行的《次经》[59]中的苦修
禁欲思想的影响，就进入希波的奥古斯丁修道院。[60]其他类似的"改革
者"的身份则更为公开。在奥古斯丁成为主教后，他们公然挑战他的
地位，认为他不是一名以理性为基础的"哲人"的典型，而是一名圣
保罗的解释者。这批人成为非洲摩尼教徒的坚强核心。386 年，新一
轮的迫害（摩尼教徒的）运动开始了。奥古斯丁和他那引人注目的小
团体也放弃了摩尼教，这严重动摇了"追随者"对摩尼教的信仰，就
在这个关键时刻，他们（身份更为公开的"改革者"）走到了
前台。[61]

　　这两个团体都包含一些受过教育的人。还有一部分摩尼教徒没有
能够受到教育。这场运动吸引了大批小人物、高雅的艺术家和体面的
商人。[62]事实上，商人是最有效的摩尼教传播者。在蒙古人破坏了由沙
45　漠戈壁中的绿洲所组成的各大商业帝国之后，中亚和中国的摩尼教就
逐渐消失了。[63]在罗马帝国，商业萧条后，摩尼教的传播也逐渐停
止了。[64]

没受教育的摩尼教徒发现，在根据字面意思理解摩尼的那些深刻启示上，比起其他受过教育的教友，他们面临的困难无疑要大得多。在这些卑微的追随者中，许多人异常朴素、严格。作为"被选的"成员，他们在摩尼教徒团体中的地位与那些倔强的埃及农民相仿。作为隐士，这些埃及农民对基督教世界充满了好奇。这些人，尽管"粗鲁、原始"，但却是最具献身精神的。而且，在这样一场运动中，那些老练的知识分子很是佩服他们，这一点不足为奇。[65]

当奥古斯丁开始与这些"原始的摩尼教徒"接触时，他对摩尼教的理想开始破灭了。正是这些人坚持不折不扣地执行摩尼的经典著作给予他们的各种启示。

摩尼确实是一位宗教界的天才。与以前所有神秘主义思想家一样，摩尼非常明确地认为，人是两股相互冲突的力量的混合物，但他是通过对物质世界进行完全细致的描述，来解释这一混合物的。摩尼认为，物质世界本身就是这种混合的结果。摩尼教带来的福音就是：看得见的世界是一个巨大的"药房"，在这个药房中，光明王国中那些被毁坏的碎片精华将得到"提炼"。[66]就这样，摩尼教徒就被牢牢地嵌入这个可见的世界之中。在他周围，每一种物质的发展都是以拯救他为目的的。在别人看来，他可能会崇拜太阳，就像异教徒一样[67]，向它下跪[68]，并抬头向它祈祷[69]。然而，异教徒会觉得，自己远在太阳之下。人只是一些"被自己的身体所束缚，为欲望、悲伤、愤怒所左右……后来又被如此众多的欲望所妨碍的"[70]动物；太阳却明显是"看得见的神"，一种超越人的智慧的生物。它用完美的节奏，在远离尘世的高空中按照自己的方式自由地运转着。[71]而摩尼教徒却认为，在太阳之中，除了能够看到那炫目的太阳光之外，看不到任何东西，而这种光芒就是自身中那已经被提炼到最后阶段、准备融入"光明王国"之内的精华物质。[72]而这位摩尼教徒也将迎来一种兴奋，这种兴奋是当自身进入一种不可避免的阶段之后产生的，摩尼的经典著作"客观"、"科学"地描绘这一过程：

46

> 光芒将回归太阳，
>
> 芳香将回归芳香……
>
> 光明将返回到它原来之所在，

黑暗将被击落，永远都不可能再次升起。[73]

在"耶稣基督的使徒"中，还没有人能够告诉信徒："可见世界是用何种方式创建的，自始至终都发生了什么。"[74]事实上，还没有哪一种宗教能够如此彻底、如此写实地对待这可见的世界，就像将一种内心的精神冲突加以具体化一样。[75]

当然，摩尼教对现实世界的描述与那些受过教育的罗马人所熟悉的那个世界有所不同，因为这个世界已经被摩尼那使人忘我的宗教学说极大地扭曲了。[76]由于摩尼教徒绝不承认，他们关于物质世界的描述"只是一种象征着某种更为深刻的真理的神话"[77]，因此摩尼教经典著作中所说的与在物质世界中所观察到的事实之间的冲突，几乎就是不可避免了。例如，摩尼教认为月亮的圆缺并不仅仅是某种精神活动在远处的反映，而是由一种"光"的碎片流引起的。这种光流被从尘世大地上释放出来，不断向天际攀升。一个摩尼教徒的道德训练，以及能够让他为得出一个奇妙结论而进行精神上的战斗的那种判断力，都取决于他是否毫不犹豫地接受摩尼对于物质世界的各种运动的解释。

就在他完全成为一个摩尼教徒的同时，奥古斯丁就开始将注意力转移到物质世界之上了。他决定继续学习，成为一名哲学家。[78]不久他就从塔加斯特返回迦太基。到 380 年时，他已经写出了他的第一部作品——《论美与适合》（*On the Beautiful and the Fitting*）。此外，为了获得更多的哲学知识，他继续挖掘西塞罗的作品。[79]他注意到，即使在《荷尔顿西乌斯》中，也可能包含有与摩尼教教义相矛盾的、关于日食和月食本质的叙述。[80]他还涉猎占星学方面的知识。对一位如此渴望知识的年轻人来说，这样做为他提供了一门"艺术"，这种艺术包含在那些能给人留下深刻印象的"科学"作品之中。这些科学书籍，能够使他接触那些掌控他命运的、不受任何人影响，同时又是无所不能的力量。[81]就像在文艺复兴时期一样，4 世纪时，科学与"伪科学"是同时盛行的。在这个时候，奥古斯丁遇到了一位卓越而精明的医生，这位医生也曾经考虑过，用这些占星学的著作来替换希波克拉底（Hippocrates）[82]的作品。[83]在这些书中，确实包含着异常准确的、关于星辰运动的知识。就像波西米亚的鲁道夫二世需要第谷·布拉赫的表格，那位十分关注细节的中国皇帝需要耶稣会传教士的观象仪一样，为了摆出正确的天宫图，罗马帝国晚期的星象学家确实需要进行以经验为根据的观察。[84]摩尼教徒曾经谴责占星术说：和他们自己的经典著作中的"很具客观性的"智慧相比，占星术是非常业余的小玩意。[85]然而，不久奥古斯丁就认识到，这些星象学家的天文计算是正确的，而他自己则是一个只追求真理的人[86]。

有人告诉他，只有摩尼教中最为有名的领袖米莱维斯的福奥斯图（Faustus）[87]才能够帮助他。看到这个人写的小册子，他就向此人发出了求教问题的请求——此人和奥古斯丁属于同一个文化圈子，早就以知识渊博而闻名遐迩了。由于此人很少外出布道，因此能够保持住自己的威名。[88]这里确实来了一个"顶尖高手般的人物"，能够解释一切。383 年，福奥斯图到达非洲时，奥古斯丁就亲身体验到，是什么样的人主宰着这场拉丁世界中的运动："我突然发现这个人对自由的学术研究除文学之外一无所知，而且在文学方面也造诣平平……"[89]

福奥斯图对摩尼启示中那些十分复杂的东西也没有太大兴趣。[90]他代表着摩尼教中的一个派别，该派别主张建立一种"改革后的"基督教。他主张以基督为榜样，像圣法兰西斯（St. Francis）一样彻底过"真正的"基督徒的生活。[91]福奥斯图是被 4 世纪宗教骚乱所推出的宗教领袖的典型。他出生于米莱维斯（Milevis）的一个贫穷人之家[92]，因此是自学成才的。为了指导奥古斯丁，他决定进一步研习更多的古典文学作品。因为这些作品是他结交那些或许今后能够为他的运动带来帮助的文人和名士的通行证。[93]但是，福奥斯图实际上并没有得到作为一名摩尼教徒的奥古斯丁的支持。第二年，奥古斯丁将离开迦太基到罗马去。[94]尽管摩尼教的道德思想或许仍然能够吸引他，但他决定从一个更令人信服、更为纯正的古典学渊源中寻求他的"智慧"。

然而，除了"波斯"宗教体系和希腊——罗马世界观之间的冲突外，还有另外一些东西也是非常重要的。4 世纪的许多拉丁知识分子发现，他们已经把一些非希腊罗马的古典神话当作其宗教的一部分接受了。在一名保守的异教徒看来，奥古斯丁是"方离虎口又入狼窝"，刚刚摆脱了旧约的美索不达米亚和希伯来的民间故事的控制，又深受摩尼的美索不达米亚式的启示的影响。[95]由于在本质上是一种静止的宗教，摩尼教从一个更深的层面，破灭了奥古斯丁的理想。"在摩尼教

48

中，我没有取得任何进步。"[96] 这是后来年老的奥古斯丁发出的对摩尼教宗教体系的明确谴责。摩尼教徒已经避免了成长过程中各种程度的张力。在他们自身体内，寄居着一些既让人感到欣慰又没有受到任何玷污的完美的碎片，任何与这些完美碎片画像相冲突的东西，摩尼教徒都决定与之相分离。通过这种方式，摩尼教徒声称，他们在道德上解放了自身中的"善"。因此，摩尼教的训练是建立在一种对人们行为方式有着十分朴素的看法的基础之上。情况异常乐观，因为它认为，49 对一个具有理性的人来说，一旦被"唤醒"，进入真实的状态，就一定能够按照既定的路线，着手解放自己的灵魂。[97] "如果他知道如何遵照这些礼仪，那么他就会清醒过来。他头脑中的明亮部分就能够回归到它那纯粹的状态；暂时寓居在他身体之内的'善'的'外来'本质也将从各种危险中解脱出来……"[98] 由怀疑、无知和深深植根于欲望之城中的那些由张力所组成的各种复杂状况，都被摩尼教故意忽略了。由于摩尼教徒都高谈"解放"，因此在他们的宗教语言中，没有任何空间来展开他们成长过程中的微妙进程——没有任何空间来"恢复"和"更新"。[99]

在知识分子圈内，情况也同样如此。对一名古希腊和古罗马人而言，"智慧"是进行长期知识技能训练和个人成长的结果。通过与这种理想进行对比，随着自己一天天成长，奥古斯丁逐渐明白，摩尼教徒只不过向他呈送上一种最天然的"神秘主义的直觉"：他已经遭遇到一个神秘而奇特动人的"秘密"启示，这种启示要求有意回避一个古代哲学家探寻真理时的紧迫性和冲动。[100]

作为摩尼教徒，奥古斯丁曾经是一位非常严肃的年轻人，做好了随时充分运用自己聪明才智的准备。他的宗教信仰赋予了他写作第一本书的灵感。他被带入到一种对"恶"的本质进行的真正抽象思考之中。本来他可以继续认为自己是一个好基督徒的。但是，在他能够写信给他以前的老师们之前，他还不得不穿过一名柏拉图思想的代表者——那伟大的普罗提诺——的异教徒的"智慧"：

> 他们粗暴地对待你，就随他们去吧。这些人不知道，要发现真理，需要付出怎样的艰苦劳动……他们也不知道，为了能够窥见他的太阳，需要忍受多大的痛苦，才能治愈他精神上的

眼睛。[101]

注释

[1] H. C. Puech,‘Der Begriff der Erlösung im Manichäismus’,*Eranos Jahrbuch*, 1936,pp. 183-286.

[2] *Conf.* V,x,19.

[3] *de util. cred.* i,2.

[4] *de lib. arb.* I,ii,4.

[5] 科普特人（Coptic）的赞美诗集给人留下深刻印象。其中收集的是与奥古斯丁差不多同时代的作品，也有一些出自基督教化的罗马帝国的某个行省。Ed. and trans. C. R. C. Allberry, *A Manichaean Psalmbook（part II）*（Manichaean Manuscripts in the Chester Beatty Collection, vol. II）,1938; v. P. —J. de Menasce,‘Augustin manichéen’,*Freundes für Ernst Robert Curtius*,1956,pp. 79-93.

[6] *C. Ep. Fund.* 5.

[7] Allberry,*A Manichaean Psalmbook*, p. 219. v. Puech, "Begriff d. Erlösung", *Eranos Jahrbuch*,1936,pp. 224-226.

[8] *de ii anim.* I.

[9] *C. Fort.* 21.

[10] *Conf.* IV,xv,26.

[11] *C. Fort.* 20.

[12] Simplicius,*Commentary on the Enchiridion of Epictetus*,27（Adam, *Texte*,no. 51,p. 74）.

[13] Chavannes-Pelliot,*Journ. asiat.* sér. XI,i,1913,p. 114.

[14] e. g. *C. Fort.* 19.

[15] *de ii anim.* 10.

[16] *de util. cred.* vi,13.

[17] *de ii anim.* 11.

[18] *Conf.* III,iii,6.

[19] *Conf.* IV,ii,2.

[20] *Conf.* IV,xvi,28.

[21] L. Minio-Paluello,‘The Text of the *Categoriae*：the Latin Tradition’,*Classical Quarterly*,39,1945,pp. 63-74.

[22] *Conf.* IV,xvi,28.

［23］学生时代的奥古斯丁几乎没有受到教士时代的奥古斯丁主张的影响，即认为
　　　教授是不可或缺的。*de util. cred.* vii，16-17。

［24］Allberry，*Manichaean Psalmbook*，p. 56.

［25］*C. Faust.* XII，I.

［26］*C. Faust.* XVI，8.

［27］*C. Fort.* 7.

［28］参阅 *C. Faust.* XXI，I；3。

［29］*Ep. Secundini ad Aug.* 这样的看法并不仅限于 4 世纪。如 J. H. Newman "*Loss
　　　and Gain*"中，英雄高呼道："一位独身、纯洁、斋戒、赤身，最终成为一名
　　　殉教者的使徒，比起一位在家享受天伦之乐、有着大量世俗物品、儿孙绕膝
　　　的古代以色列人，其思想境界要高尚得多。"

［30］in *C. Jul.* IV，xiv，72.

［31］*Conf.* VIII，vii，17.

［32］*Conf.* IV，xvi，31，cf. IV，xv，26.

［33］*de Haeres.* 46，6（Adam，*Texte*，no. 49，p. 70）.

［34］Alberry，*Manichaean Psalmbook*，p. 99.

［35］Alberry，*Manichaean Psalmbook*，p. 97.

［36］James Joyce，*A Portrait of the Artist as a Young Man*（Jonathan Cape，1944，p.
　　　70），cf. Puech，'Begriff d. Erlösung'，*Eranos Jahrbuch*，1936，pp. 206 -207.

［37］摩尼教教团分为教师、教监、牧僧、选民（正信教徒）和听众（一般教徒）
　　　五个教阶。选民处于第四等级，主要职责是宣传教义。——译者注

［38］*Conf.* V，x，18.

［39］v esp. *OP. Imp.* I，97.

［40］Chavannes-Pelliot，*Journ. asiat.*，sér. X，xviii，1911，p. 546. 其中由中国人撰写的
　　　专题论文清楚地表明，摩尼教中"光明王国"被"黑暗王国"侵蚀的故事被
　　　视为个人经历的真实反映。善良、独立的灵魂被一种邪恶的无法控制的外来
　　　力量侵蚀。

［41］e. g. Adam，*Texte*，no. 7，p. 16；Alexander of Lycopolis，*de placitis Manichaeo-
　　　rum*，3："善神"缺乏必要的抵御"恶神"侵袭的手段。

［42］Adam，*Texte*，no. 5b，p. 13.

［43］*Conf.* IV，xv，24.

［44］*C. Faust.* XX，2.

［45］*Enarr. in Ps.* 140，12.

［46］*C. Fort.* 18；*Enarr. in Ps.* 140，12.

[47] Alberry, *Manichaean Psalmbook*, p. 54.

[48] Mary Boyce, *The Manichaean Hymn Cycle in Parthian*, 1954, p. 83.

[49] *C. Fort.* 33-37.

[50] *Conf.* III, xi, 19.

[51] *Conf.* III, xii, 21.

[52] 戴克里先皇帝于 297 年(Adam, *Texte*, no. 56, pp. 82-83), 刘路(Lu Liu)于 1166 年(Chavannes-Pelliot, *Journ. asiat.* sér. XI, i, 1913, p. 349)均把这些书籍挑出来并焚毁。关于这些书籍, 参 Widengren, Mani, pp. 74-81, 110-113。

[53] e. g. *de util. cred.* xviii, 36.

[54] v. inf. p. 90.

[55] *C. Faust.* XIII, 1.

[56] *C. Faust.* XIII, 1. 奥古斯丁在迦太基认识的福拉希阿努斯就有这样一本《神谕集》(*de civ. Dei* XVIII, 23, 6)。

[57] *de util. cred.* vii, 17.

[58] *Ep.* 236.

[59] 摩尼教中保存了许多基督教的次经。若非此, 这些作品可能已完全遗失。——译者注

[60] *Ep.* 64, 3.

[61] v. J. Ries, ' La Bible chez S. Augustin et chez les manichéens ', *Rev. études augustin.* ix, 1963, pp. 201-215.

[62] e. g. the names given in the abjuration of a Manichee(P. L. xlii, 518).

[63] Adam, *Handbuch der Orientalistik*, I, Abt. , viii, 2, pp. 118-119.

[64] Possidius, *Vita*, XV, 5: a rich Manichaean merchant, Firmus. v. *Enarr. in Ps.* 136, 3, on the exceptional freedom of movement enjoyed by a merchant.

[65] *de mor. Man*(II), xx, 74.

[66] Chavannes-Pelliot, *Journ. asiat.* , sér. X, xviii, 1911, p. 515.

[67] *C. Faust.* XX, 1.

[68] *de mor. Man*(II), viii, 13.

[69] *C. Fort.* 3.

[70] Plotinus, *Ennead*, II, 9, 5(MacKenna, 2, p. 136).

[71] Plotinus, *Ennead*, II, 9, 4(MacKenna, 2, p. 135).

[72] *C. Faust.* XX, 1.

[73] Alberry, *Manichaean Psalmbook*, p. 215.

[74] *C. Fel.* I, 9.

［75］"混合的本质和原因"是摩尼教教义的核心。对那些新近皈依的人来说，这仍是一种秘密（*de ii anim.* 16.）。

［76］摩尼对传统的作为星象学学说基础的天文数据有过曲解。参 Widengren（*Mani*, ch. iv, 4, pp. 69-72, esp. p. 72）。

［77］*C. Faust.* XV, 6.

［78］A. Solignac'Doxographies et manuels dans la formation philosophique de S. Augustin', *Rech. augustin.*, i, 1958, pp. 113-148.）强调奥古斯丁阅读那些汇集各派哲学家观点的二手著作的重要性。

［79］参 Testard, *S. Augustin et Cicéron*, i, pp. 64-68; *Les Confessions*（trans. Tréhorel and Bouissou, *Bibliothèque augustin*, ii, sér., 13, pp. 671-673）中 A. Solignac 的注释; Takeshi Katô, 'Melodia interior. Sur le traité *De pulchro et apto*', *Rev. études augustin.*, xii, 1966, pp. 229-240。

［80］见 *de civ. Dei*, III, 15, 39, 有关日食的论述。

［81］*Conf.* IV, iii, 4.

［82］希波克拉底（约前 460—前 377），生于小亚细亚科斯岛一个医生世家，古希腊著名医生，被称为西方"医学之父"。——译者注

［83］*Conf.* IV, iii, 5.

［84］8 世纪时有一些摩尼教天文学家参与这些观察活动。Chavannes-Pelliot, *Journ. asiat.*, sér. XI, i, 1913, pp. 152-153, 161.

［85］ed. H. J. Polotsky, *Manich? ische Homilien*, 1934, pp. 30, 3.

［86］*Conf.* V, iii, 3, 6; cf. *de doct. Christ.* II, xxi, 32.

［87］米莱维斯的福奥斯图，出生于努米底亚米莱维斯（今阿尔及利亚的米拉）一个贫困的异教徒家庭，4 世纪摩尼教的一名主教，383 年左右与奥古斯丁在迦太基相遇，后者向他请教，但他的答复并不令人满意。为反击他对基督教的攻击，奥古斯丁撰写《驳福奥斯图》，全书共 33 卷。——译者注

［88］*Conf.* V, iii, 3.

［89］*Conf.* V, vi, 11.

［90］*Conf.* V, vii, 12.

［91］*C. Faust.* V. 1.

［92］*C. Faust.* V. 5.

［93］*Conf.* V, vii, 13.

［94］v. inf. p. 57.

［95］*C. Faust.* XIII, 17.

［96］*Conf.* V. X, 18.

［97］ C. *Fel.* II,8. 见 Bonner,*St. Augustine*,pp. 174-175。

［98］ Chavannes-Pelliot,*Journ. asiat.* ,sér. X,xviii,1911,p. 546.

［99］ *de mor. Man*(II),xi,22.

［100］ v. esp. *de mor. eccl. cath.* (I),xxv,47.

［101］ C. *Ep. Fund.* 2.

6

朋 友

　　奥古斯丁从来不会感到孤独。当他返回塔加斯特时，便形成了以他为中心的、有着深厚和长久友谊的朋友团体。那些和他一起长大，一起上学，后来又追随他的人，如今都以摩尼教徒的身份团结在他的周围。[1]过去，他们都被摩尼教徒的勤俭严肃吸引住了[2]，他们中确实有一位是这样评价年轻时的自己的：皈依摩尼教的那段时间是他一生中唯一感到异常纯洁的时期。[3]此时的奥古斯丁，已经不知不觉地过上了与人同居的生活，这种情况在这群独身者中相当少见。他们认为，音乐是一种神赐的礼物；[4]他们在一起讨论美的本质；[5]他们觉得自己已经摆脱了竞技游戏的黑暗深坑。[6]奥古斯丁非常清楚，应当如何让这种友谊永远都处于"因双方共有激情的热量而沸腾不已"[7]的境地。

　　一起交谈，一起欢笑；彼此之间互相帮助；共同阅读有趣的书籍；从最浅显的笑话到最高深的交谈，再从最高深的交谈到最浅显的笑话。即使不能达成一致，也不会带有任何的恶意，就像一个人与自己发生分歧一样。在发生冲突时，极少出现这样的局面，我们都能够心平气和地找出解决的办法，很正常地取得共识；我们相互为师，相互学习；当有些人不在的时候，其他人都非常焦急地等待着他们的归来。在他们回到我们这里时，我们都兴高采烈地加以欢迎。所有的这一切，都是我们发自内心的行动，从中我们向别人表达了我们的关爱，同时也能够接受这种关爱的回报。所有的这一切，都是通过笑脸、声音、眼睛，以及其他上千种令人愉悦的方式完成的。我们所做的这一切，点燃了一种将我们各自的灵魂锻造在一起，使我们成为一个整体的火焰。有他们的陪伴，所有的一切都能够让我的内心充满喜悦。[8]

51　　在所有的这一切中，很明显有一个人并没有加入他们的队伍，就是那位和奥古斯丁同居的女人。我们对她的好奇真是一件很现代的事情，就连奥古斯丁和他那些学者朋友也会发觉这是很奇怪的。毕竟，为什么上帝要选择让一个女人与亚当生活在一起？"她是否是亚当所需要的伴侣和交谈的对象？"奥古斯丁将回答说："如果安排两个男人在一起，成为朋友，而不是一个男人和一个女人，情况将会更好些。"[9]夏娃为亚当生了一些孩子，同样，这位名字不为人知的女人也为奥古斯丁生了一个儿子——阿迪奥达图斯。我们只对阿迪奥达图斯有点滴的了解。在他的母亲去世几年后，我们才在奥古斯丁的作品中了解到这个孩子的一些状况。16 岁之时，"他的天赋着实让我很吃惊"。但他不久后便离世，从此奥古斯丁的著作中就再也没有提到这个孩子了。我们只看到奥古斯丁感叹道："在这个孩子身上，除了罪孽，我一无所有。"[10]

　　这个女人与奥古斯丁一直生活到 385 年，直到奥古斯丁与一位年轻的女继承人订婚并打发她离开为止。这种类型的同居是当时罗马人生活的一个传统。只要同居者双方彼此忠诚，甚至是正统的基督教会都准备承认它。[11]

　　因为一桩合法的婚姻十分复杂，有许多禁忌：它需要结婚双方地位相仿，同时还牵扯到十分复杂的家族安排。作为一名"事业正蒸蒸日上"、来自一个行省的教授，除了与一位同居者结成一种"二等婚姻"之外，奥古斯丁没有任何别的要求。他根本不愿意因为一种过早的结合而为塔加斯特某个破落的名门望族所束缚。[12]他也不想当一名城市议员，因为他担心城市议员所承担的责任——征收税收、组织公众竞技表演、确保公共浴池的温度恰到好处，这些会给他造成束缚。毕竟，在这个时代，在希腊化的东方世界中，那位最伟大的雄辩家安提阿的黎巴尼乌（Libanius）[13]对这样的安排非常满意："一位出身不自由但却十分优秀的妇女，我儿子的母亲，比任何仆人都要好"![14]

当然，一桩体面的安排并不需要是非常文明的安排。例如，在罗马帝国晚期，还没有哪位绅士会为与其同居的女子写诗。与他同居的女子是他的家庭女佣，他儿子的母亲，身份地位远远低于他。在奥古斯丁痴迷于摩尼教期间，那位与他同居的女子可能一直是一个基督教的慕道友；[15]他们的儿子"是由上帝所赐"，被称为阿迪奥达图斯。这是古迦太基语中的"Iatanbaal"的拉丁语写法。至于这个词的宗教含义，则是迦太基的基督教徒普遍采用的一个名字。[16]要让这个女人来约束他，奥古斯丁也不是特别乐意：他记得，他们之间"纯粹是一种肉欲冲动的结合"[17]。在这段时间内，多数情况下莫尼卡是和儿子住在一起，莫尼卡的到来造成一种气氛，在这种气氛中，或许奥古斯丁的焦虑不安是不足为奇的。他对另外一位受到母亲压迫的年轻人说："那有什么区别呢？无论是在妻子那里，还是在母亲那里，在任何女人身上，夏娃（即诱惑别人的女人）仍然是我们必须要提防的对象。"[18]

385 年，并不是出于道德上的顾虑，而是一种野心，促使奥古斯丁抛弃了那位与他同居多年的女子。奥古斯丁必须和一位女继承人结婚。只有像黎巴尼乌斯那样的人，才能保持对与其同居者的忠诚，直到她去世为止。这是因为，他是一位很受人敬重的人，出身富裕之家，作为安条克这座东方著名城市中的既得利益者的代言人，他受到了严格的保护。正在西方拉丁世界中谋求发展的奥古斯丁，从来都不敢奢望取得如此稳固的地位。在非洲行省的一个小镇里，要么选择贫穷和厌倦，要么从事一种让自己完全摆脱家庭出身影响的职业。取得长久成功的唯一机会就是与豪门望族建立同盟关系，这些豪门望族能够在遥远的罗马和米兰控制来自各行省的才俊的命运。[19]那位不知名的、与奥古斯丁同居了很久的女子被送回了非洲，她成了基督教教义和米兰人极度势利的牺牲品。[20]

尽管塔加斯特小镇的生活绝不可能让奥古斯丁满意，但是让他离开家乡的却是一件纯粹的私事——他的一位朋友之死带来的打击。他的这位朋友已经成为一名摩尼教徒。"他的思想已经和我一起走上了歧途，而我的心也已经不能没有他了。"[21]由于奥古斯丁在与人交往的过程中具有很强的支配欲，因此，成为奥古斯丁的朋友就意味着要经常

52

成为奥古斯丁本人的一部分：“在很多时候，我们相互依靠。”[22]这位朋友的家人信奉基督教，因此当他倒地昏迷不醒时，他的家人就给他行了洗礼。奥古斯丁一直在旁守候，并不担心这种原始的举措。他非常自信地认为，他的朋友一定会和他一起来嘲笑这种洗礼的，但是当朋友恢复知觉后，“他就像对待仇敌一样地对待我，用突然的、异乎寻常的坚决态度警告我，如果要和他继续做朋友，就绝不能再说那些话了。”[23]几天后，当奥古斯丁不在他身边时，他便溘然长逝了。朋友之死和他领受基督教洗礼这两件事都让奥古斯丁觉得自己被抛弃了，这使他很害怕：“我逃离了我的故乡。”[24]于是奥古斯丁不顾赞助人罗马尼阿努的意愿，非常强烈地希望返回迦太基。[25]这一次，他不是来到一口“鼎镬”里。376 年，在他 22 岁之时，他来到作为非洲首府的迦太基，把那里作为他今后事业的一个跳板。

53

注释

[1] *de ii anim.* 11,24；cf. *de mor. Man.* (II)，xix，71.

[2] *Conf.* VI，vi，12.

[3] *Ep.* 259，3.

[4] *de mor. Man.* (II)，v，16；cf. Allberry，*Manichaean Psalmbook*，p. 168，20.

[5] *Conf.* IV，xii，20.

[6] *Conf.* VI，vii，12.

[7] *Conf.* IV，iv，7.

[8] *Conf.* IV，x，13.

[9] *de Gen. ad litt.* IX，v，9.

[10] *Conf.* IX，vi，14.

[11] v. *Serm.* 312，2.奥古斯丁后来对此事的态度是：“如果你没有妻子，你就不会有和你同居的人，就是你后来为了娶一个妻子而打发走的人。”他也确实是这样做的。

[12] e. g. *Conf.* II，iii，8，“受妻室之累”的表述。

[13] 黎巴尼乌（约 314—394），罗马帝国晚期一位讲希腊语的修辞学教师、雄辩术学者，后归信基督教。——译者注

[14] Libanius：*Autobiography*（*Oration I*），ed. and trans. A. F. Norman，1965，§ 278，p. 143，p. 231.与奥古斯丁一样，他只提到她的儿子名西蒙。

[15] v. inf. p. 80.

[16] I. Kajanto,*Onomastic Studies in the Early Christian Inscriptions of Rome and Carthage*(Acta Instituti Romani Finlandiae,II,1),1963,pp. 102,115.

[17] *Conf.* IV,ii,2.

[18] *Ep.* 243,10.

[19] *Sol.* I,x,17—xi,19.

[20] *Conf.* VI,xv,25. v. inf. pp. 79-80.

[21] *Conf.* IV,iv,7.

[22] *Conf.* IV,iv,8.

[23] *Conf.* IV,iv,8.

[24] *Conf.* IV,vii,12.

[25] *C. Acad.* II,i,3.

7

成　功

时间并不闲着，并非无所事事悠然而逝。通过我们的感觉，时间在我们心中进行着令人惊奇的工作。时间一天天地流逝，把新的希望、新的回忆注入我的心中……[1]

376年，迦太基仍然是西罗马帝国的第二大城市。[2]它那令人惊叹的人造港口被许多柱廊包围着，整齐的街道隐藏在郁郁葱葱的树林中，码头也是向全世界开放的。[3]在"水手广场"上，奥古斯丁可以看到一副鲸鱼的骨架，这骨架很大，足够让12个成年人躲藏其中。[4]他还可以看到一幅展示西奥波特人（Sciopod）的镶嵌画——西奥波特人是一些生活在罗马帝国境外很远地区的居民。[5]在街上的书报摊，他可以找到数世纪之前诺斯替派异端的作品——后来，对那些年龄较大的主教而言，这些作品是他们悲伤的根源；对那些充满好奇心的年轻人而言，这却是一种令人激动不已的发现。[6]

奥古斯丁本来会在这座城镇的公共活动中心教授修辞学的，而人们也只打算用一幅窗帘来把他的教室与公众集会场的喧闹隔开。对奥古斯丁来说，这未免太过于公众化了。而他的学生大多是好吵闹的热血青年，是非洲各地（还有一位甚至是希腊化东方的）[7]一些富裕家庭送来为了获得一种"恰当的"教育——对西塞罗有个一知半解——的青年。如果奥古斯丁不想只限于在迦太基从事这一行业，他就不得不仰仗拜萨(Byrsa)那座高山。因为那座山上有地方总督的官邸。尽管这些总督来自海外,任期很短,但他们对该城镇的日常生活是很有影响力的。对一个年轻的修辞学教师而言,他们就是他的定心丸。因为这些贵族都是文学鉴赏的行家,都是一些把良好的古典教育看做是谋取高位的最重要素质的人,同时也是一些最具影响力的古典文学的赞助者。

55

晚期的罗马帝国是一个实行军事独裁的国家。然而,在奥古斯丁出生到去世的这段时期,高卢和意大利的文雅的贵族们享受着这短暂的"暖冬时期"。而在他们之前的瓦伦廷一世(Valentianian I)[8]皇帝,却是一名严酷的军人。在他周围,是一些对古典传统毫无同情心的职业管理者。据说他曾经用那些被其清洗的人来喂熊,他甚至还允许他的军事指挥官迫害非洲的上层人士。[9]然而,尽管如此,这位浅薄的人还是为让儿子接受到良好的教育而发愁。奥索尼乌是一位来自波尔多的修辞学教授,在瓦伦廷一世去世之际,他刚迈入中年。早年,他曾经担任过那时尚未成年的皇帝的家庭教师,如今他发觉,自己成了小皇帝的新宠。凭借这一点,他成为一群保守文人的傀儡首领,他们决定充分利用这位新的统治者。在奥古斯丁开始成为修辞学教师时,奥索尼乌的儿子和女婿来到了迦太基,出任总督一职。[10]对奥古斯丁的事业而言,再也没有比这更好的发展兆头了。

在罗马,那些颇具威严的元老院的元老都急急忙忙地将那些"对智慧满怀激情的人"视为自己的朋友。例如,西马库斯(Symmachus)[11]就是一名以其文学方面的才能而获得名望和影响力的元老院成员。当奥古斯丁还是一名学生时,他皈依了"智慧"[12],而就在那一年,西马库斯来到迦太基出任地方总督。像西马库斯和他在罗马的朋友那样的人,都自认为是"人类的精英"。他们非常乐意赞助,后来逐渐吸纳像奥古斯丁这样的人。他们需要一些能教授自己儿子的老师,需要一些训练有素的代理律师,需要一些受他们传统威望恰如其分的影响的非专业管理人士。这些人代表着像奥古斯丁这样的年轻人抱负的顶峰……

> 有一座庄园,一间房子,多个被清泉浇灌的花园。灯罩中散发出柔和的、大理石般的光芒。这样的生活有助于让我转向一个

十分古老的时代，仔细揣摩古代作家们所留下的、以渊博的学识写就的作品。[13]

没有这些人，奥古斯丁很有可能会一直待在迦太基；没有这些人，他也不会在人生的关键时刻应西马库斯之请从罗马来到米兰，去会见西马库斯的亲表弟安波罗修。[14]

在迦太基，奥古斯丁不久就和一些有名的局外人取得了联系。他曾经因一组诗而获得奖励，因此他成了为他颁奖的温迪希阿努（Vindicianus）总督的朋友。[15]温迪希阿努是一位成功的宫廷太医（他很擅长治疗消化不良，使人免于痛苦的外科手术，当人们看到这一点时，人们对他的本领一点都不会惊奇）。[16]虽然他并不是一位优雅的演说家，但他才思敏捷，充满活力。他是一个依靠自己的才能脱颖而出的、给人以很大鼓舞的典型例子。在奥古斯丁面前，这位"精明的老人"[17]经常表现得很随和，同时又"像一位父亲"，警告他远离星象学。[18]对古典学的共同爱好使他们两个紧密相连，使诗人和总督平等相待。

对这些人而言，真是"条条大路通罗马"。在 380 年左右，奥古斯丁决定将他的第一本书——一篇关于美学的论文，奉献给罗马的一位名叫希尔里乌（Hierius）[19]的演说家。奥古斯丁只知道希尔里乌的名声。和他一样，希尔里乌也是一位精通拉丁文的外省人（或者，更为确切地说，是一名讲希腊语的叙利亚人）。他也声称自己不但是一名雄辩家，而且还是一位哲学家。[20]就像奥古斯丁和他的学生一度曾做的那样，希尔里乌和他的兄弟都被吸引到西马库斯的异教徒团体中。[21]

阿里庇乌和内布里迪乌（Nebridius）是奥古斯丁最好的朋友，他们成为奥古斯丁生活不同方面的缩影。阿里庇乌是奥古斯丁孩提时代的朋友，来自塔加斯特一个望族，是一个实干家。[22]他很适合当一名处理行政事务的律师。[23]后来，他深受格斗表演的血腥杀戮的影响。令人惊奇的是，他很崇敬摩尼教徒的贞洁观，这主要是因为他在年轻时期有过一段不幸的艳史。[24]后来在米兰，他也不为奥古斯丁思想方面的不稳定表现所动，而以一种诚实的"神圣生活"的倡导者形象出现。当他最终决定脱离俗世皈依基督之时，他是在十分平静的状态中作出这个决定的。[25]由于他把自己完全奉献给了新追求的事业，因此很自然的，他就能在冰冻的土地上赤足前行。[26]阿里庇乌是一个严肃的权威主义者，他的热情好客是出了名的，上天赋予他一种冷静和百折不挠的决心，在他以后的日子里，他仍然是以奥古斯丁"第二自我"的形象出现的。

奥古斯丁的另外一个朋友内布里迪乌，来自一个更为悠闲和高雅的世界。他是一位让奥古斯丁着迷的人物，因为奥古斯丁在谈及他时总是称呼他为自己的"密友"。[27]与阿里庇乌和奥古斯丁不同，他并不想成为一个向上爬的人。他是一个很富有的迦太基人，本身并不是基督徒，完全有能力过一种专门的隐退生活，就像罗马那些"并不以此为职业的"元老院成员一样。他跟随奥古斯丁从迦太基去到米兰，仅仅是为了陪伴挚友。[28]他和奥古斯丁辞职后，以隐士的身份回到各自的家乡：迦太基和塔加斯特。他在 390 年去世，这标志着一段真正的、亲密无间的友谊的终结。17 年之后，奥古斯丁是这样回忆他的，他对一位主教说：

> 即使在我阅读您的信件，思考其中内容的有限时间内，我都会想起我的朋友内布里迪乌。尽管当时他还只是一位异常勤奋的学生，非常渴望钻研一些十分困难的问题，但是他讨厌对某个重大问题只给出一个简短答案的做法。如果有人坚持要这样做，那么他就会非常不高兴；如果不是考虑到尊敬对方的年龄或者头衔，他会用严厉的目光和尖锐的语言，愤慨地斥责那个人。因为他认为面对如此重要的问题，这个人不配考查诸如谁不知道可以说多少或应该说多少之类的事。[29]

对奥古斯丁而言，382 年底是离开迦太基的最佳时刻。他对摩尼教徒已经完全失望了：他们是一群受到迫害的人，生活在担心被人告密的恐惧之中。[30]他也不喜欢教授这些既吵闹又粗野的学生。阿里庇乌已经先他一步到罗马去了，当上了一名行政事务方面的律师。[31]那些好朋友如今许诺，将给他"更好的收入"和"更高的地位"。[32]但最为重要的是，罗马的学生似乎受到了更好的管束。在罗马，已经有人让他们明白，他们已经站在帝国内政服务部光荣的大门之外了。作为今后可能被招募的准职员，这些学生（特别是许多从非洲来的学生）受到了皇帝的严格监督。[33]

起初，奥古斯丁并没有考虑莫尼卡的感受。　　　　　　　　58

　　事实上，我的出走使她悲伤欲绝，她一直追随着我去到海滨。她和我寸步不离，竭力要留住我，或者跟我一起到罗马去；但是我欺骗她，推说有朋友在等候顺风开船，在他出发之前，我不愿离开他。就这样，我欺骗了我的母亲，欺骗了这样的一位母亲！……我的母亲不愿意独自回去，后来勉强听从了我的劝说，答应那一夜留在离我们泊船不远的一所纪念西普里安的教堂中。可就是在那一夜，我偷偷地溜走了，她还在教堂中祈祷痛苦……风起了，扯足我们的风帆，海岸在我们的视线中消失了。她回家去了，而我则到了罗马。[34]

　　这件事后，罗马成为一个令人失望的地方，这几乎就不会让人感到惊奇了。奥古斯丁在永恒之城[35]中度过了一年的光阴。他刚一抵达罗马就病倒了，正如他在《忏悔录》中回忆的那样，这种"疾病的鞭子"与他擅自抛离莫尼卡的行为是直接相连的，而他的绝望之情也与日俱增。[36]罗马的学生则有一种欺骗老师的习惯，在要缴学费的时候，他们就会离开原先教授他们的老师。[37]

　　然而，罗马给予奥古斯丁的，并不完全是失望。就在这一年结束之时，他引起了西马库斯的注意。在奥古斯丁之前，有一个安提阿人名叫阿米阿努·马尔塞里努（Ammianus Marcellinus），他来到罗马，也是沿着后来奥古斯丁的道路谋求发展，但结果却没有奥古斯丁那样幸运。这个罗马的最后一位伟大的历史学家，最终发觉自己被排斥在奥古斯丁能够进入的幸福世界之外：罗马的贵族攻击他，说他是一个到处炫耀的农民，把他的书房说成是一座"紧闭的坟墓"。当罗马食物短缺时，这些贵族就准备将所有外来的教授博雅教育（liberal arts）的教授放逐出去，而将3000名舞女留在罗马！[38]

　　然而，奥古斯丁却避开了那位不太走运的马尔塞里努的命运。因为已经有人请求罗马市政长官西马库斯为米兰城挑选一位修辞学教授了。[39]由于帝国法院就在米兰，因此这一任命就特别重要。因为修辞学教授将向皇帝和那一年的执政官提交正式的颂词。这些颂词丝毫不能偏离帝国政纲的宣传，这就使这位成功的修辞学家发觉，自己在很多方面都成了"一名宣传部长"[40]。　　59

西马库斯之所以选择奥古斯丁担此重任，是因为奥古斯丁先前向他呈递了一篇演说稿。但在此之前，已有一些摩尼教朋友为了让他们的门徒得到这一职位而接近西马库斯。[41]但直到最后，这些摩尼教徒关心的是自己的人——奥古斯丁曾经暂住在一位摩尼教"听众"家。正如我们看到的那样，心情忧郁的他完全有理由常常光顾那位严厉的"当选者"。[42]

在罗马的摩尼教徒完全有理由像看待潜在盟友那样接近像西马库斯这样保守的异教徒。公教信仰是一种难以容忍异教的宗教，它的发展已经将那些旧宗教和新异端的代表驱赶到了一起。一位名叫塞坤迪努（Secundinus）的摩尼教徒后来写信给奥古斯丁说，对那些精通哲学的罗马人来说，西塞罗的《对话集》远比那令人作呕的、犹太人对公教的迷信要好得多。[43]例如，在这样一个城市里，在一个信奉基督教的元老家族的墓穴中，取材自旧约的场景画很明显地占据了主导地位。反对旧约，就像摩尼教徒经常做的那样，很有可能会被等同为反对基督教，而西马库斯早就知道这一点了。[44]

在384年秋天，西马库斯有充分的理由让一位非公教信徒去担当此等要职。[45]几年前，皇帝作了一个"废止"罗马传统的、非基督教的决定[46]，实际上就是通过割断异教仪式与公众基金之间的重要联系来废止罗马的传统异教。而在这一年初，西马库斯向皇帝上书，请求废止这个几年前作出的决定。这是一份措辞谨慎、要求宗教宽容的建议书："人们不是仅仅通过一种方式来实现这样重大的神迹的。"[47]他曾经被他的亲戚安波罗修击败。当帝国法院在米兰设立的初期，安波罗修就被任命为米兰大主教。安波罗修直接给那位当时还是小孩的瓦伦廷二世（Valentinian II）写信，提醒他说，陛下是一名基督公教的慕道友，"各民族的神祇都是魔鬼"。如果他同意西马库斯的请求，他将被逐出安波罗修大教堂。[48]对传统宗教如此迅速的冷落，使西马库斯一直很伤感。在他认识奥古斯丁时，后者是一名激进的反公教斗士，因此他非常乐意保举这样的人到一个能够在皇帝面前进言的职位上任职。

奥古斯丁深受西马库斯的赏识，他是以这样的身份前往米兰的。他可能教授过西马库斯孩提时一位朋友的儿子。[49]而就在这个时期，他的个人抱负因一个与西马库斯有信件往来的人而不断增长，这个人就是马希阿努斯（Marcianus）。他是一位诗人、希腊学者、未来的罗马市长、后来背弃基督教信仰的人。[50]他很有可能读过西马库斯那著名的要求宗教宽容的呼吁，并且很敬佩这呼吁的风格。[51]可以肯定的是，他发表过一次赞颂西马库斯的朋友鲍拓（Bauto）的演说。鲍拓是一位法兰克将军，一名异教徒。[52]西马库斯的人际网络得到了广泛的拓展，那位名叫庞提希阿努（Ponticianus）[53]的非洲文官，因其虔诚和隐士生活的传奇故事，成为另一位成功的、受西马库斯赏识的人。这个人与奥古斯丁的会面后来促成了奥古斯丁和阿里庇乌从"这个世界"的"皈依"。[54]

西马库斯并非没有意识到他给这位年轻的非洲人所带来的种种好处。有一次他曾经这样写道："锦绣文章也是一条得到亨通官运的有效途径。"[55]米兰是帝国西部重要地区的政治中心。[56]在这样一个紧急情况频繁出现的时代里，米兰成为皇帝的一个特殊的驻跸之地。因为它是一个具有重要意义的战略要地，是穿过阿尔卑斯山各条要道的必经之地。即使是向北远至特里尔，向东远至波斯的外交人员和秘密使者，都要来到这个地方。而皇宫周围的蛮族士兵，也不断提醒人们注意阿尔卑斯山以北那既陌生又尚未被驯服的世界所带来的不幸。在这座繁荣的新兴城市和那些不久就能够毫发未损地游荡于整个巴尔干地区的蛮族军团之间，只有一些屹立在通往今南斯拉夫地区交通要道之上的木栅栏。 61

围绕着这座宫廷，一个非常了不起的社会发展起来了，就连遥远如亚历山大的诗人都来到了米兰。[57]不仅米兰教堂中的教士阅读希腊哲学家的作品，就连那些住在看得到阿尔卑斯山的豪宅中的大地主也在阅读希腊哲学家的作品。这些人将学习那再次流行的柏拉图哲学；他们不仅根据古典韵律，而且按照宇宙的本质来写作。[58]即使是罗马公教，在这座城市中也处于十分受敬重的地位：安波罗修的布道"很有水平"[59]，他的主要作品是仔细模仿西塞罗的结果[60]，从他的思想中可以看出他同时代的柏拉图主义倡导者对他的影响。[61]甚至这些基督徒雕刻精美的石棺也展示出华美的古典风格。[62]

对奥古斯丁而言，米兰则意味着新的关怀、新的学习和成功的良机。在整整一年时间里，他以真诚的态度和充满活力的进取心而生活着。然而，从长远的角度看，对他而言，米兰只是一座象征性的城市，在这座城市的中心，有一位意想不到的人物。在他的《忏悔录》中，迦太基第一次是以"鼎镬"的面孔出现的——拉丁语中"鼎镬"（*sartago*）一词恰巧与"迦太基"（*Karthago*）联系在一起。[63] 如今米兰展示出自己的特别重要之处了：

> 我来到了米兰……来到了安波罗修主教这里。[64]

注释

[1] *Conf.* IV, viii, 13.

[2] Salvian, *de gubernatione Dei*, VII, 16 (P. L. liii, 143). 关于 4 世纪的迦太基，参 G. Charles-Picard, *La Carthage de saint Augustin*, 1965。

[3] v. Audollent, *Carthage romaine*, pp. 211-223.

[4] *Ep.* 102, vi, 31.

[5] *de civ. Dei*, XVI, 8.

[6] *Retract.* II, 58.

[7] *Epp.* 117, 118, on Dioscurus; v. inf. p. 297.

[8] 瓦伦廷一世，西罗马帝国皇帝（364—375 在位）。——译者注

[9] 见 A. Alföldi, *A Conflict of Ideas in the Later Roman Empire*, 1952, pp. 28-95.

[10] A. C. Pallu-Lessert, *Fastes des provinces africaines*, ii, 1901, pp. 83-88.

[11] 西马库斯（340—402），373 年任罗马驻非洲总督。——译者注

[12] Pallu-Lessert, *Fastes* ii, pp. 78-80.

[13] Naucellius, in *Epigrammata Bobiensia*, ii, no. 5, ed. Munari, 1955, p. 55.

[14] Alföldi, *A Conflict*, pp. 96-124.

[15] v. Pallu-Lessert, *Fastes* ii, pp. 93-94; K. Deichgräber, s. v. Vindicianus, *Pauly-Wissowa Reallexion*, IX, A. 1 (ii, xvi), 1961, coll. 29-36.

[16] Ep. ad Valentinianum, in *Corpus Medicorum Latinorum*, V, ed. Wiedermann, 1961, cc. 5, 9, pp. 23-24.

[17] *Conf.* VII, vi, 8.

[18] *Conf.* IV, iii, 5.

[19] 希尔里乌，生卒年不详，希腊哲学家，与奥古斯丁同时代的演说家，信奉新柏拉图主义。——译者注

[20] *Conf.* IV, xiv, 21.

[21] 可参阅最近 L. Herrmann, "Hierius et Domitius", *Latomus*, xiii, 1954, pp. 37-39。

［22］ *Conf*. VI,vii,11.

［23］ *Conf*. VI,x,16.

［24］ *Conf*. VI,xii,20.

［25］ *Conf*. VIII,xii,30.

［26］ *Conf*. IX,vi,14.

［27］ *Conf*. VIII,vi,13;IX,iii,6.

［28］ *Conf*. VI,x,17.

［29］ *Ep*. 98,8.

［30］ *de mor. Man*. (II),xix,29.

［31］ *Conf*. VI,viii,13.

［32］ *Conf*. V,viii,14.

［33］ *Codex Theodosianus*,XIV,9,1(370).

［34］ *Conf*. V,viii,15.

［35］ "永恒之城",罗马的别称。——译者注

［36］ *Conf*. V,ix,16.

［37］ *Conf*. V,xii,22.

［38］ Ammianus Marcellinus,*Res gestae*,XIV,6,1. v. esp. A. Cameron,'The Roman Friends of Ammianus',*Journ. Rom. Studies*,liv,1964,pp. 15-28.

［39］ *Conf*. V,xiii,23.

［40］ Cameron,'Wandering Poets',*Historia*,xiv,1965,pp. 497-507.

［41］ *Conf*. V,xiii,23.

［42］ v. sup. P. 40-41.

［43］ *Ep. Secundini ad Aug*. v. sup. P. 39. cf. the reputation of Justinus,a cultivated Roman Manichee,ascribed to Marius Victorinus,in P. L. viii,990-1010.

［44］ v. esp. A. Ferrua,*Le pitture della nuova catacomba di Via Latina*,1960.

［45］ P. Courcelle,*Recherches sur les"Confessions"*,1950,pp. 78-79.

［46］ 指382年格拉西安皇帝决定将维克托里祭坛从元老院移走。——译者注

［47］ Symmachus,*Relatio*,III,10.

［48］ Ambrose,*Ep*. 17,1,13.

［49］ J. Rougé,"Une émeute à Rome au IVs",*Rev. études anciennes*,63,1963,p. 61. 奥古斯丁的学生接受的是旨在培养元老院成员的教育(*de ord*. II,viii,25)。

［50］ *Ep*. 258. 此人有可能就是马希阿努(Chastagnol,*Les Fastes de la Préfecture urbaine*,no. 117,pp. 268-269)。

［51］ *Sol*. I,xiii,23. v. *Retract*. I,4;*de vera religione*,xxviii,51(*tam grande secretum*).

［52］Courcelle，*Recherches*，pp. 79-83.

［53］庞提希阿努，生卒年代不详，来自非洲的信奉基督教的帝国官员。在奥古斯丁归信基督教的过程中起重要作用。——译者注

［54］v. inf. 99，Symmachus，*Ep.* I，99；V，32.

［55］Symmachus，*Ep.* I，20.

［56］参 L. Ruggini，*Econimia e società nell' italia annonaria*，1962。A. Piganiol，*L'Empire chrétien*（Histoire romaine，IV，2），1947，pp. 230-252，对 4 世纪 80 年代政治和宗教形势有清晰描绘。

［57］Claudian；v. Cameron，'Wandering Poets'，*Historia*，xiv，1965，pp. 495-496.

［58］Manlius Theodorus；v. inf. p. 81-82.

［59］*Conf.* V，xiii，23.

［60］e. g. O. Hiltbrunner，'Die Schrift"de offciis ministrorum"des hl. Ambrosius und ihr ciceronisches Vorbild'，*Gymnasium*，71，1964，pp. 174—189.

［61］安波罗修与同时代新柏拉图主义者的接触或许比 Courcelle（*Recherches*，pp. 93-138）所说的要广泛得多。另见 Courcelle，"Nouveeaux aspects du platonisme chez saint Ambroise"，*Rev. études latines*，34，1956，pp. 220-239；"De Platon à saint Ambroise par Apulée"，*Revue de Philogie*，n. s. xxxv，1961，pp. 15-28；"Anti-Christian Argument and Christian Platonism"，*The Conflict Between Paganism and Christianity in the 4th Century*，ed. Momigliano，1963，pp. 151-192，165。

［62］参 C. Mohrmann ＆ F. Van der Meer，*Atlas of the Early Christian World*，1958，no. 186，p. 77。

［63］*Conf.* III，i，1.

［64］*Conf.* V，xiii，23.

第二部分

386—395 年

大事年表二

		P. L. VOL. COL. 英译本
386 年	米兰教堂事件（2 月）。 6 月 17 日圣格瓦西乌斯和圣普洛塔西乌（Ss. Gervasius and Protasius）的遗骸被找到。 安波罗修在特里尔（夏天或者秋天）。 在迦太基清洗摩尼教徒。	阅读 the *libri Platonicorum*（6 月?）。 庞提希阿努（Ponticianus）来访皈依（8 月末）。 前往卡西齐亚库（Cassiciacum）（9 月）。 *Contra Academicos*（11 月）。 *De Beata Vita*. *De Ordine*（12 月）. *Soliloquia*（冬天）.	32. 905 *Against the Academicians*, Milwaukee, 1942; *Answer to Sceptics*, NY., 1948; *St. Augustine against the Academicians*, Ld., 1950. 32. 959 *The Happy Life*, St. Louis, 1939 & NY., 1948. 32. 977 *Divine Providence and the Problem of evil*, NY., 1948. 32. 869 *Soliloquies of St. Augustine*, Ld., 1910; *Soliloquies of St. Augustine*, Edinburg, 1912; *Soliloquies*, NY., 1948; (in) *Basic Writings of St. Augustine I*, NY., 1948; (in) *Augustine: earlier writings*, Ld., 1953.
387 年	马克西姆入侵意大利（秋天）。	返回米兰（3 月初）。 4 月 24 日受洗。 *De immortalitate animae*. 开始撰写 *De Musica*。 梦到奥斯蒂亚（Vision of Ostia）。 莫尼卡去世。	32. 1021 *The Immortality of the Soul*, NY., 1938; *The Imortality of the Soul*, NY., 1947; (in) *Basic Writings I*, NY., 1948. 32. 1081 *On Music*, NY., 1947.
388 年		从奥斯蒂亚前往罗马逗留在罗马，直到年末为止。 *De quantitate animae*. *De libero arbitrio*（Bk. 1）. /90 *De Moribus ecclesiae catholicae et de moribus Manichaeorum*.	32. 1035 *The magnitude of the soul*, NY. 1947; *The Greatness of the soul*, Ld., 1950. 32. 1221 (in) *Augustine: earlier writings*, Ld., 1953; *The Problem of free choice*, Ld., 1955. 32. 1309 (in) *On the Manichaean Heresy*, Edinburgh, 1872; (in) *Basic Writings I*, NY., 1948（只是第一部分）; *The Catholic and Manichaean ways of Life*, NY., 1966.

		返回迦太基,然后又到了塔加斯特。	
		/89 *De Genesi contra Manichaeos.*	34.173
		/96 *De diversis quaestionibus.*	40.11
389 年	诺拉的保利努受洗。	*De Magistro.*	32.1193 *Concerning the Teacher*, NY., 1938; *The Teacher*, Ld., 1950; (in) *Augustine: earlier writings*, Ld., 1953.; (in) *Basic Writings I*, NY.,1948.
		/91 *De vera religione.*	34.121 *Augustine: earlier writings*,Ld.,1953.
390 年		阿迪奥达图斯(Adeodatus)和内布里迪乌(Nebridius)去世?	
391 年	2 月 24 日,全面反对异教的敕令(*Cod. Theod.* xvi,10,10) 奥勒里乌斯 (Aurelius) 成 为 迦 太 基 主教。	到达希波去筹建修道院(春天)被任命为牧师。	42.65 (in) *Seventeen short treatises of St Augustine*, Oxford, 1847; *On the advantage of believing*, Oxford, 1885; *The advantage of believing*, NY., 1947; (in) *Basic Writings I*,NY.,1948.
		/92 *De utilitate credendi.*	
		/92 *De duabus animabus contra Manichaeos*	42.93 (in) *Nicene and Post-Nicene Fathers*,4,NY.,1901. SEE ABOVE ad ann. 388.
		/95 *De libero arbitrio* (Bks. 2-3)	
392 年	5 月 15 日瓦伦廷二世去世。尤 金 尼 乌 斯 (Eugenius) 称帝(8 月)。	8 月 28 和 29 日,与福尔图纳图(Fortunatus)在希波展开辩论。	
		Acta contra Fortunatum Manichaeum 写信给哲罗姆要希腊文圣经注释的拉丁译本。	42.111 (in) *Nicene and Post-Nicene Fathers*,4,NY.,1901.
		/420 *Ennarrationes in Psalmos* (《诗篇》前三十二篇的注释到 392 年已经写好了)。	36.67 & 37.1 *Expositions on the Book of the Pslams* (6 vols.), Oxford, 1847—57; 37.1 *St. Augustine on the Pslams* (2 vols. so far), Ld., 1960-.

393 年	6 月 24 日多纳徒派在塞巴苏萨(Cebarsussa)召开主教会议；马克西姆派走向分裂；奥普塔图(Optatus)，提姆加德的多纳徒派主教。	12 月 3 日希波主教会议；作 *De fide et symbolo* 的布道。 *De Genesi ad litteram imperfectus liber.*	40. 181（in）*Seventeen short treatises of St Augustine*, Oxford, 1847; *On Faith and the Creed*, Edinburgh, 1873; *On Faith and Creed*, Oxford, 1886;（in）*Augustine: earlier writings*, Ld., 1953; *Faith and Creed*, NY., 1955. 34. 219
394 年	多纳徒派巴盖主教会议(Donatist Council at Bagai)。 对马克西姆派分裂的镇压。 9 月 6 日，尤金尼乌被击败。 12 月 25 日，保利努被授予圣职。奥索尼乌去世（大约在 394 年）。	对希波的 *Laetitia* 的镇压。 *Psalmus contra partem Donati.* *De sermone Domini in monte.* 6 月 26 日迦太基主教会议。 在迦太基就《罗马书》进行布道。 /95 *Expositio 84 propositionum epistolae ad Romanos.* *Epistolae ad Romanos inchoata expositio Expositio epistolae ad Galatas.* *De Mendacio.*	43. 23 34. 1229 *The Sermon on the mount expounded*, Edinburgh, 1873; *The Lord's sermon on the mount*, Ld., 1948; *Commentary on the Lord's sermon on the mount*, NY., 1951. 35. 2063 35. 2087 35. 2105 40. 487（in）*Seventeen short treatises of St Augustine*, Oxford, 1847; *Lying*, NY., 1952.
395 年	1 月 17 日，狄奥多西去世。 皇帝：阿卡迪乌(Arcadius)（东部帝国）霍诺里乌(西部帝国)。 诗人克劳迪安撰写 *floruit*。	奥古斯丁被任命为瓦勒里乌主教的继承人。	

8

安 波 罗 修 [1]

奥古斯丁是在理想破灭的情况下于 384 年秋来到米兰的，青年时代的自信业已消失。正是怀着这样的心情，他再次将目光转向了西塞罗。[2]在其哲学对话中，西塞罗已经用拉丁文的形式使"新柏拉图学派"怀疑论的观点为世人知晓。这些教义是在公元前 2 世纪由卡尼阿德斯（Carneades）[3]详细拟定的。卡尼阿德斯是一名让人敬畏、擅长说理、反对斯多葛派的希腊人。斯多葛派宣称，人们完全能够认识其周围世界的本质，因此能够自信地按此种认识理智行事。[4]而那些怀疑论者，即被称为"柏拉图派"的人，则否认可以如此轻松地就获得认识。[5]西塞罗认为，智者应当更加谨慎地学习走路。他最大的美德在于不轻易做出判断，最大的危险在于不加思考就盲从某种看法。

在 4 世纪，还没有哪一种宗教能够像摩尼教那样，直接暴露在如此尖锐的批评之中。他们宣称，要对任何具有理性的人提供一种绝对的确定性，一种直截了当和毫不含糊的确定性。[6]包含在他们书籍之中的"智慧"，描绘出了宇宙本来的面目，人们需要做的就是依照这种认识行事。因此，在对摩尼教的狂热信仰中，奥古斯丁犯下了西塞罗描绘的戴着鲁莽轻率王冠的罪恶：一个小男孩对某一宗派的狂热盲从。[7]因此，当西塞罗的"新学园"（New Academy）一度对奥古斯丁的理想破灭提供一种思想体面时，这就一点都不让人奇怪了。

后来，奥古斯丁摆脱了这种看法的束缚，异常迅速地抛弃了它。[8]

然而，这相对短暂的犹豫却是他人生中最为关键但鲜为人知的转折点之一。因为它让奥古斯丁认识到："智慧"的终极目标是一个需长期探索的问题。西塞罗从来没有放弃过这一终极目标。非但如此，对于那渺茫的希望，这位智者对智慧的探究愈加英勇：

> 真理就站在一座巨大的山上，
> 该山崎岖而陡峭，
> 那要认识真理的人，
> 必须抓紧一切时间攀登。[9]

摩尼教已经向奥古斯丁提供了"现成的"智慧。如今他开始欣赏那毕生哲学训练的极大吸引力，即谦逊地反对各种错误观念。[10]

一旦把通向智慧的道路看做是一种探寻，那么奥古斯丁就逐渐对通过何种方式才能进行这种探究感到好奇。在他看来，柏拉图的追随者似乎会否认"人的智力能够发现真理"这样的认识。奥古斯丁从来没有完全接受这种激进的观点。在这段时间内，他继续思考，很自然地就得出另外一种认识：或许人们可以运用某种"权威"来指明通往真理的道路。[11]

阅读西塞罗的著作或许能够帮助奥古斯丁得出以上这个结论。因为，西塞罗只是利用他的怀疑论来反对他那个时代的教条主义哲学家。西塞罗骨子里是一个罗马人，不可能去攻击他祖先确立的宗教。[12]奥古斯丁的怀疑论就是用同样的方式扫除摩尼教的那些教条的，与此同时，却一点都不触动他的先辈所信仰的宗教（即莫尼卡相信的公教教义）的潜在基础。这或许可以解释为什么奥古斯丁会如此轻易地成为米兰基督教会的新成员。[13]或许早在385年暮春他的母亲到达米兰之时他就做出此决定了。[14]他没有理由抵制这样强大的、要求在政治上与当局保持一致这类事情的外部压力。他需要在事业上取得成功，而莫尼卡也在为他安排一桩与一位信仰基督公教的女继承人的婚姻。[15]法官是基督徒；作为基督公教的主教，安波罗修掌控着米兰的局势。而且，在那时，即便成为一名基督教会的慕道友，也不意味着奥古斯丁完全委身于基督教会。这是一种与主流和谐的政治姿态，而且，成为慕道友后，他还可以无限期地推迟接受洗礼这十分关键的一步。

奥古斯丁已经失去了昔日的自信。正如他七年之后对一位信奉摩尼教的朋友所说的："在那个时候，我是世界上最应当接受进一步教育的人……"[16]对任何人而言，与安波罗修的第一次会面都是一个十分重要的时刻。

安波罗修大约比奥古斯丁年长 14 岁，已经担任了 11 年的米兰主教。表面上看，他是那个时代罗马统治阶级中最引人瞩目的代表，也就是说，他是那些较少依靠其贵族出身，更多依靠自己在残酷无情的社会中攫取和掌控权力的本领而获得高位的杰出代表。作为一名行政官的后代，他是以利古里亚行省总督的身份居住在米兰的，期间他突然被提升为该城市的主教。米兰的基督公教会众坚持他们的选择。奥古斯丁将他的任命归功于朝廷。但这个朝廷在米兰却是被隔离在外的，其中充斥着并不可靠的外国人、哥特人、阿里乌派异端和对异教持宽容态度的人。它在西方的权威因另外一名皇帝的僭越而黯然失色。在这座城市里，其权威因那令人心生敬畏的安波罗修而被遮挡了。在 386 年整整一年里，安波罗修都在用一种独特的方式展现他的权势。2 月，查士丁娜（Justina）皇太后命令安波罗修交出一座教堂以供朝廷中的阿里乌派成员使用。在维护本宗教传统财产的过程中，比起表弟西马库斯，安波罗修受到的限制要小得多。在表现出审慎的顺从之后，他断然拒绝交出那座教堂。这成为"皇室"反对"城市"的导火索，而安波罗修几乎没有采取任何措施来制止米兰人对哥特人卫戍部队的痛恨。主要的朝廷官员被置于宵禁管制之下，以防止他们进行这种"僭越行动"。在哥特人的军队包围安波罗修和他的会众进行宗教集会的教堂时，似乎一场涉及面很广的大屠杀就要迫近了。但宫廷丧失了勇气并屈服了。当孩子们玩耍那些破成布条的、象征着已被征用的王宫（皇室的财产）窗帘时，那个孩子瓦伦廷便责备他的随从说："如果安波罗修向你发令，那你会把我捆起来交给他。"安波罗修说过： 72

> 我们牧师有着自己抵达帝国的方式，我们的软弱也就是我们抵达王权之道。因为"我什么时候软弱，就什么时候刚强了"。[17]

到 6 月 17 日，安波罗修取得了更为完满的胜利。他建造了一座教堂。一种"确实存在的火一般燃烧的激情"使他确信，他将找到一些殉道者的遗骸献给那座教堂。稍加搜寻之后，圣格瓦西乌（Gervasius）和圣普洛塔西乌（Protasius）[18]的完整遗体都被发掘出来，并被成功地送到那座新教堂之中。安波罗修一时激动得说不出话来。当他能够讲话时，他告诉民众说，这些殉道者将躺在雕刻精美的石棺之中，而这种石棺也就是他——一个典型的罗马人，为自己准备好将来把自己埋在他的大教堂祭坛之下的石棺，而这座教堂就是著名的"安波罗修大教堂"[19]。"他们都是那种我正谋求获得其支持的、很具影响力的人物。"[20]

这样的人对奥古斯丁几乎是不会感兴趣的。他相当了解这种类型的人：为了娶一个妻子，这些人将变成基督徒；为了从教廷中得到一个职位，他们将向教会下跪。[21]安波罗修以合乎主教的风度欢迎奥古斯丁的到来，他的热情和蔼或许超过了后者原来对这位遥远的父亲般的人物的期望。"我一开始就敬爱他……因为他是一位向我展示善意的人。"[22]然而，当安波罗修的布道开始让奥古斯丁感到担心时，他就不可能接近这位主教了。安波罗修总是忙于应付重要人物（有一次，好像有两个波斯贵族专程到意大利与这位伟大人物进行会谈）。[23]当奥古斯丁在如此众多的人走了之后想接近安波罗修时，他惊异地发现，安波罗修与自己之间的距离仍然很远——在那天结束时，安波罗修突然投入阅读之中，他是在绝对安静的状态下读书的。

73

> 在阅读的时候，他的眼睛一页一页浏览下去，他的心体味着意义，他的口舌也不出声。他从不禁止任何人入内，也没有事先传达客人到访的习惯。当我们去他那里时，我们总是看到他在凝神阅读。我们不愿意打断他如此全神贯注的阅读，在静默中坐了片刻后便退出了。[24]

只有在星期天，只有在教堂中，奥古斯丁才能够见到这位充满激情、身材削瘦的人，更多的时候，就像我们在一幅镶嵌画上看到的一样：[25]他身材削瘦，紧紧地抱着圣经抄本，前额很高，满脸忧思，有一双大大的眼睛。[26]这里，我们看到安波罗修的另外一面，这并不是他作为一名实干家的一面。正是这一面，注定要对奥古斯丁产生极大的影响。[27]就是在这里，他在政治生活中刻意显现出来的热情才转变为一种柔和。那时，安波罗修教参加宗教集会的民众唱一些新的、来自东方的优美歌曲，以便让他们在遭受帝国军队围攻时依然高唱赞美诗。[28]他用自己新的赞美诗使米兰的教众"陶醉"。[29]他热情地提倡绝对贞洁，认为正是绝对贞洁"才将我们与野兽区别开来"[30]。他的布道点缀着《雅歌》的词句。在奥古斯丁那里，很少提到"亲吻"这样的话语，但在安波罗修那里却经常出现：[31]

> "主啊！请用口亲吻我吧！"之后又会发生什么呢？请考虑一下教会的处境吧！多少个世纪以来，她一直跟随主的脚步……或者说一直追随主的圣灵。她发自圣体，规避俗世的淫欲和欢乐，抛弃对世俗生活的种种挂念。如今她乞求主临在的充足气息。她为主如此之晚的到来苦恼不已，感受并受困于圣爱带来的深刻伤害……于是便宣告自己的迫不及待及其原因，发出"主啊！请用口亲吻我吧！"的呼声。绝不仅仅是主的一个亲吻，而是许多个亲吻，才能满足她对主的渴望。[32]

他这样描绘那已经平静的大海：

> 当它不再冲击海岸时，便获得了胜利；它用十分平静的拥抱欢迎海岸，就像欢迎自己的朋友一样。[33]

作为一名"专业人士"，奥古斯丁渴望听到这种独特的演讲。他发觉这种演讲很是可爱：尽管不如福奥斯图演讲那样"风趣动人"，但却"有着十分渊博的知识"。[34]其中的区别真是很大。安波罗修在罗马城就已经享受过贵族教育的各种优势。在他身上，一点都没有"地方行省的"影子。就这样，他与奥古斯丁有很大的不同，他可以熟练地阅读希腊文作品。为了能够在拉丁世界给他的听众奉献上一些最为博学和最能赶上时代潮流的演讲，他不但可以很好地梳理新一代才华横溢的希腊主教的作品，而且还可以梳理过去希腊基督教会全部的学术成果。[35]此外，他会毫不犹豫地借鉴异教徒的优秀成果。他在教堂的讲坛之上炫耀自己的战利品，并洋洋自得地说："埃及人的黄金"是美好的战利品。[36]

奥古斯丁或许已经听过安波罗修关于《创世记》的公开布道。安波罗修惊人的自信或许给奥古斯丁留下了深刻印象。奥古斯丁刚刚将自己得以从摩尼教中解放归因于受"哲学家"观点的影响，这些看法是他非常痛苦地从西塞罗的著作和手册中艰难地拼凑而来的。[37]但是，在这方面，安波罗修却给人行家里手的印象[38]：为表示公然的藐视，为了不把那些先哲放在心上，他可以轻而易举地讲述所有伟人的"大名"以及他们的观点；这些本质虚弱、不堪一击的诡辩之词又怎能抗拒摩西"亲口"传授的上帝的教导呢？无论如何，这些先哲身上的正确部分只是适时地剽窃他们的先辈，即希伯来那些先知的结果。[39]

面对摩尼教对旧约的批评和责难，安波罗修能够成功地维护旧约的权威，这是他给奥古斯丁留下的第一个深刻印象。[40]令奥古斯丁稍感宽慰的是，他如今听说，可以从不同角度来领会那些先祖：那些对他作为摩尼教徒时来说是可畏可憎的"学识渊博的教父"[41]，如今被安波罗修描述为一队真正的"哲学家"，每一个人都象征着一种得到智慧净化的精神状态。

后来，奥古斯丁似乎已经认识到安波罗修态度取向的关键：

> 我注意到，并且不止一次地注意到，在我们主教布道的过程中……当想到上帝时，我们的思想就不应当停留在任何凡尘世界的俗物之上，即使心灵是宇宙中最接近上帝的东西，也不应当让思想仅仅逗留在心灵的空间之中。[42]

安波罗修的宗教具有极其强烈的彼岸色彩。对他而言，人就是其"灵魂"。人的身体不过是一件"破烂不堪的外衣"，"我们自己和我们仅有的东西有很大的区别。"[43]如果反对自己的"灵魂"，那么人们便不复存在。在"回归"上帝的途中，"灵魂"必须摈弃所有别的东西，就像洗除金子上的污泥一样。我们的身体只不过是潜在的心灵容器，除此之外，别无他用。"敌人就在你身体之内，使你犯错误的原因就待在那里，就在你身体之内，把它单独关在我们的身体之内吧！"[44]有一种精神贯穿安波罗修布道的始终，在旧约的那些晦涩难懂又毫无吸引力的字句里，这种"精神"，也就是那隐藏的含义，向我们的灵魂高喊，要它振作起来，脱离俗世，飞往另外一个世界。[45]

这个彼岸给奥古斯丁以巨大的冲击，不啻于一场革命。如今很难达到这种程度。[46]除柏拉图学派，古典世界中绝大多数思想家，包括绝大多数宗教思想家，从严格意义上说，都是"唯物论者"。在他们看来，尽管神无疑更"纯洁"，更"高尚"，"情绪更为稳定"，但它也只是一种"元素"。[47]

人类就是和这种似乎是弥漫整个世界的颇具生命力的力量联系在一起，而且，绝大多数思想家所关注的，并不是他思想体系中的那些难以触摸的深奥，而是他在物质世界中的这一立场以及他非凡的投入。正是这些先入为主的看法，才把传统的哲学家，例如斯多葛派，带入与摩尼教相同的思想境界中，甚至这些看法还非常出色地进入了非洲和其他地区的正统公教会之中。[48]以前，奥古斯丁只是在那个层面上遇见公教信徒，因为他把"光明之国"看做是一种奇妙的、活的物质，就像一股"力量"一样，被包含在整个世界之中，所以他以为：那些基督徒只会认为，上帝粗暴地被限定在一具人形之中，从而能够让他自身的物质主义显现得更为"先进"一些。[49]如今，他对摩尼教的宇宙观彻底失望了，特别是对摩尼教关于"两个王国"混合在一起的解释深感失望。[50]他也不希望再有这样的认识，即善的"力量"一直都被一种与它对立的力量侵扰和破坏。可是，尽管如此，他仍然不能够，或者是不愿意，认为自己已经脱离了唯物主义者的阵营。曾有一度，他非常接近斯多葛派的解释，根据这种解释，整个宇宙都弥漫着神圣不可侵犯的上帝之"火"，整个宇宙都被浸入这种元素中，就像一块海绵被浸入那无边无际的大海中一样。[51]

因此，安波罗修向奥古斯丁介绍了一些全新的思想。奥古斯丁发觉，他已经与某个人站在同一阵营里了，"已经深受一种权威可靠的阐述的影响，他已经准备说，存在一种'非物质的'东西，但只能从物质的角度来理解它。"[52]这是西塞罗，甚至是大部分传统古典哲学家都无法给他提供任何帮助的问题。[53]在《忏悔录》中，奥古斯丁讲述了他在处理这个问题时遭遇两难境地的故事。这是一位形而上学者所写的、关于自身成长的最具戏剧性、能够引起很多共鸣的故事之一。正如米兰那些老练的基督徒坚持的那样，他最终"皈依"一种纯精神世界的理想，是我们关于精神和物质认识发展过程中最具决定意义和最为重要的一步。[54]

但这只是一种预想。或许奥古斯丁早已逐渐认识到这些道理了，并且很难估算出安波罗修在推动这一进程上的具体影响。现存的安波罗修的布道辞只占其实际数量的很小一部分。我们不可能有足够把握断定这些布道辞的具体年代。[55]这样绝对地把安波罗修对奥古斯丁的影响限定在从特定的布道辞中挑选出来的特定教义和陈述，或许这本身就是一种误导。[56]奥古斯丁通过《忏悔录》向我们展示的，却是既可靠

77 又有趣、对安波罗修将他抛入其中的那种思想状况的描述：

> 明天会找到的。只要明白清楚，我便会紧握不放。福奥斯图就要来了，他会说明一切。那些柏拉图学派的大人物！我们真的不能抓住任何可靠的东西来指导我们的生活吗？我们更用心追求吧！不要失望！教会书籍中我们过去认为矛盾的，现在看起来并不矛盾，而且有另一种合理的解释。当我是孩子的时候，父母安置我在哪里，我就站定在哪里，等我寻到明显的真理。可是要到哪里去寻找真理呢？什么时候去？安波罗修很忙，我也没有时间阅读。不管怎样，我在哪里才能够找到这些书籍呢？谁有这些书？或者，我什么时候可以得到它们？我可以向某人借阅这些书吗？我必须把时间分配一下，为了挽救灵魂，我必须安排一下时间。巨大的希望已经降临：公教信仰并不教授那些我认为以及被我斥责为……的东西。我还迟疑不决，不肯叩门，使其他真理也随之打开吗？

> 我上午的时间为学生们占用了。其余时间，我做点什么呢？为何不用来做此项工作呢？可是，如果我这样做了，我怎么会有时间去拜访那些有势力的朋友呢？我不正需要他们的帮助吗？我又应该在什么时候去准备我要给学生上的课呢？我又应当在什么时候通过摆脱各种牵挂来调节我自己呢？[57]

莫尼卡到来之时，奥古斯丁与这位既冷淡又令人深思的安波罗修之间的关系变得更加复杂了：

> 她更热切地来到圣堂中，全神贯注地倾听安波罗修的言论，犹如仰吸泉水一样……她敬爱安波罗修，犹如敬仰上帝的使者，因为她知道，是安波罗修引导我进入这种彷徨的境界的……[58]

在这里，我们正探讨两个人之间的相互关系。这种关系的相互作用，或许已经被历史学家们遗忘了。与先前那两位通过直接接触对奥古斯丁产生影响的人物相比，安波罗修的影响无疑要大得多。无需参照《忏悔录》，或许我们只要大致看一下某种情形下他们之间关系的性质，就可以得出上述结论了。奥古斯丁曾经对一位给他写信的人说：

> 当我的母亲随我到达米兰时，她发觉那里的教堂在星期天并

不禁食。于是，她的烦恼就开始了，她开始犹豫自己应该怎么做了。尽管我对这些事情并不很感兴趣，但我还是代表她到安波罗修那里去征求他对此事的意见。他回答我说，他只能告诉我他自己是怎么做的，因为，如果他知道有更好的规则，他一定会遵守的。此前我以为，他只打算通过申请当局，告知我们在星期天放弃禁食，而不打算告诉我们为什么要那样做。（很明显，由于感觉自己被冷落了，因此奥古斯丁决定放弃询问准备回家了）……但是他追了出来，对我说："当我到罗马的时候，我也在星期天禁食，但是在这里，星期天我就不禁食了。以后你到任何一个地方的教堂，你都应当遵守当地的习惯……"以后，我经常会回想起这次教导，我总是像对待从天国而来的神谕那样对待这次教导。[59]

78

注释

[1] 关于安波罗修，突出的综合研究是 F. Homes-Dudden, *The Life and Times of St. Ambrose*, 2 vols., 1935。P. Courcelle, *Recherches sur les Confessions de S. Augustin*, 1950. 为现代学者评价奥古斯丁在米兰的发展奠定了基础，详见 *Les Confessions de S. Augustin dans la tradition littéraire：Antécédents et Posterité*, 1963, pp. 19-88。

[2] *Conf.* V, x, 19. v. Testard, *S. Augustin et Cicéron*, i, pp. 81-97.

[3] 卡尼阿德斯（约前 214—前 129），古希腊哲学家。生于昔兰尼，激进的怀疑主义者，宣告形而上学失败并努力探索宗教信仰的理性意义的第一批哲学家之一。——译者注

[4] v. esp. E. R. Dodds, *The Greeks and the Irrational*, Univ. Calif. Paperbound, 1963, p. 239.

[5] 参 R. Holte, *Béatitude et Sagesse：S. Augustin et le problèm de la fin de l'homme dans la philosophie ancienne*, 1962, esp. pp. 42ff.

[6] v. sup. pp. 48-49.

[7] Cicero, *Academica*, II, iii, 8.

[8] 参 J. O'Meara, St. *Augustine：Against the Academics*（*Ancient Christian Writers*, 12）, 1950；Holte, *Béatitude et Sagesse*, pp. 73-109。

[9] Donne, *Sat.* iii.

[10] *C. Acad.* III, vii, 15.

[11] *de util. cred.* viii,20.

[12] V. Cicero,*de natura deorum*,I,xxii,61,"学园"人士科达（Cotta）同时也是神职人员，他认为"维护既定宗教的权力和义务是最神圣的职责"。

[13] *Conf.* V,xiv,25.

[14] Courcelle,*Recherches*,pp. 86-87.

[15] *Conf.* VI,xiii,23.

[16] *de util. cred.* viii,20.

[17] v. Homes-Dudden,*St. Ambrose*,i,pp. 270-293.

[18] 圣格瓦西乌和圣普洛塔西乌，孪生兄弟，2世纪米兰的殉道者，被视为米兰和干草制作者的守护神。——译者注

[19] 圣安波罗修大教堂，建于397年，坐落在圣格瓦西乌斯和圣普洛塔西乌斯的墓地上，是当时米兰主教安波罗修和日后的殉道者的陵寝。因象征米兰的宗教独立和古老传统，成为米兰的标志性建筑。——译者注

[20] v. Homes-Dudden,*St. Ambrose*,i,pp. 298-319.

[21] Ambrose,*In Ps.* cxviii,20,48(P. L. xiv,1490).

[22] *Conf.* V,xiii,23.

[23] Paulinus of Milan,*Vita S. Ambrossi*,25,ed. M. Pellegrino(Verba Seniorum,n. s. i)1961,pp. 88 -89.

[24] *Conf.* VI,iii,3.

[25] *Conf.* VI,iii,4.

[26] v. A. Ratti,"Il piu antico ritratto di S. Anbrogio",*Ambrosiana*,ch. xiv,1897.

[27] v. Homes-Dudden,*St. Ambrose*,ii,pp. 442-476.

[28] *Conf.* IX,vii,15.

[29] Ambrose,*c. Auxentium*,34(P. L. xvi,1017).

[30] Ambrose,*In Ps.* lxi,21(P. L. xiv,1175),cf.*Conf.* VI,iii,3.

[31] v. M. Tajo,"Un confronto tra s. Ambrogio e s. Agostino a proposito dell'esegesi del Cantico dei Cantici,*Rev études augustin.* ,vii,1961,pp. 127-151.

[32] Ambrose,*de Isaac*,iii,18(P. L. xiv,506).

[33] Ambrose,*Hexaemeron*,III,v,21(P. L. xiv,177).

[34] *Conf.* V. ,xii,23.

[35] v. esp. G. Lazzati,*Il valore letterario dell'esegesi ambrosiana*(Archivio ambrosiano,xi),1960;L. F. Pizzolato,*La "Explanatio Psalmorum XII"*: *Studio letterario sulla esegesi di Sant'Ambrogio*(Archivio ambrosiano,xvii),1965.

[36] v. Holte,*Béatitude et Sagesse*,pp. 119-124.

[37] v. sup. p. 46-47.

[38] v. J. Pépin, *Théologie cosmique et théologie chrétienne(Ambroise, Exaém.* I, i, 1-4), 1964, pp. 45-58.

[39] v. Holte, *Béatitude et Sagesse*, p. 131.

[40] *Conf.* VI. , iv, 6.

[41] v. sup. p. 39.

[42] *de beata vita*, i, 4.

[43] Ambrose, *Hexaemeron*, VI, 7, 42(P. L. xiv, 258).

[44] Ambrose, *Hexaemeron* I, viii, 31(P. L. xiv, 140).

[45] 关于安波罗修这一观点, 见 Holte 的总结(*Béatitude et Sagesse*, pp. 165-175)。

[46] 参 F. Masai 的研究("Les conversions de S. Augustin et les débuts du spiritualisme de l'Occident", *Le Moyen Age*, 67, 1961, pp. 1-40)。

[47] 参 P. Henry("Introduction"to MacKenna, *Plotinus, The Enneads*, 2nd ed. 1956, p. xxxix):"并非所有希腊人都相信灵魂是非物质的。在这个问题上, 柏拉图、亚里士多德和普罗提诺与希腊占主导地位的传统势力有所不同, 他们与深奥的唯物论信仰之间还有很长的一段距离。这种深奥的唯物论被阿姆斯特朗称为'灵魂型的思想', 它将灵魂直觉为一种稀薄的物质。从荷马到斯多葛派, 包括摩尼教, 希腊思想界都有信奉这种唯物论的杰出代表。"

[48] *Conf.* V, x, 19.

[49] *Conf.* V, x, 20.

[50] *Conf.* VII, ii, 3, v. sup. p. 41.

[51] *Conf.* VII, i, 2.

[52] *de mor. eccles. cath.* (I), xxi, 38.

[53] Testard, *S. Augustin et Cicéron*, i, p. 111.

[54] Masai, "Les conversions de S. Augustin", *Le Moyen Age*, 67, p. 29, 1961.

[55] 参 Courcelle, *Recherches*, pp. 98-102(on the *Hexaemeron*), 122-124(on the *de Isaac* and the *de bono mortis*); Theiler, Gnomon, 75, 1953, p. 117; Testard, *S. Augustin et Cicéron*, i, pp. 85-89。

[56] 安波罗修的布道显然是新柏拉图主义者思想的一个源头, 但《忏悔录》和"*de utilitate credendi*"都没有提到这一点。参 J. O'Meara, 'Augustine and Neo-Platonism', *Rech. augustin.* i, 1958, pp. 91-111。

[57] *Conf.* VI, xi, 19.

[58] *Conf.* VI, i, 1.

[59] *Ep.* 54, ii, 3.

柏拉图派

在米兰，奥古斯丁有充足的理由感到力不从心。甚至他的非洲口音，也引起了别人的注意；[1]安波罗修则文化修养很高，同时又使这位外省人感到自己先前的种种认识既无事实根据又是轻信别人的结果。安波罗修没有给予奥古斯丁特别重大的帮助。在布道中，他采用的是异教哲学家的作品，而不是像我们一样，从灵性文集中吸取养料，调整他们的结论，以一名雄辩家和道德教师的身份来表达自己的观点。[2]尽管如此，摩尼教还是使奥古斯丁成为一名执著但不为人察觉的形而上学者。他想把握那些终极问题。他或许"听过"，人只需要对他的恶行负责[3]，但是，作为摩尼教徒，他曾经被激励去追问，为什么这些恶行会发生——这个既完全不同又更为根本的问题。[4]

有一段时间，奥古斯丁似乎已经满足于将这个问题暂时搁置起来。在米兰的第一年里，他肯定将时间都花费在追求一名"修辞学者"能够得到的最大好处之上。他一直为一群刚刚到达权力中心，开始经历成功的喜悦和失败的遗恨的朋友所簇拥着。

那位与奥古斯丁同居多年的女子，成了他幸福新生活的第一件不幸之事。她不得不为奥古斯丁的母亲替儿子选择的一位拥有大笔财产的女继承人让路。"这是一个让我的心滴血很久的打击。我真的非常非常爱她。"[5]

然而，在米兰，有钱人几乎不会为这样的小事而费神。为了和某位女子合法地结婚而抛弃与自己同居的女子，这 "不是重婚，只是提高自身道德修养的标志"[6]。（这就是那位罗马人，即罗马的利奥大主教[7]的原话。）安波罗修也知道，在自己的教区应当如何就这个微妙的话题与那些大地主对话。他说，亚伯拉罕曾经非常明智地断绝了与他那出身低贱的婢女之间的关系。他们难道希望 "与身份低于自己的人结婚"，难道希望 "有不能继承自己土地的孩子"，难道希望自己高贵的妻子被女仆们嘲弄?[8]那个准备接纳奥古斯丁为女婿的家族不愿意冒这样的危险。与教授同居的女子不得不离开米兰，这对于两年后才开始的那桩婚姻来说，是一件好事。[9]

于是，这位不知名的女子将返回非洲，"立下永不和任何男子交往的誓言"[10]。如果和奥古斯丁在一起，她完全有可能一生都是一名好基督徒；而且，根据这个誓言，她打算要么获得受洗资格，要么重新被允许领圣餐。[11]

有教养的绅士是不会提及自己的情妇的。后来，当奥古斯丁宣布 "投靠" 那些庇护他的米兰人时，他只提到已经放弃了一桩很有利的婚姻。[12]整整十年过去了，他才重新想起她，在《忏悔录》中写到她，在其他作品中正视她：

> 这个问题经常出现：一对男女，由于不能遵守禁欲的规则，也不打算生育孩子，在没经过合法结婚的情况下就生活在一起；并且，如果他们也达成一致，以后再也不与别人发生关系，那这是否可以称为一桩婚姻？即使这种结合并不是建立在生育的基础上，但只要他们决心到死都坚持他们曾经向对方许下的美好誓言，那这种结合可能就应当被称为一桩婚姻吧……但是，在这种情况下，如果其中的一方不在了，那么我不知道他们的结合是否还能够被视为婚姻。实际上，一位男子与一位妇女同居了一段时间之后，发觉另外一位妇女与他的地位和财富更相匹配，如果他娶了这位妇女，因为他们属于同一阶级，那么在这位男子的心中，他就犯下通奸罪。这不是针对他所娶的那位女子，而是针对那位在没有合法结婚的前提下就与他生活在一起的女子而言的。同样，这也适用于女子……尽管如此，如果那位女子在那位男子与另外一名女子结婚之后仍然忠诚于他，没打算结婚，戒绝一切性关系，那

么我是不敢指控她犯有通奸罪——即使当她或许犯下与另外一名
不是自己丈夫的人生活在一起的罪恶，我还是不敢指控她犯有通　81
奸罪的。[13]

　　在一座伟大宫廷的边缘小心活动的过程中，和其他时代一样，奥
古斯丁和他的朋友为帝国晚期弄臣所特有的意见所触动：他们为自己抱
负的徒劳无功遗憾不已，流露出对自在生活的羡慕之情。在奥古斯丁
为一场赞颂皇帝的宣传演讲做准备的过程中，他和他的同行却羡慕一
位醉酒乞丐那更为自然的幸福；[14]并且，他们追求时尚，在一个哲学团
体中，不太严肃地考虑过一种"完美的生活"。[15]因此，他们十个人，
其中包括罗马尼阿努，决定将他们可观的资源合在一起使用，以便他
们所有人都能够像朋友那样在一起过遁世隐退的生活。[16]然而这个计划
失败了，因为此计划遭到了这些未来隐士的妻子们的反对！他们在米
兰的生活仍然像以前那样继续下去，整个385年，甚至到386年都是
如此。奥古斯丁继续游走于当地的教师中，其中有一个名叫费勒昆都
斯（Verecundus）的人，非常乐意请内布利迪乌做他的助手。在三次
担任财政管理方面的法律顾问之后，阿里庇乌开始从事给私人案件提
供建议的工作。[17]罗马尼阿努就是为那场很严重的官司来到了米兰。随
着官司被拖延，罗马尼阿努越来越焦急。

　　在罗马帝国晚期，诉讼涉及对赞助人展开细致入微的调查。为了
确保在帝国法院中得到较为有利的判决，罗马尼阿努肯定已经把希望
寄托在那些最重要的米兰市民的支持之上。作为受罗马尼阿努赞助的
人，也作为其子利森提乌的老师，奥古斯丁就是以这样的方式第一次
认识这些卓越人士的。

　　从奥古斯丁在386年所写的信件和书籍中，我们得知这些杰出人
士的名字，他们是芝诺比乌（Zenobius）[18]、赫摩格尼阿努（Her-
mogenianus）[19]和曼利乌·西奥多鲁（Manlius Theodorus）[20]。其中曼
利乌·西奥多鲁最著名，他是一个特别有教养、有影响力的人。他已
经在三年前，即大约383年的时候，摆脱了那忙碌的政治生活，在家
乡隐居。在此期间，他开始撰写一些哲学方面的著作，此外，还撰写
了一篇关于古典音乐的专题论文。后来，399年，他再次复出，成为一　82
名执政官。[21]

　　这些人是因为与奥古斯丁拥有共同的学术兴趣而团结在一起的。找出他们兴趣爱好的本质和范围是现代奥古斯丁研究中最令人兴奋的事情：它不亚于将奥古斯丁著名的"归信"——《忏悔录》中所讲述的单独的私人故事——放在恰当的位置上，把它作为辉煌的首都学术生活中的众多事件之一。

　　这些人认为他们正投身于一次哲学复兴运动之中。一个世纪之前，柏拉图的经典教义再一次被发现了。乌云已经散开，这种哲学上"最精致最进步的"教导终于在普罗提诺的著作中完全散发出它的光芒——普罗提诺非常接近他的那位古代导师，以至于柏拉图似乎在他的身上重生了。[22]这些人甚至梦想，哲学家们在他们的睡梦中向他们阐述"柏拉图的基本原理"。[23]我们将这场运动称作"新柏拉图主义"，这场运动的参与者却自称"柏拉图主义者"，也就是说，他们认为自己是柏拉图的直接传人。

　　普罗提诺是一位埃及裔希腊人，曾在罗马教书，270年去世。他的那些暗含典故、艰深难懂的演讲，即现在著名的《九章集》[24]，是由他的弟子波菲利（Porphyry）编辑而成。波菲利也是希腊人，他来自推罗（Tyre）。这两个人非常不一样。普罗提诺只是一名业余爱好者，在那些思想贫乏的学究中，他非常强调直觉，辩论激烈却隐晦不明。在出现问题时，他坚持按照事情本身的是非曲直来讨论、解决，而不是严格按照固定步骤就哲学体系发表演讲，因此惹恼了他的学生。[25]作为一个超凡脱俗的人，他曾经让那些小心谨慎的朋友感到既震惊又激动，因为他是这样谈论宗教节日的：

> 　　节日是为那些神接近我而设立的，而不是为了我接近那些神才设立的。[26]

　　与之相反，波菲利是在各方面都受到严格训练的学者。[27]奥古斯丁总是称他为"学识渊博的人"，称他为"最杰出的异教哲学家"。他把普罗提诺对柏拉图的发现变成教科书，从这一发现中创造出一个有条理的连贯体系，这个体系具有很强的宗教和彼岸色彩。他是思想史上第一位有系统理论的神学家。[28]他的作品在当时非常流行，其中有一部著作，尽管现在已经佚失，但其标题"灵魂的回归（天堂）"，正是米兰宗教生活的座右铭。这句座右铭概括了曼利乌•西奥多鲁为他安葬在安波罗修大教堂的修女姐姐所撰写的诗文，他写道："尽管她的头脑并不是永存的，但她从来不考虑非永存的世俗事务，她一直都爱着那通往天国的道路。"[29]

与普罗提诺不同，波菲利性格急躁，前后不一。他曾经被基督教所吸引，然后又写出了《驳基督徒》这部让他在随后的一个世纪中声名远播的作品。70岁的时候，这位《论禁欲》的作者，这个曾经"对人身肉体怀有一种痛恨之情"的人，突然与一名寡妇——有八个孩子的母亲——结婚了。在他的整个一生中，他一直为以纯理性的方式寻求上帝的不足而苦恼。他曾经涉猎巫师们的作品集，即所谓的《迦勒底巫师神谕》（Chaldaean Oracles）[30]，曾经希望在诸如招魂会和印度瑜伽这样反差悬殊的现象中寻找到解放人的灵魂的"普遍拯救之法"。[31]

回顾这两个人，奥古斯丁把普罗提诺看成一个伟大的、不受个人感情支配的思想家，他"发掘出了那些不为人知的柏拉图思想的内涵"[32]。他和同时代的人，无论是异教徒还是基督徒，更深地陷入波菲利的忧虑不安之中。在他身上集中体现了那些严肃的异教知识分子们的紧张。奥古斯丁将他描绘成一个浮士德式的人物，他迫切需要一位能够解放人的灵魂的神，这种急迫感使他一直痴迷于那些奥秘的事物。[33]

但奥古斯丁最近认识的这些人与这两位异教希腊人不同，他们属于一个不同的时代。[34]在米兰，许多表述明确和流行的柏拉图主义都带上了基督教的色彩。这一十分重大的变化开始于罗马，开始于那个世纪的中叶。就是在罗马，来自非洲的一位名叫马里乌·维克托里努（Marius Victorinus）[35]的修辞学教授，突然加入了基督教教会。他还将普罗提诺和其他新柏拉图主义者的作品翻译成拉丁文。[36]因此，通过翻译，像奥古斯丁这样受教育程度不是很高的人也能够阅读这些作品，而这些作品都是由一位因逝世之前皈依基督教而闻名的人所提供的。[37]维克托里努认识一位名叫希姆普利齐亚努（Simplicinus）的牧师，如今的希姆普利齐亚努已经是经验丰富的老人了。[38]在安波罗修学习神学的过程中，希姆普利齐亚努好像指导过他，因此，这座城市的主教也卷入了这场运动。作为安波罗修"属灵的导师"，希姆普利齐亚努就逐渐扮演了谋士的角色，他非常勇敢地进行了将柏拉图主义和基督教融合起来的尝试。[39]

正如所有激动人心和自信非凡的运动一样，这些信奉基督教的柏拉图主义者对于过去有着自身的认识。现在回想起来，尽管其认识似乎有些天真奇特，但还是足以向奥古斯丁展示出一片颇具魅力的天地。在秘密存在了很长时间并调和了亚里士多德的思想后，柏拉图的哲学最终以"唯一绝对正确的哲学文化"[40]的形式出现了。对一名信奉基督教的柏拉图主义者而言，柏拉图主义的历史似乎非常自然地与基督教趋于一致。二者都指向同一方向，都具有很强烈的彼岸色彩。基督曾经说过，"我的国不属这世界"；关于他的理想国，柏拉图也说过同样的话。[41]在安波罗修看来，柏拉图的追随者也就是"思想的贵族"[42]。

奥古斯丁所要投身的正是这一运动，这是一场在拉丁语世界中特点鲜明的运动。在西方世界中，柏拉图主义已经成为业余人士的哲学。通常情况下，就像奥古斯丁一样，人们只能阅读那些翻译过来的柏拉图主义者的作品。[43]维克托里努和奥古斯丁有显著的相似之处，他们都是纯文学文化的产物。对他们两人来说，哲学只是"外在"的兴趣，这种兴趣与他们对宗教的兴趣一道与日俱增。[44]他们都缺乏像那些仍然存在于雅典和亚历山大的专职哲学教授身上的谨慎和排他性。[45]就像他们之前的西塞罗一样，这些业余的拉丁人从来就没有全身心地投入到他们处理的思想中。然而，他们还是模模糊糊地感觉到，就生活而言，除了抽象的形而上学体系之外，还有更多东西。就像西塞罗一样，无论是作为公教信徒，还是作为异教徒，他们都试图将学自希腊的思想与他们先辈的宗教思想加以调和。

一段时期内，也许是在386年初夏[46]，有人向奥古斯丁介绍了这些新思想。"通过一个满肚子傲气的人"，他得到了"一些柏拉图的作品"。[47]在《忏悔录》中，奥古斯丁在思想方面的深刻变化只应当通过那为数不多的、坦率的描绘来加以提示。我们不知道这个人是谁。我们也不知道是否因为那个人仍然健在，才使奥古斯丁避免透露他的姓名。[48]这些有所保留的文字表述也没有给奥古斯丁接受这些书籍的原因提供任何线索。然而，尽管这并没有足够的根据，有人非常机敏地提示，在受到激励之后，奥古斯丁曾经找到了柏拉图主义者的作品，主要是因为他曾经非常关注安波罗修布道时所展现出来的柏拉图式的口吻的缘故。[49]事实可能是这样的，当奥古斯丁和他的朋友们表示要过知识分子的集体隐居生活的意图之后，有些人非常肯定地提出，要花一些时间来阅读那些"正确的"书籍。

我们只能艰难地再次向人们展现这是一些什么样的著作，它们的作者又是谁。在这些作品中，似乎包括普罗提诺的许多论文，由马里乌·维克托里努翻译成拉丁文的许多作品，很有可能还包括波菲利的作品，尽管现在已经佚失，但至少有他的一部著作。[50]然而，奥古斯丁却用一个艺术家的触觉，似乎故意控制他所得到的书籍数量以及花费在其上的时间。如今他认为，通过这样一种似乎没有成功希望的媒介，因着上帝的护理，这样少的几部他所得到的作品，对他的宗教思想产生了很不成比例的影响，而通过上述方式（即故意控制书籍数量以及花费的时间），他就可以在《忏悔录》中传达自己对那种很不成比例的影响的看法。

思想家一般都能向人们提供许多思想，因此很难把奥古斯丁想象成一名读者。然而，在这关键时刻以及随后的几年时间里，出现的却是长时间的虚心读书，其间还伴随一些讨论。[51]在这些阅读材料中，包含普罗提诺的许多论著，而普罗提诺则是思想最难把握的古代作家之一。奥古斯丁的阅读是如此努力和彻底，以至于普罗提诺的思想被他完全吸收、"消化"和转化了。安波罗修阅读过普罗提诺的作品，并对它们做了非常清楚的梳理。在这位主教的布道中，也可能找寻到他借鉴普罗提诺的痕迹。然而，对奥古斯丁而言，普罗提诺和波菲利的思想几乎是在不知不觉的情况下融入他的作品之中，他们的思想成为奥古斯丁那时的思想基础。他把导师们的思想转化为自己的思想时达到了如此的程度，他能以不可思议的洞察力分辨出他们主要关心的问题，以至于他觉得自己完全可以用极为不同的表述方式来阐述他们的思想。就这样，奥古斯丁这个不懂希腊文的业余哲学家，似乎成了为数不多、能用全新而独立的思想来把握新柏拉图主义的思想家之一。在此过程中，他所具有的原创性和独立性远非同时代那些自诩为"柏拉图主义者"并接受过好得多的教育的人所能企及。

在普罗提诺的论著中，奥古斯丁可能已经阅读过一篇名为"论美丽"的短文。这篇论文可能触动了他的个人情感，因为这涉及他七年之前在《论美与适合》（*de pulchro et apto*）中曾经撰写过的题目；而且，在刚开始的段落中，普罗提诺就忽视了奥古斯丁后来所辩护的、关于美的特别理论。[52] 从这个让人不安的开头起，普罗提诺就展开了激情洋溢的阐述，这种阐述本可以把奥古斯丁推入柏拉图思想的中心："任何有可能存在的更为高贵的美，我们的讨论都能够揭示它。"[53]

87

通过挑战那些显而易见的事，普罗提诺开始写道：

> 在把一件美好的东西呈现给某些人时，能够吸引他们眼球的又是什么呢？……
>
> 几乎所有的人都会声明［正如奥古斯丁所做的那样］，各部分之间以及部分与整体之间的匀称调和……构成了肉眼所能认知的美。此外他们还会表示，在那些可见的事物中，事实上在宇宙内所有其他事物中，美好的事物在本质上都是对称和有形的。
>
> 但是，想想看这意味着什么……所有可爱的色彩，甚至是太阳光，既然它们不是由部分所构成，那么根据对称才美的标准，它们不可能是美丽的，它们必须被排除在美好事物的王国之外。可是，黄金怎么就变成一件美好的事物？夜幕降临时，为什么灯火和星星会如此地美好？
>
> 还有，既然始终都处于对称的那一面有时候显得很美，有时候则不然，那么我们能否怀疑，美是某种超乎于对称的东西？能否怀疑，对称的东西之所以美丽，是因为一种更为细微的原则？[54]

普罗提诺以极大的热情一如既往地坚持以这种新的方法来看待事物，这给奥古斯丁留下了深刻的印象。在《忏悔录》中，奥古斯丁用他自己更为持重和直白的语言，对这一系列想法作出了很具纪念意义的总结：

> 因为我想知道我是如何欣赏到万物中的美好的……如何能使我对可变事物作出正确的评判，规定此事应当这样，彼事应当那样。我想知道自己如何能够用这种方式来判断它们，我还认识到，在我变易不定的思想上，自有永恒不变的真理……
>
> 通过自身，我认识到：理性的力量是变易不定的，这种力量使

我思考自身理解的源头问题……理性提挈我的思想清除积习的牵
缠……以便它能够找出，当它毫不迟疑地肯定不变优于可变，认
识到不变本身时，自己到底受哪一种光的照耀？因为除非对不变　88
有一些认识，否则是不会肯定不变优于可变的。因此，在惊心动
魄的一瞥中，我才得见存在之本体。[55]

奥古斯丁将坚持这一系列想法。在阅读普罗提诺作品的几个月中，
他常常向内布利迪乌描绘说：这是"非常著名的观点"[56]。

而过去一直困扰普罗提诺的正是变与不变之间的对立的问题。在
他的感官熟知的世界，另一个世界的永恒性却常常萦绕在他的心中。
在判断诸如善和美的性质时，他的思想能以持久不变的确定性来把握
永恒性。这一彼岸为感官世界提供了基础。它使物质事物稍纵即逝的
景象充满了强度和永久性，这本是它们自身无法拥有的。因为那些被
感官感知的事物也是能够被判定是"善"和"美"的，而且在感官事
物中感知这种性质的时候，奥古斯丁如今从柏拉图主义者的视角看它
们，认为它们的存在取决于那些永恒的法则。

物质世界的美如此虚浮和短暂，是一种令人伤感的损耗，是美的
某种集聚的"内在"根源——它能被心灵感受到——的"耗尽"。这又
是为什么呢？在普罗提诺看来，这是一个他和任何时代所有哲学家都
共同面临的问题。灵魂本身向他展示了这一损耗过程。因为灵魂"堕
落"，它失去了与其最为深层活动相接触的可能，开始在外部世界中寻
找美，而这种美是它在自身内部无法找到的东西。就这样，为人们感
观所感知的短暂世界就让自身成为灵魂所关注的对象；那"堕落的"
灵魂太狭隘地专注于这个世界，以虚浮的具体性充满它，将那些深层
的、难以捉摸的对自身内在美的共鸣排除在外。原本可以凭借顷刻的
洞见在"内心"被轻而易举完全把握的东西，如今却只能一次又一次
十分痛苦地在外部世界、到心智活动的各个层面去找寻。它是在那漫
长乏味的推理过程中被探索到的。当一个艺术家试图赋予那石头雕塑
一种永恒的形式时，它就被这位艺术家进一步具体化了。在普罗提诺
看来，即便是向自己的城市发号施令的政治家，也不过是一位"平庸
的"（manqué）哲学家而已：因为他也在自身之外变化多端的世界中寻
求一种满足，而这种满足只能够由他的内心世界来供给。[57]

89 　　就这样，普罗提诺的宇宙拥有一个中心，只有心智才能接触到这个中心：

> 打个比方说，所有的一切都从一个源泉中流出来，不会被认为是某种气息或者温暖，而是被看做一种性质，一种将所有其他性质都包含于其中并把它们保护起来的性质——带着芳香气味的甘甜。这种甘甜像葡萄酒一样，具有一切可以用来品尝的物质的滋味和一切可见色彩。大家都知道，这是一种能够触摸，能够被听到的、具有一切美妙曲调和节奏的甘甜。[58]

我们在自身周围所看到的，是一种把浓缩的整体加以分解的联络体系。这就像一个艺术家在面临完成某个简单的主题时突然失去了所有勇气一样，他甚至更加罗嗦，更缺乏想象力；第一次紧张过去了。虽然这种体系已经被打散，但这正是他努力连接的体系。

　　那向往着平淡无奇的感观世界的普通人，正在昏暗的暮色中移动。他声称自己掌握知识，但这种知识不过是一个不可避免的进程中那最后的、混沌不清的状态而已。但这一进程又是由那不断下降的意识活动的各个阶段所组成，这种强烈而痛苦的感觉正是普罗提诺宇宙观的标志性印记。然而，这些不断下降的阶段彼此之间是紧密相连的，每个阶段都依赖于一个"更高级"的阶段，因为这个"高级"阶段就是它的基础，是它的意识源泉。而"较低一级"的阶段与先前的阶段不同。它并不能"知晓"自己，就像一个只讲求实际的人从未真正把握过一个能够以直觉来理解事物的人[59]的想法一样。然而，每个阶段都本能地通过"接触"比自己高级、虽然与自己不同但又与自己意识活动密切相关的源泉来完善自身。就这样，太一（the One）的向外流溢与部分向意识本源的"回归"之间，就产生了一种连续不断的紧张冲突。这种要求完善的压力正是那种将太一与其自身每一次的扩展表现联系在一起的东西，这在普罗提诺和他的弟子奥古斯丁身上，在那些渴望完善的人物身上，表现得尤其明显。

　　简而言之，这就是新柏拉图主义者的向外流溢及其必然结果：向内回归的教义。[60]就像进化论是我们这个时代的基础一样，这一学说是奥古斯丁时代的思想基础。[61]它将不信仰基督教和信仰基督教的思想家带到了同一条思想阵线上。在普罗提诺看来，心智是一个十分重要的中间要素：一"接触"到太一，它就会向外扩展，成为众多扩散表现的源泉。通过这一基本的中间要素，很容易就能够看到关于《约翰福音》中"道"这个词的哲学式探讨。而米兰学界也是这样解读普罗提诺的： 90

> 我当然不是逐字逐句地阅读，尽管对其理解也一样，而且那种理解也得到各种不同论据的支持，即"太初有道，道与神同在，道就是神。"[62]

> 这些书还告诉我们：你的独子是在一切时间之前，超越一切时间，常在不变，与你同是永恒，灵魂必须接受其丰满，方能达致幸福；必须分享这常在的智慧而自新，然后才能有智慧……[63]

在他满脑子还充斥着支持摩尼教的思想时，奥古斯丁就读过柏拉图的著作了。例如，他发现，要让他相信上帝既降临于他，同时又与他分离，那根本是不可能的。[64]作为一名摩尼教徒，他赞成用一种激进的方式来解答这个问题，即个人完全与善神的"特质"融合在一起，任何不能与这种完美物质相通的东西，都将被当作专制和无可救药的恶魔被抛弃掉。[65]普罗提诺能够帮助奥古斯丁走出这个困境。在他的一部最煞费苦心的著作里，他努力地传布这样的思想：尽管精神世界是时间和空间世界的基础，但它们仍然泾渭分明。[66]对奥古斯丁而言，更为重要的是，普罗提诺还在他的《九章集》里通篇连续不断、满怀激情地论证，善神的力量总是处于主动的地位——这种力量流出来，触及一切，塑造一切被动之物并赋予其意义，而自身不受任何损伤和消耗。摩尼教世界观中有一个最为黑暗的部分，认为善神的力量处于被动局面，它只能被动地承受来自恶神主动和具有污染能力的力量的猛烈打击。这一世界观中最黑暗的部分，被普罗提诺雄辩地否决了：

> 邪恶并不是单独存在的。根据善的天性，即善神的力量，恶神并不单独存在——它必然出现在由美构成的各种锁链之下，就像受到黄金锁链的约束一样。由于恶神藏匿在这些锁链之下，因而当其存在时，天神可能看不到它，而人们也总不希望恶神出现在他们眼前。于是，当恶神真的出现，由于记忆关系，人们眼中 91 看到的仍然是善良和美丽之神的形象。[67]

因为普罗提诺的世界是一个连续不断的、活跃的整体，不容许任何残酷的分裂和粗暴的妨害，每一个存在都是从依靠这个活动的连续体中汲取力量和意义。因此，即使是恶神，那也只是一种试图脱离这个单元系统的力量而已。其存在以这个体系的存在为基础，尽管这个体系不乏真实和意义，但还是遭到了奚落。由于失去了与一些比它自身还要巨大和重要的事物的联系，因此该体系中贬损的正是那倔强的一部分。[68]

这种对恶的看法必然与奥古斯丁后来的苦心经营重叠。然而，普罗提诺曾经被一个类似的挑战所激发，那就是他曾经写文章反对基督教诺斯替主义，后者是摩尼教直接的精神祖先[69]。因此，对于像奥古斯丁这样的前摩尼教徒，他的论著足以激发出一个戏剧性变化的观点。[70]

这一革命性的变化或许就是奥古斯丁接受新柏拉图主义最为持久、最为深远的结果。它只是改变了他精神生活的重心。他不再与他的神一致——这个神完全是超越物质世界而存在的，必须接受他这个整体。而且，在实现这一目标的过程中，奥古斯丁不得不接受他自己也是一个整体，而且与神有所不同：

> 我发现我远离你而漂流异地，听到你发自天际的声音在召唤："我是强者的食粮；你壮大后将以我为食。可是你将不能让我同于你……相反，你将同于我。"[71]

正如奥古斯丁不再使自己与善神等同一样，他也不再拒绝所有那些妨碍他实现自己理想的东西，即一种专制的、侵略性的邪恶力量。他开始超越自我，在柏拉图学派著作的影响下，那种既直接又被动地卷入世界所有善恶之中的感受，逐渐被一种认识所取代，他认识到：邪恶只是一个比自身大许多的世界中的一个很小的部分，这个世界更为不同，其目的更为神秘，其神灵远比摩尼教的神灵活泼可爱。

> 我不再期望一个更好的世界了，因为我纵观万有之后，虽则看到在上的一切优于在下的一切，但我更进一步领悟到，整个万有胜于在上的一切。[72]

注释

[1] *de ord*. II，xvii，45.

〔2〕 v. Lazzati, *Il valore letterario dell'esegesi ambrosiana*, pp. 88-91.

〔3〕 Ambrose, *Hexaemeron*, I, viii, 31(P. L. xiv, 151).

〔4〕 *Conf*. VII, iii, 5.

〔5〕 *Conf*. VI, xv, 25.

〔6〕 Leo, *Ep*. 167(P. L. liv, I205).

〔7〕 罗马大主教利奥（约 390—461），又称大利奥或利奥一世，440—461 年任罗马教皇。这句话很可能是利奥还未当上教皇时说的。——译者注

〔8〕 Ambrose, *de Abraham*, I, iii, 19; iv, 26(P. L. xiv, 427, 431-432).

〔9〕 *Conf*. VI, xv, 25.

〔10〕 *Conf*. VI, xv, 25.

〔11〕 *de fide et oper*. xix, 35.

〔12〕 K. Holl, "Augustins innere Entwicklung", *Abh. Preuss Akad. D. Wiss*. 1922, (Philos. Hist. Kl. No. 4), 1923, p. 11.

〔13〕 *de bono coniug*. v, 5.

〔14〕 *Conf*. VI, vi, 10.

〔15〕 *Conf*. VI, viii, 17.

〔16〕 *Conf*. VI, xiv, 24.

〔17〕 *Conf*. VIII, vi, 13.

〔18〕 *Ep*. 2, *de ordine*.

〔19〕 *Ep*. 1.

〔20〕 *de beata vita*. P. Courcelle 也提及这群人的存在(*Les lettres grecques en Occident de Macrobe à Cassiodore*, 1948, pp. 119-129); 另见 A. Solignac, *Les Confessions*, *Biblio. augustin*., sér. ii, 14, pp. 529-536。

〔21〕 v. esp. P. Courcelle, *Les lettres grecques*, pp. 122-128; *Recherches*, pp. 153-156.

〔22〕 *C. Acad*. III, xviii, 41.

〔23〕 *de civ. Dei*, XVIII, 18, 57-60.

〔24〕 参 P. Henry(tran. S. MacKenn, *Plotinus: The Enneads*, 2nd ed. 1956; 3rd ed. 1962)。关于普罗提诺生平，最好的研究是 R. Harder, *Kleine Schriften*, 1960, pp. 257 -295。关于其思想，参 E. R. Dodds, "Tradition and Personal Achievement in the Philosophy of Plotinus", *Journ. Rom. Studies*, I, 1960, pp. 1-7; P. Hadot, *Plotin ou la simplicité du regard*, 1963。

〔25〕 Porphyry, *On the Life of Plotinus*, 13(MacKenna, 2, p. 9).

〔26〕 Porphyry, *Life of Plotinus*, 10(MacKenna, 2, p. 8).

〔27〕 v. Harder, *Kleine Schriften*, p. 260.

[28] v. esp. H. Dörrie, 'Porphyrius als Mittler zwischen Plotin und Augustin', *Miscellanea Mediaevalia I：Antike und Orient im Mittelalter*, 1962, pp. 26 -47, 41 -43.

[29] v. esp. Courcelle, 'Quelques symboles funéraires du néo-platonisme latin', *Rev. études anciennes*, 46, 1944, pp. 65-93, 66-73.

[30] v. esp. H. Lewy, *Chaldaean Oracles and Theurgy. Mysticism, Magic and Platonism in the Later Roman Empire*, 1956.

[31] 关于波菲利的思想发展过程，参 P. Hadot, "Citations de Po-phyre chez Augustin", *Rev. études augustin* vi, 1960, pp. 205-244, 239-240。

[32] e. g. *de civ. Dei*, X, 2, 7.

[33] e. g. *de civ. Dei*, X, 24.

[34] 这方面的基础研究是 P. Henry, *Plotin et l'Occident* (Spicilegium Sacrum Lovaniense, 15), 1934。

[35] 马里乌·维克托里努（约 280—365），4 世纪著名文法学家、修辞学者、作家、哲学家、神学家，著译颇丰，被称为"奥古斯丁之前的奥古斯丁"，被奥古斯丁誉为"最有学问的人"。晚年时皈依基督教。——译者注

[36] 参阅 P. Hadot, *Traités théologiques sur la trinité* (Sources chrétiennes, 68), 1960, pp. 7-76。

[37] *Conf*. VIII, ii, 2.

[38] *Conf*. VIII, ii, 2.

[39] v. esp. Courcelle, *Recherches*, pp. 137-138, 168-174.

[40] *C. Acad*. III, xix, 42. v. most recently, R. Walzer, 'Porphyry and the Arabic Tradition', *Porphyre*, (Entretiens, Fondation Hardt, XII), 1965, pp. 275-299, esp. p. 288.

[41] *C. Acad*. III, xix, 42.

[42] Ambrose, Ep. 34, 1 (P. L. xvi, 1119). Holte, *Béatitude et Sagesse*, pp. 111-164 对早期基督教作家中的这一传统作出了极为出色的叙述。

[43] *Conf*. VII, ix, 13; VIII, ii, 2.

[44] But v. Courcelle, *Les Confessions*, pp. 69-70, on the very vague meaning of "orator".

[45] H. I. Marrou, "Synesius of Cyrene and Alexandrian Neo-Platonism", *The Conflict between Paganism and Christianity in the Fourth Century*, pp. 126-150, 提供了在米兰的与奥古斯丁同等的人物。

[46] Courcelle, *Recherches*, p. 280 (June).

[47] *Conf*. VII, ix, 13.

[48] 如 Courcelle 暗示"不太敢确信"(*Les Lettres grecques*,pp. 126-128)。

[49] 如 Courcelle 所揭示的(*Recherches*,pp. 133-138);v. sup. p. 76。

[50] 关于奥古斯丁阅读过普罗提诺和波菲利的作品,参 P. Henry,*Plotin et l'Occi-dent*,1934,pp. 78-119;Courcelle,*Recherches*,pp. 157-167 及 *Les Confessions*,pp. 27-42;Hadot,"Citations de Porphyre",*Rev. études augustin*,vi,1960,p. 241。后者将普罗提诺而不是波菲利置于奥古斯丁 386 年阅读的中心,我很同意。

[51] R. J. O'Connell 就奥古斯丁对普罗提诺作品的吸收作出的挑战性研究('*Ennead VI*,4 and 5 in the works of St. Augustine',*Rev. études augustin*,ix,1963,pp. 1-39.),于我大有助益。

[52] *Conf*. IV,xv,24. v. sup. p. 47,n. 1.

[53] v. G. Mathew,*Byzantine Aesthetics*,1963,pp. 17-21.

[54] *Ennead*,I,vi,1(MacKenna 2,pp. 56-57).

[55] *Conf*. VII,xvii,23.

[56] *Ep*. 4,2.

[57] Dodds,"Tradition and Personal Achievement",*Journ. Rom. Studies*,1,1960,p. 5.

[58] *Ennead*,VI,vii,12,(MacKenna 2,pp. 570-571).

[59] 哲学上的直接主义者认为,经验和理性不能给予人们真实的知识,只有神秘的直觉才能认识事物的真相。——译者注

[60] v. esp. Dodds,"Tradition and Personal Achievement",*Journ. Rom. Studies*,1,1960,pp. 2-4.

[61] E. Bréhier,*La Philosophie de Plotin*,rev. ed. 1961,p. 35;v. esp. pp. 35-45.

[62] *Conf*. VII,ix,13.

[63] *Conf*. VII,ix,14.

[64] V. esp. O'Connell,"*Ennead VI*,4 and 5",*Rev. étydes augustin*. ,ix,1963,pp. 13-14.

[65] V. sup. pp. 36,41-42.

[66] O'Connell,"*Ennead VI*,4 and 5",*Rev. étydes augustin*. ,ix,1963,pp. 8-11.

[67] *Ennead* I,viii,15,(MacKenna 2,p. 78).

[68] *Ennead* VI,vi,12,(MacKenna 2,p. 541). v. O'Connell,"*Ennead VI*,4 and 5",*Rev. étydes augustin*. ,ix,1963,pp. 18-20.

[69] 从广义上说,摩尼教可视为诺斯替主义最重要的一支,两者有很深的联系。但摩尼教徒要激进得多。他们不仅自称持有基督教不传之秘统,且声称高于

任何基督徒。——译者注

[70] 普罗提诺曾从诺斯替主义改宗古希腊文化，尽管其改宗的戏剧性不如奥古斯丁，而且其诺斯替主义也不那么激进。参 esp. H. C. Puech, "Plotin et les gnostiques", *Les Sources de Plotin*, (Entretiens, Fondation Hardt, V) 1960, pp. 161-174；另参关于这次改宗最重要的论著 E. R. Dodds, *Pagan and Christian in an Age of Anxiety*, 1965, pp. 24-26.

[71] *Conf*. VII, x, 16.

[72] *Conf*. VII, xiii, 19.

10

哲　学

几个月之后，也就是 386 年夏天，奥古斯丁在给罗马尼阿努的信中说：

> 我们从来就没有停止过对哲学的渴望，除了我们都赞同的那种生活，其余的我们一概不加考虑。尽管我们的热情不够，认为只要怀有这样的希望就足够了，但我们还是一直坚持这样做。由于那今后将我们完全焚毁的火焰尚未燃起，因此我们认为，那慢慢温暖我们的光辉是可能出现的最为宝贵的东西。突然，一些意义非凡的著作出现了……向这渐弱的火焰上喷上了几滴宝贵的油。这些油滴突然就激发出令人难以置信的火焰，罗马尼阿努，这真令人难以置信，即使我告诉你这一切，你可能都会觉得它令人难以置信。我该怎么说呢？它强大得超出了我的想象。经过这件事之后，荣誉、人生的虚饰、对空洞虚名的艳美、现世的慰藉和吸引又怎能让我心动？很快，我就完全与世隔绝，离群索居了。[1]

奥古斯丁阅读了普罗提诺的著作，这产生了一个人人都知晓的后果：使奥古斯丁从以文学为生最终"皈依"哲学。这种皈依注定会影响奥古斯丁的公共和私人生活。除此之外，我们什么都不敢肯定。在 4 世纪 70 年代，作为一名迦太基青年，如果说奥古斯丁阅读了一篇由西塞罗撰写的劝诫人们皈依哲学的著作，然后直接就成为一名摩尼教徒，那么他在米兰阅读普罗提诺著作后的反应就一点都不出乎人们意料了。"皈依"是一个十分宽泛的术语，这次重新定位将使奥古斯丁的生活发生多么巨大的改变？而且，"哲学"一词本身含义众多，而奥古斯丁所皈依的"哲学"其最精确的本质又是什么？实际上，奥古斯丁的"皈依哲学"在古代世界的同类变化中是记录最详细的一个，其过程是最复杂的一个，其最终的形式是最离奇古怪的一个。

可以肯定的是，奥古斯丁有可能谴责了那些新学园中的怀疑分子。在卡西齐亚库所撰写的关于其哲学"隐退"的第一部著作中[2]，他就直接反对这些怀疑论者了。当奥古斯丁宣称找到一种"真正的哲学"是可能的时候，他或许就已经站在一个与许多米兰的纯文人相对立的立场上了。因为在 4 世纪末，那职业拉丁修辞学界在受到基督教和异教两方面的冲击后，就像奥古斯丁先前所做的那样，将非常乐意以西塞罗为后盾，抵抗哲学上的教条主义和宗教上的正统主义两股寒流的冲击。[3]

然而，要放弃中立，奥古斯丁会发现他将深陷各种争执之中。那些思想深邃的米兰人都是一些"后普罗提诺派"，就像我们这个时代的"后弗洛伊德派"一样。这些共同的观念不但没有让基督徒和异教徒走得更近，相反却以家庭争吵的所有苦毒将基督徒和异教徒分开。足足有一个多世纪，他们都在为争夺柏拉图的遗产继承权而苦苦争斗。[4]基督徒接受柏拉图主义者对精神世界结构的出色描绘；然而，异教徒中的柏拉图主义者却认为基督教中关于救赎的神话——道成肉身、耶稣十字架受难和复活——都是对其导师真正教义的粗野发挥。在他们看来，这无异于一些专门破坏文化艺术品的人，在一座拜占庭教堂精巧雅致的圆顶下竖立起一尊庸俗做作的巴洛克雕塑。一些"开明的"异教柏拉图主义者曾希望在基督教堂的墙上写下"太初有道"的金字，以此来"教化"基督徒。可是，即使圣约翰说"道成了肉身"，他们对此也无法容忍。[5]在米兰，他们诱导安波罗修去写一本小册子，宣称基督是通过阅读柏拉图的作品获得了其教义中一切善的思想。[6]

对那个与异教徒和基督徒之间的信仰分歧只存在部分巧合的问题，上一段所描述的差异不过是这些更为深层冲突的表征而已。这是一个

精神自治的问题：一个人单凭自己的力量可以在多大程度上指望达到自 95
我救赎？对这个问题，普罗提诺的态度非常明确："我正努力地将自身
之内的神性交还给众人之中的神性。"[7] "这神圣的自我也不等待解
放……他只是等待发现，并不存在'救赎剧'。"[8]柏拉图主义者总是觉
得，他们能够提供一种对神的看见，人凭借自己，不需要任何帮助，
他的理性便能"升"到理念王国。这种直接取得成功的主张，曾经让
此前 2 世纪的一位基督徒——哲学家查士丁（Justin）[9]迷恋不已。[10]如
今，这似乎也让奥古斯丁迷恋不已。

　　这种个人自治的传统会造就一些仅仅能容忍其教会组织生活的
"基督徒"。马里乌·维克托里努就经历过这样一个阶段：就在朋友之
间，而从来没有在公众场合，他私下里常常向希姆普利齐亚努说："我
想让你知道，我现在是一名基督徒了。"希姆普利齐亚努通常会这样回
答："除非我亲眼在基督教会中看到你，否则我是不会相信你是一名基
督徒的。"听到这个回复后，维克托里努斯会笑着说："难道是教堂的墙
壁使人成为信徒了！"[11]第一次遇到奥古斯丁时，希姆普利齐亚努就把
这则特别的轶事告诉了他，这的确很有趣。我们或许会怀疑，这位精
明干练的老牧师已经对这位拜访者做出了判断：在奥古斯丁身上，他看
到了一个像维克托里努斯那样的人——一位修辞学教授，一名异教柏
拉图主义的崇拜者，一个最多不过能容忍公教的人。

　　386 年，正是在这个时期，米兰教堂的墙壁确实造就了一名基督
徒。在当年的 2 月，奥古斯丁的母亲，还有她的主教，被围困在那座
长方形大教堂的四壁之中；[12]作为主教，安波罗修冒着被宫廷太监处死
的危险都不愿意交出这些宝贵的墙壁。但是，到了 6 月，当安波罗修
的新长方形大教堂中发生那些令人震惊的事时，当那些疯狂的人在圣
格瓦西乌和圣普洛塔西乌遗骸前哀嚎时，奥古斯丁仍然冷漠地站在一
旁。[13]他后来写道：

　　　　有一些人认为，能够通过自身努力来净化自身的品质，从而
　　能够冥想并与上帝同在……他们确信通过自身的努力能够实现净 96
　　化，因为他们中的少数几个人确实使自己的心智超越了一切被造
　　之物，从而接触到（尽管只是部分地）那永恒的真理光芒。于是，
　　他们就看不起那些仅凭信仰而生活的基督徒大众，因为那些人做

不到他们所能做到的一切……[14]

就这样，在 386 年的夏天，奥古斯丁在他一生中最后一次拒绝和抵制彻底的精神自治的诱惑。正如摩尼教过去坚持要做的，这种哲学似乎真的既能够解决奥古斯丁难以理解的焦虑，又能够提供一种让他独立于外部权威而实现自我满足的方法。他写道："我自以为明白，我高谈阔论。""假使我继续充当这样的（伪）大师，只会自取灭亡。"[15]大师……大师，这就是主教奥古斯丁对这一关键时刻所作的简洁却不免仓促的判断。

这种状况一直持续到几个月之后的一起事件之中。奥古斯丁最终决定支持基督公教，但这并非不可避免。在 4 世纪 80 年代，异教柏拉图主义是一股不容忽视的力量；在那之后短期内，奥古斯丁也曾考虑过其他重要选择，这些选择继续伴随他后来的人生。他持续地沉溺于异教柏拉图主义者的困境，急切地坚持在沉思之前必须接受一种权威的训练，他清楚地意识到一个神秘主义者失败后所面临的精神危机。从他后来的这些表现中，我们可以看到他那个重要选择的影子。[16]所有的这一切都表明了，一个人的性格不仅由他生活中所发生的事情决定，而且还由他极力避免的事情所决定。

然而，奥古斯丁绝不会变成第二个普罗提诺，或许因为他缺乏那位异教徒伟人过人的平静。正如摩尼教的"智慧"并不仅仅是作为一种"内在的"知识，而且是作为一个精心设计的道德体系为他所认识，这使得他多年来能够控制自己的罪咎感和对肉体的沉迷[17]；同样，如今他转去寻找一种艰苦的训练来补充柏拉图主义者那清澈透明的灵性。

97

奥古斯丁转向了圣保罗的作品，这丝毫不奇怪。[18]安波罗修曾经非常自信地认为，奥古斯丁会再次将基督教圣经当作一个智慧的权威来源。不管怎样，保罗都在流传之中。希姆普利齐亚努会通过宣讲保罗以及旧约中的奥秘吸引安波罗修来满足这些兴趣。[19]尽管那些非洲的摩尼教徒更多地是将保罗的著作解读为一部伪经，只从中挑选出那些与摩尼教的权威经典相符的东西，但他们都曾常常诉诸保罗，把他当作摩尼教杰出的先知。[20]无论如何，奥古斯丁一直以来完全生活在基督教的领域之内，因为使徒对他想象力的吸引与异教先哲对他的吸引程度是一样的。在他看来，他们都是他离奇复杂过去的"伟人"。[21]因此，可以设想，那时奥古斯丁读保罗，他是在读摩尼教徒零零星星所了解的东西。如今，将其看成一个统一体的时刻已经来到；而且最终出现的这个统一体将不可避免地被奥古斯丁的先入之见所点染。"因为'按我里面的意思，我是喜欢上帝的律，但我觉得肢体中另有个律'，我该怎么办？'我真是苦啊！'我该怎么办？谁能'救我脱离'呢？"[22]

当奥古斯丁（有可能是在 386 年 7 月末）最终接近希姆普利齐亚努时，他已经不知不觉地走向了基督公教。他确实是一个积极"皈依"哲学的人，但是他所皈依的"哲学"已经不再是一种完全独立的柏拉图主义。这种哲学已被圣保罗那更为清醒的教义以一种极个人化的方式"坚固"了；在更深的层次上，人们逐渐认识到，这种哲学就是"儿时就已经深入我们骨髓的那种宗教"——母亲莫尼卡那坚定不移的对基督公教的虔信。[23]

奥古斯丁一直试图使自己"稳如泰山"[24]。他想得到一些保障，以达到稳定和永恒。这足以说明其"哲学"的主要特点：这是一种柏拉图主义，其直接成就就是将被赋予永恒的特性；此外，只有放弃相当部分的自主性才能得到这种永恒。尽管智者的方法、目标和终极追求仍然是柏拉图主义者所坚持的那些，但是奥古斯丁是以一位"康复病人"的身份开始其哲学生涯的。他需要首先接受一种治疗，就是柏拉图主义传统一直要求每一位想脱离感观世界的人采取的那种疗法，该疗法并不取决于患者本人，而是取决于那位"看不见的医生"[25]，即上帝。这位上帝不再是孤独的贵族：通过"普遍的仁慈"，即通过基督的道成肉身和普世教会对那些神圣的经典的保存，普通老百姓得到了这种治疗。这些想法就是奥古斯丁对基督教会的初步认识。然而，在他的一生中，这一关键时期又充满了如此多的悖论，以至于完全有理由推测，奥古斯丁或许已经看到了自己的两难处境以及逃脱困境的方法，它们好像反射在一面遥远的镜子之中，反射在另外一名躁动不安的人的著作之中，这个人就是波菲利，一位伟大的、基督教的敌人。尽管没有可靠证据，但这似乎是可信的。波菲利也希望找到一条向普通老百姓敞开的"普遍拯救之法"。[26]

这些，以及类似的想法将奥古斯丁引向了希姆普利齐亚努：

> 这时他年事已高，我想，他一生都恪守你的道路，我相信他

98

> 具有丰富的经验和广博的知识。事实确实如此。因此我愿意就我
> 的疑难向他请教，请他以我当时的心境，指示我最恰当的方法，
> 来走你的道路。
>
> 我看见教会里都是人，但每个人在世上都在走不同的道路。
> 但是我在世上的生活却令我相当地不愉快……[27]

如果想同时成为一名受洗的基督徒和一名哲学家，奥古斯丁确实将不得不面对一些痛苦的取舍。在米兰，奥古斯丁及其朋友们的脑海中充斥着各种我们当今熟悉的、关于人生的想法，这些想法无时不在，难以去除。为献身哲学而隐居的理想与为了修道而隐居同样难以做到：这意味着与你的事业、婚姻以及一切形式的两性关系说再见。而，基督公教洗礼的奥秘中所要求的各种弃绝也被人们看做是英雄之举，一点不亚于旧生命的死去。例如，奥古斯丁的好友费勒昆都斯会因为已婚而不愿意受洗成为一名基督徒，即便他的妻子是一名基督徒。[28]在接受洗礼时，这些热心的信徒所面对的就只是与这个世界做英雄般的决裂。因此，以下事件就不足为奇了：罗马帝国晚期，绝大多数基督徒都回避洗礼；第一位信奉基督教的皇帝君士坦丁和其他许多人，只是在临死之前在床榻上接受洗礼；安波罗修异常急切地教导他所牧养的群羊，希望他们向世界而"死"：

> 你们的欢乐能持续多久？你们的宴乐能持续多久？审判之日越发临近，当你们在推迟接受这恩典的时候，死亡已经临到。到那个时候，谁会说："如今我没空，我很忙……"[29]

但他的呼吁无人回应。

> ……我所给出的唯一答复就是懒洋洋、吞吞吐吐地说："马上就来！""真的，立刻就来！""再等一会儿！"然而，"马上"并没有马上就来，"等一会儿"却长长地拖延下去。[30]

8月末的一天，这一小群人接待了一位来客，他曾经在特里尔宫中任职，名叫庞提希阿努，我们的非洲同乡，皇家特别机构预备队中的一员。[31]看到奥古斯丁桌上放着圣保罗的一部作品，这位虔诚的人感到很意外。他向奥古斯丁和阿里庇乌讲述了非洲隐修院修士的情况，讲述那些隐修院的创建者圣安东尼[32]的事迹是如何打动了他在特里尔的

两位同事，促使他们离俗隐修。[33]

庞提希阿努向我们讲述了这些故事。主啊！当他讲这些故事时，你让我转过身来，正视我自己……我看清了自己，感到非常害怕，却无处藏身……

我19岁那年读了西塞罗的《荷尔顿西乌斯》，这本书激发了我对哲学研究的兴趣。从那以后，多少年过去了——12年吧，如果我没有记错——但是我始终留恋世俗的快乐，一再地不愿意放弃……

我冲向阿里庇乌，此时我的神情暴露了我内心的骚动，我向他高喊道："我们到底怎么啦？这个故事到底是什么意思？这些人根本没有受过我们这样的教育，然而他们却起来撞击了天堂之门，而我们呢？满腹经纶，却在尘世的血肉中摸爬滚打！……"[34]

……我突然停了下来，转身而去，丢下吃惊得一句话也说不出来的阿里庇乌……在我们寓所边上有一个小花园……如今我发现，内心的风暴将我驱赶到这个小花园之中。在那里没有一个人可以阻止那场激烈的斗争，在那场斗争中，和我争斗的就是我自己，最后终于决出了胜负……我用手拉扯自己的头发，用拳捶打自己的头，双手抱着自己的膝盖……[35]

拖住我的是那些琐碎的、浪荡虚浮的旧相好。它们扯住我肉体的外衣，轻轻地对我说："你真的要把我们抛开吗？从此之后我们不再和你在一起了！从此刻起，你再也不能做这事或那事了。"我的主啊！它们轻声所说的'这事'和'那事'指的是什么啊？那些事是如此地污秽不堪，因此你的仆人求你大发慈悲将那些污秽不堪的东西从他的心灵中清扫出去……

节制仿佛再次对我说："你不要听肉体对你讲述的那些污秽不堪的话语。它只会告诉你一些让你高兴的事情，绝不会告诉你上帝讲授给你的律法。"

这些争执在我心中搅扰，这正是我与自己的战斗。阿里庇乌伴我而坐，静静地等待着我这次异乎寻常的内心冲动的结果……[36]我在灵魂深处仔细地搜寻，我的内心将我的全部罪状罗列于眼前。内心中巨大的风暴起来了，带着倾盆的泪雨。为了能

100

够尽情地号啕大哭，我起身离开了阿里庇乌……来到一个较远的地方，避开阿里庇乌，以免因为他在场而使我号啕大哭时受到拘束。

我也不知道自己是怎样躺在一棵无花果树下，尽情让泪水夺眶而出。这是我向你奉上的，你理应悦纳的祭……我觉得我的罪恶仍然抓住我不放。于是便呜咽地喊道："我还要多长时间继续说'明天，明天'？为什么不在现在，为什么不在此时此刻就结束我的罪恶史呢？"

我不停地问这些问题，满腹心酸。突然，从邻近一所屋子中传来了一个孩子的声音。我分不清那是个男孩还是女孩，但是那个声音一再地唱着："拿起，读吧！拿起，读吧！"听到这声音后，我举目张望，努力地回忆是否有这样的游戏，在其中孩子们反复地吟唱这样的字句。但我甚至想不起来在此之前我是否曾有耳闻。我强忍住汹涌的眼泪，站起身来。我找不到其他解释，这一定是上帝的旨意，他叫我翻开书来，看到哪一章就读哪一章。我也曾听说安东尼的故事，我还记得他是如何偶然地来到一个教堂，当时教堂里正诵读福音书，当他听到"回去变卖你所有财产……"时，便认为那就是上帝专门对他所说的话。

我急忙回到阿里庇乌所坐的地方，因为我起身离开的时候，我把使徒保罗的书信集留在了那里。我抓起那本书，翻开它，默默地读着我最先看到的章节："不可荒宴醉酒，不可好色邪荡，不可争竞嫉妒。总要披戴主耶稣基督，不要为肉体安排，去放纵私欲。"我不想再读下去，也不需要再读下去了。读完这一节，我顿时感觉仿佛有一道恬静的光射到我的心中，驱散了阴霾笼罩的疑云。

我在书上作了标记，合上书本。我面容平静，将一切经过告诉了阿里庇乌。他也把自己的感觉——我自然是不知道的——告诉了我。他要求看我读的章节，我便指给他看。他接着读下去，我并不知道下文如何。接下去的一句是："信心软弱的，你们要接纳……"

于是我们便来到我母亲那里，告诉她事情的经过。她高兴极了。我们叙述了详细的过程，她更是手舞足蹈，一如凯旋，她歌颂你：'你有足够的甚至超过足够的大能来成就你的旨意，远超过我们所求所想。'你使我皈依于你，甚至不再追求家室之好，不再对尘世怀抱任何希望，而一心站定在信仰的法则之上，一如多年之前，你在一个梦境中对她预示的我昂然特立的情景。你将她的哀伤变成了无比的喜乐，这喜乐远远超过她由衷的期望，其甘美和珍贵远胜于她在我的子孙身上寄予的快乐。[37]

102

无论如何，奥古斯丁即将结束他的教书生涯。在那个夏天，他突然胸口疼痛，这影响到他的发音，使他不得不离开讲席。[38]了解奥古斯丁突然患病的实质是非常重要的，这些信息或许能够反映出他是在怎样的压力下生活。[39]例如，有研究暗示说，奥古斯丁得的是哮喘，一般认为这是一种身心疾病；[40]在这精神紧张的几个月里，奥古斯丁的身体逐渐显露出精神崩溃的迹象，这也完全是可能的。或许最耐人寻味的是，在其后来的人生中，尽管奥古斯丁也经常为病痛所折磨，但他再也没有提起这次"胸口痛"；这痛所袭击的身体部位（即心脏），恰恰是与他作为演讲家的生涯关系最密切之部位，而后来他也认为该身体器官象征着人类骄傲的居住之所。[41]

葡萄收获节是教师很喜欢的假日，那个时候可以纵情欢乐。可就在这个假日里，奥古斯丁和一个组合奇特的小团体，其中包括他的儿子、母亲、兄弟和表兄弟们，阿里庇乌、利森提乌和一位名叫特里格特乌斯的年轻贵族，去到费勒昆都斯借给他们的一处位于卡西齐亚库的乡村庄园之中退修。卡西齐亚库或许就是现在的卡西亚哥，坐落在美丽的阿尔卑斯山山脚下，毗邻科莫湖。[42]

尽管奥古斯丁生病了，但他的疗养并没有影响到他在很短的时间内向米兰学界发表大量作品。他为罗马尼阿努写了一本反对学园派的著作，其中描述了他在"哲学中"发现新生活的欢愉之情；为曼利乌·西奥多鲁写了一篇题为《论完美生活》的宗教论文；为芝诺比乌写了一篇毕达哥拉斯式的文章，题为"秩序"，作为思考宇宙秩序的入门之作。[43]

103

人们仔细地研究这些著作，希望找到此前几个月里奥古斯丁思想演变的过程，然而人们往往忽视，这些著作也大大澄清了一个人发展演变过程中层次更深的一面，即奥古斯丁所认为的、为自己赢得的那种未来的本质。

现在，奥古斯丁已经找到了一片能确保他不断进步的思想空间，正如他对一位朋友所说的：他"已经打碎了那最为可恨的、使我远离哲学怀抱的羁绊——对找到真理的绝望，而真理恰恰就是人类灵魂的营养品"[44]。这位永不满足的学者还认为，他是通过自己母亲所信奉的宗教获得未来的：

> 我知道，并且毫不犹豫地承认，正是通过你的祈祷，主才会给我一种心智，将发现真理置于所有一切之前，让我不再期望、思虑和迷恋其他任何东西。我绝不会否认，正是你的祈祷，才使我取得如此大的益处……[45]

那些拥有哲学头脑的人日后或许能领会到的真理，已经全部被基督教会归纳成一些仪式和教义，这些仪式和教义就是奥古斯丁正在探索的既整全又方向明确的"哲学"。[46]奥古斯丁柏拉图式的宇宙观并不承认个人的理性和基督公教传统权威之间存在残酷的分裂。正如茹尔丹（Jourdain）先生，他谈论了一辈子的散文，自己却没有意识到；而奥古斯丁这位哲人，他的"严密推理"，事实上一直都在谈论神学。[47]

当我们读到奥古斯丁致曼利乌·西奥多鲁的一篇名为"论幸福生活"的短文时，便可体会到这种看法给予奥古斯丁怎样的自信。曼利乌·西奥多鲁是出了名的普罗提诺的崇拜者。[48]同时，他也是一名出色的基督徒。通过"将一本完全的宗教著作[49]，同时也是一本对三位一体进行完美论述、其序言中对学术自傲作出严肃告诫的著作"[50]奉献给这样一个人——奥古斯丁曾经在前一年的夏天戏弄过安波罗修周围的一些含糊其辞的文人，其中就包括"那位异常高傲自负的人"——如今他很可能想做一次体面的弥补，以示尊重。[51]这篇论文以如下方式结尾，即让曼利乌认识到，在阐释完美生活的来源之前，实际上已经阐述了基督教的三位一体；[52]就这样，莫尼卡吟唱着名为"垂听我们的祷告，三位一体的真神"（Fove precantes Trinitas）的圣安波罗修的赞美诗，结束了一次敬奉上帝的晚会。[53]在那一年开始的时候，信奉基督教的百姓是唱着这样的赞美诗歌抵制帝国朝廷的。[54]在思想史上，以一首战斗之歌作为一次哲学对话的结尾，这是不多见的。

奥古斯丁已经重新获得了一种目的意识。他写信给罗马尼阿努说，

> 相信我！更确切地说，相信那位说"寻找，就寻见"的主：人们是不会对这样的理解失去信心的；这比数的性质要不言自明得多。[55]

在初期的作品中，他很少引用圣经。"寻找，就寻见"是他为数不多直接引自圣经的话语。[56]可是，这个特别的引用却是摩尼教徒们经常采用的套话。[56]因此，在一封写给罗马尼阿努及其非洲同伴（他们以前都是一些同情摩尼教的人）的信中，出现这样的引用就非常自然了。到了这个时候，奥古斯丁已经将哲学和某种形式的基督教等同起来，这也就不足为奇了。自从他在迦太基第一次"皈依哲学"（尽管失败了）起，奥古斯丁就没有跃出基督教和智慧重合一致的范围。然而，摩尼教所定义的基督教和这种基督教柏拉图主义还是存在着巨大的差别：摩尼教排斥一切发展过程和理智的治疗，他们一直声称将为他提供一种神秘的、使他纯洁无瑕的"智慧"。[57]可奥古斯丁发现，这种"智慧"并不能使他取得"丝毫进展"[58]，与此相对，如今他"在哲学中"的生活却能够确保他不断地取得进步。

奥古斯丁相信他能够在公教会的框架中创造性地发展自己的才智，正是这种自信，使得奥古斯丁在安波罗修这样博学的主教眼中也显得奇怪。奥古斯丁曾经阅读过柏拉图的著作，这使我们确信：奥古斯丁带着理想的幻灭来到米兰，并不反对回归父母既定的宗教信仰，最终他没有主动无条件地向一名基督教主教降服。很明显，他并不是"那种信徒"，他们十分普遍地存在于前奥古斯丁时代拉丁世界的知识分子之中。他也不相信哲学已经被证实为一门毫无作用的学问，从而哲学家们所采用的方法要被一种启示的智慧所取代。尽管使用了非基督徒的作品，安波罗修似乎也接受了这种过时的观点。他认为自己首先是一名主教，自己的职责是理解并向自己的信徒传布"大量的"圣经知识。任何不能浇注到此模型中的东西都是毫无价值的。他曾经写信给一位对灵魂本质感到迷惑不解的哲学家（奥古斯丁在卡西齐亚库也曾经对这个问题感到迷惑不解），建议他去读《以斯拉记》。[59]他回了一封信（如果这封信确实存在）给奥古斯丁（在给安波罗修的信中，奥古斯丁就受洗提问，从而暴露了他的困惑），也建议他阅读《以赛亚书》。可

105

是，奥古斯丁却发现那本书异常难懂！[60]后来，安波罗修甚至相信，当背教者朱利安"投身哲学研究时"，他也就退出了基督教；[61]而奥古斯丁在一系列书和信中宣称，自己在卡西齐亚库就是这么干的！这两个人的区别也是基督教教会文化在影响力上发生重大变化的征兆。安波罗修，这位学识渊博的、阅读希腊文作品的主教，仍然属于旧世界的范畴。他觉得自己与希腊世界基督教学者们，尤其与那伟大的、亚历山大的奥利金的盛名密切相关。而奥古斯丁却是一名业余学者，有更多的自由遵循自己的发展道路。然而，悖论的是，循着这样的道路，奥古斯丁却比安波罗修更加接近亚历山大这个早期基督教学派的精神实质；[62]也因此，他更坚信，一位受过哲学方法训练的智者是能够在传统的基督教正教信仰中进行创造性思维的。这一转变尤其激进，因为当时奥古斯丁似乎理所当然地就采取了上述立场："因为我正是那种不但迫切地希望能够尽快地接受真正信仰，而且还迫切地希望能尽快理解这信仰的人。"[63]

目的感和连续感是奥古斯丁"归信"最为显著的特点。考察他在卡西齐亚库所写的作品，这次归信似乎是一个平稳得让人吃惊的过程。尽管奥古斯丁的"哲学"生活被圣保罗（的作品）所充斥，但仍然能够用古典的语言加以表达。这种生活的最高奖赏几乎是自动为那些接受过传统古典教育的人而保留的。[64]

这种连续性尤其令人吃惊，因为奥古斯丁已经听说过一种可供选择的、能够替换古典"哲学生活"的道路，即埃及修士的生活方式。这类人的禁欲苦行包含更为纯洁的肉体上的苦修，与古典文化的更决绝的决裂。然而，圣安东尼英雄般的例子使得奥古斯丁的知识结构不受任何影响。他还是想做一名文人，正如他写给芝诺庇乌的信里所说，有些人通过"独处"的方式来"忘却"那些加在他们身上的伤口，然而另外一些人却通过博雅教育在伤口上"涂抹油膏"。[65]显然，由于周围有自己的亲戚和学生，他在卡西齐亚库的图书馆里存放着各类传统的教科书[66]，奥古斯丁选择了更为温和的博雅教育的治疗方式。

与以前的历史学家相比，现代研究罗马帝国晚期文化的历史学家能够更好地理解那些伟大传统的平静的整合，而这正是奥古斯丁在卡西齐亚库所写的作品的一个十分显著的特点。这些作品反映了一群米兰基督徒的广泛兴趣和宽广的同情心。然而，奥古斯丁本人内心的和谐可能有其更为深层以及更私人化的根源。所有这些都反映在十年后他的《忏悔录》之中。与他"归信"之前的文学作品相比，《忏悔录》深刻反映了其内心的真实。在先前的作品中，奥古斯丁是以一个公众人物的身份为公众写作的：他是一位隐退的教授，因此他的作品中提到生病导致他的隐退；[67] 此外，他提到了隐退对他的公众身份所造成的影响：他放弃了一桩与有钱人的婚姻，放弃了在政府中任职的可能。可是，他在米兰花园中那经典的一幕却被悄悄地省去了。然而，正是在这一幕中，我们才能窥探当时发生在奥古斯丁身上的新生的深度。它对他的影响，与他以文人身份参与公众活动的生活无关，它影响的是他与几个女人痛苦交往的性质，当然，还影响到他与自己母亲的更为亲密的关系。

当奥古斯丁还隐居在卡西齐亚库的时候，他身上就已发生了一个深刻的变化。由于这个变化，他再次感到自己是自由的，能够以新的力量和自信去追求自己的爱好。这样的调整发自肺腑，毋需装扮就能够自我展现；而通过装扮来展示自己却是那些平衡性较差的修士崇拜者普遍采用的方法，就连那博学的哲罗姆都不例外。[68] 相反，令人印象深刻的是，奥古斯丁在"哲学中"的新生活表现出了一种突然而乐观的创造力，这种创造力反映出一个人在虚度了几年宝贵的光阴后，重获过去失落的纯真时的那份情感。

注释

[1] *C. Avad*, II, ii, 5.

[2] 指《卡西齐亚库对话录》(*Dialogues de Cassiciacum*)。——译者注

[3] *Ep.* 135, I：这种看法在 411 年得到异教文学圈支持，这一点都不奇怪。V. inf. pp. 298-299.

[4] 关于双方的紧张争斗，Courcelle 有史料充分的论述('Anti-Christian Arguments and Christian Platonism', *The Conflict between Paganism and Christianity*, pp. 151-192)。

[5] *de civ. Dei*, X, 29, 99；v. esp. Courcelle, *Les Confessions*, pp. 73-74.

[6] *Ep.* 31, 8.

[7] Porphyry,*Life of Plotinus*,2,(MacKenna 2,p. 2)

[8] Dodds,"Tradition and Personal Achievement",*Journ. Rom. Studies*,I,1960,p. 7.

[9] 查士丁（约 100—165），最早将希腊哲学和基督教结合起来的护教士，被称为"基督教哲学的开端"。生于巴勒斯坦，著有《护教辞》两篇及《与特里弗的对话》。——译者注

[10] v. Justin,*Dialogue with Trypho*,ii,3-6.

[11] *Conf.* VIII,ii,4.

[12] *Conf.* IX,vii,15.

[13] v. esp. Courcelle,*Recherches*,pp. 157-167. G. Madec,"Connaissance de Dieu et action de graces",*Rech. augustin.* ,ii,1962,pp. 273-309,279-282.

[14] *de Trin.* IV,xv,20.

[15] *Conf.* VII,xx,26.

[16] e. g. *de quant anim.* xxxiii,75;de mor. eccl. cath. (I),vii,11. 然而人们还是有可能不相信奥古斯丁在此关键时刻对基督的认识正好反映了波菲利及他的异教追随者对基督的认识。参 Courcelle,"S. Augustin 'photinien' á Milan,*Conf.* VII,19,25",*Ricerche di storia religiosa*,I,1954,pp. 225-239 and *Les Confessions*,pp. 33-42;Hadot,"Citations de Porphyre",*Rev. études augustin.* ,vi,1960,p. 241。不可否认，他曾有"自发地"信仰柏拉图主义的阶段，其代表人物自认为优于基督教，可参 Courcelle,"Les sages de Porphyre et les 'viri novi'd'Arnobe",*Rev. études latines*,31,1953,pp. 257-271,269-270。

[17] v. sup. pp. 39-40.

[18] *Conf.* VII,xxi,27.

[19] Ambrose,*Ep.* 37,1(P. L. xvi,1085);v. inf. p. 147.

[20] *Conf.* VII,xxi,27.

[21] *C. Acad.* II,ii,5.

[22] *Conf.* VII,xxi,27.

[23] *C. Acad.* II,ii,5.

[24] *Conf.* VIII,i,1.

[25] *Sol.* I,xiv,25.

[26] J. O'Meara,*The Young Augustine*,1954,pp. 143-155;*Porphyry's Philosophy from Oracles in Augustine*,1959;"Citations de Porphyre",*Rev. études augustin.* ,vi,1960,pp. 205-244 及 pp. 245-247 中 O'Meara 的评论。

[27] *Conf.* VIII,i,1-2.

[28] *Conf.* IX,iii,5.

[29] Ambrose,*de Helia vel de ieiunio*,xxii,85(O. L. xiv,764).

[30] *Conf.* VIII,v,12.

[31] *Conf.* VIII,vi,12.

[32] 圣安东尼（251—356），著名的沙漠教父。275 年开始在埃及沙漠地区的山洞里过与世隔绝的修道生活，305 年始广收门徒。是集体隐修制度的创立者，被称为隐修士之父。受其影响，许多信徒效仿他到沙漠中隐修，连奥古斯丁一度也渴望成为隐修者。——译者注

[33] *Conf.* VIII,vi,15.

[34] *Conf.* VIII,vii,18.

[35] *Conf.* VIII,viii,20.

[36] *Conf.* VIII,xi,27.

[37] *Conf.* VIII,xii,28-30.

[38] *Conf.* IX,ii,4.

[39] B. Legewie,"Die körperliche Konstitution und Krankheiten Augustins",*Misc. Agostin.*,ii,1930,pp. 5-21,19-20.

[40] v. Klegeman,"A psychoanalytic study of the Confessions",*Journ. Amer. Psychoanalytic Assoc.*,v. 1957,p. 481.

[41] *de Gen. c. Man.* II,xvii,26.

[42] 关于卡西齐亚库的具体位置，参 Pellegrino,*Les Confessions de S. Augustin*,p. 191,n. 2。

[43] 关于卡西齐亚库的谈话，见 J. Nørregaard,*Augustins Bekehrung*,1923。

[44] *Ep.* I,3.

[45] *de ord.* II,xx,52;cf. *de beata vita*,i,6.

[46] e. g. *de ord.* II,v,16.

[47] v. esp. Holte,*Béatitude et Sagesse*,pp. 303-327.

[48] *de beata vita*,i,4.

[49] *de beata vita*,i,5.

[50] *de beata vita*,i,3.

[51] v. sup. pp. 85,94-96.

[52] *de beata vita*,iv,34.

[53] *de beata vita*,iv,35.

[54] *Conf.* IX,vii,15.

[55] *C. Acad.* II,iii,9.

〔56〕*demor. eccl. cath.*（Ⅰ），xvii，31.

〔57〕*demor. eccl. cath.*（Ⅰ），xxv，47. v. sup. pp. 48-49.

〔58〕*Conf.* V，x，18.

〔59〕Ambrose，*Ep.* 34，2（P. L. xvi，1119）

〔60〕*Conf.* Ⅸ，v，13.

〔61〕Ambrose，*de obitu Theodossi*，51（P. L. xvi，1466）

〔62〕v. Holte，*Béatitude et Sagesse*，pp. 177-190。

〔63〕*C. Acad.* Ⅲ，xx，43.

〔64〕e. g. *de ord.* Ⅰ，vii，20；Ⅱ，v. ，15 and xvi，44.

〔65〕*de ord.* Ⅰ，i，2.

〔66〕*de ord.* Ⅰ，ii，5.

〔67〕e. g. *de ord.* Ⅰ，ii，5.

〔68〕v. H. von Campenhausen，*The Fathers of the Latin Church*，（transl. 1964），pp. 184-188.

基督徒生活中的悠闲时刻：
卡西齐亚库 [1]

当奥古斯丁 386 年 9 月隐居卡西齐亚库时，他的表现看起来像是将遵循一个长期存在的令人愉悦的传统：从公众职业的关注中解放出来后，他将过一种充满创造性的悠闲生活，以便能够严肃地追求一些东西。这就是流传许久的"隐士式的休闲生活"（*otium liberale*）[2] 的理想。回顾生命中的这段时光，奥古斯丁或许可以称之为"基督徒生活中的悠闲时刻"[3]。这种休闲生活的理想成为奥古斯丁从这个时候起到 391 年被任命为牧师的那段时间的生活背景。

4 世纪末期，休闲的传统再次兴起。它变得更为复杂，而且通常情况下意义重大。在西西里的大庄园内，老迈的异教元老们继续重编古典学抄本（奥古斯丁在卡西齐亚库也费了一些时间来做类似的事情）。有一个乡村庄园甚至被称作"哲学家的庄园"。[4] 此外，一些更不安分的人也加入其中：早在一个世纪之前，波菲利就曾经因精神崩溃到这个岛上隐居、疗养，撰写他那篇尖锐的论文《驳基督徒》。[5] 许多人会认为，或许可以将这种本质上是私人的生活组织成一个社区。奥古斯丁和罗马尼阿努曾为此雀跃；[6] 普罗提诺曾经计划建设一座名为柏拉图诺城的"哲学家之城"。[7] 后来，是在奥古斯丁中年的时候，一位退休了的名叫达达努斯（Dardanus）的行政长官才将他在下阿尔卑斯的庄园变成了基督教版的哲学家的乌托邦，名为"神城"（Theopolis），即"上帝之城"。[8]实际上，早期的西方修道院中，有一些就是敏感的异教徒和基督徒所修建的"世俗修道院"[9]。

至少有一年的时间，奥古斯丁认为这种"醉心于哲学的"生活是他唯一可能的选择。[10]然而，他当初打算光荣地隐退，过这样一种生活；他还打算娶一位富有而且很有教养的女继承人为妻；他还准备与别人轮值，承担起一个文人地方统治者日常的管理工作。在他妻子财产的支持[11]和前任地方官参议特权的保护下，他也许能够有几年自由的时间追求自己的理想[12]。然而，生活本身却更复杂。他们这个小群体隐居到卡西齐亚库是相当匆忙的决定。几个月之后，奥古斯丁便放弃了自己的婚姻、公众职位，以及得到财政支持和社会声誉的希望。而他的朋友也非常困惑，尤其是赞助他的罗马尼阿努。奥古斯丁献给罗马尼阿努的第一部著作，虽然言辞十分拘谨，但还是多次显露出这些许的尴尬。奥古斯丁可能很难像西塞罗那样以体面的方式从公共生活中退出来，表达他那疾风暴雨式的宗教皈依。

奥古斯丁之所以会被流传许久的隐士式的休闲传统所吸引，或许是因为最近他的生活太过于复杂的缘故。他需要一种严格、传统的生活方式，就像在卡西齐亚库的日子，在米兰学术界人士眼里，这种生活既高贵又容易解释。那是费勒昆都斯的庄园，和奥古斯丁一样，他是一位对隐修充满激情的教授。曼利乌·西奥多鲁已经为这种隐居生活开了一个很好的先例。[13]后来，这种隐修被认为是平庸诗作的合适主题。它可以写成一首田园诗，埋首于教科书中，抬头便是阿尔卑斯山的美景。[14]

奥古斯丁的作品也与他过去的生活紧密相关。要考察这位未来主教的踪迹，就必须详细地考察这些作品。这些作品是他对过去一年在米兰所欠的学术债务的偿还。[15]《论幸福生活》是在曼利乌·西奥多鲁庄园所进行的讨论的继续；[16]《论秩序》是对芝诺比乌所作的一首诗的回应。[17]因此，现存的第一批奥古斯丁的作品——原先是保存在他的主教图书馆的书架上，远在希波——是米兰那个奇妙的平信徒群体所留下的唯一残篇。奥古斯丁的读者确信，哲学的历史已在其发展运动中走向了终结。[18]他们为自己这个时代的文学成就感到自豪。[19]他们自己可以用西塞罗的句式撰写对话录。[20] 在这些人中，有唯美主义者[21]，他们能够欣赏、鉴别镶嵌画的技巧；[22] 有诗人，其中有人就一些哲学命题，例如宇宙之美，进行创作。[23] 还有一些人，在波埃修（Boethius）之前便试图通过哲学来祛除对死亡的恐惧。[24] 他们也知道，在芬芳的玫瑰园中应当汲取哪些东西。[25]

这种环境赋予奥古斯丁早期作品一种属于他的生活所特有的品质，他的对话录乐于展示他思想的愉悦外观，以及他在人际交往中的教养魅力。在这样一种心境之下，他乐于相信人性是美好的。罗马尼阿努打输了一场官司，可是奥古斯丁甚至将他的同情扩展到罗马尼阿努的对手（另外一名显贵）身上：

> 我必须承认，他的灵魂中确实有一些伟大之处，这些东西正静静地藏匿着……从这些伟大之处中，涌现出一些迷人的才智，这些才智使他的好客、社交集会、优雅、风度以及高雅品味焕发光彩……请相信我，我们不应当让任何人感到沮丧，尤其是不能让这样的人感到沮丧……[26]

尽管对于罗马尼阿努，此人就像一朵雷雨云。偶尔，奥古斯丁的朋友能看到他因为突然而至的愉快而手舞足蹈：只要他的内心能够自由地闪耀出充足的光芒，必将震惊每一个人！[27]

然而，昏暗的是奥古斯丁，而不是罗马尼阿努。他是一位疲惫的病人。在说话的时候，他必须慎重而缓慢，以免激动。[28] 他在深夜沉思；[29] 清晨时，他用晚期罗马帝国时人们深情的方式——"泪流满面"进行祈祷。[30] 对于周围自然环境中的美景，如公共浴室中水流的节奏[31]，晨曦中两只打架的公鸡[32]，意大利秋季晴朗的天空，都抱有一种开放的心态，这在后来非常少见。他写作的"日子是如此晴朗清澈，以至于什么似乎都不能与要临到我们自己思想中的宁静如此完全匹配"。[33] 在这样脆弱的心境中，牙疼成了让他最难以忍受的事：由于牙疼，他无法专心思考。[34]

当他即将结束在卡西齐亚库的隐居时，"与我自己的对话"——一种更为密切的反思方式，取代了对话录中的开放姿态。

> 突然，有人和我讲话——这个人或许就是我自己，或许是我

111

之外或者之内的其他人，总之我不知道。（因为那就是我尤其想努力知道的。）[35]

认真省察自己的弱点勾勒出了他的一幅自画像：

当我们谈到对妻子的渴望，你曾认为，妇人的拥抱是多么污秽，多么猥亵，多么可怕！可是，就在那天晚上，你清醒地躺在床上，对此仔细地思量——情况却与你原来设想的有着很大的差异……别哭！振作起来，你已经哭得够多了，哭泣只会加重你胸口的疼痛。[36]

只有少数几个人出现在奥古斯丁的对话之中。莫尼卡管理家务。她就像以前一样威严，似乎能够确信无疑地使用那些不可见的资源。她用一句俗话就能够打发走一整个哲学流派。[37]而她的儿子也十分努力地将她塑造成一个体现原始基督教虔诚的使女。[38]奥古斯丁的长兄纳维吉乌（Navigius）却以一种令人惊奇的独特面孔出现。他生活放荡[39]，是这群人中唯一一直不能理解其弟弟讲话要点的人。[40]在这些篇幅中，唯一清楚展示的就是奥古斯丁与罗马尼阿努之子利森提乌（Licentius）之间的关系。利森提乌是个"一流的"学生，奥古斯丁主要的读者，也就是这个孩子的父亲的朋友们，对他的智力培养有着浓厚的兴趣。[41]于是，奥古斯丁自己的儿子阿迪奥达图斯在这些对话中的比重不多，因为利森提乌承担了奥古斯丁热情的所有分量。

然而，他们之间的关系也不总是幸福甜蜜的。利森提乌对事物的外表有很好的鉴赏力。他也是一名充满激情的诗人。他迷上了安波罗修圣咏的不寻常的节奏（他在盥洗室里唱赞美诗，这让莫尼卡感到非常震惊）。[42]他能够细致地观察并能够准确地描绘出秋天的落叶如何阻塞了溪流，这是奥古斯丁完全没有注意到的一个现象。[43]奥古斯丁抽象辨证的理论思维，似乎像"一股冰冷的淋浴"[44]，阻碍了这位年青人。奥古斯丁偶尔话语中带有讥讽的口吻，在这个时候，奥古斯丁显得很可怕，这让这位年轻人垂头丧气。[45]逐渐地，两个人疏远了。八年后，奥古斯丁给利森提乌写了一封满怀深情的信，这封信表明"哲学生活中"简朴内敛的理想并没有能够拴住这位雄心勃勃的青年诗人的心。[46]在得到一些异教议员的支持后，利森提乌打算到罗马发展，他梦想——这是古代世界的力量源泉——成为一名执政官和异教的祭司。他给奥古斯丁写了一首诗，从中可以看出另外一名更为出色的作家的痕迹，那位作家名叫克劳迪安（Claudian），是从亚历山大来的希腊人。他来到意大利，后来成为罗马"白银时代"[47]最伟大的拉丁诗人。[48]克劳迪安还是曼利乌·西奥多鲁的崇拜者，一度打算在米兰定居。克劳迪安辉煌的职业生涯以及他的艺术作品对利森提乌这样的年轻人所产生的影响表明，在倡导一种"哲学式的"生活的过程中，奥古斯丁并没有放弃那种枯竭的文化。相反，他在努力地逆罗马帝国晚期那股同样强烈和自信的潮流而上。人们或许想知道，在奥古斯丁的影响下，利森提乌会写出什么类型的诗作。那样的诗作一定是富有哲理性的，完全精神化的，就像皮拉缪斯（Pyramis）和忒斯比（Thisbe）[49]这对恋人之间的爱被升华为智者对智慧的爱那种寓言一样。[50]

在这段时间里，这群人始终保持着知识分子般的亢奋状态。有一天，男孩们发现了一只蜈蚣，结果这群人全部都集中在它的周围，观看它那被截断的部分是如何继续按照原来的线路爬过写字桌的。问题就这样突然产生了，这只蜈蚣的鲜活的灵魂是否也能够被分割？它是不是一种可以被斩断的物质呢？柏拉图认为灵魂在本质上是非物质的，可是，此时"一只小虫子"却试图证明这种观点的谬误，上天岂能允许？为锻炼应对此类事情的能力，男孩们被叫回书房继续学习，而阿里庇乌和奥古斯丁则花了整整一个下午讨论他们刚刚看到的这件事的含义。[51]

然而，奥古斯丁还是将大家组织起来，形成一个包含各种类型的人的团体，在闲暇时研究哲学。其中包括一位虔诚的老太太，奥古斯丁的两个没受过教育的表弟[52]，以及他的两名16岁上下的弟子。[53]这样的一个团体所产生的对话十分清晰地展示了奥古斯丁作为一名艺术家所具有的一项杰出的才能：天生的、用最不可能的材料创造出一种全新的、有趣的样式的能力。是一次大师级的文学杂耍使这个奇怪的团体发生完美的转变，成为由业余人士组成同时又为业余人士服务的哲学理想的传播载体。因为奥古斯丁所谓的"真正的哲学"实际上就是普世基督教会的宗教。因此，必须扩大这种哲学，将各种精神吸纳进来，必须确立一种普世的智慧。奥古斯丁的这个团队是经过神特意挑选的，他们将传布这样的信息：任何受到适当教育和严肃的人，都能领会智慧的"精髓"。

作为这群学生的老师，奥古斯丁可以掌握讨论的进度；他也可以向学生强调严格基础训练的必要性。[54]事实上，在这些对话中，奥古斯丁以这样一位思想家的形象出现：他选择性地将自己的理想作为道德培育项目一部分来加以阐释。他并不要求学生整天都泡在书本堆里，而是要他们留下一些时间"和自己在一起"，进行独立思考。[55]奥古斯丁强调，通过独立思考，学生们应当重视独立思考的能力；[56]这是奥古斯丁第一次在自己的初期作品中展现出对严格的纯推理能力的推崇。他们将"在哲学的游戏中反复练习"这种能力。[57]在米兰，也有人阅读通过这种训练所写出的作品，不是作为哲学原典，而是作为一种"开胃酒"般的入门读物[58]，作为"通向智慧内部殿堂的、漆成金色的门"[59]。

就这样，这些对话不可避免地将这些人各自品性中的那些不好的东西都展现出来了。卡西齐亚库的这个小团体并非不受反向势力的影响，他们中的年轻人还自豪地昭告天下，他们对那些希腊思想家一无所知![60]对话中显出业余哲学家的痕迹，不堪卒读。其中充满了离题、凌乱的思绪，到处都是错误的论证。[61]即便如此，在交流的过程中，对话还是在怀有如下信念的前提下持续进行着，这种信念就是："真正伟大的事物，一旦为小人物所探讨，往往能够让他们长成大人物。"[62]

人们很容易因为这些作品的不成熟而不将它们放在心上。我们对它们的忽视，一部分是因为奥古斯丁本人的迅速成熟；于是，随着奥古斯丁成长的步伐，我们便将他早期的作品置之脑后。很显然，他在那个时候努力提倡的一些方法——一种刚开始不久但却异常严格的训练——在他后来对三位一体和宇宙秩序安排之美的沉思中被发挥得淋漓尽致。可是，这些方法只能启发数量有限的问题，要提出全新的问题，奥古斯丁将不得不采用全新的方法。[63]可是，并非每个人的成长速度都能够与奥古斯丁相当。在他生命终结时，他的《上帝之城》——这本如此与众不同的著作——开始流行，可是与此同时，一些饱学之士竟然还在急切地想要得到一册《驳学园派》（*Against the Academics*）的抄本。[64]

在卡西齐亚库，奥古斯丁所倡导的完全是一项学术计划，可对于他的崇拜者而言，这项计划似乎就是"一生事业真正伟大的异象"[65]。这项计划并不是原创[66]，它只是以一种特别极端的方式被提出来而已。奥古斯丁提出的第一项要求是训练。要回答那些形而上学的问题，要思想"这样一位上帝"[67]，头脑必须接受恰如其分的训练。不经这样的训练就能够做到这一点，无异于"突然交上了难以置信的好运"[68]。在这里，我们可以看到奥古斯丁对自己曾经在米兰学术圈内苦苦挣扎的羞愧感和对米兰读者高标准的意识。然而，这种焦虑却被一位真正的哲学家的狂热所强化，这是对单一方法的激情——在这种方法之内，一切问题都可以被提出并得到圆满的解答；在这种模式之外，不存在任何问题。在随后的两年中，为了找到其他途径规训自己那颗躁动不安的心，奥古斯丁渐渐地放弃了这种方法，这就是奥古斯丁典型的做法。

115

在《论秩序》的对话中，奥古斯丁完整地勾勒了他的计划：传统教育的范围要扩展到极限，从而将各种抽象学科，比如几何学、天文学中的数理基础等包括进来。可是，这些博雅教育只是被当作进行哲学沉思的预备，这种沉思当然是纯粹宗教式的。虽然自己的学生们正忙着学习维吉尔，学习瓦罗（Varro）论博雅教育的教科书，但奥古斯丁也为莫尼卡找到了一席之地。她那与生俱来的清心寡欲，因着上了年纪更加突出，使得她能够在抓住这种知识的"灵魂"的同时，将其"躯壳"留给那些穷酸腐儒。[69]正是奥古斯丁的敏锐和压倒一切的目标感使他能够预示中古世界。[70]这一切知识过去可能会被看做一个有教养绅士的珍贵附属品，但是如今在奥古斯丁看来，它是一种单纯的、不经任何外部修饰的结构，这种结构臣服于真理的绝对法则，其所有的一切都指向一个终极的确定性：

> 有一类人，尽管接受过很好的人文学科方面的训练，但却并不满足。他们从不退缩，直到看见最完全、最完美的真理之光，甚至在今天，真理之光在这些学科表面之下也在闪耀。[71]

这"训练有素的灵魂"[72]将非常自信地处理那些曾经让奥古斯丁困惑不已的难题。他将能够理解这世间邪恶的意义；他"勇于"证明灵魂不灭；他将思考三位一体的"丰富内涵"；通过公教会的奥秘，他将在这些真理上"更隐秘、更坚定地"[73]（即用不同语言，但却是为了同样的目的）得到坚固。总有一天，他会带着与数字的质一样完美的学术满足来理解这些真理。[74]在过去那些持怀疑态度的人看来，哲学生命的前景是黯淡的；如今人们认为，哲学生命的前景是一片光明的。这就是奥古斯丁在卡西齐亚库的生活所传达信息的核心内容：

> 哲学本身承诺，它将十分清楚地证实那最为真实和隐匿不见的上帝，而且将一步步地将他展示出来，就像阳光穿过云层一样。[75]

　　即使了解了这些对话，我们仍然只是停留在奥古斯丁深奥思想的表层。他不得不选择一些容易的话题来加以讨论。[76]但是他绝不仅仅是一个推广者：他花费了很多时间来研究新柏拉图派的著作所提出的问题。他还决心分析出灵魂的本质——这个问题确实是一个形而上学的困扰，在他后来四年的作品中一再出现。[77]可是，我们对奥古斯丁在卡西齐亚库的生活中这一方面的了解却少得出奇。他当时肯定继续研读着新柏拉图主义者的作品，但是对他在这方面的研究深度，我们却一无所知。不过，这些研读在一系列证明灵魂不朽的纲要中达到了高潮。[78]但这只是一个简单的纲要。当老年的奥古斯丁再次阅读此篇著作时，他承认：

> 在第一次读这篇作品时，其中的推理不但复杂难解而且阐发不足，以至于显得有些不太清楚。我现在再来阅读，仍然不能完全融入其中——这个推理只有我自己才看得懂。[79]

　　这是奥古斯丁众多"有一定问题的作品"之一。他永远都不可能成为一位波菲利意义上的系统思想家。他的生活中有许多没有思考透彻的思想线索，也有许多半途而废的写作计划。这是他成为一名著作等身又灵活多变的作家所要付出的沉重代价。

　　这次并不成功的展示后来被誉为一次大胆的文学创新，即《独语录》（*Soliloquia*）[80]——就连其标题都是全新的。这是奥古斯丁第一幅全面而深刻的自画像，是他专门为朋友们而作的。以长篇祈祷开头是这部作品的一个特点；接下来，"理性"和"灵魂"之间篇幅很长的争论，则是其另外一个特点。在这场辩论中奥古斯丁最终明白，如果不利用对手的脆弱心理，结果将不可避免地是自己打败自己。[81]

奥古斯丁比他那个时代的任何人都看重和牢记这部作品。这部作品暴露出他思想体系内相互冲突的两种因素，这种冲突多年以来一直都难以解决。奥古斯丁所说的神就是哲学家心中的神：他是整个宇宙间一切和谐的缔造者，他与人类之间的关系就像几何原理一样既绝对又必需……

> 上帝啊，您的王国构成了一个人类理性根本无法探知的世界；背离您的人注定会堕落；任何想奔向您，试图重新振作并停留在您怀抱中的人，都必须坚持……上帝啊，除非受到欺骗，否则没人会对您视而不见；除非得到提醒，否则没有人会追寻您；除非变得纯净，否则没人能够发现您的存在。

可是，这个上帝也是圣保罗的上帝：

> 借上帝之恩典，我们击败敌人……借上帝之恩典，我们不屈服于逆境……借上帝之恩典，死亡被得胜吞灭。[82]

在这些祈祷中，我们可以准确无误地把握住后来预示着奥古斯丁宗教态度——明显带着对自己难以释怀的焦虑以及对上帝的信靠——的征兆。尽管《独语录》对这一切的表述比《忏悔录》中的表述要笨拙得多，但不管怎样，还是很容易辨识的，灵魂说：

> 我将孜孜以求，全神贯注，我最关注的就是，是否阴影已经潜入我的身体并将我笼罩，那些阴影是否能够激发我的意愿。

可理性却说道：

> 请相信上帝，尽可能地将自己托付给上帝。千万别任性，别一切都靠自己，别靠自己来解决一切；而是要公开承认，自己是上帝的奴仆，仁慈全能上帝的奴仆。[83]

正是这种持久的、对黑暗的恐惧，迫使奥古斯丁在那一年秋冬之交返回米兰，试图通过洗礼来荡涤自己的罪恶。

在米兰，奥古斯丁、阿迪奥达图斯以及阿里庇乌一起成为"符合条件的人"。也就是说，他们加入了那些恳求安波罗修在下一个复活节为他们施洗的人组成的队伍。作为符合条件的人，奥古斯丁将将得到安波罗修的亲自教导。而安波罗修本人也没有错过这项重要的入会仪式;[84] 很明显,奥古斯丁深深地被自己听到的一切所打动。当时已经举行完重大的圣餐仪式,那些"符合条件的人"都集中到邻近主教座堂的洗礼池边聆听主教的布道。[85]

> 难道我们真的是宠辱不惊,以至于忘却了我们当时怀着怎样的谨慎和迫切,去聆听那些为我们量身定做的教理问答,当时我们正祈求举行那作为生命之源的圣礼。[86]

米兰的教理问答仍然是一种令人望而生畏的训练,是专门为那些刚归信基督的异教徒设计的,旨在说明到那时为止仍向外界隐藏的奥秘。除非已经经过入教指导,否则连"主祷文"都不能"交"给信徒。[87] 奥古斯丁聆听并且记住了关于反对多神信仰和偶像崇拜的严正警告;[88] 上帝道成肉身的确切方式得到了阐述;[89] 而那些艰深难懂,对许多异教徒而言十分陌生的关于人死后遭受报应的理论,不断被清晰地阐明。在复活节那天,洗礼仪式所强调的是奥古斯丁正在经历的那种转变的重要性。就在复活节前夜,奥古斯丁和另外一大群符合条件的人,男女老少成群结队地来到安波罗修主教座堂附近的洗礼池边上。在穿过层层帐幔之后,奥古斯丁独自一人,全身赤裸地走进深水池之中。安波罗修将三次把奥古斯丁的肩按入汩汩的泉水。然后,穿着一袭洁白无瑕的袍子,奥古斯丁将走进那烛光闪耀的大主教座堂。在集会群众的欢呼声中,他将和其他一些刚入教的教友站在祭坛旁边稍微隆起的台上[90],第一次参与复活基督的奥秘。随着基督降临人世,"脱去旧人"、"穿上新人"、重生、死而复活以及之后灵魂升天这一系列主题便得以实现;而且这些主题在奥古斯丁的想象中一再地重现。在随后几年中,围绕着这个神秘而又基本的行动,他提出自己精妙的、柏拉图式的理论,这种理论阐述了灵魂从感官的"旧人"中上升的经过。[91]

在外部看,奥古斯丁属于少见但易于辨认的类型。从后来他给迦太基一位牧师的建议中,我们便能看出他来。

> 我当然不能省略另外一种情况:一位饱学之士决定成为基督徒,为(通过洗礼)变成一名基督徒而专门拜访你。他此前肯定

118

已经熟悉了圣经和基督教典籍的大部分内容，而且在阅读的过程
中受益良多。如今他来这里，只是为了能够参加圣礼。这种人有
探究宗教问题的习惯，他们习惯于和别人交流和讨论他们事先就
思考已久的问题，他们绝不会到了即将受洗成为真正的基督徒时
才临时做这些事情。[92]

如今，一个全新的世界从四面逼近，将这位献身哲学的人紧紧地
包围起来了。[93]有人向他讲述了主教座堂的看门人被圣格瓦西乌斯的身
体治愈的经过。[94]他去参观小城附近的一座修道院，这座修道院的院长
是一位博学虔敬的长老。[95]在那里，他看到安波罗修被一群附近地区的　119
主教所簇拥，这是一群严肃坚决的人，安波罗修正在引导这一伙自我
意识很强的人。其中，有菲拉斯特利乌（Filastrius），他是布雷西亚的
主教。这位老人正在对 156 种异端学说进行目录编纂。有"一些人，
认为存在无数个世界"[96]。这一理论不是由别人，正是由曼利乌·西奥
多鲁普及到米兰的。[97]奥古斯丁人生两极之间的距离就是如此之大。

奥古斯丁与安波罗修之间仍然在两个层面上保持着联系：一个层面
由莫尼卡所代表，另一个层面由诸如曼利乌·西奥多鲁这样的基督教
柏拉图主义者所代表。在和曼利乌谈到安波罗修时，奥古斯丁称他为
"我们的主教"。[98]曼利乌·西奥多鲁曾经在奥古斯丁之前就为了哲学而
隐居过，他也从来没有掩饰过自己对普罗提诺的敬佩[99]，这一事实证
明奥古斯丁并不是那些年中唯一看过《九章集》的人。或许，几乎与
奥古斯丁同时，安波罗修也在考量这一新运动。安波罗修有可能在 387
年初的几个月里完成了下列布道：《论以撒和灵魂》、《论雅各和幸福生
活》。[100]在这些布道中，他也大量引用了奥古斯丁阅读过的普罗提诺的
作品。对于听众中的行家而言，这些感人至深的布道无异于普罗提诺
及其哲学的一次公开洗礼。

回顾自己在米兰的最后一段时光时，奥古斯丁完全从自己情感的
角度来叙述。在《忏悔录》中，我们便可以读到一名归信者的肺腑
之言：

　　那些时候，我钦仰您为拯救众生而制定的高明虔诚的计划，
感到无限恬怡，但并不以为己足。听到您的圣堂中一片和平温厚
的歌咏之声，使我涔涔泪下。这种音韵透进我的耳根，真理便随

之滋润我的心田，鼓动诚挚的情绪，虽是泪盈两颊，但此心一片 120
畅然。[101]

然而，与此同时，奥古斯丁也在顽强地推进他那伟大的学术计划：

> 我正在努力地撰写各门科学的教材，质疑那些没有对传统教
> 育提出反对意见的人，希望能够到达并行走在一条有着明确标示，
> 同时又十分方便的大道之上，以便能够指引心灵，摆脱俗务，达
> 到精神之彼岸。[102]

这次尝试留下的唯一的东西便是一本名为《论音乐》（De Musica）
的著作。这本书所讨论的并不是音乐，它其实是一部文学性很强的考
察韵律学的专业著作。这样的作品在米兰很流行。曼利乌·西奥多鲁
也写过一本这样的书。[103]开头五卷——其中在最后一卷里奥古斯丁得
出了感人至深的结论——是如此受人欢迎，以至于当时的教师纷纷抢
购，甚至把它们简编为手册。[104]就这样，一部专业教材成了这位未来
的主教对米兰学术生活所作的最后的贡献。

然而，就在那个时候，奥古斯丁对未来的打算变得更为明确了。
那些非洲人已经形成了一个紧密的隐修团体。由于自身朴素禁欲的生
活，阿里庇乌赢得了很高的声望。[105]在米兰，另外一个人也加入了他
们这个团体，他就是埃俄迪乌（Evodius），一名退休的秘密警察——
后来成为乌扎利斯的主教——正是他过去的职业使他厌恶这个世界。
实际上，这一点都不奇怪。[106]奥古斯丁打算返回故乡。在那里，他可
以和母亲、儿子以及一些志趣相投的朋友在一起隐居。他们的生活主
要靠由奥古斯丁的兄长和莫尼卡打理的一小份家产来维持。从那次十
分吸引罗马尼阿努的宏大的团体冒险至今，他们进步很大。对这些计
划的具体的内在实质，我们并不了解，或许他们当时也不确定。[107]奥
古斯丁、他的儿子、母亲和一些朋友，正是在这种情况下来到南方；
而在两年之内，那位被他抛弃的情人也生活在那里，在那片异常严酷
的出生地上，那位女子重新过着一种圣洁的生活。

注释

[1] 参 H. I. Marrou, S. Augustin et la fin de la culture antique, 1938, pp. 161–327,

esp. pp. 161-186,其中对奥古斯丁在卡西齐亚库的行动及其在古代晚期文化中的地位作出的精彩分析。另参 R. Holte,*Béatitude et Sagesse*,1962,pp. 73-190,303-327。

［2］*de ord.* I,ii,4.

［3］*Retract.* I,i,1.

［4］v. A. Ragona,*Il proprietario della villa romana di Piazza Armerina*,1962,pp. 52sq.

［5］S. Mazzarino,"'Sull'otium di Massiminiano Erculio",*Rend Accad. dei Lincei*,s. 8,viii,1954,pp. 417-421.

［6］v. sup. p. 81. v. Courcelle,*Les Confessions*,pp. 21-26.

［7］Porphyry,*Life of Plotunus*,12,(MacKenna 2,p. 9).

［8］H. I. Marrou,"Un lieu dit 'cité de Dieu'",*Aug. Mag.*,i,1954,pp. 101-110.

［9］西方早期的修道院中，有一些是为希望隐修或者体验修士生活的世俗人士建造的，此类修道院即所谓"世俗修道院"。——译者注

［10］*C. Acad.* II,ii,4.

［11］*Sol.* I.,x,17.

［12］*de beata vita*,i,4.

［13］v. sup. p. 81-82.

［14］*Ep.* 26,4(the poem of Licentius)

［15］*C. Acad.* II,ii,3.

［16］*de beata vita*,vii,16.

［17］*de ord.* I,vii,20.

［18］*C. Acad.* III,xix,42.

［19］*Sol.* II.,xiv,26.

［20］*de ord.* I,xi,31.

［21］*de ord.* I,ii,4.

［22］*de ord.* I,i,2 and 4.

［23］*de ord.* I,vii,20.

［24］*Sol.* II,xiv,26.

［25］*de ord.* II,xi,33.

［26］*C. Acad.* II,ii,6.

［27］*C. Acad.* II,i,2.

［28］*C. Acad.* III,vii,15.

［29］*de ord.* I,iii,6.

[30] *de ord.* I, viii, 22.

[31] *de ord.* I, iii, 6.

[32] *de ord.* I, viii, 25.

[33] *C. Acad.* II, iv, 10.

[34] *Sol.* I, xii, 21.

[35] *Sol.* I, i, 1.

[36] *Sol.* I, xiv, 25-26.

[37] *de beata vita*, iii, 16, 20.

[38] e. g. *de beata vita*, ii, 10.

[39] *de beata vita*, ii, 14.

[40] *De beata vita*, ii, 7.

[41] *C. Acad.* II, iii, 8.

[42] *de ord.* I, viii, 23.

[43] *de ord.* I, iii, 7.

[44] *de ord.* I, ix, 28.

[45] e. g. *de ord.* I, iii, 9; *C. Acad.* II, xiii, 29.

[46] *Ep.* 26.

[47] 根据希腊神话，人类自产生以来，先后经历黄金时代、白银时代、青铜时代。后人常以白银时代比喻罗马帝国。——译者注

[48] A. K. Clarke, "Licentius, Carmenad Augustinum, II. 45 seqq., and the Easter Vigil", (Studia Patristica, viii), *Texte u. Untersuchungen*, 93(1966), pp. 171-175.

[49] 皮拉缪斯和忒斯比，古代神话中巴比伦的一对恋人。——译者注

[50] *de ord.* I, v, 12; vii, 24.

[51] *de quant. anim.* xxxi, 62-63.

[52] *de beata vita*, i, 6.

[53] *de ord.* I, ii, 5.

[54] e. g. *C. Acad.* II, iii, 8.

[55] *de ord.* I, iii, 6.

[56] e. g. *C. Acad.* II, vii, 17.

[57] *C. Acad.* II, xi, 22.

[58] *C. Acad.* I, i, 4.

[59] *de ord.* I, xi, 31.

[60] *C. Acad.* I, iii, 7.

[61] v. Marrou, S. *Augustin et la fin de la Culture antique*, pp. 242-243.

［62］ *C. Acad.* I,ii,6.

［63］ v. inf. pp. 169-170.

［64］ Letter to Firmus,in *Corpus Christianorum*,Series Latina,xlvii,1955,p. iv. 关于奥古斯丁对知识和文化的态度，可参 R. Lorenz,"Die Wissenschaftslehre Augustins",*Zeitschrift für Kirchengeschichte*,67,1956,pp. 29-60,213-251。

［65］ *de ord.* II,x,28.

［66］ V. esp. Solignac,"Doxographies et manuels",*Rech. Augustin.* ,I,1958,p. 122,n. 26.

［67］ *de ord.* I,vii,20.

［68］ *Sol.* I,xiii,23.

［69］ *de ord.* II,xvii,45.

［70］ V. Marrou,S. *Augustin et la fin de la Culture antique*,p. 211,and p. 275.

［71］ *Sol.* II,xx,35.

［72］ *de ord.* II,xix,50.

［73］ *de ord.* II,iv,15-16.

［74］ *de ord.* II,vii,24.

［75］ *C. Acad.* I,i,3.

［76］ *Retract.* I,3.

［77］ *de beata vita*,I,5.

［78］ 参 O'Connell,"Ennead VI,4 and 5",*Rev. etudes augustin.* ,ix,1963,pp. 1-2。

［79］ *Retract.* I,5.

［80］ *Retract.* I,5

［81］ *Sol.* II,vii,14.

［82］ *Sol.* I,i,3.

［83］ *Sol.* I,xv,30.

［84］ Paulinus,*Vita Ambrosii*,38,(ed. Pellegrino,pp. 104-105).

［85］ V. esp. B. Parodi,*La catachesi di S. Ambrogio*,1957;Homes-Dudden,*Saint Ambrose*,I,pp. 336-342.

［86］ *de fide et oper.* vi,9.

［87］ Parodi,*La catachesi*,p. 66.

［88］ *de quant. anim.* xxxiv,77.

［89］ Courcelle,*Recherches*,p. 213.

［90］ Parodi,*La catachesi*,p. 19.

［91］ *de quant. anim.* i,4.

［92］ *de cat. rud.* viii,12.

［93］ Courcelle,*Recherches*,p. 217.

［94］ *Conf.* IX,vii,16.

［95］ *Conf.* VIII,vi,15;*de mor. eccl. cath.* (I),xxxiii,70.

［96］ Filastrius,*de Haeres.*,c. 115(P. L. xii,1239.)

［97］ Courcelle,*Les lettres grecques*,p. 123. 这或许是基督徒公开讨论的一个问题。
参 Pépin,*Théologie cosmique et théologie chrétienne*,pp. 77-78。

［98］ *de beata vita*,I,4.

［99］ *de beata vita*,I,4.

［100］ Courcelle,*Recherches*,pp. 106-122. 他证实这些布道中确实含有普罗提诺的思
想，但年代不太确定。另见 Theiler,*Gnomon*,75,1953,pp. 117-118。

［101］ *Conf.* IX,vi,14.

［102］ *Retract.* I,6.

［103］ *demetris*,ed. Keil,*Grammatici Latini*,vi,1874,pp. 585-601.

［104］ v. esp. Marrou,*S. Augustin et la fin de la culture antique*,pp. 570-579.

［105］ *Conf.* IX,vi,14.

［106］ *Conf.* IX,viii,17.

［107］ *Conf.* IX,viii,17.

12

奥斯蒂亚

在奥古斯丁的团队向海边进发的途中，那曾经让米兰人的生活蒙上好几年阴影的内战最终还是降临意大利。起兵篡位的马克西姆（Maximus）曾任卡那封（Caernarvon）统帅，罗马帝国的各港口如今都被他的舰队封锁了。而狄奥多西（Theodosius）皇帝是一位虔诚的加里西亚人，这位曾经在君士坦丁堡实行统治的将军，如今正准备摧毁他的对手。由于马克西姆的封锁，这一小群非洲人不得不滞留于奥斯蒂亚。

考古学家曾经把 4 世纪为数不多的几座城市的生活展现给我们，奥斯蒂亚就是其中之一。[1]罗马帝国晚期粗鄙喧嚣的生活已经烟消云散了，留下的只是一座人烟稀少得孤绝的小城。罗马显贵们那宏伟的临时住宅，一座座地矗立在那早已荒废的街道之上，显得那么地不谐调。奥古斯丁或许就曾待在这些贵族中的基督徒的住所之中，远离波尔托港口地区的人群。[2]在一根铅制的排水管上镌刻着一个意大利人名[3]，后来奥古斯丁的《上帝之异象》就是为此人而作。[4]他是一名议员，后来为莫尼卡撰写了墓志铭。[5]或许正是在奥古斯丁在奥斯蒂亚停留期间，他第一次接触到一个庞大的信奉基督教的家族，即阿尼西家族：帝国之内最富有的家族，其宅邸是罗马的一个奇迹。[6]如果确有其事，我们便可以从旁观者的角度，看出奥古斯丁及其朋友所持立场的蛛丝马迹。这非常重要：他们是伟大的安波罗修的门徒，他们全部都是辞去在帝国首都的官职而返家隐修的人。

在奥斯蒂亚的一所住宅的一个房间里，排列着某位哲学家的一组雕像，这些雕像排列也许一个世纪前就已在此。这里或许曾是哲学讨论沙龙的场所，而这位哲学家很有可能就是普罗提诺本人。[7]其中有一尊塑像很合乎奥古斯丁当时的心境：人物做沉思状，眼睛朝上，由于不间断的思考，使得脸稍微有点变形。

在奥古斯丁内心中，一些重大的事情发生了，这与这样的一个外部环境是相互冲突的。有一天，两人（奥古斯丁和他的母亲）

> 斜靠着一扇窗，向外纵目于我们居所的花园。就在那里，我们畅谈着，她和我都处于深深的幸福之中……我们这样谈论着、神往着上帝的智慧，心旷神怡，我们尽心竭力，刹那间触摸到了这智慧。我们相与叹息，留下了灵里初熟的果子，回到人世语言有起有迄的声浪之中……我们这样说："如果在一个人身上，肉体停止躁动，地、水、气、天的形象都归于静寂，而且自己的心灵也默然而息，超然于我，那么所有一切梦幻，一切想象，一切言语，一切动作，以及一切忽起忽灭的，都将告静止……正是在这种静寂之中，主独自告诉我们，我们不是自造，而是永恒的上帝创造了我们。因此，我们必须聆听他的话语，他的话语不出于任何尘世的喉舌，不借任何天使之音而传播，不凭任何云中霹雳的震响，不用任何的譬喻来使人揣度，我们只需聆听他的话语……只应聆听他的教诲，无需聆听任何人的饶舌。"[8]

两星期之后，莫尼卡去世了。她病了九天，期间，她内心已经完全放弃希望，她醒来只是为了给自己的儿子们祝福；为了告诉奥古斯丁，在她一生中从来没有听到过他的一句重话；为了告诉纳维吉乌，她已经不介意她死后是否能够回到故土，安葬在帕特里丘的旁边。[9]

> 我给她合上了眼睛，无比的悲痛涌上心头，化为泪水；我的两眼在意志的强制下，吸干了泪壑的泉源；这样的挣扎真是无比

的难受。在她气绝之时，我的儿子阿迪奥达图斯号啕大哭，我们力加阻止，他才不再出声……[10]

因为我已经失去了慈母的抚慰，我的灵魂受到了重创。母子两人本是相依为命的，现在好像将生命给分裂了……[11]

我们安抚孩子们，他们渐渐停止啼哭，此后，埃俄迪乌拿了一本《诗篇》开始咏唱圣诗，合家都相互应和："主啊！我要歌颂您的仁慈和公义！"听到我们的歌声，兄弟们和热心虔诚的妇女也都来了，他们是来安排葬礼的；依照风俗，殡仪将由其他人在另外一间房子中妥善办理，因此我就退到了另外一间房子中去，一些好朋友认为，不应让我独处，于是都来作陪……在仔细听完我的讲话之后，他们以为我并不悲伤……但是我知道，自己内心中正在感受到的那种压力。我深恨人类的悲欢对我的折磨……我感到了一种新的痛苦，因此便觉得有双重悲哀在折磨着我。[12]

遗体安葬时，我来回一路没有流过一滴眼泪。在祷告的过程中……根据当地的风俗，遗体入土前将安放在墓穴边——在向您祷告时，我也没有哭泣。然而，我整天都因为忧伤而苦闷不已，于是我便向您祈求，希望您能够按照我的意愿，治疗我的痛楚，可是并没有得到您的允许……于是我便有了去沐浴的想法，因为我听说沐浴一词，希腊语意为"祛除烦恼"（在当时奥斯蒂亚的一块碑文之上，仍然将沐浴称为"心灵安抚之剂"[13]）……可是洗浴之后和洗浴前一样，心灵的痛楚仍然存在。我睡了一觉，醒来后觉得轻松了许多。我独自躺在床上，默诵您的仆人安波罗修真确不移的诗句：主啊！万有的创造者……

然后，一点点地，我开始逐渐恢复了对您的婢女所怀有的情感，就像先前一样。想起了您的婢女向您祷告时的无限虔诚和爱怜，与我交谈时的无限愉悦和关怀，所有的这一切，突然就从我这里被剥夺走了。在您的庇佑之下，我在为她，也为我自己难过哭泣的过程中，找到了些许的慰藉……[14]

就这样，莫尼卡被安葬在了奥斯蒂亚。中世纪的朝圣者以韵文的

124 方式抄下了她的墓志铭。法国北部阿鲁阿伊瑟的一个名叫瓦尔特的牧师，被获准带着她的一部分遗体返回家中。他写道："在那片原野上，有如此之多的圣徒，以至于我们不知道将他们安放在什么地方才最为合适。"[15] "1945 年的夏天，两个小男孩在奥斯蒂亚的圣奥利亚大教堂边上一个小天井里玩耍，他们开始挖一个小洞来插玩游戏的标竿。结果他们碰到了一块大理石碑的残片：上面有原始墓志铭的部分内容。"[16]

奥古斯丁和埃俄迪乌返回罗马，等待着封锁的解除。388 年岁末，他们回到了迦太基。在以前的新老朋友以及一些基督公教的崇敬者中，奥古斯丁遇到了一位名叫尤罗吉乌·法冯尼乌（Eulogius Favonius）的学生。尤罗吉乌一直呆在家乡，是迦太基学校中的一名教师。当时他正准备作一个关于西塞罗某部著作的讲座，他突然对其中的一段意义模糊的文字感到迷惑不解。那天晚上，他梦见了奥古斯丁，在睡梦中，奥古斯丁帮助他解决了这个难题。[17]尤罗吉乌，一所学校的校长，此前一直以旧的方式过着旧人的生活，想到就在短短四年前，在同一座城市，奥古斯丁过着同样的生活，这让人感到惊奇。

注释

[1] 参 R. Meiggs, *Roman Ostia*, 1960, esp. pp. 83-101, 211-213, 258-262。

[2] *Conf.* IX, x, 23.

[3] v. Meiggs, *Roman Ostia*, pp. 212-213.

[4] *Epp.* 92, 99, v. inf. p. 184, n. 4.

[5] Meiggs, *Roman Ostia*, p. 400.

[6] *Ep. Secundini ad Augustinum*. Solignac, in *Les Confessions*, *Biblio. Augustin.*, ser. ii, 14, p. 535, identifies the Hermogenianus of *Ep.* 1 with a member of the Anicii.

[7] v. Meiggs, *Roman Ostia*, p. 393; H. L'Orange, "The Portrait of Plotinus", *Cahiers archéologiques. Fin de L'Antiqué et Moyen-Âge*, v, 1951, pp. 15-30.

[8] *Conf.* IX, x, 23-25. P. Henry, *La Vision d'Ostie. Sa place dans la vie et l'oeuvre de S. Augustin*, 1938; A. Mandouze, "L'extase d'Ostie: possibilités et limites de

la méthode de parallèles textuels", *Aug. Mag.* i,1954,pp. 67–84.

[9] *Conf.* IX,xi,27-28.

[10] *Conf.* IX,xii,29.

[11] *Conf.* IX,xii,30.

[12] *Conf.* IX,xii,31.

[13] Meiggs,*Roman Ostia* ,p. 475.

[14] *Conf.* IX,xii,32-33.

[15] Meiggs,*Roman Ostia* ,p. 525

[16] Meiggs,*Roman Ostia* ,p. 400.

[17] *de cura ger. pro mort.* xi,13.

13

上帝之仆： 塔加斯特

　　塔加斯特绝不可能成为另外一个卡西齐亚库。甚至在他逗留罗马期间，奥古斯丁的写作已显现出一种新的决心。[1]从那时候起，他就不打算再像在米兰那样，生活在一群世俗知识分子团体的边缘，而是要直接生活在罗马大公教会的庇佑之下。就这样，当阿里庇乌和奥古斯丁在388年岁末到达迦太基时，他们已经属于一个界定不太明确但却易于辨认的团体：他们成了上帝之仆。正因如此，当地的许多教士都来拜会他们，他们也被隆重地安置在一位虔诚的官吏的宅邸内。[2]一些善良的对公教不太熟悉的人，也会写信来向他们请教祷告方面的问题。[3]这些上帝的仆人在拉丁教会中的地位与其说与一种严格的修道生活有关，还不如说与一种追求完美的时尚所带来的压力有关。他们教导出一些那个时代最为杰出的人物。这些人物差别很大，以至于大约三十年之后，当帕拉纠这位对奥古斯丁提出重大挑战的人来到迦太基时，他所采用的方式与当年奥古斯丁到迦太基时的一模一样——通过奥古斯丁对此人的描述，我们可以看到当年的奥古斯丁：一名上帝的仆人[4]，一个受洗的、虔诚的平信徒，一个决心在主教、牧师和高贵的教会赞助者陪伴下，严格按照基督徒的标准生活的人。[5]

　　在塔加斯特，有一些庄园属于奥古斯丁家族的祖传遗产，其中一些属于奥古斯丁，这个小团队最终定居在他的庄园内。[6]对许多人而言，他们这个共同体意味着很多。内布利迪乌如今已经返回非洲，和

126　他的母亲生活在迦太基附近的乡村小屋中，在他的眼里，奥古斯丁的这个团体仍然是哲学家集会的场所。"你们的学问就像我的眼睛，跟随着它们，必将给我带来最大的快乐。其中一些向我讲述耶稣基督，另外一些讲述柏拉图，还有一些讲述了普罗提诺。"[7]由于生病，这两位好朋友一直没能聚在一起，疾病使他们中任何一个都无法穿越梅捷达河谷那条令人筋疲力尽的大道。但是，作为哲学家，他们却能够凭借他们的思想追求快乐的生活，这确实令他们自豪不已。[8]即使是死亡的威胁（死神曾一度逼近内布利迪乌），对他们来说也影响不大。[9]奥古斯丁对内布利迪乌所坚持的理想就是："在隐居中成长为像神一样"（dei ficari in otio）。这个短语或许摘自波菲利的作品。[10]这一时期，由他的朋友编纂的《灵性文集》，也包含迦太基的冯泰乌（Fonteius）的作品，冯泰乌当时是一名异教圣贤，后来他也接受洗礼，成为基督徒。

> 哦！可怜的人啊！赶紧行动吧！否则，邪恶之神将萦绕在我们住所的周围；在汇合成各种感觉之后，它将污染我们纯洁的灵魂，让心灵之光蒙上阴影……[11]

这晦涩的言语表明：奥古斯丁一伙仍然行走于基督教和异教徒宗教情感的边界之上。

可是，虽然奥古斯丁的理想或许与一名信奉新柏拉图主义的隐士相同，但是他目前还面临另外一种选择，来代替他隐居遁世的理想，那就是以一名大公教会主教的身份积极地参加各种活动。[12]因为在塔加斯特，现实迫使他不得不面对非洲基督教会那组织得很好的生活。在米兰，这种情况并不会出现：因为他只是一个外乡人，只是一个不停穿梭于大都市内不同学术圈之间的人。可如今，他再也不能持局外人的中间立场了：在塔加斯特，他是本地人，回到了一个小地方的生活圈子之内，在他生活的这个行省中，大公教会对于其周围那些势力强大的敌人——他们中有异教徒、摩尼教徒、多纳徒派教会分裂派——是十分清醒的。这些小团体在任何时候都不会忘记招募本地"精英"的使命。不久以后，阿里庇乌成了其家乡塔加斯特的主教。在行省一级内，他比奥古斯丁要风光得多；从某种意义上说，他只是取代了自己的亲
127　戚罗马尼阿努[13]而成了塔加斯特最为显赫的"庇护者"。奥古斯丁小心地规避着那些主教职位处于空缺的城市，主要是因为害怕那类似的

"征召"。在一封回信中，奥古斯丁严厉地告诫那位给他写信的人，说应当牢记"他是一个非洲人，为非洲人写作，我们俩都生活在非洲"[14]。这样的告诫同样适用于奥古斯丁：由于很容易受"环境"的影响，他再次改变了他的生活方式。

在塔加斯特，奥古斯丁曾经是一个摩尼教徒的经历很快便被察觉了。在非洲，罗马公教和摩尼教之间的对立如今变得异常紧张。在他们各自的眼里，对方是异教徒。在这种情形下，奥古斯丁反对摩尼教的著作便应当更具"捍卫基督教的"特色，这样的要求丝毫不足为奇。他第一篇"反摩尼教的"作品是他对《创世记》的注释，这篇作品也是他第一本关于基督教的小册子，简明易懂成了这本书的写作风格。[15]在《论真正的宗教》一文中，奥古斯丁鲜明地总结了自己的立场，这本书写作得非常认真。之所以撰写这本书[16]，主要是为了向一些诸如罗马尼阿努这样同情摩尼教的上层人士施加影响。奥古斯丁似乎花费了很大精力才让这本书得以流行，而且还设法激起一些辩论。[17]公教和摩尼教之间的关系似乎只是在这些年里才发展成一场危机。这场危机最为明显的外部表现就是 386 年迦太基爆发的一场官方迫使摩尼教徒"涤罪"的运动。[18]奥古斯丁和他的一些朋友先前是塔加斯特的摩尼教徒，而且还积极地为解决摩尼教所存在的问题提出自己的见解，这一事实使他们在非洲基督教会权威眼中变得相当重要。

奥古斯丁思想的重心已经开始发生转移了。他返回非洲时，并没有带上自己的教材[19]，他那曾经以博雅教育为基础的学术计划，如今似乎变得非常遥远了。即使是与阿迪奥达图斯的那次对话［即《论上主》］得出的结论，也被他在为基督教辩护时马上用于道成肉身的教义之中。[20]而正是这一教义，成了一位哲学家宗教观的核心要点。[21]在与内布利迪乌来往的信件中，我们可以十分清楚地看到这种变化。内布利迪乌以前是异教徒，如今仍迷恋于新柏拉图主义激进派以及那些神秘学的问题，即灵魂有其"载体"吗？[22]天国的权限能够影响我们的思想吗？[23]奥古斯丁不久就将这样的"迷惑"看做是异教和基督教柏拉图主义道路上分歧的关键所在。[24]他的思考已经服膺于一套严格的秩序：他异常严谨地将内布利迪乌的问题引回到基督教信仰的核心奥秘之上。[25]在哲学问题上，这一个小团体必须抛弃所有与罗马公教教义不一

128

致的东西，与此同时他们还必须相信，哲学家可以就教义的一切问题进行思考。[26]奥古斯丁也将用大量幽默和嘲讽的语言，反对那位"自由"异教徒所作的粗鄙解释，那位异教徒就是马克西姆，他曾经是奥古斯丁就读过的马道拉大学的一名教师。[27]事实上，如果将一切都考虑在内，这位从米兰回来的新柏拉图主义者将逐渐显现为一名异常专一的人。

　　奥古斯丁逗留在塔加斯特两年的过程中，最大的特点就是发生了一些重大而且神秘的变化。在这段时间内，奥古斯丁是一个整天都沉思默想的人。在对《创世记》的注释中，他对创世之日的看法恰如其分地反映了他那时的心理状态。他仍然在思想，"天上光体"，"属灵意义"，在他心中闪现，清晰而遥远；然而，在外面，"海里的鱼和空中的飞鸟"，这些更活泼的生命，它们的意义向它仍是隐藏的。伟绩的"鲸鱼"穿越世界的波浪洪涛，传道者的话语"飞"在空中。[28]

　　然而，这样一种超凡脱俗的宁静生活，在不久之后就显得十分空洞了。在他们快要离开塔加斯特时，死神便将他们分隔开了。内布利迪乌和阿迪奥达图斯先后都死了。我们并不知道他们是何时离开人世的，但这两个人的辞世给奥古斯丁的一生带来了最为沉重的打击。在他的《对话录·论上主》中，阿迪奥达图斯表现得很像他的父亲，他聪明、活泼，在辩论时避开父亲所设的语言陷阱上，他表现得比利森提乌好多了。[29]在他的最后一本书中，奥古斯丁引用了西塞罗的一段话，或许这段话泄漏出他对失去好友和儿子所感到的悲痛："很显然，当西塞罗写道'你是唯一一个我所希望的、在各方面都远胜于我的人'时，这完全是所有父亲的肺腑之言。"[30]如今，完全有可能是那种悲痛和空虚感，迫使奥古斯丁投身于更为积极的生活。他不再满足于"幸福的思想生活了"[31]。"让我们一起抛下那些空洞无物的忙碌，从事一些更为积极的工作吧。为了免除担心，我想，不要留恋这个世界上的任何东西。"[32]在他被任命为希波主教的前一年里，奥古斯丁或许已经努力地充实着自己的生活，例如：组织自己的社团，根据一套永恒的行为准则在这个社团中建立起良好的人际关系，致力于其他很多人的心灵健康，在社团中行使一些必要的权威。结果，集中在隐居的奥古斯丁周围的这一批趣味相投的人，逐渐地发展成为一种类似"修士团"

的组织，他们的"属灵父亲"就是奥古斯丁。

如此解读奥古斯丁，不可避免地有一些臆测的成分在内。我们如今仍然不太清楚他与那个时期的修道院运动之间的关系。在米兰和罗马时，他曾经参观过第一批"修道院"[33]，也曾听过那遥远的、同时也有点浪漫的埃及隐修群体的故事。[34]但是，他不大可能在一回到塔加斯特马上就有了"创建修道院"的想法。学者隐修的传统生活方式，再加上自己"上帝之仆"的身份，对他来说，似乎已经足够了。可是，我们现在敢肯定的就是：如今修道院的生活已经引起了奥古斯丁巨大的兴趣。在他看来，修士们已经成功地生活在永恒的团体之内，在那里，所有的人际关系都由基督之爱的训导所规范[35]，在那里，院长们对甘愿服从的团体成员行使一种长久的、父亲般的权威。[36]

在停留在塔加斯特的第一年里，这样的生活便开始影响奥古斯丁了。很本能地，除了想做一名沉思者之外，他还想尝试一下别的角色。尽管内布利迪乌可能规劝过他，让他单单活在上帝面前，但奥古斯丁还是决心承担起更多管理社团的任务，仍然由于那些"我觉得如果放弃他们是错误的人"而让自己和塔加斯特捆在一起。在 391 年岁末的时候，这种转变最终完成了。那个一年之前还不愿前去看望临死的内布利迪乌的奥古斯丁，如今却踏上了通往古老的海港城市希波的大道。奥古斯丁的一个熟人，就像埃俄迪乌一样，是一名秘密警察，他希望就远离俗世一事与奥古斯丁交谈。[37]而奥古斯丁如今却不愿意过那样的生活，他准备去获取一个新的职位。他甚至在一达到希波之后，"就去寻找一块能够修建一座修道院的地皮"[38]。他也设想过，在这座"修道院"里生活，就应当专心致志地阅读圣经。[39]沉浸于圣经之中将使奥古斯丁及其门徒更好地活动于非洲的教会之中，将有助于他们更好地融入普通教士的文化生活。悲伤和内心的一些不满，促使奥古斯丁脱离家乡那个紧密的小团体，融入一个更为繁忙和广阔的天地，这在他的一生中，并不是头一回。

在过去的三年里，所发生的变化确实很大。391 年春，奥古斯丁抵达希波。如今他是一个孤独的人，已经步入中年，在很多方面已经摆脱了过去的影响，或许正有意识地寻找新的、需要征服的领域。

130

注释

[1] 参 J. Burnaby, *Amor Dei : A Study of the Religion of St. Augustine*, 1938, p. 88, on the *de moribus ecclesiaecatholicae*："他已经为自己制作了许多后来成为他基督教信仰核心的读本，而且也将它们当作核心来使用。"

[2] *de civ. Dei*, xxii, 8, 48.

[3] *Ep.* 20, 2.

[4] *Ep.* 186, i, 1.

[5] v. inf. pp. 341-342. 关于这一时期奥古斯丁的生活，特别感谢 G. Folliet 的研究，"Auxorigines de l'ascétisme et du cénobitisme africain", *Studia Anselmiana*, 46, 1961, pp. 25-44, 35-44。

[6] Possidius, *Vita Augustini*, III, 1-2 [From henceforth cited as *Vita*].

[7] *Ep.* 6.

[8] *Ep.* 9, I and 10, 1.

[9] *Ep.* 10, 2; cf. *de vera rel.* xlvii, 91.

[10] v. G. Folliet, "'Deificari in otio', Augustin, *Epistula X*, 2". *Rech. augustin.*, ii, 1962, pp. 225-236.

[11] *de div. quaest.* lxxxiii, 12; *Retract.* I, 26.

[12] *Ep.* 10, 2.

[13] 参 *Ep.* 26, 3; 32, 5, 其中关于阿里庇乌和罗马尼阿努之间血缘关系的论述。

[14] *Ep.* 17, 2.

[15] *de Gen. c. Man.* I, i, 1.

[16] *Ep.* 15, 1.

[17] e. g. *Ep.* 19.

[18] *C. litt. Petil.* III, xxv, 30.

[19] *Ep.* 15, 1.

[20] *deMag.* xi, 38.

[21] *Epp.* 11, 2; 12; 14, 4 and *de vera relig.* 1, 99.

[22] *Ep.* 13, 1.

[23] *Ep.* 8.

[24] *de vera relig.* iv, 7.

[25] *Ep.* 11, 2.

[26] *de vera relig.* vii, 12.

[27] *Epp.* 16 and 17.

[28] *de Gen. c. Man.* I, xxv, 43

[29] *de Mag* iii, 5 and v. 14.

[30] *Op. Imp.* VI, 22.

[31] *Ep.* 10, 1.

[32] *Ep.* 18

[33] *de mor. eccl. cath.* (I), xxxiii, 70.

[34] *de mor. eccl. cath.* (I), xxxiii, 67.

[35] *de mor. eccl. cath.* (I), xxxiii, 73.

[36] *de mor. eccl. cath.* (I), xxxiii, 67.

[37] *Vita*, III, 3-5.

[38] *Serm.* 355, 2.

[39] *Ep.* 21, 3.

14

公教会的长老： 希波

三十五年之后，奥古斯丁告诉他的会众当他到达希波时所发生的一切：

> 我，你们所看到的这个人，承蒙上帝的恩典，成为你们的主教。你们中许多人都知道，在我到达这个城市的时候，我还只是一个年轻人。当时我努力地寻找一块土地，来创建修道院，以便能够与我的"弟兄们"在一起。那时，我已经放弃了所有对尘世的希望。我能够成为的，我并不希望成为，我也没有追求成为现在的这个样子。因为我选择"宁可在上帝殿中看门"，"不愿住在恶人的帐篷里"。我努力地与那些迷恋于尘世的人保持距离，但是我并不认为自己与那些统治会众的人是一样的，是没有差别的。在主的宴会上，我并没有占据高位，而是坐在更为不起眼的、更低的位置，因为主更乐意说："起来！"
>
> 我很害怕主教这个职位，害怕到这样的程度，以至于一旦我的名望"在主的仆人中"显露出来，我就害怕到任何我知道主教职位空缺的地方去。我一直小心地做到这一点：我竭尽全力，以一个低的姿态来寻求得到救赎，而不是异常危险地身处高位。然而，就像我说的那样，一个奴隶或许是不会与自己的主人争辩的。我来到这座城市是看一位朋友，我想自己可以为上帝赢得这个人的，

他还有可能和我们一起，居住在修道院之内。我觉得很放心，因为这个地区已经有一个主教了。我突然被抓住了。我被他们变成了一个牧师……也正是从一个牧师，我逐渐变成了一个主教。[1]

这样的事情在罗马帝国晚期是相当普遍的。[2]这件事发生得很快，在一次布道的过程中，主教瓦勒里乌（Valerius）明确地讲述了他这个教区所面临的迫切之需;[3]会众转过身去寻找，正像他们所期待的那样，奥古斯丁就在他们中间，站在教堂的中央。按照既定的程序，他们欢呼了很多次，然后将他推向高高举起的主教宝座和牧师们的坐椅，这些坐椅正环放在教堂远端凸出的半圆形后殿周围。希波城中那些信奉公教的名流，就环绕在奥古斯丁的周围。就这样，奥古斯丁被迫同意就任该城的牧师，主教十分欣慰地接受了。[4]对他们来说，所发生的一切都是那么自然。二十年之后，他们就是用这种方式再次绑架一名当时的"新星"，不过这一次他们并没有成功。[5]他们还想当然地认为，奥古斯丁之所以泪流满面，是因为他原本想当一名主教，如今发现自己只能当一个级别较低的牧师。[6]非常奇特的是，奥古斯丁立即作出的反应就是他受到责备。他的上帝已经"嘲笑了他"，他为过去把教士们及他们的会众想坏而羞愧不已。[7]

瓦勒里乌应当为这次命运的改变负责，他是和奥古斯丁本人一样古怪的人。他是一位希腊老人，在讲拉丁语时会感到很吃力;[8]不太听得懂他那个教区乡下民众的迦太基方言。[9]他的这个教团十分需要一名代言人。在希波的罗马公教徒是经常受到压迫的少数派。与罗马公教相对立的多纳徒派，不但掌控着城镇，而且也掌控着附近的乡村地区。多纳徒派不仅得到了当地杰出的大地主们的支持，[10]而且也享受到了地方当局心照不宣的认可。在这个时候，这一教派的主教甚至能够向他的对手施加一种联合性的抵制：他曾经颁发命令，禁止面包师为公教徒烤面包。[11]（任何在地中海沿岸周围城市生活过的人都知道，那设立在一个小地方中心区域的面包烤箱的重要性。）此外，摩尼教已经成功地在那些腐化堕落的公教信徒中建立起自己的阵地。他们的神父福图纳图（Fortunatus）曾经在迦太基认识奥古斯丁。[12]单凭这一点，就足以让那位心急如焚的主教考虑选择奥古斯丁。

实际情况要求不按照惯例来行事，而瓦勒里乌则有一种奇特的勇气。他不仅"强拉"奥古斯丁成为他的牧师，而且还坚持让他来布道。在短短两年的时间里，瓦勒里乌新近获得的这个人就能够为集聚而来的非洲公教主教解释《使徒信经》了。由于允许奥古斯丁布道，瓦勒里乌侵害了非洲教会统治集团小心翼翼地维护着的一项特权——只有高坐在宝座上的主教才有权宣讲公教的圣经。[13]在随后的日子里，瓦勒里乌逐渐展示出他巧妙地掌控自己的保护者的能力。395 年，他秘密地给迦太基的大主教写了一封信，请求他任命奥古斯丁为自己的副手。[14]就这样，他再一次挑战了教会的法规。在那个时候，教会法实际上指的就是尼西亚公会议的决议，而几乎所有人都以为，作为主教，瓦勒里乌肯定是知道这个法规的。[15]在此之前，有一件事他隐瞒着奥古斯丁，因为他担心附近一座城市的一伙代表想诱使奥古斯丁到他们那个地方去当主教。[16]他十分赞成奥古斯丁提出的创立一座修道院的建议，而且还将环绕大教堂周围的花园交予奥古斯丁支配。[17]此外，他不但保证这个前所未有的机构可以得到非洲教会当局的认可，而且还承诺，这群不同寻常的人——他们中许多人原来都是摩尼教徒[18]——可以定居在他的城市之中。瓦勒里乌是以希腊人的方式行事的，所有的教士和准备布道的牧师都适应了他的办事方式。然而，他那桀骜不驯的个性以及他那复杂难懂的计谋，使得他本人以及他新任命的那位才华横溢的牧师不太受保守的地方主教的欢迎。就在奥古斯丁被授予副主教之职的时候，395 年，已经积聚了很久的不满的风暴终于爆发了。[19]

　　人们可能会认为瓦勒里乌具有一个外乡人的敏锐。非洲的公教会已经陷入了停滞：由于教派分裂，整个教会暴露在摩尼教异端的攻击之下，而公教会的主教们已经定居成为地方显贵，他们才能平庸而且缺乏进取心。[20]他们满足于维护自己作为地方官的特权，仅仅展现出了对打官司的热情。（然而，在奥古斯丁看来，主教的生活只应由各种为教会事务的奔波所组成，牧师的职责似乎与一名法官代理人的职责大体相当。）[21]在教堂里，他们应当满足于主持各种礼拜仪式；在教堂外，他们应当进行案件审理。不论在哪一方面，那对立的教会，即多纳徒派教会，都更为活跃。在非洲，最有名的解经学者是提科尼乌（Tyconius），一名多纳徒派成员，他的著作后来对奥古斯丁产生了深刻的影响。[22]似乎只有多纳徒派在从事使希波周围山村的居民以及内地居民归信基督教的艰苦工作。[23]

在这个"沉寂的"教会中，如果不公开阐明自己的见解，那么瓦勒里乌新提拔的那位牧师将什么都不是。刚开始的时候，奥古斯丁教授教理问答。从他那里，人们得到的是轻松简单的致辞，繁简得当的解答。[24]很快，他就出现在公众的视线之中了。392 年 8 月 28 日，奥古斯丁站在了先前的一位朋友——信奉摩尼教的福图纳图（Fortunatus）——的对立面，二人在一座公共浴池的大厅里展开公开辩论。[25]在一大批信仰各种教义的听众面前，[26]奥古斯丁是这样做开场白的：

> 如今，我明白了一个错误，而我以前一直都认为它是一个真理。无论对错，我都希望能够听到你们的想法。[27]

两天的时间里，奥古斯丁一直让福图纳图疲于招架，最终让他无话可说，被迫逃离了这座城市。[28]此前，摩尼教对这样的公开论战是相当自信的。[29]如今，奥古斯丁在他们的拿手项目上击败了自己以前的老师。不久，奥古斯丁就试图将类似的方式运用到多纳徒派主教们的身上，即以要求公开辩论的方式来挑战他们的权威，不过这一次却不太成功。可是，这些多纳徒派的主教却更加谨慎了，表现得很不"专业"[30]，对这新的作战方略非常不自信。作为一项群众性运动，多纳徒派以前一直是依靠民谣来宣传思想。[31]394 年，奥古斯丁可以用这样一首民谣来挑战多纳徒派了：他的"反对多纳徒派的 ABC"。这是另外一项奥古斯丁很不熟悉的工作。这首歌只是一首具有简单韵律的诗，每一个对偶句都是以字母表中的某一个字母开头，以这样恒定不变的叠句结尾，"你们这些和事佬啊！判断是非的时刻到了！"[32]即便是旋律，也采用了当时很流行的那一种：奥古斯丁故意放弃了古典诗歌的韵律，而采用另外一种体例，这个体例能够很好地表明，在发音方面，市面上使用的拉丁语与一种罗曼语[33]是多么相像啊！[34]二十年前，奥古斯丁还因为撰写了一篇很符合古典规范的作品《戏剧诗》而获得桂冠。[35]如今，一道将两种文明、甚至是两种语言分开的鸿沟，已经将那个学生和这位公教牧师分开了。作为一名教会的战士，奥古斯丁将展现出一种韧性和极强的创新力，而这首诗正是这种韧性和创新力的综合表现。

393 年 12 月，非洲公会议第一次也是最后一次在希波召开。这是一个重要的场合。[36]那些聚集在一起的主教第一次有机会见到奥古斯丁。12 月 3 日，奥古斯丁向他们讲授了《使徒信经》。这篇致词——《使徒信经与基督教信仰》——是奥古斯丁的《论真正的宗教》，不是呈现给像罗马尼阿努这样公正无私的人，而是呈现给主教大会的。这份演讲内容紧凑，简明扼要，旁征博引，而且还透露出一种早慧的风格。奥古斯丁的听众中确实有一些行事相当草率的主教，这些草率行事的人的困惑——根据一些考虑欠妥的问题来作出判断——被切切实实地解决了。通过奥古斯丁的讲解，《使徒信经》成为一个紧凑连贯的整体，内容充实，简单明了。奥古斯丁仍然被一个很大的愿望激励着：让强有力的、虔诚的理智继续在这高度概括的文献中起作用，它通过某种方式，使文献中的每一点陈述变得清澈透明，易于理解。

这个时候，奥古斯丁的理想是成为一支"火炬"，一位智者，散发着真理之光。他决心成为一个完全顺服的人。[37]对于他的会众而言，奥古斯丁仍然是他们所熟悉的那个人。他能够向他们讲述圣经中隐藏的含义[38]，能够说明一个数字的意义。[39]他能够立即兑现承诺，回应摩尼教徒对旧约圣经的批判。[40]他总是那么机敏、透彻，而且还使用各种肢体语言来阐述自己内心最深处的想法，绝不会受困于言语的表达：

> 我们应当明白这首赞美诗的含义。要带着个人的理解来歌唱它，而不是像鸟儿一样。画眉、鹦鹉、渡乌、喜鹊也被教导来说一些它们并不理解的话语。理解我们歌唱的内容，那是根据上帝的意愿赋予我们人类的东西。我们所熟知的只是邪恶之徒们歌唱的方式，因为那种歌唱方式让他们耳朵和内心很是受用。由于他们只熟悉自己歌唱的内容，因此他们便更为糟糕。他们也知道自己在唱一些污秽的歌曲；但是，他们越是喜欢这样，他们就越为污秽不堪……而我们，这些已经在教会中学会歌唱上帝之言的人们，应当怀有的只是同样迫切的心情……如今，我的朋友们，对于我们曾经用同一种声音歌唱的东西，我们应当理解，应当清楚其含义。[41]

有时候，就婚姻问题而布道时，奥古斯丁会给他的听众泼上一盆冷水，他会提醒那些兴奋不已的听众，他们的牧师也是一名新柏拉图主义者，是生活在修士中间的人；他会严肃地要求他们，以基督徒爱其敌人的方式去享受妻子带来的温存，去体验家庭成员带来的天伦之乐。[42]

奥古斯丁绝不是一个人生活在希波。作为一名牧师，他会按照职责所需，主持花园修道院的工作。[43]后来，他当上了主教，他是如此繁忙，以至于有时会忌妒普通修士按部就班的生活——祈祷、阅读和从事一些体力劳动。[44]亚当和夏娃很是幸运，他们能够在花园之中劳动：

> 当所有的一切都被讲完，都被做尽的时候，难道还有比播种、收割、小树移栽、树木嫁接更为了不起的场景？还有什么时候人类理性比做这些更接近与事物本质的某种交流？似乎你也可以探究每一块根、每一片嫩芽所蕴含的伟大能量，这种能量能够做到什么，不能做到什么，以及为什么它能够做到这一点。[45]

这座修道院仍然是从奥古斯丁的朋友中进行人员招募。埃俄迪乌和阿里庇乌都来到那里。然而，一个像修道院这样的长久性机构，不可避免地要吸收一些更为年轻的人，他们的兴趣、所受的教育和过去的经历都与奥古斯丁和他的朋友们有所不同。在这样的年轻人中，有一个名叫波希迪乌（Possidius）的人，这个人是一名非常坦诚执拗的信徒。有可能正是波希迪乌，撰写了唯一的、描写奥古斯丁当时情况的传记，而且他还是通过选择描写奥古斯丁本人为他人所创造的宁静和简单的生活，来展示这位复杂的英雄的。[46]

很自然，这些上帝之仆逐渐成为非洲教会中一个很具影响力的团体。这个团体最为重要的支持者就是奥勒里乌（Aurelius）——奥古斯丁在388年于迦太基结识了他，当时他是一个副主祭。392年，他成为迦太基的主教。作为非洲教会史上首次"全体大会"的主席，奥勒里乌将其非洲"大主教"的权威使用到了极致。奥古斯丁也一直十分小心地称呼他为"领导"。这位很有魄力的领导人注定要授予奥古斯丁改革"之剑"。[47]

奥勒里乌不仅赞助奥古斯丁的团体[48]，而且还鼓励奥古斯丁在努米底亚教省组成一个有识之士的核心团队。他非常高兴，因为他看到阿里庇乌仍然停留在希波，成为"那些即将离开尘世的人的榜样"[49]。他的努力也得到了丰厚的回报。奥古斯丁在希波的修道院也成了真正意义上的"神学院"，成了一块"种子地"，从这块土地上，奥古斯丁的许多优秀"门徒"都被"移植出去"，成为努米底亚各大城市的主教。[50]

这些新人突如其来地蜂拥而至，戏剧性地影响了非洲行省的平衡。非洲的教会仍然只是一个小世界，在这个世界中，绝大多数主教相互都认识，而主教也是小城镇中人们十分熟悉的人。那些出自奥古斯丁门下的人不仅虔诚，很容易受到他的鼓舞，而且他们中的许多人有着令人惊奇的人格魅力。一般的多纳徒派和公教主教，仍然只是一些目光短浅的本地人。例如努米底亚多纳徒派的代言人，一直都只是当地小城镇的一些律师和学校老师。[51]可是，奥古斯丁修道院中许多成员脱离的那个世界，正是帝国官僚体制中较为复杂和更为冷酷的部分。[52]在这群上帝之仆中，有一些过去是令人恐怖的秘密警察；[53]在清贫的新生活中，他们或许会依赖西罗马帝国中一些最大的地主的支持。

很快，阿里庇乌为人的厚道[54]、知识的渊博，使他能够充分依靠与一位名为诺拉的保利努的亲戚关系而采取行动，从而有可能成为那场修道院运动的领袖。[55]保利努是那个时代最为古老和富有的家族的唯一后代。在高卢和西班牙，他拥有自己的"庄园之国"。最近一段时间，他和妻子德拉西娅隐居到坎帕尼亚诺拉地区那幽静的元老议员别墅之中。后来，奥古斯丁希望这只主张禁欲运动的"雄狮"能够访问非洲，支持修士的事业。这一愿望展示了这个新团体能在多大程度上从非洲地方教会之外获取鼓励和支持。[56]

395 年岁末，保利努就能够写下这样的内容：不可能的事情在非洲发生了。就像其他一些与他有通讯联系的人［如奥勒里乌、阿里庇乌、普洛福图鲁（Profuturus）和塞维鲁斯（Severus）］一样，奥古斯丁没费太大劲就成为一名主教。[57]他们都是上帝之仆，他们所有人都是奥古斯丁的亲密朋友。通过这些人，"教会的号角"被高扬，这一事实对于"罪人的号角"，对于摩尼教徒和多纳徒派都是不祥之兆。[58]这是非洲基督教历史上一次重大革命的开始。

那么多有才能的人集中在一个行省，这是罗马帝国生活中一个更为深远的变化的外在表现。在一封致罗马尼阿努和利森提乌的信中，保利努提到了奥古斯丁及其朋友们的发展变化过程。罗马尼阿努和他

138

的儿子已经再次到了意大利。作为传统的罗马统治阶级的一员，他已经逐渐将自己孩子的前途寄托在了罗马。十年之前，在他的周围，集聚了一批严肃并且很有抱负的外省人，他们想在意大利寻找地位和权力，奥古斯丁也是他们中间的一员。如今，他们中的绝大多数已经返回，在非洲各地的小镇上隐居下来。他们似乎都打定主意居住在穷乡僻壤。可是，从意大利传来的消息是我们最后一次听到的他们的信息。他们就这样从历史中消失了。如今，是奥古斯丁、奥勒里乌、阿里庇乌，通过运用他们在小城镇中作为主教的权力，开始对普通小民施加影响了。他们作为主教所施加的影响，远比罗马尼阿努通过他自身的许多官司和远大抱负所施加的影响亲切得多。正是通过这样的方式，才使得并非所有的大道都通向罗马。

注释

[1] *Serm.* 355,2.

[2] J. Gaudemet,*L'Eglise dans l'Empire romain*（iv—v^e. s）,（Histoire du droit et des institutions de l'Église en Occident,III）,1958,pp. 108-111.

[3] *Vita* ,IV,1.

[4] *Vita* ,IV,2.

[5] v. inf. pp. 292-293.

[6] *Vita* ,IV,2.

[7] *Ep.* 21,2

[8] *Vita* ,V,3.

[9] *Ep. ad. Rom. incoh. expos.* 13.

[10] 关于这一派教会以及多纳徒派与奥古斯丁后来的关系，可参阅 inf. pp. 207 sq。

[11] *C. litt. Petil.* II,lxxxiii,184.

[12] *Vita* ,VI,1.

[13] *Vita* ,V,3.

[14] *Vita* ,VIII,2.

[15] *Ep.* 213,4.

[16] *Vita* ,VIII,1.

[17] *Serm.* 355,2.

[18] 最著名的就是阿里庇乌和福图纳图。

〔19〕v. inf. p. 203.

〔20〕Frend, *Donatist Church*, pp. 245-246.

〔21〕*Ep*. 21, 5.

〔22〕v. inf. p. 269.

〔23〕v. inf. pp. 186-187.

〔24〕*Serm*. 214 and 216.

〔25〕*C. Fort*. 1.

〔26〕*Vita*, VI, 2.

〔27〕*C. Fort*. 1.

〔28〕*Vita*, VI, 7-8.

〔29〕e. g. *de ii anim*. ix, 16; Brown, 'St. Augustine's attitude to religious coercion', *Journ. Rom. Studies*, liv, 1964, at p. 109n. 13.

〔30〕*Ep*. 34. , 6.

〔31〕*Ep*. 55, xviii, 34.

〔32〕参 Bonner, *St. Augustine*, pp. 253-258。

〔33〕罗曼语，由拉丁语演变而成的语言，指法语、意大利语、西班牙语、葡萄牙语等。——译者注

〔34〕*Retract*. I, 19.

〔35〕*Conf*. IV, ii, 3.

〔36〕这次公会议以及会上提出的改革计划可能都是奥古斯丁和朋友奥勒里乌策划的，后者是迦太基新任的主教。F. L. Cross, "History and Fiction in the African Canons", *Journ. Theol. Studies*, n. s. xii, 1961, pp. 227-247, esp. pp. 229-230.

〔37〕*Vita*, V, 5; *de serm. Dom. in monte*, I, xvii, 17.

〔38〕*de serm. Dom. in monte*, II, xx, 68.

〔39〕*de serm. Dom. in monte*, I, iv, 12.

〔40〕*Serm*. I, 1.

〔41〕*Enarr, in Ps*. 18, 2.

〔42〕*de serm. Dom. in monte*, I, xv, 41(*Retract*. I, 19, 5).

〔43〕*Vita*, V, 1.

〔44〕*de opere mon*. xxix, 37.

〔45〕*de Gen. ad. litt*. VIII, viii, 16.

〔46〕v. inf. p. 412.

〔47〕*Ep*. 22, 2.

〔48〕*Ep*. 22, 9.

〔49〕 *Ep.* 22,1.

〔50〕 *Vita*,XI,1-4,其中提到 10 位优秀门徒的事迹。

〔51〕 参 P. Monceaux,*Histoire littéraire de l'Afrique chrétienne*,vi,1922。

〔52〕 e. g. Evodius and Alypius;v. esp. Monceaux,*Hist. Litter.*,vii,1923,pp. 35-62.

〔53〕 v. sup. p. 120.

〔54〕 *Ep.* 2.

〔55〕 Ep. 24. 关于保利努,参 P. Fabre,*S. Paulin de Nole et l'amitié chrtéétienne*,1949。关于保利努和奥古斯丁的关系,参 P. Courcelle,"Les lacunes dans la correspondance entre s. Augustine et Paulin de Nole",*Rev. études anciennes*,53,1951,pp. 253 -300;*Les Confessions*,pp. 559 -607。

〔56〕 e. g. *Ep.* 27,6 and 31,4.

〔57〕 v. Perler,'Das Datum der Bischofsweihe des heiligen Augustinus',*Rev. étudesaugustin*,xi,1965,pp. 25-37.

〔58〕 *Ep.* 32,2.

15

迷惘的将来 [1]

从归信基督到他的第一部举世闻名的作品《忏悔录》问世，十年就这样悄悄地过去了。在这十年中，奥古斯丁不知不觉地进入到了一个新的世界。

因为，从386到391年，无论是在意大利还是在塔加斯特，奥古斯丁都严格地植根于旧世界。作为他生活的基础，奥古斯丁所怀有的理想仍然属于古代世界柏拉图主义的传统。他将成为一名智者，生活中充满沉思，就像同时代具有相同传统的异教徒一样，决心"在他们的隐居中变得像神"[2]。在一些石棺中，我们可以发现那个时代的哲学家：严厉、平静，坐在一群对他充满崇拜的学生中间，学生的膝盖上都放着一本打开的书——在古代晚期的古典文化中，哲学家被认为是最高贵的一类人。[3]信奉基督教的知识分子认为，他们的圣徒与异教徒的哲学家一样，都有各种崇高的理想。因此，当奥古斯丁谈到他心目中的英雄——使徒们——生命的品质时，我们便可以清楚地看到他对自身的希望和要求："使人和睦的人有福了。"

> 那些战胜心灵所有的活动，使它们服膺于理性，并且驯服了他们肉体的欲望之人，他们本身成了上帝的国，这些人是使人和睦的人。……他们得享在地上赐予良善之人的平安……以及纯全、完美的智慧之人的生活……在现世的生活中，所有的这一切均可

实现，因为我们相信，我们的使徒们就做到了这一点。[4]

这样的想法根深蒂固：展现在当时的每一幅镶嵌画中那些克制和冷峻的面庞之上。大约三十年后，学识渊博的主教们仍然免不了为老奥古斯丁的一个看法震惊不已，那就是：即使是使徒保罗，也或许"一直备受性欲的煎熬"。[5]

十年之后，这一伟大的希望消失了。奥古斯丁将这样写道：

> 无论是谁，只要他认为在这种世俗的生活中，一个人可以驱散肉体幻想所构成的迷雾，获得不变真理的永恒之光，能够以完全不同于各种普通生活方式的精神坚定不移地持守不变的真理，那么他既不理解自己所寻求的对象，也不理解他自己是谁。[6]

事实上，奥古斯丁已经得出了结论，他绝不可能取得他最初认为的、基督教柏拉图主义者承诺给他的一切。他绝不可能将思想上的胜利强加给自己的身体，绝不可能像理想的哲学家一样，不受任何影响地进行思考。这或许是人们不得不接受的最具戏剧性的转变：这仅仅意味着，他必须放弃他认为自己已经在卡西齐亚库所获得的、对一个光明的未来的憧憬。[7]

就像一些简单划一的学者所做的那样，将这样的变化简化为丢弃"新柏拉图主义"及发现某种"真正的"基督教，这种做法等于将这种变化琐碎化。作为一个信徒，奥古斯丁生活于其中的那种模式是能够将各种禀性不同、来自罗马帝国各个地区的基督教学者的一生都容纳进去的。可是，奥古斯丁在十年后就打破了这种模式，人们怀疑，这种模式之所以被打破，部分是因为其不堪承受奥古斯丁的期望所带来的压力。十年之后，激烈的思想斗争和痛苦的经历悄然改变了他整个生命的品质。顺着这一深层的变化，我们便可以察觉到那种新思想的要素，这些新的想法迫使奥古斯丁在 397 年左右冷静地坐下来，在《忏悔录》中反思和重新解释自己过去的经历。奥古斯丁急切地想解决一个接一个的问题，或许以完美主义的危险幻灭开始的东西，在《忏悔录》中则成为对人的新看法，成为他对自身潜能的重新评价，成为他对自身内心动力真实源泉激动人心的重大发现。

奥古斯丁逐渐认识到要实现完美的生活所要面临的巨大困难。我们可以看到作为牧师的奥古斯丁身上的这种意识，特别是在他于392年到394年撰写的驳摩尼教的作品中。奥古斯丁面临的是自己过去与之关系十分密切的教派，而且他很有可能面对福图纳图这样的人，还有很多东西会提醒他自己曾是一名摩尼教徒。在这种情况下，指望奥古斯丁仅仅发展其思想体系中直接反对对手的那部分思想，无疑是天真幼稚的。情况远非如此，通过二元对立的巧妙吸引力，摩尼教徒成功地将同时代的柏拉图主义者不能回答的一些问题摆到了奥古斯丁面前。

这样就有一个十分紧迫的问题，为什么恶行总是异常明显地存在于人们的行为之中。这个问题曾经使奥古斯丁处于十分尴尬的境地。以前，他一直都以意志的自由选择为此问题的答案，因此他对摩尼教的批评成了哲学家对普遍决定论[8]的经典抨击。人必须为自己的行为负责，这是一个常识性问题；如果他们的意志不是自由的，那么人们是不可能为自己的行为负责的；因此，不能认为，人类的意志是由某些外在的力量来决定的。在这个问题上，理论根据是摩尼教的"黑暗力量"的教义。[9]这当然是一个危险的辩题：因为它至少在理论上将奥古斯丁束缚在意志的绝对自我掌控之上；它包含"行动不费力"的涵义[10]，几乎不可能使像摩尼教徒那样对人类自身条件忧郁不已的人信服。事实上，在这个时候，奥古斯丁在论文中的表现比帕拉纠还要帕拉纠。后来，帕拉纠甚至引用奥古斯丁的《论自由意志》来支持自己的论点。[11]就这样，吊诡的是，那位奥古斯丁老年时的强劲对手却一直被这位年轻的哲学家所激励，在那些作品中，奥古斯丁通过反对摩尼教的决定论来捍卫意志的自由。[12]

142

奥古斯丁不能轻松解答的就是如下事实：在实际生活中，人们的意志并不能享受到完全的自由。[13]人们会发现，自己往往陷入各种似乎是难以改变的行为模式中，不得不屈从于各种冲动，欲罢不能，所作所为背离其良好本意，使他们无法改变那些已经形成的习惯。

就这样，当摩尼教指出灵魂实际上并不能完全自如地控制人类的行为时，他们既可以诉诸显而易见的事实，也可以诉诸圣保罗的权威。在公开辩论中，福图纳图坚持如下观点："根据这一点，一切都很清楚，立志行善之人……结果犯罪，不是出于自身的意愿，而是因为'我所愿意的善，我反不做；我所不愿意的恶，我倒去做'。"又如保罗在别处说的那样："我觉得肢体中另有个律。"[14]

这样的直接挑战必须得去应对。这也使得奥古斯丁另辟蹊径，完全从心理学的角度来解释恶为什么能够长久地存在于人性之中。他以习惯的强制性力量来解释，这种强制性力量完全从人类的记忆活动中汲取力量；过去行动产生的快乐被"植入"记忆之中，就这样成为永久性的东西。[15]，可是，这种永久化过程并没有直接触动奥古斯丁："某种神秘的弱点"[16]，即过去每一种恶行产生的快乐，会因为被记忆和被重复而得到放大和移植，就这样，一种强迫性的习惯很快就形成了。

143

奥古斯丁正是借此看到，一个人被其延续存在的内在生命所辖制。他曾在其著作中强有力地描述，受恶习所困的灵魂好比拉撒路——躺在坟墓里四天，彻底死去。这种比喻暗示了一个重点的转变，这一点影响深远。不能再说人的身体是其灵魂的"坟墓"，所以奥古斯丁被迫思考一种神秘的解释方法——在其记忆中创造他自己的坟墓。奥古斯丁在希波做牧师的经历，有助于他逐渐认识到行为中那些倔强难驯的因素。因为非洲人在发誓方面确实是名声在外。奥古斯丁早期的布道辞表明，他是如何在其宗教集会中被迫与这种恶习作斗争[17]，并反省这件事[18]的。这场反对随便就宣誓的斗争，将促使他起而反对某些习俗的强制性力量，就像现代反对吸烟的运动一样。然而，在回到由福图纳图提出的问题时，奥古斯丁使用了某些直接经验。福图纳图提出：

> 在目前的情况下，在我们成为习惯的俘虏之前，我们的确有做一件事或者不做一件事的自由。然而，既然我们一直在使用这种自由来做事，那么这种行为所带来的甜蜜和快乐就会掌控我们的心灵，正因为被包括在这种习惯之内，所以我们很难打破它，这种习惯是由自身通过邪恶的方式自行创造的。在我们周围，我们确实看到，有许多人，并不想发誓，可是他们的口舌已经沾染上了这种习惯，词语便逃脱他们的控制，从他们口中溜了出来……如果你们想知道我这些话的意思，那就试着不要发誓，你就会明白，习惯的力量是如何按照自己的方式产生效果的。[19]

就像逐渐使整个天空都阴沉下来的云一样，对过去习惯的力量的认识进一步在奥古斯丁内心中得到了强化。[20]"肉欲的习惯"，"一种导向属肉体生活方式的习惯力量"，将发展起来，像一道黑色的屏障，规范着《忏悔录》中每一次反思经历的描述。十年之前，这样瞬间的沉思经历似乎只是其日后发展过程的初始阶段而已，这种发展或许会在他一生中的"某个暂歇之所"达到高潮。这个暂歇之所"充满着绝对和纯粹的善良，弥漫着宁静和永恒的气息"[21]。如今，奥古斯丁只是单纯地回顾了一下：

> 有时你带我进入异乎寻常的心境，使我的心灵体会到一种无可形容的温柔；如果这种境界在我的身体内融会贯通，则将使我超凡脱俗。可惜我仍然坠堕于困难重重的尘网之中，又被习惯所缠绕，我被束缚着，我痛哭流涕，可是我还是被紧紧地束缚着，习惯的包袱是多么地沉重啊！我欲罢不能，欲行不可，真是进退两难啊！[22]

奥古斯丁感到，在通往完美的道路上，有一种难以逾越的障碍。这把奥古斯丁引向了一种新的谦卑，或许甚至引向了某种程度上的宽容——390 年，他向摩尼教徒呼吁道：

> 顽固不化的家伙，让我看看……有谁能够经受住各种肉欲的考验，能够经受 住各种对心灵的打击；能够抵御住人类各种习惯性思维的冲击……能够"随心所欲地进行取舍"（这最后的劝诫直接取材于普罗提诺的作品）。[23]

十年之后，他这样写道：

> 让他们严厉地对付你吧，因为你不知道，要通过怎样的努力才能发现真理，要经历怎样的苦难才能避免错误；让他们严厉地对付你吧，因为你不知道，在理智敬虔的平静中克服属肉体的想象有多么地难得和艰难；让他们严厉地对付你吧，因为你不知道，要治愈一个人心灵的眼睛，要让他看到心目中的太阳，需要经历怎样的痛苦呢！[24]

随着这种心情在内心深处不断地发展，奥古斯丁再次转向了圣保罗。394 年 6 月末，他在迦太基给他的朋友讲《罗马书》。[25]他甚至准备写一部完整的保罗书信注释——这也是被奥古斯丁放弃的另外一项重大计划。[26]在将注意力转移到圣保罗的过程中，奥古斯丁正介入已经盘踞在许多同时代人心头的一个问题。4 世纪最后十年的拉丁教会完全可以被称为"圣保罗的时代"。对圣保罗共同的兴趣将许多大为不同的思想家聚集起来，使得他们彼此之间的关系比与自己的先辈们更近。在意大利，既有基督教柏拉图主义者马里乌·维克托里努对圣保罗的注释，也有一位不知名的退休官员［即我们所了解的"安波罗修注释者"（Ambrosiaster）］这样的世俗人士对圣保罗的注释。在非洲，对圣保罗的兴趣使得那位名叫提科尼乌的多纳徒派世俗人士更为接近奥古斯丁。在那个时候，重要的是，奥古斯丁心中想的是那些激进而且十分自信的圣保罗注释者，即摩尼教徒，奥古斯丁不得不为迦太基的会众解决的大部分具体问题都是由他们引发的。[27]鉴于这些问题受到广泛的关注，出现以下现象不足为奇：就在奥古斯丁于迦太基讲述保罗的同时，他未来的对手帕拉纠却在罗马一座宏伟的殿堂中向他的朋友陈述一位完全不同的保罗。[28]

奥古斯丁并非在那时"发现"保罗，他只是对保罗做出了不同的解读。在此之前，他将保罗解读为一名柏拉图主义者：将他视为精神提升、"内在"之人更新、"外在"之人衰败的倡导者。[29]在受洗之后，他能体会保罗的得胜感："旧事已过，都变成新的了。"将属灵生命看做一种向上的提升，看做一种朝此生所能达到的最终和最高的阶段迈进的旅程，在此前的几年中，这样的想法一直吸引着奥古斯丁。如今，在保罗身上，除了看到一直无法解决的"灵"与"肉"的张力之外，奥古斯丁什么都没有发现。他所能发现的唯一变化就是对这种张力的意识状态的变化："在律法之前"对此张力一无所知；"在律法之下"，认识到善恶之间张力的程度而感到无助；以及"在恩典之下"，对解放者的完全依赖。只有在来世，当"死亡被得胜吞没"，这种张力才能消除。那是一片平坦的大地，在奥古斯丁看来，在这片开阔的土地上，灵性提升的愿望越来越取决于上帝那不可预测的意旨。

尽管如此，奥古斯丁仍然反对那种消极看法，即认为人类完全是无助的。尽管这场战斗注定要失败，但他仍然顽强地坚持战斗着。在他做一名牧师时，他就坚持认为，人类自己的努力仍然有一定的意义。尽管人类无法克服自身的缺陷，但是他们仍然能够在相信上帝和请求上帝拯救自己方面采取主动。[30]当有人问他，什么是得罪圣灵的不可饶恕之罪时，这一次，奥古斯丁坚决地回答说，那就是绝望。[31]

有好几年，奥古斯丁一直停留在两个世界之间，不再谈论他生命

中的"提升"问题。"记住……你已经搁置了自己的梦想。"[32]一种新的
意象即将出现，那是一条长长的大道。[33]在今生，心智清楚地把握真理
的时刻无疑是极其宝贵的。但这只是一名出行者漫长旅途中的一些安
慰而已："在我们达到我们的目标之前，当我们这样做的时候，我们仍
然在奋斗，仍然在前行。"这些短暂的慰藉，无异于"这条日渐昏暗的
道路"两旁的明灯。[34]奥古斯丁本人则一直都不喜欢征途：他总是将它
与拖延的劳作和无限期推延自己的夙愿联系起来；而这些联系使得奥
古斯丁的中年生活显现出一些最为显著的特点。[35]

即便如此，还是有一些壮举来遏制那"吞噬人类"的绝望：

146

> 你要被定罪，不是因为出于无知而违背自己的意愿，而是因
> 为你忽略导致你无知的因素；不是因为你无法使受伤了的四肢复
> 原，而是因为你拒绝能医治它们的上帝。找出那些自己没有意识
> 到的有害的东西，是绝对必要的；一个人应当承认自己的弱点，
> 这样上帝才会帮助他以及那些苦苦追寻上帝的人，知晓这一点，
> 也是绝对必要的。任何一个人都具有这种认识能力，这种能力是
> 不会被剥夺的。[36]

在这个时期，强调奥古斯丁的踌躇是非常重要的。那个时候，他
周围有一群比他还"奥古斯丁的"人。像保利努和埃俄迪乌这样的上
帝之仆，已经聚集起一批意志脆弱而犯了错误的信徒。他们认为自己
完全没有价值，就像"尘土和骸骨"一样，自己的命运早就被上帝独
自"预定"了。然而，这样的消极认识并没有什么哲学上的根据；这
样的表述与其说是神学上的，还不如说是禁欲过程中的感性认识。[37]可
是，奥古斯丁是一位具有强烈责任感的思想家，他仍然认为自己负有
反对摩尼教的责任。他将非常小心地消除障碍。他还仔细体会保罗的
真意，进行非常重大的调整，转向圣西普里安（Cyprian）和提科尼乌
的非洲传统，以便能够让他的心智得到"更好的治疗"。[38]这最初的设
想深刻地影响着奥古斯丁对保罗的最终解释，使得他的解释十分动人。
在随后的十年时间里，奥古斯丁已经参透了保罗神学的许多个层次
（对于一般人来说，参透一个层次可能就要花费一生的时间），从而形
成自己的、对保罗的革命性的解释。通过这件事，我们可以看到一个
天才的纯真品质：奥古斯丁有一种追求真理、用客观事实说话的精神，

在研究的准确和对细节的把握上，他的工作令人信服。他所洞察到的真理，只是部分地、模糊地徘徊在同时代人的内心深处。

即便是奥古斯丁最终参透保罗神学的环境，也是十分引人注目的。395 年左右，向他提出一系列"问题"的不是别人，正是米兰的希姆普利齐亚努。为了回答这些问题，奥古斯丁煞费了一番苦心[39]：他十分清楚，那位老人过去给予自己非常多的帮助，那位老人将十分仔细地考察自己的观点。[40]可是，在过去的十年里，两个人都已经历了许多变化。在米兰的时候，奥古斯丁与希姆普利齐亚努是以形而上学家的身份会面的。在描述精神世界的结构时，他们能够在柏拉图主义者和圣约翰之间达成一种共识。[41]如今，希姆普利齐亚努将提出一个完全不同的问题——上帝曾经说"以扫是我所恶的"[42]，这是为什么？从悟道到具体探究本质上深不可测的人类命运，这是一个漫长的旅途，而且，道的存在"寓于无数理性的证据之中"，而奥古斯丁也将向希姆普利齐亚努提供安波罗修过去一直无法提供的证据。因为过去当希姆普利齐亚努询问他的主教对保罗的看法时，安波罗修只是简单地回答说，保罗一点问题都没有，需要做的只是"高声朗读他的作品"[43]。安波罗修与奥古斯丁并不是一样的聪明，他是一位非常合乎当时传统而又很博学的主教。亚历山大教理学校[44]曾经提出，旧约中的许多神学内涵是通过寓言的形式来展现的。安波罗修认为，最主要的任务还是要弄清旧约中通过寓言所展现的那些"神学"内涵。[45]可是，在随后的四年中，奥利金逐渐不受人们欢迎；而拉丁教会也发现，自己就没有凭借"古典学"来解决自身问题的学者。这是一个思想上极为混乱的时代。在这个学术断层时期，只有两个人通过认真研究圣保罗，比希腊人更多地在拉丁世界中运用自己的思想建立起其神学思想体系，这两个人就是奥古斯丁和帕拉纠。

后来，奥古斯丁认为，自己之所以能够解答希姆普利齐亚努提出的那个重大问题，是因为上帝"给了他启示"[46]：

> 为解答这个问题，此前我一直十分努力坚持人们意志的自由选择；可是上帝的恩典仍然占据上风。除非得出如下结论，否则就不能解答这一难题，即我们必须相信使徒保罗曾经告诉我们的那最为明显的真理，当时他说道："使你与人不同的是谁呢？你有什么不是

领受的呢？若是领受的，为何自夸，仿佛不是领受的呢？"[47]

可事实上，奥古斯丁却没有给希姆普利齐亚努"任何出路"。他对 148
"第二个问题"的回答是他那彻底的辩论技巧的典范。他的这种解释，
排除了其他阐述圣保罗基本意思的可能性，因为它使得其他任何解释
在逻辑上都与这种"单一意图"[48]不相容，正是奥古斯丁的这种技能，
使得他能够达到安波罗修无法达到的高度。他从一篇看起来似乎没有
任何歧义的诗篇中获得了一种对恩典、自由意志和预定的复杂解释。
奥古斯丁第一次认为人类是完全依赖于上帝的存在，这甚至是他第一
次主动相信上帝：

> "当恐惧战兢，作成你们得救的工夫；因为你们立志行事，都
> 是上帝在你们心里运行，为要成就他的美意。"[49]

奥古斯丁是通过重新评价人类动机本质的方式逐渐得出这一结论
的。正是这一心理发现，赋予他对保罗的解释的说服力。简而言之，
奥古斯丁分析了"愉悦情绪"的心理性质："愉悦"是唯一可能的行动
之源，除此之外，没有任何东西能够使意志发生动摇。因此，如果一
个人要有所行动，他必须动员起自己的情感，只有受到某种快乐之物
的"感染"，他才会采取行动。[50]十年前，在奥古斯丁"心灵训练"的
项目中，明显缺乏这样的因素：一个人的心灵是可以通过学术训练而接
近真理的，这种观点"几乎没有引起任何争论"，得到了人们的支持。
如今，"情感"已经取得了作为智性同盟者的恰切的地位。[51]

可是，"愉悦"本身并不是一件很简单的事。它并不是一种自然而
然的反应，不是优雅的心灵在遇到美好的事物时产生的自然震颤。[52]因
为正是这一使人的情感投入活动的过程并以此为乐的重要能力，逃脱
了我们自我意志的控制：预备一个人的心灵以上帝为乐的过程不仅是隐
藏的，而且实际上是无意识的，超出他的控制范围[53]。"那些使人成功
地接近上帝的东西，肯定能够带给我们'愉悦'，这一事实并不是凭借
我们良好的意愿、迫切的心情以及良好意愿本身的价值获得，而是依
赖于上帝赐予我们的默示。……可以肯定的是，我们的祷告，有时候 149
是如此不冷不热，如此冰冷，以至于事实上几乎就不是祈祷。在我们
的思绪中，它是如此疏远，以至于我们即使没有注意到它，也不会感

到痛苦——因为如果我们感到痛苦，便会再次祈祷。"[54]

奥古斯丁逐渐将"愉悦"视为人类行动的主要动力源泉。可是这种"愉悦"已经逃脱了他的自我控制。这种愉悦并不是连续不断的，有时候反常得令人吃惊。如今，奥古斯丁行进在一个"一见钟情"的世界，一个邂逅机遇的天地，一个由同样重要的、突然和不可预测的沉寂片断所组成的空间："又有谁能够真心实意地接受那些不能带给他愉悦的东西呢？谁又能自己决定那些能给他带来愉悦的东西怎样到来，何时到来，并且确确实实地使他高兴呢？"[55]仅仅几年过后，奥古斯丁的《忏悔录》就表明，从这样一句格言中，足以产生一门艺术。

因为，在奥古斯丁身上，已经发生了一个重大的变化。十年前，在一群热心朋友的簇拥下，他已经享受到了一个合群的人所能享受的最令人高兴的幻象：他将自己有那些朋友视为理所当然；见到一个好人，他便能立即认出来。他活动于同他相仿甚至比他更优秀之人的圈子中，这些人都很严肃、正直，受到良好的教育。他在一个独身、广为人接受的完人理想中备受钦羡。如今，他不再如此确信了：

> "我们肯定难以预测到上帝的这种选择……即使应该让有些人感受到这种选择，我必须承认，在这件事上，我完全没有能力知晓这种选择。我同样不能发现：到底应采用一种什么样的标准来决定哪个人能蒙上帝之恩典而得救。如果由我来考虑如何作出选择，那么我将本能地选择那些较为聪明或者是罪恶较少，或者既聪明又少罪恶的人；我想，还应加上一点，即接受过扎实而且得体的教育……而一旦我这样作出决定，上帝便会发笑并责备我。"[56]

如果奥古斯丁无法再将自己拥有那些朋友视为理所当然，他更无法从这些旧理念的角度来理解自己。我们在卡西齐亚库碰到过他，那时他是一个对未来充满信心的人：他的著作充满计划和纲领，即使是他的回忆录，也不过是一些达到完善时需要克服的障碍表，这些障碍都是他希望尽快克服的对象。在《忏悔录》中，他变成了一个对未来失去自信的人：他想弄清楚，在遥远的过去，在自己身上到底发生了什么，而且他也被这种想法深深地困扰着。

一种新的基调逐渐弥漫在奥古斯丁的整个生活中。他逐渐意识到，在今世，他注定永远都不可能达到完美，而且他还明白，自己满怀热情所追求的东西绝不只是一个希望而已，推延到最终解决所有的张力，远超过今生。他认为，其他任何人，如果不这样想，要么是在道德上迟钝，要么就是纯粹的空谈家。[57]一个人所能做的就是"渴求"这种有缺憾的完美，去深刻感受它的缺失，去为它而憔悴。"渴求才能让心灵深刻。"[58]这标志着古典完美观的终结：奥古斯丁再也不能获得超人的专心致志的宁静，这些超人将从教堂中的一些镶嵌画上，将从一些非基督徒圣贤的雕像里，注视着我们。如果成为一名"浪漫派人士"就意味着敏锐地意识到自身为这样的现实所羁绊，现实不愿意完全满足他提出的要求；如果成为"浪漫派人士"就意味着感受到自己被与其他事物之间的张力，被追求信仰、希望、憧憬的能力所规范；如果成为"浪漫派人士"就意味着认为自己是一个客旅，在寻求一个总是显得很遥远的家乡，但只要你对它的渴求足够强烈，你就能感受它的存在，那么奥古斯丁已经在不知不觉中成为一名"浪漫派人士"了。[59]不久，在他成为一名公教主教后所撰写的《忏悔录》将不朽地阐释这种最为珍贵的情感：

> 我将任凭他们留在外边，置身尘世，让灰尘蒙蔽他们的双眼，我将从心灵深处向您歌唱爱之歌，发出我客旅生涯中无法形容的呻吟，我不会忘记耶路撒冷，我的故乡，我的母亲耶路撒冷……[60]

注释

[1] 近年来，奥古斯丁归信的两年成了研究热点，而奥古斯丁此后十年的思想变化却少有人关注，这方面的研究可参 A. Pincherle, *La formazione teologica di S. Agostino*, 1947；E. Granz, 'The Development of Augustine's Ideas on Society Before the Donatist Controversy', *Harvard Theol. Rev.*, xlvii, 1954, pp. 255-316；M. Löhrer, *Der Glaubensbegriff des heiligen Augustins in seinen ersten Schriften bis zu den Confessiones*, 1955；G. Folliet, 'La typologie du sabbat chez S. Augustin', *Rev. études augustin.*, ii, 1956, pp. 371-390。

[2] *Ep.* 10, 2. v. sup. p. 126.

[3] e. g. G. Rodenwalt, 'Zur Kunstgeschichte der Jare 220 bis 270', *Jahrbuch des deutsch. Archäolog Inst.* 51, 1936, pp. 104-105；H. P. L'Orange, "Plotinus-Paul",

Byzantion,25-27,1955-1957,pp. 473-483.

［4］*de serm. Dom. in monte*,I,ii,9.

［5］*C. Epp. Pelag.* I,viii,13.

［6］*de cons. Evang.* IV,x,20.

［7］v sup. p. 115. 我们不应被这一重大转变所迷惑，看不到奥古斯丁与新柏拉图主义的一脉相承关系，后者仍是奥古斯丁思想的基础，而且为他正确理解这一主义提供了钥匙，参 R. Holte, *Béatitude et Sagesse*；R. Lorenz, "Gnade und Erkenntnis bel Augustinus", *Zeitschr. Für Kirchengesch.*,75,1964,pp. 21-78。

［8］普遍决定论，一种哲学观点，认为个人没有选择个性或者行为的自由，这一切都是由其所处的背景、环境决定。——译者注

［9］*de ii anim.* 13-15.

［10］*de lib. arb.* I,xiii,29. 这明显是与奥古斯丁对话的人得出的结论，奥古斯丁总是提醒他一切很复杂。

［11］*de lib. arb.* III,vi,18. ,in *de natura et gratia*,lviii,69.

［12］v. inf. p. 386,n. 3.

［13］Burnaby,*Amor Dei*,p. 187.

［14］*C. Fort.* 21.

［15］*de serm. Dom in monte*,I,xii,34.

［16］e. g. de Musica,VI,v,15.

［17］*de serm. Dom in monte*,I,xvii,51；*Ep. ad Gal.* Expos. 9.

［18］*Vita*,XXV,2；Serm. 180,10；307,5.

［19］*C. Fort.* 22.

［20］e. g. *de serm. Dom in monte*,I,iii,10.

［21］*de quant. anim.* xxxiii,76.

［22］*Conf.* X,xl,65.

［23］*de vera relig.* xxxiv,64.

［24］*C. Ep. Fund.* 2.

［25］*The Expositio quarundarum propositionum ex Ep. Apostoli ad Romanos*：*Retract.* I,22.

［26］*Retract.* I,24,1.

［27］e. g. *Propp. ex Ep. ad. Rom.* 13,49.

［28］v. inf. p. 342.

［29］e. g. *de quant. anim.* xxviii,55；*de verarelig.* lii,101.

［30］*de serm. Dom in monte*,I,xviii,55：*Propp. ex Ep. ad Rom.*,44.

［31］ *Ep. ad Rom. In incoh. expos.* 14.

［32］ *de lib. arb.* II, xvi, 42.

［33］ *de lib. arb.* II, xvi, 41.

［34］ *de lib. arb.* II, xvi, 41.

［35］ v. inf. pp. 196–197, 206.

［36］ *de lib. arb.* III, xix, 53.

［37］ 参 *de lib. arb.* III, iii, 7, 其中, 是埃俄迪乌而不是奥古斯丁高声宣称"主的旨意就是我不可避免的命运"。

［38］ Pincherle, *La formazione*, pp. 175sq.

［39］ *Ad. Simplicianum de quaestionibus*, trans. with an Introduction by G. Bardy, *Bibliothèque augustinnienne*, ser. i, 10, 1952, pp. 383–578.

［40］ *Ep.* 37, 2.

［41］ V. sup. p. 84.

［42］ 参罗 9：13。

［43］ Ambrose, *Ep.* 37, 1 (P. L. xvi, 1085)

［44］ 2 世纪后期, 基督徒在埃及的亚历山大成立的学校。——译者注

［45］ Ambrose, *Ep.* 76, 1 (P. L. xvi, 1314). v. esp. Lazzati, *Il valore letterario dell'esegesi ambrosiana*, pp. 46–47.

［46］ *de praed. sanct.* iv, 8; inf. pp. 277–278。

［47］ *Retract.* I, 27.

［48］ *Ad Simpl. de div. quaest.* I, qu. ii, 2, 5, 10.

［49］ *Phil.* 2, 12–13：*Ad Simpl. de div. quaest.* I, qu. ii, 12.

［50］ *Ad Simpl. de div. quaest.* I, qu. ii, 13.

［51］ e. g. *de Musica*, VI, xvii, 59. cf. *Ep.* 4, 2.

［52］ e. g. *Ennead* I, vi, 4 (Mac Kenna2, p. 59); Burnaby, *Amor Dei*, p. 89.

［53］ *Ad Simpl. de div. quaest.* I, qu. ii, 22

［54］ *Ad Simpl. de div. quaest.* I, qu. ii, 21.

［55］ *Ad Simpl. de div. quaest.* I, qu. ii, 21.

［56］ *Ad Simpl. de div. quaest.* I, qu. ii, 22.

［57］ v. esp. Burnaby, *Amor Dei*, pp. 52–73.

［58］ *Tract. in Joh.* 40, 10.

［59］ 对照 Burnaby, *AmorDei*, pp. 52–73; G. Mathew, *Byzantine Aesthetics*, pp. 21–22; P. Hadot, *Plotin*, pp. 73–75。

［60］ *Conf.* XII, xvi, 23.

16

忏 悔 录 [1]

奥古斯丁逐渐与一群对他人都怀着强烈好奇心的人生活在一起。在 4 世纪晚期，将同伴的人生道路视为理所当然已经变得越来越困难。传统的事业，阶层和教育之间的传统纽带再也无法维系。诺拉的保利努就是其中一个。他突然放弃阿奎丹乡下绅士那极其传统古老的生活，先成为一名修士，后来成为一名神父，最后当上了一座遥远城镇的主教。他和他的朋友需要解释和证明自己生活中戏剧性变化的正当性：对于一位新朋友，保利努感兴趣的不但是"你来自怎样的家庭？你来自哪个伟大的家族"，而且还有上帝以何种方式将他"分别出来"，以怎样的方式过着一种完全不同于过去罗马人的生活。[2]

在这些人身上所发生的变化，他们"转变"的历程，他们新生活的质量，都成了与他们有着共同经历的人感兴趣的话题。奥古斯丁身处希波，在他的桌子周围，挤满了这样的人。他们所谈论的并不是事物，而是人。有一天，保利努的两个朋友来了，他们是"你写来的另一种信，可以聆听我们，并且带给我们你最甜美的同在……在他们的眼神和表情中，我们可以看到你……刻在他们的心版上"[3]。就是以这样的方式，奥古斯丁牢牢抓住在米兰偶然结识的庞提希阿努所说的话，此人站在与罗马世界争锋相对的角度，谈论一些完全陌生的人，例如上埃及的一位名叫圣安东尼的隐士，以及对他生平的记述会对午后在特雷维斯（Treves）之外漫步的侍臣产生怎样的影响。[4]

就这样，奥古斯丁发现自己的听众过去很喜欢亲切的传记，据此他认为撰写自传的时机已经成熟。那些人物叙述一般都关注人们的内心生活。例如，在非洲，有一位名叫圣佩尔培图阿（Perpetua）的卑微妇人，曾经在监狱中留下了一篇关于其经历的叙述。这篇叙述发自内心：

> 就这样，我试图将我自己（新生）的孩子与我一道留在监狱之内。我立刻就好起来了，由于需要照顾我的小婴儿，因此我的苦痛大大减轻了；这座监狱突然就变成了我的宫殿，我宁愿一直待在那里，不愿意到其他任何地方去。[5]

然而，早期的基督徒却一直生活在死亡的阴影下。当他们写自己时，由于殉道是不断逼近的人生高潮，这使得他们过去的一切都显得无关紧要。例如，圣西普里安的传记忽略了传主前四十年的生涯，而将主要精力集中到殉道前的那四年光阴之上：只有在他接受洗礼后的"新生活"，才被他认为是真正的生活。也只有这段时间的生活，才能引起3世纪信奉基督教的读者的兴趣。[6]在奥古斯丁的时代，基督教会已经在罗马世界中站稳了脚跟。基督徒最凶恶的敌人并不在外部，而在于他们的内心之中，在于罪和怀疑。人生的高潮也不是殉道，而是从自己过去犯罪的险境中回转。

迷惘、诱惑、对死亡的悲观看法以及对真理的追求[7]，这些一直是那些不接受肤浅的安全感的读者撰写自传所常用的素材。异教哲学家已经形成这种风格的"宗教自传"传统。这种传统在4世纪的基督教中得到了保存并有所发展，在奥古斯丁的《忏悔录》中达到了登峰造极的地步。

因此，奥古斯丁并不需要专门花费太多力气去为《忏悔录》寻找读者。拉丁世界中禁欲主义的飞速传播，已经为他准备好了这本书的读者。《忏悔录》是一本为"上帝之仆"而作的书；[8]这是一群"属灵之人"兴趣爱好的经典明证。[9]这本书指出了这些人想知道的东西，即一次有名的归信历程。[10]这本书询问读者，他们习惯为自己求什么，亦即他们的祷告支持是什么。[11]它甚至包含对那些可能加入这个新精英群体的人（即严肃的摩尼教徒[12]和异教柏拉图主义者）发出的动人呼唤，而这伙人当时仍然冷漠地站在人群拥挤的基督教堂之外。[13]当《忏悔录》首次出现在罗马时，许多人被它打动了，我们知道其中一些人，他们看起来是一个混合的人群：保利努、塞坤迪努（一个很有学问的摩尼教徒）[14]、帕拉纠。[15]此外，这群人都怀着对完美的追求，这种对完美的追求是 4 世纪末那令人惊奇的一代的显著特征。

在这群上帝之仆中，没有一个人能够写出与《忏悔录》哪怕是有一点相像的作品来。他们彼此的关注可能会带来最亲密的思想感情的流露。例如，对诺拉的保利努而言，基督徒之间的友谊是在"天国之中形成的"：通过使他们所有人都与自己的过去决裂，上帝"预定"让他们彼此成为朋友；他们所要做的就是在一瞬间"认出"对方。[16]他们的灵魂就是他们"内在的自我"。[17]这种灵魂可以只用一封信向"上帝之城"的同伴倾倒出来。[18]可是，奥古斯丁的同时代人却要将这种魅力无穷、浪漫无比的理想的友谊限定在写信的礼仪（或许还有教士的闲谈）上。相反，奥古斯丁则竭尽全力要把握住这种友谊。在奥古斯丁正在写作的那部作品中，包含了许多新颖得让人吃惊的创新。对他而言，或许这是将那些创新合理化的唯一方式。他感觉到自己不得不吐露自己的心声：他非常乐意向那些对友谊持完美主义的人讲述自己的经历，因为这些听众所怀有的对友谊的理想认识，有助于他们在聆听的过程中不带任何轻蔑。因为奥古斯丁坚持向他们讲述一个十多岁的少年在偷梨时，在抛弃自己的情人时，在因无法抵制某种诱惑而彷徨时，是怎样的光景。

保利努是一个冷淡又孤独的人。他非常乐意在与他通信的新基督徒中寻找某种"刹那间的"友谊来自我消遣，这种友谊可以避免因为认识许久而带来的负担（甚至是危险）[19]，这种友谊是一种像灵魂一样的东西，它可以避免因为自我表白所带来的尴尬，它强调的是精神之间的交往，激烈拒斥身体对朋友亲自在场的渴望。

奥古斯丁，这个更为热心的人，仍然在"渴望"。"渴望"是他那些热情洋溢的信件的特征。[20]作为一名优秀的柏拉图主义者，他或许会赞同，朋友的在场是一件"小事"，但是他还是有勇气承认，自己"非常渴求"[21]这样的小事——渴望见到一张面孔、一双眼睛，这双眼睛可以展现出被肉体和各种躁动不安掩藏的内心。[22]然而，即使这样的接触

154

出现了，奥古斯丁仍然不对这种通过接触来向别人交流自己的所感抱太大希望。因为对他而言，一次交谈意味着拖着生动的思想经过"那漫长幽曲的交谈小径"[23]。

他逐渐比以前任何时刻都强烈地感受到这些张力。如今他认为，或许人太脆弱了，无法承受向自己的同伴敞开心扉的压力。堕落的人类带着深深的缺陷，彼此很难自由地交流。[24]保利努曾经非常轻松地高谈阔论"上帝之城"中基督徒的友谊这种观点，好像这种友谊已经存在于我们这个世界之中，存在于主教和修士这个分散的精英群体中一样，可是这样的友谊对于奥古斯丁成了一种热切的盼望，一种被推延到来世的盼望。[25]

在《忏悔录》中，我们将遇到一个天性胸襟开阔的人，此人正是那"十分慷慨的"帕特里丘的儿子，他十分需要有朋友在他身边，在那个脱离肉体的灵魂世界中，他从来都不会感到十分满意。在绝望之中，他从与人进行交流转向了上帝。他至少不像以前的人那样，从来不向上帝谈论自己：

> 请允许我，请允许尘埃粪土中的我向你的慈爱说话：请允许我说话，因为我是向你的慈爱，而不是向嘲弄我的人说话。[26]

奥古斯丁是在 397 年左右撰写《忏悔录》的，也就是说，在他当上非洲的主教之后不久就开始撰写这本书了。地中海本身把奥古斯丁以及他在非洲的"上帝之仆"与"属灵"人隔离开来，他们认为自己完全有资格认识这些属灵人。他们在意大利就形成一个圈子，而且还接受了安波罗修本人施行的洗礼。按照他们的标准，非洲是一个落后封闭的行省。他们甚至需要这些"属灵人"藏书阁中的图书——阿里庇乌会找诺拉的保利努[27]、奥古斯丁和哲罗姆来获得希腊作家的译本。[28]最重要的是，他们觉得自己在当上主教之后，与普通的上帝之仆失去了联系。就在十年前，奥古斯丁还认为修士和主教身份的重叠几乎是不可能的。[29]而保利努当时只是一名牧师，却仍然被阿里庇乌身上的这种重叠所打动。[30]事实上，奥古斯丁和阿里庇乌是未来教职人员的代表，修士主教在拉丁教会中的重要地位将得到提升。在他的《忏悔录》中，奥古斯丁已经对这样一种人的理想作出了经典的阐述。

《忏悔录》的作者正是一个将自己的过去视为对现在所从事的事业进行的训练的人。因此，奥古斯丁将选择那些能够全面展示这位新任的希波主教的重大事件和问题，来加以阐述。他逐渐认为，理解和阐释圣经是主教生活的核心。[31]因此，他与圣经之间的关系就成了贯穿整部《忏悔录》连续不断的主题。例如，他没有将自己信奉摩尼教的原因诊断为在哲学上全神贯注于恶的源头，而是将之归结为没能接受圣经。[32]我们透过一位同行的眼睛看到安波罗修，当他出现在我们面前的时候，他是一名传道者、解经家，在大教堂中面对基督徒的会众，而不是一位研究普罗提诺的专家。[33]奥古斯丁还记得，自己刚到米兰的时候，是怎样仅仅从其外表、远远地将安波罗修看做一名主教的情形。[34]如今在成为主教之后，他必须确保自己不给别人留下这样的印象：他将告诉读者，他仍然不得不与各种诱惑作斗争。在《忏悔录》的最后三章，他已经在开始思索关于《创世记》一书的开头了，他也将试图把读者带入他的思绪，他正坐在书房中学习，就像他曾经看到的安波罗修静坐于书房中学习一样，满脑子都在思考着那本书的开头。[35]

当然，在主教应当发挥怎样的作用这个问题上，并非所有的主教都同意他的看法。例如，阿里庇乌只是把自己看做公教主教团的专业律师，他将以基督教会巡视法官的身份出现在塔加斯特。[36]就这样，奥古斯丁以一种始料不及的玩笑式的笔调，向人们讲述了作为一名学生的阿里庇乌如何被误认为一名窃贼的经历——这种经历对一名未来的法官来说，无疑是有好处的。[37]

不管奥古斯丁多么希望分享一个团队的理想，但他仍然是个十足古怪的人。关于他自己，他仍然有许多需要解释的东西。尽管奥古斯丁因那些反摩尼教的作品而声名大振[38]，可是他还是被一位前辈同僚指责为"伪装的摩尼教徒"[39]。虽然他是由安波罗修施洗的，但是他的作品中却流露出自己对异教柏拉图主义者十分的熟悉。即便是他的归信，与许多同时代人归信时的表现相比，也没有太多特别之处。因为他是在学期结束而且身体不适的情况下，按程序从米兰的修辞学教授这个岗位上退下的。[40]在那个时候，他的一名学生，利森提乌仍然写了一篇关于他们逗留于卡西齐亚库的情况的文章，好像那次逗留是一场

156

愉快经典的家庭聚会一样。[41]利森提乌或许拜访过保利努，当奥古斯丁向利森提乌描述保利努之时，我们得知，或许他希望自己能够像保利努那样，是一个单纯的"上帝之仆"，后者脱离俗世归向基督的过程既具有戏剧性，在本质上又不复杂。[42]奥古斯丁的发展变化过程没有那么单纯，而且他也不想使之显得那么单纯。《忏悔录》本身并没有减轻那些见识较少又很虔诚的人的怀疑，这些人非常害怕摩尼教；由于他们理解不了希腊哲学，因此他们也不喜欢希腊哲学。[43]例如，没有一本书如此生动地告诉读者，令人担忧地痴迷于柏拉图主义会产生怎样的效果。[44]上帝的仆人、主教奥古斯丁，仍然保留着自己的本色，他的《忏悔录》以最大的魅力和说服力向他的朋友表达了这一点，并且带着向上帝而不是人类听众负责的决心。

157　　虽然奥古斯丁有许多理由在人生的这个时刻向他的基督徒同伴介绍自己，但只有一个深邃和内在的理由能使他撰写一部像《忏悔录》这样的著作：他正一步步地步入中年。此时被认为是撰写自传的最佳时期。397 年左右，奥古斯丁已经到达了人生的一个转折点。自 391 年起，奥古斯丁就被迫不断地调整自己，以适应一种新的局面：担任牧师和主教。这一转变对他的影响很大。[45]这促使他急迫地进行自省，在被任命为牧师后，他给迦太基的奥勒里乌写了一封信，这封信奏响了与《忏悔录》相似的乐音。[46]既然已经成为一名主教，他就急切地想在工作的"锁链""束缚住"他之前，向诺拉的保利努倾诉衷情。[47]在一种更深的层次上，正如我们所看到的那样，曾经作为他生活基础之一的那种理想，如今已经被抛在一边了：最初由归信所带来的乐观情绪如今已经荡然无存，留下一个"为自己深重的罪孽恐惧战兢"[48]的奥古斯丁。奥古斯丁为自己壮年时代所设计的这种生活，并不能伴随他步入老年。他必须将自己的未来建立在对自我十分不同的认识上，他如何才能获得这样的认识？除了通过重新解释自己过去的那部分经历之外，别无他法。那部分经历以他的归信告终，可直到最近，奥古斯丁才对其抱有如此高的期望。

　　因此，《忏悔录》并不是一本回忆录，而是一种面向过去的迫切回归。迫切之情是十分明显的："我求你，请容许我用现在的记忆回想我过去错误的历程……"[49]

　　这还是一本令人心痛的书。在这本书中，人们会不断地感觉到那位年轻人的"当时"和那位主教的"现在"之间的张力。过去可以来得很近，过去那强有力和复杂的情感只是到了最近才逐渐退去；透过那弥漫于各次忏悔之上的新情感的外层，我们仍然能够感受到各次忏悔的外在表象。尽管如此，奥古斯丁仍然不能理解自己在母亲莫尼卡去世时那始料不及的复杂情感：那突如其来的感情麻木；高烧过程中的胡言乱语；十分不自然的克制；相对于"曾经多次为自己痛苦过"[50]的母亲，自己为她流的泪却如此之少，以至于感到无限羞愧的心情。尽管"如今，我那心灵的创伤已经治愈了"，但是只有在那不知所措的经历通过《忏悔录》的纸面跃然于我们面前之后，奥古斯丁才能够从那种经历中获得一种新的感受。就像一位接受上帝神谕的哲人，莫尼卡一直伴随着奥古斯丁的整个青年时代。如今，奥古斯丁却通过分析在她去世后自己的情感，巧妙地将她变成一个普通人，一位需要关心的对象，一名像自己那样需要上帝怜悯的罪人。[51]

158

　　在奥古斯丁由青年转向成年的过程中，死亡曾经横亘于其中。卡西齐亚库是群山之间的休养之地，如今已逐渐变成了一个像伊甸园一样的地方。因此，他那个时代的许多朋友离开他，前往那"富饶的山，你的山上，膏腴的山上"[52]。即便是他的儿子，也只是书本上的一个名字而已："你不久就使他脱离尘世，我对此感到安心。他的童年，青年以及成年之后或许会成为怎样的人，我都不必担心了。"[53]

　　奥古斯丁不得不与自己妥协。撰写《忏悔录》实际上就是一种治疗。[54]许多从单一的外部刺激或者单一的哲学"固定观念"的角度解释这本书的努力，都忽略了贯穿其中的那种生活。在寻找自我的努力之中，奥古斯丁中年生活的每一种品质都是与其他品质共同发展的，如此构成了《忏悔录》这本书现在的样子。

　　死亡和幻灭（一位前完美主义者的危险幻灭），曾经横亘在奥古斯丁丰富的过去与当今的他之间。他可以如此轻松地摆脱过去，任凭自己被高高地直接抬到一种曲高和寡的境地。他没有这样做，而是撰写了《忏悔录》。在他将近 74 岁的时候，他仍然能够顺着他的著作枯燥的目录，回顾过去，能够在"我的十三章《忏悔录》中"，重新记忆起富有洞见和柔情的片刻："对我而言，它们仍然能够深深地打动着我，就像当年我撰写它们的时候那样。"[55]

我们对《忏悔录》的欣赏已经受到如下事实的影响：它已经成为一部经典名著。我们倾向于按照我们自己的标准来接受或者不接受这些忏悔，好像奥古斯丁是我们同时代的人一样。在将这种赞誉送给奥古斯丁时，我们可能会忘记：一个罗马帝国晚期的人，第一次打开这本《忏悔录》的时候，将会发现那是一本令人十分吃惊的书，那些他早已视为当然的传统写作形式，运作到这本书中时，已经被改变得面目全非。

乍一看，很容易将《忏悔录》这本书定位为一本新柏拉图主义哲学家的著作。例如，这本书是用一种祷告者向上帝祈祷的形式撰写的，对于具有悠久传统的宗教哲学而言，这是十分普遍的撰写方式。对于柏拉图主义者而言，他们的上帝是一个未识的上帝，他远远超越人的思想，哲学家只能将自己完全交托给上帝才能增加对上帝的认识。因此，哲学的探究几乎达到了专心致志祈祷的状态；那种对智慧的探寻，将被一种接受启蒙的渴望所激励，被一种在人类意识中开启源泉的举动，即被建立一种与上帝的直接联系所鼓舞。"在勇于探求答案时，我们首先求助于上帝，不是大声向他祈求，而是用一种祷告的方式进行，这种祷告通常取决于我们自身的努力，通过渴望使我们的心智一对一地向上帝靠拢。"[56]即便将这种内心的祷告转变为话语，那也只是一种治疗方式，"一种内心的轮换，一种心灵之目的洁净"[57]。

就这样，祈祷成了一种公认的思辨的媒介。奥古斯丁的第一部哲学著作《独语录》以祷告开始[58]，他的思辨著作《论三位一体》以祷告结束。[59]对《忏悔录》的阅读也应当遵循这种原则。这些忏悔是对上帝本质所进行的长期探究，这种探究以祷告的形式写出来，目的是"激发起人们的心智和情感，逐渐归于上帝"[60]。它们以祷告的形式表达出来，远非要把它们降低为一部敬虔的作品，而是会提升它们作为哲学训练的价值："主啊！让我们认识并理解。"[61]通过这样的方式，柏拉图主义者可以向上努力，相信他的祷告词的外在格式充满了各种含义，通过无言的"内在"沉思，或许会在一个人的心中被真理的"晨曦"[62]照亮。弥尔顿因着《失乐园》的开篇几行诗句，将成为这种伟大的哲学自我表述传统的最后一位拥护者：

> 天国的光，是如此充足
>
> 照亮了内心，它竭尽所能
>
> 照耀着草木，从中而来的迷雾
>
> 荡涤之后，消散得无影无踪，
>
> 以便我们能够
>
> 用自己的肉眼，
>
> 分辨一切。[63]

　　然而，这样的祈祷通常会被认为是哲学思想企及上帝的初级阶段的一部分。从来没有人像奥古斯丁在《忏悔录》中那样使用它们建立与上帝活泼的对话。"普罗提诺从来就没有像奥古斯丁在《忏悔录》中那样，与上帝闲谈。"[64]正如对话会给对话者留下持久的印象一样，奥古斯丁和他的上帝生动地出现在《忏悔录》的祷告中。上帝——奥古斯丁通过寥寥数语来到他面前——"我心中的上主"，"我甘饴般的上主"，"哦！我迟到的欢乐"。奥古斯丁则被表现为一名急切的聆听者，屏气凝神，大惊小怪，经常会进行一些令人尴尬的提问；[65]但最为重要的一点是，他极度自我中心。没有一个作家会在关于恶的起源问题上摆出一副老生常谈的、摩尼教式的论调："那么，又是谁将苦涩的种子种在我的身上呢？难道不是您这位无比善良的主制造了我的全部吗？"[66]

　　《忏悔录》是一部纯思想自传的杰作。奥古斯丁传递出对自己所讨论的思想极强烈的个人投入感，以至于让我们忘记了《忏悔录》是一本十分难懂的书。在与读者交流时，奥古斯丁向他们致以极高的（或许是根本就不应该的）恭维，好像他们和他一样，同样精通新柏拉图主义哲学。例如，在讨论他作为摩尼教徒的那个阶段时，他使用了柏拉图主义者认为他们确实比同时代一般人的看法要先进得多的概念，即"属灵"实在和上帝无所不在的概念。[67]奥古斯丁十分坦诚地认为，在他反对摩尼教的一般性著作中，这些问题实在是难以讨论清楚的。[68]然而，尽管《忏悔录》的语调十分严肃，但这种新柏拉图主义的传统，还是轻松地出现在奥古斯丁所经历的事件中，就像在一部小说中一样。在这位哲学家的祷告中，我们如今能够遇到一批小男孩：

161

> 在我家葡萄园附近有一株梨树，树上结的果实，形色香味并不可人。我们这一群小坏蛋习惯在街上游戏，直至深夜；一次深夜，我们把树上的果实全部都摇下来，带走了。我们带走大批赃物，不是为了大嚼，而是拿去作为砸猪的武器。[69]

我们在迦太基遇到了站在码头上的莫尼卡：

> 风起了，扯足了我们的布帆，海岸在我们的视线中消失。到了次日清晨，留在彼岸的母亲万分悲痛，如痴如狂。[70]

然而，这些事件总会与古代晚期人所能理解的深奥的哲学概念扯上关系。对奥古斯丁而言，它们以基督教的形式体现了新柏拉图主义传统的重大主题。在它们之上，弥漫着一种上帝无处不在的气氛，它们展现了各种力量对一个迷惘之人所施加的重大影响，一出因时间流逝而"崩溃"的个人悲剧。[71]奥古斯丁让过去的经历发展成造就一个"古典"英雄的各种素材：对于他来说，所有这些经验都可以归结为"我的族类，即人类"的状况。[72]因此，在这本书中，每一件事都被赋予了中国山水画那样深刻的意境：在无限悠远的背景中突出一个生动的细节，形成鲜明的对比：

> 在她即将离开人世之前不久的一天——她去世的日子您是清楚的，可我们却不知道——冥冥之中您在安排着，使我们母子二人有机会独处，凭靠窗口，纵目我们寓所室外的花园，那时我们在台伯河河口小住。[73]

奥古斯丁享受到植根于一种成熟的传统而具备的那种巨大优势。因为新柏拉图主义为他提供了对于撰写任何严肃的自传而言都是非常必需的工具：一种关于灵魂动力的理论，这种理论有助于他理解自己过去的经历。

《忏悔录》是一种内心世界的独白："人们惊诧于山岳的崇高，海水的汹涌，河流的浩荡，海岸的逶迤以及星辰的运行，但却唯独忽略了自己，他们并不赞叹自己。"[74]要认识上帝，必先了解自己，因为上帝"比我内心最深处的存在更为深邃"[75]。我们越转向自己的"内心"，便"越能"感受到上帝的存在。[76]总之，人类的悲剧就在于他受到驱使，"向外"逃窜，从而与自身失去联系，在远离他的"内心"的地方"徘徊"。"你就在我的面前，可是我却远离我自己，我不曾找到我自己，当然也就更找不到你了。"[77]

强调灵魂的堕落是转向外部，是一种身份的迷失，是成为"局部的东西，孤立，充满忧虑，专注于支离破碎的碎片，与整体隔离了"[78]。很明显，这是对普罗提诺思想的一种附和。事实上，《忏悔录》是奥古斯丁吸收《九章集》的有力标志。在《忏悔录》中，奥古斯丁在使用自己导师的语言时，比在其他任何作品中都更为自信，更具艺术效果。[79]然而，所有的这一切都被改造了。普罗提诺的"灵魂"在很大程度上是宇宙性的、原型的灵魂，它的"堕落"只是构成了人类存在的阴暗面，如今这种堕落却触动了这位哲学家。在奥古斯丁看来，这种"堕落"极具个人色彩。他将这种堕落看成是每个人内心中各种力量相互作用的结果，是一种令人痛苦不堪的软弱，这种软弱将迫使他逃离自己。而这种"堕落"，"彷徨"，却是通过这个人过去生活中上百件具体的小事来展现。[80]普罗提诺这深刻而抽象的直觉逐渐向这颗躁动不安的心灵提供了材料，使得它能够说出一种全新的、经典的语言。

我背负着一个破碎的、血淋淋的、不肯被我背负的灵魂，我也不知道将它放到哪里。无论是在优美的树林中，在游戏和歌声之间，在清香四溢的花园角落里，还是在丰盛的宴席上，床笫的欢愉中，甚至是在书籍和诗文之中，都得不到片刻的宁静。它在空虚之中慌乱地挣扎，再次回落到了我的身上。我自身仍然是一个不幸的场所，既不能停留，也不能逃脱，因为我的心怎么可能离开我的心呢？我怎能避开我的自身？哪里我才能不追随自身呢？悄悄地，我离开了自己的故乡。[81]

163

人们经常说，《忏悔录》并不是现代意义上的"自传"。尽管这种认识没错，但却没有太特别的意义。因为，对于一个罗马帝国晚期的人而言，正是《忏悔录》中这种强烈的、自传式的特点，才使奥古斯丁从他所属的思想传统中分别出来。

《忏悔录》是一部这样的自传，作者可以激烈地、完全自觉地选择那些重要内容，认识到这一点更为重要。简要地说，《忏悔录》是关于奥古斯丁"内心"或者"感受"的故事。一次思想活动，比如说阅读一本新书，似乎只能从内心记录，从纯粹激动的经验方面，从西塞罗的《荷尔顿西乌斯》对奥古斯丁感情的影响方面，比如，他从来不说"这本书改变了我的看法"，而是说"它改变了我感受的方式"，这种说法非常典型。[82]

《忏悔录》的情感基调会令任何一位现代读者吃惊。单单就作者在中年时期敢于揭示其青年时代的各种感受时所采用的方式而言，这本书就具有长久不衰的魅力。然而，这样的基调并非不可避免。奥古斯丁强烈地意识到"情感"在自己过去生活中的重要作用，这种意识逐渐支配了他的行动。[83]

因此，令人感到十分惊奇的是，对《希姆普利齐亚努诸多问题中的第二问题》的严肃回答是《忏悔录》的思想宪章。[84]因为两本书都直截了当地面对人类动机之本质的核心问题。在这两本书中，奥古斯丁认为意志依赖于产生"愉悦"的能力，而有意识的行动被当作是思想和情感神秘结盟的结果。它们都不过是一些隐秘过程的最终产物，通过这些过程，"内心"得到了"激发"，得到了上帝之手的"推动"。[85]

如果奥古斯丁是在 386 年撰写自传，那肯定是一本完全不同的书。他过去不同层面的经历都会让这位初出茅庐的柏拉图主义者觉得十分重要。我们或许已经有了一本更为详尽的书，这本书会包含许多在《忏悔录》中被认为无关紧要而被忽略的信息，即更多奥古斯丁所读书籍、所持观点、在米兰遇到的那些引人注目的人的具体细节。但是，这样一本书不大可能前后一致地传达奥古斯丁内心深处的缕缕情感，这些情感之丝曾紧紧地将奥古斯丁与他周围的世界、他的观点、他的朋友以及他过去生活的愉悦连接在一起。这本书很可能不会将米兰花园中那剧烈的情感起伏包括在内。在他"内心"那明亮但狭窄的中心，我们或许永远都无法窥见他的情妇。"与此同时，我的罪恶正在不断地增长。一直和我同居的那位女子，被看做是我结婚的障碍，竟被迫与我分离了。我的心本来被她占有，因此犹如刀割，使我很受伤，我的心在滴血。"[86]

情感活动包含在个人的成长中。如今，正是这种信念引领奥古斯丁通过《忏悔录》的第九卷，深入到他在卡西齐亚库的生活的表面之下。如今对他而言，重要的是归信者的情感以最大的真实性显现出来。这些东西就是曾经"驯服"过奥古斯丁的"内在刺激"；[87]因为它们曾经支撑着他，与此同时，那个时期学术计划项目中所包含的那些希望已经遭到了腐蚀，那本《对话集》——现在"仍然带着学校的气息"[88]——逐渐被束之高阁，上面写满了死去朋友们的名字。

奥古斯丁撰写《忏悔录》是为了"回忆我过去的污秽，怀着满腔的辛酸来回顾过去"。[89]可令人惊奇的是奥古斯丁很少让这种辛酸来渲染他过去的情感。这些情感并没有因为后悔而变得苍白黯淡，这只是一个人的自传，这个人即使在还是一名小学生的时候，就已经知晓哪些东西只能"愉快"地消除，哪些只能顺从地接受——已经充分享受到了他所享受的一切："'一一得一，二二得四'，在我看来是一种讨厌的歌诀。而对于木马腹中藏着的战士，大火焚烧特洛伊城，'克利俄塞阴魂[90]的出现'，我却感到津津有味。"[91]毕竟，人们在哪里可以找到比《忏悔录》的书页还要好的、能够解读一位年轻人的长久困惑的东西呢？"诙谐和优雅？""我还没有爱上什么，但渴望着爱……我开始寻求坠入爱河的机会，满脑子都是想要恋爱的念头。"[92]

奥古斯丁异常坦诚地分析了自己过去的各种情感。这些情感分析对于他太重要了，它们无法被多愁善感的陈规所歪曲。他并不是放弃那些强烈的情感，而是他相信有可能转化情感，将它们导向更有益的地方。这需要用心详查。例如，他过去喜欢在剧院中哭泣，当时他是一个学生，能从体会两名演员的悲伤中获得一种快乐。如今，只有努力地找出为什么他会有如此矛盾的表现，他才能够令人信服地确定，如今在面临真正的苦难时，作为一名基督教主教他该怎么做："那么是否应该摒弃同情心呢？当然不是，有时应该爱悲痛。"[93]

他着迷于人类情感的精确性质。我们遇到了观察正在吃奶的婴儿的奥古斯丁。[94]而且，当他略略提及同时代人对于长期订婚的态度时，我们通过这位希波主教的言语，可以把握骑士之爱的某种遥远回声："按照习俗，一对情侣在订婚之后不能马上就结婚；这是为了防止丈夫因没有经历漫长追求过程中的思念轻贱自己的妻子。"[95]

首先，奥古斯丁将两次以独特的见解，处理所有情感中最为复杂的那两种，即哀痛和悲伤。在浪漫小说中，朋友是预备与主人公同生共死的：

但当时我的内心却产生了一种与此完全相反的情绪：一方面我

165

极度厌倦生活，一方面却害怕死去。我相信，我当时越爱他，对他便越憎恨和恐惧，因为死亡是残酷的敌人，已经将我的朋友抢走了。既然它已经吞噬了他，那么它也能吞噬整个人类。我仍然记得，我当时就是这样想的……我觉得我的灵魂和他的灵魂是一个，它们不过是在两个躯体中而已，因此生命对我来说是一件恐怖的事情，因为我并不希望在失去了半个灵魂的情况下过一种行尸走肉的生活；所以我也有可能害怕死亡，害怕我的死会带来我所深爱的那个人的完全消亡。[96]

然而在《忏悔录》中，奥古斯丁的情感呼唤成了更为深入广泛地研究他意志发展轨迹的一部分。例如，奥古斯丁生涯中所迈出的每一步，都深深地建立在对他的动机详尽分析上。当描述如何撰写第一本书时，他并没有告诉现代读者那本书中所说的话的含义[97]，从而使得现代的读者感到异常失望；而且他还用很长的篇幅来阐述将这本书奉献给一位不知名的教授的复杂动机：

> 谁能展现出作用于一个人灵魂之上的各种力量以及各种各样的爱呢……主啊！人真是一个无底的深渊。您知道一个人有多少根头发……但比起计算人内心的情感活动，计算一个人的头发还是要容易得多。[98]

奥古斯丁重述青春期的方式再清楚不过地说明了他对于意志的全神贯注。他的非洲读者都倾向认为，在青春期到来之前，任何一个男孩都是很纯洁的。就像奥古斯丁曾经说过的那样："一个人唯一能犯的罪是自己的生殖器犯下的。"[99]这些似乎就成了自那以后《忏悔录》的普通读者们所感兴趣的罪恶。可是，奥古斯丁并没有将这些罪恶看得这样重。在他看来，和任何重大的野蛮破坏行为相比，这样的罪恶都将黯然失色。那没有太大意义的偷梨事件却引起了这位人类意志鉴赏行家的极大兴趣：[100]他将怀着出奇厌恶的心情来分析这一事件——"我能为罪恶而爱罪恶，那么还有什么干不出来呢？"[101]

奥古斯丁意识到了人类自由的各种局限。我们在《忏悔录》中将面对这种最新的意识所产生的全部力量。就自由意志而言，那个不良少年的"毫无理由的举动"是一个令人伤心的范例。人只有在"不顾一切地投入进去"[102]之后才是自由的。通过意志的这些消极举动，他们甚至让自己失去了进行创造性活动的能力。因为当一个人后来希望选择从善的时候，他就会发现自己已经不能按照有意识的由衷的选择来行事了。因为他先前的行为已经锻造出"一系列习惯"，这些习惯将他牢牢地束缚起来，"不是被别人的镣铐，而是被我自由意志的铁链所束缚"。[103]这种"镣铐"所带来的压力在《忏悔录》中一直缠绕着奥古斯丁。奥古斯丁和他的会众与那些根深蒂固的想法战斗了五年，这五年的痛苦经历也不停地流动于他的这本书中，即使在阿里庇乌和莫尼卡的微型传记中[104]，这些被上帝"治疗好"的罪都是一些"不容易摆脱的罪"，是强制性习惯的极端例子。

就这样，在《忏悔录》的第八卷中，意志问题成为焦点问题。他的所有困难都得到了解决，在他向大公信仰表示了自己的忠诚后，他也感受到了一种"甜蜜"。可是，在这里，我们仍然看到奥古斯丁被生活中的各种习惯羁绊着，就像我们满以为自己上到了高原，结果却发现眼前耸立着最后一座巨峰。

> 故人掌控了我的意志，把它打造成一条铁链紧紧地束缚着我。因为意志败坏，便产生了情欲，顺从情欲，习惯便由此而生。习惯不被控制，便出现了强制性的冲动：在这张编织得十分紧密的网中，我被束缚住了。[105]

> 因为前往哪里和到达哪里，完全变成是否拥有这样做的意志的问题。这意味着必须具有全心全意的意志行动，而不是这种丧失能力、左右摇摆的意志，半起半仆、半推半就、挣扎前行的意志。[106]

奥古斯丁对于一个人以过去的行为把自己囚禁在"第二本性"之中的方式做了严肃的专注思考，这使《忏悔录》成为一本非常现代的著作。例如，在许多古代或者中世纪的传记中，我们看到的都是描述传主的根本的、理想的特征。他们似乎没有过去，而他们的孩提时代则被描绘成其未来人生"巅峰"的前兆——圣安波罗修小时候就玩过假扮主教的游戏，圣卡斯伯特（Cuthbert）[107]拒绝翻筋斗。我们见到的只是他们的正面，过去那些不适合他们未来完美形象的东西，全部

167

被抛弃掉了。

与此相反的是，在奥古斯丁过去的经历中，我们可以两次看到他是如何坚持按照事实本身来展现过去的。一次是在米兰的花园中，另一次是在母亲死后那极其糟糕的一天。[108]因为奥古斯丁认为，一个人的过去在很大程度上存活于这个人的现在之中，个人过去的独特经历造就了人们意志的差异，而正是这差异导致人与人的区别。[109]当奥古斯丁独自在花园中苦苦挣扎的时候，成问题的并不是泛泛而论的"邪恶力量"，也不是像"泥浆"一样飞溅在一颗纯洁心灵之上的外部"事物"，而是记忆自身里面的紧张，是与过去经历的确切性质争战："当询问到习惯本身时，它对我而言简直是太强大了，'你以为没有这一切，你能生活得下去？'"[110]就这样，当奥古斯丁向我们讲述他的朋友时，通过他那寥寥数笔，我们就会觉得我们对那些人的了解远远超出了对许多更为有名的古代人的了解。因为他将他们的过去与他们的现在联系起来了；他认为，他们的现在是由甚至可以追溯到其孩提时代的经历所塑造而成的。在 6 岁的时候，如果莫尼卡没有被叫做"小酒鬼"，她后来就很有可能成为酒鬼了；[111]如果阿里庇乌在年青时代没有体验过男欢女爱，那么他后来就不会过一种非常纯洁的生活。[112]

奥古斯丁非常强调这种强制性习惯力量的体验，因为他认为，这种经历决定性地证明了，变化只能在他完全无法控制的过程中才能发生。

> 只要不愿我所要的，而是要你所愿的，这就够了。但在这令人难以承受的岁月中，我的自由意志在哪里？从哪一个隐秘之所刹那间脱身而出，俯首来接受你温柔的辕轭，肩胛挑起你轻松的担子？[113]

由于具有浓烈的、上帝非常多地介入奥古斯丁生活的意味，因此《忏悔录》中到处点缀着《诗篇》的语言，这本身就不足为奇了。这又是令人吃惊的一种写作风格：在一本属于自我意识一类的私人作品中融入（而且还是非常漂亮地融入）基督教共同体的异乎寻常的术语，这还是第一次。[114]但是对于奥古斯丁而言，它并不仅仅只是一种新的文学表现形式。他已经逐渐走入了一个新的、宗教情感的世界，他已经经历了一种只能用《诗篇》的语言才能表达的体验。这是一个人向忌邪的上帝所发出的语言，上帝的"手"随时准备"伸出"来主宰人的命运。就像所有古代世界充满感情的绅士一样，《诗篇》的作者大卫王也有"一颗心"[115]，也有自己的"风骨"。也就是说，他自身的一部分并不仅仅是感情的容器，而且还是"灵魂的核心"[116]，通过使用它，上帝便能够轻易地"擢升"或者"毁灭"。对尘世间事务的嫌恶，奥古斯丁曾有过十分复杂的经典描述，他的描述是以如下更为刺耳的基调结束的："正因如此，你正在用你管教的杖'敲碎我的骸骨'。"[117]

奥古斯丁对于使"亚伯拉罕、以撒和雅各的上帝"与"哲学家的上帝"融合在一起总是十分地关心。以文学艺术的形式将这种融合表现出来，在这方面，还没有哪本书能够做得比《忏悔录》好。但是在其他任何书中，我们都无法如此清晰地见到这种张力对于奥古斯丁意味着什么。它意味着一种在宗教情感的各个层面上（包括最为基础的层面上）自由移动的能力。因为当奥古斯丁以最直接和最戏剧性的方式使用《诗篇》的语言时，当他谈到上帝"伸出"他的"手""救拔"他的时候，他往往是想到莫尼卡。[118]因为正是在《忏悔录》中，我们才遇到了怀着愿景的莫尼卡。通过她的眼睛，我们看到奥古斯丁本人，就像非洲普通的基督徒一样，总是将他们的英雄视为上帝"预定"的人。[119]他人生的过程已经不可避免地由上帝规划出来，总是以一系列生动之异梦的形式传递给上帝的忠实仆人。[120]这一古老传统将隐藏着奥古斯丁关于预定论的宏伟理论，或者至少隐藏了这一理论众多根源的一部分，而且，与许多异常聪明的人一样，由于在很大程度上处于无意识状态，这种简单的根源越发强大。

《忏悔录》是奥古斯丁为数不多的、其标题就意味深长的著作之一。对奥古斯丁而言，"忏悔"意味着"揭发自己，赞颂上帝"。[121]通过这个表述，奥古斯丁总结了自己对人类状况的态度：这是他在中年时代希望用来开启邪恶之谜的新钥匙。原来的钥匙已经被证明无效了。他在自己信主时那个时代所采用的方法可以被归纳为一本书的标题，这本书就是《论秩序》：[122]386年，奥古斯丁曾经希望"他那受过良好训练的灵魂"或许理解了邪恶是如何融入宇宙的和谐，就像黑色立方体如何越发凸显马赛克路面的样式。[123]然而，当他撰写《论自由意志》

时，也就是在他准备撰写《忏悔录》的时候，他发现这个问题再次以令人苦恼的形式被提出：人们确实应当为自己的行为负责，可是与此同时，由于受远古时代那次堕落的牵连，人们又显得十分无助。这种状态如何才能与上帝的善良和全能相调和呢？一个"受过良好训练的灵魂"无法回答这样的问题。奥古斯丁如今所想成为的是一个"虔诚的探寻者"。[124] 因为，做到"虔诚"就意味着拒绝以消除张力的某一极的方式来解决问题。人们如今认识到，张力的两极都牢牢地植根于具有宗教情感的人对人类状况的意识之中。对这样一个具有宗教情感的人而言，还有什么能够比《诗篇》的语言更能够表述他的思想呢？人们最初所意识到的必然是一种被治愈的需要。这不但意味着被治疗的人承担其本人必须承担的责任，而且还意味着他必须心甘情愿地依赖那完全超出他个人控制的治疗。

> 他们的哭泣应当发自内心的最深处。"我曾经说道，我的主啊！求你怜悯我吧！求你医治我的灵魂！因为我在你面前犯了罪。"通过这种方式，凭借上帝恩赐的明确指令，他们将获得智慧。[125]

在撰写《忏悔录》的过程中，奥古斯丁坚持认为，读者应当通过这种方式"获得智慧"，这是他的新方式。《忏悔录》的节奏是由奥古斯丁对进行忏悔必要性的认识的增长而决定的。如今奥古斯丁意识到，逃避"忏悔"是他作为摩尼教徒阶段的标志。"逃避罪疚感，当我做错了什么，却不承认是我自己做错了，不承认你能医治我的灵魂，这使我骄傲的心得到满足。"[126] 在米兰，情况发生了很大的变化，甚至奥古斯丁的语言也都发生了改变。外部打击的残酷意象变成日益增长的内心痛苦这样更温柔的词语，甚至变成发烧引起的内心"危机"这样的医学术语。因为在那个时候，奥古斯丁已经接受了必须为自己的行为负责的看法，他也意识到了自身的罪行："我并没有堕入死人的世界，在那里没有一个人向你忏悔。"[127] 可是，如果拒绝悔罪是第一个敌人的话，那么依赖自我则是最后一个敌人。普罗提诺强大的自治如今被奥古斯丁最近深深的忏悔击退。他曾经因为柏拉图主义者和圣保罗拥有共同立场而感到十分高兴，386 年左右，他们似乎十分自然地融合，"产生了一种绚烂的哲学表情。"[128] 如今，他只是看到了柏拉图主义者模糊了重要的一种"表情"的危险:"真正虔诚的表情,忏悔的泪水。"[129]

奥古斯丁是以一位刚刚热切投入一种新治疗的医生的精神撰写了《忏悔录》。在这本书的前九卷中,他将展示,如果不进行此种治疗,将会如何,以及他是如何逐渐发现这一切的;并且,在十年匆匆过去之后,他还将在第十卷中展示这种治疗在现在的继续应用。

正是《忏悔录》中的这一独特主题,使得奥古斯丁的自我诊断不同于任何同时代读者所能看到的自传,因为坚持以"忏悔"的方式进行治疗已经随奥古斯丁进入到他后来的生活中。《忏悔录》的第十卷不是一位痊愈病人的宣告,而是一位正在恢复的病人的自画像。

171

《忏悔录》这本书或许会给读者带来一种惊奇的感觉。例如,当人们在罗马阅读到它的时候,帕拉纠对它的基调"感到非常生气"。因为传统基督徒希望看到的是一个成功归信的故事。在古代世界,皈依一直是宗教自传的重要主题。这样的皈依通常被认为就像一个酒鬼酒醒一样具有戏剧性和简单。[130]就像太多这类皈依者一样,作者将反复向我们灌输这样的信息,即如今的他和以前十分不同,他从来就没有畏缩过。有鉴于此,皈依本身已经将皈依者的生活一分为二,他已经能够甩脱自己的过去。皈依哲学或者皈依某种宗教信仰,通常被认为是获得了某种具有决定性意义的安全,就像一艘船终于远离充满风暴的大海,驶入宁静安全的港口一样。圣西普里安正是用这样的语言来描述他如何归信基督教的。[131]在卡西齐亚库的时候,奥古斯丁也是这样做的。[132]这种想法是如此根深蒂固,以至于它十分自然地从一位著名的现代"归信者"的笔端流露出来。这位著名的人物就是枢机主教纽曼[133]。而且与后来中世纪经常举行的仪式一样,4世纪晚期那激烈的洗礼仪式往往只是强调受洗者与过去本体之间的决裂,这也是传统归信观念的一个十分突出的特点。

奥古斯丁所处的那个时代,人们喜欢在归信过程中出现一个十分戏剧性的故事。这种喜好或许会使他在第九卷就结束自己的《忏悔录》。然而,奥古斯丁毕竟加上了四卷更长的忏悔。在他看来,忏悔得远远不够。因为这样的戏剧性经历或许会诱导其读者,使之相信摆脱自己过去的身份是很轻松的。归信者的"港湾"仍然被风暴侵扰。[134]拉撒路曾患病死了[135]，却被上帝之声唤醒了。尽管如此，如果他想得到自由，他还是必须"出来"，必须"在忏悔中敞开心灵最深处的自我"。[136]"当你听到一个人在忏悔时，你就能够判断出，他仍然没有得到自由。"[137]

在奥古斯丁那"上帝之仆"的小圈子之内，他们经常自称为"尘土与炉灰"。可是，《忏悔录》的第十卷却赋予这种对人的脆弱十分流行的表述全新的维度。因为，和以前相比，如今奥古斯丁将更少地从具体的罪行和诱惑，而是从人的内心世界的本性的角度来自省。他被各种诱惑所困，主要是因为他几乎不能把握自己是什么："人的身上仍有一片即使是人心也无法知晓的区域。"[138]

奥古斯丁从普罗提诺那里继承了一种内心世界纯粹的空间感和推动力。他们两人都坚信：只有在这种内心世界中以某种记忆的形式，才能发现对上帝的认识。[139]但是，在普罗提诺看来，内心世界是一个让人放心的系统。一个人"真正的自我"就躺在内心世界的深处，这个真正的自我具有神性，从来不会失去与理念世界的联系。那具有意识的心灵，由于注意力过于狭隘，将自身与潜在的神性分开。[140]可是，在奥古斯丁看来，恰恰相反，内心世界的纯粹空间既是焦虑的源泉，也是力量的源泉。在普罗提诺十分自信的地方，奥古斯丁有一种不太稳定的感觉。"人间'尚有一线光明'，快走吧！快走吧！'不要被黑暗所笼罩。'"[141]那有意识的内心充满了黑暗。奥古斯丁觉得自己穿行在"一片无边无际的森林之中，周围充满了各种无法预料的危险。"[142]他独特地将自己的研究兴趣转向心灵持久的"疾病"[143]，他小心翼翼地将人生看做"一场漫长的考验"[144]，所有的这一切在普罗提诺那神秘的深渊边上开辟了一片呢喃细语的天地："我的主啊！我心中的记忆真是一种伟大的力量，它是一种变化不定的神秘，一种十分复杂的深邃；但这就是我的心灵，就是我自己本身！我的主，我究竟是什么？我的本性究竟是怎样的？真是一个变化多端、形形色色、浩无边际的生命啊……"[145]"芬芳对我的诱惑并不大……至于我有此打算，可能我已经被错误地估计了。因为我的内心一片黑暗，使我看不出自己能够做什么，以至于扪心自问我到底有什么能力时，我也不敢自信，除了经验证明之外，我内心的一切往往十分难以猜度。"[146]

向上帝的诫命敞开自己的心灵是一个传统的主题，因为知晓上帝"鉴察人的内心"[147]。然而，奥古斯丁一再坚持：没有一个人能够充分地鉴察自己的内心，那"经常变化的、无边无际的空间"是如此复杂、如此神秘，以至于到目前为止还没有哪个人能够掌握他个人的全部特性。有鉴于此，没有一个人敢确信自身的一切都合力支持那只有有意识的心灵才接受的标准。如今，能够坚持这样认为的人实在是十分罕见。奥古斯丁已经意识到将自己完全等同于意识中的良好意愿的危险，这种意识构成让帕拉纠感到如此震惊的叠句的基础："请依照你的所愿来命令我，将你所命令的赐予我。"[148]因为"我并不能轻易地做到统一，以便能够更为清楚地远离这特别的瘟疫。我十分担心自身中的隐匿，这些隐匿，你虽明鉴，我却无从看出……"[149]"看，我在你，我的真理中间看到了我自己……但是我并不知道，自己是否就是这个样子……主啊！我祈求你，向我揭示我的全部自我吧！"[150]

再也没有什么东西能够比一个人的自画像更为生动了，这个人没有因为误导而自信地认为自身就是那么一个样子。"我并不知道，哪一边会获胜……我并不知道。"[151]他仍然会做性梦，它们使他焦虑，因为甚至在睡梦中他对性梦感情上表示认同但随即心里会产生内疚。[152]然而，贪欲则比以前任何时候都要强烈，成了使他内心无法平静的根源。他曾经十分好奇并满怀同情心地注视着小孩们的贪食。[153]他仍然觉得自己正处于一个滑坡之上，他带着担忧十分严厉地谈到了那些对维持生命的进食和与饕餮之欲的界限仍然不太清楚的人。[154]相反，有了音乐所带来的愉悦，他自身积极的经验使他大得坚固。那优美的诗篇颂唱可能使他心思游移，但他预备好要冒这个享受之险（他在餐桌上可从来没有这样的预备）：

> 我们内心的各种情感，在抑扬起伏的歌声中找到了合适自己
> 的音调，似乎被一种难以形容的和谐而荡漾着。[155]

我们已经进入了一个十分敏感之人的内心世界。他过去俗丽的光彩已逐渐沉寂，他所受到的各种诱惑也不时地显现为一种迷人的心不在焉。例如，奥古斯丁在非洲明媚的阳光中坐上一会儿，整个村庄都沐浴在阳光中，那阳光就是"色彩之王"，只有在那时，"眼目的情欲"

才会激起他心中的涟漪。他会觉得可惜，因为他将不得不回到屋里去："我想念这阳光，如果长时间无法享受这样的阳光，我心里会感到沮丧。"[156] "我不再去竞技场去看狗追兔子了，但是在经过田野的时候，我若碰巧发现狗追兔子，我的注意力仍会被吸引，使我偏离道路。虽然没有使我的坐骑改变方向，但使我分心了。事实上，如果不是你迅速指出我的弱点并警告我……那么我就会目瞪口呆地站在那里。当我在家中闲坐时，壁虎抓苍蝇，蜘蛛网飞虫就能很快地吸引我的注意力。"[157]

但是，奥古斯丁那最具特点的焦虑就是他仍然觉得自己与其他人紧密地连接在一起。"因为我有一种能够在其他的诱惑中辨识自己的能力，但是在这方面，我几乎无法辨识自己。"[158] 在解读这位十分看重内心的人的生活之后，我们突然惊奇地发现，他从来都不孤单，他周围一直都有朋友环绕。他是在"乳母们的哄逗下，在共同的笑语中，在共同游戏时，在玩伴们兴高采烈的过程中，留心学会"拉丁文的。[159] 只有友谊才能使他失去"灵魂的一半"[160]。而且，也只有更多的友谊才能治愈这种创伤。[161] 我们很少发现他独自进行思考。通常情况下，他"正在就这些话题与我的朋友进行交谈"。[162] 在这一方面，奥古斯丁几乎就没有任何改变。在他中年的时候，他仍然十分乐意，同时也是悲剧性地受到"那最不可思议的思想诱惑——友谊"的影响。[163]

在经历米兰花园中的那场罕见的风暴之后，在焦急地窥见黑暗的可能性之后，对这样一个人而言，《忏悔录》剩下的三卷是一个非常合适的、对自我进行揭示的结束。就像一缕温暖的阳光，再次爬过那被雨水浸透的田野，即那难以理解的有关"命令"的叠句——"'请依照你的所愿来命令我'——让位给了'赐予'——'将我所爱的赐予我，因为我确实喜欢它。'"[164] 对奥古斯丁而言，在智慧方面是否取得进展，如今是以他对圣经的理解作为标尺，只能完全取决于自我意识本身的进步。[165] 当他思索《创世记》的开篇时，这些"我内心之光的箭矢"将直接展示出他所接受的治疗的效果。或许正是这种自我剖析的治疗本身，才使得奥古斯丁更为接近我们这个时代的某些最好的传统。在《忏悔录》第十卷中，他走近我们，就像对面的一颗行星接近我们那样，尽其所能地跨越现代人与罗马帝国晚期宗教文化的鸿沟：

因为，看吧！"谁践行真理，谁就进入光明。"因此我愿意在你的面前，用我的忏悔，在我的心中践行真理；同时在许多证人之前，用文字来践行真理。[166]

注释

[1] 关于《忏悔录》对欧洲文学的影响及现代学者研究该书时可利用的大量材料，参 P. Courcelle, *Les Confessions de S. Augustin dans la tradition littéraire: Antécédents et Postérité*, 1963。关于《忏悔录》的质量和风格，参 G. N. Knauer, *Die Psalmenzitate in Augustins Konfessionen*, 1955。另见 Pellegrino & A. Solignac(cit. sup. p. 69, n. 1); J. Gibband W. Montgomery, *The Confessions of St. Augustine*, (Cambridge Patristic Texts), 1908。关于就《忏悔录》的价值引起的争论，参 Bonner, *St. Augustine*, pp. 42-52。

[2] *Ep.* 24, 2(to Alypius)

[3] *Ep.* 31, 2. v. inf. p. 195.

[4] *Conf.* VIII, vi, 14-15.

[5] *Passio Ss. Perpetuae et Felicitatis*, 3, ed. P. Franchi De' Cavalieri, (*Röm. Quartalshrift*, 5, Supplementheft), 1896, p. 110.

[6] Pontius, *Vita Cypriani*, 2(P. L. iii, 1542).

[7] v. esp. Courcelle, *Les Confessions*, pp. 91-100.

[8] e. g. *Conf.* IX, ii, 4.

[9] e. g. *Conf.* V, x, 20. cf. *Ep.* 30, 2.

[10] e. g. *Conf.* IX, i, 1. cf. *Ep.* 24, 1.

[11] e. g. *Conf.* IX, xiii, 37; X, iv, 5. cf. *Ep.* 24, 5.

[12] *Conf.* VIII, x, 23; IX, iv, 10.

[13] *Conf.* VIII, ii, 3-5.

[14] *C. Ep. Secundini*, 11.

[15] *de dono persev.* xx, 53.

[16] *Ep.* 24, 1. cf. 30, 2.

[17] *Ep.* 27, 1.

[18] *Ep.* 24, 1.

[19] V. esp. P. Fabre, *S. Paulin de Nole et l'amitié chrétienne*, 1949, pp. 137-154, 387-390.

[20] e. g. *Ep.* 27, 1. v. inf. pp. 210-211.

[21] *Ep.* 28, 1.

［22］e. g. *Ep.* 267.

［23］*de cat. rud.* x,15.

［24］*Enarr. ii in Ps.* 30,13.

［25］V. sup. p. 150.

［26］*Conf.* I,vi,7.

［27］*Ep.* 24,3.

［28］*Ep.* 28. v. inf. p. 268.

［29］v. inf. p. 200;e. g. *de mor. eccl. cath.* (I),xxxii,69.

［30］*Ep.* 24,2.

［31］v. inf. p. 259;*Conf.* XI,ii,2.

［32］e. g. III,v,9,as *against de lib. arb.* I,ii,4.

［33］*Conf.* VI,iv,6.

［34］*Conf.* VI,iii,3.

［35］*Conf.* VI,iii,3;X;XI–XIII.

［36］*Conf.* VI,ix,15;v. inf. p. 196 for Alypius'characteristics.

［37］*Conf.* VI,ix,14.

［38］*Ep.* 24,1.

［39］C. litt. Petil. III. xvi,19;C. Crescon. III. lxxx,92. v. inf. p. 198.

［40］*Conf.* IX,ii,4.

［41］*Ep.* 26. 4.

［42］*Ep.* 26. 5.

［43］Courcelle,*Les lettres grecques*,p. 132.

［44］*Conf.* VII,xx,26.

［45］v. inf. pp. 199–206.

［46］esp. *Ep.* 22,9.

［47］*Ep.* 31,4.

［48］*Conf.* X,xliii,70.

［49］*Conf.* IV,i,1.

［50］*Conf.* IX,xii,33.

［51］*Conf.* IX,xii,34;cf. IV. v. 10.

［52］*Conf.* IX,iii,5;Knauer,*Psalmenzitate*,p. 123.

［53］*Conf.* IX,vi,14.

［54］V. esp. E. R. Dodds,"Augustine's Confessions",*Hibbert Journal*,26,1927–1928,p. 460.

［55］*Retract.* II,32.

[56] Plotinus, *Ennead*, V, i, 6(MacKenna 2, p. 374). 除了这个例子，在柏拉图主义者中，这种祷告方式并不是很普遍，但是这种态度却一直流传到阿拉伯人的时代。参 R. Walzer, "Platonism in Islamic Philosophy", *Greek into Arabic*, 1962, pp. 248-251。

[57] *de serm. Dom. in monte*, II, iii, 14; cf. *de Mag*. i, 2.

[58] e. g. *Sol*. I, i, 2-6; *Sol*. I, ii, 7。

[59] *de Trin*. XV, xxviii, 51.

[60] *Retract*. II, 32.

[61] *Conf*. I, i, 1; cf. Tiberianus, *Versus Platonis*, ed. Baehrens, Poetae Latini Minores, III, p. 268, 1. 26sq. "da nosse volenti".

[62] *Conf*. XI, xxvii, 34.

[63] 除了这种传统，应该加上更具体属于犹太—基督教思想的"赞美的祭"：赞美上帝的作为（特别参 Madec, 'Connaissance de Dieu et action de graces', *Rech*, *augustin*. ii, 1962, pp. 302-307）和上帝拯救他的子民的怜悯行动。参 J. Ratzinger, "Originalität und überlieferung in Augustins Begriff de 'Confessio'" *Rev. étudesaugustin*. , iii, 1957, pp. 375-392.

[64] Dodds, "Augustine's Confessions", *Hibber Journal*, 26, 1927-1928, p. 471.

[65] e. g. *Conf*. VIII, iii, 6.

[66] *Conf*. VII, iii, 5. ; cf. *de ii anim*. 11.

[67] v. sup. p. 75; pp. 90-91.

[68] e. g. *Conf*. V, x, 20-xi, 21.

[69] *Conf*. II, iv, 9.

[70] *Conf*. V, viii, 15.

[71] *Conf*. XI, xxix, 39.

[72] *Conf*. II, iii, 5.

[73] *Conf*. IX, x, 23.

[74] *Conf*. X, viii, 15.

[75] *Conf*. III, vi, 11.

[76] *Conf*. X, vi, 9.

[77] *Conf*. V, ii, 2.

[78] Plotinus, *Ennead* IV, viii, 4, (MacKenna2, pp. 360-361); cf. *Conf*. II, 1.

[79] 人的灵魂脱离上帝是一个十分重要的主题，参 G. N. Knauer, "Peregrinatio Animae. (Zur Frage der Einheit der augustinischen Konfessionen)", *Hermes*, 85, 1957, pp. 216-248。关于此主题的柏拉图派基础，参 R. J. O'Connell, "The Riddle of Augustine's Confessions: A Plotinian Key", *International Philosoph-*

ical Quarterly, iv, 1964, pp. 327-372。另一个主题，"心灵的皈依"，归向内心，在基督教思想家奥利金那里并不存在，参 P. Aubin, *Le problème de la 'conversion'*, 1963, pp. 186-187，对奥古斯丁《忏悔录》而言，这一主题却十分重要，见 *Conf.* IV, xii, 18。

[80] J. Burnaby, *Amor Dei*, pp. 119-120。

[81] *Conf.* IV, vii, 12.

[82] *Conf.* III, iv, 8.

[83] v. sup. pp. 148-149.

[84] v. sup. pp. 146-148.

[85] e. g. *Conf.* VI, v, 7.

[86] *Conf.* VI, xv, 25; cf. *Ep.* 263, 2.

[87] *Conf.* IX, iv, 7.

[88] *Conf.* IX, iv, 7.

[89] *Conf.* II, i, 1.

[90] 克利奴塞，特洛伊英雄埃涅阿斯的第一任妻子，普里阿摩斯的女儿。特洛伊被攻陷后，与丈夫失散，死于乱军之中。——译者注

[91] *Conf.* I, xiv, 22.

[92] *Conf.* III, i, 1.

[93] *Conf.* III, ii, 3.

[94] *Conf.* I, vi, 9. sq. v. sup. pp. 16-17.

[95] *Conf.* VIII, iii, 7.

[96] *Conf.* IV, vi, 11.

[97] v. sup. p. 47, n. 1.

[98] *Conf.* IV, xiv, 22.

[99] *deGen. ad. litt.* X, xiii, 23.

[100] 参 Oliver Wendell Holmes, 1921 年 1 月 5 日致 HaroldLaski 的 *Holmes-Laski-Letters* (I), ed. M. deW. Howe, 1953, p. 300。

[101] *Conf.* II, vii, 15.

[102] *Conf.* IV, i, 1.

[103] *Conf.* VIII, v, 10.

[104] *Conf.* VI, viii, 13; IX, viii, 18.

[105] *Conf.* VIII, v, 10.

[106] *Conf.* VIII, viii, 19.

[107] 圣卡斯伯特（约 635—687），爱尔兰修道士，后成为主教。——译者注

[108] esp. *Conf.* IX, xii, 32.

［109］ *de div. quaest.* LXXXIII, 40.

［110］ *Conf.* VIII, xi, 26.

［111］ *Conf.* IX, viii, 18.

［112］ *Conf.* VI, xii, 20.

［113］ *Conf.* IX, i, 1.

［114］ v. esp. Chr. Mohrmann, "Comment s. Augustin s'est familiarisé avec le latin des Chrétiens", *Aug. Mag.* i, 1954, pp. 111-116; "Augustine and the Eloquentia", *études sur le latin des Chrétiens*, i, 1958, pp. 351-370.

［115］ E. de la Peza, *El significado de 'cor' en San Agustin*, 1962; *Rev. études augustin*, vii, 1961, pp. 339-368.

［116］ *Enarr. in Ps.* 138, 20.

［117］ *Conf.* VI, vi, 9.

［118］ e. g. *Conf.* III, xi, 19.

［119］ e. g. *Psaaio Marculi*, (P. L. viii, 760D, 762-763).

［120］ v. esp. Courcelle, *Les Confessions*, pp. 127-128.

［121］ *Serm.* 67, 2.

［122］ v. sup. pp. 115-116.

［123］ *de ord.* I, i, 2.

［124］ e. g. *de lib. arb.* III, ii, 5.

［125］ *de lib. arb.* III, ii, 5.

［126］ *Conf.* V, x, 18; cf. IV, iii, 4.

［127］ *Conf.* VII, iii, 5; cf. *de vera relig.* lii, 101.

［128］ *C. Acad.* II, ii, 6.

［129］ *Conf.* VII, xxi, 27.

［130］ Nock, *Conversion*, pp. 179-180.

［131］ Cyprian, *Ep.* 1, 14 (P. L. iv, 225).

［132］ *C. Acad.* II, i, 1; *de beata vita*, i, 1; *Ep.* 25, 3.

［133］ 枢机主教纽曼（1801—1890），早年领导"牛津运动"，1845 年加入罗马天主教，成为枢机主教。他是 17 世纪以来第一个被封为圣徒的英国人。著述颇丰，深具影响，如《论基督教教义的发展》等。——译者注

［134］ *Ennar. in Ps.* 99, 10.

［135］ v. sup. pp. 142-143.

［136］ *Serm.* 67, 2.

［137］ *Ennar. ii in Ps.* 101, 3; cf. *Ennar iii. in Ps*, 32, 16.

［138］ *Conf.* X, v, 7.

[139] *Conf.* X, xxiv, 35-xxv, 36.

[140] e. g. Plotinus, *Ennead* IV, iii, 30 (MacKenna 2, p. 286). V. Dodds, "Tradition and Personal Achievement in Plotinus", *Journ. Rom. Studies*, I, 1960, pp. 5-6.

[141] *Conf.* X, xxiii, 33; cf. *de vera relig.* liii, 101.

[142] *Conf.* X, xxxv, 56.

[143] *Conf.* X, iii, 3.

[144] *Conf.* X, xxviii, 39.

[145] *Conf.* X, xvi, 25.

[146] *Conf.* X, xxxii, 48.

[147] v. esp. H. Jaeger, "L'examen de conscience dans les religions non-Chrétiennes et avant le Christianisme", *Numen*, vi, 1959, pp. 176-233. 有学者根据《忏悔录》这独一无二的特性提出，该著作受到了摩尼教忏悔仪式的影响，就是在庇麻节（Bema feast）仪式上所作的忏悔，v. esp. A. Adam, "Das fortwirken des Manichäisums bei Augustinus", *Zeitschrift für Kirchengeschichte*, 69, 1958, pp. 1-25, 6-7。与此相反的意见参见 J. P. Asmussen, $X^u\overline{A}STV\,\overline{A}N\overline{I}FT$, *Studiesin Manichaeism* (Acta Theologica Danica, VII), 1965, p. 124。

[148] *Conf.* X, xxix, 40; *de dono persev.* xx, 53.

[149] *Conf.* X, xxxvii, 60.

[150] *Conf.* X, xxxvii, 62.

[151] *Conf.* X, xxxviii, 39.

[152] *Conf.* X, xxx, 41.

[153] *Conf.* I, vii, 11.

[154] *Conf.* X, xxxi, 47.

[155] *Conf.* X, xxxii, 49.

[156] *Conf.* X, xxxiv, 51.

[157] *Conf.* X, xxxv, 57.

[158] *Conf.* X, xxxvii, 60.

[159] *Conf.* I, xiv, 23.

[160] *Conf.* IV, vi, 11.

[161] *Conf.* IV, ix, 14.

[162] *Conf.* IV, xiii, 20.

[163] *Conf.* II, ix, 17.

[164] *Conf.* XI, ii, 3.

[165] V. inf. pp. 259-260.

[166] *Conf.* X, i, 1.

第 三 部 分

395—410 年

大事年表三

		P. L. VOL. COL.	英译本
396 年	瓦勒里乌去世。罗马尼阿努返回意大利（夏初）。 395—398 年，非洲的吉尔多（Gildo）叛乱。	*Ad Simplicianum de diversis quaestionibus.* *Contra epistolam quam vocant fundamenti.* *De agone christiano.* *De doctrina christiana*（426 年完成）。	40. 11（in）*Augustine：earlier writings*，Ld.，1953（Bk. 1 only）. 42. 73（in）*On the Manichaean Heresy*，Edinburgh，1872. 40. 289（in）*Seventeen short treatises of St Augustine*，Oxford，1847；*The Christian Combat*，NY.，1947. 34. 15 *On Christian Doctrine*，Edinburgh，1873；*Christian Instruction*，NY，1947.
397 年	4 月 4 日安波罗修去世。 希姆普利齐亚努（Simplicianus）继任。	6 月 26 日迦太基第二次主教会议。 8 月 28 日迦太基第三次主教会议。 与多纳徒派主教福图纳图（Fortunatus）在图比斯库比尔（Thubursicum Bure）多次展开辩论。 /400 *Quaestiones evangeliorum.* /98 *Contra Faustum Manichaeum* /401 *Confessiones*	35. 1321. 42. 207（in）*On the Manichaean Heresy*，Edinburgh，1872. 32. 659（有许多译本，但最好的是）*The Confessions of St. Augustine*，transl. by F. J. Sheed，Ld. & NY.，1943（多次重印）。
398 年	吉尔多被击败。 提姆加德的多纳徒派主教奥普塔图被处决。	*Contra Felicem Manichaeum*（12 月）。	42. 519

399 年	3 月 19 日帝国代表关闭了曼利乌·西奥多鲁（Manlius Theodorus）非洲领地上的异教庙宇。	4 月 27 日第四次迦太基主教会议。 *De natura boni contra Manichaeos.* *Contra Secundinum Manichaeum.* *Adnotationes in Job.* /400 *De catechizandis rudibus.* /419 *De Trinitate*

42. 551（in）*Basic Writings*，I，NY.，1948；（in）*Augustine: earlier writings*，Ld.，1953.（in）*Nicene and Post-Nicene Fathers*，4，NY.，1901.

42. 577

34. 825

40. 309（in）*Seventeen short treatises*，Oxford，1847；*On catechizing*，Edinburgh，1973；*Instructing the unlearne*，Oxford，1885；*A treatise on the manner of catechizing the uninstructed*，Ld.，1902；*A treatise on the catechizing of the uninstructed*，Ld.，1912；*St. Augustine's "De catechizands rudibus"*，Ld.，1913；*The first catechetical instruction*，Ld.，1946.

42/819 *On the Trinity*，Edinburgh，1873；（in）*Basic Writings II*，NY.，1948（selections only）；（in）*Augustine: Later writings*，Ld.，1954；*The Trinity*，NY.，1963.

400 年		布道：*De fide rerum quae non videntur.* *De consensu evangelistarum.* *Contra epistolam Paremeniani.* /01 *De baptismo contra Donatistas.* *Ad inquisitiones Januarii*（=*Epp.* 54-5）. *De opere monachorum.*

40. 171（in）*Seventeen short treatises*，Oxford，1847；*Concerning faith of things unseen*，Oxford，1885；*On faith in things unseen*，NY.，1947.

34. 1401 *The harmony of the evangelists*，Edinburgh，1873.

43. 33

42. 107.（in）*On the Donatist Controversy*，Edinburgh，1872.

33. 199

40. 547（in）*Seventeen short treatises*，Oxford，1847；*The work of monks*，NY.，1952.

401 年	选举英诺森一世教皇（Pope Innocent I）（401—417 年 3 月）。多纳徒派主教克里斯庇努（Crispinus）为袭击波希迪乌（Possidius）事件负责。	6 月 15 日第五次迦太基主教会议。前往阿苏拉斯（Assuras）和穆斯蒂（Musti）去调查以前的马克希米安派教士。9 月 13 日第六次迦太基主教会议在希波·蒂阿里图斯（Hippo Diarrhytus）支持主教选举（9 月末）。*De bono conjugali* *De sancta virginitate* /05 *Contra litteras Petiliani*. /14 *De Genesi ad litteram*.	40. 373 （in）*Seventeen short treatises*，Oxford，1847；*The good of marriage*，NY.，1955 40. 397 （in）*Seventeen short treatises*，Oxford，1847；*Holy Virginity*.，1955. 43. 245 （in）*On the Donatist Controversy*，Edinburgh，1872. 34. 245.
402 年	哥特人在意大利主教被击败。西马库斯去世。	8 月 7 日，在米莱维斯支持第七次主教会议。	
403 年	巴盖的主教（Bishop of Bagai）被多纳徒派攻击并且受伤严重。	8 月 25 日第八次迦太基主教会议。在迦太基间断布道，直到 11 月 8 日为止。	
404 年	巴盖的主教前往拉文纳，请求对多纳徒派采取严厉措施。	6 月 26 日第九次迦太基主教会议。	
405 年	2 月 12 日反对多纳徒派的"统一敕令"（Cod. Theod. xvi，5. 8）。	*De unitate ecclesiae*. 8 月 23 日第十次迦太基主教会议。 /06 *Contra Cresconium grammaticum*.	43. 391 43. 445.
406 年	汪达尔人入侵高卢。	/11 *De divinatione daemonum*.	40. 581. *The divination of demons*，NY.，1955.

407 年	君士坦丁三世篡位。	在图比斯库（Thubursicum）举行第十一次主教会议（6 月末）。 407—408 年开始撰写 *Tractatus in Joh. Ev.*	参阅下面 ad. ann. 414。
408 年	提奥多西乌斯二世成为东部帝国的皇帝（5 月）。 斯蒂里柯（Stilicho）陷落（8 月）。 当波希迪乌试图驱散卡拉马的异教徒游行队伍时，发生了骚乱。 阿拉里克（Alaric）进入意大利（10 月）。	6 月 16 日第十二次迦太基主教会议。 10 月 13 日第十三次迦太基主教会议。（不确定奥古斯丁是否出席上述会议。） 给卡登内（Cartenna）的多纳徒派主教文森提乌（Vincentius）的第 93 号信函（*Epistola* 93）。 /09 *Quaestiones expositae contra paganos*（＝*Ep.* 102） /12 *De utilitate jejunii.*	33. 321 33. 370 40. 707 *The usefulness of fasting*，NY.，1952.
409 年	阿拉里克围攻罗马。 多纳徒派得到宽容。	6 月 15 日第十四次迦太基主教会议（是否出席尚不确定）。 *Ep.* 101 to Memor. 多纳徒主教马可罗比乌再次进入希波。	33. 367

17

希波雷吉乌斯 [1]

当奥古斯丁成为希波雷吉乌斯的罗马公教主教时，这座城市已经存在了一千多年了。[2]它是非洲的第二大港口。一个从迦太基取海路出行的人，会突然发现，那一排排长长的峭壁消失后，一片数英里之长、富饶开阔、平坦的塞布斯河平原就会映入你的眼帘。而希波·雷吉乌斯就屹立在这片平原的远端，它统辖着两座小山丘，是一座在河流入海口形成的天然港口，西面背靠巍峨的埃杜格山。

奥古斯丁显然是这座古城的新客。即便它的街道，也与内地的罗马"新"城（如他的家乡塔加斯特）不一样，它们并不是规则宽敞的林荫大街，只是一些狭窄的、弯弯曲曲的小径，是由腓尼基人用不规整的巨大石块铺成的。[3]但它依然具有罗马帝国的辉煌和悠久历史。那异常杰出的大广场雕像林立：塔西佗提及的某位地方总督的名字歪斜地镌刻在那巨大的石板之上。[4]第一位罗马皇帝的传记作家苏维托尼乌斯的雕像，屹立在地方杰出人士的行列之中。[5]那座城市成为"罗马公民"的城市已经两百多年了。罗马式的生活方式已经大规模地确立起来：那里有一座能够容纳五六千人的大剧院，一间巨大的公众浴室，一座古老的巴力—哈蒙[6]神庙遗址所在的山上，耸立着一座古典神庙。奥古斯丁将会看见体现在数百件石雕中的罗马异教城市的价值观，而对于这些价值观，他将在《上帝之城》中进行严厉的抨击。这种异教的过去，到 4 世纪晚期已经或多或少失落了其精髓，西塞罗的作品也不再在这座城镇的书店中出售了。[7] 然而，要无视这些建筑物所体现的过去的存在也是不太可能，这些宏伟的建筑几乎覆盖了整座山。在山脚有著名的大剧院，山脊之上有广场和神庙。异教进入非洲的时间比基督教进入非洲北部的时间要早得多，这些坚固的建筑就是提醒人们注意这一事实。公共浴室的砖构主体是这座城市被淤塞之后很久才建造起来的。阿拉伯旅行者们称呼它们为"罗马人的教堂"，将它们与"奥格德金（Augodjin）这位基督教伟大博士"[8] 的主教座堂混淆起来。

要抵达城中奥古斯丁居住的"基督徒区"，你得离开那座高山，朝港口的方向前行半英里多的距离。奥古斯丁的"基督徒区"包含有他的主教教堂，紧挨着主教教堂的是洗礼池，还有一个礼拜堂，主教的居所，或许还有一间修道院，这间修道院位于一幢建筑物之中，从那上面，我们可以俯视主教的花园。[9] 主教教堂的一部分是建立在一间废弃的染布作坊的遗址之上的，面积大约为大广场的三分之一。在奥古斯丁到来之前，它至少有一百多年的历史。大约三代人之前，在官方承认基督教之后，这幢简朴的建筑物得到了大规模的扩建[10]，如今它成了一个暴发户，被安插在离希波传统公众生活中心（即神庙和公共广场）距离较为合适的位置之上。尽管如此，奥古斯丁还是被策略性地安排到那个居住区，在那里希波城旧有的公众生活方式已经遭到了很大的削弱。距那个地方大约几分钟的路程，是有钱人居住的区域。这些都是私人的郊区住宅，在这里可以俯视整个港口。一个世纪以来，没有一个人愿意拿出大笔的资金来修缮公共广场周围的公众建筑，而这却是这座城市"兴盛发达时"的一个传统。相反，大量的财富被花费在屋内，花费在大量的马赛克地板以及东方的地毯之上，而这些东西，在罗马帝国城市的公共财政系统因为一再的经济危机而遭受削弱的时候，成了那些作为大地主而富裕起来的人的豪华生活的象征。在这些大厦的主人中，有一些人经常不在希波居住。奥古斯丁的教堂与一座大住宅相邻，这座大住宅就属于一位阔太太，她一般住在罗马。[11] 对一位虔诚的基督徒（比如奥古斯丁）和一位不住在这个地方的人（就像那位阔太太）来说，那些与异教有着各种联系的广场上的公众生活，确实不能引起他们太多的兴趣。[12]

港口坐落在这个居住区之外。许多东方人仍然通过地中海来到希波，就像在腓尼基人的时代一样。其中有来自希腊的水手，他们的誓言非常奇怪；[13]还有一名叙利亚人；[14]地中海还带来了奥古斯丁自己的前辈——瓦勒里乌（Valerius）。[15]最重要的是，船只常来常往地出入希波港，能够使奥古斯丁与遥远广阔的外部世界保持联系。如果他继续呆在塔加斯特，呆在那消息闭塞的非洲腹地，他是不可能做到这一点的。奥古斯丁的信件还能够随着那些运送粮食的船只到达意大利——到达诺拉的保利努，后来到达罗马大主教的手中。[16]

然而，就像许多古代人一样，奥古斯丁也害怕大海。他从来不敢单独乘船沿着那礁石丛生的海岸回迦太基。[17]他总是将那些从事海运的商人看成投机分子，他们从事的商业活动是令人毛骨悚然的冒险。[18]事实上，希波并不完全依赖于海运。它的财富来源于当时地中海地区长期大量需求的一种商品，那就是粮食。[19]奥古斯丁的会众中也有一些"从事农业生产的人"[20]，这些人要么在塞布斯河平原拥有大片肥沃土地，要么耕种这些土地。即便那些没有土地的人，也会花费一些时间在这座城市之外的小块花园式土地上种点东西。[21]希波城的居民之所以富裕，并不是因为他们利用地中海进行贸易，而是因为他们拥有大量剩余的粮食。塞布斯河河谷两岸的葡萄园通常都打理得很好[22]，埃杜格山山脚密布着许多橄榄园，整座平原都种满了玉米。关于橄榄树的嫁接技术，奥古斯丁掌握的要比圣保罗多得多。[23]当他谈到乌云和下雨的时候，他通常也会像一名农夫一样，将其看做是上帝的一种特别恩赐。[24]在连续好几个星期都是难以容忍的大晴天后，突然密布在埃杜格山上的云霭被奥古斯丁说成是上帝赐雨的征兆。

186

玉米是希波财富的基础。对玉米的依赖带来的并不完全是祝福。玉米可以让一些小人物破产，也可以给那些大投机者带来巨额财富。玉米是平原上那些大庄园的基础，环绕其上的是一幢幢豪华别墅，在这些豪华别墅内，有许多很有品位的古典雕塑。[25]而这些庄园的主人会因为玉米的短缺和高价而向神灵献祭。[26]通过那最具压迫性的暴力手段，即借助于与农奴相仿的佃农和季节性劳动者的劳动，玉米作物布满整个乡村。[27]首先，是玉米吸引帝国行政官员那不受希波人欢迎的注意力。一名负责强迫收购谷物的官员住在希波[28]，将大量谷物装入帝国的谷仓，然后从那里转运到罗马和帝国的军营之中。即使是奥古斯丁，也大胆地在其《上帝之城》中表达了希望整个事情能够安排得更好一些的愿望。[29]可是奥古斯丁的会众们，特别是当地的一些商人，却通过私自处死帝国当地驻军指挥官的方式来表达他们的不满。[30]

实际上，这些乡村地区是在将一个十分难以处理的问题呈到奥古斯丁的面前。在希波城内，至少还是有望维持住一座"罗马城市"的法律和秩序的。[31]可是在城外，大地主们却毫不迟疑地使用"强制手段"。奥古斯丁曾经写信给一个人，"建议"他克制自己的愤怒，不要烧毁曾经在一场官司中反对过他的那位牧师的教堂。[32]

更为糟糕的是，在这座平原的周围环绕着一些山村，特别是埃杜格山上的那些有着暴戾村民的山村。在这些山村中，人们讲的是"迦太基方言"，而不是拉丁语。在那些山村中，大地主甚至会在野外打野猪，有时甚至还捕猎狮子。[33]在这些山村中，穷人们从来就没有获得过足够的土地来耕种，逐渐形成了一种鲜明的身份来反对平原的文明生活。在这些山村中，有一伙多纳徒派的人，甚至谋杀并袭击了罗马公教的牧师。[34]还有一些人则组成了一个团体，他们发誓要进行绝对的禁欲，并将邻近村庄的一些孩子接纳为成员。[35]这些穷人经常对平原居民形成威胁。或许他们就是那些到处游荡的狂热宗教团体塞克姆希联（Circumcellions）的核心成员，他们作战时高声呐喊着"将颂赞归给上帝"，这样的呐喊比山中狮子的吼声还要让人感到害怕。[36]

在这种情形下，奥古斯丁已经做到了他所能做到的一切。他努力地营救那些讲本地方言的牧师。[37]这些牧师或许就像那些地主一样，以这些小团体的代言人和保护者的身份行事。[38]但是奥古斯丁被迫越来越依赖于那些在这片粗糙而有待开化的土地上掌握真正权力的人——大土地所有者。而罗马公教的教堂也将在他们别墅的附近建立起来[39]，他们的影响，常常被用来直接管理那些桀骜不驯的佃农[40]，这将进一步促进罗马公教的大业。在希波那些受罗马统治秩序保护的地区，奥古斯丁是一名尽职尽责的温和的人，在其管辖区域内，即使是最为偏远的山区，奥古斯丁都亲自去过。[41]

由于自己的富有，希波与外界隔绝了。地处一个富饶的沿海平原之上，它不需要像内地那样，过着一种更为原始的生活。奥古斯丁也感受到了这种孤立。对希波的管理来自迦太基。他的那些世俗朋友选择居住在迦太基，而他也经常去那里参加由奥勒里乌召集的会议。并没有直接的证据表明，在沿着梅捷达河谷前往迦太基的时候[42]，奥古斯丁曾绕道，经过山区，再次来到他的俗世的"故乡"塔加斯特。[43]山高，气候恶劣[44]，或许还有自身的克制，阻碍了他绕道返乡的步伐。

可是，奥古斯丁是努米底亚古老教省的一名主教。同事们的事情迫使他关注距离希波一个星期路程的内地城市（例如米莱维斯和锡尔塔）的事务；迫使他关注那些发生在自己从来都没有到过的乡村的事情，即使他对这些乡村的情况一无所知。[45]这些乡村，在那些受到"罗马城市"保护的地中海沿岸居民眼里，是非常落后的。

作为基督教会的一名主教，奥古斯丁逐渐成为城镇中的公众人物。 188
在这座城镇中，生活的绝大部分是公开、透明的，有悠久的传统来指导人们什么样的行为是正确的。生活是在公开场合中进行的。在这座城市中，财富和地位的差异被尽可能地强调：尽管奥古斯丁对于造型艺术几乎就没有表现出任何的兴趣，但还是强调穿着的重要性。"通过穿着，就能够辨认出不同阶层的人。"[46]在一个十分注重服饰的时代里，那简朴的黑袍，也就是作为"上帝之仆"的奥古斯丁穿着的那种黑袍，就能够用一种十分公开的方式将他凸现在公众的面前。[47]人们之间的紧张冲突不但明显，而且还仪式化了：在剧院中，整个城市被分成了对立的不同"派别"。[48]在不同的"居民区"间，每年都会举行相互投掷的战斗表演，城市就是通过这种方式来"发泄居民间的不满情绪"。[49]在外来者看来，那些相互敌对的宗教团体之间的争斗，无论是异教徒反对基督徒的斗争，还是多纳徒派教徒反对罗马公教教徒的斗争，几乎是没有任何区别的。即使在死后，这种明显样板化的差别仍然存在着。墓地就是希波城的另外一个翻版。墓地通常被置于距离居住区较远的地方，富人们的坟墓占据主导地位，其坟墓一般有用努米底亚的大理石砌成的拱形圆顶，这些富有家族的先人都被安置在合乎身份的位置，富人们每年都会在墓前举办一次十分正式的宴会。[50]

就这样，奥古斯丁担任了这样一个职位，人们期望他在这个职位上可以为他们做一些事情。奥古斯丁在希波生活的一个十分重要但同时也是难以捉摸的方面，就是他在多大程度上满足了普通市民对他这个传统职位所抱有的期望，以及他在多大程度上轻视和转变了这些期望。正如他在书信和布道中所展示的那样，他的生活似乎是一种一成不变的例行公事，一份强加于他的"苦差事"[51]，一个"负担"[52]。虽然如此，但是奥古斯丁仍然经历了一代人的迅速变化，而许多变化要么是由于他自身的原因，要么是因为他那些信奉罗马公教的同事引起的。就在奥古斯丁任主教期间，希波变成了一座基督教之城；[53]奥古斯丁将自己的对手，即多纳徒派驱逐出去。在面对当地那些颇具影响的人物时，奥古斯丁的立场则发生了戏剧性的改变。[54]所有这一切都是一群新人在追求权力过程中的必经阶段，而这些新人的思想和策略，常常与一名罗马市民的诸多设想相背离，有时候甚至还会发生冲突。就这样，奥古斯丁对希波那个充满张力的世界施加了重大的影响，这种影响标志着一座古老城镇处于文明生活走向终结的一个十分重要的阶段。

189

罗马帝国晚期的人们一般都希望得到一些有权有势的私人保护者的庇护。[55]整个国家充满了压迫和腐败，但是，与现代国家相比，帝国对市民生活影响的范围无疑要狭窄得多。个人首先会在"家庭"内，寻求不受外部世界的侵害，寻求冤屈得以昭雪，追求自身的利益。但如果要在家庭之外获得这些东西，就需要将财产缴给一位有权势的人，这个人或许是一个由亲属、侍从、追随者、自由民以及奴隶组成的小团伙的首脑，或许他的影响能够跨越地中海而存在。作为一名主教，奥古斯丁发现自己用这种方式，成了一个"家庭"领袖，这个"家庭"就是他那座城市的基督教共同体，他后来经常将这个位置称为"家庭之仆"。[56]在得到基督教会的正式认可之后，这位主教就跻身于显贵人物的行列之中，人们都指望，并且切切实实地期望这些显贵们承担起照顾那些需要他们保护的人的重任：奥古斯丁将前往监狱，以免犯人遭到非人的待遇；他将老练而坚决地介入使罪犯免遭法官的拷打和处决的行动之中；[57]人们尤其希望他能够通过在诉讼中做他们的裁判官，以此维持他这个"家庭"内部的和平。[58]

奥古斯丁所继任的并不是一个现成的、拥有很大权力的职位。就判决权而言，4世纪非洲的主教与中世纪教会的显贵有着很大的不同。在介入保护自己的民众时，他是按照罗马帝国晚期人们对保护者的期望而行事的，因此他在行使保护权的时候，还不得不与其他已被广泛接受的保护者们相竞争。[59]希波城的市民常常更倾向于寻求某位不信教的议员，比如西马库斯，而不是奥古斯丁，作为他们的保护人。[60]奥古斯丁会发现自己被迫在某位官员的会客室中苦苦等待了一个上午。[61]实际上，许多当地的要人都开始对他充满敌意了，其中的一些是多纳徒派人士[62]，另外一些则是异教徒。我们或许已经知晓某位"希波城有名的地主"的观点。他是一名异教徒，曾经"用一种讽刺的语调"赞扬过奥古斯丁的学识。[63]虽然奥古斯丁起初并没有任何其他贵族出身的人所拥有的那种优势，但是经过几年的奋斗，他最终还是确立了自己的地位。

190

因此，奥古斯丁只有作为诉讼中的裁判官的时候——在这个更卑微的职分上——才发现自己是共同体中的关键人物。因为他提供了每个人都希望得到的东西：免费、迅速、不接受任何贿赂的判决。这位主教被授权，通过裁决的方式，作出让当事人双方认可的判决。[64]奥古斯丁被一大群人围住：由诉讼当事人、异教徒、不信教的人，甚至是罗马公教教徒组成的民众，他们让奥古斯丁忙于应对，从清晨一直持续到下午。[65]这是奥古斯丁在希波日常事务的一部分，他很不喜欢这样：

> 面对这样一群暴躁吵闹的暴民，真是一件令人作呕的事情啊！我所期望的正如经上所说，"邪恶之徒们，从此以后离我远点，我要全力关注上帝赐予的圣训……"[66]当然，他肯定是指那些在我们的法庭上异常顽固地进行争斗的人，特别是当那些人开始欺压好人，蔑视我们的判决，一点点地消耗掉我们本来可以用来从事一些神圣事务的时间时，情况更是如此……就好像《诗篇》的作者猛击在他们眼前飞来飞去的苍蝇，情形完全一样……

可是，这频繁的判决任务也深刻地影响着奥古斯丁对主教职位的看法。需要快速准确地弄清复杂案件的真相，按照基督教会的准则作出有力明晰的判决，绝不像训练一名教会辩手那样简单。在写作的时候，奥古斯丁常常会像在法庭上结案时那样写道："最终情况就是如此。"[67]最主要的是，他进行判决的权威极具独特宗教观念的色彩。端坐于其教堂附近的"密室"内，距离圣洁的祭坛也不是很远，手边放着一本圣经，奥古斯丁将自己看做正直的以色列士师的继任者。在进

191

行判决的时候，他总是恐惧战兢地期待着最后审判的到来。[68]

在非洲基督徒的心目中，上帝是一名令人敬畏的法官。[69]这种原始的恐惧之情在奥古斯丁身上体现得很强烈，即使在他远离故土，成为米兰的一名修辞学教授时，他的心头仍然萦绕着"对死亡和最后审判的恐惧"。[70]如今在非洲，这种恐惧总是离他很近：奥古斯丁的一名同事，曾经和一名修女私奔，但是在睡梦中上帝给予他的恐惧使他放弃了与那位修女同眠的念头，这个人后来也成了一名主教。[71]那些集聚在奥古斯丁周围的人，都期望能够得到这样的支持。奥古斯丁还是像以前那样敏感，他很快就把握住了人们的这种心情。当他的两名教士进行一场无法解决的争吵，而且这种争吵已经使得整个基督教共同体产生分裂时，奥古斯丁就将他们送到了意大利的一个圣地，在那里，任何誓言都将接受神圣判决的检测：在这种情况下，我们似乎进入了中世纪的神判世界了。[72]

这种对最后审判的恐惧，成为奥古斯丁在基督教共同体中权威的支柱。他不会笨拙地使用这种恐惧来吓唬自己的会众。他更为巧妙、更为有效地承担起所有的责任：在那可怕的一天里，他将负责向上帝汇报其团体成员的所有罪行。[73]这是最适合家长制的管理方式，他以这种方式来管理他难以治理的"家庭"。这也给予奥古斯丁一种具有决定意义的使命感和责任感，在西罗马帝国的世俗社会中，这一点是明显缺乏的。多半情况下，行省的总督是一个起不了太大作用的贵族，他们的任期一般很短，只是一群报酬很低的教士的傀儡。与此相反的是，基督教主教则在市民生活中起到持续的十分突出的作用，他献身于他的权威（上帝），并且只对那不可见的上帝负责：

> 在上帝的面前，我们的内心完全开放，毫无保留，我们都畏惧他的审判，只有依靠他的帮助，我们才能对今生和来世怀有希望。[74]

然而，尽管对自己的职分有着很强的意识，但一般的基督教主教还是会被吸纳进那个由一些大地主组成的寡头政体之中，对于城市中人们生活的某些事务，这些人的存在具有十分重要的意义。[75]在非洲教会中，总有一些"高级的"世俗人士。[76]如今，这些人成了议员，"教会中的贵人"。星期天早晨，在奥古斯丁去教堂之前，这些人就会来拜访他，就他们的问题与奥古斯丁进行讨论。[77]他们将扮演基督教共同体代表的角色：在局势比较紧张的时候，这些重要的人会来到教堂东端的半圆形后殿内，单独与他们的主教进行谈判。[78]他们还会协助奥古斯丁处理一些疑难案件。[79]奥古斯丁需要他们的支持，他们也需要主教。因为，作为未成年人法定的保护者，他或许能够对朝廷的决策施加一定的影响。[80]就像那些有钱人的住宅紧紧地环绕在奥古斯丁教堂周围一样，在希波成为一座信奉基督教的城市之后，这个小群体便声称自己是穷苦人、没文化的农民的天然领袖。由于这些人，甚至许多基督徒，仍然行走在其父辈铺设的、明显具有异教色彩的马赛克地板上，因此他们希望将奥古斯丁这个颇具影响的人物引入到这座城市的古老习俗之中。他们希望将奥古斯丁培养成履行宗教职责的另外一位权贵。

将一个人吸纳进既定的生活模式中可以很容易。许多主教已婚。他们的儿子仍然按照传统方式生活，甚至用公开的竞技会来庆祝他们进入城市议会。[81]这样的主教将他们的职位看做是一项"荣耀"，就像其他城市政府职位一样，此职位附带有一些特权。[82]他们在很大程度上扮演一种地主的角色——希波的教会所拥有的地产的面积是奥古斯丁以前在塔加斯特拥有的"狭小份地"的 20 倍。[83]他们都是一些接受过良好古典教育的人。只是经常会出现这样的情况：附近城镇的一些不信教的显贵试图将奥古斯丁看做他们中的一员，看做是一名"受过各种文化教育"[84]的人，"既然是一个伟大的人，一个受过良好教育的人，那为什么会是一名基督教徒呢？"[85]

奥古斯丁将拒绝这些人对他的这些期望。在挑选助手时，他表现得很不同。他让一些穿着黑袍的"上帝之仆"围绕在自己的周围，坚持让他们与自己住在主教宅邸的一座修道院里。通过让这些人发下安贫、守贞的誓言，通过对他们进行严格的管理，这些人逐渐被有意地排斥在城市生活之外。[86]他们只会按基督教圣经的标准接受教育。[87]后来，奥古斯丁修道院的许多学员成为其他地区的主教。他们也将在自己的周围建立起类似的修道院。[88]通过这样的举动，他们使罗马公教的教士成为一个独特的阶层，既不会因为婚姻关系，也不会因为经济利益而卷入到城市生活之中。而且，他们还在罗马城市的古老共同体中打入了另外一个楔子。

例如，使用财富的态度就能够非常清楚地显示出奥古斯丁团体和普通罗马人观念上的差别。在一个生活在帝国晚期的罗马人看来，财富就是要用来挥霍的，节俭被认为是非常不体面的行为。[89]奥古斯丁将试图把这种浪费式的消费引导成为有利于救济穷人的行为。[90]而他本人也将通过在任职的周年庆典上设宴招待穷人的方式[91]，通过款待许多拜访者的举动[92]，来展示一种"人道"，展示一种向所有人敞开的恩惠。但是，与许多传统展示慷慨的场合相比，慈善救济的行为似乎显得不加区别，来者不拒：它并没有像每年一月初一宴会上朋友、侍从以及亲戚间交换礼物那样，将彼此间的恩惠关系连接起来。[93]它也不像一些地方显贵特别举行的马戏演出那样尽人皆知和具有竞争力。[94]相比之下，奥古斯丁谈到救济穷人就像炒股一样无关个人——就像明智地把钱财从这个不安全的世界转移到那安全无比的彼岸世界。[95]

因此，奥古斯丁和传统上将钱财花费在观赏马戏表演这一行为之
194 间的冲突无法中止。这些表演，成为古老的罗马生活方式仍继续存在的一种外在标志。这完全就像 1945 年之后，东欧国家的首都内，一些很有名望的大家族，重新出现在歌剧院的包厢之中，以此来向外界展示，所有的一切仍然和以前一样，并没有发生太大的变化。然而，在410 年罗马遭到劫掠之后的几年里，人们的焦虑与日俱增，奥古斯丁在布道时也非常严厉地告诫那些有钱人，如果他们继续保持这种奢侈浪费的演出，他们就将自己毁灭自己。[96]在圆形剧场被毁灭之后，奥古斯丁感到很欣慰。[97]他甚至欢迎一场大灾难的到来，因为灾难的到来可以成为向旧有对立秩序施加一种清教徒式的"禁欲"的手段。[98]在整个城市阶层道德败坏以及非洲城市中罗马式的风格逐渐消失的关键时刻，奥古斯丁正是带着这样一种情绪，写信给城市中的议员领袖和明白是非的行政管理人员的。这些信件成为关于基督教和古代世界文明之间关系的最残破不全的文献。

通过选择同伴（而他也确实是这么做的），奥古斯丁就已经作好安排了，他绝对不可能是独自一人的。而且他也需要同伴。即使是在他最为深入的冥思中，他也想到了自己的母亲。如今，他作出保证，他在希波的主教官邸，完全应当成为一群紧密团结的、思想相近的朋友活动的中心。奥古斯丁从头到尾一直维持着非洲人的宗族特点。而他

寡居的姐姐也来到希波并居住在那里，负责管理那些"上帝的女仆"[99]，就像他的外甥女[100]以及外甥帕特里丘所做的那样。[101]

他还建立了一套十分严格的规章制度，修道院里的饮食绝对是素食[102]，并严令禁止女性访客的到来。[103]当奥古斯丁年老的时候，他开始思索，既然像义人亚伯（Abel the Just）这样完全的人都会犯错，或许有时候他"由衷大笑的时候少了一点，在恶作剧玩笑中忘我的时候多了一些……他或许吃了太多苹果，以至于消化不良，有时候在祈祷时又在想其他的事情"[104]。尽管这都是一些较为奇特的小过错，但对于"生活在他们建立的修道院崇高道德标准之中"的奥古斯丁及其朋友们而言，这些小过错却是十分重大的。[105]

然而，这个修道院还是与隔绝于埃及沙漠中的苦行团体有所不同。 195
在这样一座能够带来许多旅游者的港口城市中，人们可以读书，可以追求学问，还可以在一座漂亮的花园中进行学术探讨。[106]在奥古斯丁晚年的时候，到这里来的人是如此之多，以至于不得不专门新建一个旅馆来供他们住宿。[107]这些来访者将聚集在奥古斯丁宅邸中的那张桌子周围：其中有来自撒丁岛的隐士[108]，有哥特人的修士[109]。但是有一次，当奥古斯丁不在的时候，甚至连帕拉纠本人也到达这里了。[110]如果我们能够知晓这些人谈话的内容，我们就能够更加了解奥古斯丁与外部世界的联系情况。因为，在古代世界里，一位带着某人信件而来的人与信件本身是同等重要的：他要么是一个亲密的朋友，要么就是一位信得过的仆人，这种转交信件的方式本身就带有丰富的个人信息。[111]可不幸的是，现存的信件通常不过是一张名片、一句问候以及很少的几句措词巧妙的问候语。

在这张桌子旁，好的谈话远比饭菜重要。[112]在这张桌子周围，有人获得了赞誉，有人则声誉受损：

> 在那张桌子上，他写下了如下诗句，以警告那庸俗的闲言碎语：
>
> 无论是谁，
> 如果他认为自己能够在朋友缺席的情况下，
> 嚼别人的舌头，
> 那么他就该知道
> 自己不配坐在这张桌子旁

  ……有一次，当他的同样也都是主教的一些亲密朋友，忘记了桌上的诗句，说别人闲话的时候，他就斥责他们，他的斥责是如此厉害，以至于最后他发脾气了。他说道，要么他们抹去桌子上的诗句，要么他就要起身回到自己的房间中去。[113]

奥古斯丁需要朋友经常性的回应和支持：大家都知道他得到了别人的爱戴[114]，而且也知道，还是有人值得被爱戴的。[115]这反过来又鼓励他更多关爱别人。"我必须忏悔自己对他们宽厚待人的鲁莽攻击，特别是当我因这个世界的各种冲突而倍感压抑的时候，更是如此。"[116]在这个时候，他发现自己毫无困难地就能够称呼朋友为"自己灵魂的一半"[117]。他将友谊理解为见解和目标的完全和谐，[118]这种理解对于保持一个由具有奉献精神的人组成的坚强团队十分有用。[119]米莱维斯的塞维鲁斯曾经给奥古斯丁写过一封信，这封信对他的思想充满了溢美之词：

  最亲爱的兄弟，能通过你的作品与你在一起，确实让我受益匪浅。能够与你更为紧密地联系在一起，或者说，能够全心地靠近你，从你心中流溢出的丰富汲取力量，我感到非常高兴……[120]

奥古斯丁的回信也独具特色，带着机智，充满了问题，看似自相矛盾，几乎有些卖弄的色彩，明显乐于被这样一群"贪婪"之人围绕[121]。"当一个非常贴近、甚至对我的心灵十分亲密的人赞扬我的时候，我便会觉得，赞扬我的不是别人，而是我自身的一部分。"[122]

通过这种方式，奥古斯丁便允许朋友辅助他。例如，在处理努米底亚教会事务的时候，阿里庇乌总是站在他的一边。他将在技术方面提示奥古斯丁[123]，他还将使奥古斯丁和他一起，进入人生更为剧烈的发展进程[124]，后来，他还利用他的"才干""指点"帝国宫廷中的官员。[125]有一次，这两位朋友因为一件令人尴尬的事情（希波的一些基督徒曾经希望用牧师的职位，将一名定居在塔加斯特的百万富翁吸引到希波，但是阿里庇乌对此却加以阻止，因此希波的会众就用嘘声对他表示了不满）[126]而发生了分裂，在这个时候，我们将会发现，奥古斯丁的地位较弱。阿里庇乌既坚定又刻板：他用罗马法中的一条简明原则来作为自己行动的基础。[127]奥古斯丁需要安抚自己的羊群，他不得不兼顾这种需要，于是便希望用更为一般的词汇来讨论这个问题，而他思想方面的敏感性使得他的言论具有许多诡辩的色彩。[128]

然而，这个团体还是逐渐解体了。塞维鲁斯、波希迪乌、埃俄迪乌、阿里庇乌、普洛福图鲁逐渐离开了希波，成为距离希波很远的城市的主教。奥古斯丁甚至不得不逐渐接受旅行这种方式，因为只有通过旅行，他才能与其他人重新建立原来的那种亲密关系。[129] 而这些朋友也会作一些安排，一起前往参加在迦太基和努米底亚举行的议会。[130] 就这样，至少在马背上度过的漫长时间里，奥古斯丁发现可以再次与一位朋友，像"与自己交谈那样"地进行交谈。[131] 可是，除了这些时候，奥古斯丁将不得不留在希波。而在他写给朋友的信中则充斥着对教会事务诸多细节的唠叨：他们共同体中的那些细小的争执[132]，还有他们乡村教士反常的行为。奥古斯丁还发现，自己"只有一丁点儿的时间"，用来应对他们的小问题。[133]

奥古斯丁也将不得不越来越顺从非洲主教圈内的同事们。另外一些他认为有资格称为朋友的人（如诺拉的保利努、伯利恒的哲罗姆），仍然离他很远。他也不得不满足于"从书本中了解他们的思想"[134]。对于罗马帝国晚期一些通信者来说，这样的措辞或许是一种礼貌的套话。可是，正如我们见到的，它迫使奥古斯丁投身于《忏悔录》的写作。因为，至少这本书可以带着他的灵魂，漂洋过海，到达那些见不到面就会让他感到可望而不可及的朋友那里。这是一个违背自己的意愿而进入非个人性关系世界的动人反应。[135]

这个亲密的、老朋友的团体慢慢解散了，这成了奥古斯丁中年时代众多悄无声息的悲剧之一。

> 可是，只有当你不得不将自己培育许久中最为宝贵、最为甜蜜的东西用来满足离你十分遥远的教会的需要时，你才会明白朋友们不能相见所带来的痛苦，尤其是这些朋友都通过与你最为亲切、最为甜蜜的一致而连接成一个整体时，这种痛苦就更为强烈。[136]

事实上，奥古斯丁将不得不放弃这种秘密地将一群朋友培育成公众人物的努力。他将把自己的中年投入到反对另外一伙基督徒——多纳徒分裂派的艰苦斗争之中。在成为一名严厉的、强有力的权威人物这一重大的调整中，我们便可以探究出奥古斯丁随后几十年活动的一些最深刻的思想根源。

注释

[1] 关于奥古斯丁的生活环境，参 F. Van der Meer, *Augustine the Bishop*,（trans. Battershaw & Lamb）, 1961。

[2] V. esp. E. Marec, *Hippone-la-Royale*; *antique Hippo Regius*, 1954.

[3] Marec, *Hippone*, p. 68.

[4] Marec, *Hippone*, pp. 71-72.

[5] Marec, *Hippone*, p. 79.

[6] 巴力—哈蒙：腓尼基人的生殖之神。——译者注

[7] *Ep.* 118, ii, 9.

[8] Marec, *Hippone*, p. 89.

[9] v. esp. E. Marec, *Monuments Chrétiens d'Hippone*, 1958; H. I. Marrou, "La Basilique chrétienne d'Hippone", *Rev. études augustin.*, vi, 1960, pp. 109-154; Van der Meer, *Augustine*, pp. 19-25.

[10] Marec, *Monuments*, p. 43.

[11] *Ep.* 99, 1, to Italica. v. sup. p. 121; P. R. L. Brown, 'Aspect of the Christianisation of the Roman Aristocracy', *Journ. Rom. Studies*, li, 1961, pp. 5-6, n. 37.

[12] v. Marec, *Libyca*, I, 1953, pp. 95-108.

[13] *Serm.* 180, 5.

[14] *de civ. Dei*, xxii, 8.

[15] *Vita*, v, 2. 有一位希波市民曾任某座东方教堂的副主祭，见 *degest. Pel.* xxxii, 57; *Ep.* 177, 15。

[16] e. g. *Ep.* 149, 34.

[17] V. esp. O. Perler, 'Les voyages de S. Augustin', *Rech. augustin*, i, 1958, pp. 5-42, p. 36.

[18] *Serm.* 64, 5; v. *Enarr. in Ps.* 136, 3.

[19] 除了粮食，对葡萄酒和食用油的需求量也很大。参 V. A. H. M. Jones, *The Later Roman Empire*, ii, 1964, p. 845。即便如此，希波仍然不失作为港口的优势。关于粮食贸易的重要性，参 L. Ruggini, "Ebrei e orientali nell' Italia settentrionale（iv-vi s）", *Studia et Documenta Historiae et Juris*, xxv, 1959, pp. 236-241, 这一贸易繁荣一直持续到阿拉伯人时代，参 Ibn Haukal（A. D. 970），

转引自 Piesse,*Itinéraire de l'Algérie*,1885,p. 429。

[20] *Serm.* 87,2.

[21] *Serm.* 361,11.

[22] *Enarr. in Ps.* 136,5.

[23] *Enarr. in Ps.* 146,15.

[24] *Enarr. in Ps.* 59,2.

[25] Marec,*Hippone*,p. 16. ,pl. 6(at Duzerville).

[26] *Enarr. in Ps.* 70,17.

[27] Ch. Saumagne,'Ouvriers agricoles ou rôdeurs de celliers? Les circoncellions d'Afrique",*Annales d'hist. écon. et sociale*,6,1934,pp. 351-364.

[28] *Corpus Inscipt. Lat.* VIII,5351;Marec,*Hippone*,p. 108.

[29] *de civ. Dei* V,17.

[30] *Serm.* 302,16.

[31] *Ep.* 35,3.

[32] *Ep.* 251.

[33] *Mai.* 126,12(*Misc. Agostin*,I,p. 366).

[34] *Ep.* 209,2.

[35] *de Haeres.* 87.

[36] *Enarr. in Ps.* 132,6.

[37] *Epp.* 84;209,2.

[38] Ep. 224,3.

[39] *de civ. Dei* XXII,8.在劝说庄园主建造教堂时，与同时代其他主教相比，奥古斯丁遇到的困难似乎小得多，唯一的反例见 *Serm.* 18,4。

[40] v. esp. *Epp.* 58;89,8;139,2。Brown,'Religious Coercion in the Later Roman Empire',*History*,xlviii,1963,p. 286,n. 35;;pp. 290,303,esp. n. 196.

[41] v. inf. pp. 237-238.

[42] v. esp. Perler,'Les voyages',*Rech. augustin*,I,1958,pp. 26-27.

[43] *Ep.* 124,1;126,7.

[44] *Ep.* 124,1

[45] Frend,*Donatist church*,p. 234.

[46] *de doct. christ.* II,xxv,39.

[47] 关于公众对"上帝之仆"显眼服饰的反应，参 *Enarr. in Ps.* 147,8。

[48] *Serm.* 198,3.

[49] *de doct. christ.* IV,xxiv,53.

［50］*Enarr. i in Ps.* 48,13；*Serm.* 86,6.

［51］*Ep.* 122,1.

［52］*Ep.* 85,2，"这负担是如此圣洁。" v. M. Jourjon，"'Sarcina',un mot cher à l'évêque d'Hippone"，*rech. sc. relig.* ,43,1955,pp. 258-262.

［53］e. g. *Serm.* 196,4.

［54］V. inf. pp. 238-239.

［55］研究现代地中海沿岸各社会运作的人无需对罗马帝国晚期这种心理状态的重要性感到惊奇，参 J. Davis，"Pasatella：an economic game"（*Brit. Journ. of Sociology*，xv,1964,pp. 191-205），关于 *Padroni*、*famiglia*、*familiari* 对圣意大利某座城镇的影响，参见 pp. 202-205。关于罗马帝国晚期这一状况，参 L. Harmand，*Le Patrinat sur les collectivités publiques des origines au Bas Empire*,1957；W. Liebeschuetz，"Did the Pelagian Movement Have Social Aims?"，*Historia*,xii,1963,pp. 227-241。

［56］e. g. *Ep.* 177,1：*familia Christi*.

［57］*Vita* xix,6-xx.

［58］人们甚至希望奥古斯丁在地主与佃农的地租纠纷中行使仲裁权，见 *Ep.* 247。

［59］4 世纪时，绝大多数非洲主教面临这一问题。参 S. Giet，"Basile était-il sénateur?"，*Rev. d'Hist. ecclés.* ,60,1965,pp. 429-443。

［60］Symmachus,*Ep.* IX,51.

［61］*Serm.* 302,17.

［62］V. inf. pp. 222,237.

［63］*Ep.* 136,2.

［64］v. esp. F. Martroye，"S. Augustin et la compétence de la juridiction ecclésiastique au Ve siècle"，*Mém. soc. nat. des antiquaires de France*,7e ser. ,x,1911,pp. 1-78；J. Gaudemet,*L'église dans l'Empire romain*,1958,pp. 229-252.

［65］*Vita* ,xix,1-5.

［66］参和合本《诗篇》119：115。——译者注

［67］e. g. *Ps. c. Don.* 38；*Serm.* 131,10；cf. *Ep.* 193,ii,4；c. *Jul.* III,xxi,45.

［68］e. g. *Ep.* 77,2；*Enarr in Ps.* 25,13. v. esp. H. Jaeger，'Justinien er l'episcopalis audientia',*Rev. Hist. de droit fran? ais et étranger*,4eser. ,xxxviii,1960,esp. pp. 217-231；'La preuve judiciaire d'après la tradition rabbinique er patristique',*Recueilsde la Société Jean Bodin*,xvi,1964,pp. 415-594.

［69］见 *de cat. rud.* xiii,18。在简单的教义问答中，有三样，即教会的合一、诱惑、基督徒的行为，将"从即将到来的末日审判的角度，被有力地印在人们心中"。

［70］ *Conf.* VI，xvi，26.

［71］ *de VIII Dulcitü qu.* vii，3.

［72］ *Epp.* 77，78.

［73］ e. g. *Serm.* 17，2.

［74］ *Ep.* 104，ii，9.

［75］ v. *Serm.* 137，14. 甚至希望主教与他们一起在侵占土地的过程中骗人。

［76］ V. esp. P. G. Caron，"Les Seniores Laici de l'Eglise africaine"，*Rev. intern. des Droits de l'Antiquité*，vi，1951，pp. 7-22；W. H. C. Frend，'The Seniores Laici and the Origins of the Church in N. Africa'，*Journ. Theol. Studies*，n. s. ，xii，1961，pp. 280-284.

［77］ *de div. daem.* i，1；ii，6.

［78］ *Ep.* 126，1.

［79］ *Serm.* 355，3.

［80］ *Epp.* 252-255.

［81］ *Breviarium Hipponense*，xi(P. L. lxvi，424/5).

［82］ *Ep.* 208，2.

［83］ *Ep.* 125，1；126，7；cf. *Vita*，xxiii，1-xxiv，7. v. Jones，*Later Roman Empire*，ii，904-910.

［84］ *Ep.* 90.

［85］ *Enarr. in Ps.* 39，26.

［86］ v. Vander Meer，*Augustine*，pp. 199-234，参 R. Lorenz，"Die Anfänge des abendländischen Mönchtums im 4. Jahrhundert"，*Zeitschr. für Kirchengesch.* ，77，1966，pp. 1-61。

［87］ v. inf. p. 264.

［88］ v. Frend，*Donatist Church*，pp. 246-247.

［89］ e. g. Claudian，*In Prob. et Olybr. cons.* ，esp. ll. 42-49；cf. *Serm.* 355，5.

［90］ *Serm.* 259，5；*Enarr. in Ps.* 75，26.

［91］ *Serm.* 339，3.

［92］ *Serm.* 355，5.

［93］ *Serm.* 198，2-3.

［94］ *Enarr. inPs.* 147，12.

［95］ *Frang.* 9，4(*Misc. Agostin.* ，i，p. 235)；*Serm.* 345，3.

［96］ *Frang.* 5，5(*Misc. Agostin.* ，i，p. 216)；*Enarr. in Ps.* 147，7.

［97］ *Denis* 24，13(*Misc. Agostin.* ，i，p. 153)；v. inf. pp. 295-296.

［98］*Ep.* 138,ii,14.

［99］*Vita*,xxvi,1.

［100］*Vita*,xxvi,1.

［101］*Serm.* 356,3.

［102］*Vita*,xxii,2.

［103］*Vita*,xxvi,1-2.

［104］*de nat. et gratia*,xxxviii,45.

［105］eg.*Conf.* X,xxi,43-47,"论贪婪"；*Ep.* 95,2,"论大笑"。

［106］P. Monceaux,'S. Augustin et S. Antoine',*Misc. Agostin.*,ii,1931,pp. 61-89.

［107］*Serm.* 356,10.

［108］*Ep.* 48.

［109］*de civ. Dei*,XVIII,52,59.

［110］*de gest. Pel.* xxii,46.

［111］e. g.*Epp.* 31,2;200;cf.*Ep.* 184。

［112］*Vita*,xxii,6;cf. *C. Jul.* IV,xiv,71.

［113］*Vita*,xxii,6-7.与教士一起生活之前,奥古斯丁显然曾因上述闲言碎语而轻
    视母亲莫尼卡的美德,见 *Conf.* IX,ix,21。

［114］*de cat. rud.* iv,7.

［115］*de Trin.* VIII,ix,13.

［116］*Ep.* 73,iii,10.

［117］*Conf.* IV,vi,11,from Horace,*Odes*,I,3,8;cf. *Ep.* 270,v. Courcelle,*Les Con-
    fessions*,p. 22n 5.

［118］e. g. *Ep.* 258,4,citing Cicero. v. Teatard,*S. Augustin et Cicéron*,ii,p. 135;v.
    esp. M. A. MacNamara,*Friendship in St. Augustine*,(Studia Friburgensia),
    1958,esp. ch,iv.

［119］奥古斯丁与人探讨某人的邻里之爱时,都从探讨此人与朋友的关系开始,见
    de don christ. I,xx,20-xxiii,22;cf.*Ep.* 109,2。

［120］*Ep.* 109,1.

［121］*Ep.* 110,1.

［122］*Ep.* 110,4.

［123］*Ep.* 44,iii,6.

［124］v. inf. p. 229.

［125］v. inf. pp. 363-364.

［126］v. inf. pp. 292-293.

[127] 关于勉强誓言的功效，见 *Ep.* 125,3。

[128] *Ep.* 125,4.

[129] *Enarr. in Ps.* 119,6；v. Perler,"Les Voyages",*Rech. augustin.* ,i,1958,p. 35.

[130] v. Perler,"Les Voyages",*Rech. augustin.* ,i,1958,p. 30.

[131] *Ep.* 38,1-2.

[132] *Epp.* 62-63.

[133] *Ep.* 84.

[134] *Ep.* 40,1.

[135] v. sup. pp. 153-155.

[136] *Ep.* 84.

18

有益的意见分歧

那些对主教持有极端观点的基督教教派，在奥古斯丁任主教的地区发展得十分迅速。非洲基督教两大派别（罗马公教和多纳徒派）共同崇拜的领袖是一位英雄——迦太基的西普里安。[1]罗马公教与多纳徒派之间的分歧确实存在，但它们并不是在教义上存在着深刻的差别，而是两派主教在"如何成为一名完美的主教"问题上有不同的认识。他们认为，作为一名主教，圣西普里安的表现就十分完美。这就意味着，到 395 年岁末的时候，在那些小镇中，每一个派别都有三百多名主教。每一位主教都是一个团体的领袖，该团体的成员通常都将他们的主教看做旧约祭司阶层中的一员[2]，他们还会为他提供建立在台阶之上的"神殿、用表示敬意的布所制成的宝座、游行的队伍以及由一群奉献给上帝的少女发出的赞扬"[3]。这种荣誉感在非洲总是很强烈，在他们的教士身上显得特别脆弱：曾经有一个多纳徒派教士，当他了解到自己不能继续留任在作公教徒时所受职分的时候，便站在那里，"气愤和痛苦使得他怒火中烧……最终抽噎大哭起来"[4]。在奥古斯丁被任命为牧师的时候，他也曾经痛哭，而希波的民众都认为，是没有马上被任命为主教的耻辱使得他大哭起来的。[5]

作为相对的旁观者，奥古斯丁是在违背自己意愿的情况下被迫进入这个既紧张又敏感的世界中的。即使他被任命为主教这件事，也引发了一桩丑闻。卡拉马的梅格利乌（Megalius of Calama）是努米底亚的上级主教，他将奥古斯丁看成有问题的暴发户，一段时间内拒绝授予他主教之职。他说，奥古斯丁是一名隐匿的摩尼教徒，在过去相当长的一段时间内，一直给一名很有声望的已婚妇女偷送春药。[6]这是一个相当有名的丑闻。那位"有名望的妇女"或许不是别人，正是诺拉的保利努的妻子，奥古斯丁确实送过她一个祝谢过的面包。因为上述谣言，保利努很有可能一度与这位奇怪的新朋友断绝了来往。[7]幸运的是，这一事件逐渐过去了。可是，奥古斯丁却深深地受到了伤害。即便是在梅格利乌去世之后，奥古斯丁仍然谈到了"怨恨"的危险。[8]他到底在指谁的怨恨？是那位脾气暴躁并且疑心很重的老人的怨恨？还是他自己敏感的憎恨？

可是，这件丑闻只是奥古斯丁在成为非洲基督教会的一名牧师和一名主教过程中遭受到的众多伤害之一。其自我调节的方式不仅有助于我们了解他的性格，而且有助于我们理解他对非洲基督教会的本质及其存在的问题的看法，以及这些看法背后隐藏的个人倾向。奥古斯丁清楚地意识到自身之内的紧张，而他也不断地设法包容和消除这些紧张，这些看法正是奥古斯丁不断努力的部分结果，正因如此，这些看法才经过了仔细的思考，并得到了强烈的支持。

要理解奥古斯丁在塔加斯特隐居生活和在希波教会中生活的表面上的差异，并不是一件困难的事。奥古斯丁这位善于沉思的哲学家，成了一名牧师。从长远的角度看，他的学术兴趣将因为他的新职位而发生转移。可是，这种转变进行得非常缓慢。当奥古斯丁来到希波的时候，他已经是一名成熟的基督教思想家了。与同时代的许多人相比，他从世俗人士的生活向教会人士的生活所进行的转变，根本谈不上是一种突然的改变。例如，安波罗修，他就是直接从一名总督转变为一名大主教的，在转变的过程中，根本就没有经历过一个神学上的沉思阶段。与此不同的是，奥古斯丁曾经在不知不觉中获得了一个长达四年的准教会职位，而他思想的提高却非常缓慢，部分原因与他生活环境的突然改变有关。[9]

真正的改变具有更多的个人色彩。391年，奥古斯丁的生活从以沉思为主转向了以行动为主。[10]他不仅要忍受各种新的职责所带来的压

力，而且还要忍受时间和精力不足所带来的新的压力。此外，除了失 200
去休闲时间，他还不得不面临一种更为痛苦的自我调整。他不得不回
归到这样一种生活状态之下，这种生活与当年他还是一个年轻的公众
人物的生活十分相像。比如 386 年的时候，他突然就遭到了解雇。虽
然他在米兰的职业是一种"浮夸的职业"[11]，可是，让一名非洲主教的
生活也成为一种"浮夸的存在"[12]，那也是十分容易的。在米兰，他突
然厌弃了过去所从事的职业，随之放下的是他自己的一部分，还有恐
惧与轻蔑。他已经与这样一个环境决裂了，在这个环境下，那些最能
深刻影响他个人的各种情感（伟大的抱负、对赞扬的渴望、主宰他人
的愿望、对遭受伤害的敏感）都充分地发挥了它们的效用。在卡西齐
亚库，哪怕是他的追随者中最为轻微的竞争暗示，都会激起一种情感
上的爆发。[13]在塔加斯特，当他写到亚当和夏娃的时候，夏娃就成了灵
魂中"主动"部分的代表，即那不安分、多情的部分，它招致侵犯，
追求欲望的目标；从她那里会产生各种各样的诱惑，因而她也成为遭
人排斥的阴性因素。而亚当，则是一种阳性因素，是灵魂中能够静下
心来过一种沉思生活的部分，同时他也是奥古斯丁期望与之认同的部
分。[14]对于奥古斯丁来说，即使是为了教会的利益，要让他重新面对他
最近如此厌恶地拒绝的东西，也简直不可思议。他认为，主教和牧师
必须十分坚强，能够承受那些"尚未治愈仍需治疗之人"的侵犯……
"在他们的职位上，最难做到的就是持守最好的生活方式，保持内心的
平静。"[15]

　　如今，在希波，奥古斯丁再次暴露在他以前认识到的、不断纠缠
他的那些弱点的侵袭之下。因为主教是一个权威人物。如果他想让自
己的行为有效率，那么他至少要做到让别人崇敬自己，他必须随时注
意维护自己的名誉。[16]在一个分裂的团体内，他必须采取主动。这就意
味着必须具有攻击性，而且还会发怒：在第一次面见希波的那位多纳徒
派主教时，埃俄迪乌就发脾气了。[17]

　　实际上，奥古斯丁不得不利用其性格的各个方面，而他对自己的
性格一直怀着深深的不安。在《忏悔录》的第十卷中，他异常坦诚地 201
面对了这一事实：在遭受侮辱的时候，他或许已经不再想进行报复
了。[18]但是，他仍然渴望得到别人的赞扬、钦佩和爱戴，这使得他"每

天都不得不接受人们口舌之炉的熬炼"[19]。人们会觉得，他对自己和他人之间关系是否紧张、自己是否会影响他人、别人会对自己作出怎样的反应都异常敏感。这种敏感，与那更为明显的贪婪和性欲所产生的诱惑相比，更为根深蒂固，更为恶毒诱人。奥古斯丁敏锐地意识到他教会内部的对手（即多纳徒派的主教）[20]和古代罗马异教徒[21]身上"渴望被人称赞"的动力，这一点既表明他自己是怎样真实地遭受这种情感的折磨，也表明他是如何严厉地抑制这种情感的。因为"如果不与这种敌人战斗，就不可能知道这个敌人到底有多强大"[22]。

在被任命为牧师后，奥古斯丁就立即给他的主教瓦勒里乌写了一封信，在这封信中，他表达了自己的失望之情。他祈求主教给他一段时间，闭门学习圣经。他这样做并不是想把自己武装成一名神学家，他也没有必要这样做。如今他需要的是用"药物"来治疗自己的心灵。[23]这封信比他以前的信件要严肃得多，因为它写于奥古斯丁满怀激情地以一名牧师的标准来生活之后不久。这些经历经常出现在他的头脑之中。由于这些经历完全展示了他自身的弱点，因此这让他感到十分难堪：

> 我发现，它远远地超出了我的想象……我根本就不知道我自己的能力：我仍然认为它们是有一些价值的。可是主仍然会笑我过去忽略的东西，而且希望通过真实的经历，让我自己明白这一点。[24]

这一短暂的隐居[25]，对奥古斯丁以后的生活产生了十分重大的影响。他从圣经中得来的那些"最为健康有益的建议"，逐渐结晶成教会权威的一种理想。这种理想后来一直主宰着奥古斯丁的思想，直到他生命的结束。很明显，他在这段时间内所吸收到的东西，是圣保罗积极生活的教训。奥古斯丁满怀激情地将自己等同于在圣保罗致其顽固不化会众的书信之中所展示的理想权威：在圣经那客观的"惧怕"的驱动下，他致力于不断影响他所牧养的人群及其敌人，"无论得时不得时"。

在随后写给迦太基的奥勒里乌的一封信中，奥古斯丁觉得可以"高声对自己直言不讳"[26]。这封信展示了奥古斯丁作为权威在生活上所必须作出的改变，这种改变的程度，大得简直有点让人吃惊。因为奥古斯丁决心让奥勒里乌以一名积极变革者的身份行使"权柄之剑"。[27]他把自己在米兰隐居花园中曾经读到的圣经经文应用出来，使它们成为整个教会的习俗。"荒宴醉酒、好色邪荡"恰恰指的就是非洲葬礼宴会这一受人尊敬的习俗。[28]

如今，奥古斯丁与奥勒里乌正在讨论的话题就是，如何才能让非洲教会的精英革除一项已经根深蒂固的陋习：一年一度的殉道者纪念日上的"狂欢庆祝"。[29]对那些具有奥古斯丁和奥勒里乌那样的精神修养的人而言，这样的习俗似乎就是"放纵和邪恶的自由"。[30]这是我们第一次见到奥古斯丁和他的同事用来改变整个教会习惯的方法：精心设计出来的一种严令和劝导并重的方法。[31]

394年，在希波城的第一位殉道者圣利奥恩提乌（Leontius）纪念日上，就没有再举行那"狂欢庆祝"了。奥古斯丁通过竭力布道，直到自己精疲力竭，才避免了一次严重的骚乱。

> 我并没有用自己的眼泪激发他们的眼泪，但是当我讲述那些事情时，我承认，我经常会受到他们的哭泣的影响，从而不能控制住自己的眼泪。[32]

如果第一次呼吁没有奏效，那么他就会设计另一个更热烈的场面：他将首先朗读以西结先知的"守望者若吹号警戒众民，罪就不归他自己身上"，然后他会在会众面前撕裂衣服。[33]

可如今，这样的一种情感已经变得不具有个人色彩了。"如果会产生什么威胁的话，就让威胁从圣经中，从未来的报应中产生吧！别人畏惧的并不是我们个人的力量，而是我们话语中的上帝。"[34]讲这些话的，既不是奥古斯丁本人，也不是他那位朋友。"我的讲话也表达了教会的意见。"[35]这是对个人愤怒和敌意之复杂性的预先规避。这种不带个人色彩的剧烈情感，迟早都要跨越罗马公教的界限，被他的对手所抵制。在奥古斯丁看来，多纳徒派是另一个离经叛道的"纯人类习惯"[36]。在随后的十年中，奥古斯丁和他的朋友将发现：他们自己正在用强制性的警察手段来消灭多纳徒派。这位希波的新邻居，也就是信奉罗马公教的牧师（即奥古斯丁），将告诫一名信奉多纳徒派教义的主教说：

203

> 这个世界的荣耀消失了，谋求高位的时候也已过去……在教
> 会的职位上，我并不想自高自大：我心里所想的是要为首牧托付给
> 我的那些羊群向他交账的那一天……请理解我的惧怕……因为我
> 确实恐惧战兢。[37]

"可是，当然只有那些拥有个性和情感的人，才知晓想从这些事务
中逃离出来的含义。"[38]奥古斯丁有一位脾气暴躁的父亲，一位不屈不
挠的母亲。他能够坚持那些他认为是客观真理的东西，自己根本意识
不到他的咄咄逼人。例如，他会用一种毫无幽默感而且非常笨拙的奇
怪方式，来逗弄那德高望重的老人哲罗姆。[39]他极其善于嘲讽，他甚至
还崇拜圣保罗身上的这种素质，并把它看做是基督徒所拥有的合法武
器。[40]在他担任主教的生涯中，这些素质是必需的。而我们也确实看到
了奥古斯丁竭尽所能接纳和完善这些素质。

他发现，让自己深感宽慰的是：如此轮廓分明的行为，却能够在不
对同伴造成无法挽回的伤害的情况下，在罗马公教会中得到充分的表
述。罗马公教会的复原力给奥古斯丁留下了十分深刻的印象：它是一个
"自上而下组织得十分严密的组织"。[41]它那"健全的组织结构"，能够
在不损害整个团体团结的前提下，对一些核心的神学问题进行深刻的
争论。[42]此外，总是存在着大量需要应对的外敌。

更为重要的是，奥古斯丁能够接受自己作为一名严厉权威人物的
角色。可是他发现，要做到这一点并不容易。他曾经论述过《诗篇》
54篇的经文："黑暗漫过了我……但愿我有翅膀像鸽子，我就飞去得享
安息。"[43]这种"黑暗"并不是一名隐士的忧郁情绪，它代表着奥古斯
丁面对自己会众中那些顽固不化的人时，在心灵中聚集起来的愤怒之
"云"："纠正那些弯曲悖谬之人，不管愿不愿意，这些人都属于自己的
责任范围；而在他们身上，任何心血和努力都是徒劳无益的。"[44]像奥
古斯丁这样严于律己的人，要不藐视他决意使他们归正的大众，可不
是一件容易的事情。奥古斯丁却没有藐视他们。

> 那些你无法使他们归正的人，他们仍然属于你，是你的一部
> 分。他们或是人类的同胞，或常常是你教会中的一员。他就在你
> 们团体的内部。你该怎么办？[45]

因此，亲爱的兄弟！在这些惊人的情况下，只有一种解决问题的办法：不要将你的弟兄想象得很差。谦卑地活出你希望他成为的样子，你就不会认为他与你不是同类。[46]

奥古斯丁在反对多纳徒派教会领袖时所表现出的敌意，仅仅反映了他为了克制自己轻视或使自己脱离他的同伴的倾向所作出的艰苦努力罢了。因为在过去，他曾经有一种否定和轻视非洲教会中的"属肉体的"民众的倾向。当他隐居塔加斯特安乐之所时，他就带着一种十分明显的厌恶之情来看待这些人。[47]而且，他认为：由于自己"更为优秀，更为博学"，因此他完全可以批评其他罗马公教的教士。[48]如今，他怀疑，多纳徒派试图通过拒绝与那些"不纯洁的"同事共存，从而装出一种类似的清纯。[49]在奥古斯丁看来，之所以不能原谅多纳徒派，是因为他只是受到诱惑想要这么做，他们却直截了当就这么做。

可是，与自己的同伴"共存"，同时也意味着对改变他们的生活方式抱有浓厚的兴趣。正因如此，"告诫"的力量牢牢地盘踞在奥古斯丁的心头。于是，他就经常以主教的身份去告诫别人。即使在他的早期作品中，那时他还是一名牧师，奥古斯丁就不断努力，试图区分"苛刻"和"侵犯"，而这种区分本身就是相当不容易的。例如，他曾经小心翼翼地考证斥责过程中愤怒所起到的作用。[50]"全心全意地去爱，然后就按照你喜欢的去做。这句座右铭，二十年后，将以其最无情的形式出现，为罗马公教会进行迫害作辩护。"[51]它始于一位敏感之人想要涵盖人际关系之复杂性的真诚努力，在这种努力中，愤怒和侵犯逐渐成了必要的。[52]

然而，在奥古斯丁身上还是发生了一些更为细微的变化。例如，他不再把爱和友谊看做是一群思想相近、居住在一起、具有自我意识的精英们所独有的财富。在米兰时，奥古斯丁曾经投身于一个规模较小的文化绅士圈。这个圈子里的人认为，这种认识完全正确，毫无问题。就像太阳在一片不断移动的雾霭边缘越来越明亮那样，真理可以被一名真诚的博学之士轻而易举地发现。同样，"就像闪电照亮乌云那样"[53]，朋友也可以被轻而易举地了解。在塔加斯特，情况也是如此："就像拿掉一个人身上的绷带一样"[54]，奥古斯丁很轻松地就了解了一名新近认识的人。如今，一片更为广阔的天地将拓宽这个圈子。在希

205

波，人们虽然显得更为沉闷，但却更为真实。因为爱已经弥漫整个团体，一种更大程度上的包容也出现在这个团体之内了：这个团体都能接受外国人、失去希望的人、性格不为人所知和无法测透的人。当奥古斯丁端坐于主教宝座上，面对自己的会众时，他将认识到，对那一张张面孔背后的心灵世界，他所了解的是多么地少："深渊与深渊响应。"[55]奥古斯丁坚持通过《忏悔录》来表达内心深处的张力，在某种程度上也是对他孤独处境所作出的一种反应。这也是对非洲由来已久将主教理想化的倾向的有意回应。在一个各种教会陈规确立许久的世界里，它成了一种始料不及、被埋藏许久的内心世界的告白——"良知"[56]的告白。

因此，与一群混杂之人共处的美德逐渐成为奥古斯丁中年时代最为看重的一种品质。这种美德就是宽恕和容忍。[57]仿佛一阵迷雾突然降临在奥古斯丁的风景画上一样，模糊了善良和邪恶的轮廓。就像海洋与高山之间的冬天一样，奥古斯丁发现自己处于"大雨和迷雾"[58]之中。他必须继续劳作，躬耕于田野之间；他必须随时准备应对那无穷无尽的可能性，这些可能性或许静静地停留在某个隐蔽之处，直到在来生的"夏季"里显示出来。[59]

就像讨厌出行一样，奥古斯丁并不喜欢冬天。[60]这在某种程度上反映了他已经改变的观点：在中年时代，他漂泊旅行[61]和恶劣天气的意象，开始代表了基督徒地上的生活。

奥古斯丁曾经认为：通过自己那个时代的哲学和文化，在一群素质出众的朋友帮助下，所受的教育和认真的意图无疑是为了过上更崇高的生活，他一定能够实现自己的理想，成为一个完美无缺的人。如今，在他的头脑中，逐渐出现了这样一种不切实际的渴望：他希望能够为那些自己并不完全了解的朋友们，追求到一种他此生都无法达到的状态。[62]在与朋友的通信中，奥古斯丁似乎正设法跨越一段很长的距离。他将永远都无法见到保利努了：

> 我很难过，自己见不到你；可是，在我的悲痛中，我又得到了稍许的解脱。我再也不愿意容忍那美好事物不在场时假装出来的"坚强"。难道我们不是全部都在期待未来的耶路撒冷吗？……我克制不住这种渴望：如果我能够克制住这种渴望，那么我就失去

了人性。事实上，从缺乏自控力中，我还品尝到了一些甜头。在
对甜蜜的思念中，我还寻求到了稍许的慰藉。[63]

注释

[1] 关于非洲圣西普里安的追随者，见 Bonner, *St. Augustine*, pp. 276-278。

[2] Diehl, *Inscriptiones Latinae Christianae veteres*, i, 1961, no. 2435; cf. *C. Ep. Parm.* II, viii, 15.

[3] *Ep.* 23, 3.

[4] *Enarr ii in Ps.* 36, 11.

[5] *Vita*, iv, 2.

[6] *C. litt. Petil.* III, xvi, 19; *C. Crescon.* III, lxxx, 92.

[7] Courcelle, *Les Confessions*, p. 567.

[8] *Ep.* 38, 2.

[9] v. sup. ch. 15.

[10] 关于两种生活之对比，参 *de civ. Dei.* XIX, 19; Burnaby, *Amor Dei*, pp. 60-73; A. Wucherer-Huldenfeld, "Mönchtum u. kirchl. Dienst bei Augustinus nach d. Bilde d. Neubekehrtens u. d. Bischofs", *Zeitschr. f. kathol. Theol.*, 82, 1962, 182-211。

[11] *C. Acad.* I, i, 3.

[12] *Ep.* 23, 6.

[13] *de ord.* I, x, 29.

[14] *de Gen. c. Man.* II, xi, 15; xiv, 21.

[15] *de mor. eccl. cath.* (I), xxxii, 69.

[16] *Ep.* 22, ii, 7, cf. *de serm. Dom. in Monte*, II, i, 1.

[17] *Ep.* 33, 3.

[18] *Conf.* X, xxxvi, 58.

[19] *Conf.* X, xxxvii, 60; cf. *Ep.* 95, 2-3.

[20] e. g. *Ep.* 23, 3.

[21] v. inf. p. 309.

[22] *Ep.* 22, 8.

[23] *Ep.* 21, 3.

[24] *Ep.* 21, 2.

[25] v. esp. Pincherle, *La formazione teologica di S. Agostino*, pp. 70-71.

[26] *Ep.* 22, 2. v. sup. p. 136.

[27] *Ep.* 22,2seq. v. sup. p. 135,n. 1.

[28] *Ep.* 22,2.

[29] J. Quasten, "Vetus superstitio et nova religio", *Harvard Theol. Rev.* , xxxiii, 1940,pp. 253-266;Vander Meer,*Augustine*,pp. 498-526.

[30] *Ep.* 22,3.

[31] *Ep.* 22,5. 与安波罗修相比，奥古斯丁的措施不那么严厉，是限制而不是取消墓前的就餐。

[32] *Ep.* 29,7.

[33] *Ep.* 29,8. v. Van der Meer,*Augustine*,pp. 498-526;Bonner,*St. Augustine*,pp. 116-119.

[34] *Ep.* 22,5.

[35] *Serm.* 129,4.

[36] *Ep.* 23,2.

[37] *Ep.* 23,3,6.

[38] T. S. Eliot,*Selected Essays*,p. 21.

[39] v. inf. pp. 271-272.

[40] *Ep.* 138,ii,13.

[41] v. esp. M. Pontet,*l'Exégèse de S. Augustin*,p. 444.

[42] *De Bapt.* I,iv,5.

[43] 七十士译本为 54 篇，现代各种译本为 55 篇。——译者注

[44] *Enarr. in Ps.* 54,8and9;cf. *Enarr. iii in Ps.* 30,5;*Ep. ad Gal. expos.* 35.

[45] *Enarr. in Ps.* 54,8.

[46] *Enarr. ii in Ps.* 30,7;cf. *Enarr in Ps.* 25,5.

[47] e. g. *de mor. eccl. cath.* (I),xxxiv,75.

[48] *Ep.* 21,2.

[49] V. inf. p. 218.

[50] *de serm. Dom. in Monte* I,ix,24,II,ix,34;*Ep. ad Gal. expos.* 57.

[51] *In iEp. Joh.* Vii,8.

[52] e. g. *Serm.* 88,19-20. v. esp. J. Gallay,"'Dilige er quod vis fac'",*Rech. sc. relig.* xliii,1955,pp. 545 –555.

[53] *C. Acad.* II,i,2.

[54] *Ep.* 19.

[55] *Enarr. in Ps.* 41,13;v. Pontet,*L'Exégèse de S. Augustin*,pp. 107-108. （参和合本《诗篇》42：7。——译者注）

[56] v. sup. p. 172 ; cf. *Serm.* 252 , 7.

[57] *de serm. Dom. in Monte* , I , v , 13 ; *Serm.* 47 , 16.

[58] *Serm.* 46 , 23.

[59] *Enarr. iii in Ps.* 36 , 9 , 14 ; *de lib. arb.* III , xxii , 65.

[60] *Ep.* 124 , 1.

[61] e. g. *Enarr. in Ps.* 137 , 12 , v. sup. p. 145 ; v. Perler, "Les Voyages", *Rech. augustin.* , i , 1958 , p. 35.

[62] e. g. *Ep.* 101 , 4.

[63] *Ep.* 27 , 1.

19

教会在哪里？[1]

在奥古斯丁时代，非洲基督徒们想象的焦点逐渐集中到了对教会的认识之上。这个教会就是那位"坚强的妇人"。[2] 奥古斯丁说道："我们若谈论任何别的妇人，将是不得体的。"[3] 按照莫尼卡的说法，在一片拥有一个共同的、令人敬畏的母亲的大地上，罗马公教会就是那位母亲："那是一位拥有众多子嗣的母亲，是她生下了我们，我们依靠她的乳汁长大，是她的精神让我们充满了活力。"[4]

在一个为魔鬼的权势所统治的世界中，这个教会被认为是安全和洁净的保留之地。[5] 教会是为保护信徒而存在的。那个非洲人之所以加入教会，并不是因为他"饥渴……而且劳苦担重担"，而是因为他希望在战场上活下来：在《诗篇》的题记中，关于从敌人手中获得拯救的呼求显然占了多数。[6] 洗礼的仪式因而被认为是一种彻底的洁净：随着主教的"灵验之词"，基督这条"大鱼"潜入洗礼池中。[7] 仪式完毕后的一个星期之内，刚被接纳进教会的人将穿着一种特制的拖鞋，以防止他们"纯洁的"脚接触到尘土。[8] 他们希望发现，自己的教会就像《雅歌》中所说的那样：在道德上"没有瑕疵或皱褶"；他们来到了"关锁的园，禁闭的井，活水的泉源，结满果子的乐园"。[9] 他们在努米底亚一座教堂的门楣上写道："这就是主的门，义人将得以进入其中。"[10] 然而，奥古斯丁却写道："进来的人必将看到一些醉汉、守财奴、骗子、赌徒、通奸者、婚前行淫者、身戴护身符的人、术士的殷勤主顾、占星家……他定会被告诫，在基督教节日中涌入教会的同一群人，也会在异教节日中挤满剧院。"[11]

这是一种令人不安的双重形象。非洲人的教会观依赖于他们能够在教会中看到一个与"世界"不同的团体，一个用以取代"不洁"和敌对之物的选择。由于不加区分地让各种人涌入教会，基督教在非洲的传播，已然轻易地冲去了使"教会"区别于"世界"的鲜明界标。在 3 世纪的情境里，圣西普里安有很好的理由期望，那些由他带领的皈依者或悔改者，会发现自己列在"圣徒之中"。[12]奥古斯丁很清楚，他只可能与那些最为臭名昭著的抢占邻里土地的人同列。[13]

自 311 年起，面对教会理想的圣洁与其成员实际品质之间的差异，非洲基督徒在所当采取的态度上分化了。这个问题，简而言之是这样的。多纳徒派信徒的主张与罗马公教信徒的主张不同，多纳徒派信徒认为：教会是圣洁的唯一源泉，因此没有罪人可以参与其中。教会必须以其完全的圣洁生存下去：它是一棵"真葡萄树"，而且，正如一棵葡萄树一样，它不得不被彻底地修剪。[14]只有不配得的主教们被排除，教会才能以其圣洁生存下去：因为一位主教的罪会自动地使他借以施洗和授予圣职的祷告无效。[15]更有甚者，这罪实际上对真教会的同一性构成了威胁：它创立了一个敌对的教会，一个邪恶的化身者（*Doppelgänger*），一个"犹大的教会"——以其创立者"原初的污点"而聚合在一起。[16]

双方都求助于圣西普里安的权威；[17]但他们却将他的回答用于应对非常不同的问题。时代变了。在 4 世纪晚期，处于危急关头的，是教会应对普遍"世界"所当采取的态度；而他们对各自教会内部构成的关注之所以是重要的，只因为它决定了这态度。

这个问题是极具相关性的。基督教是唯一在罗马社会中得以扩张的宗教团体。在结束非洲的异教信仰方面，两个教会都发挥了重大的作用。他们所面对的基本问题，是如何处理任一团体和它身处之社会之间的关系。简而言之，多纳徒派信徒认为他们自己是这样一个团体，其存在是为了保存和保护异于他们周围社会的一种样式。他们觉得他们的身份会受到持续的威胁：先是由于被逼迫，后来是因为妥协。纯洁无罪、教仪的净化、甘于受苦的美德，在他们对自己形象的设定中起着支配作用。他们是独特的，"洁净的"，"是受逼迫而不逼迫他人的义人的教会。"[18]

反之，奥古斯丁的罗马公教会则反映了一个自信于自己的能力足以吸纳世界而不丧失其本质身份的团体的态度。这种身份独立于教会的神职人员的品质之外而存在：它奠基于神那显明在历史之中的"客观"应许以及圣礼"客观的"果效。这个教会渴求灵魂：如果需要的话，可以让它不加区分地吸纳。[19]它不再是一个致力于在社会面前捍卫自己的团体，而是泰然自若地准备好去完成它所认为的历史使命，去主导、吸纳和引领整个帝国。"你求我，我就将地极赐你为田产。"[20]在此之前，非洲教会就一直对教会作为社会团体的本质有着极端的观点和清晰的表述；此时，在奥古斯丁的时代，它再次成为欧洲的"斗鸡场"，也就不足为奇了。这次重大辩论的结果决定了主导拉丁世界的天主教会所要采取的立场，而该立场一直持续到宗教改革之前。

直到奥古斯丁时代，这场争论中的情感浪潮还是一直倾向多纳徒派的态度。简言之，他们的情形是这样的：[21]

311 年左右，非洲的各个信仰团体发现，他们的处境与一场反抗运动的成员（其国家已经开始安顿下来，适应了和平年代的复杂性和妥协性）所处的境遇十分相似。太多的主教被认为曾在 303 年到 305 年间戴克里先最后的大逼迫中与敌人"合作了"。他们将一册册的圣经抄本交给那些异教官员去焚毁。这种因怯懦而交出圣典的叛教行为，会使有罪的主教（叛教者）丧失所有的属灵权能。人们相信，迦太基主教凯希里安（Caecilian）是由这样一位"叛教者"所按立的。在 311 年，80 位努米底亚的主教宣布凯希里安的按立是无效的，并推举另一位主教取代他的位置——这些主教认为这样做是理所当然的。这位"清白的"迦太基主教很快就被另一个人——名叫多纳徒（Dona-tus）——所接替。而且，我们常说的"多纳徒派教会"这一名称便来自这位多纳徒——两位争夺"迦太基主教"之名的竞争者之一。

凯希里安坚持反对自己的对手。努米底亚事件是相当不足为信的：因为他们中的许多人也一度是叛教者。其余的拉丁教会相对更有准备去容忍"合作者"。最为重要的是，罗马皇帝君士坦丁本人，成了一名

210

基督徒。他想支持一个统一的、值得敬重的教会。凯希里安是当时的主教，因此，君士坦丁支持他，而反对那些在非洲人看来喜爱夸大其词并心胸狭隘的抱怨者。[22]

由此，凯希里安所享受的支持虽然是普遍的，但却是遥远的；而多纳徒斯所得到的支持，虽然局限于非洲，却是根深蒂固的。每一方都对自己的获胜充满信心；但双方都以不知不觉地陷入无法调和的分裂而告终。347 年左右，"凯希里安派"诉诸暴力。[23]一位帝国特使马卡里乌伯爵（Count Macarius）吓得非洲屈从于罗马公教会。因为这件事，他被罗马公教会誉为一名"圣工的代理者"。[24]非洲基督教被撕破的外衣已经被体面而迅速地"缝合了"。[25]可是，除非借助复兴的力量，否则，教会的分裂将永远不能再度弥合。在努米底亚，"马卡里乌时代"，以如同"克伦威尔时代"被爱尔兰人所记住的方式，被多纳徒派信徒所铭记。这个基于武力的解决方案是不长久的。异教皇帝和叛教者朱利安（361—363）在其短暂统治期间，颠覆了这一局面，他重新宽容多纳徒派信徒。现在轮到罗马公教信徒遭殃了，他们差一点被葬送在雪崩之中。

只有在经历这次挫折之后，罗马公教信徒才屈尊降贵地与他的对手展开争论。米莱维斯（Milevis）的罗马公教主教奥普塔图（Optatus）撰写了《论多纳徒派的分立》[26]，其中包含首次要求敌对双方的主教进行直接谈判的呼吁。可是，奥普塔图的作品晚了一代人的时间。"马卡里乌时代"和朱利安统治时期多纳徒派信徒的报复，现在就像一堵墙横亘在奥普塔图同时代的人之间，而且上述两个时代所发生的也确是 311 年迦太基事件的延续。"凯希里安事件"的是非曲直对人的影响，永远不及他们自己在基督徒"弟兄"手里的直接暴力经历来得有力。[27]

通过这种方式，多纳徒派教会成了在努米底亚占支配地位的教会："你（对一名多纳徒派信徒）说：'你是异端，正在你分裂教会的罪中毁灭，你将直接被罚入地狱。'"

"（他会回答道）'那与我有何相干呢？正如我昨天生活得那样，我今天也当那样生活；我的父辈们是怎样的，我也打算是那样。'"[28]

奥古斯丁从外围接触到了多纳徒派这个问题。塔加斯特是罗马公教的一个据点。奥古斯丁曾是一名摩尼教徒。[29]当他返回非洲时，在精神气质上他更多的是一个外乡人，因为他未来的生活方式已经在"海那一边"的米兰时就被确定了。他甚至没有和他的对手读同样的圣经译本。[30]最为重要的是，他对罗马公教会所怀有的理想，已经在非洲传统之外的地区发展到了相当大的比例。这种理想在一场反对摩尼教徒和异教的柏拉图主义者（他们并没有出现在西普里安的作品中）的论战中得到发展。他曾经以一名哲学家的身份为罗马公教会辩护：似乎只有这受人尊敬的国际性机构的权威和劝导性力量，才能够保守和净化人们的心灵。[31]事实上，对于奥古斯丁本人最看重的东西——不断地追求真理——而言，罗马公教会是必不可少的。如今他回到非洲，发现这个教会不是因为其他重要的因素，而只是因为主教们之间的怨恨而分裂了。"打起精神来！我不是在解决一个模糊的问题"，他要这样告诉教会中的人，"我也不是在处理某种隐匿的奥秘，似乎没有人或只有极少数人才有能力解决这一难题。这件事就如白昼般清晰。"[32]多纳徒派的主教们和奥古斯丁自己阐释同样的圣经，认信同样的信经，举行一种相同的礼拜仪式；可是他们却拒绝看到罗马公教会明显的真理——"他们是在睁着眼走进地狱。"[33]

奥古斯丁对坚持"朴素的真理应许"的摩尼教徒抱有同情态度，却执意忍住这种同情。近来，一种将这场基督教弟兄之间的严酷冲突解释得合乎人们胃口的做法日益流行，即宗教差异只不过是罗马的北非地区社会和民族分裂的表达；而多纳徒派所代表的一种民间传统，是罗马化市民奥古斯丁不能够理解的。[34]事实上，并不存在太大的阶级、种族或者教育方面的差异，使奥古斯丁区别于他在小册子中嘲讽其观点的多纳徒派主教。无论如何，这样一种理论不会帮助我们理解，对奥古斯丁而言什么是最重要的。在奥古斯丁自己看来，正是思想观念上的巨大差异和高度个人化的设想，将他与多纳徒派对手分开。

奥古斯丁很快就吸纳了罗马公教信徒和多纳徒派信徒所共享的非洲传统。[35]然而，他是从一个不同的方向来趋近它的，因为他拥有哲学家的高度个人修养，以及他在自我调整以成为一名主教的过程中所逐渐形成的态度。他将转变同时代人那些坚定和狭隘的观念；而他反对多纳徒派的作品将标志着早期基督教关于教会以及对于教会与整个社会之关系的观念演化的最后阶段。

如果我们想知道成为一名多纳徒派信徒是怎样的一种情况，我们就应当去阅读多纳徒版的"使徒行传"，这些著述记载了异端大迫害时期殉道者的故事，以及他们所遭受的罗马公教信徒的逼迫。[36]这些都是奥古斯丁时代的著作。

在"行传"中，多纳徒派信徒崇奉一种如同正统犹太教徒对于《摩西五经》（Torah）般的态度。[37]他们的宗教也被视为一种"律法"。马加比家族[38]的故事深深地感动着多纳徒派信徒，后者认为自己和前者一样，他们的殉道者都是为了"他们的神圣律法"而死的。[39]"除了我所学的神之律法，我什么都不在意。我执守这一点，为之而死；我亦当燃尽于此。生命中除此律外再无其他。"[40]

这种保护某种珍贵之物的感觉，这种保存一种"律法"（在一个充满敌意的世界中，该律法维护着一个团体的身份）的感受，都是强有力的情感。这种情感已经而且还将继续保存犹太教那令人惊叹的完整性。在任何一篇多纳徒派宣言的字里行间，我们仍然能感受到这种情感的力量：它一直引领基督教会在非洲走向胜利；而基督教会一直被视为"真以色列"，其中包括过去的摩西、先知和马加比家族。这样的一个教会是"大而公的"（Catholic），这一点被多纳徒派信徒视为教会一词最深刻的含义：因为它是保存了"完全的"基督律法的独一教会。[41]

一个教会只有通过保持"纯洁"才能在其整体中保存基督的"律法"。多纳徒派信徒并非北欧意义上的"清教徒"。奥古斯丁（更像个现代意义上的清教徒）期望他的读者相信，多纳徒派信徒为他们自己宣称了这种个人的纯洁，而这也给了他一个机会，可以运用他那新闻记者般的才能，来展现多纳徒派一些主要的主教其实远不是"圣徒"。[42]

多纳徒派的"纯洁"观是从另外一个不同的源头汲取力量的。他们最看重的是团体与神的纯洁的关系。这个团体，就像古代的以色列一样，享有一种与神的特殊关系：只有他们团体的祷告才蒙神垂听。[43]有一种焦虑萦绕在多纳徒派主教的心头：如果他们容忍在一个清楚界定的宗教行为准则上打开任何一个小小的裂缝，他们都可能使神远离他的教会。[44]他们总是引用以色列先知们的文段，借此讲述神是如何因为其选民的罪而不听他们的呼求。[45]

任何一个读过多纳徒派小册子，或事实上一部圣西普里安作品[46]的人，都会被直接源于旧约的礼仪洁净观念所打动：对与"不洁"之物接触而导致属灵力量突然丧失的恐惧，[47]以及"好"水和"坏"水的基本意象（elemental imagery）。[48]在 4 世纪的非洲，这些观念并没有丧失它们的力量。即便是更加文明、发达的罗马人，也仍然将宗教视为一套确切的仪式准则，被设计出来用以建立这个团体和它的神（或多神）之间的正确关系。奥古斯丁也持有这种态度：再洗礼作为一种"亵渎神灵"的行为，确实令他震惊，因为它"损害了"正确的罗马公教仪式。[49]多纳徒派中的狂热分子主持着那些被称为"以色列"的社团[50]，他们会把罗马公教教堂的墙壁刷白，以"净化"这些教堂；他们还会捣毁其他教堂的祭坛。[51]这些人对"分离"之迫切性的理解可能胜于奥古斯丁，尽管后者对旧约的诠释更加精妙和"属灵"。这些人认为，有关主动摧毁"不洁之物"的教导始终贯穿于圣经的字里行间。[52]

从逻辑上看，强调形成一个小的"纯洁"团体的需要，这似乎有利于所有声称比自己邻舍更为神圣的少数派。奥古斯丁会强调多纳徒派中"分裂团体"的存在。在他看来，这种存在已经将他们的教会瓦解成"许多碎片"[53]。

然而，这样的分裂团体在多纳徒派中出现得并不是很频繁。多纳徒派的基本思想是一种选民思想，这种思想确保了它的信徒在不向那"不洁"的社会作任何让步的情况下保持自身的身份。这样一种观念完全不会培养一种"少数派心理"，反之，它能够获得整个行省毫不动摇的支持。它拥有在早期教会史上一种无与伦比的成功秘密。因为就像威尔士的不信奉国教运动一样，多纳徒派教会已经赢得了一个行省的社会（孤立的、自重的、怀疑外界的）归向它的基督教形式。

在一个明显而不十分确切的意义上，多纳徒派教会是"纯洁的"：它保持了自己的纯洁，避免了一种滔天大罪——叛道，也就是免于牺牲基督教"律法"的罪，即免于一种由完全的陌生人在遥远过去所犯的罪。[54]它那"纯洁"的主教阶层里常是罗马城市中保持着声望的有名人士。[55]在他们会众的眼里，这些主教代表着"殉道者教会"那不间断的延续：一位多纳徒派神父会由一位天使告知，那以其所在城市的主教为最高代表的"基督教谱系"。[56] 在一个看重肉身在生前和死后之延续性的社会里（毕竟，莫尼卡曾想望"世俗的含饴弄孙之乐"[57]，也曾希望能够安葬在故土。[58]），这些主教被认为是"殉道者之子"，而遭到蔑视的罗马公教主教，则无疑被认为是"凯希里安之子"。[59] 对这些殉道者的记忆也将不断地在他们的墓地旁被朝圣者一再重温；一些喧闹的节日也将不断使人想到他们，因为这些节日生动地表现了那些纯朴之人对其可敬祖先坚定的忠诚。[60]

216　　考古学家最有条件体会到多纳徒派在努米底亚的实力；因为恰如其分的是，我们正是在地下得以看见那些强大根基的遗迹，这些建筑由农民和小市民组成的社群为他们的宗教而建造。[61] 那里有"宏伟的教堂"，比如像提姆加德（Timgad）和巴盖（Bagai）[62] 这样的巨大长方形基督教堂。教堂建筑内建有巨大的货栈、神龛以及为朝圣者准备的客栈。[63] 在这些多纳徒派"圣城"附近的半山腰中，散布着一些村庄，这些村庄从这个新宗教获得了一种新的成就感。如今，他们能以有一位他们自己的主教而自豪；[64] 他们会联合起来建造教堂；[65] 这些教堂成了人们表达强烈忠诚之心的中心场所。[66] 因此，他们会团结起来排斥外人，就像只有在一个乡村中才能做到的那样。[67] 他们是"主的羊群"，"被主引领，安歇在南方"。[68]

简单说来，这些就是形成多纳徒派教会的观念和思想。这些观念得到了普通人的广泛支持；可是在奥古斯丁时代，他们也被那些有文化之上层人士所持有。

奥古斯丁觉得，这些观念是不合宜的，因为它们在本质上是静态的。多纳徒派教会是一个处于防御态势的团体：它因过于渴望保存其特定身份而变得僵化。一位多纳徒派的主教曾说，这个教会就像挪亚方舟一样，它里里外外都被很好地涂上了焦油。它具有滴水不漏的防水性：它把洗礼的好水保存在舟内；将世界的脏水挡在了舟外。[69]

对奥古斯丁而言，基督教教会只保存一部神圣的"律法"是不够的。这种态度会使基督教一直陷于孤立，正如在奥古斯丁眼里它也曾使多纳徒派教会陷于同样的境地。结果，教会就像古老的以色列一样，满足于守卫一种自身与神之间静态的"顺服"相交。作为替代，他支持罗马公教会作为遗嘱继承者的身份——她即将接管一大片地产。[70] 此教会的扩张是早已预定的。多纳徒派认为，教会中一些成员的卑劣已经危及这种扩张，而且至少在目前，将"真正的"教会缩减成了非洲范围内的教会。正是这些看法，引发了奥古斯丁几次最严厉的发怒。[71]因为宣扬这一点，等于是允许易堕落之人类的自由意志去阻碍神的全能和前见："谁可移除神所预定的进程（*praedestinatio*）呢？"[72]正是在这些勃然大怒中，我们清晰地认出了这位"选民预定论"的未来倡导者。[73]奥古斯丁知道不可避免的历史进程在他这边，并将以无比的轻蔑反击这个强大的敌对教会："云随雷声翻滚，耶和华的殿会在全地建造起来；而这些青蛙却坐在它们的沼泽中呱呱地叫着——我们才是仅有的基督徒！"[74]

217

然而，一个如此快速扩张的教会在任何当即显明的意义上都永远不能声称自己是"神圣的"。多纳徒派信徒可以求助于所谓显而易见之道理。如果教会被定义为"纯洁的"，如果它是圣灵在世间所居住的唯一主体，它的成员怎么会不成为"纯洁的"呢？然而，奥古斯丁是一个精通新柏拉图主义思维方式的人。在他看来，整个世界似乎就是一个"正在生成"的世界，一系列未得到完美实现的形式，这些形式的质量取决于他们"分参"（participating）一个由理想形式组成的理智世界的程度。这个宇宙处于一种恒定的、动态的张力之中，其间未完成的物质形式努力要"实现"他们确定的、理想的结构，而这一结构只能靠人的思想去理解。奥古斯丁对教会的看法也正是如此。由于一个分参了基督的教会所具有的客观神圣性，教会的仪式毫无疑问是"神圣的"。[75]奥古斯丁的"真教会"不仅是"基督的肢体"，"天上的耶路撒冷"，而且它也深深地受到了普罗提诺形而上学思想的影响：[76]地上的有形教会不过是一个尚未实现的影子，而真教会是它的"现实"。[77]因此，那些接受和主持这些仪式的人，只是"根据某一现实的影子"，以不完美的方式努力去实现这种神圣性[78]。

因此，教会的仪式具有一种客观的、永久的有效性。它们的存在不受那些"参与"其中之人的主观品质的影响：水的洗礼和按立仪式在接受者身上"烙"下永久的印记，这完全不受其有意识的品质的影响。奥古斯丁虽如此认为，却从未宣称自己理解这一点。[79]奥古斯丁在撰写《论洗礼》的同时，也在写作《忏悔录》。在这两本书中，一位罗

218

马公教男孩的青年时期被描述为充满了各种标记，这些标记使人想到圣礼的效能：他那位信奉摩尼教的朋友，在不省人事时受洗，在恢复知觉后，神奇地改变了；[80]甚至他智力发展的每一次转折都被视为渗透着"基督之名"的神秘力量。[81]

奥古斯丁将一种神秘而持久的有效性赋予罗马公教会的有形仪式。然而他这样做，是为了让教会自身成为一个可以让个人经历无数次改变的地方。一个罗马公教信徒只被他的圣礼所"保护"：在他面前，仍有一段很长的属灵成长路程要走。[82]一旦用这种方式来看有形教会，其成员之间可能建立起来的关系，就会变得异常复杂和充满活力。因为，在奥古斯丁看来，多纳徒派只是靠拒绝与恶建立任何联系的方式，来解决他们周围人身上的这个问题。他们退出与一个"不洁"社会的接触，遁入一个志趣相投的小圈子。对奥古斯丁而言，只是无罪还是不够的。这只是一名好基督徒不得不坦诚面对的所有人际关系的"三分之一"。[83]他必须执行一个三重的任务：他自己必须圣洁；他必须与罪人们在同一个团体中共存，这项任务需要谦卑和正直；他也必须做好准备，积极地责备和匡正他们。[84]那些多纳徒派信徒单单指向群外之人，严格要求他们有优秀品质；但在罗马公教会里，这一要求转向了内部：一种专门针对教会之外"世界"的"对外政策"，成了一个反对教会内部"世俗性"的"大后方"。

在奥古斯丁对他认为的多纳徒派态度的批判性分析里，含有影响深远的假设。因为他把罗马公教的教会团体看做一个本质上由两个层次构成的团体。这个团体总是会含有一种庞大的、甚至数量上占主导地位的、看来似乎难以驾驭的人力物质元素，围绕着一个"真"成员组成的核心。当然，"真"、"假"成员之间的分界线是不可见的：这个核心会进一步强化为奥古斯丁的"特定选民数量"这一思想。[85]但是，奥古斯丁不仅展望这样一个精英阶层，而且也从不怀疑每个罗马公教教士所需奉行的实际责任：他们当与普通大众形成鲜明对比，他们必须不仅仅是无罪的，不仅仅宽容他们的教友，而且他们还必须做好准备，无论什么时候，只要有可能，就以慎重的严厉态度和一种主动的、父亲般的威严采取攻势，"因为棍棒有其自身的仁慈。"[86]

多纳徒派的教会观有某种坚如磐石的一贯性，而奥古斯丁心目中的教会则像一颗原子内的粒子：它由移动着的元素构成，是一个充满活力和张力的场所，随时都有爆炸的危险。

他的教会观已经将教会推到进行一场征服战争的边缘。在奥古斯丁的思想里，人们可以看到，坚固的纽带正在从这个机构向整个罗马社会扩展。主教们已经统治着大量的团体；奥古斯丁实际上已经承认，这些团体只会对一定程度的严厉有所回应。[87] 在 4 世纪晚期，这样一个确立积极权威的理想，是可以不太困难地完全逾越这些罗马公教团体之间的界限的。那无形的触角——多纳徒派信徒在教会分裂时期所施行的洗礼和授圣职礼仪式，已经将那些剩余的非洲基督徒，与他们真正的主人罗马公教会联系起来了。[88] 因为这些圣礼就像帝国军队中的士兵们为了识别逃兵而烙在他们手背上的刺青[89]：同样，罗马公教会的皇帝——基督——也有权召回其教会的队伍，就是那些已经得到他的印记的人。[90]

这种意象反映了奥古斯丁时代的特点。那是一个严酷的时代，太容易令人按照军人的纪律和团结来思考了。那时的皇帝们也是虔诚的罗马公教信徒：只不过再过十年，他们就会决定围捕罗马公教会队伍中那些"灵性上"的逃兵（即背弃主道的人）。[91]

这是第一步的代价（*C'est le premier pas qui coûte*）。几乎在撰写第一本反对多纳徒派的小册子的十年前，奥古斯丁就已经迈出了决定性的一步。最终，多纳徒派信徒将他们的教会看成是一个与社会不同的群体，一个避难所，就像挪亚方舟一样。而奥古斯丁却相信，教会作为一个整体，是可以和人类社会在生存空间上共融的：教会或许可以吸纳、转变和完善现存的人际关系纽带。奥古斯丁深深着迷于人类基本合一的思想。神让所有的人都出自一个人——亚当，目的是为了表明："没有什么比这个人类种群（在其有缺陷的状况下）更容易因不和而分裂了；但是，也没有什么像人类一样如此明显地领受了上帝的命令——就是要生活在一起。"[92] 人类因为都源于亚当而具有血缘关系，这就像是一个模型，而奥古斯丁在中年时就一直想要把自己对友爱、对人类之间密切关系的理解融入这一模型之中。[93] 那种重新获得某种失丧之合一的强烈需求感，或许是奥古斯丁式罗马公教会神秘性中最为独特的部分。只要自己在方舟中，多纳徒派信徒或许就满足了，可是奥古斯丁却关心一个更为深层次的问题。人类被分裂了，在社会中，人与人之间的交流也是困难的；因巴别塔事件而出现的语言变乱的意象逐渐支配了他的思想。[94]大公教会（the Catholic Church）是人类恢复合一的缩影：它已在五旬节的时候统一了人的所有言语；[95]我们也绝不应忘记这样一个事实，在奥古斯丁建立自己的修道院时，他希望在自己周围重新建立起一个团体，这个团体与使徒们在接受圣灵这份礼物时所建立的那个团体完全一致。[96]这样的一个修道院将成为可能在罗马公教会中部分重建起来的、理想人际关系的缩影。

如果一个人强烈地感觉到，尽管社会中现存的人际关系有些错乱，但他所在的团体却能够将他们团结起来并加以净化，那么对这个人来说，他会把自己周围的社会看做是能够进行吸收和改造的大量原材料。他非常不同于另外一种人，他们觉得自己只能创造一个与这个社会相对立的群体——一个小小的"圣徒之国"，处在一位主教的荫庇之下——该主教被视为一个敌对或冷漠的世界里一部神圣律法的唯一持有者。[97]

奥古斯丁对多纳徒派作品的反对，无意中显示了他正日益吸收在非洲基督徒当中常见的一些思想，尤其是关于教会身份的思想，即教会是社会中一个与众不同的团体，该团体的突出特征为，唯有她拥有一系列具有"拯救"意义的仪式。然而在这些观念的背后，仍然潜藏着他中年早期时有过的一个重大"幻景"。当年，由于它从未在争论中被分析过，因此显得更为有力。这"幻景"就是他心目中罗马公教会的形象，就像在米兰和罗马的教会向他所呈现的那样。它并不是西普里安的旧教会，而是安波罗修那不断壮大的新教会，就像"一轮在皎洁的光芒中渐满的明月"一样在罗马世界上升。[98]它是一个自信的国际性团体；它是在信奉基督教的皇帝们的敬重下建立起来的；它是贵族和知识分子所寻求的；[99]它能将柏拉图哲学的神秘真理带给已知文明世界的大众[100]；它是一个不再蔑视和拒绝社会，而是控制和支配社会的教会集团。*Ecclesia catholica mater christianorum verissima*："罗马公教会，基督徒最为真切的母亲……"

"是您，使得妻子服从她们的丈夫……并且是出于贞洁和忠诚的顺服；您立丈夫在他们的妻子之上；您通过一种自由授予的隶属关系，将儿子与他们的父亲联系在一起，并使父亲以虔敬神的支配方式，居于儿子之上。您以宗教的纽带使弟兄们彼此相交，甚至比那些相较于血缘的人更为牢固和紧密。您教导奴隶，要忠于他们的主人……主人要更倾向于劝诫奴隶，而非惩罚。您使市民和市民、民族和民族彼此联系。事实上，您不仅仅通过社会纽带，而且还通过他们对共同亲属关系的一些感觉，来将所有人在对他们原初父母的回忆中联系在一起。您教导国王们，要以人民的福祉为标准来进行统治。而且也正是您，告诫人们，要服从自己的国王。"[101]

注释

[1] 关于多纳徒派与罗马公教的争论，参 W. H. C. Frend, *Donatist Church*, ch. xx, pp. 315-332；其著作 *Martyrdom and Persecution in the Early Church*, 1964. 为二者的争论增加了新的色彩。P. Monceaux, *Histoire littéraire de l'Afrique chrétienne*, v-vii, 1920-1923. 依然是研究这一问题的不可或缺的文献。关于奥古斯丁对多纳徒派的回应，参 R. Crespin, *Ministère et Sainteté：Pastorale du clergé et solution de la crise donatiste dans la vie et la doctrine de S. Augustin*, 1965。

[2] *Serm.* 37, 2, citing *Prov.* 31, 10.

[3] *Serm.* 37, 1.

[4] Cyprian, *de unitate*, 5; cf. Aug. Ep. 34, 3, 对一名既殴打生母又放弃罗马公教会的年轻人的论述。

[5] Frend, *Donatist Church*, p. 113.

[6] e. g. Diehl, *Inscript. Lat. Christ. vet.*, i, no. 2413, 2415, 2415A.

[7] Optatus of Milevis, *de schism. Don.* III, 2 (P. L. xi, 990).

[8] *Ep.* 55, xix, 29.

[9] *Song of Songs*, 4, 12-13.

[10] Diehl, *Inscript. Lat. Christ. vet.*, i, No. 2421.

[11] *de cat. rud.* xxv, 48.

[12] Cyprian, *Ep.* 70, 2.

[13] *Serm.* 164, 8.

[14] Pseudo-Aug., *C. Fulgentium*, 26 (P. L. xliii, 774)。关于谈及多纳徒派对教会之

态度的文献，最具启发性的是 J. P. Brisson, *Autonomisme et christianisme dans l'Afrique romaine*, 1958, pp. 123 -153。奥古斯丁时代多纳徒派的宣传小册子，已经由 Monceaus 重新编撰：Monceaux, *Hist. littér.*, v. pp. 309-339。

[15] Cyprian, *Ep.* 65, iv, 1, v. inf. p. 214.

[16] *C. litt. Petil.* II, xi, 25. 认为好人常被坏人的模仿困扰，从而对教会群体怀有矛盾心情——这种态度可以上溯到《死海古卷》的文献（Frend, *Martyrdom and Persecution*, p. 61）；而后来中世纪晚期民众的信仰和路德的思想也流露出这种矛盾心情，参 J. Ratzinger, "Beobachtungen z. Kirchenbegriffd. Tyconius", *Rev. étudesaugustin*, ii, 1958, p. 181, n. 45。

[17] v. esp. Brisson, *Autonomisme et christianisme*, pp. 138 -153, 178 -187. v. *de Bapt.* I, xviii, 28; V, xvii, 22.

[18] 411 年，多纳徒派发表了一项声明，参 *Coll. Carthag.* iii, 258(P. L. xi, 1408-1414, 1408B)。

[19] *Serm.* 4, 19.

[20] *Ps.* 2, 7-8.

[21] v. esp. Frend, *Donatist Church*, pp. 3-23, 141-168.

[22] Monceaux, *Hist. littér.*, v. p. 18, citing Aug. *Ep.* 43, v, 14.

[23] Frend, *Donatist Church*, pp. 177-192.

[24] P. L. viii, 774.

[25] Optatus of Milevis, *de schism. Don.* III, 9(P. L. xi, 1020).

[26] trans. O. R. Vassall-Philips, *The Work of S. Optatus bishop of Milevis against the Donatists*, 1917. Monceaux, *Hist. littér.*, v, pp. 241-306.

[27] 参 Frend, *Donatist Church*, pp. 191-192。

[28] Enarr. in Ps. 54, 20.

[29] v. W. H. C. Frend, "Manichaesim in the Struggle Between St. Augustine and Petilian of Constantine", *Aug. Mag.*, ii, 1954, pp. 859-866.

[30] *Retract.* I, 20, 5.

[31] v. esp. Holte, *Béatitude er Sagesse*, pp. 303-327; Bonner, *St. Augustine*, pp. 231-235.

[32] *Ep.* 43, iii, 6.

[33] Enarr. *in Ps.* 54, 16.

[34] 参 Frend, *Donatist Church*, pp. 229-238; v. Brown, "Religious Dissent in the Later Roman Empire: the case of North Africa", *History*, xlvi, 1961, pp. 83-101; E. Tengström, *Donatisten u. Katholiken: soziale, wirtschaftliche u politische Aspekte einer nordafrkanischen Kirchenspaltung* (Studia Graeca et Latina

Gotheburgensia,xviii),1964。

［35］v. esp. J. Ratzinger,*Volk u. Haus Gottes*,1954.

［36］*Monumenta ad Donatistarum historiam pertinentia*,P. L. viii,673-784.

［37］参 W. H. C. Frend,*Martyrdom and Persecution*,尤其是 362 页关于犹太教和非洲基督教之间可能存在联系的论述。

［38］马加比家族，公元前 1 世纪统治巴勒斯坦的犹太祭司家族。——译者注

［39］*Macc.* 7,9；*C. litt. Petil.* II,viii,17(Monceaux,*Hist. littér.*,v. p. 312).

［40］*Acta Saturnini*,4,(P. L. viii,692).

［41］*C. litt. Petil.* II,xxxviii,90；*Coll. Carthag.* iii,102 (P. L. xi,1381D).

［42］e. g. *C. Ep. Parm.* II,iv,8. v. inf. p. 224.

［43］v. esp. *Acta Saturnin* 20(P. L. viii,702-703).

［44］e. g. *C. Ep. Parm.* II,vii,12；*Acta Saturnini* 19(P. L. viii,702).

［45］e. g. *C. Ep. Parm.* II,iii,6.

［46］Brisson,*Autonomisme et christianisme*,pp. 89-105.

［47］例如《以赛亚书》52：11。

［48］e. g. Fulgentius in Monceaux,*Hist. littér.*,v. pp. 335-339.

［49］e. g. *Enarr. in Ps.* 145,16；v. *C. Faustum* XIX,11.

［50］Enarr. *in Ps.* 10,5.

［51］Optatus of Milevis,*de schism. Don.* VI,1-3(P. L. xi,1063-1072)；Aug. *Ep.* 29,12.

［52］M. Simon,"Le judaisme berbère dans l'Afrique ancienne",*Rev. d'hist. et de philos. relig.*,xxvi,1946,1-31,104-145 (= *Recherchesd'hist. Judéo-Chrétienne*,1962,pp. 30-87,esp. pp. 46-47).

［53］*C. Ep. Parm.* II,xviii,37.

［54］v. R. Crespin,*Ministère et Sainteté*,pp. 221-225；A. C. de Veer,in *Rech. augustin.*,iii,1965,pp. 236-237. 奥古斯丁故意忽略这一个极重要的区分；在这一点上，奥古斯丁成功说服了现代许多研究多纳徒派的历史学家，却不能使其同时代的多纳徒派对手信服。当然，这一区分是很精妙的，但一个多纳徒派的平信徒却无法将其区分开。*C. Crescon,* III,vii,7.

［55］Brown,"Religious Dissent",*History*,xlvi,1961,pp. 91-92.

［56］*Ep.* 53,i,1.

［57］*Conf.* VIII,xii,13.

［58］*Conf.* IX,xi,28.

［59］*Coll. Carthag.* iii,221(P. L. xi,1402A)

[60] *C. Ep. Parm.* III, vi, 29. v. esp. H. I. Marrou, "Survivances paiennes dans les rites funéraires des donatistes", *Extrait dela Collection Latomus*, ii, 1949, pp. 193-203.

[61] v. esp. Frend, *Donatist Church*, pp. 211-212.

[62] Enarr. *in Ps.* 21, 26.

[63] Frend, *Donatist Church*, p. 209.

[64] Brown, "Religious Dissent", *History*, xlvi, 1961, pp. 95.

[65] *Année épigraphique*, 1894, 25, 138; Warmington, *The North African Provinces*, p. 84, n. 4.

[66] *Ep.* 44, vi, 14.

[67] *Ep.* 209, 2.

[68] *Song of Songs* I, 7; v. *Serm.* 46, 35.

[69] *Ep. ad cath.* v, 9.

[70] v. esp. *Enarr. in Ps.* 21, 28f; Edmind Hill, *Nine Sermons of St. Augustine on the Psalms*, 1958, pp. 56 -60.

[71] eg. *Enarr. ii in Ps.* 101, 8.

[72] *Enarr. iii in Ps.* 32, 14; C. *Ep. Parm.* I, iv, 6.

[73] e. g. *Ep. ad cath.* ix, 23.

[74] *Enarr. in Ps.* 95, 11.

[75] e. g. *Ep.* 261, 2.

[76] eg. *Conf.* XII, xi, 12-13. v. J. Pépin, "'Caelum Caeli'", *Bulletin du Cange*, 23, 1953, esp. pp. 267 -274; J. Lamirande, *L'église céleste selon S. Augustin*, 1963 (with the suggestive comments of A. H. Armstrong, *Journ. Theol. Studies*, n. s., xvi, 1965, pp. 212-213).

[77] A. Wachtel, *Beiträge z. Geschichtstheologie d. Aurelius Augustinus*, 1960, pp. 118-119.

[78] *C. Ep. Parm.* II, iv, 8.

[79] *de Bapt.* IV, xxiii, 30.

[80] *Conf.* IV, iv, 8.

[81] *Conf.* III, iv, 8.

[82] *de Bapt.* I, xv, 24; III, xvi, 19; IVxv—xvi, 23; *Conf.* VII, xix, 25.

[83] *C. Ep. Parm.* II, xxi, 40.

[84] *C. Ep. Parm.* II, xxi, 41.

[85] e. g. *C. Ep. Parm.* III, iv, 25.

［86］C. *Ep. Parm.* III,i,3；C. *Ep. Parm.* III,v,26.

［87］*Ep.* 22,5.

［88］*de Bapt.* IV,ix,13；xi,17.

［89］*Serm.* 317,5.

［90］*de Bapt.* I,iv,5；III,xix,25；M. Ch. Pietri,*Mélanges d'archéol. et d'hist.* ,74, 1962,659—664。

［91］e. g. *C. Gaud.* xx,23. 领受者本人也是一名官员；inf. pp. 335-336.

［92］v. esp. *de civ Dei* ,XII,28；*Serm.* 268,3.

［93］e. g. *de bono coniug.* i,1；*Serm.* 90,7.

［94］e. g. *Enarr. in Ps.* 54,9.

［95］*Serm.* 269,2,271；*Enarr. in Ps.* 95,15.

［96］*Serm.* 356,1.

［97］*ep. ad cath.* xiii,33.

［98］Ambrose,*Ep.* 18,24(P. L. xvi,1020).

［99］*de util. cred.* vii,18-19.

［100］*de vera relig.* iv,6.

［101］*de mor. eccl. cath.* (I),xxx,63.

出　场

作为一名主教，奥古斯丁整个上午都要进行法律诉讼的仲裁。他不得不主要处理那些复杂而又充满怨恨的遗产分割案件。兄弟间能够就财产分割问题取得一致，这是十分罕见的事情；[1]而奥古斯丁也不得不花上好几个小时，来听取农夫家庭成员就他们父亲遗嘱的每一个细节所进行的充满激情的争辩。

在奥古斯丁布道反对多纳徒派时，法庭中的那种气氛顿时弥漫教会。他会高声读出神在圣经中的应许，即基督和他的教会当拥有"直到地极的土地作为（他们的）财产"；以一种莫尼卡在展示自己婚约时所表现出来的令人咋舌的自信[2]，奥古斯丁现在要缔结基督和他的教会之间的"婚约"[3]。总而言之，奥古斯丁在反对多纳徒派的战斗中没有表现出任何普世教会温和的迹象。从小人物致力于一场长期家庭诉讼中所体现出来的尖刻的顽固中，他汲取了所需的力量。

自393年起，奥古斯丁就和同事一起，对多纳徒派教会采取攻势。他们有很好的理由这么做。在希波，罗马公教信徒是占少数的：他们最近还遭到了联合抵制；[4]奥古斯丁首次向当地贵族们发出的呼吁，也遭到了冷落。[5]因为努米底亚（Numidia）的已有教会是多纳徒派教会而非罗马公教会。在多纳徒派信徒看来，"教会的和平"似乎已经到来了[6]，但要由他们"已得净化"的教会来完成对那被轻视和被削弱的"叛道者教会"的吞并，只需要作很少的一些让步就可以了。[7]例如，

223 在希波，当地大地主间的混合婚姻（不同宗教信仰者之间的婚姻）一直以来都是很普遍的。[8]为在一场法律诉讼中取得进展而成为一名多纳徒派信徒的事在当时也属平常。[9]"神既在这里，也在那里。在这里和在那里又有什么不同呢？这区分是人们过去争吵的结果；在任何地方，都可以崇拜神。"[10]即便是先前罗马公教的迦太基主教格奈特利乌（Genethlius），也甘心忍受这一僵局。他在多纳徒派信徒间获得了宽容的名声。[11]

然而，在希波，宽容正是奥古斯丁无法承担的代价。因为在他的城中，所有社会生活的压力似乎都有助于一种侵蚀的加剧，即作为少数派的罗马公教会逐渐被多纳徒派那些占支配地位的教友们所侵蚀。因此，他所进行的战斗，是以一种极端品质为标志的：一个人为坚守岗位而与保守主义和人之常情的力量进行着艰苦的战斗。

奥古斯丁和奥勒里乌（Aurelius）也积极支持一项罗马公教会内部改革的政策。393 年在希波所草拟的决议并不受欢迎：许多主教无视它们。[12]当奥古斯丁在 394 年压制"欢乐女神"（laetitia）的时候，普遍反应的力量几乎"使船倾覆"。[13]在下一次改革的冷风中，他会众中的这些"糠秕"也许会全被吹出教会之外。[14]如果一项内部改革的政策不能与一场反对一个可怕敌手的战役的前景相联系，那么它可能很容易造成一轮新的分裂。

到 397 年的时候，我们可以看到，奥古斯丁已经带着他的同事们在改革的事业上走了多远。那些把罗马公教教士与他周围社会联结在一起的联系都已经被剪除了：甚至，教士子女被禁止进入混合婚姻；[15]而教士本人也被禁止捐赠资助非罗马公教信徒，不许留任何遗产给非罗马公教信徒，即使是给血亲也不行。[16]这些公开的认信原则，在非洲社会中打入了一个楔子。恰在这时，奥古斯丁收到了一封来自亲戚塞维鲁斯（Severus）的信。塞维鲁斯是一名多纳徒派信徒，他在信中说："如果我们心甘情愿地摒弃基督的永恒遗产，那么在现世的健康和血缘的纽带上又有什么益处呢……但是这个观点并不是我这微渺之人的……它们是全能神自己的话语：凡弃绝他的，在此世，会找到作为父亲的他，在末世，会找到作为法官的他。"[17]

人们有时会说，多纳徒主义是一场有群众基础的"抗议运动"，危

及罗马在非洲的法律和道德基础。这种观点并没有公平看待奥古斯丁　224
及其同事在 393 年至 405 年间所开创的局面。在这段时期，唯一的
"运动"来自上层：它是罗马公教会突然的自我主张，以及帝国当局对
非洲所有非罗马公教信徒的强硬之举。我们应追溯一个在现在历史上
尤为令人熟知的恶性循环的整个过程——来自上层的因教义不同而导
致的迫害，反过来只能由从底层发出的、日益高涨的暴力才能加以
抵制。[18]

　　奥古斯丁以罗马公教会代言人的身份投入了战斗。他反对多纳徒
派的论战显露了一种毋庸置疑的新闻写作资质。[19]他针对同时代多纳徒
主义的讽刺性作品，与一种对详尽细节的注重结合在一起，以至于它
常常因其表面价值而被接受，即使是现今，情况也是如此。然而，在
那个时期，它构成了宣传手段的一部分，这在非洲教会历史上还鲜有
比肩者。因为，奥古斯丁以一种时事评论的方式宣扬自己的神学观点，
不断地向一群半文盲听众重复阐释并简化这些观点。[20]他意识到了这场
争论中的普遍论调，并满怀热忱地加以利用。他创作了一首民众喜爱
的歌曲，并以此开始他的战斗。[21]在行省小道消息的许多其他珍闻里，
奥古斯丁会告诉他的读者，一位年迈的主教是如何被迫把死狗拴在自
己的脖子上，在他自己的祭坛上跳舞的。[22]

　　通过这种方式，奥古斯丁充分利用了多纳徒派信徒在他们主导地
位上所面对的问题。例如，在 394 年到 395 年间，他们成功镇压了一
场他们自己的教会分裂运动，一场由马克西姆的支持者所引发的分
裂。[23]在这样做时，为了重获由马克西米安派主教主持的（长方形）教
堂，他们诉诸帝国反对异端分子的法律；而且他们在没有给那些主教
重新施洗的情况下，就重新接纳他们进教会。奥古斯丁一再阐述这一
事件的每一细节。[24]多纳徒派信徒无法做到这一点——即接纳他们自己
的分裂教会者而不显露出前后不一致，可罗马公教信徒却能够做到这
一点。[25]他们对马克西姆派分裂的强制性解决方式，给奥古斯丁提供了　225
一个不祥的先例：它是一面"镜子"[26]，多纳徒派信徒或许可以从中料
想到，他们自己的教会在罗马公教信徒的手中所当遭受的命运。[27]

　　到那时为止，双方教会都有暴力的记录。罗马公教致命性地卷入
了"马卡瑞乌时代"[28]的迫害记录之中；而奥古斯丁只能通过宣扬一个

多纳徒派教会的极端派别塞克姆希联派[29]的零星暴行，来回避这个令罗马公教感到难堪的回忆。[30]这场奇怪的运动类似于现代北非的穆斯林隐士（marabouts）或穆斯林托钵僧（dervishes）的举动：成群结队的男女圣徒踏上一条漫无止境的朝圣之旅，穿过一处又一处乡间，在他们那粉刷得雪白的神殿周围的狂热集会上追想着对殉道者的鲜活记忆[31]——一种吉普赛人和狂热的巡回传道人作风的结合。[32]奥古斯丁及其同事为改变现状而派遣传道人去多纳徒派地区布道，之后使用暴力来反对多纳徒派教会，这些尝试，都被这些帮伙所遏制。相比于罗马公教日渐增长的逼迫压力，塞克姆希联派的暴力总是显得漫无规则和漫无目标；而至少在希波，只是在作为一种对罗马公教动用武力所作出的回应时，这种暴力才达到一个高潮。[33]然而，这样的事件通常会"成为头条新闻"。它们将确保奥古斯丁对多纳徒主义的描述经由"暴行"的故事而永存；这些"暴行"故事如同英国报纸在上个世纪爱尔兰农民骚动时期所作的生动而且（必须加上的）热切的报道般令人震惊：谷仓和教堂被毁坏了；[34]残忍且别出心裁地弄残背离"大事业"的人；[35]武装帮伙对一座孤立无援的小屋进行午夜袭击。[36]无论奥古斯丁针对作为整体的多纳徒派教会写了些什么，至少在希波，他起初面临着一个近似于一次冷战的局面："你抓牢你所得到的；你有你的羊群，我有我的羊群；你不要滋扰我的羊群；我也不滋扰你的羊群。"[37]奥古斯丁因此希望在不招致进犯者恶名的前提下采取主动。因此，他写给邻近地区多纳徒派主教的信件是谨慎而有礼的，然而它们就像在一场冷战之中一个大国发给另一大国的外交照会一般。奥古斯丁会一直等到他有一个合理的抱怨；一旦装备好了这一抱怨，他就向对方提议举行一次会议；而且他会暗示，如果一次会议的提议被拒绝，他将可以随意地让世界了解他在此事件中的立场。[38]当地的多纳徒派信徒拒斥这种明显的外交手法，这丝毫不令人惊讶。

226

然而曾有一次，在 397 年，奥古斯丁和阿里庇乌得以拜访图比斯库比尔（Thubursicum Bure）的一位年事已高的多纳徒派主教福图尼乌（Fortunius）。[39]他们受到激动人群的欢迎，而且这两个对手和和气气地道别了。奥古斯丁承认："我认为，在你们的主教之中，你们将很难找到另外一个在判断力和情感上能像那位老人那样健全的人。"[40]

这样的相遇是难得的，而且它们仅在奥古斯丁主教辖区的狭小世界里才有可能。如果他要在他的对手中取得任何进展，他就不得不去减少他邻人的疑虑。例如，他会郑重其事地否认自己怀有像在"马卡瑞乌时代"那样诉诸使用武力的意图。[41]这种外交上的让步，后来会让奥古斯丁陷入尴尬的境地。[42]因为，在那些年里，特别是在 399 年到 401 年间，他经常访问迦太基。他在此处发现自己身处一个不太宁静的世界中，并且在一群更为无情的人中间穿梭。最为重要的是，他受到了那个时代政治热潮的直接影响。

在 398 年，非洲的摩尔人伯爵吉尔多（Gildo）[43]，一个地方篡权者，遭到皇帝霍诺里乌（Honorius）的镇压。一种"整肃"的气氛凝重地笼罩在这个再度被征服的行省之上。对于这次叛乱以及与这次叛乱有关的人，无论怎样说他们的坏话都不为过。有一名多纳徒派主教提姆加德的奥普塔图（Optatus of Timgad），是多纳徒派教会在努米底亚的元老（doyen），他曾是吉尔多的拥护者之一。[44]作为一座具有军事战略意义城市的主教，奥普塔图向吉尔多献殷勤，这丝毫不令人惊讶。[45]然而，按照奥古斯丁犀利的新闻写作风格，他会把一位多纳徒派主教塑造为让人看来是罗马公教会某一敌人的亲密盟友，而至于那位敌人，现在每个人都能安全地附和官方宣传，称之为"一个对罗马秩序而言最为穷凶极恶的敌人"[46]。

227

成功的皇帝霍诺里乌是一名虔诚的罗马公教信徒。他的军队甚至认为，他们自己受到了圣安波罗修之灵的庇佑。[47]人们期待新任非洲伯爵能更谨慎地择友：不是多纳徒派主教，而是米莱维斯的罗马公教主教塞维鲁斯。后者是奥古斯丁的密友，二人可以同桌共饮。[48]

然而，第一次感受到突如其来的官方冷酷姿态影响的宗教团体并不是多纳徒派。就像多纳徒主义一样，异教信仰也是罗马公教主教们的传统敌人。399 年初，一些帝国特派员到达非洲，负责关闭异教的神殿。[49]宗教骚乱爆发了：在苏菲斯（Sufes），大约六十名基督徒被杀；[50]在乡村地区，信奉罗马公教的暴民在"清洗"异教神殿的大量财产时显示出与塞克姆希联派一样的暴力。[51]奥古斯丁和他的同事们处于这场风暴的中心。在迦太基，他在"打倒罗马诸神！"的欢呼中向大批民众布道[52]这是我们第一次看到他，这样一个爱好和平的人和对暴力有着强烈敏感性的人，完全陷入因他自己的激情布道而导致的群情激愤中。因为罗马公教会已再次证明，它是非洲唯一得到皇帝合法认可的团体："你们必须要认识到，我的朋友们，那些（异教徒的）抱怨是如何与异端分子和犹太人的抱怨结合在一起的。异端分子、犹太人和异教徒，他们已经联合起来反对我们的合一。"[53]

许多异教名流发现，顺从罗马公教会是明智的。福斯提努（Faustinus）就是这样一个人，他希望通过这种方式在迦太基谋到一官半职。然而，即便是这样一种明显的政治性叛依，奥古斯丁也在一次颇具魅力的布道中请求自己的会众接受。[54]如此这般的布道是奥古斯丁后来为多纳徒派团体的被迫叛依做合理性辩护的一次"彩排"。因此，一位多纳徒派的观察者，锡尔塔（Cirta）主教佩提利安（Petilian），228 现在认为罗马公教继续提出的谈判提议不过是"以亲吻进行的战争"，所以不予考虑——这一点都不奇怪。[55]

这种兴奋确实深深地影响了奥古斯丁。他觉得自己生活在一个很久以前就被预言的历史转折点上。几个世纪以来，那些异教皇帝一直在逼迫基督教会；可在一代人时间里，这些同样的皇帝已将罗马人传遍世界的诸神信仰的宏伟大厦连根拔起。[56]他说道：这都发生得"相当快"（*valde velociter*）。[57]在阅读圣经的过程中，奥古斯丁逐渐将发生在他周围的事件看做是一千年前由《诗篇》中的大卫和以色列的先知们所预言的必然进程的一部分。[58]罗马公教会已经遍及整个世界："它曾被记录下来；它已经成为现实。"[59]这于罗马皇帝而言也是如此。他们也已学会，通过镇压他的（神的）教会的敌人的方式，"带着恐惧和战兢事奉主"[60]。

因此，当奥古斯丁发表他第一本反对多纳徒派的长篇小册子时，也恰恰在这时，很可能在迦太基，他已经远远地背离了自己当初只想成为希波一个地方性人物的初衷。基督徒皇帝有惩罚"不敬神者"的权力。虽然武力镇压多纳徒主义的暴风雨或许仍然是遥远的，但其轮廓已清晰可见。[61]这本小册子最不祥的特性，就是其作者所显露出来的致命的紧迫感："大多数人都将他们的心放在自己的眼中，而不是放在自己的心房之内。如果鲜血从一个普通人的肉体中汩汩流出，任何见到这一切的人都会感到嫌恶；然而，如果那些已经与基督的和平隔离的灵魂，死于分裂教会或异端的渎神之罪……那么，这是一种更让人害怕，也更为悲剧性的死亡——其实我可以肯定地说，这是一种比其他任何死亡都要真实的死亡。而且，人们会出于习惯而嘲笑这种死亡。"[62]

注释

[1] *Serm.* 359,1;cf. 358,2;47,21,关于一份遗嘱引起的强烈情感对峙。

[2] *Conf.* IX,ix,19.

[3] *Serm.* 238,2-3.

[4] *C. litt. Petil.* II,lxxxiii,184.

[5] *Ep.* 35,1.

[6] Tyconius,*Liber Regularum*,ed. Burkitt,pp. 61,xvii.

[7] v. Monceaux,*Hist. littér.*,v. p. 170.

[8] *Ep.* 33,5.

[9] *Serm.* 46,15.

[10] *Serm.* 46,15.

[11] *Ep.* 44,v,12.

[12] *Breviarium Hipponense*(P. L. lxvi,418).

[13] *Serm.* 252,1.

[14] *Enarr. in Ps.* 54,18;*Serm.* 46,15.

[15] *Brev. Hippon.* xii(P. L. lxvi,424/5).

[16] *Brev. Hippon.* xiv(P. L. lxvi,425).

[17] *Ep.* 52,4.

[18] Brown,"Religious Coercion in the Later Roman Empire: the Case of North Africa",*History*,xlviii,1963,pp. 283-305,pp. 295-297;Tengström,*Donatisten u. Katholiken*,esp. pp. 66-90.

[19] 奥古斯丁不得不对这种方法进行辩护。参 *Enarr. iii in Ps.* 36,18。

[20] e. g. *Ps. c. Don.* 79 sq;*Retract.* II,55.

[21] v. sup. p. 134.

[22] *C. Ep. Parm.* III,vi,29.

[23] Frend,*Donatist Church*,pp. 213-214.

[24] 参 A. C. deVeer 的精彩论述，"L'exploitation du schisme maximianiste par S. Augustin dans sa lutte contre le Donatisme",*Rech. augustin.*,iii,1965,pp. 219-237。

[25] *C. litt. Petil.* II, xx, 44.

[26] *C. Crescon.* III, lviii, 69.

[27] *Enarr. ii in Ps.* 36, 19; *Enarr.* in Ps. 57, 15.

[28] 马卡里乌,罗马帝国的一名伯爵,约于 347 年以帝国特使身份到非洲解决多纳徒派和罗马公教之间的分歧,采取严厉措施镇压了多纳徒派。——译者注

[29] 塞克姆希联派,4 世纪时,由非洲北部一些农民组成的派别,自称"为神而战的斗士",谴责奴隶制,要求取消债务。受多纳徒派影响,他们将殉道当作重要德行,视遭受的镇压为实现殉道理想的手段。——译者注

[30] e. g. *Enarr. in Ps.* 10, 5.

[31] W. H. C. Frend, "The cellae of the African Circumcellions", *Journ. Theol. Studies*, n. s. iii, 1952, pp. 87-89.

[32] 关于这异常复杂和模糊的论题,参 Tengström, *Donatisten u. Katholiken*, esp. pp. 24-78.

[33] v. inf. pp. 237-238.

[34] *Ep.* 111, 1.

[35] *Ep.* 5, ii, 3.

[36] *Ep.* 108, vi, 19.

[37] *Enarr. in Ps.* 21, 31.

[38] e. g. *Epp.* 23, 33, 34, 35, 49, 51.

[39] *Ep.* 44.

[40] *Ep.* 44, vi, 13.

[41] *Ep.* 23, 7.

[42] *Retract.* II, 5.

[43] 吉尔多(?—398),柏柏尔人。386 年任非洲总督,后起兵反对霍诺里乌皇帝和西罗马帝国,兵败自杀。——译者注

[44] *Ep.* 76, 3; *C. litt. Petil.* II, xcii, 209.

[45] Frend, *Donatist Church*, pp. 208-229; E. Tengström, *Donatisten u. Katholiken*, pp. 75-77, 84-90.

[46] *C. Ep. Parm.* I, xi, 17; Claudian, *De Bello Gildinico*, esp. i, 94 (ed. Platnauer, Loeb, i, p. 104).

[47] Orosius, *Hist.* vii, 36.

[48] *de civ. Dei* XXI, 4, 92.

[49] *de civ. Dei* XVIII, 54.

[50] *Ep.* 50.

[51] *Serm.* 62,13.

[52] *Serm.* 24,6.

[53] *Serm.* 62,18;Brown,"St. Augustine'sAttitudetoReligiousCoercion",*Journ. Rom Studies*,liv,1964,pp. 107-116,109-110.

[54] *Morini*,(*Misc. Agostin.* i,pp. 589-593).

[55] *C. litt. Petil.* II,xvii,38.

[56] *Serm.* 24,6.

[57] *Enarr. in Ps.* 6,13.

[58] *Enarr. in Ps.* 62,1.

[59] v. *Ep.* 232;*C. Faust.* XIII,7.

[60] v. esp. *Enarr. iii in Ps.* 32,9sq.

[61] *C. Ep. Parm.* I,viii,15—x,16.

[62] *C. Ep. Parm.* I,viii,14.

21

惩　　戒

距离奥古斯丁作为一名学生第一次来到迦太基，已经过去三十年了。如今，在403年，他作为一个著名人物，一名被他的敌人痛恨不已的人再次来到这里。"我是为了什么？"他告诉罗马公教的会众说，"我是罗马公教会吗？……我只要身处其中就足够了。你们（多纳徒派信徒）诋毁我过去的罪恶行径。你们认为这是一件可以大作文章的事情，对吧？对于我自己的不端行为，我的自责比你们的苛责还要严厉。你们只是重新提起它们：我却已谴责了它们。这些都属于过去。尤其是在这座城里，它们都已为众人所知……以基督之名，无论我那时怎样，那都是过去。他们现在所批评我的，他们毫无所知。哦，在我身上还是有许多他们可以纠缠之物的：了解这些，会使他们战兢不已的！有许多依然在我的思想中发生着——与我恶的冲动和每日的不安斗争；魔鬼几乎一直希望使我堕落……"

"弟兄们，请告诉多纳徒派信徒这一点：'这就是奥古斯丁……一个在罗马公教会里的主教……我所清楚地指望的，首先是罗马公教会。我不会将我的信任置于任何人身上。'"[1] 多纳徒派在自我防卫上是冷酷无情的。离开他们教会而皈依罗马公教会的人，尤其会受到他们毫无怜悯的对待。抛弃自己的会众而成为一名罗马公教信徒的巴盖（Bagai）主教遭到了会众的袭击，并被扔在那里等死。在404年即将结束之际，他主动出发向帝国朝廷寻求对此的处罚。[2] 面临这样的暴力，许多奥古斯丁的同事希望能够像马卡瑞乌伯爵那样坚决迅速地解决问题。[3]在这个问题上，或许甚至连阿里庇乌也来反对奥古斯丁。[4]

230　奥古斯丁不想走得那么远。他并不是一个激进的人。他早先对自己有意愿采用迫害手段的否认，更多是出于外交手段而非道义原则。但他是一个非常认真尽责的主教；而且，在404年，他仍然不认为，罗马公教会可以吸纳那些它也许只有用强制力才能赢得的多纳徒派会众。那将会有太多的"伪"（*ficti*）罗马公教信徒。[5]在希波，他觉得自己会众的品质已被那些在基督教成为国教时大量加入教会的半异教徒严重地稀释了。[6]他们随身带来诸多原始仪式，例如设宴祭奠死者，而奥古斯丁在成为一名教士的十年前就与这些仪式斗争过。[7]因此，他有充分的理由怀疑这一前景，即这股异教"伪善"而稳定的涓流，转变成忿恨的多纳徒派信徒（他们习惯于在纪念其殉道者的盛宴上庄严地喝醉）的一股洪流。

在404年的罗马公教大公会议上，这种谨慎的观点仍然十分盛行：[8]主教们只是要求得到治安保护。[9]但是，巴盖主教已经带着一个单独的"暴行"故事到了帝国宫廷。[10]405年6月末，一份严厉的"合一敕令"被发往迦太基：多纳徒派信徒被打上了"异端分子"的烙印，并因此受制于打击异端的一般性法律。[11]

尽管这份敕令的措辞颇有夸大之处，可它还是忠实于罗马关于宗教立法的一般原则的。然而，这项法令只触及了表层。至今仍然没有一个多纳徒派信徒被迫加入罗马公教会。恰恰相反，就像一个被宣布为非法的现代政党一样，多纳徒派教会只是被"解散了"。多纳徒派主教被免职，他的教堂会被罗马公教信徒接管；而奥古斯丁也会面对吸纳一群没人领导的会众这一令人不快而且十分艰巨的任务。[12]

231　奥古斯丁按其一贯特点接受了政策的转变，并认为其间这一相关的敕令出于神意。[13]那年的早些时候，他甚至在一次旅途中写给保利努的信中说：神通过超出人类所能掌控的事件来"说话"。[14]事实上，奥古斯丁已经行进在接受强制手段作为解决多纳徒派教会分裂之方法的中途了；而由这份敕令所造成的新局面，不过是将一种已经酝酿了很久的态度进一步明确化而已。然而，这项新政策必须得到强有力的捍卫，以反对一系列直接的批评（这些批评有着与来自主要的多纳徒派主教[15]和普通教师[16]相同的热情）：一位基督徒会倡导一项逼迫的政策，这是前所未闻之事；[17]奥古斯丁已经背离了他的话。[18]奥古斯丁在回应他那些孜孜不倦的批评者时，写下了早期教会史上唯一一篇完整的、为国家镇压非罗马公教信徒进行辩护的文章。

在奥古斯丁担任主教的第一个十年中，他对教会和社会的态度，已经发生了一些深刻和不祥的变化。例如，他关于恩典和预定的思想，已经更深地植根于他的心中。他现在求助于它们，以缓和自己所处的境地。他不得不吸纳不情愿的多纳徒派群体；但他可以以此信念来使自己安心，即，甚至在被迫加入罗马公教会的人身上，上帝的恩典都能够引起一种内心的改变。他因此把伪皈依这个问题留给神去解决：在他看来，因为罗马公教的这一政策引起了如此之多的伪皈依而反对该政策，这无异于否认"上帝的权能"；[19]上帝自会在勉强遵从罗马公教会的民众之中找出他的真信徒。

理论和实践一齐强化了奥古斯丁的思想变化。十五年前，当他从意大利返回非洲的时候，他发现，普通的非洲社群于他很陌生，因而"难以理解"。然而，他逐渐适应了两派教会普通教众们所司空见惯的风俗和思维习惯，因此吸纳的工作似乎也并不是很困难。[20]

而且，当奥古斯丁后来成为一名教士的时候，他依然对人类自由意志的能力保持了某种乐观态度：信仰行为仍然是一种自觉选择的行为，因此，它取决于人类的能动性，诸如正确的、合理的教导。此时，他试图改革流行的敬虔方式，因为他相信，通过劝导[21]和去除那些使他们产生错误看法的习惯[22]，他或许能够将一群不善于思考的基督徒转变成好的、"属灵的"罗马公教信徒。[23]而如今，他没有那么肯定了。在人类的处境和意图，与一位全能上帝那不可战胜的目的之间，似乎有一种很大的不一致。罗马公教会但凡有需要便通过强制力迅速扩张的能力，越来越不取决于被一位纯粹尽责的主教判断为行得通的方式。因为这个教会的主干开始存在于神和他那"特定数量"选民之间的一种深不可测的关系之中：无论这些选民是以什么方式进入这有形的、并不完全的人间教会，"上帝都能将他们嫁接上。"[24]

在一个多纳徒派信徒看来，奥古斯丁对使用强制手段的态度是一种对传统基督教教义的公然否定：上帝使人可以自由地选择善或恶，那么一项强迫这种选择的政策显然是反宗教的。[25]多纳徒派的文人们从圣经中引用了支持自由意志的章节，而帕拉纠在之后会引用同样的章节。[26]奥古斯丁在他的回复中所给予他们的回答和他后来给予帕拉纠主义者的回答是一样的：最终的、个人的选择行为必须是自发的；但这选择行为可能是在一个漫长的过程中才得以准备妥当的。这一过程却未必是人可以为自己选择的，而往往是神在违背他们意愿的情况下强加给他们的。[27]这是一个"教导"（eruditio）和告诫（admonitio）的矫正过程，甚至可能还包含有恐惧、束缚和外在的麻烦："让束缚待在外面吧；意愿是由内而生的。"[28]

奥古斯丁已然确信，人需要被如此严厉地对待。他用一个词概括了他的态度：惩戒（disciplina）。他并不像许多同时代那些更为传统的罗马人所做的那样，将这"惩戒"看做是对一种"罗马生活方式"的静态保存。[29]对他而言，惩戒在本质上是一种主动的、矫正性的过程，一种"软化过程"；一种"通过各种麻烦来进行教育的过程"——per molestias eruditio。[30]在旧约中，上帝正是通过这样的一个惩戒过程来教导他那些任性的选民，即通过一系列神所命定的灾难，来遏止和惩罚他们的罪恶倾向。[31]多纳徒派所受的逼迫是上帝所施加的另一"有所收敛的大灾难"，这一次，借着基督徒皇帝们的法律而促成。[32]在奥古斯丁看来，这不过是人类作为一个整体与其严父（即上帝）关系的一个特例而已；这位父亲会"鞭打他所接纳的儿子"[33]，而在这件事上他完全是不加区别的；就像那位"仅仅为了以防万一"而在每周六晚上打家人的人一样。[34]

此外，罗马公教会在非洲的处境（也就是由强制力强加在那些并不太心甘情愿的会众团体头上的），近似于在摩西律法"轭"下的以色列民的处境。奥古斯丁坚持认为，"律法"也是通过强制力强加给大多数以色列人的；尽管律法的意义只被他们中的极少数人所理解和热爱，他们被恐惧所迫而保留在摩西律法所要求的紧密的合一之中。[35]然而，奥古斯丁认为这种公然的强制体制实现了一项功能：犹太人被阻止陷入多神论这更严重的罪中；而且，只有在耶路撒冷（古以色列那种强制性合一的中心）的犹太人中，教会"属灵"的合一才在五旬节时得以实现。[36]

至于律法在旧约中所赞同的严厉态度和暴力行为，这些事很久以前就不再使奥古斯丁感到震惊了。奥古斯丁在引用它们作为逼迫多纳徒派的先例的几年之前，曾在反对摩尼教徒时为它们辩解。[37]他只在一点上改变了自己的看法。十年之前，他曾教导，基督教产生之前的岁月都属于一个更为原始的"道德发展阶段"；[38]而在他自己的时代，基督教已是一个纯粹"属灵的"宗教。它已完全升华于"阴暗的"过往中那肉身的处罚和强制的顺服之上。[39]可如今，奥古斯丁不再那么确信了。虽然，"属灵的"因素也许在罗马公教会中是支配性的；但他现在觉得，它的合一里含有大量"肉欲"之人。这些人完全活在和古代以色列人同样的道德水平中，并因此只对恐惧有反应。[40]这是一个深刻而悲观的结论。人类历史现今并没有显出明显的迹象，表明有一个不可逆转的上升过程，即经过诸阶段升华为一个"属灵"的宗教：人类仍然"像一个生了重病的人一样"[41]，始终需要一位伟大的自由派历史学家带着厌恶情绪提到的那种权威的"巴黎石膏"[42]。

奥古斯丁对人类堕落的看法，决定了他对社会的态度。堕落的人类需要约束。即使是人类最为伟大的成就，也只有在"紧身衣"不间断的严格作用下才有可能取得。奥古斯丁是一位伟大的知识分子，对人类的理性所取得的各种成就怀有一种健康的、合理的敬重，可是，他着迷于思想的困境，以及长期的强制性过程，这一过程甚至可以追溯到其学生时代所经历的恐惧，而正是这种恐惧使这一理智活动成为可能。因此，"准备躺下休息"[43]是种堕落的人类心智。他说，他宁愿去死，也不愿再次成为一个孩子。虽然如此，那个时期的恐惧全然是必要的；因为它们是神那令人敬畏的惩戒的一部分，"从教师的笞杖到殉道者们所受的极度痛苦"，借此，人经由苦难而从他们自己的灾难性倾向中被召回。[44]

奥古斯丁认为，如果社会的压力一旦松弛，将会发生一些事情，而这些事情可以作为上述那种态度的一种检测："约束人类放纵的缰绳会被松开并被抛弃，所有的罪恶都将不受任何惩罚地大行其道。拿走由法律所立的障碍！人厚颜无耻的伤害能力，他们自我放纵的强烈欲望，将肆虐到极致。没有一位国王在他的国中，没有一位统领军队的将军，没有一位和妻子在一起的丈夫，也没有一位带着儿子的父亲，会尝试通过任何威胁或惩罚来制止犯罪的自由和它那纯然的甜味。"[45]
有一人带着明显的着迷与惊恐，最近分析了在他青年时期曾将他导向
破坏他人财物——偷梨——这一相当无端之行为的动机，此人不太可
能会低估"犯罪的甜味"所具有的危险力量。[46]

需要约束所造成的压迫感，也许相较于奥古斯丁的同时代人而言，
更能使一个现代人感到惊恐。最让多纳徒派感到震惊的是奥古斯丁准
备用来打破障碍的方式。这些障碍牢牢地植根于早期的普通基督徒的
想象之中，存在于"神圣"和"凡俗"之间，存在于由基督教主教在
教会内所施行的纯粹属灵的处罚和由皇帝们所实施的、来自罗马社会
的多重（有时，令人恐怖的）压力之间。[47]

多纳徒派忠实于他们的防守态度，对帝国政府并没有敌意；他们
只是觉得，在保持一部神圣律法这件最为紧要的事情中，可以忽略
它。[48]主教充满了他们的狭窄视野：他是施舍[49]、劝诫和属灵惩罚的唯
一真正的来源。[50]他们说，神派了先知，而不是国王，去告诫以色列
民；[51]因为"只有在教会中，律法的命令才应当被传授给上帝的
子民。"[52]

而奥古斯丁却相反，他尽可能地承认，人由于处在堕落状态中，
所以不能只靠属灵压力来使自己远离罪恶。[53]他作为一名主教需要"告
诫"非洲基督徒中的任性之羊，而他的部分权能被移交给了帝国法律
的"恐怖力量"；而主教所动用的"使徒式惩戒"[54]已扩散至整个社会，
从皇帝颁行法律，到许多一家之主鞭打他们自己的多纳徒派属从，以
使他们顺服于罗马公教会。[55]

对奥古斯丁而言，第一印象或许是最为持久的。他第一次接触到
罗马公教会在惩戒方面的教导，所经的渠道是他母亲那平信徒式的宗
教狂热。是莫尼卡，而非当地的主教，通过拒绝与奥古斯丁这位年轻
的摩尼教徒共处一室而将他"逐出教会"。[56]总而言之，这是一种不祥
的变化：鉴于奥古斯丁有意笼统地评论人类社会作为一个整体的"约
束"和"告诫"功能，因此，对于他的后继者而言，要把那促成罗马
公教会合一的严格的宗教力量，和在一个名义上的基督教社会中支撑
这一合一的社会压力区分开来，是十分困难的。

奥古斯丁可能是第一个宗教法庭方面的理论家；[57]但他绝不是一个

宗教法庭的大法官。因为，与中世纪的主教不同，他并不热衷于在一个完全的基督教社会里维持现状。他所面临的，不是一些为整个基督教群体所畏惧和痛恨的小派别，而是一个像他自己的会众一般庞大、并在许多方面与之非常相似的基督徒团体。因此，对奥古斯丁而言，宗教强制依然是一种真正的矫正性疗法：它是赢取"顽固"对手的一种粗暴手段，而不是镇压一个小小少数派的一种尝试。他不得不保持机智和谨慎："因为，如果他们仅仅被恐吓，而没有在同时被教导，那么，这会是我方一种不可宽恕的暴政。"[58]在这样一种情形下，任何关于其职责的其他解释都将使奥古斯丁感到极为震惊。一位名叫康森提乌（Consentius）的西班牙牧师，被他教会中一个异端的"第五纵队"吓坏了，后来他写信询问奥古斯丁是否赞成动用密探（agents provocateurs）来获取异端分子的名单。奥古斯丁对这种"以谎言搜寻异端的巧妙设计"感到怒不可遏……"不是使他们被诱陷于假话，而是通过真诚的论辩，这样才会使他们的错误更容易被根除；至于是否着手写下这些，则完全取决于你自己。"[59]

　　事实上，在405年之后，奥古斯丁已经在实践他后来告诫康森提乌的内容了。他的许多同事设法在同一时间既成为一个多纳徒主义的有效镇压者，又变成一个大恶棍。[60]希波·迪阿里多斯［Hippo Diarrhytos，或比赛大（Bizerte）］的那位罗马公教主教，将他的对手关在监狱之中已经好几年了，而且还试图处决这名对手。[61]他甚至还扩建了一所教堂，并以他自己的名字命名，来庆祝这次著名的胜利；而奥古斯丁在它的献堂礼上布道——他发现自己与无情之人走得实在是太近了！[62]然而，在希波，奥古斯丁是有按照自己个性行事的自由的：他在多纳徒派教堂的墙上贴满布告，再次说明他所作论证的显著合理性。[63]

　　尽管奥古斯丁态度谨慎，可暴力还是不可避免。帝国法律不稳定地颁行于非洲社会。它们挑起了贫富之间、城乡之间的不合。多纳徒派失去了他们的主教以及上层阶级的支持。[64]有一个名叫塞勒（Celer）的地主，曾将别人题献给他的诗歌雕刻到了公众广场之上。[65]可如今，他发现作为一名多纳徒派信徒，他不能担任公职，既不能通过诉讼保护自己的财产，也不能通过有效的遗嘱将之传给自己的继承人。[66]因此，在405年之后，这些人发现，顺服国教是明智的。在过去更加宽容的时期，公共社会生活、混合婚姻以及名望所带来的各种压力，不利于奥古斯丁而有利于多纳徒派；如今，这些压力却使希波那些名流紧跟在奥古斯丁周围，因为他是罗马公教的主教，且得到信奉公教的皇帝们支持。[67]

在希波之外，情况有所不同。多纳徒派已在希波周围的庄园和村子里设立了一批数目庞大且难以驾驭的教士。这些教士现在与塞克姆希联派结成联盟，用以暴制暴的手段来进行反抗。塞克姆希联派的恐怖主义使多纳徒派教会在整个"惩戒时期"[68]都保持了开放。[69]当多纳徒派主教马可罗比乌（Macrobius）在409年左右再次出现在希波的时候，他直接被迫以一个不法者的身份在自己教区的村庄里住了四年之久；如今他成了一伙乡村暴徒的首领，可他甚至连这些人的语言都不会讲。[70]降临在这位可敬且受过良好教育的希波市民身上的，是怎样一种奇怪的命运啊！

因此，在城镇中，新政策所采用的路线，与奥古斯丁如此煞有其事的概述，也许不会有太大的不同：这些法律强行施加外在的"麻烦"，如此，会使得那些可敬之人在考虑继续其多纳徒派信徒身份时思量再三；也会使得局势完全朝着有利于奥古斯丁的方向发展。然而，在希波城外，宗教强制遭遇了暴力反抗；而对多纳徒派教会的解散即将恶化为对一场尚处于酝酿之中的农民起义的血腥镇压。[71]信奉罗马公教的地主们不会麻烦自己把塞克姆希联派分子交给奥古斯丁去接受"教导"。他们只会当场处理这些异端暴力分子，就"像对待土匪一样"。[72]帝国的官员们也被一种原始的、罗马式的"渎圣"恐惧所驱使，自觉地将那些犯有残害主教或毁坏教堂之罪的多纳徒派信徒处以死刑。[73]

奥古斯丁原则上反对死刑，因为它扼杀了悔改的可能性。[74]他也基于一些策略的原因而希望避免死刑：谋杀的浪潮曾造就了罗马公教会中一批真正的殉道者，他不愿将一个为公义受难的类似机会赠与他的对手。[75]一封奥古斯丁在408年写给非洲总督的热情而高明的信，体现了他的崇高原则；但也表明他无法制止许多死刑判决。[76]

然而，对奥古斯丁而言，帝国的法律却有一个意外的结果。它们迫使他第一次作为一名有影响力的地方人物出现在历史舞台。作为罗马公教主教，他要管理多纳徒派的教产；他要拟定多纳徒派分子的名单；他将亲自接纳作为皈依者的他们；他要经常忙于确保法律得以实施。[77]对他的一些同事而言，这是一种孤独而危险的显赫地位。正如我们将看到的那样，波希迪乌（Possidius）试图运用他在帝国法律下的新权威来镇压在卡拉马（Calama）的一场异教徒公众游行：当他遭到一群异教分子的攻击时，他的会众只是平静地站到了一边——他们普遍认为，是他们的主教及其教士们太自不量力了。[78]

对比而言，奥古斯丁却从这次转变中获益。自从他作为一名教士 239
与摩尼教徒福图纳图辩论以来，已经过去十多年了。那时，这两名曾经的朋友在一个中立的地区，即一处公共浴场，在一群来自各色宗教背景的观众面前会面了。[79]现今，当另外一名摩尼教徒费利克斯（Felix）到达希波的时候，奥古斯丁会从罗马公教教堂后殿的主教宝座上接见他。奥古斯丁在向他致辞时不仅作为一名辩论者，而更像是一位治安法官。"我不能太过于挑战您的权威"，费利克斯回答道："因为主教的位子是极有权势的……"[80]

奥古斯丁变了。408 年左右，一名远方的通信者卡登内［Cartennae，即提奈斯（Ténès）］的文森提乌（Vincentius）要求他证明目前关于宗教强制见解的正当性。[81]在那封信中，有比一个迫害理论更处于危机之中的问题：它就是奥古斯丁遥远过去的特质。因为他们两个人曾经一起在迦太基求学。当年的摩尼教徒奥古斯丁（详细阐述宗教迫害的教父本人曾经是一个受逼迫教派的一名成员），如今已经成为希波的罗马公教主教。文森提乌回到了甚至更为遥远的西部，成为一个多纳徒派分裂团体罗迦图斯（Rogatus）派[82]的领袖。"我了解你，我杰出的朋友，"文森提乌写道，"当你远离基督教信仰的时候，你是一位致力于和平和正直的人。在那些日子里，你忙于文学追求，无暇他顾。可自从你皈依基督教之后，我被告知……您开始将所有的时间和精力投入在神学之争上了。"[83]

奥古斯丁现在是一个日益衰老的人。"你知道我现在"，他回复道，"比你在我青年时期在迦太基认识我的时候，甚至更渴望安息，也更为热情地在寻求它。"[84]正在此时，在一封致诺拉的保利努的长而沮丧的信中，我们对奥古斯丁得此一瞥：

"在一些个案中，如果我们不得不对其作出是否惩罚之决定，那么除了增进他们的属灵福祉外，我们别无他求；至于此间的刑罚或免刑，我又当说些什么呢？我的弟兄，保利努，圣洁、爱上帝的人啊，我们在这些事上，是何等地战栗不安啊！何等地战兢！何等地黑暗！愿我们不作如是想，正如经上说：'恐惧战兢归到我身，惊恐漫过了我。我说：'但愿我有翅膀像鸽子，我就飞去得享安息。'"（诗 55：5—6）[85]

注释

[1] *Enarr. iii in Ps*. 36, 19.

[2] Frend, *Donatist Church*, pp. 262–263.

[3] *Ep*. 93, v, 16-17.

[4] *Ep*. 93, v, 16.

[5] *Ep*. 93, v, 17; Brown, "St. Augustine's Attitude", *Journ. Rom. Studies*, liv, 1964, p. 111.

[6] e. g. *Serm*. 10, 4; *Enarr in Ps*. 7, 9. 关于异教徒加入基督教的动机，参 *Serm*. 47, 17。

[7] *Ep*. 29, 9.

[8] 人们曾请求皇帝不颁行剥夺异教徒法律权利的法令，以免未来的诉讼当事人假意皈依基督教，*Commonitorium* of the Council of 404(P. L. xi, 1203C)。

[9] *ibid*. P. L. xi, 1202-1204.

[10] *Ep*. 88, 7.

[11] *Cod. Theod*. XVI, 5, 38; 6, 4-5; 11, 2(P. L. xi, 1208-1211); V. Frend, *Donatist Church*, pp. 263-265.

[12] Brown, "Religious Coercion", *History*, xlviii, 1963, pp. 285-287, 292-293.

[13] *Ep*. 185, vii, 26.

[14] *Ep*. 80, 3.

[15] Petilian of Cirta in *C. litt. Petil*. II, lxxix, 175-xcvii, 223（Monceaux, *Hist. litter*., v, cc. 46-58, pp. 323-326）.

[16] Cresconius the *grammaticus*; v. esp. *C. Crescon*. III, li, 57.

[17] *C. litt. Petil*. II, xcvii, 214.

[18] 此处暗含这一点：*Ep*. 93, i, 1; v, 17。

[19] *C. Gaud*. xxv, 28; *Ep*. 89, 7; *C. mend*. vi, 11.

[20] Brown, "St. Augustine's Attitude", *Journ. Rom. Studies*, liv, 1964, p. 111.

[21] e. g. *de mor. eccl. cath*. (I), xxxiv, 76.

［22］ *Ep.* 22,3.

［23］ *Ep.* 29,4；*Serm.* 5,4.

［24］ *Rom.* 12,23；*Ep.* 87,9. 此前，这种看法与多纳徒派的神职授受有很大关系，*Ep.* 61,2；*Ep.* 98,5。

［25］ *C. litt. Petil.* II,lxxxiv,185；*Coll. Carthag.* iii,258（P. L. xi,1413C）；*C. Gaud.* xix,20.

［26］ e. g. *Eccles.* 15,17-18,*C. litt. Petil.* II,lxxxiv,185；*Ecctes.* 15,14,*C. Gaud.* xix,20；de Plinval,*Pélage*,p. 94.

［27］ v. esp. *C. litt. Petil.* II,lxxxiv,185.

［28］ *Serm.* 112,8；Brown,"St. Augustine's Attitude",*Journ. Rom. Studies*,liv,1964,pp. 111-112.

［29］ W. Dürig,"Disciplina：Eine Studie z. Bedeutungsumfang des Wortes i. d. Sprache d. Liturgie u. d. Väter",*Sacris Erudiri*,4,1952,pp. 245 -279.

［30］ *Enarr. xvii in Ps.* 118,2；*Ep.* 93,ii,4. v. esp. A. M. La Bonnardière,*Recherches de chronologie augustinienne*,1965,p. 36,37n. 3.

［31］ *Ep.* 173,3；*Enarr. in Ps.* 136,9；*Tract. in Joh.* 5,2.

［32］ *Ep.* 105,iv,12-13.

［33］ *Prov.* 3,12.

［34］ e. g. *de urbis excidio*,I,v. inf. p. 291.

［35］ *de serm. Dom. in Monte*,I,xx,64；*de util. cred.* iii,9；*Ep. ad Gal. expos.* 22；*Enarr. in Ps.* 138,28.

［36］ *de doct. christ.* III,vi,10.

［37］ e. g. *de serm. Dom. in Monte*,I,xx,63-65；*C. Adim.* 17；*C. Faust.* XXII,20；*Ep.* 44,iv,9.

［38］ *de div. qu.* lxxxiii,53；*C. Faust.* XXII,23.

［39］ *de vera relig.* xxvi,48-49；Brown,"St. Augustine's Attitude",*Journ. Rom. Studies*,liv,1964,pp. 112-114.

［40］ e. g. *de Bapt.* I,xv,23-24；*Serm.* 4,12；*de cat. rud.* xix,33.

［41］ *C. Faust.* XXXII,14.

［42］ H. A. L. Fisher,*History of Europe*,1936,Preface.

［43］ *de civ. Dei* XXII,22,34.

［44］ *Conf.* I,xiv,23.

［45］ *C. Gaud.* XIX,20；*Ep. ad cath.* XX,53.

［46］ sup. p. 166.

［47］ 例如，提姆加德的多纳徒派主教郜登提乌（Gaudentius）曾严格地描述这种区别，参 *C. Gaud.* xxiv, 27。

［48］ W. H. C. Frend, "The Roman Empirein the Eyes of Western Schismatics During the 4th Century", *Miscellanea Historiae Ecclesiasticae*, 1961, pp. 9 -22.

［49］ 多纳徒曾评价道："罗马皇帝为基督教教会做过什么？"皇帝曾主动施舍教会。Optatus of Milevis, *de schism. Don.* III, 3 (P. L. xi, 998-1000).

［50］ *C. Ep. Parm.* I, x, 16.

［51］ *C. Gaud.* xxxiv, 44.

［52］ *C. Crescon*, I, x, 13.

［53］ *Ep.* 89, 7, "human authority"; cf. *Enarr. in Ps.* 149, 14.

［54］ *Serm.* 94.

［55］ e. g. *Serm.* 182, 2; 302, 19; cf. *Enarr. in Ps.* 85, 16. 关于大地主们施加的直接影响，参 sup. p. 187。

［56］ *Conf.* III, xi, 19; cf. *C. Ep. Parm.* III, 16.

［57］ v. esp. H. Maisonneuve, "Croyancereligieuse et contrainte: la doctrine de S. Augusti", *Mél. de science relig.* xix, 1962, pp. 49-68.

［58］ *Ep.* 93, ii, 3.

［59］ *C. mend.* vi, 11.

［60］ *Ep.* 85 (to bishop Paulus).

［61］ *Coll. Carthag.* i, 142 (P. L. xi, 1318A).

［62］ *Serm.* 359.

［63］ *Retract.* ii, 27; v. Brown, "Religious Coercion", *History*, xlviii, 1963, p. 293.

［64］ v. Brown, "Religious Coercion", *History*, xlviii, 1963, pp. 290-292.

［65］ *Epp.* 56, 57 and 139, 2; v. Marec, *Hippone*, p. 77.

［66］ 罗马尼阿努的经历表明，一名有钱的非洲人为保住自己的财产需付出怎样的努力：不但要提请诉讼，而且还要多次到帝国宫廷去斡旋。参 *Serm.* 107, 8。

［67］ e. g. Celer, sup. n. 6; Donatus, *Ep.* 112, 3.

［68］ 自 378 年起，西罗马帝国遭到西哥特人及其他日尔曼部族的多次进攻。401年后，西哥特人数次进攻意大利，甚至攻击罗马。410 年，"永恒之城"罗马被攻陷，西罗马帝国遭遇了严重的灾难，罗马公教的一些人士认为这是上帝的惩戒。——译者注

［69］ *Ep.* 108, v, 18.

［70］ *Ep.* 108, v, 14.

［71］ v. esp. *Ep.* 108, v, 18.

[72] *Ep.* 88,9.

[73] *Epp.* 133;134;139,1-2.

[74] e. g. *Ep.* 153,18.

[75] *Ep.* 139,2.

[76] *Ep.* 100;v. Brown,"Religious Coercion",*History*,xlviii,1963,pp. 300-301.

[77] v. Brown,"Religious Coercion",*History*,xlviii,1963,pp. 302-304.

[78] *Ep.* 91,8and10. v. inf. pp. 285-286.

[79] v. sup. p. 134.

[80] *Gesta cum Felice*,i,12;v. Brown,"Religious Coercion",*History*,xlviii,1963,pp. 304 -305.

[81] *Ep.* 93.

[82] 罗迦图斯派，4 世纪非洲教会大迫害中被处死的 18 名殉道者，这些人信奉多纳徒派的宗教思想。——译者注

[83] *Ep.* 93,xiii,51.

[84] *Ep.* 93,i,1.

[85] *Ep.* 95,3.

22

上帝的选民[1]

奥古斯丁向那些自认为知晓基督徒生活包含哪些内容的人布道。他们所居住的世界位于"宇宙的最底层"[2]，是和谐有序之星空下的一小块混乱无序之地。[3]这个世界由敌对的"力量"（尤其是"这世界的王"，即"魔鬼撒旦"）统治着。[4]因此，基督徒会发现，他自己所致力于的，是一场格斗赛（agon）。格斗场已经清晰地划定：那就是"世界"（mundus）。对他而言，敌人是明确的，也是外在的，是撒旦、撒旦的使者以及他们在人间的代理人。由他的教会所提供的"训练"已经使基督徒具备了在任何竞争中都得到应有胜利回报的能力：在来世要得到的"冠冕"。[5]奥古斯丁时代的纯朴之人，依然会为他们的信仰而死。他们受到了以下这些思想的激励：多纳徒派的殉道者会得到冠冕的异象；[6]他们会梦见自己正在一场暴力的格斗赛中战斗；[7]他们会渴望逃离这个"肉身和世界的双重监狱"[8]。

奥古斯丁从来没有质疑过这些信念的总体轮廓。一个远离完美的世界，为人类和敌对"力量"所共享，这样的观念是所有近古时代之人的"宗教地形"观的一部分。奥古斯丁只是将基督徒的斗争内化：它的竞技场是"内心"；[9]它是一种与灵魂力量的内在斗争；"这世界的王"变成了"欲望之王"——那些爱世界之人的欲望，因此变得与那些醉心于和他们同样情感的魔鬼十分相像。[10]"不能将一切都归罪于魔鬼：有时候人就是他自己的魔鬼。"[11]同样，胜利取决于对某种内在力量之源的遵奉：在于"持守在基督里"，这被解释为存在于"己"之内的一种持久的原则。[12]因为，当这位"内在的"基督"睡着"时，灵魂之舟就会受到现世欲望的冲击而摇摆；当这基督"在灵魂中醒来"的时候，它会再次变得平稳。[13]

在他的布道中，就像在他的《忏悔录》中一样，我们再一次看到，奥古斯丁是普罗提诺的真正追随者。在他的异教同仁中有一种对宗教生活类似的流行看法，面对这种情况，普罗提诺也转向了内在世界。他坚持认为，灵魂的"上升"不是从魔鬼出没的世界到银河纯粹之光的粗陋的肉身之旅[14]，而是包含了内心世界中某种潜在原则的实现。[15]当然，关于这条内在原则的本质，普罗提诺得出了与奥古斯丁完全相反的结论：对普罗提诺而言是内在于灵魂之中的神性；对奥古斯丁而言，就变成了基督，一种与灵魂分离的原则，一种不仅"幽邃沉潜于我心灵至深之处"，而且还"超越我心灵之巅"的原则。[16]然而，两人都坚决反对他们时代所盛行的宗教观。希波和迦太基的基督徒可以在任何一次奥古斯丁的主日布道中听到普罗提诺努力在罗马的一节精选课中表达的内容。他们甚至可以读到一本专门用简单的拉丁文为他们撰写的小册子——《论基督徒的奋斗》（De Agone Christiano）。[17]有这样一种影响在起作用，拉丁语世界中基督徒的虔诚再也不同于以往。

奥古斯丁在他的布道中所展示的思想轮廓，受到了他所深深依恋的新柏拉图主义的影响。例如，对世界的爱将受到谴责，这并不是因为这"世界"有魔鬼出没，而是因为，按照新柏拉图学派哲学家们所给出的定义，它是不完美和短暂的，而且笼罩在永恒阴影之下。[18]在奥古斯丁谈论这种短暂性的时候，古代哲学家们的所有悲伤都会涌现在他的言谈之中。人类的存在"与永恒相比不过是一点点雨水"。[19]"从我开始说话到此刻，你认识到你已经老了一些，你看不到自己的头发在生长；然而，当你四处站着的时候，当你在这里的时候，当你在做某件事的时候，当你说话的时候，你的头发都不停地在你头上生长着——但绝不会如此突然，以至于你立即需要一位理发师。就这样，你的存在渐渐地消逝了——而你也在一步步地逝去。让几年的时光流逝吧，让这条大河向前流淌吧，就像它一直如此，流经许多地方，总是洗刷一些死者的新坟。"[20]

奥古斯丁对基督徒生活的看法是由这种短暂和永恒的对立所决定的。从这个角度出发，耶稣被钉死在十字架上这一点是对此必要之界限的一个提醒。普罗提诺已经以相当的热情，在一个不完全的、未完成的、分崩离析的"此处"存在与一个"彼处"存在的完全、永恒以及合一之间，划定了这一界限：[21]"当完全的幸福在此处并不存在的时候，他也许希望在此处得到幸福。幸福是一个真实的事物，美好而伟大，但它有其特定的所在。基督来自幸福的所在；但即使他也不能在此处找到幸福……"[22]

因此，我们不能认为，基督徒接近神，就像一名胜利的摔跤手走近一位公正无私的裁判去寻求奖品一样。[23]他必须带着使不完全得以完全、将无常变为恒定的渴望去。这种渴望或许能突破非洲教会的各种仪式，并转变他们的传统联系。当希波的基督徒们来领受洗礼时，他们高唱赞美诗"如鹿渴慕溪水"。[24]他们也许期待被告知，那流入施洗盆里的水有洁净的力量。他们的主教告诉他们的却非如此，而是如何渴求一些更为根本的东西：对神的渴慕——神被认为是一处泉源，正如普罗提诺称"太一"是"一处不会枯竭，永远流淌的泉源"。[25]而奥古斯丁将以一种沉思者的确定口吻对他们说话。"看呐，有时候我们会因为内心中的某种甜蜜而感到快乐。是的，在飞逝的瞬间，我们的心智已能瞥见某种超越流变之物……如今，在我的整个存在之中，都有着对某种超越时间之物的感觉。"[26]"哦！贪婪的人啊！如果神自己都不能令你满足，那么又有什么东西能够满足你们呢！"[27]

243

奥古斯丁知道如何激起听众们对地狱的恐惧。[28]但是他最希望传达的，是一种深爱之人的失落感，而不是一种受罚感："一个女孩也许会对她的恋人说：'不要披那种斗篷'，他便不披。如果她在冬天告诉他：'我最喜欢你穿那件短袍了'，那么他宁愿瑟瑟发抖，也不愿惹得她不高兴。难道她无权对他施加惩罚吗？……是的，她确实无权这样做。只有一件事是他所害怕的：'我可能再也见不到你了。'"[29]

那些聆听奥古斯丁布道的会众并不是特别地罪恶深重。恰恰相反，在生活方式和思想形式上，他们深深植根于由来已久的传统看法，而基督教于此却是无关紧要的。在这些人中，奥古斯丁那高深信息遭受厄运，恰如一条流进复杂灌溉系统的河流的命运：由于遇到了无数的狭小沟渠，由于被分解为齐整的小单元所构成的一个网络，它在它听众的心里失去了力量。[30]

这些人的宗教想象甚至也被严格地分成一个个不同的小块。他们认为存在着两个世界：现世和来世，每个世界都由自己的统治者统治。因此，要去除异教徒诸神几乎是不可能的：因为他们并不是传统的奥林匹斯诸神，他们是莫名的"力量"。这些"力量"越来越多地填入一个日渐变宽的裂缝。这一裂缝一端是一个人的日常关注——他的病痛、焦虑、抱负以及他对自己成为敌对力量攻击对象的敏锐意识，裂缝另一端是一位至高无上的神，在异教哲学家和基督教哲学家的影响下，人们觉得这位神过于高贵和超然物外，脱离了世人的日常生活。[31]奥古斯丁发现自己被他的听众所想象的这种裂缝逼入了绝境。他们曾被告之，基督教是超脱现世的。他们的确会如此认为并坚持这一点。基督非常适合作为一位来世的神，他将因永远活着而受到崇拜；[32]关乎他的仪式和象征——洗礼和十字圣号——将是为信徒们开启来世之门的绝对可靠的口令。[33]然而，现世却不得不受传统且行之有效之法——占星师、占卜者、护身符——的控制。

奥古斯丁发现，在家庭层面上，他的道路也被古老的态度所阻挡。奥古斯丁的会众并非特别放荡。远非如此。4世纪的一个非洲小城可能是一个狭小的、清教徒式的社区。它由众多紧密团结的家庭组成，而在这些家庭中，母亲充当了一个主导性的角色。[34]对某人母亲的不敬会使奥古斯丁和他的听众深深地感到震惊。[35]然而，一个人在自己家中所做的事，被认为是他的私事。他会鄙视妓女；他会避免犯奸淫；但（就像年轻时的奥古斯丁！）他会认为纳妾并不是一件大不了的事情："有人说'在我自己的家中，我确实可以做任何我喜欢做的事情？'但我告诉你：不，你不能。凡是这样做的人都将直接下地狱。"[36]

最重要的是，奥古斯丁不得不与这些男人根深蒂固的双重道德作斗争。这是一种被法律强化的、针对不贞之妻子的双重道德，而在基督教时代，它甚至变得更具有压迫性了。[37]奥古斯丁坚持认为，妻子们也应该要求她们的丈夫忠诚。正是在这个对家庭生活的传统结构有着最密切影响的问题上，我们看到奥古斯丁和他的羊群发生了正面碰撞：

"我不想基督徒已婚女性对此逆来顺受。我郑重地警告你们，我定下这条法则，我命令你们。我作为你们的主教命令你们；而且，是基督在我里面下命令。神知道一切，他看到我的心在燃烧。是的，我说，我命令你们……如果这里无一人守他们所发的贞洁誓言，那么这么多年来，乃至现在，我们给如此之多的人施洗便是毫无果效的……我断不能相信这便是如此。如若这样，那么不曾做过你们的主教也比竟然是此等情况要来得好。但我希望，并且相信情况恰恰相反。我被迫了解关于犯奸淫者的一切，却不能得知贞洁者的信息，这就是我可怜的处境。你们使我喜乐的美德向我掩藏起来，而令我苦恼的只是那些过于众所周知的事。"[38]

在他听众的道德观念中有另一裂痕，而奥古斯丁对此却无能为力，因为这是一个基督教伦理自身内部的分裂。基督徒团体越来越多地接受一种达到危险程度的"道德专属化"（moral specialization）：一种生活是留给"完美"之士的，另外一种则是留给普通基督徒的。[39]正是在一位苦修的精英和一位消极的普通成员之间，这不断加宽的鸿沟使罗马世界的基督教化陷入了停滞。

奥古斯丁和他的朋友们深深地卷入了西方这场追求"完美"生活的运动。他在少数人中分享一种行为标准所具有的巨大变革力量，而且在这样做时他感到极其兴奋。关于罗马贵族舍弃属世财富之壮举的消息从整个地中海地区传到他那里。[40]他对婚姻生活的捍卫是小心谨慎的[41]，而他关于童贞的论述却是相当抒情的[42]。而且，在捍卫于"罗马的陷落"中被强暴之修女的声誉时，他甚至会流露出些许义愤填膺的豪侠风度的痕迹。[43]正如许多专注于一场成功运动的人，他们自己的思想在一条狭窄战线上的快速推进，会显得是在抵消他们社会整体的失败，甚至使之黯然失色："'在过去'，你说，'从没有过对他人财产如此可怕的攫取者'：啊，但是……在过去也从没有过谁放弃他们自己的财产。"[44]

对普通罪人而言，一个仅崇拜圣徒的社会是令人泄气的。通过划分出并崇拜一个可辨识的"圣"人阶层（有男有女，而且他们所过生活的要求被认为是超过一般人类可能性的，以此便肯定是无关于一个现世之人的个体生活的），人们容易满足于一种替代性的神圣。例如，在奥古斯丁的教会里，虔诚的童贞女几乎要被人用一组纯白色的大理石护栏遮挡住：[45]会众们显然想要看到这样一种可见的圣洁护符，被可靠地安置在他们自己和他们"神圣的"主教和教士那已升高的位置之间。[46]可是在另一端，却存在另外一个团体，即大量坚定的、不可动摇的"悔罪苦修者"，他们是一群被非洲教会严格的悔罪苦修戒律排除在公众生活之外的人。他们并没有展现出任何屈从于基督徒生活高要求的意向。此外，还有一群罗马帝国晚期的普通人，他们曾经是异教徒，现在受洗为基督徒，同时又和教会的要求保持一定的距离，这在一定程度上是因为他们可以以此思想来安慰自己，即主教和其修士的完美追求只能是针对极少数人而言的："你们在想，我又在老生常谈了，而你们继续做你们一直做着的事……我该怎么办呢——既然我对你们而言似乎只是一支廉价的老歌。改变，改变，我恳求你们。生命的终结总是不可预知的。每个人都活在堕落的可能性中。弟兄们，我恳求你们，即使你们忘却了自身，但至少出于怜悯而帮帮我。"[47]

一名主教可以装备许多约束手段，来接近他的羊群。末日审判和永罚是基督徒最出色的"无稽之谈"。[48]"等着要成为一名从未对神有敬畏之心的基督徒，这种情况鲜有发生，事实上，从未发生过。"[49]奥古斯丁会充分利用这种敬畏，他会把自己的任职周年庆典变成一件沉重的事情："我不管你们今天是否期待一些美辞佳句，引用圣经来对你们发出应有的警告，这是我的职责。在转向神时切勿迟疑，或日复一日地推延，因为他的震怒会在你不知时降临。上帝知道我在主教的位置上听到那警告时是何等地战栗不安。我不能沉默不语；我被迫作关于它的布道。我满怀敬畏地使你们也充满敬畏。"[50]

事实上，奥古斯丁置身于他的羊群之外并以这种方式威胁他们的时候是罕见的。因为他很清楚，作为一名罗马公教的主教，他已经在自己周围聚起一个全新的团体——希波的"基督徒"；[51]而自觉或不自觉地，布道者都不得不在许多问题上迁就他的听众，以保持他们的团结。

奥古斯丁一直都认为自己生活在一群新的"民"（the *populus Dei*，上帝的子民）之中，这是一个严密而独特的部落（"以色列民"）的直接继承者。对整个罗马社会进行猛烈抨击并不是他要做的事情：他

的第一职责就是照顾好他的"民"、保持住他"民",即罗马公教会众
的本质身份和士气。

因此,正如老"以色列民",基督教的会众也是一个成分混杂的团
体。他们之间在财富和行为上的差异极其明显。一般的罗马公教信徒
对背信和通奸的反应是相当迟钝的[52],但他们对土地攫取者、放高利
贷者和醉酒者却有着敏锐的目光。[53]就像古以色列时的诗人大卫王那
样,触动奥古斯丁的与其说是任何现代意义上的"阶级感情"——针
对在城市社会生活中占据主宰地位的一群富有、自私之徒,还不如说
是另一个令他痛苦难耐的事实,即那些臭名昭著的罪恶之徒逍遥法外:
"我恼怒于罪恶之徒,恼怒于看到他们的平安。"[54]

奥古斯丁必须使他的会众团结在一起,万不可使之因嫉妒而分裂。
因此,他不得不保护那些不受欢迎的成员,而非将他们排斥在外。例
如,他对习惯之强制性力量的深刻认识,使他对待醉汉们,比他的会
众所期待的更为宽容。[55]最重要的是,毫无疑问,他需要维系群羊"同
为一体"的那种感受,尤其在反对多纳徒派的批评时,而这种需要使
得他去掩饰,也许甚至去欺瞒贫富之间非常真实的分化。奥古斯丁很
少会以安波罗修的方式站出来反对富人。[56]安波罗修会直率地告诉他的
会众:"拿伯葡萄园的故事也许是一个古老的故事,但它每天都在发
生。"[57]他可以痛斥米兰当地的地主,像痛斥一个天生贵族那样,因为
二者都熟知在帝国晚期富有是什么样子。安波罗修因此鄙视那些除了
变得更富有便无其他想法的人。[58]对比而言,奥古斯丁则会经常呼吁,
当中止这种不受人欢迎的紧张状态:"这不是一个收入的问题,而是一
个欲望的问题⋯⋯看看站在你们身边的富人,也许在他的身上有许多
的钱,但在他的心里却没有贪婪;而你们,虽然没有钱,却有诸多贪
婪。"[59]"力求合一吧,不要在民众中引起分歧。"[60]

因此,对奥古斯丁而言,觉得自己是群体的一部分,远比站在外
边谴责他的会众要重要得多。他知道,他可能是在效法圣西普里安的
榜样,也就是利用一个公共性灾难时期来谴责他会众的罪。[61]然而,当
这样一个灾难时期伴随着罗马的陷落而发生时,他宁可与他的听众在
一起,称呼他们为"耶路撒冷的同胞公民"。他向他们讲述的,不是他
们在最后的审判中所当受的惩罚,而是他们一起在"那甜蜜之城"中

247

248

的未来生活。[62]

这就是奥古斯丁作为一名布道家拥有巨大力量的秘密。他首先考虑的是使自己置身于会众之间,[63]诉诸他们对他的感情,以相当的敏感来回应他们的情感。就这样,随着布道的进行,将他们全部纳入他自己的情感方式。[64]他可以使自己与会众足够一致,以促使他们与自己完全一致。

奥古斯丁甚至不会在身体上与自己的会众隔离,像现代的讲道者那样,站在高高的讲坛上,而会众坐在下面。希波的会众在整场布道中都站着,而奥古斯丁通常在他主教的座位上倚着靠背坐着。因此,第一排的会众在离他们的主教大约只有五码的距离间,与他大概是齐目相对。[65]奥古斯丁会相当即兴地对他们直接说话:生动、纯正的拉丁语的自然表达常常突然插入一个非典雅的措辞——当然是刻意为之,或是一连串韵味十足的习语和双关语,以愉悦一群未受教育的听众之耳。[66]

但是按照奥古斯丁的方法,几乎没有空间追求沉思所带来的轻松心情。听众只会使他们自己与一个激动的人保持认同,而奥古斯丁也会为他们而激动。听众热烈地渴望平安[67],而且有恐惧[68]和罪疚感[69]——他们借着呼喊和呻吟来表达这些情感。[70]这可能是危险的。例如,当奥古斯丁布道反对帕拉纠主义时,我们可以极其清楚地看到,奥古斯丁是如何占了帕拉纠的上风的。尽管帕拉纠坚决高举人的心智自由,但奥古斯丁能使自己直接接触到一大群人心中涌动着的罪恶欲望,直接感受到他们因性犯罪而有的强烈的罪疚感[71],以及他们对于神那无法探究的行事方式的惊恐。[72]

然而,诸如此类的布道通常是在迦太基激动人群面前的例外表演。
奥古斯丁十分清楚自己的基本职责。激起民众的情绪并非他的职责,分送灵粮才是。借着阐释圣经,奥古斯丁知道,"擘饼"和"喂养众人"的思想在圣经中早已具有深刻的属灵内涵,而当奥古斯丁审视自己作为一名布道者的职责时,这一思想占据了中心地位。[73]这位曾以偷来的精美食物供给自己"同伙"的小男孩[74],会发现他自己作为一名主教,仍然在不断地给予:"我去喂养,以便我可以给你们吃的。我是仆人,带来食物的人,而非屋子的主人。我将我也从中汲取生命之物摆在你们的面前。"[75] 正如他对哲罗姆所说的，他永远都不会是一位"冷漠的"圣经学者："一旦我确实（从圣经中）获得任何知识储备，我会立刻将之奉献给神的子民。"[76]

对于奥古斯丁和他的听众而言，圣经确实是神的"话语"。它被认为是蕴于复杂代码之中的一种单一的表达，一种独一的信息，而不是一个由不同书卷组成的、异常混杂的合集。最为重要的是，它是这样一种表达：其在本质上是如此高于人类心智的极限，以至于真要使之为我们的理智所触及，这"道"将不得不通过一种复杂的"符号"游戏来传达（非常像一位现代的治疗师依据出现在一个孩子玩沙、水和砖时的有意义的模式，来与这个孩子的内心世界建立联系）："智慧的教学方式会去暗示，神圣之物应当如何经由某些为理智所能把握的意象和类比而被思想。"[77] 同样，通过这种方法，旧约中那些最为奇异的事件就可以被当作"符号"，以一种隐喻的方式，传达着会在新约中得以显明的意思。[78]

一旦比我们的意识知觉更大之物能够主动表达，无论这是现代心理分析学家所说的意识到的和没有意识到的"完整"人格，还是早期基督教解经家的不可言喻之"道"，那么，一种与奥古斯丁的态度相似的态度也就非常自然地产生了。因为这种交流被认为是通过"符号"而显露其本来面目——经由梦的意象、怪诞的评论、脱口而出的话；事实上，是通过一些"荒诞言行"（absurdities）[79] 而显露出来，这些荒诞言行不仅提醒着解经家，也提醒弗洛伊德，去注意那些隐秘且复杂的深层之物。

250

因此，当解释圣经者阅读被理解为包含了这样一种信息的圣经时，他就会训练自己去留心听这独一的、隐秘的"意志"；这"意志"借着对经文中每一个词审慎的选用而表达出来：[80] 因为在一个神圣的文本中，"一切词句都照其所需而得以表述"。[81] 因此，他必须询问的第一个问题不是"什么"，即不是"在古代近东地区，这种特别的宗教实践活动的确切本质是什么"，而是"为什么"，即"为什么是这起事件，这一词语，而非其他，恰在此时出现在神无限长的独白里"；由此，它传达了他更深层信息的什么方面呢？就像一个小孩会问这样基本的问题："妈妈，为什么是一头奶牛？"奥古斯丁将以这样一种方式讲解圣经的经文，以至于他的每场布道总是充满了问号："为什么？……为什么？……为什么？"

我们将看到，奥古斯丁对寓言的态度概括了一种对知识的总的态度。[82] 然而，他的听众或许是出于不那么复杂的原因而享受他们主教的布道。因为，由此看来，圣经成了一个巨大的谜题——就像一件用某种未被识别的文字雕刻而成的巨大的碑刻一样。[83] 它具有谜语所具有的全部原始魅力，也就是那种最原始朴素的、战胜未知力量的魅力。胜利在于在一种陌生的外观之下寻找到隐藏其中的熟悉之物。非洲人尤其对精妙之事物有一种巴洛克式的喜爱。他们总是喜欢玩一些文字游戏；他们擅长写精致的离合诗；[84] 欢乐（*hilaritas*）是他们最为欣赏的一种情感，这种欢乐由交织在一起的两种感觉组成：知识方面的兴奋，以及由展示智慧而来的那种纯粹的美学快感。[85] 这恰是奥古斯丁会给他们的：当他解释为什么有 13 名使徒却只有 12 个宝座可以给他们坐时，他可以使他们着迷。[86] 奥古斯丁能够向一群会众传达自己在沉思中接近神的经验；[87] 他可以让整座城镇的居民都声泪俱下；[88] 但他会将自己作为一名"明星"布道家的地位归功于他那相当典型的方式——他会舒适地仰坐在他的椅子里，一如既往地像受神所启示的教师那样，使他的听众与他同处于在他阐明一段复杂经文时的激动之中："让我尝试找出我们刚唱过的这篇诗篇中隐藏的秘密，并从中雕琢出一篇布道，以满足你们的耳与心智。""我承认，这是一个问题。叩门，就给你们开门：通过努力地聚精会神而叩门，通过显示一种热烈的兴趣而叩门，甚至通过为我祈求我可以从中提取出值得告诉你们的信息而为我叩门。"[89]

从这些自然的日常布道中，我们可以尽可能地接近奥古斯丁作为一名思想家所具有的品质的基础。在这样近的范围内被会众见于行动之中，由此而生的日积月累的影响是令他们无法抗拒的。他全然是一种文化的产物，这种文化特别推崇一种对圣经经文完全的精通，其间结合着在经文解释中逻辑论证的精妙。[90] 他那曾在古典文本上受过训练的记忆力是异常活跃的。[91] 在一次布道中，他将经文半节半节地叠加，以此可以贯通整部圣经，从保罗到《创世记》，然后又经由《诗篇》再次回到保罗。这种释经法，包含构建一种言辞相互呼应的完整结构，以及将圣经中的每一部分都联系起来，确实特别适合于向一群习惯于用耳朵来记忆的听众讲授这个迄今还很不为人所知的文本。[92] 而且，就像一名学校老师，奥古斯丁倾向于将圣经作为一系列要点来呈现。他一刻也没有松缓过他那极为敏锐的头脑所给人的印象。这种难以理解的、执著于在观点上吹毛求疵的知性品质，明显是奥古斯丁本人最为看重的，也是他最为有效地传达给自己的会众的。这也正是他的日常风格——"被抑制的"风格——的秘密："当以这种风格解决一些特别困难的问题时，会出现一种意想不到的示范，说明这位说话者似乎能突然说出一些异常深刻的洞见来；当以这种风格偶然发现一个对手的弱点并且将揭露出其虚妄之处（曾经似乎是无可辩驳的）时——这一切都具有某种时髦的格调……这能激起如此狂热的欢呼，以至于你很难认为奥古斯丁的这种风格是'被抑制的'。"[93]

　　但是，最重要的是，奥古斯丁有着那令人吃惊的整合能力。他可以将圣经中"道"的基本观念作为一个有机整体而完美地表达出来。奥古斯丁关于《诗篇》的精美布道在教父文学中是非常独特的。因为，对奥古斯丁而言，《诗篇》的每一篇都有一个独立的可感知主体，而且它跳跃在"每个音节上"[94]。因此，每一篇《诗篇》都可以被呈现为整部圣经的缩影——基督教的明确本质在一首希伯来诗篇那富有异国情调的光谱中被折射出来。奥古斯丁很少迷失方向：他通常很"放得开"[95]。将施洗约翰和基督相提并论的单一事件，"得到了澄清和解决"，因此，约翰"他必兴旺，我必衰微"的表述的关联分布在整部圣经之中，而且甚至在季节的节奏变化中也得到了反映："关于施洗者圣约翰有许多可以说的，但是我既不能向你说尽，你也不可能听完。现在让我用简洁的概述来结束此番叙述：人必须被降卑，神必须被高举。"[96]

　　这种把特别事件当作载体并由此表达出一个有机整体的方法，表现了奥古斯丁的释经之美。因为，正如在他自己的生平事件（在《忏悔录》中）里所反映的，意义突然在一个微小的细节上显露了出来。那位回头浪子的父亲"抱着他的颈项"[97]：这是基督给基督徒上轭的写照，而瞬间我们如同伦勃朗（Rembrandt）一样看这一事件；那位老人沉重身影的每一线条都饱含意义。"在某种意义上，重要性在于无限蕴

252

涵在有限之内。"[98]

三十九年来，奥古斯丁都在以这种方式布道，此番经历对他产生了深刻的影响。因为奥古斯丁是带着相当的不安走上作为一名布道者的职位的。他是普罗提诺束身自修传统中的一位沉思者。他几近于将演说本身视为灵魂对其沉思的内在活动的一种背离。[99] "对我来说，没有什么比不带噪音、不带匆忙地凝视这神圣的珍宝来得更美好、更甜美的了：这本身便是甜美和美好之所在。不得不去布道，去痛斥，去劝诫，去开导，去对你们中的每一位负责——这是加在我身上的巨大负担，一种重负，一种艰辛的劳动。"[100]

就如在他身上所经常发生的情况，奥古斯丁之所以能够如此富有创造性地利用这种张力，是因为他可以如此强烈地感到在自身之内有对立的两极。因此，表达令他着迷："因为我用以表达自己的方式几乎总是令我失望。我渴求可能达到的最好方式，就如我在坦率地将之公开以前在自己心里所感到的那种。而且，当我看到此种方式并不如我所感觉到那样令人印象深刻时，我为我的舌不能与我的心相符合而悲伤。"[101]

由交流的需要而强化的巨大压力，将完全清除古代修辞学精心构思的框架。因为，正如奥古斯丁在他生命的末期所看到的那样，修辞学在于根据精细和高度自觉的规则对一个最终的产品，即演说本身，加以修饰。[102] 它忽略了交流的基本问题：一个热切地使一则信息得到理解的人所面对的问题，或者一位想要他的班级分享他的思想的教师所提出的问题。[103] 及时性是奥古斯丁的新准则。考虑到有值得一说的内容，讲述这内容的方式会自然而然地随之而来，这是演说者个人热情的一种不可避免而又不太引人注目的伴随之物：[104] "通过在我们所谈论的内容中所领会的喜悦，我们演说的思路就活跃了起来。"[105] 巨大的影响也是即刻产生的：因为演说者的风格并没有被视为预制组件的和谐拼装（行家也许可以拆散它），而是形式和内容在信息的灼热之处不可分割的焊接。因此，"如果一个人没有感觉到自己应当崇奉什么，那么告诉他也是浪费时间。"[106] 如果我们阅读《忏悔录》中某个饱满的抒情段落，并将它与那些矫揉造作的语言作对比（在奥古斯丁一篇更为"古典"的哲学对话中，他就是用这种语言表达同样的想法的），我们马上就能看到，在奥古斯丁几乎每天的布道火焰中，拉丁语已然熔化，已经燃烧起来。[107]奥古斯丁在希伯来先知身上发现和钟爱的，正是这种强烈的热情。他的耳朵很敏感，可以欣赏一种外来语言的魅力，注意到一种毕竟与他所能听懂的迦太基语相去不远的句法（他经常以之作为替代品，弥补他对希伯来语的无知）[108]，也能欣赏《诗篇》中那些一再反复出现的短语的奇特魅力[109]，而且对"像盏盏明灯"散布在一个段落里的以色列城的名字也都十分敏感。[110]然而，尤为重要的是，他在先知们身上，看到了和他自己相像的人：那些带着一则要向一整个"民族"阐释清楚的信息的人——"一个击碎石头的锤子"。[111]

　　奥古斯丁经历过他所诉诸的这些情感。在中年的时候，他的思想日益被一种基督"神秘之体"（Mystical Body）的观念所占据：在这样一个躯体里，基督是头，所有真正信徒构成了其他部分。[112]对一名柏拉图主义者而言，一个身体的合一首先是各种感觉的合一：灵魂是身体的核心，因为独有它是身体各种感情得以体验的中心。[113]正是这一信条，使得奥古斯丁得以接触到蕴含于希伯来圣经中的巨大感情储备。[114]因为由此看来，《诗篇》便是耶稣基督和属他之人的情感记录。正如他穿上了肉身一样，基督出于他自己的自由意志，也向人类的感情敞开他自己。[115]这些感情只在福音书中有所暗示。很多时候，奥古斯丁布道中的基督只是一个罗马晚期的镶嵌画中那个苍白、冷漠的人物；他在十字架上的受难则是一种庄严而审慎的权能施展——"狮子的入睡"。[116]然而，当他转向《诗篇》的时候，他会从中汲取极为丰富的人类情感储备：因为在这里，直接以激情满怀的大卫王为代言人在言说的，正是基督。那躲避扫罗怒火[117]的绝望逃亡者所唱的歌，正是耶稣受难的内在故事："沉重压于我身，我却安然入睡。"[118]"他在《诗篇》中的声音——一种幸福地歌唱着的声音，一种呻吟着的声音，一种在盼望中喜乐着、在现状中叹息着的声音——我们应当完全了解这种声音，密切地感受它，使他成为我们自己的声音。"[119]

　　奥古斯丁的声音在他中年后期，尤其是在他六十岁时关于"上帝之城"那令人惊异的布道中，也具有了更为丰富的语调变化。他对人类情感联系的感知会变得更为敏锐；而且他对他听众的快乐和他们理解爱和恐惧的能力有着更强烈的意识——这意识渗透到了他的布道之中。在这些布道中，我们开始听到非洲的歌曲。[120]其中有街道上歌唱的一首赞美诗的"甜美的旋律"[121]，有"小夜曲"[122]，最为重要的是田间劳作者韵律奇特的吟唱。正是这种在乡间的吟唱，最终向奥古斯丁——这位严格信奉新柏拉图主义的主教——提供一个配得上神之完满异象的意象："因此，那些像这样歌唱的人——在丰收季节，在采摘葡萄的时候，在所有能让他们全身心投入的劳作之中——在开始的时候，可能会用带歌词的歌来表达他们的满足；但是，他们很快就会被如此的一种幸福所充满，以至于他们不再能以词来表达这种幸福，而且也不再考虑音节，直接就开始一种无词的、欢乐的吟唱。"[123]

注释

[1] 尤其感谢 M. Pontet 所做的细致入微和精深的学术研究，*L'Exégèse de S. Augustin prédicateur*，1945。

[2] *Serm.* 18，1.

[3] v. esp. E. R. Dodds，*Pagan and Christian in an Age of Anxiety*，1965，pp. 7-8.

[4] *de agone christ.* i，1；Dodds，*Pagan and Christian*，pp. 12-17.

[5] *de agone christ.* i，1. v. G. Sanders，*Licht en Duisternis in de christelijke Grafschrifen*，ii，1965，pp. 896-903.

[6] *Passio Maximiani et Isaac* (P. L. viii，768C).

[7] *Passio Maximiani et Isaac* (P. L. viii，779D—780A).

[8] *Passio Maximiani et Isaac* (P. L. viii，764A).

[9] *de agone christ.* ii，2；参 A. M. La Bonnardière，"Lecombat chrétien"，*Rev. études augustin.*，xi，1965，pp. 235-238。

[10] *de agone christ.* i，1；ii，2.

[11] *Frang.* 5，5，(*Misc. Agostin.* i，pp. 212 sq.)；*Enarr. in Ps.* 136，9.

[12] *de agone christ.* i，1.

[13] *Enarr. in Ps.* 147，3；*Frang.* 5，6(*Misc. Agostin.* i，p. 217).

[14] E. Bréhier，*La Philosophie de Plotin*，pp. 26-32.

[15] P. Hadot，*Plotin*，pp. 25-39.

[16] *Conf.* III，vi，11. v. esp. A. H. Armstrong，"Salvation，Plotinian and Christian"，*The Downside Review*，75，1957，pp. 126-139.

[17] *Retract.* II，29.

［18］ *de agone christ.* i,1.

［19］ *Enarr.* ii in Ps. 101,9.

［20］ *Denis*,23,3(*Misc. Agostin*,i,p. 139).

［21］ Bréhier,*La Philosophie de Plotin*,p. 31.

［22］ *Serm.* 19,4.

［23］ *Frang.* 2,6(*Misc. Agostin.* ,i,pp. 196-197).

［24］ *Psalm* 41;v. Van der Meer,*Augustine*,pp. 347-387.

［25］ *Enarr. in Ps.* 41,1.

［26］ *Enarr in Ps.* 41,10;*de agone christ.* ix,10.

［27］ *Serm.* 158,7.

［28］ e. g. *Serm.* 161,4.

［29］ *Serm.* 161,10.

［30］ v. esp. Van der Meer,*Augustine*,pp. 46-75,129-198.

［31］ *Enarr. ii in Ps.* 26,19.

［32］ *Enarr. in Ps.* 40,3.

［33］ *de fide et oper.* i,1.

［34］ *de serm. Dom. in Monte*,II,ii,7 （妻子掌管着整个家庭的财务）。

［35］ e. g. *Serm.* 323,1.

［36］ *Serm.* 224,3.

［37］ *Serm.* 9,4.

［38］ *Serm.* 392,4,6.

［39］ v. esp. N. H. Baynes,"The Thought World of East Rome",*Byzantine Studies*, pp. 26-27;Jones,*Later Roman Empire*,ii,pp. 979-985.

［40］ e. g. *Ep.* 94,3-4. v. inf. p. 292.

［41］ *de bono coniug.* (401).

［42］ de sancta virg(401)

［43］ *de civ. Dei*,II,2,28.

［44］ *Enarr. in Ps.* 80,1;*Enarr. in Ps.* 136,8.

［45］ *Corpus Inscript. Lat.* VIII,178,10.

［46］ *Serm.* 91,5;*Mai.* 94,7(*Misc. Agostin.* ,i,p. 339).

［47］ *Serm.* 232,8.

［48］ *Enarr. in Ps.* 134,20.

［49］ *de cat. rud.* v,9. *Enarr. in Ps.* 149,14;85,17.

［50］ *Frang.* 2,8 (*Misc. Agostin.* ,i,p. 199.)

［51］ *Serm.* 302,19.

［52］ *Serm.* 224,2.

［53］ *Enarr. in Ps.* 127,11. 关于受洗者必须避免的罪恶，参 *Serm.* 88,25;224,1.

［54］ *Psalm* 72,3;e. g. *Denis* 21,2(*Misc. Agostin.* ,i,p. 125).

［55］ *Serm.* 17,3;*Serm.* 151,4.

［56］ 参 *Serm.* 61,13,他代表教会之外的乞丐做的呼吁。

［57］ 根据圣经记载，撒玛利亚国王亚哈借助于王后耶洗别的计谋，通过诬告拿伯
亵渎神灵和国王，谋取了拿伯的葡萄园。神耶和华被国王与王后的行为激怒，
要惩罚二人。亚哈闻讯后，表示决心忏悔，以其谦卑令神减轻了惩罚。——
译者注

［58］ Ambrose,*de Nabuthe* ,i,1(P. L. xiv,731).

［59］ 关于安波罗修的布道在多大程度上反映了米兰的经济生活，参 L. Ruggini,
Economia e società nell'Italia annonaria ,1962,尤见 pp. 10-16。

［60］ *Enarr. in Ps.* 72,34. v. esp. H. Rondet,"Richesse et pauvreté dans la prédication
de S. Augustin",*Rev. ascét. et myst.* ,xxx,1954,pp. 193 -231.

［61］ *C. Ep. Parm.* III,ii,16.

［62］ *Enarr. in Ps.* 61,7. v. inf. p. 314.

［63］ *de cat. rud.* xiii,18-19。

［64］ e. g. *Tract. in Joh.* 35,9.

［65］ 关于以后的情形，参 Van der Meer,*Augustine*,pp. 405-467。

［66］ Van der Meer,*Augustine*,pp. 412-432.

［67］ e. g. *Enarr. in Ps.* 147,20.

［68］ e. g. *Serm.* 131,5.

［69］ e. g. *Serm.* 151,8.

［70］ v. Pontet,*L'Exégèse de S. Augustin*,pp. 43-44.

［71］ *Serm.* 151,8. v. inf. pp. 390-391.

［72］ *Serm.* 26,13.

［73］ e. g. *Serm.* 95,1.

［74］ *Conf.* I,xix,30.

［75］ *Frang.* 2,4(*Misc. Agostin.* ,i,p. 193).

［76］ *Ep.* 73,ii,5.

［77］ *C. Faust.* xxii,34.

［78］ v. esp. Pontet,*L'Exégèse de S. Augustin*,pp. 149-194,257-383.

［79］ e. g. *Enarr. in Ps.* 77,26-27. v. esp. J. Pépin,*Mythe et Allégorie*,1958,pp. 483-

484,"A propos de l'histoire de l'exégèse allégorique:l'absurdité,signe de l'allégorie"(StudiaPatristica,i),*Texte u. Untersuchungen*,63,1957,pp. 395 -413.

[80] *de doct. christ.* II,v,6;*Serm.* 71,13.

[81] Enarr. in Ps. 145,12.

[82] v. inf. pp. 257-259.

[83] *C. Faust.* xii,37.

[84] 离合诗,一种杂体诗名,其数行诗句或文字首字母、首尾字母能够组合成词或者词组。——译者注

[85] e. g. *Ep. ad Rom. incoh. expos.* 13;*decat. rud.* xiii,18。

[86] *Enarr.* 49,9;*Serm.* 249,3.

[87] e. g. *Enarr. ii in Ps.* 26,8.

[88] *de doct. christ.* IV,xxiv,53.

[89] *Frang.* 5(*Misc. Agostin.* ,i,212).

[90] v. esp. *de doct. christ.* IV,xx,39.

[91] Quintilian,*Inst.* XI,2,1:"记忆力是'雄辩的宝藏室'。"

[92] e. g. *Enarr. in Ps.* 121,8:"让我们成为他们的圣经吧!"*Enarr. in Ps.* 35,19;*Serm.* 232,1.

[93] *de doct. christ.* IV,xxvi,56.

[94] *Enarr. i in Ps.* 70,1.

[95] *Enarr. in Ps.* 147,2;23.

[96] *Guelf.* 22,5(*Misc. Agostin.* ,i,p. 515). 当然,这样的解经并不是建立在纯粹"自由联系"的基础上。围绕施洗约翰"赴宴"这个问题,这些"联系"是根据仪式崇拜的传统来作出的。因此,通过传统的布道方式,通过各种仪式,通过非洲关于教会本质的争论,会众们对奥古斯丁布道中使用的许多比喻十分熟悉(e.g. *Ep. ad cath.* v,9),就像人们熟悉现代报纸上的漫画政治人物那样。

[97] 浪子回头,出自圣经《路加福音》15 章。有人有两个儿子,小儿子要求分家,并带着分得的家产出走。将家产挥霍一空后,小儿子醒悟,想要浪子回头。父亲接受其忏悔,并杀牛招待。大儿子不解,父亲说:"儿啊!你常和我同在,我一切所有的,都是你的,只是你这个兄弟是死而复活,失而又得的,所以我们理当欢喜快乐。"——译者注

[98] A. N. Whitehead,*Modes of the Thought*,1938,p. 28.

[99] 参 M. F. Berrouard,"S. Augustinet le ministère dela prédication",*Rech. augus-*

tin. ,ii,1962,pp. 447–501,esp. p. 499n. 131;*Enarr. in Ps.* 139,15。

[100] *Frang.* 2,4(*Misc. Agostin.* ,i,p. 193).

[101] *de cat. rud.* ii,3.

[102] *de doct. christ.* IV,vii,21.

[103] *de doct. christ.* IV,x,24–xii,28.

[104] *de doct. christ.* IV,xx,42.

[105] *de cat. rud.* ii,4.

[106] *de doct. christ.* IV,vii,20.

[107] 参 *Enarr. in Ps.* 9,3,*de lib. arb.* II,35;*Conf.* X,vi,8。

[108] e. g. *Enarr. in Ps.* 136,18.

[109] *Enarr. in Ps.* 71,2.

[110] *dedoct. christ.* IV,vii,17.

[111] *Jerem.* 23,29,in *de doct. christ.* IV,xiv,30. v. esp. H. I. Marrou,*S. Augustin et la fin de la culture antique*,pp. 521–540;E. Auerbach,"Sermohumilis",*Literary language and its Public in Late Antiquity and in the Middle Ages*(trans. Manheim),1965,pp. 27 –66.

[112] V. esp. E. Mersch,*Le corps mystique du Christ*,ii,3rd ed. 1951,esp. pp. 84–138.

[113] e. g. *Enarr. in Ps.* 30,1.

[114] V. Pontet,*L'Exégèse de S. Augustin*,pp. 395–411.

[115] *Enarr. in Ps.* 93,19.

[116] *Serm.* 37,2.

[117] 据圣经《撒母耳记上》,古以色列第一任国王扫罗一度宠信大卫,后随着大卫战功卓著,日渐获得民众拥护,扫罗心生嫉恨,多次试图加害未遂,遂杀害帮助大卫的祭司亚希米勒等人。——译者注

[118] *Enarr. in Ps.* 6,11.

[119] *Enarr. in Ps.* 42,1.

[120] e. g. *Serm.* 9,6 sq.

[121] *Enarr. in Ps.* 132,1.

[122] *Enarr. in Ps.* 64,3.

[123] *Enarr. ii in Ps.* 32,8.

23

基督教教义 [1]

当奥古斯丁以一名主教的身份端坐于自己的宝座之上，在膝上放着一本打开的书时，他会发现，自己所处的位置与在他早先职业生涯中所习惯的位置并没有太大的差别。他再次成了一名教师，讲解着一个受人尊崇的文本。在他首幅幸存的肖像画中，我们看到他正坐着，是一个他那个时代典型的受过教育的人，眼睛正注视着书本。[2] 甚至当他在教会里环顾四周时，他在墙上所看到的，并不是罗马晚期镶嵌画作品的杰出创新，而是更多已经翻开的书页；他在上面所写的场景说明和诗句，会是他会众的"书籍"。[3] 对这样一位地道的罗马晚期的文人而言，甚至自然界本身，都是神的"哑剧"：[4] 令他更感兴趣的是口头语言，是神交托在一本书中的言说，是"一种教导救赎的、完美适应于打动所有学习者心灵的雄辩。"[5]

我们将情不自禁地关注，神"神圣的雄辩"在多大程度上可以说是一位罗马晚期作家的雄辩，因为没有其他人曾经如此纯粹地掩饰自己的意思。这样一个人生活在一群同行之间，他们和他一样，也都在如此之少的一些书中涉猎了如此之久。[6] 他不再需要说得明确而详细：只有隐藏的含义[7]、生僻难懂的词语[8]、精心编织的拐弯抹角的表达，才能使他的读者免于无聊和反感，免于丧失对明显之物（让这被过度培养教育的人深受折磨）的兴趣。[9] 他相信［与安德烈·纪德（André Gide）以及其他人一起］一部文学作品的高难度将使之更有价值。这是某个时代中一种有害的思考方式，在这样的时代中，受过教育的人倾向于形成一个独立阶层，他们借由他们对古代作家的熟稔而轻蔑地拒斥外人。特别是，公认的经典作品的狭隘标准已经被套上某种"智慧"的光环；要汲取被认为是定然隐藏在如此狭窄来源之中的不可穷竭的宝藏，就不得不持续有效地使用一种与现代人迥然相异的理智机敏。[10]

因此，奥古斯丁希望为寓意解经法辩护，借着这种方法，他从一个如同旧约般异常晦涩难懂和庞大得难以处理的文本中提取出特别深刻的内涵。当他如此做时，他总是可以迎合他听众的品味。然而，这种普遍的喜好并不能完全解释奥古斯丁对寓意解经法的钟爱。因为，尽管这种解经法的外延向外延伸了——这是以隐晦的方式所作表达具有的一种普遍的潮流，但寓意解经法已被彻底限定在古代文化的特定领域，被限定在对异教的、犹太教的和基督教的神圣经典的哲学解释中。[11]

258 寓言观念逐渐概括了一种对待人类心智之限度的态度，也是对待哲学家与其思考对象之间所存本质关系的严肃态度。这是一种独特的关系。宗教哲学家探究一个出于其本质而"永远不可思议，永远难以企及"的属灵世界。[12]这属灵世界不应由于直白的表述而变为"有着真实性的平淡"；而应当是，心智必须从一个暗示进到另一个暗示，而每一个发现都会开启它更深层次的内涵。这种探究最大的敌人当然就是浅薄，常识带来的重负，以及那些习惯性的老套——这些老套使一个人不再惊奇和激动，并因此以一种明显之事物的表象光泽来遮掩最令人眩晕的复杂性。就拿时间这个问题来说吧："我们永远在谈论时间和时代……它们是最为平常和普通的词，然而，它们也是深邃莫测的，而它们的内涵依然是有待发现的。"[13]

类似地，圣经也被神所"遮掩"，为的是"训练"探求者。这是一种严峻的考验，正如一个哲学问题那样：肤浅之人会满足于明显之事物，满足于"字面意义"；只有深刻之人才能领会更为深层的意义，即"真谛"。没有人可以指责奥古斯丁想要变得肤浅。安波罗修或许会认为，《诗篇》118篇"像正午的太阳那样清楚"[14]，而对奥古斯丁而言，它会显得"看起来愈明了，事实上愈深刻"。[15]因为，在希伯来人那令人迷惑的简单解释之下，他选择去看到，他自己对恩典和自由看法的极度复杂性；这种复杂性向不在探求的心智"遮蔽了"，可对哲学家而言，却是他们惊诧的一个来源。

这就是许多古代哲学家赋予寓言的功能。[16]它可以很容易为这种做法而辩护——即为努力而努力。然而，奥古斯丁则更进一步，对于为什么寓言首先就应该是必需的这一问题，奥古斯丁给出了一个相当全面的解释。对这样一种"符号"语言的需要，是人类意识错位的结果。在这个问题上，奥古斯丁持一种与弗洛伊德相似的立场。在梦中，一条有力和直接的信息据说会被某种心理机能故意分散成许多"符号"。尽管这些"符号"依然可以被解释，但它们就像圣经中那些"荒唐的"或"隐晦的"章节一样，也是非常错综复杂和荒唐离奇。因此，两个人都认为，意象的扩散是由于某个具体事件，由于某种地质断层般的发展（横穿一种迄今为止未曾分裂的意识）而生成的：在弗洛伊德看来，它是压抑之下的一种无意识的创造；在奥古斯丁看来，它是人类堕落的结果。[17]

人类的堕落有许多表现，其中一个表现就是：从直接认知向借助符号的间接认知的堕落。意识的"内在源泉"已经干涸：亚当和夏娃发现，他们只能通过语言和手势这种笨拙而难看的方法来彼此交流。[18]尤其重要的是，奥古斯丁全神贯注地关注这种虽然必要但却有缺陷的、借助符号的认知方法和直接意识的闪现之间的共存问题。他仍然是持守柏拉图传统的一位哲学家。那些聪明的人，无论异教徒还是基督徒，能超越物质事物之上，到达"一个难以言喻的、只能靠心智才能把握的实在之境"，"片刻间，如同一道令人目眩的强光，一道划破沉沉黑暗的闪电"。[19]然而，奥古斯丁发现，这样的经历令人痛苦地短暂："你确实击退了我凝视的软弱，过于强烈地令我目眩，我也因爱和恐惧而颤抖……而且我认识到：'你按照人的罪恶纠正一人，你使我的灵魂干枯，犹如蛛丝。'"[20]神的异象这一观念，由奥古斯丁通过对《诗篇》的阐释而不断地得以呈现，它将逐渐回荡着一种遥远的"声音"，就是那种迷恋和恐惧交织在一起的情感，在古代近东，这种情感一直围绕着"上帝的面"而展开。

补救的方法也很简单："就让圣经充当'上帝的面'吧!"[21]那道分

259

开了上帝的直接意识和一种错位的人类意识之间的鸿沟，就如人类的意识曾由于人类的堕落而被"压制"，却又因一种奇迹般的意象扩散，借着圣经而被弥合了。这就好像眼睛寻求摆脱令人目眩的非洲太阳，以安歇在一片夜空的清凉暗淡之光中。[22]

这就是奥古斯丁中年时期倾注其理智于其中的模式：一个曾经希望通过古典人文学科来训练自己，以求上帝之异象的心智，如今要依靠基督教圣经那可靠却棘手的大量内容。出于这个原因，其《忏悔录》的最后三卷在许多方面都是整本书最严格意义上的自传部分。奥古斯丁对《创世记》开篇几节的诠释采用了一种寓意解经法；它们确切地展现了究竟是什么被奥古斯丁视为他作为一名主教的生活实质："那么，请你给我深思的时间，使我钻研你律法的奥蕴，不要对敲门者闭而不纳。你愿意写成如许宏深奥衍的篇帙，并非是徒然的……主啊，请你的著作成全我，把书中的奥旨启示我！"[23]当奥古斯丁使用圣经的时候，
260 毫无疑问，它是一个高炉的燃料：因为当将圣经中如此之多的内容理解为一个寓言时，奥古斯丁正从中找到所有他在自己的思想中所一直珍视之物——辛苦的劳作、有所发现时的兴奋以及在一个哲学家对智慧的追求中有着无限发展可能的前景。"真理借由符号而作的呈现，对喂养和激励那份热爱有着巨大的力量，而正是凭借着那份爱，就像在某种重力法则的作用下一样，我们向上或向内努力着，以期能到达我们的安息之地。用这种方式展现的事物，比那些用直白的话语表述出来的事物，更能打动我们，也更能激起我们的喜爱之情……很难说，为什么会是这样……我相信，如果灵魂全神贯注于物质事物，那么情感便不容易被激发；但是当它被带到属灵现实的物质符号之前，并且离开这些符号而前往它们所代表之物时，它正是通过这种经过一方到另一方的行动而积聚力量的，就像一支火把的火焰一样，在移动时，它会烧得更旺、更明亮……"[24]大约二十年之后，奥古斯丁已经积累起了一部对《创世记》的长篇注释：《创世记字解》（De Genesi ad Litteram），并在他的《论三位一体》（De Trinitate）的开篇几卷中，遍引了圣经各卷。他可以从自己的经验来写作。"因为，基督教圣经是如此之深奥，即便我从童年到衰老的晚年，以至多的闲暇，永不倦息的热情，超越自我的绝伦才华，一直心无旁骛地努力学习它们，我在发现它们

的珍宝上仍然能不断取得进展……"[25]

411 年，奥古斯丁给一名正埋头钻研古典作品的异教青年写了上述这些话。对于这样一位年青人来说，这是奥古斯丁所能给出的最直接的挑战：因为奥古斯丁暗示道，基督徒也拥有一部取用不竭、令人全然倾心的经典作品，就如异教徒眼中的维吉尔和荷马著作那样。基督徒的圣经，也能够塑造一个人去获得他在这个世界中所需要的一切。单单他们的经文文本，就能成为所有辅助读物的中心。在一个仅仅根据对一个古典文本的理解来考虑文化的时代，圣经不亚于是一种"基督教教义"（*doctrina Christiana*）的根基。[26]

261

以这种方式进行的圣经研究，不仅需要用寓意解经法进行神学沉思，还要求一种不为古典读者所熟知的、广泛的文学兴趣———一种对希伯来语，古代近东历史，甚至是巴勒斯坦动植物的了解。[27] 而且，也会沿用一些老方法：在整个黑暗时代，古典文化教导者，即文法家（grammaticus），会发现作为以文法对一个文本作出准确解释的说明者，他在文化中至关重要的地位已经为这位希波主教的认可（imprimatur）所确保了。[28] 因此，一个雄心勃勃的新学识计划，隐藏在奥古斯丁在他中年时开始创作的一部作品《论基督教教义》（*De Doctrina Christiana*）之中———始于 396 年，但直到 427 年才最终完成。[29]

然而，就独立的圣经研究而言，《论基督教教义》并不是一个涉及面十分广泛的构想。因为奥古斯丁生活在一个被一种对"权威人士"的崇敬压制的时代。他之所以相信龙，是因为他在书中读到过。[30] 就他而言，"基督教学术"往往会变成只是从公认的"权威人士"所写的指南性作品中获取一种知识。[31]

然而，这本书是奥古斯丁曾撰写过的最具原创性的作品之一。因为它明确地论及把受过良好教育的基督徒与他们时代的文化连结起来的那些联系。这本书在处理这些联系时表现出一种锐利的思想，以至于它永远地———至少在奥古斯丁心中———切断了与他过去所受的教育连结在一起的戈尔迪之结（Gordian knot）。[32] 能够超越自己所受的教育，尤其是一种享有罗马帝国晚期的古典教育所享有的独一声誉的教育，这不是一件小事。在卡西齐亚库，在一群贵族子弟的簇拥之下，在米兰一群文雅的基督徒中间略有不得其所之感的奥古斯丁，从未想

262 过自己会超越这样的教育：尽管它或许会从属于一种对智慧的探求；但是它仍然就像喜马拉雅山山麓丘陵一样保持了完整和宏伟，而且坚不可摧。

因为，似乎很明显，并不存在这种文化的替代选择。当然，没受过教育而笃信宗教是可能的：抛开莫尼卡不说，奥古斯丁已经遇到过许多这样的人，在时代精神混乱的衬托下凸显出来。摩尼教徒福斯图斯也是一个很好的例子，[33] 就像圣安东尼和他在埃及的弟子一样。[34] 然而，他以一种久经世故之人为那些于他们而言十分异类之人而保留的一种特殊的敬重去崇敬这些人。对他而言，要设想一位非古典教育出身的"智"者是相当困难的：他的反应与一名现代医生对湿疣治疗师会作出的反应几乎一样——这些活动发生于一个追求准确科学知识的古老传统之外；对一个罗马晚期的人而言，它们在最好的情况下只能通过一种巧妙的手法来进行，而在最坏的情况下只能通过与魔鬼交易的方式来进行。[35]

只要无物放置于其位，批评古典教育的基督徒为着缺乏建设性的替代性选择而倍感困惑，也因受困于旧世界强大的束缚而苦恼。4 世纪的时候，无论是基督徒还是异教徒，都卷入到同样盲目的暴力冲突之中。基督教对希腊罗马古典文化的抵制遭遇了一种异教"原教旨主义"的对抗：保守主义者粗略地"神化"他们的传统著作；古典作品被看做是众神赐予人的一份礼物。[36] 基督徒这一方则会以"妖魔化"这同一批著作的方式来回应。事实上，许多人想通过完全否认文化的方式来结束这种张力。出人意料的是，那些老于世故之人很高兴听到有关一些修士的事迹——他们仅仅由圣灵来教导阅读。[37]

令人吃惊的是，奥古斯丁并没有卷入这种混乱局面之中。[38] 他认为最后一种解决方法，即绕开教育的方法，是相当荒谬的。[39] 伟大的哲罗姆会从一场一场梦中惊醒——在梦中，基督把他叫做一个"西塞罗主
263 义者而非一名基督徒"。[40] 奥古斯丁则不受噩梦的困扰。他是通过一种独特的方式来避免它们的：通过努力的思考，也通过应用一些基本信仰信条。

他以评论文化是社会的产物作为开始：文化是一种语言事实的自然扩展。[41] 它是一种特别明晰的社会习惯的造物，以至于它与社会习惯具

有很大的关联性。其实并不存在古典"纯粹主义"的绝对标准。[42]他甚至注意到，在许多非洲人眼里，《诗篇》中陌生的拉丁文，随着时间的推移，看上去似乎比古典作品中的拉丁文还要好。[43]同理，宗教也是一种出于交流需要的特定产物：异教仪式和献祭不过是人和鬼怪之间一种相似的"商定的语言"（agreed language）。[44]在此背景之外，它们并不是侵染基督徒的一个源头。在《埃涅阿斯纪》（Aeneid）[45]中，维吉尔可以"描述"异教徒的献祭而没有在异教徒中引发一种出于宗教敬畏的战栗，也没有在虔诚的基督徒中引起宗教恐怖。[46]因此，许多古典作品，以及实际上整个社会的习惯，一下子都被世俗化了。直到最后都始终如一的奥古斯丁，甚至会将他的这种区分应用于着装的微小细节之上。波希迪乌（Possidius）刚刚从奥古斯丁修道院的苦修生活中出来，他试图在自己的会众中禁止佩戴耳环。这种清教主义的倾向在非洲的基督教中很普遍。奥古斯丁坚定地介入了此事：为安抚魔鬼而佩戴的护身符必须去除，但为取悦男性而佩戴的耳环则是可以保留的。[47]

　　实际上，奥古斯丁在使异教世俗化方面功勋卓著。诸神似乎依然潜藏在罗马人生活的各个领域之中，这在使保守人士感到心安的同时，又让基督徒感到惊恐。但对双方而言，这些领域内的宗教气氛却都被消除了。它们被降格到纯粹人类的维度：它们只是一些"由人制定的传统形式，被调整以适应人类的需要，而这些需要是我们在此生无法免除的"。[48]奥古斯丁甚至以这种方式来对待罗马帝国。作为一名基督徒，他本可以把罗马帝国视作《启示录》中那个淫妇；[49]作为一名利用帝国法律的罗马公教会主教，他本可以成为一位歇斯底里的帝国支持者。[50]（人们经常觉得，在许多奥古斯丁的同事心里，这两种态度是以某种方式相关联的：帝国是如此巨大的一股力量，以至于它只能被完全地诋毁或彻底地理想化。）然而，在《上帝之城》中，奥古斯丁根据帝国自身的功过是非，断定它是一个纯粹的人类机构：为了从它的历史中击败诸神，奥古斯丁会把它降格到任何一个其他国家的层次；[51]而且，他会以如此一般化的措辞，来讨论它对于一位基督徒生活的贡献，以便假定，帝国的功能也许会被任何一个其他国家所接管。[52]一个六十岁的人，生活在一场巨变的开端，而且至少在理论上已经开始将一种独一无二的文化和一个独一无二的政治建制视作可以被替代的。出现这样一个人，

264

是一件罕见的事。

奥古斯丁对待文化的态度出现了变化，而在这一变化的背后，有着他自己生活质量上的改变。他对于环境和与人接触都极度敏感，而他如今却穿梭于人群之中，其中的许多人还是完全没有受过教育的。在某种意义上，他已经"回家了"。毕竟，他所受的教育只是他的半个自我。并不是他所有的家人都受过教育。[53]而且，在希波的修道院中，他创设了一个环境，其间没有受过教育的人与文雅之人是平等的：例如，波希迪乌就是"以主的上等面包为食的"，但他对文科诸艺一无所知。[54]正聚精会神于反多纳徒主义战役的奥古斯丁，在一位老主教临终之时去看望他，告诉他说教会需要他，他应当继续活下去。"如果永远不死，很好，"那位老人回答道，"但如果是在以后的什么时间也要死去，那为什么不现在死呢？""奥古斯丁被这位老人吸引住了，赞誉他是一位敬畏神的人——而他仅仅是在一个农场长大的，并且没有书本知识。"[55]

正如在卡西齐亚库一样，奥古斯丁决心成为他圈子中的教育家。但他现在的圈子是由教士和非洲的平信徒构成的：这些贵族子弟，倘若在米兰的话，会被培养成"训练有素之人"，而今被一群"敬畏神，寻求神的意旨，因虔诚而变得谦恭的"年轻人取代了。[56]

265　　然而，尽管有这种新的自由，奥古斯丁的态度中还是保留了一种他勉力维持的、不受他人影响的客观独立因素。他担心自己会在圣经学习和布道时，再造传统教育中造成严重后果的自我意识。他的整个学习计划正是不知不觉间由这种焦虑所塑造的。《论基督教教义》似乎正是出于这个原因才是一本很现代的著作。奥古斯丁会在教育中给"天生的"层面很大的空间，而且会予以由衷的关切，以免"有天赋的"人被规章制度所束缚。他也将挑起"天赋"和"教育"之间的对立。[57]尤其是，他会在罗马晚期的教育中努力绕过那个最具自我意识的因素，即对各种雄辩规则的迷恋：奥古斯丁经由训练而提供好的听力、窍门、人们有意愿听好的拉丁口语的社会事实，以此作为他曾在事业上有所成就的修辞学学校的一种替代品。[58]

奥古斯丁从来没有面对过要在整个罗马世界更换古典教育的问题。他只是希望为那些真"智慧"的热衷者创造一片文学文化的绿洲，这片绿洲以其是不自觉的、非学术性的、非竞争性的、且唯独忠于圣经的理解而独具特色。事实上，像许多这类就奥古斯丁而言的"退缩"一样，它心照不宣地将许多古老方式的适应力视为理所当然。尽管他希望从传统文化中获得一些内在的独立和客观，但他还是想当然地认为，传统文化仍将继续下去。他觉得没有义务通过创设一种他自己的教育来永久地保存他的看法。他拒绝将自己对文学风格所持有的非常有意思的观点编纂成册，因为这会过于生动地使他的读者们联想到他曾作为一名教师的生涯。[59]奥古斯丁似乎有意要忘记，一种文化所需要的，是一整套规则和有组织的教学。他自己那极度真挚的"基督教"风格，实际上是在极度世故的另一端实现的一种质朴。如果要避免雄辩术陷入拉丁文明在非洲和西部帝国所普遍发生的慢性腐蚀，那么，就必须自觉地教授它。而奥古斯丁却是借此于 4 世纪 70 年代和 80 年代在一些著名的罗马城市中获得他事业上的成就的。在他对罗马文化的态度上，就如他对罗马帝国的态度上一样，他以其之前四十年帝国相对的安全时期处理这一问题；他从来没有认识到自己晚年时期西部帝国崩溃的速度。以后的世代会清楚地表明，奥古斯丁不得不为他将教育的续存视为理所当然而付出代价：波希迪乌的风格之所以简单，只是因为其单调；我们还可以看到，非洲其他教士尽管对修辞学并非一无所知，但却只会一知半解地夸夸其谈。[60]

266

旧有的异教世界并不能这样轻易地就被忽略了。那些受过良好教育的异教徒仍然仅仅根据奥古斯丁过去的职业经历来看待他。[61]当他撰写《创世记》的注释时，他不断地注意到这庞大的、异教的知识体系，而对此体系而言，圣经关于创世的描述是很荒谬的："由闲暇之人所详细阐述的"物理学的精妙论证[62]，已经被波菲利收集整合，用以反驳基督徒；[63]这样一整个系列的尴尬问题（quaestiones），形成了 4 世纪晚期的部分学术气氛。

甚至是奥古斯丁曾希望在圣经研究中使用的思维习惯，也已在异教的文化中使用了很久。例如，数字的象征意义，是"任何有教养之人的心智"都无法抗拒的。[64]因此，数字 10，即十诫的数字，定然是特别具有启迪意义的。不幸的是，对于受过良好教育的人来说，数字 10 不过是一个"暴发户"而已，与数字 9 比起来，它没有任何的趣味：

因为自孩提时代起，代表缪斯九女神的 9 就一直植根在他们的心中了。[65]奥古斯丁不得不去颠覆这些习惯。可他永远都无法抹去它们。例如，在他的洗礼堂和一幢上百年历史的豪宅之间，只有薄薄的一堵砖墙将它们隔开。在这幢豪宅马赛克式的路面上，房主铺设了对于一个受过良好教育之人而言尤为合适的古老文化的象征性符号，即缪斯九女神的圆形浮雕；[66]异教世界就是如此之近地推进于"希波基督徒的方形教堂"的周围地区。[67]这绝不能被忽视：异教信仰必须公开地被驳倒；随着奥古斯丁投身于撰写他的《上帝之城》的艰苦工作之中，他的中年时代结束了。

注释

[1] H. I. Marrou, S. *Augustin et la fin de la culture antique*, pp. 331-540; G. Strauss, *Schriftgebrauch, Schriftauslegung und Schriftbeweis bei Augustin* (Beiträge z. Gesch. d. bibl. Hermeneutik, 1), 1959; R. Holte, *Béatitude et Sagesse*, pp. 303-386.

[2] v. esp. H. I. Marrou, *MOYCIKOC ANHP. étude sur les scènes de la vie intellectuelle figurants sur les monuments funéraires romains*, 1938. 奥古斯丁的彩色画像，参 *Miscellanea Agostiniana*, *ii*, facing p. 1, 附 G. Wilpert 的评论，pp. 1-3; plain, in Van der Meer, *Augustine*, pl. 11, facing p. 216。

[3] *Serm.* 319, 7.

[4] *Enarr. i in Ps.* 103, 1.

[5] *Ep.* 55, vii, 13.

[6] Quintilian, *Inst.* VIII, 2, 20。

[7] v. *Conf.* XII, xxvi, 36.

[8] v. *Ep.* 102, vi, 33.

[9] *Conf.* XIII, xx, 27; *Ep.* 137, 18; *de civ. Dei* X, 20; v. esp. Marrou, S. *Augustin et la fin de la culture antique*, pp. 469-503.

[10] e. g. *de Gen. ad. litt.* I, xxi, 41.

[11] V. esp. J. Pépin, *Mythe et Allégorie*, 1958; "S. Augustin et la fonction protréptique de l'allégorie", *Rech. augustin.*, i, 1958, pp. 243-286.

[12] *Conf.* XI, xxxi, 41; *Serm.* 169, 18.

[13] *Conf.* XI, xxii, 28; *Tract. in Joh.* 14, 5; A. N. Whitehead, *Science and the Morden*

World，Lowell Lectures，1925（Mentor Books，p. 13）.

［14］Ambrose，*In Ps.* 118 *Expos*，Prolog.（P. L. xv，1197）.

［15］*Enarr. in Ps.*，Prooem.

［16］v. Pépin，"S. Augustin"，*Rech. augustin*，i，1958，esp. 277-285.

［17］v. esp. R. Holte，*Béatitude et Sagesse*，pp. 335-343；关于现代对等之物，参 J. Pépin，*Mythe et Allégorie*，69-71。

［18］*de Gen. c. Man.* ii，32. v. esp. U. Duchrow，"'Signum' u. 'Superbia' beim jungen Augustin"，*Re* v，*études augustin.*，vii，1961，pp. 369-372.

［19］*de civ. Dei*，IX，16.

［20］*Conf.* VII，x，16. v. esp. P. Couroelle，*Les Confessions*，pp. 43-58，for Philo，through Ambrose，as a possible source for this crucial idea.

［21］*Serm.* 22，7.

［22］e. g. *Conf.* XIII，xviii，23；*Enarr. in Ps.* 138，14. 我们必须要记住夜空和一位古人之间的宗教联系：这是一个人们能够看到的、神圣的世界。

［23］*Conf.* XI，ii，2. La Bonnardière，*Rech. de chronologie augustin.*，1965，p. 180：'Car si Saint Augustin est un théologien，il est un théologien de la Bible：son enseignement sourd directement de l'écriture. Dans la mesure où l'on ne fait pas sa à ce fait primordial，on se prive，dans l'étude des oeuvres de Saint Augustin，d'un éclairage qui non seulement a la valeur scientifique que peut posséder tout fait bien attesté，mais surtout fournit le meilleur moyen de compréhension de l'oeuvre augustinienne'.

［24］*Ep.* 55，xi，21.

［25］*Ep.* 137，3.

［26］v. esp. H. I. Marrou，*S. Augustin et la fin de la culture antique*，esp. pp. 357-385，549-560.

［27］*de doct. christ.* II，xxxix，59.

［28］v. esp. Grabman，"Der Einfluss d. Heil. Augustinus auf die Verwertung und Be-wertung d. Antike im Mittelalter"，*Mittelalterliches Geistesleben*，ii，1936，pp. 1-24，esp. pp. 9-18.

［29］现存最早抄本或可回溯至奥古斯丁时代。W. M. Green，"A Fourth Century Manuscript of Saint Augustine"，*Rev. bénédictine*，69，1959，pp. 191-197.

［30］*de Gen. ad. litt.* III，ix，13.

［31］*de doct. christ.* II，xxxix，59；v. Marrou，*St. Augustin et la fin de la culture antique*，pp. 411-413.

[32] 戈尔迪之结，据希腊神话，按照神谕，只有亚细亚之王才能解开佛律癸亚国王戈尔迪打的结，后亚历山大大帝用宝剑将此结斩开。"戈尔迪之结"引申指棘手的问题。——译者注

[33] v. sup. pp. 47-48.

[34] *Conf.* VIII, viii, 19.

[35] 关于迦太基这方面的某一个案，参 *c. Acad.* I, vii, 19-21。

[36] v. esp. N. H. Baynes, "The Hellenistic Civilization and East Rome", *Byzantine Studies*, pp. 15-16.

[37] *de doct. christ.* Prooem, 4; v. esp. U. Duchrow, "Zum Prolog v. Augustins'De Doctrina Christiana'", *Vigiliae Christianae*, 17, 1963, pp. 165-172.

[38] H. I. Marrou 在 *S. Augustin et la fin de la culture antique*, pp. 354-356 中十分了不起地指出了这一点。

[39] *de doct. christ.* Prooem, 5sq.

[40] v. P. Antin, "Autour du songe de S. Jérôme", *Rev. études latines*, 41, 1963, pp. 350-377.

[41] *de doct. christ.* II, iv, 5; cf. *Conf.* I, xii, 19—xiii, 21.

[42] *de doct. christ.* II, xiii, 19.

[43] *de doct. christ.* II, xiv, 21.

[44] *de doct. christ.* II, xxiv, 37.

[45] 《埃涅阿斯记》，古罗马诗人维吉尔创作的史诗，记述埃涅阿斯生平及其冒险活动。——译者注

[46] *de doct. christ.* II, xx, 30.

[47] *Ep.* 245, 2. cf. *de doct. christ.* II, xx, 30; xxv, 38.

[48] *de doct. christ.* II, xl, 60.

[49] v. inf. pp. 291-292.（据圣经《启示录》，妇人耶洗别引诱基督教会众行淫乱、吃祭物，耶稣基督要约翰致信推雅推喇教会的使者，说明因他容许此妇人的行为，基督要降责于他；妇人耶洗别及与之行淫之人都要受罚，遭大难，淫妇的党类要被杀戮。——译者注）

[50] 如，米莱维斯的奥普塔图斯曾声称，作为一名主教，他比罗马皇帝更接近神，参 *deschism. Don.* III, 3(P. L. xi, esp. 1101A)。

[51] *de civ. Dei*, IV, 7; v. inf. p. 309.

[52] *de civ. Dei*, XIX, 17, 47-58.

[53] *de beata vita* i, 6.

[54] *Ep.* 101, 1.

［55］ *Vita*，xxvii，9-10.

［56］ *de doct. christ.* II，ix，14.

［57］ *de doct. christ.* II，xxxvii，55. v. esp. Marrou，S. t. Augustin et la fin de la culture antique，pp. 515-519.

［58］ *de doct. christ.* IV，iii，5；III，xxix，40-41.

［59］ *de doct. christ.* IV，i，2.

［60］ 参 Marrou，*St. Augustin et la fin de la culture antique*，p. 528；J. Leclercq，"Prédication errhétorique au temps de S. Augustin"，*Rev. bénédictine*，57，1947，pp. 117-131，esp. pp. 121-125.

［61］ e. g. *Epp.* 90；117.

［62］ *de Gen. ad litt.* III，iii，4.

［63］ J. Pépin，*Théologie cosmique et théologie chrétienne*，1964，esp. pp. 418-461.

［64］ *de doct. christ.* II，xvi，25.

［65］ *de doct. christ.* II，xvii，27.

［66］ V. sup. p. 184.

［67］ *Ep.* 118，ii，9.

24

"始终寻求他的面"

　　正如奥古斯丁本人看到的那样，他在中年时思想活动方面最重要的特点是，它发生于一个群体，即罗马公教会之中。在他看来，这样的一个团体为生机勃勃的思想活动提供了一个场所。罗马公教会俨然具有成长为一个国际性组织的潜力：在它的藏书室里，除了有拉丁文的教会典籍之外，还藏有希腊作家，甚至是叙利亚语作家们的著作，至少有这些外文著作的译本。[1] 罗马公教会还含有一个注定要扩展的知识体系。像洗礼这样的仪式，三位一体这样的奥秘，都包含隐秘的深邃之义，只能逐步地由一批批思想家来探究。[2] 正如奥古斯丁所相信的那样，甚至是圣经中模糊之处的存在，也是为了给后世提供有待发现的真理的新层面[3]：因为，由于"人类理性的'生育力'"，真理也会"孳生繁殖"。[4] 在这样一种情形下，思想意识的绝对统一只能是天使们的特权。[5] 当我们在奥古斯丁反对多纳徒派的作品中读到他对罗马公教会权威的坚持，他对其圣礼权能真实客观的特性的坚持，以及他对教会内在合一的神圣担保的坚持时，我们应该记得，他需要强调这些特性，部分是为了他以此可以相信，他的教会提供了一个环境，其超乎常态的适应力能够使它在由人类活动所引发的张力中得以幸存——这些张力包括意见纷纭，旷日持久的论辩，以及新的发现。就像其他任何团体一样，罗马公教会也需要一种文化。有一些人主张通过在圣经阐释中寻求直接的启示来免除人类思想生活中的通常作法——写作和书评。

这些人令奥古斯丁非常恼火。"虽然一切都可以由一位天使很好地完
成，但如果神似乎不愿意让人充当他向人传达他圣言的代理者，那么
人类地位的重要性就被降低了……最为严重的是，如果人类从他们的
同伴那里什么都不能学到，那么使人紧紧联结在合一之中的爱，将无
法再通过倾诉以及仿佛在某种程度上使人的灵魂混融的方式表达
自己。"[6]

奥古斯丁对他在罗马公教会的思想活动持有这样一种坚定的观点，
这不足为奇。他作为一名罗马公教主教和牧师的中年时代，是他生命
中最具创造力的时期：该时期见证了他关于恩典思想的成形，《忏悔录》
的撰写，两部杰作的逐步累积——他对《创世记》的鸿篇注释，即
《创世记字解》，和他的《论三位一体》。这些成就使奥古斯丁的思想逐
步定型了。但它们是在一种"光荣的孤立"中取得的，而这种孤立会
对拉丁教会的文化产生重大影响。

奥古斯丁仍然是一名失意的世界主义者。他与一种国际性的基督
教文化，特别是与希腊文化的关系，在某种程度上是柏拉图式的。他
依赖于译本，而这些译本的供给并不稳定。奥古斯丁持续地、深入地，
几乎是不知不觉地利用希腊语异教哲学家作品的译本，但他从不会以
同样的方式运用希腊语基督教作家的作品。这是奥古斯丁中年时代的
一大缺憾。只有在 420 年之后，当遭遇一位帕拉纠主义者埃克拉努姆
（Eclanum）的朱利安（Julian，一位声称自己远比奥古斯丁要了解希腊
神学传统的人）时，奥古斯丁才会试图将希腊原文的文段和相应的译
本做一种精明而本质肤浅的对比，想以此方式来反驳他的批评者。[7]

奥古斯丁意识到了这种差距。毕竟，他是作为一位希腊语主教的
教士开始他在希波的生活的。因此，在 392 年的时候，他写信给哲罗
姆，求取希腊语圣经注释者作品的译本，尤其是奥利金作品的译本。[8]
他希望在希波以及非洲教会的朋友中间，营造一种类似于米兰的气氛：
"非洲教会的学术团契"，将理所当然地利用一种高层次基督教文化的
传统本源——希腊语的东方。然而，这个计划终究还是失败了。那些
释经作品并没有到来：因为奥利金已经失宠，哲罗姆也受到了滋扰。[9]
"学者团契"转而依靠它自己的资源：关于原文释经的系统性论述。此
论文是提科尼乌的《教规》（*Rules*），奥古斯丁现在会推荐这篇论文，

而且他从中获取了许多细节和一些基本思想，然而作者却是身为多纳徒派信徒的一名非洲人！提科尼乌此时的介入起到了一种决定性的作用。因为这位作家在使奥古斯丁的思想转入到它最具特色的路径之中的作用上，超过了其他任何我们可以辨识其对奥古斯丁思想之影响的人：因为提科尼乌也是一位彻底的圣保罗思想诠释者，他的思想为教会观念所主宰，他已经以"上帝之城"的天命观来看待历史了[10]。

对奥古斯丁来说，从容不迫地从整个地中海地区吸收基督教著作的机会结束得实在太快了。因为多纳徒派争端在他毫无准备的情况下引起了他的注意。在塔加斯特，他曾作为一名新柏拉图主义哲学家与摩尼教徒辩论。在这些辩论中，权威问题并没有被提出，因为奥古斯丁会诉诸理性与他的对手达成妥协；[11]因此，罗马公教会的传统著作被认为与他们的辩论没有相关性。然而，从393年起，奥古斯丁不得不通过这样一种方式来与多纳徒派论战，即使自己陷入论及教会本质的非洲作品所构设的幽闭恐怖的世界。迟至418年，甚至安波罗修也许都已经被遗忘了，[12]突然融入一个相当独特的当地作家团体，会使奥古斯丁进一步脱离他同时代的人："非洲基督徒是最优秀的（optimi Punici Christiani）。"[13]帕拉纠和他那些真正的世界主义支持者正是栽倒在这个坚定而狭隘的传统之上。

渐渐地，"学者团契"不再感到有对希腊文著作的需要了，因为他们有了奥古斯丁。不管奥古斯丁如何申明自己更愿阅读而非写作[14]，更愿倾听而非言说[15]，他还是发现自己在不断地给予。速记员随时在附近，从奥古斯丁的口述中记下他的一些论述。[16]他的朋友会经常聚集在他的周围，向他请教问题，寻求帮助以及要求他写越来越多的书。他们会在他的著作还是初稿时便从他那里"抢走"：许多这样的手稿就是以一种未完成的形式流传了几十年。[17]到416年的时候，在乌扎利斯（Uzalis）的主教图书馆中已经充满了奥古斯丁的著作；[18]受过良好教育的基督徒经常出入于此[19]，而埃俄迪乌（Evodius）会纠缠着他的朋友索要更多的论著。[20]奥古斯丁总是向这类压力让步。尽管他渴望沉思，可他却具有大忙人命定的天赋——创作越来越多的作品。希腊文化不会就此在奥古斯丁的非洲自动地枯竭。是那位有可能使它在那里得到复兴的人，通过不断地给予和创作，逐渐取代了它在非洲的位置。

270

就三位一体这个问题，奥古斯丁对希腊作家作出了如下评论："从翻译过来的为数很少的几节作品来看，我丝毫不怀疑，它们提到的一切都是值得我们去努力发现的东西。但虽然如此，当我的弟兄们根据爱的律法（我以此成为他们的仆人）来要求我时，我还是无法拒绝去为他们做工……而且，就我个人而言，我必须承认，我已经学到了许多我以前从不知道的东西……而且仅仅是通过写作达成的。"[21]

尽管奥古斯丁在非洲是孤立的，可至少他在那里过着一种非常安稳的避风港式的生活。他是一个虔诚之人圈子里毫无争议的教师。在奥利金争端的国际风暴中，罗马的基督教贵族分为支持和反对哲罗姆的两方，而这场风暴却与奥古斯丁擦身而过：哲罗姆与鲁菲努（Rufinus）[22]之间众所周知的决裂，不但让他感到迷惑，而且也使他震惊："因为，如果事情会像我们带着沉痛的意外之情在鲁菲努和哲罗姆之间所看到的那样发生，那么，谁又会不害怕可能出现在任何一个朋友中的未来敌人呢。"[23]

更为重要的是，他是团结一致对抗外敌的教会领袖之一。他有很多战友，而且没有敌人拥有像他一般的才干。然而形势是令人泄气的。在与多纳徒派斗争的过程中，奥古斯丁被廉价的新闻写作搞得头晕眼花："让他们满脸羞愧"曾是他的座右铭[24]，而他也曾无情地使用了它。[25]这或许会鼓励他在应对更难对付的对手时采用同样粗鲁的方式。有一个关于神异象之本质的异端，流行于罗马和非洲有教养的人中间，被奥古斯丁认为是"散漫的饶舌"而不予考虑。[26]一位罗马公教主教同271 仁被奥古斯丁处理其意见的方式深深地触怒了；[27]而且他将奥古斯丁希望从任何人那里学习的声明看做仅仅是另一种讽刺性的怠慢[28]，这都是不足为奇的。当时候到了，奥古斯丁会更谨慎地对待帕拉纠，这对帕拉纠而言或许算是一种敬意吧。

奥古斯丁只有在靠近人群、在朋友中间时，才能够展现出他最大的魅力。他可以写出优美的文字。"尤斯塔休（Eustasius）已经先我们去那安息之地了：不像你们那岛屿之家，此地没有波浪的击打；他也不再思慕卡普拉拉（Caprara），你们那山羊之岛，因为他已不再寻求穿那山羊毛的僧袍了。"[29]

他也知道，作为一名主教，在工作的压力之下，他不得不迅速答复一些重大问题。[30]然而，他的敏感特质从未离开过他。"我们是人，生活在人中间：我必须承认，我还不是一个能够不受如下难题困扰的人，即，为了避免更大的恶而不得不作相对较小的恶；在面对诸如此类的人类问题时，我的情感经常使我无能为力。"[31]那些几乎没有什么问题的人会被提醒，他们需要注意首要原则。魔鬼成功应验的神谕令贵族忧心不已；人们会立刻问道，神为什么允许恶存于宇宙之间，并期待他能够冒险尝试从根本上对此加以回答。[32]一名紧张不安的罗马元老院元老，就像求助于任何一个法官那样地向奥古斯丁寻求最终的裁决，但奥古斯丁却告诉他："我一经获悉你信中所提问题的本质，你谈到的'两难'也就成了我的两难。虽然并非所有你在那里提出的问题都像你所说它们触动了你那样地触动我，但我必须承认，为寻求一种一劳永逸地解除你两难的方法，现在反而使我自己陷入了两难之中。"[33]

只有拉开一定的距离，我们才能看到奥古斯丁思想中更为敏锐的特质。例如，他和哲罗姆之间旷日持久的通信信件，是早期教会中一份独一无二的文件。因为它揭示出，两个高度有教养的人，正以做作的谦恭有礼，进行着异常恶意的通信。他们煞费苦心地以基督徒的谦卑姿态相互接触。[34]有那么一瞬间，他们在典故中，在收件人会自己完成的诗作引用之中，秀出了他们的爪子。两个人都寸步不让。毫无疑问，奥古斯丁触怒了哲罗姆；尽管哲罗姆对奥古斯丁怀有比对待其他反对过他的人更多的尊敬，但他不会抗拒与这位比他年轻的人玩猫鼠游戏。奥古斯丁的反应是最能透露隐情的。哲罗姆的处理方式给他造成了伤害："如果你决意要冒犯我，那我们怎么能不带有敌意地参与此类讨论呢？"[35]就像许多急于免于其自身挑衅行为之罪的人一样，奥古斯丁宣称，自己随时都准备接受批评："我就在这里，而对于我曾说错的任何内容，请严厉地批评我吧。"[36]事实上，当哲罗姆卓越的学识有违奥古斯丁自己的意见时，后者不会在意前者的学识。对于哲罗姆用以支持其观点的那份给人留下深刻印象的希腊文作家名单，奥古斯丁认为是不值得考虑的："如果你能用一个结论性的论据来证明你的看法，那么我是绝不会感到受伤的。"[37]确定无疑的解释（Certa ratione）——这一向是奥古斯丁想要的；然而几乎没有迹象表明，奥古斯丁认真考虑过哲罗姆会提供这一解释，"因为情况可能恰恰是，你所想的不同于真理之所是。"[38]而当哲罗姆最终主动提议要尽释前嫌并建议（考虑到他对恶言谩骂的喜爱，这次算是相当克制了）他们应该"在圣经的园地里不带恶意地一起玩耍"，奥古斯丁并没有被逗乐："对我来说，我更喜欢认真地做事而非'玩耍'。如果你选这个词是用以暗示我们所做的只是简单的练习，那么，让我坦白地告诉你，我对你有比这更多的期待……去帮助那些从事伟大而艰难的调查研究之人，是你应尽的职责——照你的意思，好像研究圣经是一件在平地上嬉闹的事，而非气喘吁吁地攀登一面陡峭的山壁。"[39]

的确，奥古斯丁对待自己的观点是非常认真的。对他来说，一本好书是一系列"问题之结"（knots of problems）。和我们相比，他那些罗马晚期的读者更欣赏他作品的这种"有结"的特性。修辞学总是与一种法律训练相关联。当时读者最为看重的表现形式与现代高等法院的出庭辩护律师所看重的表现形式是最为接近的。作者必须表明，自己不仅能够掌握"源源不断的话语"，而且能够"异常敏锐地"对待每一个细节。[40]如果就像在赫伯特（A. P. Herbert）的《赫伯特荒唐案》（*Misleading Cases*）中[41]的那位法官一样，罗马晚期的读者也期待某种"愉快的诉讼"[42]，那么奥古斯丁的大部分作品读起来就像一场障碍赛，也就没什么好惊奇的了。但最特别的是，问题远比提出问题的人更能引起奥古斯丁的兴趣。奥古斯丁会以审慎的客观态度透露他与某些重要作家的相识："一个问题出现了……""有些人会问……""一位博学之士说过……"[43]人们也许会推测之所以如此含糊的原因。奥古斯丁对他同时代的人一视同仁；但他也强烈地意识到，自己可能会因为个人的原因而非难自己的同事。[44]很多时候，一份晦涩的信仰告白会抑制奥古斯丁在见解上的不同，并使这位极为独特的思想家能够继续前行，并在身后又留下一个出自一位公教同仁的已遭摈弃的观点。[45]

由于他所受的哲学训练，奥古斯丁在对问题的处理方法上从同时代的人中脱颖而出。他从他所在时代的当前历史中吸取的唯一经验便是，在柏拉图派和罗马公教之间存在一种历史性的联盟。这种联盟，确保了"人类理性的最高峰"在"权威的城堡"内找到了一片得到认可的领地。[46]奥古斯丁需要坚持这一看法。在他那些说拉丁语的同时代人中，几乎没有人赞同这种观点。基督教在一群对希腊哲学从来就没有太大兴趣的人中间兴起，产生了要废除古人理性世界观的威胁。令人感到惊奇的是，是老练世故之人共谋了这场对理性的背叛。奥古斯丁则没有这样做。例如，当他着手处理《创世记》经卷的时候，他不得不采取坚定的立场，以反对一股新兴的原教旨主义浪潮。[47] "对于这样一种不顾后果的知识主张给有学问的弟兄们所造成的不适和悲伤，我们难以公平地加以对待。"[48]

事实上，古代世界观之所以能从奥古斯丁那里得到一份宽容是基于奥古斯丁对其兴趣的缺乏。没有经过太多思考，奥古斯丁就接受了古人的观点；并继续在《创世记》中发现，他自己一再地痴迷于严格意义上的哲学问题，诸如同时间创造（simultaneous creation）以及时间和永恒的关系。[49]就这样，奥古斯丁仅仅把古希腊人对物理宇宙的看法冷藏了起来；但他对于自己陷入对纯物理现象的无端猜测，有一种敏感的恐惧心理，[50]至少这种恐惧给伽利略提供了极具相关性的引证。[51]

而且，普通的拉丁神职人员对权威有一种罗马式的尊重。作为基督徒，他们可以将这种态度建立在一种对人类弱点的狂热崇拜之上，建立在早期教会中反向势力的持久传统之上。他们说，对堕落的人而言，神秘的事物定然是"一团密不透风的云"；而且，无论如何，承认理性的要求，也就是承认"权威人士"，因此，教会的领导层也就要向可疑的"知识分子"以及"雄辩家和哲学家"开放。[52]奥古斯丁会坚定地答复这样一个人："我们绝不认为，神会厌恶那在我们之中使我们与野兽区分开来的理性……[53]，我们要全心全意地热爱'理解'。"[54]

奥古斯丁中年时代的两大杰作《创世记字解》和《论三位一体》是其反思能力的显著证明。即使对这两部著作只有些许了解，也足以去除一种浅薄的印象，即认为奥古斯丁不过作为一个好争论者在发展他的思想。[55]因为，在《创世记字解》中，我们看到了奥古斯丁对一些主题所作最早的阐释，后来，这些主题以浓缩的方式永垂不朽地出现在《上帝之城》中。[56]《论三位一体》让我们拥有了一本从根本上来说比任何希腊语作家的作品都更为形而上的著作：在它的各个部分，我们都能看到，内含于其中的紧张关系在某个角度上既包含亚伯拉罕和以撒的上帝，也包含哲学家的上帝。[57]

应对多纳徒派争端的需要干扰了对这两部伟大作品的阐述。然而，工作的压力使奥古斯丁对他要优先处理的事甚至更为坚持。[58]例如，他不会再写一些"玩物"（play-things）：[59]他不会再设想，如同他曾经在米兰以他的《论音乐》做过的尝试那样，从一本诗歌教科书中发展出一种基督教哲学。因为他知道，他只会有时间尽力处理基督教的基本问题，处理《创世记》的问题，以及处理三位一体的教义问题。在这些著作中我们可以看到，他相当无情地排除任何他觉得自己没有资格回答的问题，因为他作为一个哲学家和解经家所受的高度专业化的训练尚有缺乏。然而，在哲学探究领域之内，这两本著作都传达了在一种求索中所共享的激动，期间没有问题被刻意回避，没有紧张关系被搁置，期间一部沉思性的杰作也相当自然地在我们面前展开了："与此相应，亲爱的读者啊，你在什么地方像我一样有把握，就请与我一道前进；在什么地方像我一样踌躇，就要同我进行探讨；……好使我们共同进入仁爱的大道，向他进发，经上是这么说他的：'时常寻求他的面'（诗 105：4）。"[60]

没有人像奥古斯丁自己那样分析过他思想生活的特性："凡有的，就给他。对于那些将所得的恩赐为他人而使用的人，神还要多给他们：他会填满他最初所给的，并加增直至满溢……在他的激励下，我们的反思会大大增多，所以，在我们对他的侍奉中，我们不会遭受匮乏，反而会享有奇迹般丰富的思想。"[61]

在他的中年时期，奥古斯丁过的是"给予"的生活。在 395 年和 410 年间，他撰写了大约三十三部著作和长信。这种向"给予"的转变是极为有意义的。在卡西齐亚库和塔加斯特，他曾经遭受更大的孤立。如果有必要，他甚至准备独自攀登智慧的最高峰。作为一位希波的主教，他为人类的软弱而沮丧，他将自己的创造力转向了一种给予食粮的形式：他总是按照自己所需的滋养量来"喂养"人。[62]

这种持续不断的流出，就像一条宽广的河流。人们很容易就能观察到它飞掠而过的速度，很容易就会对它无尽的漩涡变化形式留下深刻印象；因此，也很容易把它看做极其灵活、变化无穷之物。然而，在奥古斯丁看来，他自己那不懈劳作的意识，他在人类心智面对某些问题时对其限度的敏锐识别力，以及他对自己有意愿向他人学习的不断申明，都与一种关于本质问题的日益增长的确定感紧密相关：正是这条河水的流速和水量沿着河床刻出了一道道不可变更之深沟。

因为，在奥古斯丁的中年时期，他在思想上的进步包括，他将自己的整个人格交托给了罗马公教会。他的理想仍然没有发生变化：心灵的"净化"，借此，阴影让位于现实。"清晨的时候，我会站在您面前，进行冥思。"[63]然而，"净化"过程本身，已变得较以往远为复杂。在奥古斯丁的早期作品中，心灵的"提升"只需通过一些明显的、本质上外在的方法，只需借助一种良好的教育，借助对理性论证的遵从，借助从根本上被设想为有助于学习的权威即可。[64]在他中年时期，他认为这种"净化"是更为困难的。他认为，这是因为灵魂本身被更深地"伤害了"；而且，最重要的是，灵魂的治疗将涉及人格的更多方面。[65]这问题已经不再是为了一个人以后要完成的工作而去"培养"他，而是使他"更开阔"，增进他的能力，至少是让他吸纳一些他此生永远不会希望去完全把握的事物。[66]普鲁斯特（Proust）[67]说过：没人能真正理解一本书，除非他已经能"让那些对应之物在他自己的心中慢慢成熟"。奥古斯丁一再告诫他的读者这一深刻的人间真谛：他们必须"研究圣经，使他们的心灵之眼专注于它的心灵"。[68]只有借着去爱仅有部分被了解的事物，这种"拓宽"[69]才能实现："爱全然未知之物是不可能的，但当已知之物，即使只是略有所知之物被爱时，正是这种爱的能力使此物更好，更充分地为人所知。"[70]

那么，简而言之，没有人会爱那些他即使通过理解也无望吸纳的事物。无望得到理解的信，不过是对权威的顺从。然而，他也不会理解自己不准备去爱的事物。因此，将"信"和"理性"分离，是与奥古斯丁的思想格格不入的。因为，他所关心的是要在行动中设定一个进程：是要"净化"，要"治愈"一颗受损的心灵。他一刻都没有怀疑过，这一进程是通过这两个因素不断地相互作用而实现的，即"因爱而作用的"信[71]和理解——"上帝被了解得愈清楚，就因此而被爱得愈热烈"。[72]

这正是一位"立场坚定"之人的想法。奥古斯丁敏锐地意识到，他之所以采取这样的态度，是为了避免其他可供替代的选择；他也意识到，一些伟大的思想家，也有可能因采用了一种肤浅的人性观而浪费了生命。[73]他曾经是一位摩尼教徒；他曾经如此接近一种"独立的"柏拉图主义，以至于这一经历强有力地在他身上继续存在着。他并非无缘无故地撰写《忏悔录》。一个中年人，意识到自己曾经背离正道，悔恨如此之晚才找到真理，这种意识会强化奥古斯丁的态度。[74]

奥古斯丁开始认为，他的思想活动也依赖于在他自己掌控能力之外的思想趋向。因为，随着他关于恩典的独特思想的发展，理解所依靠的爱的能力，本身就是一件神所赐予的礼物，在一个人的自决能力之外。没有"训练"可以创造出这种能力。奥古斯丁强烈地感到，需要某种超越其心智的指导性原则，来疏导他思想中狂暴的激流。对于一名思想家，神会"启发"他、"激励"他，甚至向他"揭示"某些思想，这一观念在古代晚期是很平常的：[75]但就奥古斯丁而言，这些经常由他同时代的人很粗略地表达的思想，植根于一种对超出他控制能力之外的心理力量之冲力的深刻感知之中。[76]"我希望，上帝会以他的怜悯，让我在所有我所认为的确定之真理上都继续坚定不移……"[77]奥古斯丁，这位有远见卓识的莫尼卡的儿子，从母亲身上继承了一些令人不安的确信。

奥古斯丁的确信可以向下达至深处的、甚而是原始的根源。例如，当和理性联合之后，"教会的习俗"便能用以扫除好些纯理性的异议。[78]例如，奥古斯丁认为，施洗这一圣礼使人充满着本能的敬畏之情，而这种情感足够强烈，其本身便能阻止人们再洗礼的举动。[79]而帕拉纠派会上来激烈地反对奥古斯丁的这一思想层面。奥古斯丁曾希望理解婴儿受洗的仪式："理性会查明其中的奥秘。"[80]如今，他不再求助于理性，而是诉诸公教信众那种根深蒂固的情感。[81]

最为重要的是，奥古斯丁的确信产生于他的一种深切意识，即人之所能知，是何其之少。循着奥古斯丁从智慧书中选出的诸缕情感，我们便能追溯其思想的发展。曾经，"高高兴兴地"迎接人是一种智慧；[82]在奥古斯丁的余生中，这缕情感将因一位希腊化时期[83]犹太人那复杂难解的忧郁而蒙上阴影："因为有限之人的思想是可怕的，而我们的忠告又是不明确的；因为易朽的身体是加在灵魂之上的重负，而这世间的居所压制了我们那必须专注于许多事物的心灵……"[84]

注释

[1] V. *de Bapt.* III,iv,6.

[2] *de Bapt.* I,xviii,28.

[3] *Enarr. in Ps.* 146,15.

[4] *Conf.* XIII,xxiv,36-37.

[5] *de Bapt.* II,iv,5.

[6] *de doct. christ.* Prooem,6.

[7] V. Marrou, S. *Augustin et la fin de la culture antique*, pp. 27-46; Courcelle, *Les lettres grecques en Occident*, esp. pp. 183-194; B. Altaner, "Augustinus und die griechische Patristik", *Revue bénédictine*, 62,1952, pp. 201-215, esp. pp. 211-212.

[8] *Ep.* 28,ii,2.

[9] v. inf. pp. 271-272.

[10] v. esp. *Ep.* 41,2; *de doct. christ.* III,xxx,42—xxxvii,56; *Ep.* 249. 关于提科尼乌的影响，参 A. Pincherle, *La formazione teologica di S. Agostino*, pp. 185-188, 202-205。关于奥古斯丁和提科尼乌之间的区别，参 J. Ratzinger, "Beobachtungen z. Kirchenbegriff d. Tyconius", *Rev. études augustin.*, ii, 1958, pp. 173-185; F. Lo Bue, *The Turin Fragments of Tyconius' Commentary on Revelation* (Texts and Studies, n. s., vii), 1963, esp. pp. 35-38。

[11] *de mor. eccl. cath.* (I),i,3.

[12] 关于向安波罗修求助的必要性，参 A. Paredi, "Paulinus of Milan", *Sacris Erudiri*, xiv, 1963, esp. p. 212。

[13] *de pecc. mer.* I,xxiv,34.

[14] *de Trin.* III,Prooem., 'credant qui volunt'.

[15] *Retract.*, Prolog. 2.

[16] e. g. *Ep.* 139,3.

[17] e. g. *de Trinitate* (v. *Ep.* 174); *de doct. christ.* (v. sup. p. 261,n. 4).

[18] *Ep.* 161.

[19] v. inf. p. 401, 一位哈德卢姆图（Hadrumetum）的修士关于 Florus 的论述。

[20] e. g. *Ep.* 162.

[21] *de Trin.* III,Prooem.

[22] 鲁菲努·提拉尼乌（Rufinus Tyrannius，约 345—?），古代基督教著名的拉丁教父，生于意大利康科第亚，375 年到耶路撒冷建立隐修院，将优西比乌的《教会史》译成拉丁文，并增补两卷，记述 324-395 年的历史。——译者注

［23］ *Ep.* 73，iii，6.

［24］ *Ps.* 83，16 in *C. litt. Petil.* I，xxix，31.

［25］ e. g. *Retract.* II，51.

［26］ *Ep.* 92，4.

［27］ *Ep.* 148，4.

［28］ *Ep.* 148，4.

［29］ *Ep.* 48，4.

［30］ *Ep.* 98，8；*Ep.* 194，x，46. v. inf. p. 387，n. 5.

［31］ *c. mend.* xviii，36.

［32］ *de div. daem.* i，2

［33］ *Ep.* 47，1.

［34］ e. g. *Ep.* 28，iv，6.

［35］ *Ep.* 73，i，1.

［36］ *Ep.* 73，i，1.

［37］ *Ep.* 73，i，1.

［38］ *Ep.* 73，ii，3.

［39］ *Ep.* 82，i，2.

［40］ *Ep.* 138，i，1.

［41］ A·P·赫伯特（1890—1971），英国幽默作家、小说家、剧作家，积极主张法律改革，曾作为牛津大学代表，任议员达 15 年之久。在 *Punch* 杂志发表一系列讽刺民法中的荒诞规定及离奇判决的文章，结集为《赫伯特荒唐案》（*Misleading Cases in the Common Law*）。——译者注

［42］ *de doct. christ.* ，IV，xx，39.

［43］ v. esp. B. Altaner，"Augustine Methode der Quellenbenutzung. Sein Studium der Väterliteratur"，*Sacris Erudiri*，4，1952，pp. 5-17，esp. p. 7. 与哲罗姆的"文学"方法明显不同，后者将展现"各种典籍"，参 *Ep.* 75，iii，5-6。

［44］ *Ep.* 95，4.

［45］ e. g. inf. p. 296 on Orosius.

［46］ *Ep.* 118，v，32-33.

［47］ e. g. *Conf.* XI，xii，14. v. esp. Pépin，"'Caelum Caeli'"，*Bulletin du Cange*，23，1953，pp. 185-274，esp. p. 234.

［48］ *de Gen. ad litt.* I，xix，39.

［49］ v. esp. *de Gen. ad litt.* V，xvi，34.

［50］ 参 *de Gen. ad litt.* I，xxi，41；II，v. 9；ix，20，38。

[51] 参 *Lettera a madama Cristina di Lorena*(1615),其中引用了 *de Gen. ad litt.* I,x,18,19,21;II,v,9,10。

[52] *Ep.* 119,1.

[53] *Ep.* 120,3.

[54] *Ep.* 120,13.

[55] 参 *Retract.* II,50。

[56] 参 R. A. Markus,"Two Conceptions of Political Authority: Augustine's De Civ. Dei, XIX,14 - 15,and some Thirteenth-Century Interpretations",*Journ. Theol. Studies*,n. s. ,xvi,1965,pp. 68-100,esp. pp. 75-76。

[57] v. esp. M. Schmaus,"Die Denkform Augustins in seinem Werk *de Trinitate*",*Sitzungsberichte der bayer Akad d. Wiss.* ,Philos. -hist. Klasse,1962,no. 6.

[58] e. g. *Ep.* 261,1;cf. *de lib. arb.* III,xxi,60.

[59] *Ep.* 101,4.

[60] *de Trin.* I,iii,5.

[61] *de doct. christ.* I,i,1.

[62] *de doct. christ.* II,vii,11.

[63] *de Trin.* IV,xviii,24;cf. *Ep.* 242,4.

[64] v. esp. Burnaby,*Amor Dei* ,pp. 73-79.

[65] 参 F. Cayré,"*Initiation à la Philosophie de S. Augustin*",1947,pp. 249-250;Holte,*Béatitude et Sagesse* ,pp. 361-386。

[66] e. g. *Frang.* 2,6(*Misc. Agostin.* ,i,pp. 196-197).

[67] 马塞尔·普鲁斯特（1871—1922），法国小说家，意识流小说鼻祖，代表作有《追忆逝水年华》、《驳圣伯夫》等。——译者注

[68] *de doct. christ.* IV,v,8.

[69] *Enarr. in Ps.* 146,12.

[70] *Tract. in Joh.* 96,4; cf. esp. *Enarr. xviii in Ps.* 118,3.

[71] *Ep.* 120,8.

[72] *de Trin.* VIII,ix,13.

[73] e. g. *de Trin.* XV,xxiv,44.

[74] 参 Marrou,*St. Augustine*(Men of Wisdom),1957,pp. 71-72。

[75] 将传达某种思想看成某种"受到激励"的结果，是礼仪中常见的主题，如 *Epp.* 24,2(Paulinus on Augustine),;82,2(Augustine on Jerome)。中世纪的材料揭示，奥古斯丁受到天使或天使与圣灵的激励，参 Jeanne and Pierre Courcelle,"Scènes anciennes de l'iconographie augustinienne",*Rev. études au-*

gustin. ，x，1964，pl. XVII–XIX，pp. 63–65。

[76] 奥古斯丁对圣经作者灵感本质的认识细致入微，而且充满人文关怀，参 H. Sasse，"*Sacra Scriptura*：Bemerkungen zur Inspirationslehre Augustins"，*Festschr. Franz Dornseiff*，1953，pp. 262–273。因此，当他说神已将某种思想"启示"给他的时候，只是要表明，他已根据一系列确定推出了一个顺理成章的结论，如 *de grat. et lib. arb.* i，1；*de praed sanct.* i，2 quoting *Phil.* 3，15–16—v. inf. p. 405。v. esp. A. C. de Veer，"'Revelare'，'Revelatio'. éléments d'une études sur l'emploi du mot et sur sa signification chez s. Augustin"，*Rech. augustin.*，ii，1962，pp. 331–357，esp. pp. 352–354.

[77] *de Trin.* I，iii，5.

[78] *de Bapt.* III，ii，3。

[79] e. g. *de Bapt.* V，vi，7.

[80] *de quant. anim.* xxxvi，80.

[81] v. inf. p. 385.

[82] e. g. *de lib. arb.* II，xvi，41.

[83] 希腊化时代，指公元前 4 世纪亚历山大帝国建立到 1 世纪这一历史时段，希腊的政治制度、文化广泛传布到地中海以东世界，对东方产生巨大影响，东西方文明出现交流和融合。——译者注

[84] *de Trin.* III，x，21.

第四部分

410—420 年

大事年表四

		P. L. VOL. COL.	英译本
410 年	8 月 18 日阿拉里克进入罗马。 罗马难民前往非洲避难。 帕拉纠从希波路过。 8 月 25 日对多纳徒派的宽容敕令被撤销。 10 月 14 日颁布号召在迦太基实现"联合"（Collatio）的敕令。 马西利努（Marcellinus）到达非洲。	6 月 14 日第十五次迦太基主教会议。 自 5 月 19 日起，就经常在迦太基，直到他 9 月 11 日前往乌提卡（Utica），9 月 22 日，前往希波·蒂阿里图斯（Hippo Diarrhytus）。 由于健康原因，到希波城外的一家庄园修养。 *Epistola CXVIII ad Dioscurum.* *De unico baptismo contra Petilianum*（＝*Ep.*120）.	33.431 43.595	
411 年	5 月 18 日多纳徒派为实现"联合"来到迦太基。 6 月 1 日"联合"会议开幕。 6 月 9 马西利努作出反对多纳徒派的裁决。	1 月到 3 月，不时地在迦太基进行反对多纳徒派的布道；4 月到 6 月，不时地在锡尔塔（Cirta）和迦太基做反对多纳徒派的布道。 6 月 1 日，3 日，8 日，在迦太基与多纳徒派"联合。 希波的皮尼阿努（Pinianus）事件。 年末时马西利努来信说：帕拉纠的观点正在迦太基传播，要求他谴责凯勒斯提乌（Caelestius）。 /12 *Breviculus collationis contra Donatistas.* /12 *De peccatorum meritis et remissione.*	43.613 44.109	(in) *The anti-Pelagian writings of St. Augustine*, I, Edinburgh, 1872.

412 年	1 月 30 日反对多纳徒派的敕令。	6 月 14 日锡尔塔宗教会议（Synod of Cirta）。 9 月到 12 月间经常在迦太基布道。 *Post collationem contra Donatistas.* *De spiritu et littera.* *De gratia novi testamenti* (= *Ep.* 140).	43.651 44.201 (in) *The anti-Pelagian writings*, I, Edinburgh, 1872; *Three anti-Pelagian treatises of St. Augustine*, Ld., 1887; *Basic Writings*, I, NY., 1948; *Augustine, the later works*, Ld., 1954; *On the spirit and the letter*, Ld., 1925. 33.538
413 年	赫拉克利安（Heraclian)叛乱。 底米特里亚斯（Demetrias）收到奥勒里乌送来的面罩。 帕拉纠的《致底米特里亚斯的信》。 赫拉克利安被击败。 9 月 13 日马西利努被处决。	在迦太基(1 月中旬)。 *De videndo Deo ad Paulinam* (= *Ep.* 147) *De fide et operibus.* 6 月末在迦太基,8 月和 9 月再次来到这里,试图营救马西利努。 *De civitate Dei*, I-III（在马西利努去世之前写成）。 /15 *De civitate Dei*, IV-V. /15 *De natura et gratia.*	33.596 40.197 (in) *Seventeen short treatises*, Oxford, 1847; *Faith and works*, NY., 1955. 41.13 *The City of God* (2 vols.), Edinburgh, 1871; *Basic Writings*, II, (selections only), NY., 1948; *City of God* (7 vols.), Ld., 1952-; *City of God*, NY., 1962 -; *City of God*, (abridged), Ld., 1963. 44.247 (in) *The anti-Pelagian writings*, I, Edinburgh, 1872; *Three anti-Pelagian treatises of St. Augustine*, Ld., 1887; *Basic Writings*, I, NY., 1948.
414 年	奥罗西乌（Orosius）前往耶路撒冷,并在那里停留了两年的时间。	*De bono viduitatis ad Julianum.* *De Trinitate* 出现 /16 - 17 *Tractatus in Joannis evangelium*（或许在 407—408 年之间就已经开始了）。	40.429 (in) *Seventeen short treatises*, Oxford, 1847; *The excellence of widowhood*, NY., 1952. 35.1379 *Homilies on the Gospel according to St. John* (2 vols.), Oxford, 1848/9; *On John* (2 vols.), Edinburgh, 1873/4.

415 年	迪奥斯波利斯 （利达）（Diospo- lis）宗教会议审 查帕拉纠。	*Ad Orosium con- tra Priscillianis- tas et Origenis- tas. De origine animae et de sen- tentia Jacobi ad Hieronymum* （＝ *Epp.* 166-7）. /16 *Tractatus in epis- tolam Joannis ad Parthos* （或许在 407—408 年之间就已 经开始了）. /16 *De perfectione jus- titiae hominis.* /17 *De civitate Dei*, *VI-X.*	42. 669 33. 720 35. 1977 （in）*Homilies on St. John II*, Oxford, 1848; *Augustine*: *lat- er works*, Ld. , 1954. 44. 291 *The anti-Pelagian writ- ings*, I, Edinburgh, 1872.
416 年	奥罗西乌来到 了关于帕拉纠 的主教会议之 上（9 月） 他带来了圣斯 蒂芬的圣骨。 西哥特人在西 班牙定居。	参加了米莱维斯主教 会议（9 月到 10 月）， 这次会议作出了谴责 帕拉纠和凯勒斯提乌 的决定。 致罗马教皇英诺森的 *Ep.* 177.	33. 764
417 年	3 月 12 日英诺 森谴责帕拉纠 和凯勒斯提乌。 佐西马（Zosi- mus）当选。 9 月之前，佐西 马写信给非洲 的主教：“*Mag- num pondus .*” 9 月中旬，佐西 马审查帕拉纠， 并致信给非洲 的主教们说： “*Postquam.*”	收到奥罗西乌的 *History.* *De Gestis Pelagii.* 9 月中旬在迦太基 布道： *De correctione Donatistarum* （＝*Ep.* 185）. *De praesentia Dei ad Dardanum* （＝*Ep.* 187）. *De patientia.* /18 *De civitate Dei*, *XI-XIII.*	44. 319 （in）*The anti-Pelagian writings*, I, Edin- burgh, 1872; *Three an- ti-Pelagian treatises*, Ld. , 1877 33. 792 （in）*On the Donatist con- troversy*, Edinburgh, 1872. 33. 832 40. 611 （in）*Seventeen short trea- tises*, Oxford, 1847; *Pa- tience*, NY. , 1952.

418 年	3 月 23 日,佐西马的第三封信说:帕拉纠仍然处于被绝罚的阶段。 4 月 30 日帕拉纠和凯勒斯提乌被逐出罗马。 佐西马去世(12 月)。 12 月 29 日卜尼法斯(Boniface)当选。	5 月 1 日迦太基第十六次主教会议。他仍然留在迦太基直到月中。 收到了在耶路撒冷的皮尼阿努的来信,信中说,他在耶路撒冷遇见过帕拉纠。送给他 *De gratia Christi et de peccato originali.*
		9 月 20 日在毛里塔尼亚·卡萨利亚(Mauretanian Caesarea): *Gesta cum Emerito Donatistarum episcopo.*	44. 359 (in) *The anti-Pelagian writings*, II, Edinburgh, 1874; *Basic Writings*, I, NY., 1948.
		/19 *Contra sermonem Arianorum.*	43. 697
		/20 *De civitate Dei*, *XIV-XVI.*	42. 683
		Ep. 194 to Sixtus	33. 874
419 年	埃克拉努姆的朱利安(Julian of Eclanum)的第一部作品问世。	5 月 25 日迦太基第十七次主教会议。	
		Locutiones in Heptateuchum.	34. 485
		Quaestiones in Heptateuchum.	34. 547.
		/21 *De nuptiis et concupiscentia.*	44. 143 (in) *The anti-Pelagian writings*, II, Edinburgh, 1874.
		/21 *De anima et ejus origine.*	44. 475 (in) *The anti-Pelagian writings*, II, Edinburgh, 1874.
		/21 *De conjugiis adulterinis.*	40. 451 *Adulterous marriage*, NY., 1955.
420 年	提姆加德的郜登提乌(Gaudentius)在帝国特使杜尔昔提乌(Dulcitius)到达时,威胁说要把自己、自己的会众以及教堂一起焚毁。	*Contra mendacium.*	40. 517 (in) *Seventeen short treatises*, Oxford, 1847; *Against Lying*, NY., 1952.
		/21 *Contra adversarium legis et prophetarum.*	42. 603
		/21 *Contra duas epistolas Pelagianorum.*	44. 549. (in) *The anti-Pelagian writings*, III, Edinburgh, 1876.
		/25 *De civitate Dei*, *XVII.*	
		请求与保民官卜尼法斯在图布奈(Tubunae)会面。	

25

世界的晚年

罗马之劫 [1]

在 408 年行将结束之际，奥古斯丁给诺拉的保利努写了一封长信。[2]保利努是一个幸运的人，他仍然能够超然于现世：他是一名遁世者，在福音的意义上向着世界是已死的。[3]对于奥古斯丁这位主教而言，这种隐修的古老传统已经不再足够：他不得不"为了人们的利益而生活在人们中间"；[4]而且，"在我看来，我们所遭遇的不确定和困难，似乎源于一个事实，即我们生活在人们各种各样的习惯和意见之中……我们正不得不处理整个民族的事务——不是尘世中罗马人的事务，而是在天上耶路撒冷中的公民事务。"[5]

奥古斯丁在这里触及了他那个时代主教们的一个痛处。基督徒属于天上的耶路撒冷，这在当时是一个自明之理：只有在那座城中，他们才"既非过客，亦非外侨，而是完全的公民"[6]。在以"完全的公民身份"来表达对另一个世界的忠诚时，他们使用了古人所能使用的最为生动和意味深长的措辞。[7]然而，在奥古斯丁的主教任期里，这一群超然现世之人却对现世产生了引人注目的、剧烈的影响。因为十多年来，非洲的主教们已经掀起摧毁旧习俗的运动。公开的异教活动已经遭到了镇压，那些宏伟的庙宇被关闭了，雕像被打碎了，这一切经常是基督徒暴民所为。[8]那曾令人引以为傲的碑刻，曾宣示着古老城市与其保护神之间牢不可破的联盟，也经被用来铺设公路了。[9]

286　　　　有时候，这种恼怒的确太过严重了。在 408 年的卡拉马（Calama），波希迪乌（Possidius）试图根据一项帝国法律，使用他的新权力去解散一场传统的宗教游行：在随之而来的骚乱中，他几乎被杀[10]（在写信给保利努的时候，奥古斯丁还记着这件事。）之后，一位名叫内克塔里乌（Nectarius）的卡拉马市民领袖来和奥古斯丁本人洽谈，恳请他介入此事，减轻在此骚乱之后这座城市可能遭受的野蛮惩罚。[11]希波主教毕竟是一位受过良好教育的人，而且，就像内克塔里乌一样，他已成了一个本地人：他能对一个人对家乡的爱，"这唯一一种能理所当然地超越其父母之爱的爱"[12]，如此无动于衷吗？奥古斯丁以内克塔里乌自己的措辞断然地回答他：他已经找到了一个更好的国去爱了，"请原谅我们，"他写道，"如果我们那高高在上的国不得不给你们的国家带来麻烦。"[13]

　　　　只需要有一场公共灾难，就会使这样一段紧张关系尖锐化。灾难其实并不缺乏。这正是"蛮族入侵"的时代。在 410 年 8 月 24 日，难以置信的事情发生了：一支哥特人军队，在阿拉里克（Alaric）的率领下，攻入了罗马。[14]在此之前的两年里，哥特人两次围攻这座圣城，使其居民挨饿甚苦，以至于出现人吃人的可怕现象。罗马城被劫掠了三天之久，它的一部分不可避免地被焚毁了。

　　　　在接下来的几年里，自然会有许多人急于减轻这场灾难。情况本可能更糟。阿拉里克在其一生的大部分时间里都生活在罗马帝国的边界之内。与其他蛮族人相比，他几乎就是一名政界元老。为了轻易地获取年俸，为了在罗马政府的最高层获得一个位子，他使用了自己部落的破坏性；他和他的继承人是依靠继续与罗马政府谈判的可能性来保住其位置的。[15]在随后的几年中，政治家们才欣慰地认识到，这些潜在的欧洲征服者事实上不过是野心勃勃的勒索者而已。[16]然而，所有这一切都是将来的事。一些当时的政治家和后来的历史学家要使罗马遭劫事件的重要性降至最低，而那年冬天出现在非洲的难民却无法容忍他们的自鸣得意。

一位来自不列颠的修士帕拉纠（Pelagius）曾在灾难的现场，在他写信给　287
罗马的一位女士时，他们两人对这个事件都还记忆犹新：

"这件事只是最近才发生，想必你自己也听说了。作为世界霸主的
罗马，在哥特人的号角声和咆哮声中瑟瑟发抖，因恐惧而崩溃了。那
么，贵族在哪里呢？确定而明晰的尊严之分又体现在哪里呢？人们乱
作一团，恐惧地战栗着；每个家庭都有它的悲伤，而那无所不在的恐
惧抓住了我们。奴隶和贵族，再没有任何区别。同一个死亡幽灵在我
们所有人面前高视阔步。"[17]

当然，罗马不再作为帝国的首都已经很久了。然而，作为许多重
要元老的居所，它仍然是西方世界的中心；而它的难民往往是一些颇
具发言权和影响力的人物。[18]更为重要的是，罗马是整个文明的象征；
罗马遭劫就好像一支军队被允许去洗劫威斯敏斯特大教堂或罗浮宫一
样。在罗马，诸神对帝国的保护早已十分清楚。对于前一个世纪的保
守者而言，罗马一直是某种"异教徒的梵蒂冈"，是一座被众多宏伟庙
宇一丝不苟地保护着的城市，其中那确保着帝国伟大性的宗教得以存
在，而且被认为会继续存在。[19]甚至基督徒也和这种神话相配合：正如
罗马曾将所有民族的神都搜集在一起来充当护身符一样，罗马的基督
徒因此也就逐渐相信，彼得和保罗从东方而来，以使他们的圣体被安
葬在这座城市之内。[20]这不过是用一个护身符取代了另外一个护身符而
已；而且，在410年之后，奥古斯丁不得不像对付愤怒的异教徒那样
地去应对幻想破灭的基督徒。[21]

在一个更深的层面，罗马象征着整个文明生活方式的安全。对于
当时一个受过教育的人而言，已知世界的历史很自然地在罗马帝国时
期达到了最高峰，这正如对于一个19世纪的人而言，文明史的最高峰
体现在欧洲的霸权之中。[22]那么，罗马被哥特人洗劫，便是对一个事　288
实——甚至是最有价值的社会也有可能消亡——的不祥提醒。"如果连
罗马都会毁灭，"哲罗姆写道，"那么还有什么是安全的呢？"[23]

奥古斯丁是那个时代我们所能看到的唯一一个对此灾难作出迅速
反应的人：间隔时间很短的长篇布道，一系列写给难民领袖的信件，使
得我们能够意识到奥古斯丁内心十分复杂。[24]从这些资料里，我们可以
看到，一个其大致经过和影响易于被历史学家视为理所当然的事件，

是如何在一个参与者那里被折射成一道绚烂得让人惊奇的"光谱"的。可是，如果我们仅仅对罗马被劫掠这件事的某个方面感兴趣，对一个基督徒对罗马帝国普遍命运的反应感兴趣的话，那么我们就会使奥古斯丁对罗马遭劫的反应在意义上变得贫瘠。这个问题几乎未曾显露出来。反之，在奥古斯丁的心中，尚有空间容纳当时任何人的所有困惑情绪——他们隐约地感到其所生活的世界再也不能被视为理所当然的了。我们会发现，在奥古斯丁这个时期的作品中，敏锐的评论和有关政治既得利益的表述并存；在一种危机的气氛中对自身权威的有意追求，与对一些基本主题——罪和苦难、老年和死亡——逐渐增加的专注混杂在一起。

作为一名主教，奥古斯丁与外部世界的联系是通过一些虔诚的基督徒实现的。[25]他希望"与哀哭的人同哀哭"；那些意大利主教没有费心告诉他这场灾难的严重程度，这确实令他很恼火。[26]然而，作为一名非洲的主教，他使自己全身心地专注于离家乡更近的事件。迦太基当局此时已惊慌失措：为了缓解不满，他们匆忙发布了一道对多纳徒派的宽容令。[27]在罗马被劫掠的时刻，这一举动支配着奥古斯丁的生活。他在自己的城市里遭遇了一场权力危机。多纳徒派的暴力活动重新开始了，随之而来的，是一种宗教"隔离"在公教内部的复现：他的会众开始排斥那些从多纳徒派皈依而来的教友。[28]对于这种糟糕的气氛，奥古斯丁也应当负一定的责任。他时常不在场：在 410 年 9 月 8 日收到要求返回希波的急信时，他仍然停留在迦太基。[29]回到希波之后，他面对的是远比遥远的罗马被劫掠的消息更为紧迫的问题：由于不断受到公教信徒的冷遇和蔑视，一位已经皈依公教的多纳徒派信徒完全堕落了。这是真正触动他的事："当我听到那个消息的时候，我告诉你们，兄弟们，我的心都碎了。是的，我的心碎了。"[30]

作为一名主教，他指望的是拉文纳（Ravenna）[31]（信奉罗马公教的皇帝正在那里颁布保护他的教会的法令），而没有指望罗马。因此，当不列颠独立、高卢落入篡位者之手的时候，奥古斯丁和他的同事们依然效忠于现存的皇帝霍诺里乌。作为"妇女宫闱中苍白花朵"之父的狄奥多西大帝，会在《上帝之城》中被呈现为一位基督徒君主的楷模。[32]对于这样一种肤浅的溢美之词，确实有其充足的理由：几乎就在哥特人进入罗马的同一时间，一道重申所有先前压制非罗马公教的法规继续生效的法令，从拉文纳宫廷中发出了。[33]

相比之下，罗马可能被认为是一个衷心皈依基督教的城市之家（迦太基、亚历山大和君士坦丁堡）里的害群之马。对罗马的围攻在城中激起了一场十分招摇的异教反动；因此，对一位公教主教而言，那些将信仰归于假神的罗马人，只不过是罪有应得。[34]帝国专员曾合宜地清除了迦太基那些宏伟的庙宇[35]，而迦太基仍然屹立在"基督的名下"（*in nomine Christi*）。[36]这一自鸣得意的评价暴露了奥古斯丁作为帝国晚期一名很普通的外省人的心态：他的爱国意味着效忠于一位绝对的、理想化的君王。他并没有被贵族们对昔日罗马的怀旧之情所触动，而是将信心归于远方的专制君主——他们至少和他自己的会众一样，怀有同样的基督教偏见。[37]

在发生公共灾难的形势中，人们想知道该做什么。至少，奥古斯丁可以告诉他们。传统的异教徒指责基督徒不仅退出公众事务，而且是潜在的和平主义者。奥古斯丁作为一名主教的生活就是对这一指控的持续反驳。他知道，运用帝国当局支持下的权威意味着什么。他绝非放弃公民社会，而是竭力维持他相信可以作为其真正基础的罗马公教会；而且，在处理异端、不法分子和道德败坏分子的时候，他并没有显示出丝毫的和平主义。

当他写信给这个时期统治阶层中的基督徒和异教徒成员时，他视自己为一个已在严酷的学校中认识到了这些问题的人，并以这样的身份来与他们交流。作为一名主教，他可以要求完成任何异教神都没有完成的事情：他承担起了整个群体道德指导的重任。[38]没有一座异教庙宇曾回响过这种雄辩，即奥古斯丁现在用以建立他对希波公教"羊群"那受到威胁之权威的雄辩。[39]

在奥古斯丁的计划中，不容许有任何的含混不清。保守的异教徒们，以一般性的措辞，怀旧地谈论着过去那些无法估量的价值，例如"古老的风纪"。[40]奥古斯丁毫不含糊地写到了道德确切的公共执行问题。[41]他们曾热切向往先辈们军事上的辉煌，奥古斯丁只是将这种好战性转向内部；恶行和异端是"内部的敌人"，因而需要一个节制的"大后方"。[42]他的理想假定了一个积极强大的国家，他不喜欢那些"对先辈生活方式的空洞赞美"；由神圣的权威向人类启示并得到积极执行的律法，才是他的基督教帝国的基础。[43]

有许多人愿意听从这样的建议。一名在这一年年末来到迦太基的帝国专员，弗拉维乌·马西利努（Flavius Marcellinus），就是一名典型的新一代公教政治家。他受过洗，是一名业余神学家，禁欲苦修，十分纯洁。[44]像奥古斯丁一样，这样的一个人也感到自己进入公共服务是被"强行入伍"的。就像奥古斯丁一样，他可能被期望要加倍尽责地回应他的职位；就如福音书中所言，他现在必须"陪那些强迫他走一里路的人走二里"。[45]在奥古斯丁使用这一诫命的时候，存在着一个严峻的事实。在410年及之后的时间里，一种新型的帝国仆人在罗马公教会的利益上

291 很好地走了两里。这些人最终镇压了该行省的多纳徒主义，这还多亏了随着罗马陷落而来的恐慌心理和对强硬措施的需要。[46]

可是，仅仅通过对行动的呼吁不可能避免这些更为深层次的忧虑：奥古斯丁也不得不去理解其规模让他的会众大为吃惊的苦难和政治崩溃的含义。

非洲是一片橄榄树之地。整个夏天，橄榄挂满了在微风中自由摇曳的树枝。岁末的时候，这些橄榄就会被打下来，放入橄榄榨油机中压榨。[47]那熟悉的橄榄榨油机（torcular）的意象，会在奥古斯丁的布道中重现：[48]"如今，正是岁末……如今，正是要被压榨的时候。"[49]这一意象概括了奥古斯丁对于罗马被劫掠之意义的独特评估。此时的灾难是对整个人类群体的压榨（pressurae mundi）。[50]无人可以免于此压榨。将罪恶和苦难联系得如此密切，以及将它们看成是无所不在的，这都是奥古斯丁的典型做法。他在为以"可控的灾难"压制多纳徒派的做法作合理性辩护时，会使这些思想变得清晰而明确，而他对410年那场重大灾难的反应，则揭示了这些思想的基本原则：作为一个整体的人类，需要以时常发生的、令人厌恶的侵害为惩戒。[51]因此，他的上帝是一位严厉的父亲，将"鞭责自己所接纳的儿子"——"而你们，你们这些被神宠坏的儿子，你们想要被接纳，而不是被痛打。"[52]

这种根深蒂固的态度也意味着奥古斯丁拒绝像许多基督徒那样，让自己置身于这场灾难之外。例如，罗马人并非因任何突出的、特别

的罪而遭受惩罚：与后来的基督教道德主义者不同，奥古斯丁并没有详细地苛评罗马社会中的恶习。[53]对他而言，作为一个整体的人类，其深重的罪恶便是其遭受任何特定苦难的一个相当充足的理由。不像在少数基督徒中间发生的那样，他对于罗马被劫掠比对于一个不相容的、敌对的文明的崩溃更少幸灾乐祸地冷眼旁观。[54]最为重要的是，他拒绝被动。他不会只看到毁灭。"压榨"是一个主动的过程，目标在于积极的结果；借此，好油被释放出来，流入大桶之中。"在毁灭性的打击之下，这个世界步履蹒跚，老人被抛弃，肉体被压榨，灵魂变为汩汩流出的清亮的油。"[55]对于这种突发公共事件的气氛，奥古斯丁作出的反应刺激了行动的产生；他对大灾难本质上具有矫正作用的看法，承认了一种对英雄主义的由衷敬意。

292

然而，一个人当然是从那些和他保持着交往的人中选择自己的英雄。奥古斯丁指望的是一群人数有限的精英——"上帝的仆人"，这些人就像以色列的义人一样，在他们的痛苦中，"为他们的罪和他们人民的罪"，赞美神，向神祷告。[56]他的英雄，是他通过诺拉的保利努了解到的那些罗马贵族中的禁欲苦修之人。[57]对普通人，奥古斯丁并没有抱任何幻想。"希波的会众，"他写道，"这些上帝命我侍奉之人，人数众多，但几乎全都体质虚弱，以至于即使是一种相对较轻的苦难所带来的压力，也许都会严重地危及他们的安乐；可如今，他们被一种如此难以应对的苦难所重击，以至于即便他们很坚强，也难以从这强加的重担之下脱身。"[58]

这些被迫流亡的基督徒贵族，在他们到达非洲时引起了很大的轰动；但他们并不能提供任何实际的帮助。一个很好的机会被错过了。以其禁欲苦修而知名的一个贵族家庭的基督徒成员梅拉尼亚（Melania），她的丈夫皮尼阿努（Pinianus）和他们的母亲阿尔比娜（Albina），已退隐到他们在塔加斯特的庄园里了。[59]奥古斯丁显然希望，这些虔诚英雄的一次来访就可以恢复其会众的道德风貌；[60]然而，希波的市民对于塔加斯特教会享有来自他们虔诚拜访者的慷慨捐赠，留下了更深的印象。[61]为了迫使皮尼阿努作为一名教士留在他们那里，他们以"一种连续不断的、骇人的吼叫"在教会中攻击他。[62]这些著名的到访者最终离开了希波，因着在奥古斯丁的"羊群"中发现有这种

293

狂乱感到非常震惊。[63]希波的人们本打算选择皮尼阿努作为一个富有的赞助人，以应对非常时期。[64]奥古斯丁并不赞同他们的看法：他准备希波一旦遭到哥特人的攻击，就让皮尼阿努离开这座城市。[65]无论是皮尼阿努还是奥古斯丁，都没有设想过一个大地主和主教之间反对蛮族的联盟，而在其他行省中，这种联盟逐渐变得相当重要。对奥古斯丁而言，"榨油"依然是一个秘密过程，是一个忠于他那遥远的天上之城的受苦者，而非一个任何地上之城的捍卫者的英雄行为。[66]

事实上，奥古斯丁认为，罗马帝国的继续存在是理所当然的。对他而言，帝国便是他已经在其中成长了六十多年的"世界"（*mundus*）。他有充分的准备将罗马被劫掠看做一场前所未有的灾难；[67]他没有作任何尝试去掩饰那些令人恐惧的消息——"屠杀、纵火、抢劫、遭到杀害和折磨的人"。[68]他对哥特人怀有一种文明人的厌恶：囚禁在他们当中，"至少也是在人类之中，即便是在野蛮人之中。"任何人类机构的必然消亡，他都能够接受。[69]然而，他的整个视角暗示了一种对帝国整体恢复力的信心。如果矫正治疗消灭了它的对象，那么它在目标的实现上也就失败了。[70]在他成熟的想法看来，罗马是"被惩罚，而非被取代"。[71]对死亡不可避免的谈论，可以常常用以有意地避免一个确切而不太令人愉快的问题：这种不可避免的死亡，是否正在发生。奥古斯丁对他的听众是很坦率的："弟兄们啊，千万别失去信心！每一个地上的王国都会有一个终结。假使而今便是终结之时，愿上帝看顾。或许，还没有到那一刻：由于某种原因——称之为弱点，或怜悯，亦或十足的不幸，我们都希望，那一刻还没有到来。"[72]

然而，人们在他们所选择视为理所当然之事上是不会完全被动的。为了避免那些话题令他们困窘，他们经常坚持要把它们当做"很自然的"来对待。奥古斯丁在他的布道和《上帝之城》中对罗马帝国的评论也具有这一特质。作为一名基督教思想家，他以这种审慎而又独特的方式，将许多关于异教徒过去的事情视为是理所当然的。[73]他声称好的拉丁语可以通过最自然的方式学会，以此来摈弃围绕着拉丁语言，而且由修辞学学校灌输的惊人的自我意识。[74]以同样的方式，基于同样的原因，他将罗马帝国的继续存在视为理所当然的，以免他的会众在焦虑中会再次被罗马神话所魅惑。如果他想使人们对另一个话题感兴趣——就是对他来说至关重要的"耶和华建造耶路撒冷"(Dominus aedificans Jerusalem)的问题，那他就不得不使这样一个对纯粹现世事业如此有力的象征变得无效。[75]

在 417 年的时候，奥古斯丁在自己面前摆上了一本在基督教外观下展示罗马神话巨大影响力的书。这便是西班牙教士奥罗西乌(Orosius)写的《反对异教徒史》(*History against the Pagans*)[76]。在本书的题词上，奥罗西乌谦卑地把它献给了奥古斯丁。[77]然而，尽管奥罗西乌对奥古斯丁很谦恭，但他得出了自己的结论，且与奥古斯丁的结论很不同。[78]奥古斯丁既不认同奥罗西乌对掩饰蛮族入侵的兴趣，也不赞成他关于罗马帝国天命角色的基本假设。这本献给他的书，和奥古斯丁同时代的人所作的许多书一起，被他直截了当地忽略了。[79]因为他的思想是安顿在未来的："求你叫我晓得我身之终。"[80]

奥古斯丁认为自己生活在世界的第六个，也是最后一个晚年时期(old Age of the World)[81]。[82]他并非是作为一个活在迫近事件的阴影下的人，而是作为一个带着悲伤的人想到这一点的；对他来说，没有什么新的事会再发生。所有需要说的都说过了。奥古斯丁想，一个 60 岁的老人，即便能像一些人曾做到的那样，将寿命延长到 120 岁，那又有什么用呢。[83]计算世界的末日，是徒劳无益的：因为，对于那些渴望它的人来说，即便是最短的一段时间，也会显得过于漫长。[84]

在灾难时期，人们会更渴望依靠未来而非过去和现在生活；而奥古斯丁对未来的坚持，贯穿了他在这些年布道的始终。他会给信奉罗马公教的官员提供一种天上之城的"道德准则"——他可以在此生中为之效力；给幻想破灭的人提供一种当前事件在很久以前就已被预言的认识；[85]给基督徒团体提供一种必不可少的感觉，即他们仍是一小群人，可以在苦难中优先参与一场预定的试验。[86]

当我们将这些布道和某位异教徒如卡拉马的内克塔里乌(Nectarius of Calama)的观点相比较，我们便能理解这种对未来的专注所带来的力量，而这种力量是为一个步入晚年的世界预先储备的。奥古斯丁并不只是"超然现世的"，内克塔里乌也有对另一个世界，甚至是对

"天上之城"的向往。[87]然而，内克塔里乌的天上之城以某种方式存在于某位保守分子那静态而安宁的当下的上面。那些用传统方式生活，在他们出生和接受教育的古老城市中履行其传统职责的人，将被"提升"前往这座彼岸之城。[88]这两个世界似乎都是独特的、自足的、无忧无虑的；而这种将它们连接在一起的"提升"，是一个有序的事件。老年和死亡并不是有序的；它们通过长期的、破坏性的过程，将现在和未来连接在一起。这样的过程将奥古斯丁的旧"世界"与他的天上之"城"联系了起来：生命本身被呈现为一种缓慢和痛苦的调整——为了适应一种可能发生于老年恐惧中的、奇迹般的新成长。

在410年之后的世界里，毁灭的状况是极其明显的。那年秋天，在从迦太基返回的途中，奥古斯丁骑马穿过了一个圆形剧场；即使到了现在，它那夸张的建筑风格仍然让我们感到吃惊。内克塔里乌，事实上，还有许多奥古斯丁的听众会认为，这些令人惊叹的遗迹是依靠"虔诚"而建成的。这种"虔诚"（pietas）集中了异乎寻常的坚韧力量，而非洲和其他地方的罗马人正是借这种虔诚将一种深深植根于这个世界的生活方式的模式从父传与子。但在非洲的人们已经能感到罗马国家最近的危机了。资金变得短缺，这样的公众建筑停工了，巨大的圆形剧场也已经开始崩塌了。[89]对于发现这些废墟，奥古斯丁并不感到意外。这段过去，可以消亡。

奥古斯丁已经变成一个老人了。他的健康状况每况愈下。[90]他关于一座天上之城的未来的布道，已经有一种出自一个已经接触到基本的盼望和敬畏之人的语气：

"这个世界正在失控，你对此感到意外吗？对这个世界已经变老感到吃惊吗？想想某个人吧：他出生，成长，变老。老年有它的许多苦处：咳嗽、颤抖、日益衰退的视力、焦虑、极度的疲倦。一个人老了，他满是苦楚；世界老了，它满是不断袭来的苦难……不要指望老人和世界，不要拒绝在基督里重获青春；他对你们说：'世界正在逝去，世界正在失控，世界正呼吸困难。不要害怕，你会如鹰返老还童。'"[91]

注释

[1] 相关研究有 F. G. Maier, *Augustin und das antike Rom*, 1955; P. Courcelle, *Histoire littéraire des grandes invasions germaniques*, 3rd ed., 1965。

[2] *Ep.* 95.

[3] *Ep.* 94,4.

[4] *Ep.* 95,2.

[5] *Ep.* 95,5.

[6] *Ephes.* 2,19.

[7] e. g. *Enarr. in Ps.* 61,6.

[8] v. sup. p. 227.

[9] Van der Meer, *Augustine*, pp. 37-43.

[10] *Ep.* 91,8-10.

[11] *Ep.* 90. 在另一场合，他有可能再次向奥古斯丁提出了这一观点。

[12] *Ep.* 90.

[13] *Ep.* 91,2.

[14] v. esp. Courcelle, *Hist. littér.*, pp. 31-77.

[15] E. A. Thompson, 'The Visigoths From Fritigern to Euric', *Historia*, xii, 1963, pp. 105-126.

[16] Orosius, *Hist.* I, 16.

[17] Pelagius, *Ep. ad Demetriadem*, 30 (P. L. xxx, 45 D).

[18] v. esp. A. Chastagnol, *La Préfecture urbaine à Rome sous le Bas-Empire*, 1960, esp. pp. 450 -462.

[19] v. esp. N. H. Baynes, 'Symmachus', *Byzantine Studies*, pp. 361-365, esp. pp. 364-365.

[20] e. g. H. Chadwick, 'Pope Damasus and the Peculiar Claim of Rome to St. Peter and St. Paul', *Freundesgabe O. Cullmann* (*Novum Testamentum*, *Suppl.* 6), 1962, pp. 313 -318; M. Ch. Pietri, '*Concordia apostolorum et renovatio urbis* (Culte des martyrs et propagande papale)', *Mél. d'archéol. et d'hist.*, 73, 1961, pp. 275-322; *Ep.* 94,1.

[21] e. g. *Serm.* 81,8.

[22] v. esp. F. Vittinghoff, 'Zum geschichtlichen Selbstverständnisder Spätantike', *Hist. Zeitschr.*, 198, 1964, pp. 529-574, esp. pp. 543-572.

[23] Jerome,*Ep*. 123,16.

[24] v. esp. Maier,*Augustin u. Rom*,pp. 48-75;Courcelle,*Hist. littér.*,pp. 65-77.

[25] *Serm*. 105,12。

[26] *Ep*. 99,1.

[27] v. inf. p. 330.

[28] v. *Serm*. 296,12;*Ep*. 124,2,其中并未言明的会众中的不满情绪。

[29] *Frang*. 5,6(*Misc. Agostin.*,i,p. 218).

[30] *Serm*. 296,12.

[31] 拉文纳,意大利北部的城市,5 世纪之前的相当长时间内是罗马帝国政治上的首都,甚至有皇帝在此设立宫廷。——译者注

[32] *de civ. Dei*,v,26.

[33] *Cod. Theod*. XVI,5,51(25th Aug. 410);XVI,11,3(14th Oct. 410).

[34] *Serm*. 105,12-13.

[35] *de civ. Dei*,XVIII,54.

[36] *Serm*. 105,12.

[37] 奥古斯丁曾提到,罗马皇帝曾虔诚地看视圣彼得的墓,参 *Ep*. 232,3,及 *Enarr. in Ps*. 65,4(415);86,8。

[38] *de civ. Dei*,II,19,12;II,28.

[39] *de civ. Dei*,II,4,13,可与 *Sermons* 中关于以西结的论述对比。奥古斯丁暗示,由于对教团训斥不够,罗马的教士受到了惩罚,参 *de civ. Dei*,I,9,37(citing Ezech. 33,6)。

[40] *Ep*. 136,2.

[41] *Ep*. 137,v,20.

[42] *Ep*. 138,iii,14.

[43] 参 *de civ. Dei*,II,7,23。

[44] v. esp. *Ep*. 151,8-9;inf. p. 337.

[45] *Enarr. in Ps*. 61,8. (参《马太福音》5:41。——译者注)

[46] v. inf. p. 336.

[47] Enarr. in Ps. 136,9.

[48] e. g. *Denis* 24,11(*Misc. Agostin.*,i,p. 151).

[49] *Enarr. in Ps*. 136,9.

[50] *Ep*. 111,2;*Serm*. 81,7.

[51] *de civ. Dei*,I,10,32:"*experimentorum disciplina*"

[52] *Serm.* 296,10;cf. *Ep.* 99,3,奥古斯丁表达了"改正"一伙年轻人的愿望。v. sup. p. 233.

[53] v. esp. Salvian, *De gubernatione Dei* (P. L. liii,25—158),v. Jones, *The Later Roman Empire*,i,p. 173.

[54] v. esp. Commodian, *Carmen de duobus populis*,ed. J. Martin, *Corpus Christianorum*,ser. lat. cxxviii,1960,e. g. ll. 921ff. (p. 107):"整个大地一片悲嚎,她却幸灾乐祸,高兴不已 …… 曾自诩不朽的她,如今却在为永恒而抽泣。" Courcelle,"Commodien et les invasions du ve siècle", *Rev. études latines*,xxiv, 1946,pp. 227-246; *Hist. littér.* ,pp. 319-337.

[55] *Serm.* 296,6;cf. *Ep.* 111,2.

[56] *Ep.* 111,14, *Dan.* IX,3-20.

[57] *de civ. Dei*,I,10,57-63;e. g. *Ep.* 94,3-4.

[58] *Ep.* 124,2.

[59] *Vie de sainte Mélanie*,ed. and tran. D. Gorce(Sources chrétiennes 90),1962,c. 21,pp. 170-172.

[60] *Ep.* 124,2.

[61] *Ep.* 126,7.

[62] *Ep.* 125,3;126,1.

[63] *Ep.* 126,1-2.

[64] *Ep.* 125,4.

[65] *Ep.* 126,4.

[66] 在《上帝之城》中,利古鲁斯(Regulus)之所以愿意孤独地死在异国,完全出于其对誓言的忠诚,这才是最重要的,参 *de civ. Dei*,I,24,34-40。

[67] *Serm.* 296,9

[68] *de urbis excidio*,3.

[69] *Serm.* 105,9-10.

[70] *Serm.* 81,9.

[71] *de civ. Dei*,IV,7,40.

[72] *Serm.* 105,11.

[73] v. sup. pp. 265-266.

[74] *de doct. christ.* IV,iii,5.

[75] *Ps.* 146,2,in *Serm.* 105,9.

[76] 即《反对异教徒七史书》(*Seven Books of History Against the Pagans*),西班

牙神学家、早期基督教正统教义捍卫者奥罗西乌（Orosius，约380—?）的著作，将世界史描绘成巴比伦、马其顿、迦太基、罗马四大帝国相继出现的过程，认为世俗国家中的灾难和不幸都是上帝在用"恶行"来启示信徒，帮助信徒从中获得"善"的教益，并预言世俗国家最终将被神之国取代。此书在中世纪欧洲成为标准的世界历史教科书。——译者注

[77] Orosius, *Historiarum adversus paganos libri vii*, (P. L. xxxi, 663 - 1174). Trans. I. W. Raymond, *Seven Books of History Against the Pagans* (Columbia University Records of the Civilization, xxii), 1936.

[78] 参 E. Th. Mommsen, "Orosius and Augustine", *Medieval and Renaissance Studies*, ed. Rice, 1959, pp. 325 - 348; K. A. Schändorf, *Die Geschichtstheologie des Orosius* (Diss. Munich), 1952; G. Fink-Errera, "San Agustiny Orosio", *Ciudad de Dios*, 167, 1954, pp. 455 - 549; B. Lachoix, *Orose et ses Idées* (Université de Montreal. Publicationsde l'Institut d'études médiévales, xviii), 1965。

[79] 关于受迫害的数据，参 de civ. Dei, XVIII, 52, 1-5。

[80] *Ps.* 38, 5, quoted in *Ep.* 202 A, vii, 16.

[81] 奥古斯丁在《上帝之城》中将人类历史分成七个阶段，老年期为第六阶段，从基督降生到世界末日，人类物质文明继续发展，而精神文明则进入老年衰败期，需得到上帝的不断扶持才能更新。——译者注

[82] v. esp. A. Wachtel, *Beiträge z. Geschichtstheologie*, pp. 60 -63; Vittinghoff, "Z. geschichtl. Selbstverständnis", *Hist. Zeitschr.*, 198, 1964, pp. 557 -564; A. Luneau, *L' Histoire du Salut chez les Pères de l'Église: la doctrine des ages du monde*, 1964, esp. pp. 314-321; v. K. H. Schwarte, *Die Vorgheschichte der augustinischen Weltalterlehre*, 1966.

[83] *de div. qu.* LXXXIII, 58, 2. 罗马公教会的重要性因此得到极大提升，现在已经是神之国和千禧年了。A. Wachtel, *Beiträge z. Geschichtstheologie*, esp. p. 127, and Luneau, *L' Histoire du Salut*, p. 320.

[84] *Ep.* 199, i, 1.

[85] *Epp.* 122, 2; 137, iv, 16.

[86] *Serm.* 81, 7.

[87] *Ep.* 103, 2.

[88] *Ep.* 103, 2.

[89] 关于罗马帝国晚期财政危机对传统公众娱乐的影响，参 G. Ville, "Les jeux de

gladiateurs dans l'Empire chrétien", *Mél. d'archéolog. etd'hist.* ,72,1960,pp. 273-335。

[90] *Ep.* 109,3;*Ep.* 118,v,34;119,1;124,2. 关于奥古斯丁在作关于圣约翰的布道时曾出现的停顿，参 A. M. La Bonnardière,*Rech. de chronologie augustin.* , p. 62。

[91] *Serm.* 81,8.

浩瀚而费力的作品

撰写 《上帝之城》

到了 410 年秋天，奥古斯丁的健康状况终于让他失望了。在一位朋友的乡间庄园里休息调养期间，他可以短暂地重温他曾在卡西齐亚库和塔加斯特享受过的高雅的闲暇（otium）。[1]如今，他对那些日子有着心酸的回忆："我尽我时间所允许地通读了你的信件"，他曾在写给一位年轻同事的信中写道，"这让我想起了我的朋友内布利迪乌（Nebridius）……但你是一位主教，和我一样有着看顾别人的负担……当他还在青年时期的时候……就能够像一个闲暇之人对另一个闲暇之人那样和我谈论问题了。"[2]

然而，奥古斯丁还是没能逃脱他之前作为一名文人的名声。阿里庇乌甚至向迦太基的大学圈夸耀奥古斯丁作为一名西塞罗研究权威人士的非凡才华。[3]因此，在奥古斯丁康复的前夕，一名即将离开迦太基大学的希腊学生迪奥斯克鲁斯（Dioscurus），向他提出了一整堆取自西塞罗《对话录》（*Dialogues*）的文学和哲学问题。[4]这位年轻人的脑子里塞满了西塞罗的零零碎碎[5]，正匆忙地准备乘船离开迦太基，前往一个更广阔的世界：[6]他本可能是青年的奥古斯丁！疲惫的老主教被惹恼了："我希望我能把你从那些令你兴奋不已的研究中拽出来，并且把你塞进我不得不处理的这类关切之中。"[7]更重要的是，如果迪奥斯克鲁斯确实有什么值得说的，那么他无疑可以在表达的同时不要带着那种文学上的势利之态："没有必要通过炫耀对西塞罗《对话录》的了解来赢取读者。"[8]如果迪奥斯克鲁斯读过三年后问世的那部大作——奥古斯丁的《上帝之城》，那么他完全有可能会感到震惊并留下深刻印象。因为在这本书中，这位老主教会通过大量的直接引用，来展示他对西塞罗所有作品的精通。[9]一群新的听众逐渐需要一种新的方法：因为，有教养的异教罗马贵族，作为难民，开始在迦太基的沙龙里使他们的存在为人所知了。

在这群人中，最为重要的一名成员是一位有才华的、30岁左右的年轻人沃卢西阿努（Volusianus）。[10]他属于一个古老的罗马家族，并且忠实地遵循着他那异教父辈的宗教。然而，他正处在一个尴尬的境地。他已经生活在一个"后异教"的世界。奥古斯丁知道，这个家族中的女性是虔诚的基督徒：沃卢西阿努的母亲阿尔比娜（Albina）和他的侄女梅拉尼亚（Melania），她是皮尼阿努（Pinianus）的妻子；在希波，她的到达引起了不小的轰动。[11]他是信奉基督教的皇帝的仆人，因此不能自由地表达自己的意见；[12]而且，作为一位虔诚母亲的儿子，他时常接触到像奥古斯丁这样的主教，以及像弗拉维乌·马西利努这样狂热的平信徒。[13]

他的异教信仰甚至缺乏坚实的根基。在他成长的过程中，他的父亲和他父亲的朋友如此细心周到地履行的一系列异教仪式，已经从罗马的街道和庙宇中逐渐消逝了。只有在他的书中，沃卢西阿努才能找回这心爱的、古老的宗教信仰；因此，在奥古斯丁看来，他似乎是一个文学圈的中心人物，因其"文雅、优美的风格——真正罗马式雄辩的魅力——使之非同凡响"，闻名遐迩。[14]

有一本书非常清楚地揭示了沃卢西阿努及其朋友的品味，就是马可罗比乌（Macrobius）的《农神节》（Saturnalia）。[15]这是一本"假想的对话"集。它描绘了380年左右正处于全盛期的杰出的罗马保守人士——沃卢西阿努的父亲阿尔比努（Albinus）当时也是其中一员，另外还有他的至交，演说家西马库斯（Symmachus）以及伟大的宗教家普雷德克斯塔图。他们被描述成正享受着农神节期间学识渊博的讨论。然而，在这些对话中，我们所能意识到的，不止于对一个伟大过去的高雅享受，而是一种仍然勉力维持的整全的文化。如今，"古老的传统"将会"一直为人所崇奉"。[16]就像那些把他们的钱存进一个安全的国外银行的人一样，这些最后的异教徒急于将信仰投放在一个遥远的、黄金般的过去，以免受到因基督教兴起而带来的干扰。那些皈依基督教的罗马皇帝放弃了"大主祭"（Pontifex Maximus）的头衔；[17]但对虔诚的读者而言，维吉尔可以代替皇帝履行这项职责，为宗教人士提供阅读的材料。[18]维吉尔的作品，可能从一本学校的教科书变成像圣经那样取用不竭的确切宗教信息之源。[19]即便《埃涅阿斯记》中所描述的献祭已经被正式废止了一代人之久，受这些人委托的画家仍会细致地描绘出这些献祭哪怕是最小的细节。[20]我们在这里看到一个奇怪的现象：为了维系当下一种整全的生活方式，就往其中注入某种无法破坏的安全稳妥，而后者来自于受崇奉的过去。

这并非是问题的全部。这些人是极为虔诚的。在他们对死后奖惩的坚定信仰上，他们是可以与基督徒匹敌的。马可罗比乌也写了一篇关于西庇阿之梦[21]的评论，这梦表明，"那些理应获得共和国祝福之人的灵魂，将脱离肉体，进入天庭，在那里永享幸福。"[22]对这些人来说，就像在现今许多人看来一样，基督教似乎是与整个文化的自然假定相脱节的一种宗教。他们时代伟大的柏拉图主义者，普罗提诺和波菲利，能够为他们提供一种从一个远古传统自然发展而来且更为深刻的宗教世界观。相比之下，基督教的主张缺乏理智的根基。对一个像沃卢西阿努这样的人，接受"道成肉身"的说法，无异于一个现代欧洲人否认物种进化理论：他将不仅不得不放弃他所能得到的最先进的、基于理性的知识，而且也得放弃被这些成就全面影响的整个文化。相当坦率地说，异教徒是"有智慧的"（prudentes）人，是"权威人士"，而基督徒是"愚蠢的"。[23]

对于由这种文学上和哲学上的新柏拉图主义所提出的威胁，奥古斯丁有充分的资格去理解并欣赏其本质。他似乎一度要被纳入到这个异教团体之内了：他曾被西马库斯资助过；而且在米兰，他曾教过西马库斯朋友们的儿子，而这些人正是与沃卢西阿努同时代的人。这些人并不是被孤立的因循守旧之人，他们是一个分布遍及西部省份的广大知识界的中心。[24]对于一个处在奥古斯丁的位置上，且有着奥古斯丁对他那个时代理智世界的亲身经历的人而言，在 410 年之后这一年的真正危险，较少地来自对罗马之劫的普遍沮丧[25]，更多地来自这些人的能力，他们可以通过强化那些久负盛誉的传统，来反对基督教的传播。[26]由此看来，《上帝之城》是一出长篇戏剧的最后一回：这部书由一位受西马库斯赞助的人所撰写，它将是对一个贵族阶层的，且声称支配着他们时代理智生活的异教信仰的最终弃绝。

301 罗马贵族到达非洲，使得这个问题变得十分清楚。奥古斯丁当然知道，他们的领导地位会对整个行省造成怎样的影响。非洲的大学生活仍然充满了活力，而且在很大程度上仍然是异教的[27]：奥古斯丁自己的学生尤罗吉乌·法冯尼乌 (Eulogius Favonius)，也写了一篇对"西庇阿之梦"的评论。[28]一个像卡拉马的内克塔里乌斯一样的人，也珍爱这段文字：它给那些像他自己那样认真按传统行事的人提供了一种如银河般的不朽。[29]在这些保守人士后面，站着奥古斯丁十分了解的哲学家——柏拉图主义者 (Platonici)。和他一样，他们是禁欲的、超脱现世之人；和他一样，他们关心的也是人类灵魂的拯救问题，然而，他们却披着颜色暗淡的传统长袍，象征着他们禁欲的呼召，而且他们避免与罗马公教会的会众接触。[30]

这些人中有的反对《上帝之城》。他们甚至打算用一种与马可罗比乌的英雄们相称的方式来激怒奥古斯丁。马可罗比乌使一位不受欢迎的陌生人在一群震惊了的同伴面前提出反对意见，以此引出一场关于维吉尔及其宗教经典著作的讨论。[31]沃卢西阿努在一场他向奥古斯丁详细介绍过的文学盛宴之上，也正是以同样的方式，引出了对基督教的批评。[32]在《农神节》中，第一个站起来为这位可敬的诗人辩护的，当然是西马库斯了。而今，多少有点讽刺的是[33]，这群难以取悦的听众，为了寻求满足，竟向奥古斯丁这位一种新基督教文学的巨匠[34]寻求帮助。

在投身于一本书的写作之前，奥古斯丁犹豫过一段时间。[35]他曾希望马西利努 (Marcellinus) 在沙龙里传阅他的公开信；[36]但马西利努

要求得更多，要求"一个绝妙的解决方案"。[37] 因此，当《上帝之城》
的前三卷于 413 年问世的时候，奥古斯丁对于创作一部浩瀚而不朽的
作品做了充分的承诺："我最亲爱的马西利努啊，这是一项浩大而辛苦
的工作。"[38] 13 年之后，奥古斯丁终于完成了这部 22 卷的作品，其中
还带有一句简洁的话，概括这种大量思考的心境，即他选择以之写作
的心境："在主的帮助下，看来我已经在这里，在一部巨著中偿还了我   302
的债了。"[39]

　　奥古斯丁作为一名行省的主教已经在希波生活了 20 年了。如今，
在一群非常不同而又难以讨好的听众面前，他的名望岌岌可危。[40] 结果
是，《上帝之城》是他曾写过的最具自我意识的著作。它经过大规模的
预先筹划：五卷用以反驳那些为了地上的幸福而崇拜诸神之人；五卷用
以反驳那些为了永恒的幸福而崇拜诸神之人；其余十二卷用以详细阐
述奥古斯丁的重大主题：四卷用以处理"两座城，一座是上帝之城，另
一座是地上之城"的起源问题；四卷用以论述它们在过去"展开的过
程"；四卷用以阐释它们最终的命运。我们甚至拥有一封奥古斯丁写给
他的文稿代理人菲尔姆斯（Firmus）教士的一封信。信中，奥古斯丁
给出了关于如何根据其基本计划来装订这部厚重手稿的指导；[41] 以及书
卷的自由流传是以一系列章节的标题所标记的。[42] 这并不是给一群简单
听众的昙花一现式的小册子，而是一部闲暇之人[43]、博学之士必须反
复阅读之后才能欣赏其妙的著作。[44]

　　对于晚期罗马文学的文化而言，《上帝之城》是一部不朽的作品，
它就像马可罗比乌的《农神节》一样与众不同。甚至在它最小的细节
上，这一点也是明显的。文人本应是一个博学之人。就像在文艺复兴
时期一样，他的论点不得不关联于一整个圈子的文学权威以得到发扬。
在《上帝之城》中，奥古斯丁有意不以后来经院哲学家所用的辩证法
来构建自己的论点，而是以一种为了显示他也可以在博学的积云中行   303
动自由的方式。[45] 这种方法与他在其他作品中所采用的方法明显不同。
例如，他反对宿命论的论据，遵循了他在其他作品中所用的同样方
法；[46] 然而，在《上帝之城》中，这些论据是被设定在由西塞罗提供的
诸多伟大的名字所构成的框架之内的："西塞罗谈到了最著名的医生希
坡克拉底，……斯多葛派的波西多尼乌（Posidonius）[47]……陶工之轮

的著名论证 …… 尼吉迪乌（Nigidius）[48] 由此被称为'陶工之轮'……"[49]奥古斯丁提及圣经中的一对双胞胎以扫和雅各的时候，严苛的古典韵味的最后一抹出现了。奥古斯丁并没有直接提及他们二人的名字，而是用一种艰涩的曲折委婉来介绍他们，这种手法可以取悦奥古斯丁那些在文学上势利的听众。"在我们先辈的古老记忆里（我在这里谈论的是一些名人），曾有过一对双胞胎男孩……"[50]

奥古斯丁对一群特定听众的品味的极度敏感性，决定了他攻击各异教教派所采用的战略。那些和他同时代的异教崇拜形式和情感方式，令现代那些研究晚期异教信仰东方密教，即密特拉教（Mthraism）的学者感兴趣，而在《上帝之城》中，它们则几乎未曾被提及。看起来奥古斯丁好像是在摧毁一种只存在于图书馆的异教信仰。[51]事实上，奥古斯丁非常正确地相信，通过异教徒的图书馆，他可以最大限度地影响他们。通过这种方式，《上帝之城》忠实地反映了5世纪早期异教信仰最为重要的趋向。沃卢西阿努这一代人部分地被剥夺了继承传统的权力，他们会寻求将传统的宗教信仰投放在遥远的过去。他们是狂热的古文物研究者。他们更喜欢任何一种以"博学的古代"（*litterata vetustas*，一种为他们而保存在文学经典中的古老源头）为荣的宗教和哲学。[52]奥古斯丁加以解析的，正是这"古代"（*vetustas*）。他在异教徒最终退往过去的途中拦截了他们：他将揭露那些最古老且在古典作品中最惹人注目的异教崇拜的有污点的源头；他将利用它们的前后矛盾，暗示这些想保存过去的作家——包括它们的诗人维吉尔和古文物研究者瓦罗——是不可信的。[53]他对罗马历史的讨论，也自然地转向了罗马的起源问题。这些早先的岁月，尤其令一个世纪之前的那些博学的异教徒感兴趣；[54]而奥古斯丁则紧随他们的品味。因为这遥远的过去可以安全地被理想化，因此，只有在反对罗马对阿尔巴（Alba）的那场史诗般的战争（发生在公元前7世纪）[55]上，奥古斯丁感到，在面对保守主义的神话时，要完全地采用一位激进分子的方法，还是很有挑战性的——他将沉迷于实事求是的巨大快乐之中："带着你们徒劳无益的一般性意见离开吧"[56]，"带着你们掩饰过错的托词离开吧！……"[57]

因此，《上帝之城》以一种非常不同于《忏悔录》的方式给它的第一批读者留下深刻的印象。它并没有以惊人的文学新颖手法呈现给他们。取而代之的是，他们可以享受到马可罗比乌在与那些异教伟人，特别是普雷德克斯塔图的对话中所享受到的乐趣——他是一个特别认真的人，在其指尖上有着整个传统文化（宗教知识、哲学以及历史）。[58]因此，当即将退休的教区牧师，非洲地方长官的代理人马西多尼乌斯（Macedonius），收到《上帝之城》前三卷的抄本时，他从现代历史学家经常忽略的方面赞美了它。作为一名忠诚的帝国官员，他拒绝翻阅其中关于罗马被劫掠的那一卷；尽管书中以完全得体的方式处理了这场"公共灾难"[59]。取而代之的是，他可以舒适地坐着享受一场学术的盛宴："我很为难，不知最赞赏以下哪一项：一个教士的全面的宗教知识；哲学观点涉及的范围；历史信息的丰富；一种庄重风格的魅力。"[60]

然而，正是这些特性，使得《上帝之城》能作为一部"基督教民族主义"作品，位列于罗马文学之中。就像绝大多数民族主义一样，它借以表达的形式是从它的统治者那里借鉴来的；然而，之所以借用此种形式，只是为了主张一种对曾支配人们思想的文学文化的替代选择。经过二十多年的圣经研究，奥古斯丁确信，基督徒也有一种其丰富性不可穷尽的文学。"你们的"维吉尔的作品总是被刻意地处处与"我们的"圣经相提并论。[61]

305

实际上，这种并列是决定《上帝之城》每一卷结构的基本文学手法。奥古斯丁特意运用这种手法，以期实现一种"立体的"效果。新基督教文学的解答方案时常被强加在由异教对同一问题的回答所组成的、经过精心构设的背景之上，也因此而必然"作为更清晰的一方脱颖而出"[62]。这是一种特意安排的方法，以使人感到一种丰富性和戏剧张力。这也说明了《上帝之城》为什么会对未来时代里的博学之士产生如此巨大吸引力的原因。因为，在这部作品中，奥古斯丁以大量引人注目的思考，带领读者从古典世界进入基督教世界。我们循着一个关于"情感在一个智慧之人身上所起作用"的传统争论，慢慢地从奥卢斯·盖利乌（Aulus Gellius）[63]《阿提卡之夜》（*Attic Nights*）中一则关于"经历海难的一名斯多葛派学者"的轶事，经过西塞罗对尤利乌斯·凯撒（Julius Caesar）的德行的描述，直到这条常有人出入之途的尽头，我们突然遇到一些全新的东西，即一个不朽的简明表述——

"那包含了一切基督徒学问的圣经会如何教导".[64] "按照我们的思维方式（in disciplina nostra），我们并不探讨虔敬的心灵是否会被激怒，而探讨怎样会被激怒；不探讨是否会悲伤，而探讨为什么悲伤；不探讨是否恐惧，而探讨恐惧什么。"[65]

撰写《上帝之城》，迫使奥古斯丁接受他自己作为一个受过良好教育之人的过去。我们可以清楚地看到此番过往对他所起的塑造作用。从学生时代起，奥古斯丁和他的读者就认为有一段文人的过去是理所当然的，可如今，这种过去已经不再属于他了：那是"你们的"文学，是罗马异教徒的文学。于柏拉图学派的人却并非如此。他把他们视为比保守的文人远为可怕的对手。[66] 他反复阅读了波菲利和普罗提诺的论著。[67] 他用一种如此高明的方式再现了这两人的困境，以至于对谜一般的波菲利所作的现代解释仍然倾向于《上帝之城》第十卷的论述。[68] 对普通基督徒来说，波菲利是一个怪物：哲罗姆曾称他为"一个无赖，一个厚颜无耻之徒，一个诽谤者，一个诌媚者，一条极端愚蠢的疯狗"。[69] 在奥古斯丁的手中，他获得了英雄般的声望：奥古斯丁详尽地批评性分析了波菲利对"解救灵魂的普世之道"的失败寻求，而他的最终表述正是从中庄严地发展出来的。[70] 就这样，《上帝之城》前十卷破除异教信仰的努力，以对一场壮丽失败的慷慨再现而告终。

这是一个有启迪作用的特征：奥古斯丁与基督徒兄弟们的争论很少会超出纸笔论战的层次，而纸笔论战是早期教会时代非常普遍的做法；但基督教中的异端分子，仍然是需要打击的外敌。相比之下，在整部《上帝之城》中，奥古斯丁对柏拉图派的处理方式表明，部分依然活跃在奥古斯丁身上的异教过去在何种程度上激励着他产生最精妙的思想，鞭策着他进行一种连续不断的心灵对话，并一直延续到他去世为止。

一种对古典学的过去所怀有的兴趣，可能给基督徒带来令人感到不安的问题。就在这个时候，奥古斯丁写信给埃俄迪乌。当基督下入阴间的时候，他释放谁脱离了惩罚呢？[71]

"断言他们是谁，这会是轻率的。如果我们说，阴间的每个人都会被释放，假如我们能够证实这一点的话，那么谁会不因此而高兴呢？他们之所以会特别地开心，是因为那些因他们的作品（其风格和思维的特质为我们所尊崇）而为我们所熟知之人：其中不仅有诗人和雄辩家——他们在自己作品的许多章节里提出万族的伪神来加以嘲弄，有时甚至承认独一的真神（尽管通常在迷信的仪式上追随大众）；而且有那些赞成同样观点的人——他们并非在诗歌和修辞学上如此，而是作为哲学家。此外，还有那些未曾留下文学遗墨之人——但我们从古典作品中了解到，他们依靠自己的能力过着值得赞颂的生活。除了他们并未侍奉真神，而是错误地崇拜虚华这种他们时代所固有的宗教这一事实之外……他们可以被理所当然地立为其他德性（节俭、克己、节制、冷静、为他们国家的缘故而在面对死亡时的勇敢、对他们向自己的同胞甚至是敌人所发誓言的坚守）的楷模。所有这一切……在某种意义上，没有什么价值，也没有什么益处；但作为某种品格的标志，它们是如此地使我们感到愉悦，以至于我们会想要那些具备它们的人免于地狱之苦：不过，真实情况却是，人情的裁定是一回事，而造物主的公义完全是另外一回事。"[72]

奥古斯丁看待这些古罗马人时，怀有和我们看待维多利亚时代的名人时同样强烈的矛盾情绪。史书已经将他们作为一群理想化了的行为"楷模"（*exempla*）呈现给文人。[73]在罗马，那些元老家族试图寻得一个楷模，从远古时代中找出一个堪称楷模的先祖，并宣称自己的血统根源于此。[74]罗马的基督徒在这些"楷模"的表面价值上接受了他们：一个基督教化了的家族来拜访保利努时，后者则将这些现代的圣徒与他们那些伟大的先祖作了一番详尽的比较，以此来消磨时间；在此过程中，他对异教徒德性方面的问题采取了正面的看法。[75]

奥古斯丁不想为此而被触动。奥古斯丁对罗马人看待自己过去的态度的看法，部分构成了他对被他称为地上之城（*civitas terrena*）——即任何被原罪感染的人类团体，因此也是"地上的，属世的"——的更为基本的态度。这样的一个团体拒绝将他们所创立的"属世的"价值视为短暂的、相对的。由于投身于他们所创的易逝世界，他们被迫去理想化这个世界；不得不否认在这个世界的过去有过任何罪恶，也不得不否认在它未来有着死亡的必然性。即便是他们之中最为诚实的历史学家塞勒斯特，在赞颂罗马古时的年日时也撒过谎。这是不可避免的，就如奥古斯丁的痛心之言，"因为他们没有其他的城可以去赞美。"[76]

很可能仅仅将罗马保守人士对过去的看法作为一个"神话"来破除，会是更简单的。奥罗西乌已经这样做了。奥古斯丁也时常倾向于这么做。奥古斯丁很像一个正在破除一种宗教信仰的 19 世纪的自由派思想家，他将最富声望的思想还原为基本的要素，以此来挫其傲气，并在其中获得一种严峻的愉悦："带着这种狂傲的虚张声势，滚吧，所有的人毕竟也都只是人！"[77]奥古斯丁以这种方式拒绝将罗马历史看做是以某种方式享有特别恩典的历史。他把罗马的崛起还原为所有国家所共有的一个简单的共性："统治欲"——塞勒斯特曾提及，"在古代"[78]，这是一种非罗马人的恶习；而奥古斯丁则紧紧地抓住它，并以典型的彻底性使之一般化为主导每一个国家兴起的法则。于是，一次成功的抢劫可以成为任何帝国产生的基本模式；[79]奥古斯丁要求他的读者从一面遥远的镜子中，从侵略成性的亚述帝国这样一个完全非古典国家的历史中，去看他们自己那理想化了的过去。[80]事实上，非洲人是臭名昭著的揭露者。[81]讽刺一直是奥古斯丁最令人生畏的武器；[82]而且，在将它转而对准罗马过去的时候，奥古斯丁表露出他完全缺乏罗马式的"庄重"：他在浮夸而"格式化的文学片段"（controversia）中对卢克莱西亚（Lucretia）的贞洁极尽嘲讽之能事，这种做法显得很不得体（毕竟，一位罗马的好基督徒诺拉的保利努，曾骄傲地称他的妻子为"我的卢克莱西亚"！）。[83]

但奥古斯丁并不仅仅只是揭露。在重要的两点上，他和同时代的其他人意见一致：罗马人的道德史比罗马人征服的赤裸而"无法更改的事实"重要得多；罗马人的道德品质造就了他们的帝国，即便不享有独特的恩典和应得永世长存（如同异教徒所认为的那样），但至少比以前的帝国好得多[84]，这很像我们仍然按照维多利亚时代的杰出个体来设想维多利亚时代的辉煌。因此，古代罗马人的道德品质提供了一把钥匙，用以了解罗马过去的伟大。[85]奥古斯丁接受了这种态度：并将之用于构建他自己的、高度个人化的、尝试性[86]的观点——关于为什么神竟允许罗马人创建一个如此伟大的帝国。[87]

奥古斯丁听任自己被这些"楷模"挑战，并以此改变了罗马人对他们自己过去的看法。为查明为什么这些高贵的先辈事实上行事如同过往，他进一步探究他们的行为表象。奥古斯丁在一位古典作家的描述中，再次把握住一丝转瞬即逝的细微暗示[88]，他提出了一个单一而涵盖一切的解释：罗马人只由一种力量，被一种对赞美的过分热爱驱使着上演了一场对美德的卓越追求："因此，他们'渴望人们的赞美，但对金钱却挥霍无度。他们的目的在于取得无限的声名，但财富则只限于他们用诚实的手段所能取得的那些。'他们无比狂热地热爱这种光荣，为此而生，也毫不迟疑地为此而死：为了这一巨大的欲望，他们克制了所有其他的欲望。"[89]

这便是奥古斯丁对在他那个时代的罗马人中起着支配作用的单调而理想化的先辈肖像的替代选择。然而，正如奥古斯丁也意识到的那样，罗马人的德性是一小群精英的美德。[90]事实上，奥古斯丁笔下的普通人，是意志十分薄弱的生物。他是社会习俗的奴隶。[91]在奥古斯丁看来，即便是异教过去最伟大的思想家，也屈从于这种力量：他们或者隐瞒自己的真实看法[92]，或者被迫与民众的信仰妥协[93]。非理性特征也是非常切近：大众的虔诚似乎可以使神像移动；[94]一个神秘的"较低的情感领域"，可以使一个人将自己的存在意识注入到一个人类形式没有生命的摹本中。[95]人类需要"权威"：他们需要通过一种从上面来的坚定而富有说服力的挑战，以摆脱他们的习惯和非理性倾向。[96]即使这种引导不是来自神，它也将来自其他的源头。

奥古斯丁相信魔鬼的存在：它们是存在的一种，高于人类，长生不死，它们的身体就像空气一样灵动和精妙，他们被赋予了超自然的感知力；而且，作为堕落天使，它们是人类真幸福的死敌。[97]它们的影响力也是相当巨大的：它们可以干扰头脑的物质基础，使之产生幻觉。[98]这些已被定罪的囚犯，等候着末日审判的判决，会像鸟冲入月下之界的低空湍流中一般[99]，时刻准备着扑向那脆弱和不协调的人性的破碎之处。[100]

在罗马晚期的民间信仰里，魔鬼行事的方式是极端粗鲁的：他们会简单地呈现为人形，引发一场瘟疫或者一场骚乱。[101]相比之下，对奥古斯丁而言，人类和魔鬼之间的联系纯粹是心理上的。物以类聚。人类被魔鬼取走了他们所应得的；魔鬼则向民众推荐道德败坏和为所欲为的诸神作为神圣权能的象征，以此来使它们跟人之间的相似性永久长存。[102]

310

塞勒斯特撰写过罗马共和国衰落时的道德史:对奥古斯丁的听众而言,这部道德史是对这段时期的权威历史记录。[103]通过引入两个性质不同的观念(即权威的观念[104]和魔鬼的观念),奥古斯丁将它变成了一部宗教史:因此,罗马的历史变成了一个社群的故事。这个社群被剥夺了基督的权威,并且听凭其在一层脆弱的人类德性外壳控制之外的力量的支配下漂泊。[105]

然而,奥古斯丁针对过去的异教所作的终极驱魔行动,并没有停留在对隐藏之魔鬼的揭露上。他还做了一些远为精妙和不可逆转的事。《上帝之城》是一部关于"荣耀"的书。在这本书中,奥古斯丁为了将荣耀投射到人类所及之外,投射在"最为荣耀的上帝之城",他将罗马过去的荣耀都排干了。罗马人曾归于他们英雄的美德,将只有在这另一座城的公民身上才得以实现;而且,只有在天上的耶路撒冷的城墙内,才能实现西塞罗关于罗马共和本质[106]的高贵定义。[107]

311

因为我们不应忘记,连同《忏悔录》一起,《上帝之城》是奥古斯丁为数不多的、其标题意味深长的作品之一。正如《忏悔录》那样,《上帝之城》一书的主题突然在奥古斯丁的头脑中变得如水晶般透明;而且,主题一旦形成,就被写入了该书的字里行间。

我们不能根据《上帝之城》的直接起源来解释它。将它视为一部关于罗马被劫掠的书,则是相当肤浅的。倘若没有这一事件,奥古斯丁也很可能写了一本《论上帝之城》的书。这场劫掠所带来的影响,是为奥古斯丁在迦太基提供了一批特别的、具有挑战性的听众;而且,通过这种方式,罗马被劫掠确保了一本原本可能为了基督徒学者同仁们而作的纯粹释经作品(有点像《创世记》的伟大注释,其中提及了一本关于"两座城"的书的想法)[108]最终变成了有意对抗异教信仰之作。《上帝之城》本身并不是一部"为时代而作的宣传册",而是由一位老人,以一种日渐增长的痴迷,经预先谋划而精心写就的。

就在他坐下来撰写《上帝之城》的那一年,他在迦太基进行了一次布道。从这篇布道辞中,我们能比从其他任何地方更好地感觉到一种力量和真正的动向。正是这力量和动向,引导他累积"这部浩瀚而费力的作品",给未来的世代去苦心思索。"因此,当死亡被胜过并消除时,这些东西就不会在那里了;在那里将有和平——完全的、永恒的和平。我们将处于这样的一座城中。弟兄们，当我谈起那座城的时候，尤其是当谣言在此甚嚣尘上之时，我便难以下决心停止……"[109]

注释

[1] *Ep.* 109,3. 关于其反对多纳徒派的另一本小册子，参 A. C. de Veer,"La date du unico baptismo",*Rev. études augustin*,x,1964,p. 35 -38。

[2] *Ep.* 98,8.

[3] *Ep.* 117. ; *Ep.* 101; inf. pp. 383.

[4] *Ep.* 118.

[5] *Ep.* 118,ii,10.

[6] *Ep.* 117.

[7] *Ep.* 118,i,1.

[8] *Ep.* 118,ii,11.

[9] v. esp. Testard, S. *Augustin et Cicéron*,i,esp. p. 195; ii, pp. 36 -71,122 -124(129 citations).

[10] v. esp. A. Chastagnol,"Le sénateur Volusien et la conversion d'une famille de l'aristocratie romaine au Bas-Empire",*Rev. étudesanc.* 58,1956,240 -253. 关于其家族在图布斯库布（Tubursicubure）的地产，参 *Corpus Inscript. Lat.*, VIII,25990。

[11] v. sup. pp. 292 -293.

[12] *Ep.* 136,2.

[13] v. esp. Brown,"Aspect of the Christianisation of the Roman Aristocracy", *Journ. Rom. Studies*,li,1961,pp. 1 -11,esp. pp. 7 -8. 关于奥古斯丁和沃卢西阿努的信件交往，参 Jeanne et Pierre Courcelle,"Scènes anciennes de l'iconographie augustinienne",*Rev. études augustin.*,x,1964,pp. 51 -96; pl. II.

[14] *Ep.* 136,1.

[15] v. esp. H. Bloch,"The Pagan Revival in the West at the End of the Fourth Century",*The Conflict between Paganism and Christianity in the Fourth Century*, ed. Momigliano,1963,pp. 193 -218,esp. pp. 207 -210(a condensation of his fundamental in *Harvard Theol. Rev.* xxxviii,1945,199 -244). ; Sir Samuel Dill,*Roman Society in the Last Century of the Western Empire*,1898,BookI(Meridian Paperbacks,1958,pp. 3 -112); A. Cameron,"The Date and Identity of Macrobius",*Journ. Rom. Studies*,lvi,1966,pp. 25 -38,其中根据 430 年左右的一次农神

节，试图淡化其异教色彩。我却认为，相对于西马库斯的异教思想，这些内容更多地展示了沃卢西阿努的异教色彩。

[16] *Saturnalia*，III，xiv，2.

[17] 大主祭，古罗马祭司院中级别最高的祭司，也是古罗马宗教中最重要的职位。罗马共和国早期时代仅是一个宗教职位，后逐渐被政治化。到奥古斯都时代，与皇帝头衔结合，格拉西安皇帝碑铭中即以之代指皇帝。*pontifex* 意指"修建桥梁的人"，maximus 意为"最大的"，古代罗马主要的桥梁皆横跨台伯河，台伯河被视为神河，只有威望很高同时具神性的人才有资格"打扰"神河，由此，"修桥者"被引申指铺设人神沟通之桥的人。——译者注

[18] *Saturnalia*，I，xxiv，16.

[19] Bloch，"The Pagan Revival"，*The Conflict between Paganism and Christianty*，p. 210.

[20] e. g. J. de Wit，*Die Miniaturen des Verfilius Vaticanus*，1959，pll. 32，34；37，1.

[21] 西庇阿之梦，出自西塞罗《论共和国》（*De re publica*）第六卷，描述罗马将军西比阿·埃米利阿努斯（Scipio Aemilianus）的梦境。——译者注

[22] Trans. W. H. Stahl，*Macrobius*，*Commentary on the Dream of Scipio*（Records of Civilization，Sources and Studies，48），1952，v. Dill，*Roman Society*，pp. 106 - 111；*Ep. 39，3*；v. P. Courcelle，*Les lettres grecques*，pp. 35-36.

[23] Ps. Augustini，*Quaestiones Veteris et Novi Testamenti*，cxiv，8（C. S. E. L. 1，p. 306），v. A. Cameron，"Palladas and Christian Polemic"，*Journ. Rom. Studies*，lv，1965，p. 25.

[24] v. sup. p. 54；v. *de civ. Dei*，I，3，4-6。

[25] *Ep.* 138，ii，9；cf. *de，civ. Dei*，II，3，4-11.

[26] 参 A. Momigliano，"Pagan and Christian Historiography in the Fourth Century"，*The Conflict between Paganism and Christianity*，pp. 98-99。

[27] v. P. Monceaux，*Les Africains*：*Les païens*，1894；P. Courcelle，*Les lettres grecques*，pp. 195-205.

[28] *Disputatio de Somnio Scipionis*，ed. and trans. R. E. Weddingen（Collection Latomus XXVII），1957.

[29] v. sup. pp. 295-296.

[30] v. esp. *Ep.* 138，iv，19：奥古斯丁特别提到阿普雷乌（Apuleius），"作为一个非洲人，对我们非洲人而言，他更有名。"之所以有那封致波菲利的感人至深的信，完全是为了打动在世的波氏崇拜者，参 *de civ. Dei*，X，29，23。

[31] *Saturnalia*，I，xxiv，6-8.

[32] *Ep.* 135,2.

[33] *Ep.* 136,2.

[34] *Ep.* 135,2.

[35] *Ep.* 132.

[36] *Ep.* 138,i,1. P. Courcelle 认为：根据 *Ep.* 137：'Date, source et génèse des "*Consultationes Zacchaei et Apollonii*"'(*Hist. littér.*, pp. 261-275, esp. pp. 271-275),乌扎利斯的埃俄迪乌（Evodius of Uzalis）可能写了一篇（异教徒和基督徒之间的）文学对话,从而使奥古斯丁踌躇不决。

[37] *Ep.* 136,2.

[38] *de civ. Dei*,I,Praef.,8.

[39] *de civ. Dei*,XXII,30,149.

[40] 鲁提里乌（Rutilius）,一位高卢的非基督教元老,沃卢西阿努的崇拜者,可能粗略读过《上帝之城》前三卷,但不大可能以诗歌 *de reditu su* 来对罗马历史作出评价。v. Courcelle, *Hist. littér.* pp. 104 -107。在被迫镇压农民起义的人群中写作,奥古斯丁有其自身的急迫理由要坚持罗马永恒的传统认识。

[41] Letter to Firmus, in *Corpus Christianorum*, ser. lat., xlvii,1955, pp. III—IV, esp. p. III,11-22;cf. *Retract.* II,69,v. H. I. Marrou,'La technique de l'époque patristique',*Vigiliae Christianae*,3,1949,esp. pp. 217-220;最初的划分见手抄本《上帝之城》,v. B. V. E. Jones, in *Journ. Theol. Studies*, n. s. xvi,1965, pp. 142-145.

[42] Breviculus,*Corpus Christianorum*, ser. lat. xlvii, pp. V—XLV. 此版本有独立的内容索引,更忠实于初版。v. esp. H. I. Marrou,'La division en chapitres des livres de la"Cité de dieu"',*Mélanges J. de Ghellinck*,i,1951,pp. 235-249.

[43] *Ep.* 184A,i,1.

[44] Letter to Firmus,*Corpus Christianorum*,p. III,35.

[45] Gibbon 评论说："虽然其学识常被人借用,他的论点却是他独有的。"参 *Decline and Fall*,ch. xxviii,note 79。关于奥古斯丁作为作家的素质及其读者的爱好,参 H. I. Marrou,S. *Augustin et la fin de la culture antique*,esp. pp. 37-76;*Retractatio*,pp. 665-672。关于《上帝之城》的框架,参 J. C. Guy,*Unité et structure logique de la 'Cité de Dieu'*,1961。关于奥古斯丁的思想与其表述模式之间的关系,参 H. A. Wolfson,*The Philosophy of Spinoza*,Meridian,1958, pp. vi—viii,3-60。

[46] e. g. *Conf.* VII,vi,8;*de doct. christ.* II,xxii,32-33.

[47] 波西多尼乌（约公元前 135—前 51）,斯多葛派折衷主义代表人物之一。将柏

拉图的教训与斯多葛主义相结合，认为灵魂不会随肉体消失而消失，地狱虽不存在，但因罪恶会使灵魂混浊乃至无法上升，罪恶越大，灵魂离地面越近，因此恶人死后不如善良的人幸福。其灵魂说为诺斯替主义奠定了基础。——译者注

[48] 尼吉迪乌（公元前98—前45），古罗马宿儒，公元前58年任罗马执政官，在内战中支持庞培，战败后被凯撒放逐。——译者注

[49] *de civ. Dei*，V，2-3.

[50] *de civ. Dei*，V，4，1-2.

[51] 参 N. H. Baynes，"Lactantius"，*Byzantine Studies*，p. 348。

[52] *Ep.* 118，iv，26.

[53] e. g. *de civ. Dei*，III，4，1-3 on Varro.

[54] v. esp. A. Momigliano，"Some Obversations on the'Origo Gentis Romanae'"，*Secondo contributo alla storia degli studi classici*，1960，pp. 145-178，esp. pp. 157-158.

[55] 阿尔巴·龙迦（Alba Longa），据希腊神话，由埃涅阿斯之子阿斯坎尼乌（Ascanius）于公元前12世纪建立。公元前8世纪，与罗马发生冲突。前7世纪中期，在与罗马的一场大战中，双方约定以两组三胞胎之间的战斗来决胜负，最终罗马获胜。后因拒绝援助罗马对其他地区的征讨，国王梅提乌·弗菲提乌（Mettius Fufetius）被处以车裂酷刑。——译者注

[56] *de civ. Dei*，III，14，40.

[57] *de civ. Dei*，III，14，60.

[58] *Saturnalia* I，xxiv，1；cf. I，iv，1，on Albinus："quasi vetustatis promptuarium".

[59] *Ep.* 154，2.

[60] *Ep.* 154，2.

[61] v. sup. pp. 260-261.

[62] e. g. *de civ. Dei*，XV，8，17；XIX，1，9.

[63] 奥卢斯·盖利乌（约125—180），拉丁作家、语法学家，曾在罗马学习语法和修辞学，在雅典学习哲学，返回罗马后成为一名法官。《阿提卡之夜》是其唯一的作品，收录作者经历的奇闻轶事，及其对几何、哲学、历史等学科问题所作的注释。——译者注

[64] *de civ. Dei*，IX，4.

[65] *de civ. Dei*，IX，5，5.

[66] *de civ. Dei*，I，36，17-22.

[67] Courcelle，*Les lettres grecques*，p. 168.

[68] J. O'Meara, *Porphyry's Philosophy from Oracles in Augustine*, 1959; P. Hadot, "Citations de Porphyre chez Augustin", *Rev. études augustin*, vi, 1960, pp. 205-244.

[69] 关于这些称号，参 J. Bidez, *Cambridge Ancient History*, XII, 1939, p. 634。

[70] de civ. Dei, X, 32.

[71] 此时，他受到奥罗西乌从西班牙带来的伪经《保罗启示录》（*Apocalypse of Paul*）的影响。v. S. Merkle, "Augustin über eine Unterbrechung d. Höllenstrafen", *Aurelius Augustinus*, 1930, pp. 197-202.

[72] *Ep.* 164, ii, 4.

[73] 参 Maier, *Augustin u. Rom*, 1955, pp. 84-93。抛开魔鬼的干扰不说，奥古斯丁对罗马历史上的好人和坏人的判断与同时代追求古典学教育的人没有什么区别，参 Aurelius Victor, *Epitome*, XLVIII, 11-12, 其中关于狄奥多西一世的评论。

[74] V. Brown, "Aspects of Christianisation", *Journ. Rom. Studies*, li, 1961, p. 6, n. 41.

[75] Paulinus, *Carmen*, XXI, 230-238.

[76] de civ. Dei, III, 17, 34-37.

[77] de civ. Dei, V, 17, 28.

[78] de civ. Dei, III, 14, 47.

[79] de civ. Dei, IV, 4 and 5. *Latrocinium*, "僭越"（Brigandage）指帝国晚期的篡位之举。参 R. MacMullen, "The Roman Concept of Robber-Pretender", *Rev. intern. Des Droits de l'Antiquité*, 3e, sér. , x, 1963, pp. 221-236。

[80] de civ. Dei, IV, 7, 38.

[81] v. sup. p. 20.

[82] e. g. de civ. Dei, III, 12.

[83] de civ. Dei, I, 19, 15; cf. Paulinus, *Carmen*, X, 192.

[84] Vittingholf, "Z. geschichtl. Selbstverständis", *Hist. Zeitschr.*, 198, 1964, pp. 545-546.

[85] e. g. de civ. Dei, V, 12, 1-3. 历史是修辞学的辅助，用来"强化道德，使寓言变得生动"，与此相对的观点，参 Marrou, S. *Augustin et la fin de la culture antique*, pp. 131-135, esp. I. Calabi, "Le fonti della storia romana nel "de civitate" di Sant'Agostino", *Parola del Passato*, 43, 1955, pp. 274-294。研究当代史的历史学家也会运用古代的例证，参 J. Vogt, "Ammianus Marcellinus als erzählender Geschichtsschreiber d. Spätzer", *Mainz. Akad. d. Wiss. u. d. Lit.*,

Abh. d. geistes-u. sozialwiss. Kl. ,1963,no. 8,pp. 820-822。

[86] *de civ. Dei*,V,9,52-54.

[87] v. esp. *de civ. Dei*,V,12;19,48-60.

[88] *de civ. Dei*,V,12,16,from Sallust,*Cat.* 7,6.

[89] *de civ. Dei*,V,12,15-19.

[90] *de civ. Dei*,V,12,153.

[91] e. g. *Enarr. in Ps.* 64,6;136,21;138,18.

[92] *de civ. Dei*,IV,29,45;VI,6,on Varro.

[93] *de civ. Dei*,X,3,3-5;the Platonists.

[94] *Ep.* 102,iii,18;cf. *Enarr. ii in Ps.* 113,3.

[95] *Enarr. ii in Ps.* 113,1. v. esp. A. Mandouze,"S. Augustin et la religion ro-maine",*Rech. augustin.* ,I,1958,pp. 187-223;v. A. M. La Bonnardière,*Rech. de chronologie augustin.* ,pp. 158-164.

[96] *Epp.* 137,iii,12;138,iii,17.

[97] Defined,from Apuleius,in *de civ. Dei*,IX,8,1-4.

[98] e. g. *Ep.* 9,3;*de civ. Dei*,XVIII,18,12-22.

[99] *Ep.* 102,iii,20;*de civ. Dei*,XI,33,1-2.

[100] *de civ. Dei*,XVI,24,60.

[101] 关于 387 年安提阿大骚乱,参 Libanius,*Oratio*,xix。V. N. Baynes,'The Hel-lenistic Civilisation and East Rome',*Byzantine Studies* ,pp. 6-7。"人类每时每刻心存的疑惧,实际上是恶神世界的一部分,它将人包围起来并不断地展开攻击。"

[102] e. g. *de civ. Dei*,II,25,5.

[103] *de civ. Dei*,I,5,32;v. esp. Maier,*Augustin u. Rom*,pp. 80-81.

[104] e. g. *de civ. Dei*,I,31,28.

[105] *de civ. Dei*,II,8,58-73.

[106] 西塞罗所说的"共和国"(*res publica*),即人民的财产(*respublica res po-puli*),"人民是在一致同意尊奉正义的基础上结成的集合体,是为互利而彼此合作的共同体。"正义和公益是共和国的本质特性,所谓最本质的共和国,就是一个为正义和公益而奋斗的共和国。——译者注

[107] e. g. *de civ. Dei*,II,21,116-123.

[108] *de Gen. ad litt.* XI,xv,20.

[109] *Enarr. in Ps.* 84,10.

27

外来公民 [1]

　　410 年之后的几年里，那些涌入迦太基大教堂的基督徒，对他们自己是不确信的。他们曾以有"基督教时代"而自豪[2]，可如今，这一时代却遭遇了空前的灾难。在经历了一代人的辉煌之后，他们发现自己并不受欢迎。[3] 他们渴望那些古老的生活方式，特别是异教的马戏表演，似乎只有这些才能够在那危机时期维持住公众对旧世界的安全和繁荣的信心。[4]

　　奥古斯丁告诉他们的，正是一个沮丧的团体所需要听的。他给了他们一种身份认同感；他告诉他们，他们属于哪里，必须忠于什么。在一系列伟大的布道中[5]，他的演讲对象，是一些在异教信仰边缘徘徊了上百次的迷惘之人；他们有着异教的亲戚，异教的邻居，还有对他们本城的忠诚——只能通过异教仪式来表达。[6] 他告诉这些人，他们是一个独特的族群："耶路撒冷的公民"。"哦！神的子民啊！哦！基督的身体啊！哦！地上出身高贵的外来族群啊……你们不属于这里，你们属于别的地方。"[7]

　　奥古斯丁用了一个在非洲基督徒中已成了老生常谈的主题：[8] 他可能是在多纳徒派信徒提科尼乌的著作中首次遇到这一主题的。[9] 自从亚当堕落之后，人类一直被分为两座大"城"（*civitates*）；也就是说，被分成了两座忠诚的大金字塔。一座"城"侍奉上帝，连同他的忠诚的天使；另外一座侍奉反叛的天使，也就是撒旦和他的魔鬼。[10]虽然这两座"城"无论在世上还是在教会之内都似乎不可分地混杂在一起，但在末日审判的时候，它们会被分开。[11]基督将宣读判词；这两座城——巴比伦和耶路撒冷——那时会清楚地显明，一座在左边，另一座在右边。[12]

410年之后的几年里，奥古斯丁采用了这一主题；而且，借由从容谨慎的表演技巧，他为他的听众"扩展了这一主题"[13]。

犹太人曾被掳至巴比伦。在那里，他们渴望返回耶路撒冷。他们的先知已经预言了他们的返回，他们的《诗篇》也唱出了整个民族对一片遥远故土的渴望，唱出了他们对那被毁的、不得不重修的圣殿的向往。正如奥古斯丁所提出的，这是一个囚禁和释放、丧失和补救的异象[14]，以一般的措辞，为古代晚期绝大多数伟大的宗教思想家所共有，且以同样的方式为柏拉图主义者[15]、摩尼教信徒[16]，以及基督徒所共有。然而，在奥古斯丁的手里，此时它在其所有的细微差异和分歧上都得到了探究，在其所有细节上也被他以一种大艺术家的激情弄懂了；而且，与此同时，它被完全地具体化为在犹太人漫长历史中的一个特殊事件。"我们也必须首先知晓我们的被囚，然后才能知晓我们的被释放：我们必须知晓巴比伦和耶路撒冷……这两座城，作为一个历史事实，是记录在圣经之中的两座城……这两座城之所以被建立起来，是为了在某个精确的时刻，将这两座城的现实（在遥远的过去就已经开始，并且会一直持续到世界的末了）具体化成为某种象征形式。"[17]

314　　犹太人曾在巴比伦做了许多事；而就强调的重点而言，奥古斯丁自己也曾改变过想法。他们顺从地去了；他们证明是和平的臣民和忠实的公仆；在国王尼布甲尼撒的皈依中，他们殉道者的祈祷得到了回应。[18]在非洲的教会和政府联盟的蜜月期里，奥古斯丁强调这些事实，以反对异教徒和多纳徒派信徒。[19]如今，他强烈关注的是《诗篇》中令人伤感的渴望。巴比伦意味着"混乱"——个体身份湮没于世上之事中。[20]耶路撒冷的公民也依赖于这个世界，但是他们与巴比伦的公民不同，因为他们具有一种向往其他事物的能力。"现在，让我们听吧，弟兄们，让我们且听且唱；让我们向往那座我们在其中作公民的城吧……通过向往，我们便已经在那里了；就像将锚抛上岸那样，我们已经投放了我们的希望。我赞颂的是另外一个地方，而不是这里：因为我是在用我的心灵，而不是我的肉体在歌唱。巴比伦的公民听的是肉体的歌声，而耶路撒冷的创建者听的是我们心灵的曲调。"[21]

当这危机时代其他的基督教道德主义者（其中以帕拉纠最为有名）打算仅仅以最后审判之日不可避免地即将到来这类措辞来表达他们的信息时[22]，奥古斯丁选择了一个不同的角度。他有意地避开福音书带来的威胁，在《诗篇》中找到了一种爱未来的能力：[23]此时，奥古斯丁选择让人们留心注意的劝诫，是劝导他们去唱"小夜曲"（*ad amatoria quaedam cantica*）；[24]他利用的情感并非是恐惧，而是对一个遥远而古老的国度的爱："那古老的上帝之城。""这座城市的起源可追溯到亚伯，就像邪恶之城的起源可以追溯到该隐一样。因此，这上帝之城是一座古老的城：它在世间一直存在着，总是渴望着天国——这座城的名字也叫作耶路撒冷和锡安[25]。"[26]

这种文雅的演说并不能打动受过良好教育的异教徒。[27]从他所知道的历史背景来看，"基督教"是一个很具地方性的东西。诸神崇拜，则可以经过罗马，一直回溯到人类的起始：在基督出现之前，就已经有很多个世纪了。基督教也不能通过声称上帝已在犹太人的律法中为人类作了预备，来延长自己的古老：这律法一直都只局限于叙利亚地区的一小片国土。[28]一位罗马的保守人士发现，基督教是尤其难以理解的：因为，在从他们的犹太先祖那里接收了一个完美有效的宗教传统后，基督徒已经用新仪式取代了这一传统。[29]正是伟大的柏拉图主义者波菲利，以惊人的学识，在仅仅一个世纪以前就详细阐述了强有力的批评。他说，像基督徒所宣称的那种"普世拯救之法"，目前"还不为历史知识所知"。[30]

奥古斯丁被迫接受这一挑战。到目前为止，他关于这两座城的思想的发展，在很大程度上与教会的人员构成有关；[31]他关于旧约与摩尼教之间存在对立相关性的证明，被局限在一条犹太历史的狭窄轨道之中。如今，这些主题不得不根据一个不同的背景加以设定：奥古斯丁面临的是"整个跨越几百年的宽广的历史范围"[32]。

作为一名历史学家，奥古斯丁远逊于波菲利。[33]然而，他是在不同的层面上应对波菲利的批评。例如，奥古斯丁直接选中了一个保守的假定作为批评的对象，即变化总是比持久不变更令人震惊：人类的宗

315

教史应在于古老传统的保存；[34]因此，一种仪式上的变化只可能是一种向更坏方面发展的变化。任何精明的人都能看到，这有悖于其周围的事物。[35]事实上，作为一位哲学家，奥古斯丁总是试图在自然界中调和变化和永恒的关系。他对《创世记》的伟大注释，采纳了对此问题的一种传统解答方式：神已经在每个有机体体内植入了一条恒定的、有组织性的法则，一条种子法则（ratio seminalis），会确保变化虽然发生着，但并不任意，而是根据一个在创世时就一劳永逸地设定了的潜在模式。[36]同样，发生在宗教组织里的变化，就像在整个以色列历史中所发生的变化那样，不必视之为对先祖传统不必要的、令人震惊的逆转；

316 它们可以被当做暗示着一个成长过程的重大标志。[37]在此过程中，可以将人类设想成像单个人一般的巨大有机体[38]，按照一种人类心智难以理解而神却十分清楚的成长模式变化着。

在他对历史的看法上，奥古斯丁宣称自己比异教的柏拉图主义者更为深入。他们只能把握不变之物：满足于沉思一位永恒之神；他们无法回答由"几个世纪紧密的历史交织"所提出的问题；"他们不能追溯那漫长的时代空间，不能在不断展开的进程中安设里程碑，而人类在此进程中像一条巨流般奔涌向前；也不能把握住这一进程既定目标的终极顶点。"[39]按照奥古斯丁的说法，将"时代的变革"与神永恒不变的智慧联系起来的殊荣，已经被预留给希伯来的先知了。

因此，我们可以认为，整个人类历史进程都充满了一个个的意义，这些意义信仰者能部分把握，而先知能全然把握。[40]在过去，那些远在古典历史学家视域范围之外的地域，可能是具有预言意义的事件的发生场所，并因此得以被详查和作为有价值的历史领地而被捍卫。[奥古斯丁有时甚至变为考古学家：他曾在尤蒂卡（Utica）见过一颗特别大的臼齿，并用它来证明在该隐的时代地球上存在过巨人。][41]在他的《上帝之城》中，奥古斯丁是首先意识到一种理智兴奋（Intellectual excitement）的新形式，并给出不朽表述的人之一。普罗提诺在写作论"神意"的文章时，就已经将自然界描绘为精密连接的各部分间的一种和谐。当奥古斯丁谈到绝妙的、完美有序的时代安排时，和普罗提诺同样的惊奇感将涌入他的语言。这种惊奇感标示着普罗提诺用以谈论宇宙（the Cosmos）[42]的方式特征。[43]"神是所有可变之物的不变的管

理者和不变的创造者。当他添加、废除、缩减、增加或减少任一时代　317
的仪式时，他都在根据他的意志安排所有的事件，直到整个时间进程
（其各部分都是适合于每一不同时期的特定安排）的美，像某位不可言
喻的作曲家的伟大旋律一般，完全地自我展现为止……"[44]

　　人类选择话语来沟通交流；神则不但选择话语，而且还选择事件
来表达自己。[45]对奥古斯丁来说，神在过去像一位采用罗马晚期之风格
的、完美的文体家那样地表达着自我。他乐于在精妙的委婉曲折的表
述中引经据典。他以不断增加的明确程度加以暗示的主题总是相同的：
基督和他的教会。[46]然而，话语消逝，只留下了它们所表示的意义。神
的语言中的伟大"话语"，所有的民族和名城都会随着现世成就的完全
丧失而被吞没："现在来看看耶路撒冷这座城吧。我们所谈论的这些最
为荣耀之事正是关于它的。在世上，它被摧毁了：在它的敌人面前，它
已经坍塌倒地了；如今，它已不再是曾经的那座城了。它已描绘出一
个影像：这影像已将它的意义传递到其他地方去了。"[47]

　　这些评论体现了奥古斯丁的典型风格。当他纵览广阔历史领域的
时候，他几乎不能意识到，他也许已经从近东文明的人类成就中继承
了一些东西了。从总体上看，人类历史不过是"新生事物取代垂死事
物的时代延伸"[48]，不过是一条滑向死亡的大河。然而，令他着迷的是
像一种礼拜仪式那样隐约和费解的神之语言。当基督在人间显现的时
候，这种语言的重要性突然被揭示出来。正是这一重要性，将意义注
入了至少是这令人不安之空洞言辞的部分之中。"如果基督不是借着逝
去的岁月而被预言，那么以往几百年的历史就像空罐一样白白逝
去了。"[49]

　　与早期教会中所有基督徒一道，奥古斯丁一直坚信，历史中最为
重大之事便是由预言性的话语和事件所组成的"狭窄路线"，在基督来
临和教会的现状中达至顶点。就像在一个万花筒中一样，饱含预言意　318
义的图案会只为了淡出以及被一组更生动的图案所取代而突然变得清
晰而明确：挪亚方舟、对亚伯拉罕的应许、出埃及、巴比伦之囚。与由
"勤奋的史学家"所记录的一系列单调的事件比起来，在两组事件之间
流逝的巨大时间间隔——例如将挪亚和亚伯拉罕隔开的一个千年——
只有助于突出少数具备"预言性真理"的瞬间所具有的超脱现世的意

义。[50]作为一名主教，奥古斯丁专注于遵循这条"狭窄路线"，连同旧约的历史便是沿着这条路线而到达一个新的时代。他所有的作品中最长的一部[51]就是关于这个命题的，那是一部用以反驳摩尼教徒福斯图斯的作品。

波菲利是一个在名望上不同于福斯图斯的批评家。他的反对迫使奥古斯丁在《上帝之城》中为基督教作为全人类自然的、真正的宗教，以及为基督教作为"普世之道"（其存在为波菲利所否认）而非一种地区性的"误入歧途"而辩护。他还不得不在《上帝之城》中用一般性的措辞去理解和展现基督教的本质：这在于对一切被造物和其造物主之间正确关系的重建，并借此也在于被造物彼此之间正确关系的恢复。这一模式成就了一种理解方法。奥古斯丁必须分析被造物和造物主之间错乱关系的本质；错乱关系的起源必须在天使的堕落中暴露出来；要并列展示两个"城"的不同，而且在《上帝之城》中，他必须表明人类在两种力量之间分裂了。[52]

在《上帝之城》中，奥古斯丁打算向他的读者证明，一种在一座"地上"之城和一座"天上"之城之间的区分，可以在整个人类历史中看到相应的迹象。

正如奥古斯丁已经知晓的那样，"预言性的"历史可以越过几个世纪，而只是专注于少数有意义的"绿洲"；相比之下，这两座城"不断展开的进程"却贯穿了每一个时代。奥古斯丁将勇敢地在早期圣经历史杂乱无章的叙述中，一个世纪一个世纪地重建这两座"城"的历史"轨迹"。[53]"预言性的"历史是纯粹宗教的历史。它的转折点是一些重大的献祭，如亚伯的献祭、亚伯拉罕的献祭、麦基洗德的献祭。在这些献祭的过程中，司仪者一个人单独站在神的面前［如同拉文纳圣维319 塔（S. Vitale）教堂的祭坛上方的早期基督教镶嵌画所呈现的］。相比之下，人与人之间的关系在这两座城的观念中扮演着至关重要的角色：在一起典型的事件中，被生动地描述的，往往是两个人之间的关系，或者是两个人类团体之间的关系。比如说，在一片外国土地上的一整个民族，就像在巴比伦的犹太人一般。人们对事物比对献祭更感兴趣：他们追求这世间一切的"美好"[54]。奥古斯丁将一个秩序井然的社群内部的和平，视为这些"美好"之中最具代表性的一种。[55]因此，宗教史的狭窄范围必须被拓宽：奥古斯丁对过去的看法表明，他认为宗教史不仅有空间给义人的庄严队列，也有空间留给那些对整个社会的思考。地上之城（*civitas terrena*），即追求属世事物之人的"城"，必须被视为是从远远延伸在圣经之外的历史中汲取力量的。[56]那种满足于顺着一条事件的线索直至其终结的历史观，如今被一种需要无限地充实了。这种需要要求追溯每一个时代将人们的生活具体化为两种基本选择的方式。

这种张力在人类历史的最初就已经显明出来了[57]——体现在一种最基本的人类关系，即兄弟之间的关系中。[58]根据该隐和亚伯的单一事件，奥古斯丁（他本人是纳维吉乌的弟弟）将整个人类历史那紧张和吊诡的特性充分地展现了出来。[59]哥哥该隐是他的父亲亚当真正的儿子。他是人类堕落后的"自然"人。他是一位"现世的公民"，因为他深深地植根于这个世界，并且对它十分熟悉：甚至是他的名字，意思也是"完全拥有"。他所盼望的，无过于他能看到的；[60]因此，他建立了第一座城。[61]（事实上，现代的文明史家会深感兴趣地在该隐和他的家族中找到第一个铁匠和第一个音乐家。）[62]相比之下，塞特并没有建城；他的儿子以挪士，期望一些其他的东西——"他要侍奉主耶和华的名"（*speravit invocare nomen Domini*），这使他的生活与其堂兄们（即"在此世适得其所，满足于尘世间的和平和幸福"[63]之人）根深蒂固的生活形成了鲜明对照。[64]

奥古斯丁将该隐和亚伯之间的这种紧张关系视为普遍存在的状况，因为他可以用适用于所有人的措辞来作出解释。他说，所有的人类社会，都是基于一种分享某种"美好"的欲求。[65]在这些"美好"之中，人类感触最深的莫过于对"和平"的需求，即对一种消除各种张力的解决办法的需要，对他们自身之中失衡的欲望以及社会中不和谐的意志进行有序控制的需求。[66]没有人可以免于这些需求；但地上之城中的成员，即堕落之人，却倾向于将在社会中实现这种和平的成就视为自足性的。[67]他们使它成为一个封闭的系统，不再接纳更高的目标；而且，他们以嫉妒之心看待那些拥有一种不同于他们自己幸福理想的替代性选择的人。[68]

因此，正是嫉妒，使该隐杀害了亚伯。对此，奥古斯丁一点都不

320

感到惊奇。他立即转入了对罗马创始的讨论：同样也是，罗慕洛杀害了他的弟弟雷慕斯[69]，尽管这次是出于争竞。[70]因此，最为奥古斯丁的读者所熟知的国家的创立过程，"与第一个例子完全相符：这是希腊人所说的一种'原型'，一种独特的行为方式。"[71]

此前，在其《驳福斯图斯》一书中，奥古斯丁满足于将该隐和亚伯的事件看做基督被犹太人杀害的象征。[72]正是这一事件的象征性轮廓令奥古斯丁着迷不已。如今，奥古斯丁将从中得出一种在所有时代和所有国家都支配着人类的原型动机模式。在哥特式大教堂墙壁上的彩色玻璃窗上，你可以看到预表之物和实体——借着神秘的象征——彼此对视。奥古斯丁所得到的原型动机模式就如同从这些象征性的画像出来，而进入伦勃朗宗教油画中描绘的遭控告的人类当中。"虽然在一个广阔的世界里生息繁衍着数目众多的不同民族，礼仪、风俗各异，语言、武器、服饰众多，但是人类不会超出最初的两个集团，我们可以根据我们圣经的特别用法称之为两个城。"[73]

这就是奥古斯丁对一种新的"历史观"所作的贡献。是对人类基本动机的一次普遍审视和一种普遍解释，是一种对在每个时代都存在一种单一而根本的张力的确定性。一个更为肤浅的人，会立即将这些直觉知识转变成一部装饰精美的基督教版的"世界史"。[74]奥古斯丁并没有这样做。当他试图在一整本书中处理这两座"城"的"进程"时，他满足于仅仅指出一些原则之间的鲜明对比——这些原则反映在他那些博学的读者所熟知的异教国家历史和以色列"神圣共和国"的历史之中；[75]而且，在提出一些关于他们命运相关性的观点时，他也不过是遵循一幅过去的历史画卷而已，而这画卷已经被他那个时代的大多数受过良好教育的基督徒视为理所当然了。

我们不应当从奥古斯丁那里期待这样一部"世界史"。我们之所以有这样的期待，部分原因是我们希望他有时间使他自己对其他的城，而不仅仅是他的"上帝之城"感兴趣。[76]奥古斯丁非常清楚地知道，他无力这样去做。对他的异教徒读者而言，唯一真实的历史就是对他们自己的文明所取得的辉煌成就的记述。奥古斯丁不得不向他们表明，就那种为古代人所熟知之国的繁忙而根深蒂固的生活而言，有一种替代性的选择。[77]堕落之人那显而易见之"城"，有着它明显的需要和成

就，以及它那记录得很好的历史。在这城中，总是有空间留给另一个 322
像亚伯这样的人所构成的群体，他们渴望其他的事物，意识到了他们
同伴所过传统生活的短暂。这是一条使一些根深蒂固的观念变得明确
的信息。在《上帝之城》和奥古斯丁的布道中，最关键的是人"渴望"
其他不同事物的能力，明辨他们与其当前环境关系之本质的能力；但
最重要的是另一种能力——拒绝被吞没于他们同伴那未经审思的习惯
之中，并以此建立自身独特的身份。由于有了这样一条信息，《上帝之
城》中处理过去的各部分内容就绝不可能只是"世界史"的概述了。
它们是一趟穿越过去的轻快之旅，其间，奥古斯丁指出了一种对于堕
落之人那庸常而包罗万象之目标的替代性选择所留下的确切而生动的
"踪迹"（*vestigia*）。[78]

当然，这种历史必须集中在一些象征符号上，围绕着这些符号，
一种独立的身份意识最终得以形成：以色列人简明的特殊神宠论[79]和
罗马公教会在世界范围内的合一，是天上之城的投影。然而，它们的
成员资格并不能依其自身而使人变得完美：这两座"城"的分界线是不
可见的，因为它涉及每个人爱他所爱之物的能力。[80]

对奥古斯丁而言，过去和现在在很大程度上仍然是令人费解的，
但他能够自始至终地看到一些包含各种选择的脉络。人类不可避免地
因他们共同的现世生活的需要而"合为一体"，[81]然而，最终而言，唯
一重要的却是超越这种潜藏且有害的共生现象：人类必须随时准备变得
"与众不同"。[82]

奥古斯丁只是一名学识渊博的主教。一个受过神启示的人，会在
奥古斯丁执著的心灵所专注的混乱事件背后看到，在整个人类历史中
一直吸引着人的，是这种选择之间那令人难以忍受的单纯性。福音书
作者约翰就是这样一个被吸引的人。

"在灵里，他能够认识到这种分化：但作为一个人，他只能看到一
种不可分的混杂。对那些在空间上仍然不能被视为分离的事物，他以
他的心智，以他心灵的一瞥，将它们分离：他只看到虔信的和不信的两 323
个民族……"[83]

因此，维护自己作为一名天国公民身份的需要，就是奥古斯丁关
于此世中两座"城"之间关系的重心。正常的人类社会不得不为一群

必须保持对自己的与众不同有所意识之人留下空间，这些人是一群侨居异乡的（*peregrina*）居民（*civitas*）；是侨居的外乡人。[84]

"羁旅"（*peregrinatio*）是奥古斯丁用来总结此番情形的一个词。古代人十分了解"侨居的外乡人"（*peregrini*）这一范畴。奥古斯丁本人也在米兰经历过这样一种情形：他在一座宏伟都城之中风波频仍的居留也曾是一种"羁旅"（*peregrinatio*）[85]，（奥古斯丁那时是多么惊险地逃脱了被同化的命运啊！）。

如果我们能够像奥古斯丁对这一措辞的使用那样理解其中的细微差异，我们就能够了解老年奥古斯丁的信仰的基本主题。一个敏感的"侨居他乡者"（*peregrinus*），当然会感到思乡之苦，几近于一位"囚徒"渴求释放，就像在巴比伦的犹太人那样。[86]他会感到自己背井离乡，在周边舒适而安定的生活中是一位过客。我们可以将 *peregrinus* 翻译成"朝圣者"（pilgrim），但前提是我们要认识到，奥古斯丁厌恶出行；[87]而且，在他那富有浪漫气息的不满和渴望中，他这位"朝圣者"更近于舒伯特歌曲中的"漫游者"（*Der Wanderer*）；而不是《坎特伯雷故事集》中那些天性快活的周游世界者。因此，这一意象可以给一位彻底的超脱现世之人，提供一种具有无与伦比的丰富性和亲切性的语言：普罗提诺意义上的"真正的哲学家"，被赋予了"爱人的灵魂"，也渴望一个遥远的国度[88]，是奥古斯丁意义上的朝圣者（*peregrinus*）的表亲。

然而，奥古斯丁则比普罗提诺更进一步。他努力处理一个普罗提诺并没有感受到挑战而需要去面对的问题。因为"朝圣者"也是一个暂时的居民。他必须接受一种对其周围生活的紧密依存：他必须认识到，这种生活是由像他自己一般的人所创造的，用以实现某种他乐意与他们分享的"美好"，用以改善某种处境，用以避免某种更大的罪恶；[89]他必须对它所提供的有利条件怀有一种真正的感激。[90]事实上，奥古斯丁逐渐期望基督徒能够意识到，那总是将他们束缚在这个世界上的联系所具有的韧性。对这些联系所拥有价值的评价越来越高，这便是奥古斯丁中年时期思想的特点。[91]因此，《上帝之城》远非一部关于逃离现世的著作，而是这样一部作品：其一再重现的主题是"我们在这终将一死的共同生活中的使命"；[92]是一部关于以超世的心态生活在现世之中的著作。

　　当奥古斯丁还是一位年轻皈依者的时候，他是不可能写出这样的一部著作的。事实上，在奥古斯丁中年时期的信件和布道中，我们能够看到这位年轻人初生牛犊不怕虎的劲头已经有很多收敛。他已经有更宽广的胸怀，接受使人与周围世界联系在一起的纽带。例如，他曾告诉内布利迪乌，智慧之人可以"只与他的心灵相处"；[93]可如今，他却祈祷能够拥有朋友：[94]"因为当我们为贫困所烦扰时，因丧失亲友而悲伤时，当我们饱受病痛之苦时……让那些善良之人来看望我们吧——这些人不仅会与那些喜乐的人一同喜乐，而且还会与那些哀哭的人一同哀哭，而且他们知道如何给我们提出有益的建议，以及如何能够成功地使我们在交谈中表达我们自己的情感……"[95]他已经逐渐了解到，在一个有组织的社群中行使权威到底意味着什么。在《上帝之城》中，他建议将家长式治理作为一种理想的政府特性，这反映了他作为一名主教对这种管理方式的实践。[96]他那艰苦的斗争经历已经让他明白，他是多么需要一种外在的和平啊：曾经到希波劝说一位帝国特使成为一名修士的那个人[97]，如今却将深入努米底亚腹地，去劝说一位将军不要这么做。[98]

　　奥古斯丁布道的对象并不只是"尘和土"。他们是意志坚定的罪人，而且享受自己的所作所为。他们的情感固执得使他震惊不已：想想那些拦路抢劫的强盗，他们宁愿忍受各种折磨，也不愿透露他们同伙的姓名；"倘若没有一种追求爱的巨大能力，他们是不可能做到这一点的。"[99]"世界乃微笑之所。"[100]它被无节制地享用，这根本不足为奇。"即便你们确实喜爱这种生活，我也不责备你们，也不批评你们……只要你们懂得如何选择，你们可以如你们所愿地喜爱这种生活。因此，如果我们能够喜爱我们的生活，那么让我们也能够选择我们的生活吧。"[101]帕拉纠派那种极端完美主义令他厌恶：他也努力变得完美；但"在他们的说教中，让他们敦促对更高德行的追求吧，但请不要诋毁这次好的。"[102]

　　因此，侨居异乡的居民不是通过退隐，而是通过一些远为艰难之法，来保持自己的独特身份：通过坚持主张一种对人类在目前状态下所能涉及的一切种类的爱的坚定而沉稳的展望——"正因如此，基督的

325

新娘（也就是上帝之城）会在《雅歌》中唱道：'以爱为旗在我以上'（*ordinate in me caritatem*）。"[103]

奥古斯丁逐渐坚定地认为，被造物的本质是好的，并进而认为人类所取得的成就也基本是好的。这些美好之物都是"礼物"："美好的（*bona*）……礼物（*dona*）"是整部《上帝之城》的一个关键词；而且，神主要是被视为"创造者"，甚至更大程度上是被视为一位慷慨的赐予者（*largitor*），一位礼物的慷慨给予者。[104]

我们拥有的唯一一篇奥古斯丁真正诗作的片段正好是关于这个主题的。这是一首赞颂复活节蜡烛的诗歌（我们知道，奥古斯丁对各种光有多么地喜爱）。[105]在《上帝之城》的所有主题中，他会引用这首诗来描述地上之城中最早的女性那异乎寻常的美：

> 那些东西是您的，哦，神啊！她们是美好的，因为是您创造了她们。在她们身上，没有丝毫我们的恶。这恶归于我们，如果我们爱她们是以您为代价——这些反映了您创造之意的事物。[106]

"请设想一下吧，弟兄们，一个男人，为他的未婚妻打造了一枚戒指，而她竟然更加全心全意地喜爱这枚戒指，胜过对给她打造这枚戒指的未婚夫的爱……当然，让她去喜爱他的礼物吧。可是，如果她竟然说：'我只要这枚戒指就足够了，我不想再见他的面'，那么我们又会如何谈论她呢……未婚夫之所以送她信物，是为了通过那信物，使自己得到未婚妻的爱。神已赐予你们所有这一切，所以你们应当爱那位创造了这一切的他。"[107]

神和受造生命所享用的美好事物之间的关系，可以被理解为一种在于一位完全不求报酬的赐予者和一位接受者之间的关系。对奥古斯丁而言，这是一种最困难和最难以捉摸的关系。在奥古斯丁看来，对这种依赖的承认，以及随之表示感恩的能力，来得并不容易；而且，他将根据赐予者和接受者这一基本关系，来确切地阐明这两座"城"的起源以及它们之间的关系。

魔鬼希望享受得到的一切，好像这一切都是他自己的一样：他希望除了他自己之外，再没有其他的善之源。[108]这种篡夺而来的全能只会削弱他的权势。它使得他和同伴们之间的关系发生了改变：它不仅使他通过主宰他的同等者来宣称自己的全能；[109]而且还使得他以忌妒之心看待那些拥有一种美善之源者，拥有一种在他之外的幸福者。[110]

甚至一个婴儿对另一个婴儿的嫉妒，奥古斯丁都作过特别切近的观察，那么他在确定堕落者之"城"和上帝之"城"的关系时，不太可能会低估嫉妒的力量。例如，人类的忌妒决定着魔鬼对人类的侵害，因此，也决定着异教信仰宗教史的进程，这种进程在《上帝之城》中起到了十分重大的作用。"统治欲"是堕落之人中的一种同等强大的力量：在奥古斯丁看来，历史已经意味深长地变成了古代世界中几个大帝国的专门史了。在这种历史中，奥古斯丁随处都可以见到这种"统治欲"。[111]但是，更为严重的是，还存在着傲慢：这是一种彻底的否认，体现了"地上之城"对其成员所创造的真正价值（如它的英雄主义、文化、诸多和平时期）所持态度的典型特征。在整部《上帝之城》里，奥古斯丁都将在政治[112]、思想和宗教[113]中不断地指出这种对依赖的基本否定。

因此，奥古斯丁将以相当罕见的思想上的凶猛，颠覆整个古代伦理传统："那些必死之人的理论认为他们可以凭借自己在此生的悲惨境地中获得一些完全的幸福。"[114]他认为，这些理论最终将导致一个封闭圈子的出现，这个圈子会有意否认给予（即神给予）和接受（即人们接受）关系的存在。对这一传统，奥古斯丁反对其中恰好涉及了这一关系的观念：信，以及更为重要的"望"。[115]他将在人们所享受的真正美好事物之中努力寻找某些暗示，即，在一位慷慨的造物主手里，还有什么幸福是人们尚未"期望"过的。[116]

奥古斯丁的思想一直都处于一种张力之中。在《上帝之城》中，我们可以最为清楚地看到，为什么在他晚年的其他作品中，他的思想会被锐化到如此强烈的程度。因为，如果物质世界连同人类的身体是一份来自神的完美礼物，那么它们就绝不能被看做一种次好的东西。它也不可能像普罗提诺所认为的那样，不可避免地从某种更高的完美中"流出"。因此，奥古斯丁将不得不用一种新的视角来审视现世之恶的问题。因为，他曾经有点像普罗提诺那样认为，亚当和夏娃"堕"入了身体的状态：[117]亚当和夏娃在纯粹的"属灵"存在中所培养出的丰富美德，随着他们的堕落，已经沦落为人类家庭中纯粹的血肉之欲。[118]如今，他不再这样认为了。他将以一种特有的深刻来回顾亚当：

327

亚当曾经也和他自己一样,是一个血肉之躯;他也会吃饭,也会享受这世间景象,他也会通过与他妻子的交合去组织一个家庭;[119] 为什么亚当在其伊甸园中的"自然"享受,到了奥古斯丁身上会伴随着情感的弦外之音(如此令人难以忍受的张力的一个来源)呢:"是什么在我的心中播下了这场争战的种子呢?"[120]

为反驳埃克拉努姆(Eclanum)的朱利安(Julian)这位乐观主义者,奥古斯丁会为这种集体惩罚的合理性辩护,并认为神正是以这种惩罚,在所有亚当后代的身体中不断追究亚当所犯的那罪。这些可怕的文字,很好地表明了奥古斯丁所面临的两难困境。[121] 他再也不能将身体的罪视为理所当然。因为,如果感官生命不能被设想为在一种"纯粹灵性"存在之下的不可避免的"次好",那么身体的困难——可怕的疾病和最正常的身体行为所产生出的令人不愉快的情感伴随物——也不再能被视为理所当然的了。这些困难只能被视为一种物质存在和属灵存在得以和谐共融的秩序被扰乱的结果。[122] 再次强调,这种扰乱,只能被视为由神礼物的接受者所作出的一种确切的、单方面行动的结果;而且,人类无尽的痛苦必须归因于神(即赐予者)不管以多少人类感情为代价所做出的一种有意的、可畏的正义行为。因为只有某种"难以名状"的罪,才会使得如此全能而慷慨的一位造物主,在美好之物的赐予中附加如此巨大的苦痛。

当奥古斯丁撰写《上帝之城》最后一卷时(当时他72岁),他加入了一段话,对一个在趋近这部作品的最后部分中频繁出现的主题作了最终的阐述。这是一个关于希望的主题。

"耶和华啊,我喜爱你所住的殿。"……神在我们这最令人沮丧的生活中,将他的礼物同样地赐给好人和坏人,从这礼物中,让我们在他的帮助下,尝试充分地表达我们所尚未经历之事。[123]

"在它的集体起源中,从此生自身所提供的证据里,我们必定得出整个人类正遭受着惩罚的结论……"[124] 而此生充满着在数量上如此之多、种类上如此之纷繁的罪恶,以至于很难可以再称之为生活。令人恐惧的小孩教育的问题;[125] 日常生活中无端的变故;[126] 残酷的自然环境:"我听说一场突如其来的洪水曾把农民很好的收成从他们的谷仓中卷走了;"[127] 一些罕见的疾病所造成的怪诞和令人羞辱的结果;[128] 梦中猛然的惊骇。[129]

然而，在罪恶之旁，依然有如此之多的美好，"像宽阔的河流"般流出。想想人类身体所固有的奇妙之处吧，甚至还可以想想男人胡须这一免费的装饰。[130]想想在层出不穷的发明中所显示出的理性力量吧；"而且，最后"（这出自罗马公教主教奥古斯丁），"对于哲学家和异教徒为他们的错误和不正确的观点进行辩护时所展现出的非凡理智才华，谁又能够完全公正地予以评价呢？"[131]

而且在他的周围，总有一个呈现着光和色彩的世界："非凡的光辉和光本身的表面效果，在于太阳、月亮和星辰，在于林间空地的暗影，在于花的颜色和芬芳，在于大量各类百啭千啼、色彩鲜明的鸟儿……而且"（很可能这位老主教现在转身俯瞰那希波宽阔的海湾）"大海本身就是壮丽的景象，它的色彩如长袍般瞬忽之间披上又脱落，变化万端，一会儿是绿色的影迹，一会儿是紫色，一会儿又是天蓝色……而所有这一切都只是给我们这些不幸福的受罚之人的慰藉：它们不是蒙福者的奖赏。如果这里的这些事物都是如此之多，如此之好，以及有着……的如此特质，那么，这一切又会是怎样的呢？"[132]

329

注释

[1] 参 R. H. Barrow, *Introduction to S. Augustine*, '*The City of God*', 1950, 此选本极具思想性，附有评论；*Bibliothèque augustinienne*, sér. v, 33-37, 1959-1960。

[2] *Serm.* 81, 7; 105, 8.

[3] *Serm.* 105, 12. 当奥古斯丁被指责对灾难幸灾乐祸，他感到非常焦急，参 *Enarr. in Ps.* 136, 17.

[4] 参 Rutilius Namatianus, *de reditu suo*, I, 201-204. *Cod. Theod.* XV, 7, 13, of Feb. 413, 其中提到迦太基的 "*tribunus voluptatum*"。C. Mohrmann & F. Van der Meer, *Atlas of the Early Christian World*, 1958, ill. 201, p. 81, 从某块象牙残片上见到的某元老家族主持活动的场景。G. Picard, 'Un palais du ive siècle à Carthage', *Comptes-Rendus de l'Acad. Inscript. Et Belles Lettres*, 1964, pp. 101-118, 乡村壁画显示出的保守异教思想与这些活动的紧密联系。

[5] v. esp. A. Lauras-H. Rondet, "Le thème des deux cités dans loeuvre de S. Augustin", Rondet and others, *études augustiniennes*, 1953, pp. 99-162.

[6] *Enarr. in Ps.* 39, 6.

[7] *Enarr. in Ps.* 136,13.

[8] *Enarr. in Ps.* 136,1

[9] v. esp. T. Hahn, *Tyconius-Studien*, 1900, p. 29.

[10] *de cat. rud.* xix,31; *Enarr. in Ps.* 61,5-6.

[11] *de cat. rud.* xix,31

[12] *Enarr. in Ps.* 64,2.

[13] *Enarr. in Ps.* 147,2.

[14] *Enarr. in Ps.* 147,5.

[15] e. g. H. Leisegang, "Der Ursprung d. Lehre Augustins von d. 'Civitas Dei'", *Archiv für Kulturgesch.*, 16,1925,127-155.

[16] A. Adam, "Der manichäische Ursprung d'Lehre von d. zwei Reichen bei Augustin", *Theol. Literaturzeitung*, 77,1952, pp. 385-390.

[17] *Enarr. in Ps.* 64,1-2.

[18] *Serm.* 51,ix,14.

[19] *de cat. rud.* xxi,37; *C. Faustum* XII,36.

[20] *Enarr. in Ps.* 64,2.

[21] *Enarr. in Ps.* 64,3.

[22] The alternative title to Salvian's, *de gubernatione Dei* was *de praesenti iudicio*: Gennadius, *de vir.* ill. 67(P. L. lviii,1099).

[23] *Enarr. in Ps.* 147,4; v. sup. pp. 247-248.

[24] *Enarr. in Ps.* 64,3.

[25] 锡安，原指耶路撒冷的迦南要塞，被大卫攻克，在圣经中称"大卫城"。后指耶路撒冷的锡安山，是犹太国民生活中心的象征。——译者注

[26] *Enarr. in Ps.* 142,2.

[27] *Enarr. in Ps.* 136,17.

[28] *Ep.* 108,ii,8.

[29] *Ep.* 136,2.

[30] *de civ. Dei*, X,32,5-11.

[31] e. g. *de cat. rud.* xix,31.

[32] *Ep.* 102,iii,21.

[33] Dodds, *Pagan and Christian*, p. 126. v. esp. W. den Boer, 'Porphyrius als historicus in zijn strijd tegen het Christendom', *Varia Historica aangeboden an Professor Doctor A. W. Bijvanck*, 1954, pp. 83-96.

[34] *Ep.* 136,2.

[35] *Ep.* 138,i,2-3.

[36] 这一说法引发一场关于奥古斯丁有无预先提出进化论思想的辩论，如 H. Woods, *Augustine and Evolution*, 1924; A. Mitterer, *Die Entwicklungslehre Augustins*, 1956.

[37] *Ep.* 138,i,7-8. 通过引用温迪希安乌的话（*Ep.* 138,i,3），奥古斯丁也提及治疗意象（medical imagery）。此意象能很好地反映温迪希安乌独具特色的教义学说。v. sup. p. 56.

[38] V. esp. *deciv. Dei*,X,14,1-5.

[39] *De Trin.* IV,xvi,21.

[40] 参 Vittinghoff, 'Z. geschichtl. Selbstverständnis', *Hist. Zeitschr.*, 198,1964, p. 541, 认为此种观点是当时基督教作家最显著的特点。

[41] *de civ. Dei*,XV,9,20.

[42] *Ennead* 3,2,13 cited in *de civ Dei*,X,14,12.

[43] 关于普罗提诺宇宙天道观及奥古斯丁历史天道观，参 *de civ Dei*,X,15,1sq；另参 J. Burckhardt, *Weltgeschichtliche Betrachtungen* (Bern 1941), p. 393, cited by R. Walzer, 'Platonism in Islamic Philosophy', *Greek into Arabic*, 1962, p. 251。

[44] *Ep.* 138,i,5.

[45] *Ep.* 102,vi,33.

[46] *de civ Dei*,X,20,7-13.

[47] *Enarr. in Ps.* 86,6；cf. *de civ. Dei*,XVII,13；XVIII,45.

[48] de civ Dei,XVI,1,25；v. esp. H. I. Marrou, *L'Ambivalence du Temps de l'Histoire chez S. Augstin*, 1950.

[49] *Tract. in Joh.* 9,6.

[50] *de civ Dei*,XVI,2,82-85.

[51] *C. Faust.* XXII, v. *Retract.* II,33.

[52] *de Gen. ad litt.* XI,xv,20；*de civ. Dei*,XIV,28.

[53] e. g. *de civ. Dei*,XVI,3.

[54] *de civ. Dei*,XVIII,2.

[55] e. g. *d civ. Dei*,XV,4.

[56] in *de civ. Dei*,Book XVIII.

[57] *de civ. Dei*,XV,21,5.

[58] *de civ. Dei*,XV,1,29—41；cf. *Enarr. in Ps.* 61,7：'magnum mysterium'.

[59] *de civ. Dei*,XV,17—18.

[60] *de civ. Dei*,XV,17,47；cf. *Enarr. in Ps.* 136,2.

［61］ *de civ. Dei*,XV,17,8.

［62］ *Gen.* 4,18sq. ,in *de civ. Dei*,XV,17,32—38.

［63］ *de civ. Dei*,XV,17,8—10.

［64］ *Gen.* 4,26;*de civ. Dei*,XV,18,2.

［65］ e. g. *de civ. Dei*,XV,4,3.

［66］ e. g. *de civ. Dei*,XIV,1,18.

［67］ *de civ. Dei*,XV,4,27;cf.*Enarr. in Ps.* 136,2.

［68］ *de civ. Dei*,XV,4,18;5,24.

［69］ 战神马尔斯之子罗慕洛与孪生兄弟雷慕斯一起率众修建罗马城，罗马城建成后，雷慕斯在争夺王位的斗争中失败，被罗慕洛杀害。——译者注

［70］ *de civ. Dei*,XV,5,26-35.

［71］ *de civ. Dei*,XV,5,6-7. 奥古斯丁推翻了认为对于雷慕斯之死，罗慕洛只负间接责任的观点，v. *de civ. Dei*,III,6,6-9。中世纪训诂学者将雷慕斯被害解读为对亚伯被杀的回应，彼特拉克重塑了传统的有利于罗慕洛、有利于罗马的观点，参 E. Th. Mommsen,"Petrach and the Decoration of the'Sala Virorum Illustrium'",*Medieval and Renaissance Studies*, ed. Rice,1959,pp. 130 -174,esp. pp. 158-159;III. 12,33.

［72］ *C. Faust.* XII,9;*de civ. Dei*,XV,7,118.

［73］ *de civ. Dei*,XIV,1,12-18.

［74］ 奥罗西乌就是这样做的。v. sup. p. 294,v. J. B. Bury,*History of the Later Roman Empire*,I,1923,Dover Edition,p. 306。

［75］ *de civ. Dei*,X,32,92;XV,8,17.

［76］ 在记述旧约的叙述上，奥古斯丁认为圣灵和他具有同等偏好（e. g. *de civ. Dei*,XV,15,36）。他认为圣经才是唯一真实可靠的史书，因它不是完全由人撰写（*Ep.* 101, 2），而且它十分正确地选取记述具有重大意义的事件；J. B. Bury 则认为，"对于现代或古代的研究者而言，如果奥古斯丁致力于对巴比伦王国和罗马帝国的历史研究，或许他的作品将更有吸引力"（*History of the Later Roman Empire*,I,1923,Dover,p. 305），然而这是一个即便是有学问的人，对哪怕是罗马过去的历史都了解有限的时代；v. A. Momigliano,"Pagan and Christian Historiography",*The Conflict Between Paganism and Christianity*,pp. 85-86。

［77］ esp. *de civ. Dei*,XV,8,7-20.

［78］ *de civ. Dei*,XVI,1,1.

［79］ *Ep.* 102,iii,15;*de civ. Dei*,XV,8,10;XVI,3,70.

[80] v. esp. *Enarr. in Ps.* 64,2;v. Y. M. J. Congar,"'Civitas Dei' et 'Ecclesia' chez S. Augustin",*Rev. études augustin.* ,iii,1957,1 -14.

[81] v. esp. H. I. Marrou,"Civitas Dei,Civitas terrena：num tertium quid?"(Studia Patristica,ii)*Texte und Untersuchungen*,64,1957,pp. 342-350.

[82] *Enarr. in Ps.* 64,2.

[83] *Tract. in Joh.* 14,8.

[84] *de civ. Dei*,XVIII,1,3：*etiam ista peregrina*.

[85] *Conf.* V,xiii,23. 参 Guy,*Unité et structure logique*,pp. 113-114。随着罗马公民权的扩展，*perigrini* 逐渐失去其原有的意义，现在只指外国人、外来者、陌生人等。参 *Conf.* I,xiv,23；*Tract. in Joh.* 40,7,其中有陌生人（*perigrini*）将阿里乌的信仰带到希波城的论述；*Coll. Carthag.* iii,99(P. L. xi,1381A),其中 *perigrini* 指"非非洲人"。另参 J. Gaudemet,'L'étranger au Bas-Empire',*Recueils Soc. Jean Bodin*,ix,1958,pp. 207-235。

[86] *Enarr. in Ps.* 61,6;85,11;148,4.

[87] v. sup. p. 206.

[88] e. g. *Ennead* V,9,1-2(trans. Mackenna 2,pp. 434-435).

[89] v. esp. *de civ. Dei*,XV,4,16.

[90] v. esp. *de civ. Dei*,XIX,17,11-25;XIX,26,4-10.

[91] e. g. *de doct. Christ.* I,xxxv,39.

[92] *de civ. Dei*,XV,21,15.

[93] *Ep.* 10,1.

[94] *Denis*,16,1(*Misc. Agostin.* ,1,p. 75).

[95] *Ep.* 130,ii,4.

[96] e. g. *de civ. Dei*,XIX,14,35-51.

[97] v. sup. p. 129.

[98] v. inf. p. 426.

[99] *Serm.* 169,14.

[100] *Serm.* 158,7.

[101] *Serm.* 297,4,8.

[102] *Ep.* 157,iv,37.

[103] *Cant.* 2,4, in *de civ. Dei*,XV,22,29;cf. *de doct. Christ.* I,xxvii,28. v. esp. Burnaby,*Amor Dei*,pp. 104-109.

[104] esp. *de civ. Dei*,XIX,13,57-75.

[105] e. g. *Serm.* 88,15.

［106］ *de civ. Dei*, XVII, 15.

［107］ *Tract. in Ep. Joh.* 2, 11.

［108］ *de civ. Dei*, XII, 6, 1–14.

［109］ *de civ. Dei*, XIV, 28, 3–10; XIX, 12, 87–89.

［110］ *de civ. Dei*, XV, 5, 19–32.

［111］ e. g. *de civ. Dei*, XIV, 28, 7–10. cf. *de civ. Dei*, XVIII, 2, 16–25. 那两个大帝国就是罗马帝国和亚述帝国。v. R. Drews, 'Assyria in Classical Universal Histories', *Historia*, xiv, 1965, pp. 129–142, esp. 137–138.

［112］ e. g. *de civ. Dei*, XV, 7, 36–49.

［113］ v. esp. G. Madec, 'Connaissance de Dieu et action de graces', *Rech. augustin.*, ii, 1962, pp. 273–309.

［114］ *de civ. Dei*, XIX, 1, 4–5.

［115］ *de civ. Dei*, XIX, 1, 6.

［116］ *de civ. Dei*, XIX, 11, 26–33; 20, 11.

［117］ v. *Enarr in Ps.* 9, 14. v. R. J. O'Connell, 'The Plotinian Fall of the Soul in St. Augustine', *Traditio*, 19, 1963, pp. 1–35.

［118］ *de Gen. c. Man.* II, xix, 29; v. *Retract.* II, 9, 3.

［119］ *de civ. Dei*, XIV, 26, 16–22.

［120］ *C. Jul.* V, vii, 26.

［121］ v. inf. pp. 397–399.

［122］ v. *Retract.* I, 10, 2; on *de Musica*, VI, iv, 7.

［123］ *de civ. Dei*, XXII, 21, 26.

［124］ *de civ. Dei*, XXII, 22, 1.

［125］ *de civ. Dei*, XXII, 22, 34.

［126］ *de civ. Dei*, XXII, 22, 74.

［127］ *de civ. Dei*, XXII, 22, 82.

［128］ *de civ. Dei*, XXII, 22, 94.

［129］ *de civ. Dei*, XXII, 22, 100.

［130］ *de civ. Dei*, XXII, 24, 160.

［131］ *de civ. Dei*, XXII, 24, 109.

［132］ *de civ. Dei*, XXII, 24, 175sq.

28

合一的取得 [1]

在灾难性的 409 年和 410 年，阿拉里克[2]率领他的军队来回驰骋于意大利。罗马政府失去了对非洲的兴趣；它撤回了对罗马公教会的支持；镇压多纳徒主义的运动失败了。那位多纳徒派主教胜利地返回了希波。奥古斯丁成了一个显眼的人物，"一头待宰的狼"[3]。他发现自己此时正面临着作为一名殉道士结束自己生命的前景。[4]仅因为一个向导带路时选了一条错误的路，才使他逃过了塞克姆希联派发动的一次伏击。[5]他的会众陷入了混乱。他需要的是他自己全部的决心："我丝毫不畏惧你们。你们不可能推翻基督的审判席并确立多纳徒的审判庭。我将继续召回那些迷惘者，搜寻出那些迷失者。即便我在搜寻中被林中树枝所撕扯，我仍将强行通过每一条窄道。既然是主以他的可畏能力驱使我承担起这项重任并赐给我力量，我便会通过一切险阻。"[6]

从 409 年末到 410 年 8 月的这一段引人注目的时间里，反对异端的帝国法令被终止了。[7]由于没有某种公共姿态，它们现在不能被强制推行了。在信奉公教的皇帝霍诺里乌看来，这不过是一种"以退为进"（*reculer por mieux sauter*）。只有对多纳徒派分裂教会行为的起源进行一次彻底的官方调查，才能克服此前几年中帝国政策的摇摆不定。因此，在 410 年 8 月 25 日，他召集两派的主教参加一次会议。人们把这次会议称为一次"对比"（*Collatio*），就是双方都正式要求成为真正的公教会而进行的"对比"。这次"对比"将在 4 个月之后结束。"对比"由弗拉维乌斯·马西利努（Flavius Marcellinus）主持，正如我们所看到的那样，他是一名虔诚的罗马公教信徒。[8]

皇帝下达了一道奥古斯丁及其同伴们期待已久的命令：与多纳徒派领导人进行公开的对抗。在当时，这样的一种对抗尤其受欢迎。因为罗马公教会已经包含了太多从多纳徒派皈依公教信仰的半信半疑者。只有对问题进行一场全面公开的、清楚明确的审查，才能使这些人相信，多纳徒派的事业已经不可挽回地失败了。[9]因此，在 411 年的"对比"中，双方的主教展开了激情澎湃的辩论，他们更关注的是如何向这个有影响力的思想动摇者团体施加影响，而不在于说服彼此。[10]

奥古斯丁几乎就没有指望，这次会议能够成为双方进行和解谈判的一个机会。这是一次正式调查，据此，在支持罗马公教信徒的一个多世纪之前就已经作出的判决将得以推行。因为，就像他永不厌其烦地告诉他的对手那样，是多纳徒派首先请求君士坦丁来裁决他们与凯希里安之间的纠纷的。[11]君士坦丁后来宣布，凯希里安派为罗马公教会，而后来反多纳徒派的帝国法令都直接源自这致命的决定。[12]事情就是那么简单。[13]

当然，多纳徒派并不是为了一个明确的法律决定而参加这次会议的。他们将自己看做非洲真正的基督教会：他们依靠公众的意见和传统的教会观，而非法律文件，作为主要论据。他们会努力迎合一般民众的趣味。411 年 5 月 18 日，他们甚至组织了一个由大约 284 位来自非洲各地的主教所组成的庄严队列，隆重地进入了迦太基。[14]

332　多纳徒派主教密集而众多，在这次会议的头几场占了上风。他们的领袖君士坦丁的佩提利安（Petilian of Constantine）赢得了所有的开场先机。他迫使证明的负担转回到公教信徒：因为，如果这次会议是一次恰如其分的审讯，一次查验（cognitio），那么公教信徒就必须确立他们作为原告的身份；[15]他们必须证明，是他们而非多纳徒派是真正的大公教会。会议一下子就变成了一场关于真教会之本质的全面辩论，而多纳徒派已经为这场辩论准备好了一篇感人至深的声明。[16]两场半的会议中，佩提利安都设法引导议程，以避开那棘手的"凯希里安案"。[17]一旦支持凯希里安的君士坦丁决议这个狭隘的议题被提起，那么他的努力也就失败了。因为他已经摸清了马西利努的为人。马西利努是一个一丝不苟、认真谨慎的人，为了得到一个公正的决定，他愿意忍受任何程度的欺骗和侮辱[18]，随时准备主动作出重大的让步[19]，可是在本质上，他是一名不错的罗马官僚。"教会案"既一般又很令人疑惑，相比之下，"凯希里安案"却由罗马公教信徒在一份令人印象深刻的官方文件卷宗里为他做好了总结。[20]在这样一个人的主持之下，在见到这份卷宗的时候，多纳徒派"就像魔鬼在伏魔者靠近时仓惶而逃"[21]一样，也纷纷退缩了，这并不令人感到奇怪。

这次会议在 411 年 6 月 1 日、3 日和 8 日共持续了 3 场。会议经过由速记员们逐字逐句地加以记录。根据现存的大部分记录，我们可以逐字逐句地体会到 5 世纪拉丁语口语的魅力；可以听到那些精通修辞学和法律论证的倔强聪明之人，为捍卫各自在一个问题上的立场而引经据典，而他们事业的成败也依存于此。[22]

马西利努原来的安排是这样的：只有两个各由七名主教组成的代表团，到一个公共浴场（*Thermae Gargilianae*）大厅中接受他的审问。[23]然而，当会议开始时，所有的多纳徒派主教都成群结队地涌入会厅之内，并坚定地站在他们"斗士"的身后。[24]马西利努以冷淡的礼貌起身欢迎这些主教：他说他并不希望出现这样一次调查。[25]多纳徒派的主教并不就座，他们宁愿站着，"就像基督站在彼拉多面前受审一样"。作为一名平信徒，在站立着的主教们在场的情况下，他不便重新回到自己的座位上。因此，会议开始时，主持人正以一种掺杂着蔑视的谦恭态度僵硬地站着。[26]

接下来，佩提利安提出，只有在罗马公教信徒能够证明他们是由一个代表团所代表的足够大的团体的情况下，他才接受由马西利努所制定的议程。他指责他们在大迫害时期建立"影子"教区，并以此假象骗人。[27]因此，罗马公教的主教们从迦太基各地集聚而来，进行了一次展示他们身份的游行。在酷夏的一个下午，双方都无所事事地站着。而当每一个多纳徒派主教都认出了自己的对头时，情绪马上就被激化了。对过往所受暴力侵害的记忆闯入了点名的单调之中。"我就在这里。记下来吧。不知道佛罗伦提乌（Florentius）还认得我吗？他应该

333

记得：他将我关入监狱 4 年之久，而且还准备把我处决掉……"[28] "我认出那位迫害我的人了……"[29] "在这里，我没有任何对手！因为这里有马库卢斯（Marculus）的尸体，神会在末日审判的时候确切地惩报那些流他血的人。"[30] 至此，暮色降临，灯已经点起了。一起单一的事件就有将整个议程导向死胡同（*cul de sac*）的危险：多纳徒派的主教曾代表一位死去的主教签过名吗？"人都要经历死亡，"佩提利安说道。"可以说死亡是人不可避免的命运，"阿里庇乌反驳道，"但这不值得一个人去撒谎。"[31]

两天之后，多纳徒派获得了另一个优势。他们获得了 5 天的延期，来检查第一阶段的会议速记记录：他们获得了时间来准备他们的简报。奥古斯丁没有参与这些伎俩。如今，他却敦促马西利努批准这一请求。只是人事而已：应当给他们充分时间去做决定，"只求公平而已"。[32] 他曾经用同样的方式对待过摩尼教的一名传教士。[33] 既然对赢得自己的案子满怀信心，他实在看不到有什么理由不给多纳徒派足够长的绳子让他们吊死自己。

他的同事就却不像他如此漠不关心。波希迪乌（Possidius）很激动，并且故作粗鲁。[34] 阿里庇乌虽然更为庄重，但他还是兴致勃勃地参与了前一天的角力。他总是根据结果来评判对多纳徒派的镇压政策。他是一个骄傲的人，也是一个成功的人："真希望其他城市也能享有塔加斯特那古老和既定的合一！"[35]

只有在 6 月 8 日的最后一场会议上，奥古斯丁才得到了他所应得的。现在，他决心在主要问题上强加一个决议："民众还要再等多久？他们的灵魂处于危险之中，可我们竟还在使用拖延时间的战术，以至于发现真理的最终时刻永远都不会到来。"[36] 最终，罗马公教信徒坚持不懈地朝着问题的本质迈进。奥古斯丁的指尖承载着整个公教的案子，他即席回应了多纳徒派精心准备的声明。[37] 这绝对是一场惊心动魄、鼓舞人心的表演。在此之前，马西利努一直冷漠地站着；现在，他要自主而果断地采取行动了。他不顾对"教会案"进行单独判决的呼声[38]，坚持要找出"意见分歧的原因"[39]，即，他正向在"凯希里安案"官方文件中的一个安全的"港口"前进。公教信徒被要求从文件中重构教会分裂第一年的确切历史。[40] 这是马西利努为达成一个最终的决议而要求做的。6 月 9 日清晨，代表们就被召集起来，在火把的照耀下，马西利努发布了判决结果：多纳徒派没有令人信服的论据；"虚假和谬误，一旦被检测出来，就应当向显明的真理屈服。"[41]

在随后的几年中，多纳徒派遭到了彻底的镇压。反对多纳徒派的法律变成了一种真正意义上的高压措施：他们惩罚那些没有成为公教信徒的平信徒。405 年的时候，多纳徒派教会只是被"解散"：它被剥夺了主教、教堂和资金；它的成员丧失了部分公民权。相比之下，自 412 年起，任何阶层的平信徒，如果未能加入罗马公教会，都将被课以异常沉重的重税罚款。[42]

在奥古斯丁 405 年至 409 年间，以及 411 年之后的作品和布道文中[43]，我们可以瞥见一个被迫转入地下的大教会：多纳徒派不得不依靠一些巧妙的法律手段，来保全他们意愿的合法性；[44]人们也不敢接待他们以前的主教。[45]就像任何一个绝望的团体一样，他们转而依靠一些不切实际的希望和传说。他们安慰自己说：曾被罗马人强迫替基督背十字架的古利奈人西门，过去也是一名非洲人：这是一个十分动人的意象。[46]他们记得，在那些辉煌的日子里，他们中的那些伟大主教是如何听到来自天国的声音，是如何行奇迹的。[47]或许可以将塞克姆希联派运动看成是多纳徒派进行反抗的主心骨。[48]但是，他们的团体失去了城市主教的领导，而且也失去了物质上的支持。[49]先前向外的、针对"不洁的"罗马公教徒的狂热进攻性，如今在这群绝望的人里转而向内，引发了一场可怕的自杀潮。[50]

对于这些事件，奥古斯丁只是一笔带过。他已经卷入了与帕拉纠派的论战之中了，而对于发生在非洲的抵抗，他越来越不耐烦了。对暴力的长期经历使他变得冷酷。一个陌生人，或许会对塞克姆希联派接二连三的自杀感到震惊，可在奥古斯丁看来，那不过是"他们惯常行为的一部分"而已。[51]虽然奥古斯丁是一个充满激情而又十分敏感的战斗者，但他也会表现出自己是一个冷酷无情的胜利者。

在 420 年，郜登提乌（Gaudentius）接替伟大的奥普塔图（Optatus）担任提姆加德（Timgad）的多纳徒派主教。当帝国官员见他时，他退回到他那宏伟的教堂之中，威胁说要与会众一起自焚。[52]帝国特使

335

336

杜尔昔提乌（Dulcitius）是一个虔诚的人，他的弟弟是罗马的一名教士。[53]他被非洲教会政治斗争的残酷性吓回去了——这也难怪。在这里，他所面对的毕竟是一批和他本人有相同崇拜形式的基督教会众，他们正在一座宏伟神圣的建筑物里设路障反对他。对于这个焦虑不安的人的困惑，奥古斯丁觉得非常容易解答，那令人畏惧的预定论教义已经将他武装起来，使他得以抗拒感情因素的困扰："由于神根据那秘而不宣，但却十分公正的安排，已经预定了一些人必将遭受永罚（即地狱之火的惩罚），那么把绝大多数多纳徒派信徒集聚起来，将他们重新纳入教会，这无疑是一种更好的解决办法……同时有少数一些人在他们自己的火焰中消亡：这的确总比所有的多纳徒派信徒因他们亵渎神的分裂行为而遭受地狱之火的焚烧要好得多。"[54]

在罗马被劫掠之后，非洲已经成为皇帝霍诺里乌命运的最后希望了。忠诚也是有代价的。非洲的地主们立即索求税收减免的特许权。[55]主教们也得到了他们想要的东西：坚决地在所有行省中强制推行一种以罗马公教为标准的教会"合一"。

帝国行政官员从这种镇压政策中得到了什么，这是难以估量的，但这政策却确实非常受他们欢迎。在整个西部帝国都陷入前所未有的混乱之时，他们来到了这样一个行省，在这里有一群能说会道的人，自认为正在以正确的方式和举动拯救帝国。他们将带着《上帝之城》的赠阅本返回意大利。[56]奥古斯丁告诫他们，罗马帝国之所以遭受这样的灾难，并不是因为忽略传统仪式，而是因为在新的基督教帝国对异教、异端和不道德行为的纵容所致。[57]这些人会相信他的。他们不再是异教徒，不再是宗教事务中持中立态度的仲裁者。这新一代的政治家是"教会的好儿子"，人们希望他们与自己的主教怀有同样的感情。[58]他甚至还促使其中的一个人接受洗礼。时代已经发生了变化。在4世纪80年代发生了一场奇特的追求出世生活的危机，夺走了罗马政府中的众多天才。在这场危机中，奥古斯丁和他的朋友们显然倾向于将洗礼和远离公共生活等同起来。如今，在奥古斯丁看来，洗礼仅仅是一种保证，用以确保帝国官员更为努力地履行强制推行罗马公教信仰的职责。[59]

然而，这个信奉基督教的罗马帝国逐渐被一小伙暴力、卑劣和腐败的人统治了。即使是正直诚实的基督徒，也过着一种双重生活。达达努斯是一位已退休的高卢长官，曾经将自己在阿尔卑斯山滨海地区的村庄西奥波力斯（Theopolis）基督教化，使之成为一座"上帝之城"。[60]在他那哲学家式的闲暇中，他会收到来自哲罗姆的赞扬，而且会受到奥古斯丁所阐释的神临在之本质的启发。[61]然而，几年前，他拦截并亲手"处理"了一名正被押往拉文纳的政治犯。[62]

在所有人中，虔诚的马西利努成了政治家暴力斗争的牺牲品。一场由非洲伯爵（同时是非洲最高军事统帅）赫拉克利安（Heraclian）领导的叛乱被镇压下去了。在随后的"清洗"中，马西利努被捕，并最终于413年9月13日被处决了。[63]这对奥古斯丁是一个残酷的打击，不仅就个人而言如此，而且因为这起事件揭示了作为国教的罗马公教会，在应对其所处的社会时，是多么地微不足道。作为囚犯的保护者的教会，整个机构都开动起来了，但最终得到的只是玩世不恭的嘲弄：一位主教被派往拉文纳为马西利努求情；官员们已经在祭坛之前进行了庄严的宣誓；马西利努已在简易程序审判中被判决的消息令人满意，因为第二天就是圣西普里安节，一个适合大赦的日子。[64]在此之前的几天内，奥古斯丁一直和马西利努待在一起。马西利努向奥古斯丁发誓保证，自己从来就没有过不贞之举。[65]在节日那天的拂晓，马西利努就被带出了监狱，被押解到公园的一个角落里，在那里惨遭斩首。教会没能保护她最虔诚的儿子。

在这个关键时刻，奥古斯丁的表现证明，他并不是安波罗修：他缺乏一种认为自己可以掌控事件的倔强和自信，而这两种品质在和他同时代的伟大教会政治家身上却是特别显著。他匆匆忙忙地离开了迦太基，唯恐他会被迫与他同事一起，为释放那些逃到城里教堂中的圣地避难的政治嫌疑犯们请愿。他也不愿意屈尊于那个借由法律手段不公正地判处他朋友死刑的人。[66]

就这样，在与多纳徒派论战的会议上获胜的仅仅三年之后，奥古斯丁离开了迦太基，并决定以后很长一段时间之内都不再返回。[67]这一事件，从一个更深的层面上看，也标志着奥古斯丁生命中一个时期的结束。因为，吊诡的是，就在罗马帝国和罗马公教会之间的联盟得以有效巩固的时候，奥古斯丁失去了对此的热情。尽管如此，这个联盟

338

依然是现实的需要，是保证教会生活井然有序的一个"必要条件"（*sine qua non*）；而且还可以用以反对其他异端——帕拉纠派；[68]但是，现在的奥古斯丁身上，丝毫看不出 400 年时那种强烈自信了。因为，他现在不再需要去说服他人了。奥古斯丁似乎失去了确信：他转而求助于更消极的看法。其他行省的主教们仍然沉浸在罗马皇帝们突然皈依基督教的过度喜悦之中。[69]奥古斯丁告诫他们中的一员说：这绝不意味着福音已经传遍"地极"。[70]实际上，罗马帝国民众的基督教化并没有消除奥古斯丁对绝大多数人获救的可能性的保留看法：[71]这种获救逐渐依赖于一个有限的"选民"核心团体。此外，基督教信众也不能从他们与国家的结盟中获得明显的好处。这种联盟根本不是一种信仰改善的来源，而是一种"更多的危险和诱惑"的源头。[72]

奥古斯丁变得更为谨慎了。在他那些 410 年左右的信件中，出于要让像马西利努这样的帝国官员们放心的需要，他作了一个信口开河的宣称，即现存的基督教帝国是可能出现的最好的国家：因为帝国之中的基督教教会正扮演着公民学校的角色，起到了"神圣讲堂"的作用；[73]它们所倡导的诚实、兄弟之爱，能够将人们变得像古代罗马人那样节制，那样具有公共精神，而且还额外奉送永生的益处。[74]甚至在他撰写《上帝之城》开始几卷的时候，奥古斯丁就开始限定这些异常轻率的观点：考虑到现世国家的实际状况，那些好的基督徒公民和统治者将不得不在对此世实现一个完全的基督教社会不抱太大希望的情况下，"彰显"他们当前的存在。[75]借助于基督教的教导，永远无法让古罗马人的榜样"跟上时代"：它们只是被神用来激励构建于另外一个世界的"上帝之城"的成员，而不是在当前的罗马帝国实现某种神奇的道德复兴。[76]

事实上，此时的奥古斯丁已经觉得自己老迈和无用了。他回到了希波，埋首于书海之中那安全隐蔽之处。[77]他写道："如果上帝愿意的话，我决心将我的全部时间投入到与教会相关之学问的研究工作之中；如果这样做是蒙上帝悦纳和受上帝眷顾的，那么我觉得自己也许能给哪怕是未来的世代提供些帮助。"[78]

奥古斯丁开始了他职业生涯中的一个新阶段。他已经知道，他是不会被允许以一名隐退的行省主教的身份结束他的生命的。他已经抓住了一个可以积极论战的新机会。甚至在与多纳徒派的那次辩论会期间，奥古斯丁就瞥了几眼一个与他年纪相仿的人的面孔[79]，此人和他一样，都是一名"主的仆人"，而且深受那些在哥特人劫掠之后逃到迦太基的罗马贵族的敬重；据说，此人还是一些激进观点的启发者，这些观点已经深深困扰着马西利努的朋友们，这个人就是不列颠的修士帕拉纠。

注释

[1] 参 Frend，*Donatist Church*，pp. 275-299；Crespin，*Ministère et Sainteté*，pp. 77-103；E. Grasmück，*Coercitio：Staat und Kirche im Donatistenstreit*，1964。

[2] 阿拉里克（370—410），西哥特人的首领。401 年，远征意大利，败退。408 年，率军围攻罗马，索取大量赎金。410 年，攻陷罗马。——译者注

[3] *Vita*，IX，4.

[4] *Guelf* 28，7-8，有可能在 410 年 9 月 14 日于尤蒂卡布道（*Misc. Agostin.*，i，p. 542）。

[5] *Vita*，XII，2.

[6] *Serm.* 46，14.

[7] 关于 408—411 年政策上的变动，参 Frend，*Donatist Church*，pp. 269-274。

[8] *Gesta Collationis Carthaginensis*，i，4（P. L. xi，1260-1261）。关于"敕令"（*Edictum*），参 *Coll. Carth.*，I，5-10（P. L. xi，1261—1266）。v. esp. Crespin，*Ministère et Sainteté*，pp. 81-82。

[9] *Ep.* 185，vii，30；cf. *Ep.* 97，4.

[10] 正如后来在凯撒利亚（Caesarea）的情形，为使动摇者信服，奥古斯丁与多纳徒派主教展开辩论，参 *Gesta cum Emerito*，2。此外，还有一点，奥古斯丁或许对 405-408 年镇压的惨淡结果深感失望，参 Crespin，*Ministère et Sainteté*，pp. 75-76。

[11] *Ep.* 89，2.

[12] *Ep.* 88，5.

[13] *Ep.* 88，10.

[14] *ad Don. post. Coll.* XXV，45. v. Frend，*Donatist Church*，pp. 280-281，其中关于多纳徒派面临的会议的论述。

[15] 关于佩提利安在法律方面的敏锐洞察力，参 A. Steinwenter，'Eine kirchliche Quelle d. nachklassischen Zivilprozesses'，*Acta congressus iuridici internationalis*，2，1935，pp. 123-144。

［16］*Coll. Carthag.* iii,258(P. L. xi,1408—1414).

［17］Frend,*Donatist Church*,pp. 285-286.

［18］如 *Coll. Carthag.* i,7(P. L. xi,1265),如果不被任何一方接受，他宁愿辞去会议主持一职。

［19］如 *Coll. Carthag.* i,5(P. L. xi,1262),在作出决定之前，他归还了许多已被没收的多纳徒派教堂。

［20］*Coll. Carthag.* iii,144,176(P. L. xi,1389,1394),在罗马帝国晚期和拜占庭时代，人们在应对这些文件时通常满怀敬畏。

［21］*Ad. Don. post. Coll.* Xxv,44.

［22］v. esp. E. Tengström,*Die Protokollierung d. Collatio Carthaginensis*,(Studia Graeca et Latina Gothoburgensia,xiv),1962.

［23］v. esp. Frend,*Donatist Church*,p. 277n. 7,他曾经强调浴室通风设施质量很差。

［24］*Coll. Carthag.* i,2,14(P. L. xi,1259,1266).

［25］*Coll. Carthag.* i,3(P. L. xi,1259).

［26］*Coll. Carthag.* i,144-145(P. L. xi,1319),在下一场辩论时，这种意外再次发生，参 ii,3—7(P. L. xi,1354)。

［27］*Coll. Carthag.* i,61,65(P. L. xi,1274).

［28］*Coll. Carthag.* i,142(P. L. xi,1318A).

［29］*Coll. Carthag.* i,143(P. L. xi,1318A).

［30］*Coll. Carthag.* i,187(P. L. xi,1329A).

［31］*Coll. Carthag.* i,208(P. L. xi,1345B).

［32］*Coll. Carthag.* ii,56(P. L. xi,1361A).

［33］*Gesta cum Felice* I,20.

［34］*Coll. Carthag.* ii,29(P. L. xi,1336).

［35］*Coll. Carthag.* i,136(P. L. xi,1316A).

［36］*Coll. Carthag.* iii,20(P. L. xi,1366).

［37］*Coll. Carthag.* iii,267(P. L. xi,1415C),v. iii,261-281(P. L. xi,1414-1418).

［38］*Brev. Collat.* III,xi,23.

［39］*Brev. Collat.* III,xi,21.

［40］*Brev. Collat.* III,xii,24-xxiv,42.

［41］*Coll. Carthag.* Sententia cognitoris(P. L. xi,1418-1420,1419A).

［42］*Cod. Theod.* XVI,5,52(412),54(414)(P. L. xi,1420-1428);v. Brown,"Religious Coercion",*History*,xlviii,1963,p. 290.

［43］v. esp. A. M. La Bonnardière,*Rech. de chronologie augustin.*,pp. 19-62.

[44] *Serm.* 47,13.

[45] *C. Gaud.* I,xviii,19.

[46] *Serm.* 46,41.

[47] *Tract. in Joh.* 13,17.

[48] 关于此期间对多纳徒派的镇压，参 E. Tengström,*Donatistenu. Katholiken*,pp. 165 -184;Brown,,*Journ. Rom. Studies*,lv,1965,p. 282。

[49] *Ep.* 185,ix,36.

[50] *Ep.* 185,iii,12.

[51] *Ep.* 185,iii,12.

[52] v. Frend,*Donatist Church*,p. 296. *Contra Gaudentium* 是奥古斯丁所有支持镇压多纳徒派作品中最无情的一部。

[53] Laurentius,the recipient of the *Enchiridion*：*de VIII Dulcitii quaestionibus*,10.

[54] *Ep.* 204,2.

[55] e. g. *Cod. Theod.* XI,xxviii,5.

[56] e. g. The *Vicarius* Macedonius：*Epp.* 152,3;154,1.

[57] *Ep.* 137,v,20;*de civ. Dei*,XVIII,41.

[58] v. esp. *Ep.* 96,1;奥古斯丁称西部帝国领导人奥林匹乌（Olmpius）为"同伴"，赞扬其出众的"宗教虔诚"。

[59] *Ep.* 151,14.

[60] v. sup. p. 109.

[61] v. inf. pp. 361-362.

[62] Olympiodorus,fgt. 19,*Müller,Fragm. Hist. Graec.* ,iv,p. 61.

[63] v. esp. Frend,*Donatist Church*,pp. 292-293.

[64] *Ep.* 151,5-6.

[65] *Ep.* 151,9.

[66] *Ep.* 151,3.

[67] *Ep.* 151,13.

[68] v. inf. pp. 362-364.

[69] *Ep.* 198,6.

[70] *Ep.* 199,xii,46-47.

[71] e. g. *Enarr. in Ps.* 61,10.

[72] *de perf. just.* xviii,35.

[73] *Epp.* 91,2;138,ii,9.

[74] *Ep.* 138, ii, 9; iii, 17. v. Vittinghoff, ' Z. geschichtl. Selbstverständnis ', *Hist.*

　　　　Zeitschr. ,198,1964,p. 566.

[75] *de civ. Dei* ,II,19.

[76] *de civ. Dei* ,V,18;v. sup. pp. 310-311.

[77] 安全离开迦太基后，他才能撰写下一部著作，参 *de VIII Dulcitii quaestioni-bus* ,Praef. ;cf. *de gratia Christi* ,i,1。

[78] *Ep.* 151,13.

[79] *de gest. Pel.* xxii,46.

29

帕拉纠和帕拉纠主义 [1]

（一）

410 年之后，罗马帝国到处都是难民。罗马的贵族家族发现如今自己已经被驱赶到了奥古斯丁的门前来暂避灾祸了。他们被迫在行省中这个安全的穷乡僻壤住上一些年。对一个此等家庭中的传记作家而言，塔加斯特显得"很小，而且很贫穷"[2]。

如此显赫的一群贵族男女，确实给那些生活在行省中的人留下了十分深刻的印象。奥古斯丁也是第一次遇到那些年长的、信奉基督教的贵族妇女，例如普罗巴（Proba），她是帝国首富的遗孀，她的儿子和侄子都当上了执政官。在显赫的程度上，年轻一代的贵族们也不逊色。普罗巴 14 岁的侄孙女底米特里亚斯（Demetrias），为了成为一名修女，放弃了一场政治婚姻的前景，在那些欣喜的主教们看来，底米特里亚斯胜过了她那个家族中的男性成员。[3] 几年之前，为了救济穷人，来自另外一个贵族家族的一对年轻夫妇梅拉尼亚和皮尼阿努变卖了他们的大片地产，从而引发了罗马元老院中的不和。[4] 而且，正如我们将看到的那样，这些奇怪富豪的到来，在希波引起了极大的兴奋。

这些显赫的陌生人的到来，在一个一直只关注自我的社会激起了波澜。在 410 年至 411 年，奥古斯丁完全专注于应对一个纯粹的地方性问题，即多纳徒派所引发的教会分裂。在接下来的几年中，罗马贵族中的那些异教徒将会激发《上帝之城》的创作；[5]帕拉纠，一位在他们的基督徒邻居和亲属中游走的人，将把奥古斯丁引入那场为他造就真正国际声誉的论战之中。

对于帕拉纠，我们知之甚少。[6]和奥古斯丁一样，帕拉纠也是一位外省人：几乎就在奥古斯丁第一次到意大利谋求发展的时候，他也离开不列颠，来到了罗马。仅仅四年之后，奥古斯丁就离开意大利返回了家乡，而帕拉纠则继续留在了罗马。奥古斯丁像一位已受洗的严肃认真的平信徒那样生活了大约四年；而帕拉纠，则像那样生活了三十多年。奥古斯丁已经习惯于一种致力于处理地方性教牧问题的生活，而在他的智性活动中，他已满足于一种与外界美妙的隔离。相比之下，帕拉纠则继续生活在一座城市之中，该城常有来自东部地中海地区的修士来造访，也经常被一些来自世界各地的神学问题所困扰。[7]更为重要的是，这位平信徒和他的支持者，可以听到对一些问题持一种开放心态和不抱成见的教士的言论，而在这些问题上，非洲的主教长期以来都持一种封闭的心态。[8]因此，当奥古斯丁作为一名主教投身于一场与其他主教的狭隘的教会论战时，帕拉纠在罗马达到了自己事业的巅峰。在当时的罗马，一个有教养的基督教平信徒比以往任何时期都更能施加更大的影响。[9]作为这场新禁欲主义运动中的使徒，男女平信徒的表现十分突出：他们是诺拉的保利努、奥古斯丁和哲罗姆的信件的著名接收者；他们的神学观点很受敬重；他们的赞助是人所寻求的；他们的宅邸任由来自世界各地的神职人员和朝圣者们使用。帕拉纠参与了这些人对圣保罗的讨论。这些讨论成为他《圣保罗书信阐释》的基础，这部作品是他的神学观点最确定的来源。[10]在向这些人演说的过程中，他完善了最适合用来表达自身思想的技能，也就是那难以掌握的、撰写正式劝诫信的技能。[11]崇拜这些信件的人，也正是经常阅读奥古斯丁和哲罗姆著作的那个圈子里的人。对帕拉纠的这些劝诫信，奥古斯丁总是大加赞赏：它们以"写作优美、直抒胸臆"，以"雄辩"（facundia）和"尖刻"（acrimonia）而著名。[12]此风格，唯此人。事实上，我们通过帕拉纠信件中的文学特质对他的认识，要远远超过我们过去通常通过他的神学主张对他的认识。[13]就前者而论，其文学特质中最突出的就是"尖刻"，该特质奠定了整个帕拉纠运动的基调；就后者而论，他因其神学主张而赢得了自己作为异端的名声。

413 年，就在底米特里亚斯决定成为一名修女之际，帕拉纠给她写了一封长信。这封信是他为自己的信息所作的精心设计、广为宣传的宣告。[14]这条信息简单而可怕："既然完美对人来说是可能的，那么它就是必须要实现的。"[15]帕拉纠一刻也没有怀疑过，完美是必须要实现的；他的神，首先就是一位要求无条件顺从的神。他要求人类执行他的命令；而且，他会将任何没能履行哪怕是其中一条的人，处以地狱之火的刑罚。[16]但帕拉纠以特别的热情去关注和支持的观点是，人的本性就是为了此种完美得以实现而被造的："每当我不得不谈到要为一种圣洁生活的行为举止制定规则时，我总是会首先指出人性的力量和功用，并表明，这本性到底能做什么……唯恐是在号召人们去从事一项他们认为自己根本无法完成的事，而我自己似乎应该是正在浪费时间。"[17]

帕拉纠已经做好了为这一理想而战的准备，而且，在帝国晚期这个群居世界里，他绝不会是孤身一人的。他吸引了一些赞助人，诺拉的保利努便是其中的一位。[18]他经常激励门徒，尤其是对那些家庭背景优越、像他一样来到罗马，想通过在帝国政府中充当律师来谋求发展的年轻人。阿里庇乌远比奥古斯丁熟悉这个一半是大学一半是行政部门的独特世界。法律训练可以造就出娴熟的辩手和优秀的策士；它不仅使严肃认真的年轻人真正专注于责任和自由的问题，而且，毫不奇怪地，也使他们困惑于旧约中的神。这位神的公正，是以对人的集体性惩罚和故意使人的心"刚硬"来展现的，而且，这种公正远非显而易见的。[19]凯勒斯提乌（Caelestius）注定要在这场运动中成为"惹是生非的顽童"（enfant terrible）。他只是这样一个年轻人：来自贵族家庭的男孩，很早就受到帕拉纠的影响；他已经放弃了这个世界，并写了一些给他父母的急信——《论修道院的修士》。[20]

对于似乎仍在支配人性力量的那种混乱，帕拉纠已经失去了耐心。他和他的支持者是为那些"想要为了更好而做出改变的人"而写作

343

的。[21]他拒绝将这种自我改进的力量视为一种已经被不可逆地破坏了的力量。一种可以使人不能不犯更多的罪的"原罪"观念，在他看来是十分荒谬的。[22]奥古斯丁的杰作《忏悔录》似乎只是在宣扬一种趋向萎靡不振的虔诚的倾向，帕拉纠对此感到十分恼怒。在阅读了第10卷中某句棘手的文字（要求你所意愿的，给予你所要求的）之后的讨论中，他差点和一位主教（或许就是保利努）发生冲突。[23]由于个人行动中所带有的偏爱，这样的措辞或许会使作为律法赐予者的神那不朽的威严变得模糊。帕拉纠感觉到有一股舆论浪潮很快便对他不利，转而去宽容罪，将其辩护为"人非圣贤孰能无过"。这使他十分愤怒，并进而撰写了一本直言不讳的小册子《论本性》（*On Nature*）。[24]后来，奥古斯丁在反对帕拉纠的过程中，将这本小册子看做一份公开展示的战利品。

但是，对410年的奥古斯丁而言，这些辩论还显得非常遥远。事实上，在哥特人劫掠之前，他和这些罗马家庭在智性生活上的联系少得惊人；[25]411年年底，当由这些想法引起的流言飞语在迦太基爆发的时候，奥古斯丁正在希波忙碌不停。他依赖于从马西利努伯爵的来信中获取信息。这些信件是他在此时了解罗马难民的悲苦和困惑的通常来源。[26]

帕拉纠在他到达非洲的时候，甚至在希波停留过，但是那个时候奥古斯丁并不在。[27]奥古斯丁礼貌而谨慎地回复了帕拉纠那封宣告他安全抵达的信件。[28]后来，他说道，这封简单的回信意味着对帕拉纠的一个警告，是一封请帕拉纠来探访他以便讨论问题的邀请函。[29]有人想知道，如果帕拉纠见识到这位主教的风范，那会发生什么呢？一年之后，帕拉纠再次离开，前往圣地。奥古斯丁只能通过他的作品，尤其是《论本性》来认识他；而底米特里亚斯的家人和熟人只有通过他的信件（这些信件显然给他们留下了深刻的印象）来了解他。这是一幅令人疑惑的双重影像：在奥古斯丁眼里，帕拉纠是撰写《论本性》一书的那位乐观的神学家；在底米特里亚斯一家人看来，他是一位热心的、给他们的女儿写过一封紧急劝诫信的禁欲苦修者。

是凯勒斯提乌（Caelestius），而不是帕拉纠引发了这场爆发在非洲的危机。他一到迦太基，就自信地介入了当时一些似乎已经触及灵魂起源那永恒之谜的辩论，而且他还转向了一些类似的、关于人类在亚当之罪里的一致性问题。例如，怎能让一个"全新的"个体灵魂去承担一个不同人的遥远行为所犯的罪责呢？[30]这些讨论也触及了婴儿受洗的必要性问题。正是在这里，帕拉纠的论点遇到了第一次严肃认真的检验。那些多年来一直支持洗礼（由他们自己在罗马公教会里给信徒施洗）的绝对必要性和独特性的主教，以及那些可以在迦太基主教图书馆中查阅到圣西普里安的一封关于坚持让新生婴儿受洗的信件的主教，[31]都没有心情去忍受这些推断。当凯勒斯提乌申请成为一名教士的时候，他的请求被否决了。[32]他那虽遭谴责但仍拒绝收回的 6 点主张[33]，与帕拉纠的《论本性》一起构成了奥古斯丁反对帕拉纠的论据基础。在奥古斯丁看来，他们都是"危险的头脑"（*capitula capitalia*）；[34]因为，凯勒斯提乌的激进思想哪怕只是他老师秘密主张的逻辑延伸，这些主张也足够用以"吊死"帕拉纠了。[35]

345

奥古斯丁那个时候正在希波，对当地谴责凯勒斯提乌的会议知之甚少。411 年冬，当马西利努写信给他的时候，这些思想在迦太基正"在传播中"，而当人们模糊地意识到这两种思想形式存在冲突的时候，便引发了不确定和恼怒的情绪。然而，要鉴别是哪些观点和小册子为奥古斯丁提供了材料，使他借以获得关于这些思想的第一幅连贯的画面（他后来将它直接归于帕拉纠名下），却是极其困难的。[36]

当马西利努的信件抵达希波的时候，奥古斯丁正穷于应付随着多纳徒派被镇压之后而来的大量工作：他的公证员们无力应付他的要求；他不得不为自己的会众逐字逐句地总结那次与多纳徒派的辩论会的大量记录；应当地人的要求，他被"抓差"去捧场和充当仲裁人。[37]尽管如此，奥古斯丁还是立即写了回信。和往常一样，甚至还没有将送给他的东西读完，他就妄自下了结论。[38]他的回答显示了对这个新问题的一种相当惊人的理解。在这个冬天出现在迦太基的令人不安和迥然各异的迹象，第一次汇合在奥古斯丁这封回信中，并形成了一个紧密连贯的体系："看吧，它要将我们引向何方……"是一句不断再现于信中的叠句。[39]这也是一句在接下来几年中不断出现于奥古斯丁作品中的叠句。事实上，我们所了解到的帕拉纠主义，那个起着重大影响的一贯的思想体系已经开始存在了；然而，它产生于奥古斯丁的头脑中，而非帕拉纠的头脑中。

346

（二）

在奥古斯丁看来，帕拉纠主义一直是一个由"论辩"（*disputationes*）组成的思想体系。对于这些论辩的学术水平，他毫不怀疑。在他作为一名主教的职业生涯中，他第一次在一群能够纯粹按照一场论辩本身的学术价值对之做出评判的听众面前，面对一批在才干上和自己旗鼓相当的对手。"这些观点都是由一些伟大且精明的头脑提出的：就我而言，要想通过不提及这些论点的方式来回避它们，无疑就是承认自己的失败；要想通过认为它们'不值一提'的方式来忽略它们，便是一种理智妄想的标志。"[40]

可是，在罗马，这些想法已经引发了一场"运动"。[41]帕拉纠有一批意志坚定、社会地位很高的支持者。这些人不但能够确保他的信件以令人吃惊的速度流传开来；[42]而且还能够确保他应该下决心在罗马公教会中为其思想找到一席之地。[43]他们还提供了狂热的追随者，这些追随者形成了帕拉纠派的"小组"，其分布远至西西里、不列颠和罗得岛（Rhodes）。[44]如今，我们可以把握这些人的动机了；因此我们也可以评估帕拉纠主义在帝国西部的其中一场最引人注目的教会危机中所起到的作用了。

347　　帕拉纠主义探讨了一个普世主题：个人需要明确自身，需要能够自由地在传统而平庸的社会生活中创造自己的价值。在罗马，传统的影响力是特别巨大的。帕拉纠经常向一些贵族家庭的成员发表演说；这些贵族家庭，经由通婚和政治整合，逐渐融入了基督教。[45]这意味着，异教罗马那传统意义上的"好人"，不假思索地变成了5世纪传统意义上的"好基督徒"。罗马晚期礼仪中的那些浮夸的谦恭，可以充作"基督徒的谦卑"；[46]传统上期待于贵族的慷慨，可以充作"基督徒的施舍"。"施比受更为有福"，已经成为一句流行的口头禅；但是，就像所有为宽慰良心而引用的圣经经文一样，没有人能够确切地记得，这句话引自何处！[47]然而，这些"好基督徒"，这些"真信徒"，仍然是统治阶层中决心通过执行残酷的惩罚来维护帝国法律的人。[48]他们会随时准备不惜一切手段为保护自己的巨额财富而战。[49]而且，他们不仅能在餐桌上讨论最新的神学观点，并以能作为在这观点上的权威人士而自豪[50]，而且还讨论他们刚刚用在某个穷光蛋身上的某种司法酷刑。[51]

在这种混乱中，帕拉纠那严厉、坚决的信息恰如逢时而至的解药。通过要求人们绝对地服从，帕拉纠向人们提供了一种绝对的确定性。正是从一个人的一封信中，我们看到了这一点：这是一个突然拜倒在一位贵族女士影响之下的人，而这位贵族女士，是西西里一群帕拉纠狂热追随者中的支配性人物。"当我住在家里的时候，我一直认为自己是一个敬虔之人……如今，我第一次认识到，怎样才能成为一名真正的基督徒……说起来很简单：我认识上帝，我信仰上帝，我敬畏上帝，我侍奉上帝。可是，你并不认识上帝，如果你不信奉他；你也不会信奉他，除非你爱他；而且也不能说你爱他，除非你敬畏他；你不能说你敬畏他，除非你侍奉他；而且，你不能被说成是在侍奉他，如果你在任何一条诫命上违背他……信仰上帝的人，留心上帝的诫命。我们按照上帝的诫命行事，这是出于上帝的爱。"[52]

这是一个严肃的时代。当帕拉纠谈论他的上帝的律法时，会使用一种极端而绝对的语言，而当皇帝们坚持要求他们的法律必须得到遵行时，使用的也是同样的语言。[53]帕拉纠作品的读者们刚刚见证了一系列粉碎了一整个阶层信心的事件：残酷的清洗、整个家族的毁灭、惊人的政治暗杀[54]，以及后来蛮族入侵的恐怖暴行。[55]然而，当有些人也许因为这些灾难而被迫隐退的时候，帕拉纠派似乎决心转而向外，要改革整个基督教会。这在他们的运动中是最为显著的特征：完美主义的窄流曾驱使哲罗姆的那些高贵的追随者前往伯利恒；使保利努前往诺拉，使奥古斯丁离开米兰到非洲过一种贫穷的生活，而今，这种完美主义倾向突然在帕拉纠的作品中被转而向外，要囊括整个基督教会："并不是所有被称为基督徒的人都被赐予了基督徒行为的律法，这当然不是真的……难道你会认为，对于那些特许（比如统治者）宣泄他们那病态的残忍之人，地狱之火灼烧他们的热度会低一点，而只有对那些将虔诚作为职业责任的人，地狱之火才会烧得更为猛烈吗？……在完全同一的人类之中，是不可能存在双重标准的。"[56]这是所有罗马晚期作品中对这种微妙压力所作的最为尖锐的抗议，奥古斯丁在希波也

348

经历过这种抗议：将上帝留给公认的圣徒，而自己又继续作为一个庸常的人活着，甚至像异教徒那样生活：[57]帕拉纠想要每个基督徒都成为修士。[58]

因为帕拉纠派仍然将基督教会视为异教世界中的一个小团体。他们关心的是给出一个好榜样："以赞美献祭"，对奥古斯丁来说，这纯粹是一件个人的事情；而对帕拉纠派而言，它却意味着异教公共舆论的赞美，而基督教教会作为一个由完美之人组成的机构将赢得这些赞美。[59]

当然，正是在这里，帕拉纠运动深刻影响了奥古斯丁。对他而言，帕拉纠派提出的新主张（即他们能够实现一个"没有任何污点和瑕疵"的教会），似乎不过是多纳徒派的主张（即只有他们才属于这样一个教会）的继续。[60] 他没有心思去容忍这些"完美"基督徒的小集团（*coteries*）——它们涌现于西西里和其他帕拉纠派影响下的地方。[61] 正因如此，奥古斯丁对帕拉纠的胜利，对帝国晚期的罗马公教中普通的好平信徒而言，也是一场对一种禁欲苦修的改革理想的胜利。奥古斯丁描述的正是这样一种他已在罗马公教会中给他们找了一席之地的人：这类人名下往往有少数几部佳作，他们在不得已而求其次的情况下才与他们的妻子同眠，而且经常也只是为了床笫之欢；他们对名誉问题极为敏感，惯于仇杀；他们并非土地攫取者，但可为维护他们自己的财产而战，尽管只是在主教的法庭里；而且，尽管如此，在奥古斯丁意义上的一名好基督徒，"看自己为羞耻，而将荣耀归给上帝"[62]。

但是，奥古斯丁对帕拉纠派的胜利，是在完全不同于对多纳徒分裂派的情况下取得的。如今，他已经卷入了那些神秘而引人注目的"虔诚危机"中的一场，而这类危机有时会对统治阶层的成员产生影响。[63]在非洲的罗马难民中，并存着两种相互对立的观点。例如，提姆阿西乌（Timasius）是一位在帕拉纠影响下弃绝现世的年轻人，同时他也是皮尼阿努的一位朋友，而皮尼阿努这位年轻的贵族，在希波几乎成了希波奥古斯丁的一名教士。[64]

帕拉纠很好地选择了自己思想的接受者。在面临罗马晚期贵族社会那沉重的家族情感压力的时候，底米特里亚斯、梅拉尼亚和皮尼阿努通过采取与"现世"彻底决裂的方式，都显示了他们意志的卓越力量。[65]这些年轻贵族非凡的执著，似乎是未来在实现完美的过程中取得进展的确切预兆。[66]他们对意志的使用产生了如此强而有力的影响，他们也许会很容易因此成为帕拉纠的狂热追随者；他们将罗马世界中最具影响力的基督教平信徒的支持送给了帕拉纠的改革运动。因为帕拉纠主义显得是一场有着明确行动计划的运动。对奥古斯丁而言，如何与神沟通一直是神秘莫测的，而祈祷和自省的内在生活才是基督徒虔诚信仰的核心。如今，他面对着这样一群人，他们认为他们可以通过迫切的劝诫，对社会的行为习惯施加直接的影响。[67]

350

对帕拉纠派而言，人类对自己的罪没有任何辩解的理由，而对存在于他们周围的种种罪恶，也没有可供原谅的借口。如果人类本性本质上是自由的和神精心创造的，而且不受某种内在弱点的困扰，那么造成人类普遍不幸的原因，肯定是以某种方式存在于他们真我之外的所是；这种原因，定然有部分缘于"过去的异教生活"中的社会习惯所形成的约束力量。这些习惯是可以被革除的。至此，在帝国晚期的时候，鲜有作家能在他们对罗马社会的批评中如此直言不讳。在帕拉纠派冷酷无情的劝诫文中，最温和的就是那些描述公开处决所引起的恐怖的段落[68]，以及那些敦促基督徒"应当像感到自己的痛苦那样体会他人的痛苦，应当为他人的悲痛而伤心落泪"的章节。[69]这种情感特质，与奥古斯丁借以看待肉体痛苦的哲学家式的超然有很大的不同。[70]约伯是帕拉纠派尊崇的英雄：他是一个突然剥去了沉重的社会谎言的人，而且他能够将一种英勇个性的天然本质展现给世人。[71]

这些想法能在那些想放弃其巨大财富的人中间流行，这并非巧合。过去的几十年中，满是此类惊人的放弃。然而，一旦这些年轻的贵族与那已得到巩固的非洲教会取得联系，这种激进主义就受到了遏制和疏导：奥勒里乌、奥古斯丁和阿里庇乌，成功地说服梅拉尼亚和皮尼阿努将他们世袭的土地捐献给公教的修道院，而不是通过把这些土地分散给穷人，来斩开他们罪恶财富的"戈尔迪之结"。在如此建议的过程中，奥古斯丁只是实践了他在布道中反对帕拉纠派的立场而已。[72]一位西西里的主教对帕拉纠派的主张（即富裕之人必被罚入地狱）深感忧虑，他回应道：就像帝国庄严的等级结构一样，教会也必须既为它那些"居于高位的公职人员"，也为它的"纳税人"留出相应的空间——既然如此，也当为那些修士和神职人员日益依赖其捐赠和影响力的富裕地主找到一席之地。[73]

351　就像许多改革者一样，帕拉纠派将绝对自由的重负完全压在了个人的身上：个人必须为他的每一个行为负责，因此，每一项罪恶都是一次故意轻蔑神的行动。[74]人类堕落的本性是否能够承担这样的重负，对此，奥古斯丁并没有太大的把握。"虽然许多罪恶因傲慢而生，但并不是所有的罪恶都因傲慢而起……它们也相当频繁地因无知、因人类的弱点而发生；许多罪恶是由那些在不幸中哀泣和呻吟的人犯下的……"[75]罗马公教会是为了救赎无助的人类而存在的；而神一旦赐予某人必要的恩典，此人就能够轻松地在团契中接受那缓慢的、不规则的治疗过程。[76]奥古斯丁认为，由于帕拉纠派对人性的看法过于乐观，因此他们似乎已经模糊了罗马公教会和好异教徒之间的区别。[77]不过，他们这样做，只是为了把一种冷冰冰的清教主义变成基督徒群体的唯一法则。[78]因此，自相矛盾的是，这位严厉强调洗礼为得救唯一途径的奥古斯丁，显得是道德宽容的倡导者：因为在罗马公教会的"羊圈"之内，他能为一整个系列的人类过失寻得其存在的空间。[79]奥古斯丁反对帕拉纠派的作品紧随其反对多纳徒派的战役之后。在这两次论战之间，这些作品成为罗马公教会对罗马世界中整个世俗社会接纳和包容过程中的一个意义重大的里程碑，尽管这个世俗社会仍然存在明显的财富不均以及依然顽固存在的异教习惯。

　　在这些年里，奥古斯丁会给两位受到帕拉纠主义影响的贵族女士写信——她们是普罗巴和朱利安娜（Juliana）。[80]这些信是奥古斯丁关于理想基督徒生活的最为成熟和最具同情心的表述。因为，使他担心的是个体内在的张力。在向一位富有的寡妇倡导禁欲的过程中，他可能加上了一些话语："然而，我经常从人们的日常行为中观察到这样一个事实，即对某些人来说，当性欲被压制的时候，贪婪似乎就会在该处兴起，至少有些人是这样的……"[81]在帕拉纠派所有对"现世之道"的厉声谴责中[82]，他们的作品难以提供如此精明锐利的言辞。

　　然而，这种对内心生活的关注，似乎过于轻易地接受了罗马社会352　的现状——作为贵族个体虔诚生活的不可改变的背景。奥古斯丁写给普罗巴的信，似乎是在鼓励这种态度。普罗巴家族以抢夺[83]的方式获得了一个广阔的农业帝国，并靠自私之心而维持。这种自私加重了那场哥特人制造的灾难所引发的不幸和怨恨[84]，而其女继承人普罗巴，却可以在这些财富之中保持不变。如果她能感知到人间事物的腐败性所导致的压抑[85]，并且靠一种内在自我（这种自我是如此之深，如此神秘，以至于没有人可以评判它）的倾向来脱离她身上累积的荣华富贵，那也就足够了。[86]然而，410年之后，非洲是帝国之中为数不多的几个行省之一——其社会现状依然可以被视为理所当然。帕拉纠的思想似乎只在那些旧有的生活方式被蛮族入侵扰乱的地区获得最强烈的共鸣，这也许并不仅仅是一个巧合。这些地区中有不列颠[87]、南意大利（奥古斯丁的劲敌埃克拉努姆的朱利安在此采取措施对抗随哥特军队而来的饥荒，并因此声名鹊起[88]），还有高卢（一名帕拉纠派的诗人，在此眺望这片"历经十年屠杀"之后满目疮痍的土地，他仍然知道，自己自由心灵的堡垒依然未被动摇）。[89]

正如我们将看到的那样，奥古斯丁和帕拉纠之间的不同，可从自由和责任这类最为抽象的问题，分化到个人在帝国晚期社会中的实际作用这样具体的问题。然而，这两人之间的基本不同，在于两种对人神关系截然不同的看法。这被简单地归结在他们对言语的选择之中。长期以来，婴儿一直令奥古斯丁着迷：婴儿无助的程度甚至从他开始撰写《忏悔录》的时候起就逐渐使他着迷；[90]而且在《忏悔录》中，奥古斯丁毫不犹豫地将自己与上帝的关系比作婴儿与其母亲乳房的关系，这是一种绝对的依赖关系，而且婴儿密切地与所有可能从此间（母亲的乳房这一生命的唯一源泉）而来的善恶相牵连。[91]

与此相反，帕拉纠派对婴儿持轻蔑态度。[92]"再没有比我们应当被称为'上帝的儿子'这一点更为迫切的训诫了。"成为一位"儿子"就是要成为一个完全独立的人，不再依赖于自己的父亲，但能够凭借自己的力量，完全履行他所要求的善行。帕拉纠派是"被上帝所释放的"（*emancipatus a deo*）[93]；[94]这是一个取自罗马家庭法术语中的一个极妙的意象。在脱离一个大家庭的父亲对自己孩子所拥有的无所不包、幽闭恐怖的权力之后，这些儿子就"成年"了。根据罗马法的规定，他们已经从对"一家之主"（*pater familias*）的依赖中被释放出来了，而且，终于可以作为成熟、自由的个体进入社会，能够在英雄事迹中

353

维护他们杰出先辈的好名声了："所以你们要完全，像你们的天父完全一样。"[95]

注释

[1] G. de Plinval, *Pélage：ses écrits，sa vie et sa réforme*, 1943, 奠定了现代帕拉纠研究的基础，此著将帕拉纠派绝大多数作品归于帕拉纠名下（pp. 17 -46），与此相对的研究，参 S. Prete, *Pelagio e il Pelagianesimo*, 1961, pp. 191-193, 其中的著作表；R. F. Evans, 'Pelagius, Fastidius and the pseudo-Augustinian, "de Vita Christiana"', *Journ. Theol. Studies*, n. s., xiii, 1962, pp. 72-98; 特别是 J. Morris, 'Pelagian Literature', *Journ. Theol. Studies*, n. s., xvi, 1965, pp. 26-60, esp. 26-40。另，Caspari, *Briefe, Abhandlungen u. Predigten*, 1894, pp. 223-289。参 Jean Garnier, Dissertationes（1673），收录在 Marius Mercator：P. L. xlviii, 255-698附录的第二部分。关于现存所谓帕拉纠及其信徒的全部著作，参 A. Hamman, P. L. *Supplementum*, 1958, 1101sq; R. S. T. Haslehurst, *The Works of Fastidius*, 1927。

[2] *Vie de Sainte Mélanie*, ed. trans. Gorce(Sources chrétiennes, 90), c. 21, p. 170.

[3] 关于这个家族的情况，参 de Plinval, *Pélage*, pp. 214-216; Brown, "Aspects of Christianisation", *Journ. Rom. Studies*, li, 1961, p. 9; Chastagnol, *Les Fastes de la Préfecture urbaine*, 1962, p. 291(a family-tree)。

[4] *Vie de Sainte Mélanie*, c. 19, p. 166.

[5] v. sup. pp. 298-301.

[6] v. esp. de Plinval, *Pélage*, pp. 47-71.

[7] 关于一位名叫 Rufinus 的叙利亚人，参 F. Refoulé, "La datation du premier de Carthage contre les Pélagiens et du *Libellus fidei* de Rufin", *Rev. études augustin.*, xi, 1963, pp. 41-49, esp. p. 49; 关于帕拉纠的作品，参 de Plinval, *Pélage*, pp. 72-97; 关于罗马奥利金主义复兴的重要性，参 T. Bohlin, *Die Theologie d. Pelagius u. ihre Genesis*(Uppsala Universitets Arsskrift, 9), 1957, pp. 77-103。

[8] *de pecc. orig.* iii, 3.

[9] v. esp. de Plinval, *Pélage*, pp. 210-216.

[10] Ed. A. Souter, *Pelagius' Expositions of 13 Epistles of St. Paul*(Texts and Studies, 9, 2), 1923; Hamman, P. L. *Supplem.* 1110-1374. v. esp. de Plinval, *Pélage*, pp. 121-166.

[11] v. de Plinval, *Essai sur le style et la langue de Pélage*, 1947.

［12］*Ep.* 188，iii，13.

［13］*de gest. Pel.* xxv，50："以其自身的方式，它们成了关于过健康生活的、充满激情的劝诫性作品。"

［14］in P. L. xxx，15-45.

［15］E. Portalié，*A Guide to the Thought of St. Augustine*（trans. Bastian），1960，p. 188.

［16］*de gest. Pel.* iii，9；11.

［17］Pelagius，*ad Demetriadem*，2（P. L. xxx，17 B）.

［18］v. inf. p. 386；Courcelle，*Les Confessions*，pp. 590-595. 在为奥利金派展开的辩论中，罗马的贵族被无情地分成两派，分别以哲罗姆和鲁菲努（Rufinus）为代表。忠于鲁菲努及其支持者的保利努和哲罗姆决裂了，参 Courcelle，"Paulin de Nole et Saint Jérôme"，*Rev. études lat.*，xxv，1947，pp. 274-279。帕拉纠遭到哲罗姆激烈的攻击，其支持者因此得到保利努的支持。

［19］de Plinval，*Pélage*，p. 212. 他们最精明的对手也是一位罗马人，名叫马里乌·梅卡托（Marius Mercator），具有相似的生活背景。

［20］Morris 从这一证据得出了支持不列颠起源的结论，参 'Pelagian Literature'，*Journ. Theol. Studies*，n. s.，xvi，1965，pp. 41-43；与此相对，也有支持坎帕尼亚（Campania）或非洲起源的观点，参 de Plinval，*Pélage*，p. 212. esp. n. 1，不过这都只是臆测。

［21］*de induratione cordis Pharaonis*，in de Plinval，*Essai*，p. 139（Hamman，*P. L. Supplem.* 1507）.

［22］*in de nat. et gratia*，xx，23.

［23］*de dono persev.* xx，53；v. Courcelle，*Les Confessions*，p. 580.

［24］参 P. L. xlviii，599-606。

［25］参 *Ep.* 92，6，在向意大利人推介其观点时，他显得异常谨慎，甚至有点缺乏自信。

［26］*de gest. Pel.* xi，23；v. sup. p. 301.

［27］v. esp. J. H. Koopmans，'Augustine's first contact with Pelagius and the Dating of the Condemnation of Caelestius at Carthage'，*Vigiliae Christianae.* 8，1954，pp. 149-153，rectified by F. Refoulé，"Datation"，*Rev. études augustin.*，ix，1963，esp. pp. 41 -44.

［28］*Ep.* 146.

［29］*de gest. Pel.* xxv，51.

［30］e. g. *Ep.* 166，iv，10.

[31] *de pecc. mer.* III,10;Letter 64 of Cyprian to Fidus.

[32] 实际上，这一要求不是被一名非洲人，而是被保利努这位在米兰的副主祭所拒绝，参 inf. p. 412,n. 2。

[33] *de peec. orig.* iii—iv,3：Bonner,*St. Augustine*,pp. 321-322.

[34] *de gest. Pel.* xiii,30.

[35] *de gest. Pel.* xxiv,65;*de gratia Christi*,xxxiii,36.

[36] v. esp. Refoulé,"Datation",*Rev. études augustin.*,ix,1963,pp. 47-48.

[37] *Ep.* 139,3.

[38] *de pecc. mer.* III,i,1.

[39] v. esp. de Plinval,*Pélage*,pp. 261-263.

[40] *Ep.* 186,13.

[41] 关于帕拉纠主义的社会影响，参 J. N. L. Myres,'Pelagius and the End of Roman Rule in Britain',*Journ. Roman Studies*,1,1960,pp. 21-36;J. Morris,'Pelagian Literature',*Journ. Theol. Studies*,n. s.,xvi,1965,esp. pp. 43-60,然而我不赞成他们的假设：帕拉纠派的教义可能与某种具体的社会运动有关；我也不认为不列颠曾经是此类社会运动的中心，参 W. Liebeschütz,"Did the Pelagian Movement have Social Aims?",*Historia*,xii,1963,pp. 227-241。

[42] *de gest. Pel.* xx,45;xxx,55;*Ep.* 183,3.

[43] *de gest. Pel.* xxx,54;*Ep.* 172,1.

[44] 关于不列颠的帕拉纠运动，参 J. N. L. Myres,'Pelagius',*Journ. Roman Studies*,1,1960,pp. 34-36;J. Morris,'Pelagian Literature',*Journ. Theol. Studies*,n. s.,xvi,1965,esp. pp. 56-59。关于罗得岛的帕拉纠运动，参 Jerome,*Comm. in Hierem.* Praef. 4。关于西西里帕拉纠运动，参 *Ep.* "*Honorificentiae tuae*",5(Caspari,p. 12);*Ep.* 156。西西里的 Syracusae 有许多大庄园和漂亮宅邸，长期以来是罗马帝国晚期学者隐居的地方，同时也是文人避难的理想之地，参 sup. 108。

[45] v. Brown,"Aspects of Christianisation",*Journ. Rom. Studies*,li,1961,pp. 9-11.

[46] Pelagius,*ad Dem.* 20,21(P. L. xxx,36A,D).

[47] *Ep.* "*Honorificentiae tuae*",4(Caspari,p. 10). 此引文也适用于诺拉的一篇碑文，参 Diehl,*Inscript. Lat. Christ*,i,no. 2474。

[48] *de divitiis*,vi,1(Caspari,p. 31),trans. Hallehurst,pp. 30-107.

[49] *de divitiis*,iv,1(Caspari,p. 27).

[50] *de divitiis*,vi,2(Caspari,p. 32).

[51] *de divitiis*,vi,2(Caspari,p. 32).

［52］*Ep. "Honorificentiae tuae"*,1(Caspari,p. 4),trans. Haslehurst,pp. 2-17.

［53］Pelagius,*ad Dem.* 16(P. L. xxx,31 D-32).

［54］*de vita Christiana*,3(P. L. xl,1035).

［55］Pelagius,*ad Dem.* 30(P. L. xxx,45).

［56］*de divitiis*,vi,3(Caspari,pp. 32-33).

［57］v. sup. pp. 244-246.

［58］Pelagius,*ad Dem.* 10(P. L. xxx,26B).

［59］*de vita christiana*,9(P. L. xl,1038).

［60］v. esp. *de gest. Pel.* xii,27-28;cf. *Ep.* 185,ix,38.

［61］Hilarius 曾征求奥古斯丁对"此岸世界"教会本质的意见,参 *Ep.* 157,iv,40。

［62］*c. Epp. Pel.* III,v,14.

［63］以詹森主义（Jansenism）为例,对于一个受到挑战的阶级（如罗马帝国晚期的贵族阶级）,詹森主义具有很大的吸引力,参 L. Goldman, L. Goldman, *The Hidden God*,trans. Thody,1964,pp. 89-141。

［64］*Ep.* 126,6.

［65］Pelagius,*ad Dem.* 1(P. L. xxx,16 B),其中关于"意志之剑"（the sword of the will）的说法。

［66］Pelagius,*ad Dem.* 10(P. L. xxx,27 C).

［67］*de bono vid.* xviii,22.

［68］*de divitiis*,vi,2(Caspari,p. 31).

［69］*de vita christiana*,14(P. L. xl. 1045).

［70］v. sup. p. 228.

［71］Pelagius,*ad Dem.* 6(P. L. xxx,22 C).

［72］e. g. *Enarr. in Ps.* 71,3.

［73］*Ep.* 157,iv,37.

［74］Pelagius,*ad Dem.* 9(P. L. xxx,25B);*de nat. et gratia* xxix,33.

［75］*de nat. et gratia* xxix,33.

［76］*de nat. et gratia* lxviii,82.

［77］e. g. *de nat. et gratia* i,2.

［78］E. Portalié,*A Guide to the Thought of S. Augustine*,pp. 188-189.

［79］e. g. *de spiritu et littera*,xxviii,48.

［80］*Ep.* 130(412),;*de bono viduitatis*(414).

［81］*de bono vid.* xx,26.

［82］e. g. *de castitate*(Caspari,pp. 122-167),trans. Haslehurst,pp. 200-285.

［83］ Ammianus Marcellinus, *Res gestae*, xxx, 5, 4–10.

［84］ Zosimus, *Historia Nova*, VI, 7.

［85］ *Ep.* 131.

［86］ *Ep.* 130, iii, 8.

［87］ 参 Myres, "Pelagius", *Journ. Rom. Studies*, 1, 1960, p. 36。

［88］ v. inf. p. 383.

［89］ Orientius, *Carmen de Providentia*（P. L. li, 616–638）; v. de Plinval, *Pélage*, p. 404.

［90］ e. g. *de pecc. mer.* I, 65–68; *de nat. et gratia*, xxi, 23.

［91］ e. g. *Conf.* IV, I, 1.

［92］ Ps. Jerome, *Ep.* 32, 3（P. L. xxx, 247D）.

［93］ 原文为 "*homo libero arbitrio emancipatus a deo*"，意指尽管耶稣基督、教会和圣礼都全力以赴地教导和帮助人们，但被造的人是生而自由的，在所有方面都独立于神和教会（即现实中基督的身体）。因此，帕拉纠派并不排斥耶稣基督的教导和帮助，但认为其教导只能通过树立榜样的方式，而其工作本身并不能拯救人类，圣礼也只有教导的意义。——译者注

［94］ *Op. Imp.* I, 78.

［95］ *Matth.* 5, 48; *Ep. de possibilitate non peccandi*, iv, 2（Caspari, p. 119）.

30

重审恩典 [1]

不是每个人都能在老年的时候活着看到自己一生工作的基础受到挑战。然而，在帕拉纠派的争端中，这种情况就发生在奥古斯丁身上。在争论开始的时候，他到达了一个停滞不前的稳定状态。他已背负了一种他试图以其特有的魅力加以否认的名声。412 年，他写信给马西利努说："罗马演说家王子西塞罗谈论过一位'从不说一句他会希望收回的话'的人。这事实上是高度的赞扬！——但更适用于一个十足的蠢人，而非一位真正的智者……如果上帝允许，我将在一部专门致力于此目的的作品中，把我过去作品中所有有理由让我感到不快的内容收集起来并一一指明。那么人们将会看到，我在自己的'案子'中远非一个有偏见的'法官'……因为我这个人之所以写作，是因为已取得了进步；而取得进步——则是通过写作。" [2]

在这种坦率背后，有一种很强的成就感。在老年的时候，奥古斯丁经常使用"进步"一词。然而，我们已经看到，对他而言，"进步"并不是指一种无限制的变化和调整的前景；相反，它意味着一种对自己已将多余之物抛诸身后以及对本质之物日益确信的意识。[3] 他觉得自己正处于一个稳定的进程中，被自己作为一名公教主教二十年来不懈的学术工作所形成的势头所驱使。

作为对奥古斯丁思想的一个威胁，帕拉纠主义的出现标志着奥古

斯丁智性生活中一个时期的结束。414 年左右，他意识到自己曾经放纵

355 对思辨之爱的程度：曾有一段时期，他"在常规之外讨论"关于灵魂起源的四种可能的看法；[4] 他曾试图把握三位一体的本质；他因其关于神异象之本质的确切观点[5] 以及他与另外一名学者哲罗姆之间的学术分歧[6] 而闻名于受过良好教育的基督徒之中。然而，这种思辨也使他处于一种张力中。在最终下定决心出版其中年时期的伟大作品（《创世记注释》和《论三位一体》）之前，奥古斯丁出于其特有的理智敏感性（intellectual sensitivity）而犹豫了好几年时间：他认为这两部书中含有太多"十分冒险的问题"[7]。如今，在帕拉纠主义的挑战面前，这种思辨却戛然而止。埃俄迪乌总是热衷于博学而难解的主题，他将受到奥古斯丁粗鲁地对待，"你向一位十分繁忙的人请教的问题实在是太多了；"[8] 而且，他还被告知，在《论三位一体》中的那些深刻的思辨突然变得不重要了，"如果基督只是为那些能够确切理解这些问题的人而死的话，那么我们实际上是在教会中浪费我们的时间。"[9] 哲罗姆也受到了类似的对待。他曾思考过灵魂的起源问题，并假定灵魂是在每一个体中新造的。这立即引起了奥古斯丁的质疑：这难道看起来不是一种对"所有人类灵魂在亚当的罪中休戚相关"的否认吗？[10] 他将以相当谦恭有礼的言辞坚定地告诫这位老人要远离这个主题："您的这个观点，如果它不与最牢固确立的信仰相矛盾，那么它也可以是我的观点；如果相矛盾，那么请您也抛弃这一观点吧。"[11] 奥古斯丁认为，自己在帕拉纠派面前所捍卫的，正是"最牢固的信仰"（*Fundatissima fides*）。问题的本质一目了然。这是既定之事（*Fundata ista res est*）：他已有了无可辩驳的证据。就这样，在历经十年深邃的、无果的、高度个体性的思辨之后，奥古斯丁突然将他的思想融入一个坚实的模子之内。他将使自己的思想与罗马公教会中毫无争议的信仰完全一致，并将着手传布他称之为"重审恩典"（*causa gratiae*）的观点。这是奥古斯丁最神秘的内在变化之一，是如此地富有其典型的风格：这种内在的紧张冲突使奥古斯丁在对未知之物的多年探索之后，需要充任明显之物的拥护者。这种紧张冲突，是他成为一名天才辩手的部分原因。

"重审恩典"将会是奥古斯丁写作生涯中最高水平的标志。早在411 年，他已就帕拉纠主义构建了一幅紧密连贯的画面，从而将世人眼

中具有很大差别的帕拉纠和凯勒斯提乌联系在一个相同的思想体系之 356
内。此外，他会始终如一地将这些思想看做一个侵蚀罗马公教信仰基
础的整体。奥古斯丁认识的只是作为一名作家的帕拉纠[12]，而且他是
通过书籍作品来与帕拉纠论战的：充满敌意的评论，批阅过的副本以及
教义"检验标准"的起草——这些在思想界中进行一场异端搜捕的确
切标志，在迦太基人和希波人看来，就是帕拉纠派争端的界标。话语
消逝，著述存留（*Scripta manent*）：到"重审恩典"最终取得胜利的
时候，罗马世界到处都是奥古斯丁的著作；以其最极端的形式概述
"奥古斯丁体系"的小册子、正式的信仰宣告和信件，已经到了相距甚
远和甚为不同的收信人那里，其中有普罗旺斯（Provence）的一位已
退休总督[13]，有在罗马的一名教士和一名律师[14]，有在诺拉的保利
努[15]，有在锡拉库萨（Syracuse）的一位主教[16]，有在耶路撒冷的侨
居者（*émigrés*）[17]。奥古斯丁此时认为，能阅读他全部作品的人，只
可能是一些完全享有闲暇的修士[18]，那么在这样的状况下，他可以撰
写如此之多的作品，确实让人感到十分惊奇。为什么他会在这样一个
问题上耽搁他的读者呢？他告诉保利努说："首要的是，因为没有其他
主题能给我更大的愉悦感了。对于我们这些病人而言，有什么比我们
借以得医治的恩典更吸引人的呢？对于我们这些懒惰的人来说，有什
么比使我们得以振作的恩典更令人渴求的呢？对于我们这些渴望有所
行动的人，有什么比我们借以得到帮助的恩典更令人心驰神往
的呢？"[19]

　　对于帕拉纠主义的问题，奥古斯丁的看法与同时代许多其他人的
看法有所不同。正如后来事情的发展所表明的那样，许多主教想根据
帕拉纠的功过来看待他。这是一位真诚的基督徒，渴望能继续留在罗
马公教会之内：他们只需要得到保证，以确认帕拉纠现在所持的观点，
与传统的正统观点是一致的。就帕拉纠来说，他渴望让这些人对这一
点放心。作为罗马公教会内部改革运动的领袖，帕拉纠特别渴望他那
禁欲苦修的信息能够免于被宣布为异端，免于被视为非法。在这样一
种局面下，就像其他的许多团体一样，帕拉纠派觉得，教会需要他们
的服侍：倒是他们需要容忍罗马公教会道德上的散漫，因为公教会的普
通信徒总是把那些不符合自己口味的观点标为"异端"。[20] 357

对普通人而言，要鉴别帕拉纠所使用的言语是否是"异端"，那是十分困难的。"异端"意味着关于三位一体本质的错误理解，例如引发阿里乌派（Arian）争端的那些主张；但在这个问题上，帕拉纠派是无可指责的。坦率地说，那些曾怀着愉悦的心情阅读过《致底米特里亚斯的信》（*Letter to Demetrias*）的罗马贵族基督徒，并没有对奥古斯丁和阿里庇乌提出的紧急告诫留下什么印象。底米特里亚斯的母亲朱利安娜，将想坚决地挫伤这些大惊小怪的行省主教的傲气：她的家族从未被任何异端触动过——"甚至未受过最微不足道的异端之影响"！[21] 作为帝国晚期的一名好基督徒，"异端"对她来说，意味着关于神性的希腊式错误理解，而不是关于恩典和自由意志的非洲式顾虑。[22]

在这场争论中，还有比对宗教错误本质的这两种不同理解更为紧要之处。在非洲，奥古斯丁对他的论据有绝对的确信。在迦太基，若有人声称圣西普里安是他们的保护人，就没有任何人会怀疑他们的观点。然而，正是这种确信成了一处薄弱之源。帕拉纠派总是威胁说，要求助于那有着非常不同的、更为自由的传统的东方教会。[23] 表面上看，奥古斯丁那"已牢固确立的信仰"，似乎仅仅表达了一个孤立教会的狭隘的严密性。难道这引人瞩目的教会文化要被置于完全的孤立中吗？或者，难道这些在其独特气候下形成的思想要逐步主宰讲拉丁语的西方世界（Latin West）吗？[24]

刚开始的时候，非洲似乎可以被安全地忽略。虽然帕拉纠是作为一个有不可告人之经历的人到达圣地的；但是，只有一个像奥古斯丁这样有技能的"权威人士"才能说服当地主教相信这一事实。奥古斯丁那些在耶路撒冷的同盟者显然没有能力这么做。新的争端袭击了这群定居在耶路撒冷的卓越的拉丁侨居者：这是一个活泼而热烈的团体，有着一种与 20 世纪 20 年代在巴黎的白俄分子[25] 相似的愤恨能力。[26] 它威胁要将圣地变成一个神学辩论的嘈杂场所。哲罗姆定居在橄榄山上，他对主教——耶路撒冷的约翰（John of Jerusalem）——怀有轻蔑的敌意。被奥古斯丁派往耶路撒冷增援哲罗姆的奥罗西乌并不懂希腊文；而且，像许多不会与外国人友好相处的人一样，他也许会将他自己的不老练的结果归咎于语言上的困难。在"猎捕"帕拉纠的过程中，两位高卢主教西罗斯（Heros）和拉扎鲁斯（Lazarus）也加入了他的行动，这两位"为祖国的利益而离开祖国的"主教，因为与一位篡位的皇帝合作而被剥夺了教职。415 年 12 月 20 日，在迪奥斯波利斯（Diospolis）［利达（Lydda）］召开了一次有 14 位主教参加的宗教会议。在那时候，很明显，他们没有像奥罗西乌所期待的那样去"审问"帕拉纠；他们只是想要消除对他的疑虑。而帕拉纠也确实让他们打消了顾虑。正如在原则性很强的人身上所常见的，帕拉纠鲜有踌躇地谴责他自己的门徒凯勒斯提乌，而且把自己作品中那些让他在西方看起来像一个"惹是生非的顽童"的篇章巧妙地解释过去了。他有一个重大的使命要去完成，因此轻蔑地摆脱了他的指控者：远在他方的奥古斯丁、哲罗姆（他心中的怨怼是众所周知的）、奥罗西乌（"一个被我的敌人唆使来攻击我的年轻人"），以及两名含糊其辞的主教。[27]对这些"权威人士"而言，这简直就是一场彻头彻尾的失败。奥古斯丁对此写道："鲜有人精通神的律法。"[28]

如果帕拉纠在东方被接纳是很寻常的，对他的接纳确实在西方引发了一场大骚动。如今，帕拉纠支持者的神秘网络确保了他对迪奥斯波利斯宗教会议所作的描述能以惊人的速度传播到拉丁世界。要冤枉他的阴谋已被转变为混乱；他被认定为"历史清白"；[29]他的观点——人有可能无罪——得到了圣地各位主教的赞同。[30]奥古斯丁不得不蒙受此等羞辱，即收到这类宣传册的一个副本，但并不伴有出自其作者的任何私人问候信。[31]

如今，轮到孤立的非洲教会来发起一场反游行了。这给人留下了深刻的印象。当奥罗西乌于 416 年 9 月到达迦太基的时候，他发现在这座城里正有一场会议等着召开；而另外一场由奥古斯丁和阿里庇乌主导的会议，也很快在米莱维斯召集。在反对多纳徒派的运动中所习得的纪律如今取得了成果。只有在非洲，三百多位罗马公教主教才能聚集一堂，一致通过由毫无争议的权威人士所起草的教令。[32]

非洲的主教们担心帕拉纠会向罗马主教英诺森（Innocent）寻求支持。他还以有众多地位显赫的支持者而为人所知，甚至在城中高傲的教士寡头团体中，也有他的支持者。据说，一位未来的教宗希克斯图斯（Sixtus）是他的保护人。[33]在非洲人看来，只有罗马的声誉才能凌驾于东方宗教会议的判决之上。就这样，在 416 年年末的时候，英诺森收到了从非洲来的一捆非同寻常的文件：罗马公教宗教会议的决议，两份对帕拉纠派思想的谴责。它们在谴责中所依据的理由相近，且分别出自米莱维斯公教会议和迦太基公教会议；此外，还有一封来自奥勒里乌、奥古斯丁和阿里庇乌的私人长信。[34]信中附有《论本性》（已是众所周知）的一个批阅过的副本[35]，以及一封给帕拉纠的信，用意在于表明：这位傲慢的平信徒（即帕拉纠）不会屈尊去打开奥古斯丁写给他的信。[36]

这两次公教会议的裁决是以有意添加的谦恭之词写就的。它们自称只是"事项汇报"（relationes），即由地方官员提交给上级部门要求批准的"报告"。[37]事实上，它们之所以被如此安排，目的是为了警示英诺森。平生第一次，帕拉纠和凯勒斯提乌一起被谴责，而且报告也指出他们的思想会颠覆主教权威之根本。因为，如果人类的本性是如此完美，以至于根本不需要祈求帮助，那么主教祈求神赐福的功用又会怎样呢？更为重要的是，基督专门为彼得所作的祷告（"叫你不至于失了信心"）又会怎样呢？[38]这些文件声称，如果姑息帕拉纠派，那么罗马公教会将丧失它已开始用做可以将人从他们自身中"释放"出来的唯一武器的巨大权威。[39]

这些文件具备一场"政治迫害"的所有特征。非洲人试图强行推行一次正统信仰的严格"审查"；而且他们甚至暗示，有更多的人卷入其中，而非"只有这一位帕拉纠"——事实上，基督教界最可敬的主教辖区，正受到一场秘密运动的暗中破坏。[40]

为了说明自己的观点，奥古斯丁打算放弃晚期罗马的一条表示谦恭的礼节——倘若之前没有写过一封正式的问候信，一位通信者是不应打扰另一位的。写给英诺森的信至少还被装扮成了官方会议记录；而他写给耶路撒冷的约翰的信则几近于傲慢无礼了。如今奥古斯丁要通过这封信直接与约翰接洽，向他要求一个迪奥斯波利斯宗教会议议程的副本，并且告诫他要以适当的谨慎去爱帕拉纠。"没有收到阁下的来信，我可不敢因此而见怪：我宁愿相信，您没有信使携带这封信，而不应想到，阁下是在有意无视我。"[41]

英诺森是一位老人，对自己的权威深信不疑。在不作过于具体承诺的情况下，他还是可以对非洲人慷慨的。他模仿了帝国法庭的作法，以一种有意含糊其辞的浮夸言辞表示，他将他们的不满当成了他自己的不满：[42]如果这些想法确实存在，他们当然必须受到谴责。但是，他更愿意相信，根本就没有人会持这样的想法！通过传唤帕拉纠和凯勒斯提乌，他或许期望能够再次消除心中潜在的疑虑。[43]

如今，轮到非洲人将他们所有的希望都寄托在这一份模棱两可的判决之上了。英诺森于 417 年 3 月 12 日去世了。他的继任者名叫佐西马（Zosimus），是一个痛恨混乱状态的人。和英诺森不同，他是一个决心即使公然徇私和粗鲁也要自行其是的软弱之人。[44]他有可能是一位希腊人，或许因此对帕拉纠在圣地所获得的支持有深刻的印象。[45]难缠的凯勒斯提乌出现在这座城市。帕拉纠急忙遵循了罗马主教的传唤；而耶路撒冷主教的一封证明信比他先到了罗马。他的指控人，主教西罗斯和主教拉扎鲁斯，都是佐西马的私敌；[46]而曾将帕拉纠的《论本性》泄露给奥古斯丁的两位年轻人提姆阿西乌和雅各布斯（Jacobus），如今已经不知去向了。[47]非洲人所能做的，也就是忽略这些不祥的变化。9 月 23 日，奥古斯丁在迦太基布道说："事情已经结束了"（*Causa finite est*）。[48]至少，他对自己还是抱有信心的。在《关于帕拉纠的会议记录》一书中，奥古斯丁已经用自己"缺乏力度的笔"，强化了奥勒里乌的权威。[49]保罗曾经说过；奥古斯丁已经理解。那应该就够了："因为这个原因，哦！蒙福的保罗，伟大的恩典宣讲者，我才能够直言不讳。我将毫无疑虑。因为，保罗，您只说那些应当说的，教授那些应当教授的，谁也不会比您，更赞成我说这些内容的。"[50]

与此同时，佐西马一直在准备他对这件麻烦事的解决方案。凯勒斯提乌首先在圣克莱蒙特大教堂接受审查，之所以选择这个地方，是为了使那些在场者想起圣彼得的这位门徒。克莱门曾"清理"了许多谬误，而这也是佐西马想要做的。在一期正式的会议上，佐西马拒绝给凯勒斯提乌施加过多的压力，于是便宣布，他对审查结果表示满意。9 月中旬，帕拉纠甚至受到了更为热烈的欢迎。和平再次回到了地上之城和现世。佐西马告诉非洲人说："我亲爱的兄弟们啊！要是你们也亲临现场就好了……我们每一个与会者是多么感动啊！当想到拥有如此真实信仰的人却被这样中伤，我们每个人都禁不住泪如雨下。"[51]

根据罗马法，诬告应该报应在指控者的头上。这是一个奥古斯丁在反对多纳徒派的作品中饶有兴趣地强调过的事实。如今，轮到他被训诫了："不轻易相信罪恶，这才是一颗正直心灵的表现。"[52]至于奥古斯丁所谓的"最牢固确立的信仰"，佐西马将厌恶之态泼向争论的双方——就像一位保守的政治家对比自己聪明之人所怀有的那种根深蒂固的厌恶："当人人都不惜以圣经的教导为代价，滥用他们的智力，不受控制地施展他们的雄辩时，这种吹毛求疵和这些毫无意义的争辩……就都从一种传染性很强的好奇心中倾泻而出了。"他继续说道，"即便是最伟大的思想家，也不例外。随着时间的推移，他们的作品也同样会遭受缺乏判断力的危险。因此，神才预言道，'多言多语，难免有过'（箴10：19）；大卫也祈求'一道在他唇前的智慧之门。'"[53]

非洲人只能等待。奥古斯丁不得不撰写更多的作品。诺拉的保利努收到了一篇充满激情而又不期而至的神学论文；[54]而达达努斯，一位退休的高卢长官，也收到了一封拐弯抹角地攻击帕拉纠派观点的作品。[55]达达努斯是一位虔诚的基督徒，一个威信较高[56]但在当地人中为人所憎恨的人。[57]作为镇压篡位者君士坦丁三世[58]之后在高卢新近发生的政治清洗的主要负责人，他很可能像佐西马一样厌恶西罗斯和拉扎鲁斯这两位指控过帕拉纠的主教；因为他们也都与君士坦丁三世有牵连。[59]然而，这一时期意义最为深远的一封信似乎与帕拉纠派争端毫无关系：这是一本名为《论匡正多纳徒派》的小册子[60]，其中，奥古斯丁劝诫非洲行省地方政府中的动摇者要运用法律的严酷去对付多纳徒派异端。[61]这真是一个具有象征意义的巧合：因为拉文纳的帝国宫廷，负责这些法律的执行，它将是下一步走出由教宗佐西马造成的僵局的源头。

没有人可以确切地知道，为什么帝国宫廷会在这一精确的时候介入。太过于精确，是会令人误解的。帕拉纠派尽管在意大利赢得了许多支持者，也同样在那里树敌不少。[62]已经传来了在耶路撒冷拉丁人团体中发生血腥暴乱的消息，而他们似乎也牵涉其中。[63]奥古斯丁的私人代理菲尔姆斯（Firmus）那时正担任哲罗姆身边团体中某一位元老妇人的管家。[64]他因公访问拉文纳，并且可能开始着手建立一些联系。另外一名神秘人物也来到了宫廷之内，他是禁卫军长官帕拉迪乌

(Palladius)。难道他和奥古斯丁曾向一位西西里主教推荐的那位"可敬的教会之子"是同一个人？这人是从希波扬帆来到意大利就任高位的卓越政治家，奥古斯丁曾经很简要地向他介绍过"这种敌视基督恩典，即试图起而反对基督教教会的新异端，显然尚未从教会中被剔除"。[65]

　　就在那个时候，罗马突然发生了暴乱。帕拉纠派的支持者攻击了一位退休的官员。[66]这做得太过了。就在哥特人大肆劫掠的时候，皇帝霍诺里乌安全地躲避在拉文纳的沼泽后面；人们相信他能将"罗马"误认为是一只同名的宠物鸡。[67]那场劫难过后，他觉得自己有义务照顾这座"最神圣的城市"，至少他可以使她免遭暴乱和异端的伤害。[68]418年4月30日，帕拉迪乌斯收到了"一道凌驾于一切时代法律之上的法令"。这是罗马帝国晚期最令人沮丧的敕令：帕拉纠和凯勒斯提乌这两位扰乱罗马公教信仰的人，"不但认为追求与所有人取得一致是下层阶级卑劣的一个显著特点，而且还认为他们自己有着非凡的学识，因为正是他们摧毁了已经被整个基督徒群体所一致认同的信条。"[69]帕拉纠和凯勒斯提乌将被逐出罗马，凡是为他们辩解和说好话的人都将被当局审查。[70]佐西马心中早已充满对帕拉纠的反感，现在对这个异端加以谴责。他那篇名为 *Epistula tractatoria*（号召信）的著名谴责文章，如今为帝国的态度所强化。它将要得到意大利主教们的签名，并且要像帝国法律一样，在严格意义上颁行于整个罗马世界。[71]

　　即便这样，也还是不够的。418年12月，佐西马的死使罗马教会陷入了瘫痪，因此给了帕拉纠的支持者一个翻案的机会。这一小群人如今在一名年轻人的卓越领导之下，这位领袖就是埃克拉努姆的主教朱利安。这一小群人是一些意大利城市的主教，受人尊敬。他们团结起来，目的是要维护罗马公教的信仰——神的造物在本质上是好的，人类的努力是有价值的；而且他们反对任何形式的决定论（determinism）。他们将他们的信息归纳为"五赞颂"：赞颂造物、赞颂婚姻、赞颂上帝的律法，赞颂自由意志，以及赞颂昔日圣徒来之不易的善德。[72]

　　奥古斯丁、阿里庇乌以及他们的代理人，心安理得地策动法庭上的平信徒反对这群意大利主教。瓦勒里乌伯爵是其中的一位将军，他不但阻挠了帕拉纠派要将他们的案件放到拉文纳听审的诉求[73]，而且还协助获得了一条压制任何被怀疑为持守帕拉纠派教导的主教的法

363

364

令。[74]此人"比教宗还具有大公教会思想",是奥古斯丁著作的一名读者,为自己的门客中有一些主教而感到自豪。[75]他所在的整个宗教团体是异端分子的死敌[76],他与希波的一位大地主有亲戚关系[77]。他也是非洲人吗?如果是的话,那么奥古斯丁和他的朋友们有没有对这位身在朝廷的老乡施加压力呢?无论如何,大家都知道,这样的策略,其代价是非常高昂的。在一次执行任务的过程中,阿里庇乌兑现了他的承诺——把在教会的庄园中喂肥的 80 匹努米底亚公马作为"甜头"送给这位骑兵军官,而此人对恩典的看法被证明是有决定意义的。[78]非洲主教们有幸再次见识到"王的心在耶和华手中"。[79]

意大利人很可能感到震惊:罗马的神职人员感到自己受了欺凌;一些有修养的主教确信,凭借暴力的手段等于承认他们理智上的无力。[80]在奥古斯丁身后的非洲,已有十五年压制异教或异端的历史,他由此对于讨论自由之被否认,丝毫不为所动:"地上共和国的基督徒统治者绝不会认为他们应该包庇任何对传统公教信仰的怀疑……在确信信仰以及牢牢地扎根于信仰的前提下,他们更应该将恰当的纪律和惩罚强加在你们这些人身上。"[81]希克斯图斯是一名罗马教士,他放弃了帕拉纠那败局已定的事业,将从奥古斯丁那里了解到胜利可以意味着什么:"在医生治疗的过程中,那些伤口没有显露出来的人,并不会因为这样的理由而被忽略……他们也要受到教导。而且,在我看来,当真理的教导得到对严厉措施的恐惧的协助时,那么完成这项任务将容易得多。"[82]

正如在与多纳徒派斗争时那样,奥古斯丁显示出自己是一个严酷的胜利者。在一次对普通听众的布道中,奥古斯丁并没有把帕拉纠和凯勒斯提乌放在心上:这些"夸夸其谈的人",骄傲自大,竟敢在使徒们振聋发聩的话语前否认:"在这肉身之中,在这易腐的身体中,在这世界面前,在这恶毒的存在中,在这满是诱惑的生活里——没有人可以无罪地生活。"[83]"让他们和他们的洁净滚出教会吧。"[84]

365　　如今,到了奥古斯丁收获祝贺的时候了,而哲罗姆也很高兴。在提出和维护"恩典重审"的整个过程中,奥古斯丁展现了哲罗姆一直享有的一些品质。他保持了一种倔强的孤立,"您宁愿尽您所能地使您自己单独从所多玛城[85]解脱出来而不愿与那些行将灭亡之人同在。"他是一个为一些人所深恶痛绝的人，"一个更大荣耀的标志是，所有异端分子都憎恨你。"这是奥古斯丁一生中第一次被另外一个人称赞为一名真正的国际性人物：古老信仰的再次确立者（*conditorem antiquae rursus fidei*）。他已经"再次确立了古代的信仰"。[86]

一件小事反映了奥古斯丁当时的心态。在访问毛里塔尼亚（Mauretania）的时候，他听说了一个名叫文森提乌·维克特（Vincentius Victor）的年轻人，他是一座小城里的知识分子，对于灵魂的起源，持有明确的观点。他说，在这个问题上，奥古斯丁抱有一种骑墙的态度。这是确实的：在面对帕拉纠派的时候，奥古斯丁是通过悬搁这个高度思辨的问题来获得他的确信的。他的沉默令许多受过良好教育的人很担心。在古代晚期，他们已经习惯于严格按照灵魂的起源以及灵魂与物质世界之间的关系来处理人类的命运以及恶的起源问题。[87]然而，正如维克特暗示的那样，一位主教，"一个被置于尊荣中的人"，不应当被视作是聪明的。[88]

奥古斯丁的即时回应是相当令人动容的：关于这个难以理解的问题，要是那个年轻人能够来与他交谈，那么，他有太多想法可以告诉他，远远多于他可能写在纸上的。[89]然而，这也是一位年老的主教所作出的回应，他的权威意识是在一所冷酷无情的学校里学到的。维克特是一位新近皈依的多纳徒派信徒；他甚至采用"文森提乌斯"作为自己的名，以纪念卡登内（Cartennae）的那位多纳徒派主教，奥古斯丁曾于408年向这位主教第一次为他对宗教强制的态度辩护。[90]奥古斯丁不能忽略这一事实。对他而言，一名主教的责任不只是"教牧性的"；它们也可以成为"治疗性的"。[91]那些自大武断地对神职人员发表意见的平信徒最好记得这种权威的"补药"。奥古斯丁打算去"纠正"维克特，而不是去追随他。[92]

这种态度向奥古斯丁最后几年的境况中注入了一种尖刻的特点。 366
当"我老年的惧怕"使奥古斯丁踌躇不前的时候，年轻的维克特匆匆闯入。[93]如今，另一位能干、顽固而且肆无忌惮的年轻人，将在他最为确信的问题上一直纠缠他，直到他离世。这位年轻人就是埃克拉努姆的主教朱利安。

注释

[1] v. esp. de Plinval, *Pélage*, pp. 252-355; Bonner, *St. Augustine*, pp. 320-346。

[2] *Ep.* 143, 2, 3.

[3] v. sup. pp. 92, 277-278.

[4] *Ep.* 143, 5.

[5] e. g. *EPP.* 92, 147 and 148.

[6] *Epp.* 143, 5; 180, 5.

[7] *Ep.* 143, 4.

[8] *Ep.* 162, 1.

[9] *Ep.* 169, i, 4.

[10] *Ep.* 166, iv, 10.

[11] *Ep.* 166, viii, 25.

[12] *de gest. Pel.* xxi, 46.

[13] *Ep.* 187.

[14] *Epp.* 194, 193.

[15] *Ep.* 186.

[16] *Ep.* 157. 关于这些人的情况，参 H. Ulbrich, "Augustins Briefe z. entscheidend-er Phase d. pelagianischen Streites", *Rev. études augustin.* , ix, 1963, pp. 51-75, 235-258。

[17] *de gratia Christi and de pecc. orig*; v. sup. p. 292.

[18] *Ep.* 184 A, i, 1.

[19] *Ep.* 186, xii, 39.

[20] *de malis doctoribus*, xvii, 2(Caspari, p. 101).

[21] *Ep.* 188, I, 3.

[22] 帕拉纠曾说，他犯的是一种"内部的"错误，而不是"罪犯所犯的"错误，参 *de pecc. orig.* xxiii, 26。

[23] *de gest. Pelag.* xi, 25; Bonner, *St. Augustine*, pp. 323-324.

[24] 奥古斯丁希望所有罗马公教主教与他一道反对帕拉纠派，参 *de gest. Pel.* xxxv, 66。

[25] 十月革命胜利后，苏俄内部出现反对布尔什维克革命的"白军"，与红军的斗争失败后，"白军"大量逃亡。当时的法国亟需大量劳动力以应对战后重建，因此巴黎成为逃难"白军"的首选。逃亡巴黎的俄罗斯人在维护自身的文化和信仰的基础上形成了紧密的集团。——译者注

[26] v. esp. de Plinval,*Pélage*,pp. 271-292,306-307;G. D. Gordini,"Il monachesimo romano a Palestina nel iv sec. ",*Studia Anselmiana*,46,1961,pp. 85-107.

[27] Pelagius,*Ep. ad Innocentium papam*(P. L. xlviii,610B).

[28] *de gest. Pel.* i,3.

[29] *de gest. Pel.* xix,45.

[30] *de gest. Pel.* xxx,54.

[31] *de gest. Pel.* i,1.

[32] v. Prosper of Aquitaine,*Carmen de ingratis*,I,72-92(P. L. li,100-102).

[33] *Ep.* 191,1.

[34] *Ep.* 177.

[35] *Ep.* 177,6.

[36] *Ep.* 177,15.

[37] *Ep.* 186,i,2.

[38] *Ep.* 175,5.

[39] *Ep.* 175,2.

[40] *Ep.* 177,2 and3.

[41] *Ep.* 179,1.

[42] e. g. *Ep.* 181,4-5.

[43] v. esp. E. Caspar,*Geschichte d. Papsttums*,i,1930,pp. 331-337.

[44] v. esp. E. Caspar,*Geschichte d. Papsttums*,i,pp. 344-356;关于佐西马执政片段，参 G. Langgärtner, *Die Gallienpolitik d Päpste in den v u. vi. Jrten.* (Theophaneia,16),1964,esp. pp. 24-52。

[45] v. Bonner,*St. Augustine*,p. 341.

[46] Zosimus,*Ep.* "Postquam",2(P. L. xlv,1721);v. inf. p. 362,n. 3.

[47] Zosimus,*Ep.* "Postquam",3(P. L. xlv,1722).

[48] *Serm.* 131,x,10.

[49] *de gest. Pel.* xxxiv,59.

[50] *de gest. Pel.* xiii,34.

[51] Zosimus,*Ep.* "Postquam",1(P. L. xlv,1721).

[52] Zosimus,*Ep.* "Magnum Pondus",4(P. L. xlv,1720).

[53] Zosimus,*Ep.* "Magnum Pondus",5(P. L. xlv,1720). 关于对佐西马观点的回应，参 T. G. Jalland,*The Church and the Papacy*,1944,pp. 286-288;F. Floeri, "Le pape Zosime et la doctrine augustinienne du péché originel",*Aug. Mag.*,ii, 1954,pp. 755 -761。

[54] *Ep.* 186,v. Courcelle,*Les Confessions*,pp. 590-595.

[55] e. g. *Ep.* 187,xiii,40.

[56] *Ep.* 187,i,1.

[57] v. esp. J. Sundwall,*Weströmische Studien*,1915,pp. 9-11 and 67-68.

[58] 君士坦丁三世，原是罗马帝国驻不列颠行省的总督，5 世纪初，在西罗马帝
国遭遇蛮族入侵，爆发内乱，濒临崩溃之时，率军争夺皇位，因又称篡位者。
421 年夺得皇位，425 年被镇压。——译者注

[59] 他们都卷入君士坦丁三世的篡位活动，参 Zosimus,*Ep.* "Postquam",2(P. L.
xlv,1721.);Langgärtner,*Die Gallienpolitik d Päpste*,pp. 24,34。

[60] *Ep.* 185.

[61] *Retract.* II,74.

[62] Bonner,*St. Augustine*,pp. 344-345.

[63] Bonner,*St. Augustine*,p. 344.

[64] *Ep.* 172,2. Marrou,"La technique l'edition",*Vigiliae Christianae*,3,1949,p.
218,n. 36.

[65] *Ep.* 178,1. 关于此人，参 L. Cantarelli,"L'iscrizione onoraria di Giunio Quinto
Palladio",*Bulletino Comunale di Roma*,liv,1926,pp. 35-41。

[66] Prosper,*Chron.* ,ad ann. 418(P. L. li,592A).

[67] Procopius,*de bellis*,III,ii,25-26.

[68] 这或许是 410 年罗马遭哥特人洗劫之后，引起普遍关注的、重建罗马声威的
一部分。就在一年前，霍诺里乌皇帝成功镇压了一场暴乱，参 Prosper,
Chron. ,ad ann. 417(P. L. li,592A)。

[69] in P. L. xlviii,379-386,386-392.

[70] in P. L. xlviii,392-394. Morris,"Pelagian Literature",*Journ. Theol. Studies*,n.
s. ,xvi,1965,pp. 52-53.

[71] v. Bonner,*St. Augustine*,p. 345.

[72] 参 P. L. xlviii,509-526;de Plinval,*Pélage*,pp. 336-341。

[73] *Op. Imp.* I,10.

[74] Edict in *Ep.* 201.

[75] *Ep.* 206.

[76] *Ep.* 200,2.

[77] The Romulus of *Ep.* 247;v. Chastagnol,*Les Faste de la Préfecture urbaine*,
p. 290.

[78] *Op. Imp.* I,42.

［79］Letter of Aurelius：P. L. xlviii,401 A.

［80］*C. Jul.* III,5.

［81］*Op. Imp.* I,9.

［82］*Ep.* 191,2.

［83］*Serm.* 181,1.

［84］*Serm.* 181,3.

［85］所多玛（sadom），摩押平原五城之一，位于死海东南方，今已沉没，在圣经中是一个耽溺男色的淫乱之城，由于其居民罪恶深重，被上帝降天火焚毁。——译者注

［86］*Ep.* 195.

［87］e. g. *Ep.* 167,I,2.关于这种看法对奥古斯丁的影响，参 R. J. O'Connell,"The Plotinian Fall of the Soul in St. Augustine",*Traditio*,19,1963,pp. 1-35。

［88］*de anim. et eius orig.* IV,ii,2.

［89］*de anim. et eius orig.* III,xiv,20.

［90］*de anim. et eius orig.* III,i,2.

［91］*de anim. et eius orig.* III,i,2.

［92］*de anim. et eius orig.* III,i,1.

［93］*de anim. et eius orig.* IV,ix,16.

31

最牢固确立的信仰

367

在帕拉纠争端的整个过程中，奥古斯丁能够在那些座无虚席的教堂中详细阐述自己的思想，以此替代帕拉纠对理想基督徒生活的诠释。帕拉纠曾在写给一些人的信件中倡导这一理想。帕拉纠及其追随者的基本信念是，人类的本性是确定且根本不变的。最初，上帝创造的人的本性是好的；但不可否认，人性的力量被过去习惯的重压和社会的腐败所抑制。然而，这种抑制仅仅停留在表面上。对基督徒而言，在洗礼中"罪得赦免"，可能意味着马上就恢复一种行动的完全自由；而在此之前，这种自由，一直由于无知和积习而被悬搁。[1]

相比之下，奥古斯丁的会众则一再被告知，即便是受了洗的基督徒，也肯定依然是一个"残疾人"：就像好撒玛利亚人的比喻中那位被发现躺在路边奄奄一息的受伤者一样，他的生命是通过洗礼得救的；但在他的余生中，他必须满足于在教会这座"客栈"里忍受那漫长而不稳定的康复期。[2]因为，对奥古斯丁而言，人类的本性正处于不确定性的谷底；而只有在遥远的未来，它才能通过彻底和荣耀的转变而得到痊愈。与将来荣耀的医治相比，现在，哪怕是人类堕落的最细微的症状，也必须被视为引起一种沉痛悲哀的原因。[3]

对奥古斯丁来说，每个个体都参与了这种堕落和康复，而参与的程度远超过个人所自觉选择的限度。帕拉纠神学意义上的人，本质上是一个分离的个体；而奥古斯丁神学意义上的人总是要被广大而神秘的共同一致性所吞没。对帕拉纠而言，人类仅仅是自己决定去效仿第一个罪人亚当的；而奥古斯丁则认为，他们以不可逆的方式得到了他们的基本软弱性。他们生在这种软弱性中，仅仅是因为他们在身体上直接源自这个人类共同的父亲。[4]（在奥古斯丁的支持者们所生活的时代，人们不可避免地继承了一种社会责任，尤其是令人不快的社会责任，并且把这一责任视为有组织群体的基础。对这些人而言，一种遗传性责任的思想似乎是相当自然的。）[5]

然而，在这种不祥的个体沉沦背后，有一种对人类罪恶本性的深层次意识。在帕拉纠看来，人类的罪本质上是停留在表面的：这是一个选择的问题。错误的选择也许会给人性的"纯金属"表面增加些许"锈斑"；[6]然而，一个选择，从定义上来说，是可以被翻转的。[7]对奥古斯丁而言，人类不完美的本性被理解为一种彻底的、永远的错位：一种不和谐（discordia），一种"张力"——不管多么事与愿违却仍在某种平衡的整体内，在某种"和谐"（concordia）中努力寻找解决问题的方法。[8]由于这一看法，他对罪的治疗方案不得不远比帕拉纠所提议的方案更加极端。对帕拉纠而言，自控就足够了：通过择善弃恶和自控就足以捍卫自由抉择的堡垒了。[9]奥古斯丁却没有那么确信。虽然自控是必不可少而且值得赞赏的；[10]但是，它是否就足够了呢？因为，甚至是这自控的边界，尚处在危险的不清晰状态。[11]并非所有对邪情私欲的赞同都需要是完全自觉的，事实上，奥古斯丁可以设想这种对"罪恶欲望"不自觉的赞同，比如它在人失言时对自我的揭示；[12]而且，在这样做的过程中，奥古斯丁就在弗洛伊德之前，在这种看似无害的现象中，看到了无意识欲望的持续活动。"即使我不赞同这一点，但是在我里面，仍然既存在一些死的部分，也存在一些活的部分。你当然不能否认，你身上死的这部分也属于你。"[13]只有对这种死的转化，才能治愈有着深切罪因的人。[14]因此，复活成为奥古斯丁这个时期考虑的中心问题之一。这位在对人类脆弱性的感受方面无与伦比的老人，从来都痛切地觉得自己依附于那个"反叛的行省"，也就是他自己的身体："我希望自己被完全地治愈，因为我是一个完整的整体。"[15]"把死亡这个最后的敌人拿走吧！这样，我自己的肉身就会是我在永恒中亲爱的朋友。"[16]

　　因此，基督徒的生活在奥古斯丁看来只能是一个长期的治疗过程。为了传达一些对这种渐进而又不稳定的转化过程的印象，奥古斯丁甚至在一种见诸罗马医学术语的罕见的专门意义上运用动词"跑"，来描述这种新的、健康的组织"蔓生"在伤疤之上的过程。[17]他认为，可以将帕拉纠派的那些充满争议的表述当作疗养院内不合时宜的争吵而不予考虑。"哦！这是一种多么愚蠢的疾病啊！医生（上帝）召唤人去他那里，而病人却专注于他们的争论。"[18]

　　奥古斯丁能够使他的听众持续对这些主题着迷。他们与他的感受是如此地有共鸣，以至于当突然提到神的愤怒时，他们甚至会吓得失声尖叫起来。[19]在他的信中，他对民意也感到很确信：帕拉纠派已经"被所有基督徒在信仰上完全的一致粉碎为碎片了"。[20]他说："让我们坚持我们刚才所唱的吧！'请怜悯我吧，哦，主啊，请怜悯我吧。'"[21]

　　奥古斯丁正确地意识到了民意是站在他这一边的。一种依赖的心态；一种对谦卑的绝对必要性的强调，对一种人类"普遍堕落"的观念的强调（在这种观念的基础上，也许没有人胆敢声称，要凭借他自己的善德来提升自己），这是一些会在中世纪早期占主导地位的思想。[22]因为，不管帕拉纠派运动是多么自觉的基督教意义上的运动，它还是紧紧地建基于那古老的异教伦理理想，尤其是斯多葛主义之上的。帕拉纠派的道德劝诫诉诸对人类心智的才智和自主的一种古典意义上的理解。基于这个原因，奥古斯丁的思想对帕拉纠思想的胜利是一个深刻变化的最为重要的征兆之一。这变化我们称之为"古代世界的终结和中世纪的开端"。然而，虽然奥古斯丁的思想占据了统治地位，但帕拉纠主义仍然在某些地方继续存在。在 5 世纪末，有一位皮施努姆（Picenum）的老主教，他名为塞涅卡很名符其实，因他"也曾涉猎过古典学问"。在完全不了解帕拉纠派重要作家的情况下，他得出了自己的结论。[23]他也认为，婴儿是神所造的，因此是善的；他们不会因为没有受洗而被罚下地狱；"人可以通过在善良人性支持下的自由选择来获取幸福"；此外，他还拒绝将自己教区内的修士和童贞修女分开，并以此来检验他对人性所怀有的信心。"然而，"教宗愤慨地写道，"属灵之人的头脑，即便能避开男女混杂的群体，也会被欺骗性的幻象所折磨……"[24]

370

帕拉纠和奥古斯丁都是宗教天才。他们都使一个观念和态度的综合体在理解上明了而清晰，而之前一个时代的人往往满足于任其处于不明确的状态。他们两个人都是具有革命精神的人，而他们之间的分歧所引起的争论，根本就不是一种纯粹的学术争论，而是西方基督教世界属灵状况首次清晰可见的一场危机。[25]

对洗礼本质的认识成为区分这两个人的大分水岭。[26]在这里，帕拉纠觉得，他可以为那些传统的、成年后皈依基督教的人说话。对这样的一个人而言，洗礼意味着一个激动人心的"新的开始"，一个英雄般生命行动的开端。这位圣西普里安的传记作者已经完全无意识地通过他的洗礼开始了他笔下英雄所经历的"真正"生活。[27]奥古斯丁在《忏悔录》中对自己过去和现在的过失所做的"临床检查"看起来几乎将洗礼视为了理所当然。正是这位奥古斯丁，标志着一个新的开端。[28]可是，如果我们把目光转向奥古斯丁刚成为一名罗马公教信徒时的作品，便会发现另外一种心境，这种"心境"与帕拉纠期望自己的读者所拥371 有的那种"心境"，并没有非常大的不同："皈依"和洗礼意味着一种内在张力的突然消释，以及一种对重大目标的欣喜而明朗的感觉。在西西里和其他地区的帕拉纠派团体，与那些在卡西齐亚库、奥斯蒂亚和塔加斯特形成于奥古斯丁周围的小团体，也没有太大的不同。奥古斯丁偶尔会严厉批评那些劝人相信他们可以在现世实现"一种完美生活"（beata vita）的人。这些人的做法就像是过去一些异教哲学家的所为。[29]他这种严厉批评表明，奥古斯丁是如何从他自身作为一名年轻归信者的经历中来理解帕拉纠派运动中潜在的完美主义的。要知道，奥古斯丁本人就是劝诫文《论完美生活》的作者，他过去曾是一名柏拉图主义者。我们可以在其中看到一个分歧的"岔路口"：正是奥古斯丁，开始逐渐放弃基督教皈依者旧有的希望；他在指出帕拉纠那些理想主义信息的弱点时所持有的确信，也许是一种潜在残酷性的症状。他正是以这样一种残酷性继续批判自己的过去的。

然而，从外观上看，奥古斯丁所提供的替代方案（对于那些未能消解的内在张力，采取一种英雄般的忍耐），似乎是在嘲讽所有基督徒对一种新生活的盼望。奥古斯丁也许可以在非洲推行这样一种态度。因为在那里，基督教已被广泛接受了。可是，帕拉纠和他的支持者来自那些基督教会仍然只是作为一个"传教"团体而存在的省份。在意大利和高卢那些异教占据支配地位的行省中，认真尽职的主教们将他们的许多精力用于恳求他们的会众进入洗礼的伟大"奥秘"之中。他们几乎不可能支持这类观点，因为从异教皈依者好不容易走出了成为一名完全基督徒的重大一步，而那些观点却似乎鼓励他们退回到道德麻木之中。[30]

事实上，奥古斯丁几乎将恶的程度视为是理所当然的。而在那些难以将自己从星相学信仰所产生的彻底被动中解放出来的人那里，这种态度是十分危险的。奥古斯丁的基督徒会众发出了如此绝望的祷告：真是担心罪恶在偶然间主宰我！这似乎再次承认，在这些基督徒心中，所信之神是一个暴君，他就如同他们之前所相信的可怕的星神暴君一般难以逃避。[31]

最为重要的是，为什么奥古斯丁所强调的"灵"与"肉"之间永恒的张力，那种不和谐（discordia），不能类似于摩尼教所设想的善良心灵与邪恶肉体的永恒二分呢？值得注意的是，奥古斯丁反对帕拉纠派的布道，经常被公开地用以攻击摩尼教。在非洲和其他的一些地方，很大程度上也是由于奥古斯丁的调停，对摩尼教的攻击浪潮才在受过良好教育的人中消停：为了反对其新近的对手，奥古斯丁聚集了许多危险的"武器"，一旦运用，其结果便可能导致一种真正的危险，即新一波攻击摩尼教的浪潮。[32]奥古斯丁以前的许多朋友仍然信奉摩尼教。其中的一位名为霍诺拉图（Honoratus），曾在 410 年左右与埃克拉努姆的朱利安进行过讨论。[33]这种对"摩尼教问题"的亲身了解，也许进一步强化了年轻的朱利安绝不把帕拉纠的事业拱手交与非洲人的决心。而这种了解肯定为他提供了展示他新闻方面才能的机会。相比于一位非洲主教，朱利安的那些意大利读者对于摩尼教真相的直接了解要少得多；这也使得朱利安能够出色地利用他们的恐惧。[34]在他与奥古斯丁争论全过程中最著名的"独家新闻"里，他的运气甚至比他认识到的还要好。他发现了那封号称是摩尼写给波斯公主美诺（Menoch）的信。[35]事实上，它具有大得多的破坏性，因为它与奥古斯丁的世界离得更近：它是一位拉丁摩尼教徒所注释的保罗书信的一个片段，旨在通过保罗，像奥古斯丁所做的那样清晰明确地证明，邪情是作为一种永恒

372

的邪恶力量而存在的。[36] 405 年，信奉摩尼教的塞坤迪努斯宣称，要是奥古斯丁仍然是一名摩尼教徒，那么他早已成为"我们时代的保罗"了。[37] 朱利安和他的读者们凝视着奥古斯丁在解释这位使徒的基础上竖立起一个"大厦"，他们有可能会觉得，塞坤迪努斯的希望来得太过于真实了。与我们现代人所看到的不同，在一个 5 世纪的敏感之人看来，摩尼教、帕拉纠主义以及奥古斯丁的思想之间，并不存在重大的差别：在他看来，它们可能是沿着由基督教所提问题构成的同一个大圈分布的一些点而已。因此，由一位像奥古斯丁那般确信自己理解了圣保罗信息的拉丁人所写的这封"致美诺的信"，是一个对同时代人的警示：他们生活在一个圆形的世界上；而且，在奥古斯丁"最牢固确立的信仰"背后，总是站着随时准备再次从地平线上升起的那位摩尼教徒的保罗。

其他人则没有那么杞人忧天。其中有一位西利达的阿尼亚努（Anianus of Celeda）显示出一名有学养的帕拉纠派神职人员的心态。他被当时流行的关于人类无能的神秘性所震惊，并因此伤心不已，于是他决心将圣约翰·克里索斯托（S. John Chrysostom）[38] 的布道翻译成拉丁文。克里索斯托的布道与奥古斯丁的布道有很大不同：前者谈论的是圣保罗在德行上的成就，谴责了所有宣扬恶之必然性的思想；而且肯定了在这个日益黑暗的世界中人的高贵性及其本性中实现福音书中完美信息的能力。[39]

然而，奥古斯丁则从另外一个角度来看待他自己与帕拉纠之间的根本区别。在帕拉纠主义中，他所直接批判的，远非它关于人类本质的乐观主义，因为事实上这样一种乐观主义似乎是基于对人类动机的复杂性的一种明显不充分的看法。他们在一个于今仍然相关的问题上极端不一致，而且分歧的界线今天依然如旧：就是一个全然美好并富有创造性的行动的本质和来源。如此稀罕之事怎么可能发生呢？其中一个人认为，一次善行可能意味着一种成功地满足了某些行为条件的举动；另一个人则认为，善行标志着一种内在发展的最高峰。这第一种看法基本上是帕拉纠的；而第二种看法则是奥古斯丁的。

好帕拉纠派信徒也是一位"好公民"。他会被当作一个负责任的人，并被认为能够贯彻一部公正的法典。在堕落之前的伊甸园中，亚当和夏娃向上帝显示了一种"虔诚"（*devotio*），一种认真尽职的忠诚，而这就像一位罗马晚期皇帝期待他的纳税人们对他忠诚一样。[40] 帕拉纠的作品有时读起来像是合乎理性的政治理论作品。他的上帝是一位开明的专制君主；而神的丰富的律法给基督徒提供了很好的供给。[41] 对于这位如此通情达理和善意的君主所提出的要求，人类竟然还是不能做到，这令帕拉纠感到相当愤慨："在那么多吸引你们关注美德的提醒之后，在律法的赐予之后，在先知之后，在福音书之后，在使徒之后，我真的不知道，如果你们还想犯罪，上帝怎样才能显出他对你们的宽容。"[42] 帕拉纠一贯认为，提供一个好环境便能直接影响人类并使之变得更好。根据他的说法，人类的意志会"震惊"于基督的好榜样和地狱之火的可怕惩罚，并因此而有切实的行动。[43] 这样一种看法不可避免地过于强调对惩罚的恐惧。在整个帕拉纠派运动中，存在一种心态上的冷漠。由于违反了一条单一的禁令，亚当遭受了死刑；而且，他比我们该受更少的责备，因为他不曾拥有在他之前有人被处决以阻止他犯罪的莫大好处。[44] 是帕拉纠，而不是奥古斯丁，反反复复地述说末日审判的恐怖。奥古斯丁对此只是简单地评论道："一个因为地狱之火而害怕犯罪的人，他所害怕的不是犯罪本身，而是地狱之火的焚烧。"[45]

因此，这本奥古斯丁自视为他本人在反对帕拉纠主义方面最重要的反驳之作，被命名为《论灵意和字句》（*on the Spirit and the Letter*）。[46] 借惩罚而强制推行的明确无误之法典，被帕拉纠派作为一种对善行的充分激励而受到欢迎，但却被奥古斯丁看做"使人死的字句"和旧律法而不予考虑。只有上帝能够赐予"使人活的灵"，这种因善自身而爱它的能力将确保人在上帝命令的严酷环境中逐渐得到成长，而不是逐渐畏缩不前。[47] 后来他说道："虽然你列举了神帮助我们的许多'途径'——圣经中的诫命、赐福、医治、惩戒、激励和启示；但上帝将'爱'赐予我们，并且帮助我们遵行此道，这点你却没有提及。"[48]

因此，我们遇到了对人类据以行动之道的两种不同的看法，也因此遇到了两种不同的自由观。帕拉纠认为，自由可以被视为理所当然：它不过是对一个人常识性描述的一部分。此人被认为是能负起责任的（否则他的罪行怎能被称为有罪呢？）；他是有意识地将自己的选择付诸行动的；因此，帕拉纠坚持认为，他有决定自己行动的自由。"最初，神立了人，并让他自行决断……他在你的面前放置了水和火，让你根据你自己的意愿，伸出你的手。"[49]

对奥古斯丁而言，这样的描述或许与一个理想化的人相称。而他所关心的不是"对人类的本性的规划，而是如何治愈它"。[50]因此，奥古斯丁认为，自由是必须要实现的。他总是用比较级来谈论自由："更大的自由"、"更为充分的自由"、"完美的自由"。[51]与此相反，帕拉纠和凯勒斯提乌认为，直接从选择和责任这种大家意见一致的事实，到实现人类的自决，他们都可以辩论。[52]凯勒斯提乌写道："用一种意愿的行动来改变我们的意愿，这是世上最容易的事。"[53]对他们来说，好人和坏人之间的区别是相当简单的：有些人选择成为好人，有些人选择成为坏人。[54]对这样的认识，奥古斯丁回复道：

"我可以以绝对的事实和确信说，人类并不是清白无罪的；之所以如此，是因为他们并不想清白无罪。可是，如果你问我为什么他们不想这样，那么，我们就超出我们的限度——*imus in longum*（至深）。"[55]

人类是以一种比那些被神圣化的常识性的老套作法更复杂的方式做选择的。因为要做一个选择并不仅仅只是知道要选择什么，其中还涉及爱和情感。而在人类身上，这种在一个单一的复杂整体中去认识和去感觉的能力已经从本质上被破坏了。"理解一马当先，其后跟着我们人类那弱化了的情感能力。哦，如此缓慢地跟着，或根本没有在跟着。"[56]人类之所以选择，是因为爱；但奥古斯丁在大约二十年的时间里都一直肯定地认为，人类无法基于自己而选择去爱。[57]将情感和认知统一起来的这种至关重要的能力，来自于一个人类自决能力之外的领域。"从一个我们没有看到过的深处，涌出你能看到的一切。""我知道，哦，主啊！一个人的道并不在他自己的把握之中；他也不是凭自己而行走，或控制自己的步伐。"[58]

因此，在奥古斯丁看来，自由只能是一个治疗过程中的高潮。[59]表面看来，《诗篇》118篇是一篇十足的"帕拉纠派"的"赞美诗"，其中确实包含了许多应用于好人生活的静态训言；而奥古斯丁将把这整篇赞美诗转变为一篇关于意志动态转化的论文。对于那已"被解放的"意志，最适合它的意象将是这样一个意象，它充满着一场可以在逆境之风的打击下再次咆哮而起的大火所具有的那种动感，那种变幻莫测的恢复力和活力。[60]

　　爱和认知是通过这个治疗过程重新得以整合的，而一种在日益增强的自决和对一个总是脱离自决的生活之源的依赖之间的不可分的联系，使得这种治疗过程成为可能。[61]被治愈的人，享有一种更敏锐的责任感，一种更清晰的认知，一种做选择时更大的轻松。[62]他们势必已经收获了帕拉纠认为他一开始就拥有的一切。[63]我们是依赖于我们自身无法左右的领域来获得我们自我把握的能力的，这种想法就是奥古斯丁对"恩典"和"自由意志"之间的关系所持有的"治疗性"态度的中心内容。在一个单一的治疗过程中，正是这二者之间的联系，吸引着奥古斯丁的主要注意力。[64]任何试图剖析这样一种鲜活关系的努力，任何试图在他看来只有一种生命攸关的相互依存之处看到一种对立的努力，都使他感到非常困惑："有些人在我们的意志中极力地寻找那种专属于我们自己而与神无涉的美善，他们如何能找出此等事物呢，我真的不知道。"[65]

　　因此，奥古斯丁认为，自由不能被还原为一种选择意识，它是一种充分行动的自由。这样的自由必定会涉及对选择意识的超越。因为选择意识是意志消解的征兆，认知和情感之间最终的合一将使一个人与他的选择对象之间以如此一种方式相关联，以至于其他任何替代的选择都是不能想象的。

　　在他所有反对帕拉纠派的布道中，奥古斯丁将这一点作为他关于恩典和自由关系的根本主张而不断地加以重复：健康的人是一个在其身上认知和情感已得合一之人；只有这样的人，才能够允许自己被他所爱对象那绝对无法抵御的快乐"吸引"着去行动。令人吃惊的是，维吉尔那恶名昭著的口头禅——"每个人都为其快乐所吸引"（*Trahit sua quemque voluptas*），居然也出现在这位老人关于《约翰福音》的一次布道中。"让身体的感官都享有快乐，同时又任由灵魂缺乏快乐吗？如果心灵没有它自身的快乐，那么为什么经上记着说：'世人投靠在你翅膀的荫下；他们必因你殿里的肥甘得以饱足，你也必叫他们喝你乐河里的水。因为在你那里有生命的源头，在你的光中，我们必得见光'？请赐予我一个恋爱中的人吧，他能明白我的意思；赐予我一个有

377

所渴望的人吧！赐予我一个饥饿的人吧！赐予我一个远在沙漠之中，因焦渴而渴求永恒国度的甘泉之人吧！请赐予我那一类的人，他能领会我的意思。但如果我向一个冷漠的人讲话，那么他当真是不知道我正在讲什么……"[66]

注释

[1] v. esp. Bohlin, *Die Theologie d. Pelagius*, pp. 29-39, esp. pp. 35-37.

[2] *Serm.* 131, 6; cf. *Serm.* 151, 4-5.

[3] *Serm.* 155, 14.

[4] e. g. *de pecc. mer.* III, viii, 15; *Serm.* 294, 15.

[5] e. g. Marius Mercator, *Liber subnotationum*, ii, 2(P. L. xlviii, 124-125).

[6] Pelagius, *ad. Dem.* 8(P. L. xxx, 24).

[7] Pelagius, *ad. Dem.* 3(P. L. xxx, 18 c); summed up in *Ep.* 186, x, 34.

[8] *Serm.* 151, 4.

[9] Pelagius, *ad. Dem.* 4(P. L. xxx, 20 B).

[10] *Serm.* 155, 2.

[11] e. g. *de pecc. mer.* II, vii, 10.

[12] *de perf. just.* xxi, 44.

[13] *Serm.* 154, 14.

[14] *Serm.* 45, 10.

[15] *Serm.* 30, 4; cf. 30, 6.

[16] *Serm.* 155, 15.

[17] *de perf. just.* xx, 43.

[18] *Serm.* 30, 8.

[19] e. g. *Serm.* 131, 5; v. sup. p. 248.

[20] *Ep.* 194, vii, 31.

[21] *Serm.* 165, 9.

[22] 罗马大主教利奥写给底米特里亚斯的信的标题就是"论谦卑"（On Humility），参 P. L. lv, 161-180。

[23] 罗马大主教格拉西乌（Gelasius）致皮施努姆主教的信，参 c. 2(P. L. xlv, 1766-1767)。

[24] ibid. c. 8(P. L. xlv, 1770-1771).

[25] 如果说在哪里可以找到历史发展的"逻辑"，那只能是在这个地方。或许在教

会史上，从未有一场危机有如此重要的影响，双方可以就重要的原则清楚地表达各自的看法，参 A. Harnack, *History of Dogma*, v(Dover), p. 169。

[26] 参 *Serm.* 131, 6, 其中的对话。

[27] v. sup. p. 171; e. g. *Ep.* 1, 3-4(P. L. iv, 201-205). 帕拉纠十分感谢西普里安，参 de Plinval, *Pélage*, pp. 75-78; v. *de gest. Pel.* vi, 16. 孩子不可能达到基督徒式的完美，但帕拉纠坚持，一名"脱离过去的罪恶，皈依基督教"的成年人可能做到。Cf. *de nat. et gratia*, lii, 60-liv, 64. 关于早期基督教教会的完美主义特质与洗礼"神秘"的联系，参 K. E. Kirk, *The Vision of God*, 1931, pp. 229-234。

[28] v. sup. p. 171.

[29] *Ep.* 186, xi, 37.

[30] e. g. *Op. Imp.* II, 8; IV, 114, 119.

[31] *Ps.* 118, 133, *de pecc. mer.* II, vi, 7; cf. *Epp.* 157, ii, 8, 194, ii, 5："作为奥古斯丁预定论的思想基础，上帝的'智慧'总是以'命运'对立物的形式出现。"

[32] v. esp. *Serm.* 153, 2, 奥古斯丁的表态使摩尼教徒受到极大"鼓舞"。

[33] *Op. Imp.* V, 26. 霍诺拉图斯要么接受 *Ep.* 140, 要么接受 *de utilitate credendi* (392)。此外，奥古斯丁在意大利时的"作品经销商"，瓦勒里乌伯爵（Count Valerius）的挚友、奥古斯丁宅邸的资助者（v. sup. p. 302n. 3）菲尔姆斯(Firmus)极有可能就是那位经奥古斯丁感化而皈依基督教的商人，参 *Vita*, XV, 5。

[34] v. inf. p. 396.

[35] 转引自 *Op. Imp.* III 136-137. 事实上，这些观点与奥古斯丁的观点惊人地相似，其提供的证据几乎相同，都提供了交往中的受辱和失控，以及婴儿受洗的"事实"。通过洗礼形成的"属灵"阶层与世俗人士之间日趋严重的对立，不仅为信奉摩尼教的福奥斯图利用（参 *C. Faust.* XXIV, 1), 也常被奥古斯丁所用（如 *Serm.* 294, 16)。

[36] v. G. J. D. Aalders, "L'épitre à Menoch attribuée à Mani", *Vigiliae Christianae*, 14, 1960, pp. 245-249.

[37] *Ep. Secundini ad Aug.*

[38] 圣约翰·克里索斯托（约 347—407），古代基督教希腊教父。生于安提阿，曾研习修辞学、哲学和法学，因擅长辞令而获得"金口"之誉，又称"金口约翰"。370 年受洗入教，386 年升任神父，397 年被选为君士坦丁堡主教，403 年因反对为皇太后塑像遭流放，407 年死于黑海之滨。主张哲学为宣扬基督教教义服务，虔诚就是真正的哲学。——译者注

[39] v. esp. in P. L. xlviii, 626-630.

[40] 这也是《狄奥多西法典》(the Theodosian Code) 第 39 条要求的美德。

[41] v. esp. Pelagius, *ad Dem*. 16(P. L. xxx, 31D-32).

[42] Ps. Jerome, *Ep*. 13,6(P. L. xxx, 172D).

[43] *in de grat. Christi*, x, 11.

[44] *Ep*. "*Honorificentiae tuae*", 1(Caspari p. 7).

[45] *Ep*. 145,4.

[46] *Retract*. II,63. 这部著作的翻译及介绍，参 J. Burnaby, *Augustine: Later Works* (Library of Christian Classics, viii), 1955, pp. 182 -250。

[47] 由于站在离西奈山很远的地方，因此 "摩西律法" 与人们无缘，参 *Serm*. 155,6。

[48] *Op. Imp*. III, 106.

[49] *Eccles*. 15,14 sq. , cited by Caelestius: *de perf. just*. xix, 40.

[50] *de nat. et gratia*, x, 12.

[51] e. g. *Ep*. 157, ii, 8.

[52] e. g. in *de nat. et gratia*, xxx, 34.

[53] in *de perf. just*. vi, 12.

[54] e. g. Pelagius, *ad Dem*. 8(P. L. xxx, 24 A).

[55] *de pecc. mer*. II, xvii, 26; cf. *de perf. just*. xix, 41.

[56] *Enarr. viii in Ps*. 118,4.

[57] v. sup. pp. 147-148; cf. *de spir. et litt*. xxxiv, 60.

[58] *Serm*. 165,3.

[59] 参 *de spir. et litt*. xxx, 52, 以引用圣经的形式表现出来的清澈透明的（lucid）总结。在这篇总结中，每一个步骤都与其它步骤相连，环环相扣，"就像一条链子中的各环一样"。

[60] *Enarr. xvii in Ps*. 118,2.

[61] *Enarr. xvii in Ps*. 118,2: "这两种事物的联系如此紧密，以至于任何一方都无法独立生存。"

[62] *Enarr. xvii in Ps*. 118,7.

[63] e. g. *de nat. et gratia*, lviii, 68.

[64] e. g. *Ep*. 186, iii, 10.

[65] *de pecc. mer*. II, xviii, 28.

[66] *Tract. in Joh*. 26,4.

第 五 部 分

421—430 年

大事年表五

		P. L. VOL. COL.	英译本
421年	调查迦太基的摩尼教徒大约在这一年的中期。	/22 *Contra Gaudentium Donatistarum episcopum.*	43.707.
	6月13日第十八次迦太基主教会议。*Contra Julianum.*	44.641 *Against Julian*, NY., 1957.
	/23 *Enchiridion ad Laurentium.*	40.231 *The Enchiridion*, Edinburgh, 1873; *The Enchiridion to Laurentius*, Oxford, 1885; *Enchiridion of St. Augustine*, addressed to Laurentius, Ld., 1887; *Faith, Hope and Charity*, NY., 1947; *Faith, Hope and Charity*, Ld., 1947; *St. Augustine's Enchiridion*, Ld., 1953; *Enchiridion*, Ld., 1955; (in) *Seventeen short treatises*, Oxford, 1847; *Basic Writings I*, NY., 1948.
	/24 *De cura pro mortuis gerenda.*	40.591 (in) *Seventeen short treatises*, Oxford, 1847; *How to help the dead*, Ld., 1914; *The care to be taken for the dead*, NY., 1955.
422年	9月4日卜尼法斯去世。塞莱斯坦(Pope Celestine)教皇当选(—432年7月27日)。	/25 *De VIII Dulcitii quaestionibus.*	40.147 *The eight questions of Dulcitius*, NY., 1952.
423年		福萨拉的安东尼努(Antoninus of Fussala)事件。	

424 年	伊拉克里乌（Eraclius）在希波修建纪念圣司提反（S. Stephen）的礼拜堂。		
425 年	瓦伦廷三世成为西部帝国的皇帝。 高卢的主教们面临质询，要求查出帕拉纠派的支持者。	*De civitate Dei XVIII.* /27 *De civitate Dei XIX-XXII.* 希波的丑闻事件： Sermons 355-6（12月到1月之间）	39.1568
426 年		米莱维斯主教塞维鲁斯去世。 前往米莱维斯去安排继承问题。 提名伊拉克里乌神父作为他的继承人。 /27 *De gratia et libero arbitrio.* /27 *De correptione et gratia.* /27 *Retractationes.*	44.881 （in）*The anti-Pelagian writings*, III, Edinburgh, 1876；*Basic Writings*, I, NY., 1948. 44.915 （in）*The anti-Pelagian writings*, III, Edinburgh, 1876；*Admonition and grace*, NY., 1947. 32.583
427 年	卜尼法斯叛乱	/28 *Collatio cum Maximino Arianorum episcopo.*	42.709
428 年		*Contra Maximinum Arianorum episcopo. De haeresibus ad Quodvultdeum.* 收到普罗斯贝尔（Prosper）和西拉里（Hilary）的来信。 /29 *De praedestinatione sanctorum.* /29 *De dono perseverantiae.*	42.743. 42.21. 44.959 *The anti-Pelagian writings*, III, Edinburgh, 1876；*Basic Writings*, I, NY., 1948. 45.993 *The anti-Pelagian writings*, III, Edinburgh, 1876.

429 年	汪达尔人从西班牙沿着毛里塔尼亚（Mauretania）沿岸逼近（夏天）。 达利乌斯来到非洲调停卜尼法斯和皇后之间的关系。	/30 *Tractatus adversus Judaeos.* /30 *Contra secundam Juliani responsionem opus imperfectum.*	42.51 An answer to the Jews, NY.,1955. 45.1049.
430 年	汪达尔人破坏努米底亚（Numidia）。	8 月 28 日奥古斯丁去世并被安葬。	

32

埃克拉努姆的朱利安 [1]

（一）

主教莫莫尔（Memor）是诺拉的保利努圈子里的一名成员，他在 408 年的时候同奥古斯丁联系[2]，向奥古斯丁要一个《论音乐》（奥古斯丁所写）的抄本。奥古斯丁觉得，自己没有时间花在"这样的玩物"上：[3]奥古斯丁正烦心于他那场反对非洲多纳徒派的尖锐斗争，而向他索要这样一本教科书的要求，在他看来，肯定是出于一个旧世界的。在这样的一个世界中，有教养有闲暇的基督徒也有时间去追求一个绅士所当经历的"文科"训练。[4]然而，这旧世界仍然活跃于南意大利。在一本已经被基督教化了的古典诗歌教科书中，莫莫尔并没有看出什么异样。他有一个十分出色的儿子要教。他儿子就是朱利安，未来的埃克拉努姆主教，也是奥古斯丁晚年最具毁灭性的批评者。[5]

将奥古斯丁和朱利安区分开来的是一道比地中海还要宽得多的鸿沟。他们分属不同的世界。朱利安的家族以高贵的出身为荣。他的父亲是一位主教，他自己作为一名教士娶了另一位主教贝内文托的伊米利乌（Aemilius of Beneventum）的女儿。一代人之前，贝内文托还是

一座信奉异教的城市，城中富有公共精神的贵族曾给西马库斯留下了
深刻的印象。[6]如今，这些美德会在新的教权王朝中延续：朱利安将出
售自己的庄园以赈济一场饥荒。[7]殷情好客、言语智慧、判决公正：它
们是这些人从圣经中精选出来并使之见诸碑刻[8]的美德——这种碑文
与放置在非洲教会内的那些战斗标语大不相同。[9]

从朱利安身上，我们甚至可以看到一丝迷人的"原始主义"。他生
动地描绘了亚当在伊甸园中的状态，"一方乐土上与世无争的农夫"[10]，
神是那位和善的地主[11]，这样的描绘是很长的一系列农民生活理想化
图景的一部分；而如此图景对古代世界中的高雅之人具有相当大的吸
引力：这对于一个在赋予了维吉尔创作《田园诗》（Georgics）灵感的
风景旁长大的年轻人来说，是再合适不过了。[12]对一名帕拉纠派信徒而
言，这种田园牧歌是一件十分严肃的事情。因为帕拉纠派相信，通过
意志的努力，是可以使曾经存在于过去的幸福再次产生于当前的。人
类的堕落并非不可逆转[13]，毕竟，横亘于朱利安和人类最初状态中那
种满有喜乐的纯洁之间的，只有一道腐败风俗习惯的薄墙。[14]甚至在朱
利安结婚的时候，诺拉的保利努也可以将这场神职人员的简单婚庆仪
式（丝毫不为当时上流社会婚礼模式的粗鄙所触动），祝福为一次试图
重获亚当和夏娃的单纯（Simplicitas）（即未受影响的纯洁）的努力。[15]

帕拉纠的理想"攻占"了这样一位年轻人的心。朱利安从此成为
了凯勒斯提乌一生的盟友。当对他心目中英雄的谴责成为正式公告的
时候，正是他在418年领导了一场由18名意大利主教参与的团体抵
抗，此时的他年近35岁，而且在其周边的修士和贵族中很受欢迎。[16]
第二年，他被逐出了意大利，但却发现自己在讲希腊语的东方更有宾
至如归之感。因为，与奥古斯丁不同，他来自一个世界性的家族[17]，
而且还学过希腊语。[18]出于同情，莫普苏尔斯蒂亚的西奥多（Theodore
of Mopsuestia）在奇里乞亚（Cilicia）接待了他；[19]与凯勒斯提乌一
道，他要在君士坦丁堡碰碰运气。最晚不过439年他差点成功地恢复
了自己作为一名意大利主教的身份。他死于西西里，曾在流亡中度过
了将近半生的时间，他是一个"众所瞩目的人"，"我们时代的该隐"，
他曾教一个帕拉纠派家庭的孩子拉丁文字母表。在他的墓碑上，他的
朋友们向那些获胜者提出了最后的挑战："罗马公教主教朱利安长眠

于此。"[20]

　　朱利安并不是一个富有同情心的人。例如，在写一篇圣经注释时，他会特地以权威人士为代价来使自己出彩，而这一次，他安全地选择了现已过世的哲罗姆。这位老人的作品，朱利安说道，一直是如此"幼稚"，如此没有进取心，如此缺乏原创性，如此武断，以至于"很少有读者能忍住不笑的"。[21]朱利安致力于嘲弄他前辈们的思想。奥古斯丁以一种严父般的论调对待他，不断敦促这位年轻人要牢记他那已故的父亲，那样一位无可指摘的罗马公教主教，这很可能击中了朱利安性格中的痛处。[22]

　　然而，讨人喜欢并不是朱利安的职责。二十年来，他几乎都是单枪匹马地坚持与一些人殊死相争，这些人是那些将自己的看法强加于教会之上的人，那些不让他自由讨论他自己观点的人，那些把他从一个他在其中甚为活跃和受欢迎的主教辖区中逐出的人。"让他们满面羞惭"，这是奥古斯丁在反对多纳徒派的论战过程中直白的座右铭。[23]如今，这一句引自圣经的话语，将被朱利安在他针对奥古斯丁的那一波又一波头头是道的恶言谩骂中援引[24]，这产生了将奥古斯丁的思想从受过良好教育的意大利人头脑中抹去的危险："所有蠢笨之人的主人"。[25]

　　对朱利安而言，奥古斯丁一直是一名"非洲人"——"迦太基人"。他将自己为反对奥古斯丁而发起的战役，看做是一场思想领域的"布匿战争"[26]。他务必要让他的读者将他的斗争看做是一场意大利抵御"劫掠"（latrocinum）、反对"叛乱"（Putsch）的保卫战；这劫掠和叛乱是由一小群组织良好的非洲人，以奥古斯丁为其首席带领人，并在阿里庇乌的辅佐下，将一套实质上与意大利这片土地上的基督教精神相背离的教条强加给这里的教会。[27]

　　朱利安十分谨慎地选择了自己的目标。虽然帕拉纠主义已经遭到了教宗和皇帝们的谴责，但是谴责一种异端学说是一回事，而着手镇压它则完全是另外一回事。非洲人则坚决要求对帕拉纠派的镇压：阿里庇乌在多次出使拉文纳宫廷的外交使命中，将他在非洲反对多纳徒派斗争中学到的严厉方式输入了意大利——限制自由讨论，放逐持异端思想的主教。[28]通过这样的方式，一旦有组织的反对被粉碎，动摇者就

386

会受奥古斯丁的"教导"。一位颇具影响力的罗马神职人员希克斯图斯已经收到了奥古斯丁的论文：[29]但朱利安会注意到，还有更多的人急需接受他本人的教导。在罗马，朱利安也有一些十分活跃的支持者；[30]诺拉的保利努仍会认真对待帕拉纠派的论点；[31]甚至一些非基督徒人士也有卷入：异教徒沃卢西阿努是一名怀疑论者，他那高雅的怀疑论调很大程度上激发了《上帝之城》的创作，而作为一名罗马的长官，他将发现自己被迫去执行那些针对奥古斯丁的基督徒对手的严厉措施！[32]如今，朱利安会告诉这样的一些人："教会的理性之舵已被夺走，以至暴民的意见可以打着各种旗号扬帆向前"[33]；非洲人在意大利的支持者，不过是摩尼教徒天真的（或者胆怯的）同行者而已；而奥古斯丁，在声嘶力竭地为原罪辩护，甚至是那些异想天开和令人作呕的细小方面。他这样做，不过是对自己从摩尼那里吸收的学说的回想而已。[34]

朱利安在异乡从容地写作。（正如哲罗姆的例子所表明的那样，对于一名善于辩论的人来说，这是一个有利的环境。）[35]自419年起，他创作出一系列公开信，代表他同伴的信仰宣告，四大卷炫耀式地批驳奥古斯丁一部短篇著作的作品。随后，还有八卷作品不得不由阿里庇乌从罗马分批转寄。

奥古斯丁对那些被吓坏了的意大利人的"教导"很快就蜕变成与朱利安的私人争斗。这场争斗是一起贸然而不得体的事件，而且一直持续到奥古斯丁生命的终结。在诺拉，保利努允许周边地区的帕拉纠派信徒，以及他的老朋友莫莫尔和年轻的朱利安的朋友和盟友重新加入教会；他得以在平安中死去。[36]在希波，奥古斯丁正处于自己在非洲毕生的事业遭到破坏的处境之中，他在保护自己免受这位年轻得足以做他儿子的人的攻击中艰难前行。

奥古斯丁是一位坚定的斗士。此时的他已是一位年老疲惫之人，他深知当如何着手处理教会争端中严峻的事件，而他那些反对朱利安的作品有着他此时的冷峻。朱利安对于一群"具有高度文化修养"的听众具有相当的吸引力。[37]而奥古斯丁则精明地迎合"只有中等文化修养之人"，以此使得朱利安不能采取有效行动。他使他的读者相信，朱利安是一名决心扰乱朴素军人（如瓦勒里乌伯爵）的信仰的"知识分子"；他自以为能够超越街上普通人的健康情感[38]，他还是一个世俗的一知半解者，他的作品只有那些享受过大学教育之奢侈的人才能理解。[39]

为了通过这种方式来打动自己的读者，奥古斯丁将求助于已牢固确立的立场，也将求助于情感中那危险的原始层面。例如，他将再次发现，他要为自己对具体洗礼仪式的解释进行辩护。在激烈的争论中，非洲的主教们早就习惯于将那些具体严格的教义固定在一种深植于他们会众情感之中的仪式上。[40]朱利安正确地意识到："为罪得赦免"而给婴儿施洗的普遍惯例，是奥古斯丁取胜的王牌，是他据以险恶地蛊惑人心的秘诀之所在。[41]奥古斯丁只是简单地回答道，这样一个主题是不可能"不引起人们的注意的"；[42]鉴于他为了让非洲的大众接受他的罗马公教洗礼观已战斗了整整 25 年，因此他是从自己的惨痛经历出发对他那些新的意大利读者言说的。

在离希波不远的乌扎利斯（Uzalis），已经正在流传的故事揭示了工作于非洲的奥古斯丁是如何利用极其原始的情感层面的。有一个孩子，死的时候还只是一位没有受过洗的慕道友。绝望于孩子将受的永罚，母亲带着他的尸体来到圣司提反（S. Stephen）的圣陵；孩子在此得以从死里复活，只是为了受洗。受洗后又立刻离开世界，这样就确保他避免了下地狱的"第二次死亡"。[43]普遍的罪感和对一个人只能通过这样一种可见的赎罪礼才能得救的坚持，甚至是更有揭示意义的。一位贵妇人会一直生病，直到她梦见一条黑龙若隐若现地盘旋在她的头上。这条龙便是一项长期被遗忘而又持久不变的罪：它是以通俗的意象，对不可见的、未被察觉的罪之要素作出的回响。[44]

在吸引普通的罗马公教信徒的过程中，奥古斯丁发现了朱利安的弱点。虽然朱利安非常聪明，也受过良好的教育，而且对他的圣经十分了解，但是他属于一个更早的时代。他训练自己成为一名哲学家。就像年轻时的奥古斯丁一样（朱利安阅读过奥古斯丁的哲学作品），他是那些崇奉在很大程度上依然世俗的哲学文化之人中的重要成员，而这些人已经为自己在罗马公教的修士统治集团中找到了一份作为摩尼教攻击者的合适职务。实际上，他是依赖于使奥古斯丁显得是一名摩尼教徒来获取自己的成功的，因为这样他就能够运用自己最能掌控的武器，也就是逻辑和一位哲学家的自由观，来驳倒奥古斯丁了。[45]他也

388

许能说服一些现代学者相信他那些指控的真实性；但普通的意大利神职人员对此却是无动于衷的。

因为时代已经变了。奥古斯丁并非徒然地撰写了他的《论基督教教义》。一位 5 世纪的主教会被安波罗修（奥古斯丁经常引用他的话语）这类伟大名字的权威所打动。他觉得自己属于某个职业阶层，持有那些被一系列伟大的"权威人士"〔从西普里安，经普瓦蒂埃的希拉利（Hilary of Poitiers），到安波罗修〕所传承和阐释的真理。[46]至于宫廷和贵族中的平信徒，主教对他们的重要性越来越大了：在高卢和意大利这样危机四伏的社会里，主教在这些人的筹划中起着至关重要的作用；即便是一个像瓦勒里乌这样的人，都自豪于并且可能渴望在自己的门客中有这些富有影响力的地方人物。[47]对于权威人士告诉他的一切，他都深信不疑。他以及他所赞助的主教们，在听说朱利安讨论音乐时提到的是毕达哥拉斯而不是大卫时，都会适时地表示震惊：[48]尽管正是这位《论音乐》（这部作品是一次在基督教伪装下对毕达哥拉斯派思想公然地应用[49]，其中显然没有大卫的名字）的作者奥古斯丁指出了这一点！朱利安是在教小孩子古典作品时去世的。对他那些自鸣得意的对手而言，这样的惩罚适合于这样的罪行：在一名主教身上，"现世"的智慧似乎是不相称的。[50]事实上，正是借助于"埃及人的黄金"在同时代的两个产物，即异教哲学的丰富内涵和拉丁西方日渐衰退的文化（仅剩的一点，现在被勉强给予了这位在帕拉纠的事业中最伟大的作家），奥古斯丁才击败了朱利安。

朱利安一直是一名异常具有挑战性的对手。我们才刚刚开始欣赏其学识和原创性的范围和程度。尽管他是作为一名拉丁人为拉丁人写作的，但他心中期望的那些"学识渊博的读者"并不存在于罗马，而是存在于安提阿和奇里乞亚。在使用亚里士多德学说的过程中，他期望一种只在七百年之后才能实现的基督教人文主义。被奥古斯丁嘲弄为帕拉纠派诉求的最后据点而不予考虑的"亚里士多德学派宗教会议"[51]，将在 13 世纪的巴黎大学召集：其中也包括圣托马斯·阿奎那，他的人文综合法在许多观点上都被朱利安提前使用过了。[52]

然而，只有现代学者才能够与这场论战保持足够的距离，以使自己在处理朱利安那极具挑衅性的陈述时，不至于感到他原本就意图施加的痛苦。在如此猛烈的打击之下，奥古斯丁被迫采取守势，他只能通过拒绝承认朱利安思想的价值的方式来保全自己。于是，一个重大的机会就这样被错过了。在《上帝之城》中，奥古斯丁做了精心准备，来展开与异教柏拉图主义者的敏感对话。他当时面对的听众与朱利安现在演说的对象几乎有同样高的教养。与那次对话相比，他这次对朱利安这位基督教主教同仁所提出的挑战的处理，恰似一场缺乏才智的重击比赛。在这场"遭遇战"中，存在着一个悲剧性的因素。在思想史上，很少有像奥古斯丁这样伟大的人，或者普通人，会在深受自己思想盲点支配的情况下结束一生。

（二）^[53]

390

在谈到奥古斯丁关于原罪的教义时，朱利安写道："有人认为，有一种罪是人本性中的一部分。你问我，为什么我不赞同这种思想？我回答说：它是不大可能发生的，也是不真实的；它是不公正的，也是不虔诚的；它使人感觉仿佛魔鬼也是人类的创造者。它不但侵犯而且也破坏了意志的自由……这是借由此番宣扬实现的，即人类于美德是如此地无能为力，以至于尚在他们母亲的子宫中时，他们就被过去的罪充满了。你设想，在这样一种罪中，蕴藏着如此强大的力量，以至于它不仅能够遮蔽人性中新生的纯洁，而且在此后会不断地迫使一个人在他的一生中堕入各种形式的邪恶……（而且）你的这种观点坚持，将我们借以遮掩我们私处的最起码的体面作为最具决定性的论据，这样做不仅渎神，而且令人厌恶。"

在古代晚期，有一种思想认为有某种重大的罪是人类悲惨处境的原因，这一思想是异教徒^[54]和基督徒^[55]所共有的。奥古斯丁在作为罗马公教信徒早期的生活中接触过这种思想："古老的罪，虽然在我们基督教的布道中再没有什么较之更显而易见，然而在理解上也没有什么较之更费解。"^[56]既然帕拉纠派以怀有敌意的问题来回避对这个奥秘的正面回答，那么奥古斯丁将给他们提供彻底的答案。因此，虽然非洲和意大利的许多罗马公教信徒^[57]已经相信，亚当的"原罪"已经以某种方式被他的后代继承了，可奥古斯丁还是要十分准确地告诉他们，他们应当在自身之中的什么地方寻找这种原罪持久不变的痕迹。奥古斯丁相信，他可以借着将一个复杂的现象还原到其历史源点而将其解释清楚。就是带着这样一种致命的轻松感，他提醒他的会众注意亚当和夏娃堕落的确切情形。当他们偷吃了禁果而违背神时，他们感到了"羞耻"：他们用无花果叶遮掩他们的私处。[58] 对奥古斯丁而言，那就足够了："就是从这里（*Ecce unde*），就是这个地方！原罪就是从这个地方传开的。"[59] 这种对生殖器无法控制之冲动的羞耻感，便是对不顺服之罪的恰当惩罚。[60] 奥古斯丁会突然诉诸他的会众对夜晚遗精的羞耻感，以此来极其详尽地阐明自己的观点。[61]

　　奥古斯丁生活在一个禁欲苦行的时代，在这个时代中，敏感的人已经觉得被自己的身体所羞辱[62]，而他那些作为神职人员的读者越来越倾向于独身。[63] 然而，相比于安波罗修这样一个人所拥有的强烈羞耻感而言[64]，奥古斯丁将以一种冷静客观的精确来发展自己的观点。正如人类目前所经历的那样，性快感是一种惩罚。因为它是一种对不顺服的惩罚，而它本身也是不顺服的，是"一种对意志的折磨"[65]。因此，要被孤立出来加以分析的正是性行为中这个失控的因素。因为它是一种永恒的惩罚，它表现为一种永久的倾向，一种本能的紧张，这种紧张可以被抵制，但即使被压制住，它仍能保持自己的活力[66]，从而将一个人囚禁于他所臆想的性爱因素之中：它可以在睡梦之中显露自我；[67] 由于它纯粹是他的思想，由于它本身具有"众多迫切的欲求"，因此它阻碍了他对神的沉思。[68]

　　这纯粹是一种心理学的观点。它强调了主观因素——由羞耻感、失控和想象所引起的紧张。[69] 在此，奥古斯丁小心翼翼地避免自己显得像是一个摩尼教徒或一个激进的柏拉图主义者。他坚持认为，有感生命本身并不是罪恶的，只有意志在理性的引导下与欲望发生冲突时所产生的紧张才是罪恶的。但在各种欲望中，唯一一种在奥古斯丁看来与理性处于不可避免的永恒冲突之中的欲望便是性欲。奥古斯丁知道，自己是一个潜在的十分贪婪之人。[70] 不过贪婪是可以控制的；在奥古斯丁修道院高桌晚宴的气氛中，还是有可能在用餐时"考虑和讨论一些严肃的问题"的[71]，但奥古斯丁认为，这在床上是不可能做到的——

"因为在那种情况里，又有谁能够有思想呢，更不要说智慧了……"[72]由此，沿着一条将有意识的理性思维与那逃脱其控制的"强大力量"区分开来的界线，奥古斯丁一下子就在人性中的积极因素和消极因素之间划出了一条分界线。[73]

392

奥古斯丁是一位决心使普通人信服的善辩者。这样一个善辩者不可避免地是一位魔法师的学徒：因为对于普通人不知不觉接受的那些恐惧和偏见，他能够以文字的形式予以权威的认同。因此，在写信给像瓦勒里乌伯爵这样普通的已婚人士时，他会声称，这种对性生活令人不快的隔离，不仅"被精妙的推理"所证明，而且被"事实"以及"普遍被接受的观念"所证实。[74]这些"事实"包括：围绕着性交话题的羞耻感[75]，在古代作家的作品中对性激情频繁的谴责[76]，甚至还包括人们在独处的时候遮盖自己生殖器的方式。[77]

就像许多人在公开辩论中宣称自己是作为"尊重事实的人"在言说一样，奥古斯丁已经逐渐把流行观念中的陈规俗套当作立论的基础。他也习惯了这样的策略。为证明宗教强制的正当性，在写信给一些与瓦勒里乌相差无几之人时，他从在所有层面的社会约束这种危险的类比出发，为赞成对异端的镇压而辩护。[78]如今，奥古斯丁要将一种高度复杂的观点（关于理性和性欲本能之间的心理学意义上的张力），建立在罗马人对婚姻中性交行为的传统认识的基础上。对这一主题的观点经常属于常见道德态度中的死角。最能体现这一点的莫过于一些古罗马人那种令人惊骇的迟钝——他们往往轻蔑地对待妻子身上的性激情。[79]

然而，考虑到那个时代严厉的道德风气［例如，加拉·帕拉西蒂亚（Galla Placidia）公主这位拉文纳宫廷中的显赫人物，就坚决支持神职人员的独身[80]——这是一个瓦勒里乌不可以忽视的事实］，奥古斯丁是一位温和的人。他期望，在理想的状况下，性交应该只是为了孕育孩子而发生的；但是，这与禁欲的异教徒所要求的并没有什么区别。他认为，有些基督徒的极端观点（婚姻应当成为夫妻之间在禁欲方面的一场竞赛），并不适合普通人；[81]而且，他清楚地意识到，如果这种观点被婚姻中的一方用于反对另一方，那它绝对是有害的。[82]然而，20年前，在一种碰巧与他创作《忏悔录》时一致的柔和心境中，奥古

393

斯丁竟然极敏感地暗示道，性交本身的属性或许可以被两人在婚姻中的永恒友谊所修正和转化。[83]然而，现在他却把性交单独隔离出来，作为一种包含在每一桩婚姻之中的邪恶因素，而且这样一种因素的重要性可以被荒谬地夸大——借着把因素小心谨慎地限定在一个由罗马公教正当婚姻生活的德行和欢愉所构成的框架之内。瓦勒里乌或许有忠心、友谊和孩子，"但当涉及性交本身的时候……"[84]毕竟，奥古斯丁在自身之中就经常将这一因素隔离。当他考虑婚姻问题时，他并没有将自己看做"一个婚姻观念的赞美者"，而是视自己为"一个情欲的奴隶"：他显然对一种前景颇感恐惧，就是自己带着强迫性和习惯性的性欲而进入"一个妻子的王国"（regnum uxorium）。[85]

朱利安大胆地将性本能说成是身体的第六感，是一种中性的力量——这种力量在作为宇宙缩影的人类身上或许可以被很好地用于保持理性和动物性情感之间的微妙平衡。[86]奥古斯丁却充耳不闻。他不肯相信这个年轻人在任何事上会有所收敛。如果一个人的信念建立在对其对手观点的野蛮否定上，那么，这是他的一种可悲的、令人极其不快的态度："真的吗，真的吗？那是你的亲身经历？所以，你是不会让那些已婚夫妇去遏制那种邪恶的——当然，我所指的就是你所赞同的美好之物？所以，你会让他们在任何他们喜欢的时刻，在任何他们感觉被欲望撩动的时刻跳上床的。他们也绝不会把这种渴望的满足推迟到就寝时间的：每当你那种'本性的好'兴奋时，就来拥有你所说的'身体合法的合一'吧。如果这就是你所过的婚姻生活，那么请不要将你的经验牵扯到辩论中来……"[87]

对一个现代人而言，很容易就觉得自己已经卷进奥古斯丁和朱利安冲突的这个方面了。朱利安对人性的乐观看法使他适合于任何一个除了他自己所处时代之外的世纪；但他经常被认为"或许曾"是这样一位伟人而不被考虑。[88]从某种意义上说，这是对朱利安的一种挖苦的恭维：这种恭维意图贬低他所提出的挑战的重要性。因为他在一个本质问题上的想法和他所处的时代以及早期拉丁教会对此问题的认识很好地保持了一致：他满怀激情地维护神的公正。这两个主角（朱利安和奥古斯丁）都是纯粹的宗教人士。他们都将自己的性爱观看做是相对次要的：[89]是上帝的本性而不仅仅是人的本性令他们感兴趣。"基督徒的神"（*Deus Christianorum*）最近才在古人的想象中被确立起来：拉丁基督徒站在了一个十字路口，他们必须在奥古斯丁和朱利安之间作出选择，以决定用何种方式去看待他们的上帝。

　　奥古斯丁的上帝是一位因为一个人的罪而施加集体惩罚的上帝。"你说，'那些很小的婴儿，虽然没有被自己的罪压垮，但他们却为另一个人的罪所累。'那么请告诉我，"朱利安将会质问奥古斯丁，"请告诉我：是谁将惩罚施加于这群无辜的造物身上……你回答说：上帝。上帝，你说！上帝！上帝！他将他的爱赐给我们，他爱我们，他为了我们没有吝惜他自己的儿子……你说，以这种方式审判的正是他；他是新生儿的迫害者；正是他将幼小的婴儿投入永恒的地狱之火……把你看做以下所论之人也是正确的、恰如其分的：由于你认为你的上帝会犯下一种有违正义的罪，而这罪即便是在野蛮人中都是难以想象的，因此，你不但缺乏宗教情感，缺乏文明开化的思维，事实上，也缺乏一些起码的常识。"[90]

　　耶和华是公义的，他喜爱公义，正直之人必得见他的面。[91]这句话概括了朱利安的宗教。正是上帝的公正才使他成为"所有存在中最圣洁的"[92]：一种不带有"欺诈和偏袒"的正义，分别对每一个单独个体的行为进行评判。公正是"至高的美德"。它是上帝在人身上的形象。[93]因此，一位不公正的上帝超出自然理性如此之多，以至于他不可能存在：[94]"到目前为止，即使从宗教信仰的轭下缩回自己的脖子（即放弃宗教信仰），也胜过在被一切正义感抛弃之后徘徊在这些灾难性的、可憎的观点之中。"[95]人因为他们父亲的罪而遭受惩罚，无助的婴儿被定罪，对那些无力不做某事的人予以判决。整个基督教的启示是一份反对此类不公正（iniquitas）、此类腐败作风的审慎而权威的宣言。[96]

　　朱利安代表着罗马文明的一个顶点。借助上帝，他所捍卫的是上帝之律法的合理性及其普遍权能。[97]他在奥古斯丁的上帝那里看到了一个现代人也许不想看到的一种存在——他创造了一个充满了小孩的地狱；[98]他所攻击的是那位具有悠久罗马传统的专制者，一位神圣的维勒斯（Verres）[99]，此人因大规模剥夺无辜者的公民权而再次遭受审判。[100]

　　这就是阅读朱利安作品的人能理解的一个原因。他回顾了拉丁基督教的开端，在伟大的德尔图良那里找到了一种类似的精神，这一精

395

神帮助"塑造了欧洲文明"[101]。并且像朱利安一样，他也热情倡导神人联系的律法本质。朱利安所说的，不仅能够被他的同时代人所理解，而且与他们息息相关。因为这位意大利主教发现，自己所面对的并不是一种启蒙了的异教人本主义，而是一些剥夺了人类的自由和独立人格的阴暗思想——诸如占星术、巫术以及摩尼教。[102]朱利安的"霹雳"可以摧毁奥古斯丁的整个思想体系[103]：因为，只有一种对传统正义标准的强烈意识，才能将每一个人都看做自由的，对自己行为负责的，脱离了邪恶集团（奥古斯丁的上帝将人类融合在这样一个集团之中）的个体："义者对自己的义负责，而恶者对自己的恶负责。"[104]

朱利安写道："有人竟然对上帝的公正有所怀疑，不管怀疑的程度如何，这都令我感到很吃惊。"奥古斯丁回答道："必须区分，必须将上帝的正义与人的正义观念区别开来。"在朱利安看来，圣经含有一条单一的、前后完全一致的信息：就像一个贵族家族，没有哪一部分是"杂种或出身低贱的"；[105]没有给原始的复仇提供任何空间，也没有给杀人罪提供任何理论支持。奥古斯丁却没有这么肯定。奥古斯丁的上帝，不同于朱利安从圣经中所领悟的上帝，尽管后者认为圣经的启示清晰可见。奥古斯丁的上帝仍然是新柏拉图主义者那不可言喻的上帝。上帝的正义，就像他本质的任何一个方面一样，是神秘莫测的[106]，而人的正义观念，就像"沙漠中的露水"一样，是脆弱易逝的。[107]亚当的罪疚，远在人的无罪观念之下，是由一种"不可言说的"罪所引发的，这种罪"远远超出了人类的现有经验"：一种不合理的罪，以一种"不可思议（坦白来说）"的方式被继承。[108]朱利安或许可以运用他的理性，将一个新生婴儿界定为无辜的。然而，在圣经中，上帝的眼会看得更深。一听到"追讨他的罪，自父及子"这类说法[109]，人类公正的薄薄外壳就颤抖不已。奥古斯丁所知道的就是，虽然人类的复仇是可能犯错的，但上帝的全知是不会使他犯错的，哪怕是当他要报那针对亚当家族的可怕世仇时。[110]

朱利安指控奥古斯丁是一名摩尼教徒。正如我们所看到的那样，就他而言，这在某种程度上是一个很好的策略。[111]事实上，朱利安并不像奥古斯丁那样地精通摩尼教教义。摩尼那部伟大的《基本教义书信》（*Letter of the Foundation*）被信手放在希波的书架上，书的空白处写满了各种批判性的注释。[112] 在这样的条件下，奥古斯丁就像一名现代的摩尼教文献研究员一样，能够非常轻易地找出自己的思想体系与摩尼的思想体系之间的差异，也就能非常轻松地将朱利安的指控当作一种对他的思想和摩尼教思想的讽刺而不予理会。[113]

然而，一种宗教体系的质量并不取决于其具体教义，更多的是取决于它选择把哪些东西当作主要问题，把人们的注意力导向人类经验的哪些领域。在撰写反对朱利安的著作时，奥古斯丁发现自己由衷地赞同摩尼的观点。基督教是一种救赎的宗教，不管是单单为了灵魂的救赎，还是为了灵魂和身体共同的救赎，基督都是作为救世主而来。[114] 人类当前的生活是一个没有实体性的影子（an insubstantial shadow），一种存在的最低点，只有借助那关于人类堕落和恢复的伟大神话，才能被人理解。美索不达米亚是一类神话的沃土，在这类神话中，人类最初的状态与其目前的悲惨状况形成了鲜明对比；也正是这片土地，不但为奥古斯丁提供了一部有关《创世记》的作品的开篇几章，而且为摩尼提供了一种关乎目前人类境况的异象，就是将其看做是两大王国（黑暗王国和光明王国）交战的可怕后果。为了证实这种宗教观念的合理性，两个人都坚持认为，令人绝望的苦难问题是一个宗教思想家不得不去面对的首要问题。[115] "人类最大的痛苦"自然成为奥古斯丁后期反对朱利安的作品中最为显著的问题。当奥古斯丁因为朱利安轻描淡写地淡化人类不幸的程度而突然对他展开猛烈抨击时，我们终于可以感受到一种真实情感和道德义愤的高涨，而且可以认识到，奥古斯丁拒绝放弃对更美好事物的追求，以及拒绝为了理智方面的安慰（这种安慰在许多敏感的思想家那里都走向了悲观主义）而否认令人不快的事实。[116] 奥古斯丁相信，就像他自己所做过的那样，如果保罗不得不证明他关于原罪的主张，那么他会使他读者转而关注人类在现世所受苦难的程度。[117]

摩尼教的传教士之所以这样做，当然是为了宣传他们的神话。[118] 为了批驳朱利安，奥古斯丁应当求助于西塞罗的《荷尔顿西乌斯》，这样做或许是有重大意义的。在这部著作中，他了解到了异教徒智慧的精髓，而这智慧是关于人类悲惨处境的。[119] 奥古斯丁在记忆中漫游回到那些岁月了吗？那时候他还是迦太基的一名年轻学生，刚刚从阅读那些引自西塞罗《荷尔顿西乌斯》的严厉教导中走出来，进入摩尼教的秘密集会所。那时他仍然在问："这一切的恶，到底来自哪里呢？"(*Unde hoc malum*？)[120]

如果一种宗教把苦难问题置于其要传播给世界的核心信息，就不得不以一种特别尖锐的形式，来面对神和罪恶之间的关系问题。摩尼已经切断了上帝与人类凄惨命运之间的联系。朱利安评价说，至少这样的一位神"完全脱离了一切的残忍"。奥古斯丁立即回应说，为了维护神的清白无罪，摩尼使他变得"极其虚弱"[121]。奥古斯丁从不敢再次让自己受因于因外部力量的侵犯而产生的无助之情，受因于那种凄凉和深层次的孤独之情，而这些情感在摩尼教徒的宗教情感中起着十分重要的作用。[122]如今上帝对他来说是全能的。他提醒朱利安说，这是"我们信仰宣告的开始部分"。[123]但如果上帝是绝对全能的，任何事情除非由他引发，或者得到他的允许，否则就都不会发生；而且，正因为他是绝对公正的，人类所受的骇人苦难只能是因为他生气才被允许的。难道还会有其他理由，使全能者可能容许那些奥古斯丁在他身边看到的罪恶吗？[124]"他使各样的灾难临到人类，就如他愤慨的怒火，狂怒和苦难，以及恶灵的捆绑。"[125]

神显然允许人类被他的暴怒所吞噬，而且，正如奥古斯丁在反对朱利安的著作中所展示的那样，这个人类很像摩尼所说的那个遭到入侵的世界。对魔鬼撒旦的巨大权能，奥古斯丁一直是深信不疑的：这个超出常人的造物，其进攻力之强，足以让他在一旦被释放的情况下消灭整个基督教教会；而神在约束这一造物的过程中，已经再清楚不过地展现了他的全能。[126]如今，这个魔鬼将把自己的阴影投向人类：人类不仅是"魔鬼的果树，它自己的财产，它可以从中摘取它的果实"[127]，而且也是"鬼怪们的玩物"[128]。很像摩尼教徒所做过的那样，这就是被认为是一种迫害性力量的邪恶。鬼怪们如今也许已经被一种至高的正义征召为不自觉的代理人了，但它们被看做是主动的，而人类则仅仅被看做是被动的。幼小的婴儿完全暴露在它们突如其来的阵阵"侵袭"之下；而普通人都暴露在任何可以想象的诱惑、疾病和重大自然灾害的侵袭之中。[129]疾病，以及那些导致人类无助的灾难，经常被摩尼教徒用来当作一种证明——证明主动的、压倒性的邪恶力量"显著"

（*par excellence*）存在。[130]因此，当奥古斯丁回到苦难作为现世"小型地狱"中的一种被动状态这个主题时[131]，我们便能听到一种回响，即便不是关于摩尼本人的那些伟大神话的回响，至少也是对摩尼教选民那些阴暗布道的回响。

正如现代社会一样，罗马帝国晚期的世界，太容易充满不可见的迫害性力量了。在许多社会群体中，各种嫉妒的力量徘徊在新生婴儿的周围。作为与奥古斯丁同时代的人，虽然克里索斯托并不是一个乐观主义者，但是他还是不得不坚持认为，幼小的婴儿是无罪的：因为他的会众相信，新生婴儿可以被巫术杀死，而他们的灵魂会被魔鬼所占据。[132]他的抗争至少为个体责任保留了一片很小的绿洲。但奥古斯丁会在他的神的正义之影的遮蔽下，以不可遏制的力量席卷整个世界。

因为，如果苦难仅仅被看做对罪的公正惩罚，那么它就会慢慢地耗尽它自身的价值。二十多年前，奥古斯丁的会众们为罗马被劫掠所震惊，他聚集了他们中的所有人，向他们作了一系列勇敢的布道，阐述了苦难的必要性、目的，以及由苦难中萌生出的新的成长机会。[133]如今，这样的苦难已经变得沉闷乏味和有害了；因为，对那些不是选民的人来说（而且包括那些尚未受洗就已死去的婴儿），苦难仅仅是"作为一种惩罚而施加的折磨"[134]，一种对未来地狱之罚的可见提醒，一种最后审判之恐怖的可怕前奏。

因为，作为最后一招，奥古斯丁在围绕着自己的生活中已然拒绝接受许多事物：经验领域已经变得令他难以容忍，因为它们被否定的时间过长了。对朱利安的暗示——伊甸园中的生活本会与而今的生活大致相似，奥古斯丁惊恐地做出了回应。奥古斯丁不断地坚持主张，如果情况果真像朱利安所暗示的那样，可怕的事物就会被允许进入过去那封闭的、没有受到侵害的无罪领域之中。其中包括小孩所遭受的各种难以解释的苦难，畸形之人和心智不健全者的惨状，但是，更为糟糕的是，一整个被拒绝、被贬低的经验世界将悄悄地包围奥古斯丁，正如他对这个"帕拉纠派的伊甸园"所做的设想一般：不可见的情欲骚动，怀孕妇女的堕落[135]，性放纵以及——为什么不呢？——以任何一种可以想象的形式。[136]最终，朱利安将"用这些不祥的、令人厌恶的景象，用死人的葬礼，来填充这完美的、有规则的以及完全的喜乐所充满的幽闭乐园……"[137]

　　在发高烧之前的数日里，奥古斯丁写下了这最后的句子。最后一部反对朱利安的作品仍旧未完成。这部著作的最后几页悲剧性地揭示了这位老人的一个方面，就是他以可怕的强度将罪恶这个问题敲进了基督教的核心："这就是罗马公教的观点：在如此之多的痛苦和幼小婴儿所承受的如此的折磨中，可以展现出一位公正的上帝。"[138]

注释

[1] 参 F. Refoulé,"Julien d'éclane, théologien et philosophe", *Recherches de sciences religieuses*, 52, 1964, pp. 42-84, 233-247, 尽管其研究方法是非历史的，且遭到批评（参 F—J. Thonnard in *Rev. études augustin.*, xi, 1965, pp. 296-304），但它仍然标志着对朱利安更深入研究的开始。另参 A. Bruckner, *Julian v. Eclanum* (Texte u. Untersuchungen, 15, 3), 1897; Hamman, P. L. *Supplement*, i, 1571-1572, 著作表中朱利安名下的作品。

[2] 对此信的回应，见 *Ep*. 101。

[3] *Ep*. 101, 3. *Ep*. 101, 1.

[4] *Ep*. 101, 3. *Ep*. 101, 1.

[5] *Ep*. 101, 1.

[6] Symmachus, *Ep*. I, 3 (A. D. 375).

[7] Gennadius, *De viris illustribus*, 45 (P. L. lviii, 1084).

[8] Diehl, *Inscript. Lat. Christ. vet.*, i, 2474.

[9] e. g. Diehl, *Inscript. Lat. Christ. vet.*, i, 2489.

[10] *Op. Imp.* VI, 12.

[11] *Op. Imp.* VI, 20.

[12] 此点经常被人引用，如 *Op. Imp.* III, 129; IV, 38; V, 11。

[13] *Op. Imp.* VI, 26.

[14] Hence the citation of Juvenal (*Sat*. I, 5, 119), in *Op. Imp.* VI, 29.

[15] Paulinus, *Carmen*, XXV, esp. l. 102.

[16] v. sup. p. 363.

[17] 贝内文托的伊米利乌（Aemilius of Beneventum）是其岳父，在君士坦丁堡传教而闻名乡里。

[18] Gennadius, *de vir. ill.*, 45 (P. L. lviii, 1084). Bruckner, *Julian*, p. 77, 其反对奥古斯丁的著作中有一些使用希腊语的痕迹。

[19] 这种同情并非来自帕拉纠派思想对西奥多的影响，V. J. Gross, *Entstehungs-geschichte d. Erbsündendogmas*, I, 1960, pp. 190-204; v. *Op. Imp.* IV, 88, 认为西奥多抨击的不是奥古斯丁，而是哲罗姆。

[20] 关于朱利安最后几十年的生活，参 Vignier, P. L. xlv, 1040-1042; Bruckner, *Julian*, esp. p. 72。

[21] v. Morin, in *Revue bénédictine*, 30, 1916, p. 4.

[22] e. g. *C. Jul.* I, iv, 11; vii, 35.

[23] *Ps.* 82, 17; cited by *C. litt. Petil.* I, xxix, 31.

[24] *Op. Imp.* V. , 15.

[25] *Op. Imp.* IV, 46.

[26] 布匿战争（the Punic Wars），前264—前146年古罗马和迦太基争夺地中海沿岸霸权的三次战争，因罗马人称迦太基为布匿，故名。迦太基战败，领土沦为罗马的阿非利加行省，罗马取得地中海西部霸权。——译者注

[27] e. g. *Op. Imp.* I, 42, 74.

[28] v. de Plinval, *Pélage*, pp. 341-347.

[29] *Ep.* 194; v. inf. pp. 401-402.

[30] v. esp. H. v. Schubert, *Der sogenannte Praedestinatus* (Texte u. Untersuchun-gen, 24, 4), 1903, esp. pp. 82-85.

[31] *de cura ger. pro mort.* 2.

[32] in P. L. xlv, 1750-1751; v. A. Chastagnol, *La Préfecture urbaine á Rome*, pp. 170-171.

[33] *Op. Imp.* II, 1.

[34] *Op. Imp.* III, 170.

[35] D. S. Wiesen, *St. Jerome as a Satirist*, 1964.

[36] Uranius, *de obitu sancti Paulini* (P. L. iii, 859).

[37] *C. Jul.* II, x, 36 and V, i, 4; *Op. Imp.* II, 36.

[38] e. g. *C. Jul.* V, i, 2.

[39] e. g. *C. Jul.* VI, xx, 64; *Op. Imp.* II, 51.

[40] e. g. *Op. Imp.* III, 199; Optatus, *de Schism Don.* IV, 6 (P. L. xi, 1037); *Ep.* 194, x, 46; cf. *Ep.* 193, ii, 4.

[41] e. g. *Op. Imp.* III, 137, 138.

[42] *C. Jul.* I, vii, 31.

[43] *de miraculis sancti Stephani*, I, xv, 1 (P. L. xli, 842). 奥古斯丁再次向会众讲述这个故事，见 *Serm.* 323, 3; 324。

［44］*de miraculis sancti Stephani*，II，ii，6（P. L. xli，846-847）．

［45］v. esp. Refoulé，"Julien d'èclane"，*Rech. sc. Relig.*，52，1964，esp. p. 241f；用奥古斯丁反对摩尼教的著作作武装，参 *de ii animabus*，14-15。

［46］朱利安意味深长地回避了奥古斯丁引用的安波罗修的话，见 *Op. Imp.* IV，110-113。

［47］*Ep.* 206.

［48］*C. Jul.* V，v，23.

［49］v. sup. p. 120. 问及大卫使用的韵律时，莫莫尔可以意识到那些被疏忽的内容。

［50］Fulgentius in P. L. xlv，1041-1042.

［51］*C. Jul.* II，x，37.

［52］关于朱利安和圣托马斯之 "欲望"，参 Refoulé，"Julien d'éclane"，*Rech. sc. Relig.*，52，1964，esp. p. 72；Thonnard，*Rev. études augustin.*，xi，1965，pp. 298-304。

［53］关于奥古斯丁的立场观点，参 Burnaby，*Amor Dei*，esp. pp. 184-214。

［54］e. g. Cicero cited in *C. Jul.* IV，xiii，78；v. esp. Dodds，*Pagan and Christian*，pp. 23-24.

［55］v. N. P. Williams，*The Idea of the Fall and of Original Sin*，1927；J. Gross，*Entstehungsgeschichted. Erbsündendogmas*，i，1960.

［56］*de mor. eccl. cath.* (I)，xxii，40.

［57］参 Williams，*The Idea of the Fall*，pp. 294-310。在 3 世纪晚期高卢的一副石棺之上，可清楚看出洗礼仪式与亚当堕落的图画有密切联系。参 F. Van der Meer，"à propos du sarcophage du Mas d'Aire"，*Mélanges* Christine Mohrmann，1963，pp. 169-176。

［58］*Serm.* 151，5.

［59］*Serm.* 151，5.

［60］*Serm.* 151，5.

［61］*Serm.* 151，8.

［62］v. Dodds，*Pagan and Christian*，pp. 29-30.

［63］e. g. *de grat. et lib. arb.* iv，7.

［64］Cited in *C. Jul.* II，vi，15.

［65］*de nupt. et concup.* I，xxiv，27.

［66］e. g. *C. Jul.* IV，ii，10.

［67］*C. Jul.* IV，ii，10.

［68］*C. Jul.* VI，xviii，56.

［69］e. g. *de pecc. mer.* I，xxix，57.

[70] v. sup. p. 173.

[71] *C. Jul.* IV, xiii, 71.

[72] *C. Jul.* IV, xiii, 71.

[73] *C. Jul.* IV, xiii, 71.

[74] *de nupt. et concup.* I, vii, 8.

[75] *de nupt. et concup.* I, xxi, 24.

[76] e. g. *C. Jul.* IV, xii, 59.

[77] *de civ. Dei*, XIV, 17.

[78] v. sup. pp. 235–236.

[79] 卡托（Cato）的观点，引自 *de nupt. et concup.* I, xv, 17。

[80] e. g. *Cod. Theod.* XVI, 2, 44 of 420.

[81] v. Dodds, *Pagan and Christian*, p. 32. 关于夫妻在坚持这项原则方面遭遇的困难，其认识在绝大多数情况下准确无误，参 *de bono coniug.* xiii, 15。

[82] *de bono coniug.* vii, 6; *Ep.* 262.

[83] *de bono coniug.* iii, 3.

[84] *de nupt. et concup.* I, xxiii, 27.

[85] *Conf.* VI, xvi, 25.

[86] Notably in *Op. Imp.* IV, 39–41.

[87] *C. Jul.* III, xiv, 28.

[88] e. g. Harnack, *History of Dogma*, v(Dover), p. 170.

[89] e. g. Julian in *Op. Imp.* VI, 1.

[90] *Op. Imp.* I, 48 sq.

[91] *Ps.* 10, 8.

[92] *Op. Imp.* I, 49.

[93] *Op. Imp.* I, 37.

[94] *Op. Imp.* I, 28.

[95] *Op. Imp.* III, 27.

[96] *Op. Imp.* I, 14.

[97] 参圣经中多处出现的来自罗马法律的技术性语言，*Op. Imp.* II, 136, III, 34, 43。

[98] e. g. *Ep.* 166, vi, 16; *C. Jul.* V, xi, 44.

[99] 盖乌斯·维勒斯（Gaius Verres，约前 120—43），罗马地方行政长官。前 73—前 71 年任西西里总督，在任内大肆搜刮，贪赃枉法，于前 70 年被西塞罗指控，离开罗马，传说是被安东尼将军下令处死。——译者注

[100] *Op. Imp.* I,48.

[101] W. H. C. Frend, *Martyrdom and Persecution*, p. 366.

[102] *Op. Imp.* I,82.

[103] *Op. Imp.* III,20.

[104] *Op. Imp.* III,49.

[105] *Op. Imp.* I,4.

[106] *Serm.* 341,9.

[107] *Ad. Simplicianum de div. quaest.* qu. ii,16.

[108] *de nupt. et concup.* I,xix,21;cf. *C. Jul.* III,xix,37.

[109] e. g. *Exod.* 34,7,及 *Op. Imp.* I,50;III,12-15。

[110] e. g. *C. Jul.* VI,xxv,82.

[111] v. sup. p. 388.

[112] *Retract.* II,28.

[113] 如 *Op. Imp.* I,97,纠正了朱利安对摩尼教二元论的认识。

[114] *de nupt. et concup.* II,iii,9.

[115] *de nupt. et concup.* II,xxix,50.

[116] e. g. *C. Jul.* IV,xiii,83.

[117] *Op. Imp.* I,25.

[118] e. g. *de mor. Man.* (II),ix,14.

[119] e. g. *C. Jul.* IV,xiii,72.

[120] *Op. Imp.* V,16.

[121] *Op. Imp.* I,120.

[122] v. sup. pp. 40-42.

[123] *Op. Imp.* I,49.

[124] 参 *C. Jul.* VI,iii,14,一个人在制止罪恶的位置之上却没有采取行动制止其周围发生的罪恶,他必须因此承担责任。

[125] *Ps.* 77,49,引自 *C. Jul.* V,iii;cf. *C. Jul.* VI,viii,31.

[126] e. g. *de civ. Dei*,XX,8,41;*Enarr. in Ps.* 61,20;*Denis* 21,6(*Misc. Agostin.*,I, p. 130).

[127] *de nupt. et concup.* I,xxiii,26.

[128] *C. Jul.* VI,xxi,67.

[129] *de civ. Dei*,XXII,22.

[130] v. Chavannes-Pelliot,*Journal asiatique*,sér. X,xviii,1911,p. 517,note 2.

[131] *Op. Imp.* VI,30.

［132］John Chrysostom, *Hom. 28 in Matthaeum*(*Patrologia Graeca*, lvii, 353).

［133］如 *Enarr. in Ps.* 136,9,"是一种治疗手段,而不是一种惩罚手段"。另参 *de Gen. ad. litt.* XI, xxxv, 48。

［134］*de corrept. et gratia*, xiv, 43.

［135］*Op. Imp.* III, 154.

［136］*de nupt. et concup.* II, xxxv, 59.

［137］*Op. Imp.* VI, 41.

［138］*Op. Imp.* I, 22.

33

预定论 ^[1]

朱利安深知，自己正在已然聋了的世界中大声呼喊。^[2]他的拉丁同事被迫沉默了。诺拉的保利努的一位年长的朋友也因支持帕拉纠派"的言论而获罪了"；^[3]这是一项人们现在要考虑的更为谨慎以求避免的"罪"。因为奥古斯丁在他的书架上放着一份帝国法律的私人副本，该项法律威胁任何被证明持有帕拉纠派观点的主教均会被革职和流放；^[4] 425年，高卢的主教们在意大利当局的命令下被召集，面对一场旨在侦查帕拉纠派同情者的查问。^[5]在这样的气氛下，朱利安那些在罗马的支持者，不得不满足于一种过于简单的抗争，即将奥古斯丁强加给他们的大量作品转化为一种讽刺文。这其实不足为奇。^[6]

然而，帕拉纠派争端，仅仅是由拉丁教会的主教裁决的。还有一个至关重要的场所没有被触及：修道院。整个地中海地区已经遍布着生机勃勃的小团体：在非洲的哈德卢姆图（Hadrumetum），在高卢南部沿海地区的马赛（Marseilles）和莱林（lérins）。领导这些修道院的，经常是一些与奥古斯丁在背景上截然不同的人。例如，莱林的约翰·卡西安（John Cassian）来自巴尔干地区。他曾是埃及的一名修士，后来在君士坦丁堡成为约翰·克里索斯托的弟子。在拉丁世界之中，他是一些观点活生生的代表；这些观点出自奥利金乐观主义的传统，从未被奥古斯丁所吸收。^[7]甚至是这些修道院的图书馆，也显然不受其主教们争议的影响：那些十分重要的外交文件——非洲公会议关于教义方面的决定，教宗们的回复，奥古斯丁的那些推理严密的声明[8]——都不能在哈德卢姆图修道院院长的书架上找到。修士们享受着自由，他们对过去的问题缺乏兴趣，甚至对在大战后成长起来的那代人缺乏责任心。他们倾向于严格按照奥古斯丁作品本身的优劣，根据它们对追求完美生活之人的内涵来评判它们。当奥古斯丁作为那场大战的一名"老兵"[9]来对他们说话时，他们是不会为之所动的，比如奥古斯丁借助三种方式来为自己辩护：通过将那次战斗的精神带入和平时代；通过根据过去一场斗争的原因和策略来写作；通过坚持声称罗马公教的传统敌人仍然是十年之前就已被击败的帕拉纠主义。

在官方反对帕拉纠的决议发布九年之后，即 427 年，哈德卢姆图的一位名叫弗洛鲁斯（Florus）的修士参观了乌扎利斯的埃俄迪乌（Evodius at Uzalis）的图书馆。在返回其修道院的时候，他带回了一封奥古斯丁写给教士希克斯图的长信（奥古斯丁书信集第 194 封）——正是这封信，结束了罗马教会中关于帕拉纠派的争论。这份文件不但没有让弗洛鲁斯成为受欢迎的人，反而激起了一波抗议的浪潮。[10]这就是一场"修道院反叛"的开端，这场骚乱在奥古斯丁的余生中耗尽了他的心力。[11]

这封写给希克斯图的信是在争论最激烈的时候写成的，是一份要求无条件投降的声明。关于信中对帕拉纠行将失败的暗示，希克斯图可能是毫不怀疑的。上帝单独决定了人类的命运，而这些命运只能被看做上帝智慧的一种表达。[12]对年老的奥古斯丁而言，上帝的智慧挫伤了人类402 的理性。[13]人类意愿最初的能动，是由上帝所"预备的"；而上帝，在他不受任何时间限制的智慧中，决定只"预备"少数一些人的意愿。[14]

这是一份将给修士们带来危险的文件。这些人总是过着一种近乎怪异的生活，因为，就像在拜占庭和俄国一样，在早期教会中，修士的生活很容易就会被当作一种为求对超自然力量完全被动地顺服而进行的训练。[15]例如，一个"在灵里"祷告的强大传统，已经鼓励了一些非洲修士去贬低其他更为平淡和更为常识性的活动的价值。400 年的时候，他们不再做工；[16]427 年时，他们不会受到他们院长的责备，因为弗洛鲁斯在哈德卢姆图的对手争辩说，如果他们的意愿取决于上帝，那么院长就应该控制自己不再责备他们，满足于为他们的改正而向上帝祷告。人对超自然之物的被动性顺从，通常是在人的努力之后的：但在奥古斯丁的教义中，这种被动性似乎脱离了任何与人相关的背景。如果上帝已经预先决定只和"定额"的人打交道，那么他的行动似乎将完全脱离一名修士的希望与努力。[17]奥古斯丁曾经说道："一个人生活得不好，但很可能在上帝的预定中，他是光明的；另一个人生活得很好，但或许在上帝的预定中，他像夜一般黑暗。"[18]

在一个修道院团体里，每个修士都对实现一个很高的目标十分关切，对建立他作为一名"效法基督者"的身份十分关注。奥古斯丁将这未来的身份远置于人类知识之上；而且，在一个恰恰对这个问题特别敏感的团体里，奥古斯丁似乎要使人类陷入不确定，陷入绝望，使人的努力陷入令人忧虑的瘫痪。奥古斯丁承认道："在我的修道院里，曾经有这么一个人，当他的弟兄们责备他做了他所不当做的事，或没有做他所当做的事时，他回答说：'无论我现在是什么样子，我必定会成为神知道我将会成为的那个样子。'"[19]

428 年，奥古斯丁收到了来自两个十分忧虑的仰慕者的信，这两位都在南高卢，分别是普罗斯贝尔（Prosper）和西拉里（Hilary）。[20]在他们的信中，我们可以看到这修士那自然产生的顾虑是如何在穿越地中海的过程中逐渐增强的。因为来自马赛和莱林团体的修士正一个接一个地成为主教。结果，高卢基督教的质量岌岌可危。这是一种自信的基督教，相信世界需要它，而且世界也感觉到了对它的需要。[21]就像耶稣基督一样，相信这种基督教的人在面对人的时候，总是会说："只要信，你们便得完全。"[22]由此，高卢的修士和主教们认为，这些人可以自由地应对他们的自由意志所带来的这一挑战：当然，虽然他们不像帕拉纠派"军队"中魁梧的"志愿兵"，但至少采用了一种病人的方式——"以恳求的意愿惊恐地"挤到耶稣基督周围。[23]正如奥古斯丁所言，如果说人只有在上帝激动他这样去做的时候，他才感到有追求得救的需要，而上帝已决意只激动一小部分人，那么这种说法似乎是在主张最阴郁的悲观主义：这种主张划定了一条贯穿人类之间的分界线，而这条分界线就像摩尼提出的善恶两本性之间的界限那样不可更改。[24]

在南高卢，蓝色海岸（Côte d'Azur）[25]的修道院充满了新近归信

403

的人。这些归信者，已经下定决心要成为上帝百分之百的"奴隶"：但如果这些人未曾自由地放弃过他们的自由，那么完全的顺服就失去了它明显的、传统的意义了。[26]他们的归信经历也许与奥古斯丁的有所不同。他们也许没有经历过那种深层次内在冲突的神秘消失。他们中的许多人是贵族，这些人被突然降临在他们国家的各种灾难所震惊，也遭到了蛮族军队的踩踏：尽管是作为"哀求的罪人"进入修道院的，但他们显然是出于自愿的。[27]

404　对这些人而言，甚至罗马世界的边界都已为他们打开。基督教也已经传布到那些从北方进入罗马帝国的部族之中了；[28]在这一代人的时间里，基督教将渗透到苏格兰和爱尔兰。那些纯粹的异族对基督教信息的反应使人们确信，"神希望所有的人得救"。[29]奥古斯丁关心的是如何将这段话解释得通[30]，而普罗斯贝尔关注的是如何将这段话当作"陈腐的异议"[31]，但是，一种对基督教真理的单纯信仰将引导圣帕特里克（S. Patrick）[32]走出罗马帝国的不列颠，深入到那可怕的爱尔兰地区。[33]

在非洲，奥古斯丁的信仰并没有得到那些激动人心的传教活动的支持。他的世界日趋停滞。在南方，基督教从未越过罗马边界。[34]在沿海繁荣的基督教非洲地区，宏伟的大教堂太久以来都过于拥挤了："在这样的人群中，我们有怎样的快乐呢？听着！你们这几个人！我知道，许多人在听我讲，但鲜有人会留意我讲了什么。"[35]

当哈德卢姆图的修道院院长瓦伦提努（Valentinus）第一次受到由奥古斯丁的观点在他的修士中所引发的问题的挑战时，他就写信给自己的邻居征求他们的建议。乌扎利斯的埃俄迪乌（Evodius of Uzalis）以及贾努阿里乌（Januarius）的回信被保存下来了。[36]不过，它们是令人沮丧的文件。埃俄迪乌写道：为自己的不完善而哭泣，而不是问问题，才是一名修士分内的工作。质疑由一次非洲教会全体的公会议所做的决议，这种行为是"可憎的"，是"一种魔鬼般的鼓动"。[37]贾努阿里乌补充说道，"上帝的仆人不应争辩"[38]；同时，他还提出了一个精明的建议：以后在决定自己的修士可以读哪些书时，瓦伦提努应当更为谨慎。[39]这两人都急于成为"微不足道的人"和"纯粹的婴儿"[40]——简单的人，即满足于随声附和他们的长辈和上级的观点。"去问你的父亲吧，他会教你怎么做的！去问你的长辈吧，他会告诉你的！"[41]

当瓦伦提努接近他的时候，奥古斯丁作出了非常不同的反应。他十分坦率地承认，他提出了"一个特别困难的问题，只有少数几个人才能理解"。[42]弗洛鲁斯肯定是为了寻求帮助而来到希波的。[43]后来，奥古斯丁回信给瓦伦提努说：当弗洛鲁斯到来的时候，他正在生病，对于没能像弗洛鲁斯所期待的那样多见面，他感到遗憾；或许，弗洛鲁斯回去后继续着他的讨论？[44]这就是埃克拉努姆的朱利安的激烈反对者！

405

奥古斯丁在公教修士中间感到无拘无束。奥古斯丁留给他们的最后作品是一些病中接受采访的成果；在这些会面发生的时候，他如果不躺在床上，就时常会因身体的过度疲劳而不能会见来访者。[45]他回应在哈德卢姆图的团体时，就像他将遭遇普罗斯贝尔和西拉里的质疑时一样，都满怀信心地认为他们会理解他。那时，他正在回顾自己的作品，正在撰写《订正录》（Retractations），正在以此总结自己一生的神学思考。正如他在这次回顾中对自己的认识那样[46]，他觉得自己在趋近为修士所挑战的特定真理方面"有所进步"。他深刻地感受到，"我们的思想和言辞"，都处于"上帝的掌控之下"，而且，如果产生了问题，他不是那种逃避对问题的"接触和解决"的人。[47]他告诉自己的读者，他所做的一切，都是为了以一种超过所有前人的紧迫感和精确性，尽快建成一道坚固的防御工事，旨在保护基督教核心真理免受帕拉纠派前所未有的攻击之害，甚至是他那令人头晕目眩的预定论教义，当以一位杰出军事建筑师那审慎的热情加以解释时，仅仅是公教信仰的另一座"无法攻破的堡垒"。[48]埃俄迪乌或许会告诉他的修士们说，还有许多问题将不得不被推迟到来生。[49]这样一种回答对奥古斯丁来说是完全不能接受的：他实在看不出有任何理由可以去解释，为什么像他的通信者那样具备良好意愿的人，应当满足于停留在这特定的分歧之处；他们已经拥有如此之多的共同之处，其余的会"通过启示"为他们所知，就像"通过启示"为奥古斯丁所知一样。[50]他承认，思想本身是异常困难的，而且存在被人滥用的可能性。[51]使徒彼得也同样谈论了许多圣保罗的思想。而且当"如此伟大的一位使徒"发出"如此可怕的一个警告"时，这警告针对的是那些肆意误解这些真理的人[52]，奥古斯丁暗示道（以外柔内刚的态度），而不是针对那些提出这些真理的人。这就是一个对自己的核心信息确信不疑之人的"安然的不妥协"。[53]

406　　在普罗斯贝尔和他的朋友中，奥古斯丁已经赢得了许多追随者，这些人自称为"要么全有要么全无之恩典的无畏的热爱者"。这些"无畏的热爱者"赞同他们老师的说法，即"人们将得救的主动性置于自身之中，由此使这种主动性被置于错误的立足点上"。[54]他们并不是这个绝望的时代中最后一批牺牲个体主动性的人。他们所获得的是这样一种信念：即便是在超越理性和情感限度的层次上，他们周围的世界也是可以被理解的；此外，他们还获得一种确信：他们是能够保持住自己的主动性和创造性的。即便他们只是代理人，但他们至少是一些更为强大的力量的代表，而这些力量所确保的成就，要比他们虚弱的努力所能带来的成就大得多。[55]

　　因为奥古斯丁的预定论教义，正如他所详细阐明的那样，是一种为富有斗志之人而立的教义。一名修士或许会将自己的闲暇浪费在对自己最终身份的担心上，但对于奥古斯丁而言，这样一种焦虑被放错了地方。在他看来，脱离行动的预定论学说是不可想象的。他从来没有写过什么作品来否认自由，他只是使自由在这个堕落世界的严酷环境中变得更为有效罢了。在其他事物中，这个世界要求不懈的理智劳作以获取真理，严厉的责备以打动人心。作为一名主教，奥古斯丁已然投身于这两项活动之中。当有些人宣称，他们不需要付出任何努力、不需要具备文化知识就能获得一种对圣经的超自然理解时，奥古斯丁嘲弄了他们。[56]如今，对于那些认为他们可以不经被责备的不快而生活在人群之中的人，他会以同样的方式不予理睬。[57]出于对批评者一直以来的敏感，为避免被动性的指控，他现在要从圣经中编纂出一整套极为精细的善恶行为准则：他为积极的基督徒而立的"镜子"。[58]因此，当一个像普罗斯贝尔这样的人支持奥古斯丁的观点时，他之所以这样做，并不像某些人所暗示的那样[59]，因为这些观点使人处于安全的被动状态，而是因为在一个似乎对任何目标的可行性都会加以嘲弄的时代里，这样的教义，给富有创造性的人提供了一种绝对的确定性，即他们属于一个有着有效目标的团体："不要在你的心里说：是我的力量和我手的能力造就了这伟大的奇迹；但是你要记念主你的上帝，因为是他给了你去实现伟大功业的力量。"[60]

而且，这样的观点使这个世界变得很容易理解。预定论的教义主要被奥古斯丁发展成这样一种教义，其中每一个事件都充满着一种作为神有意之行动（对选民的怜悯和对被咒诅者的判决）的确切意义。[61] 大众对神之审判的不明确的信仰[62]再度出现在老年奥古斯丁的作品中，这种信仰就像是硬质纤维，而整个人类历史就是由这种纤维"编织"在一起的。[63]倘若奥古斯丁能够"在灵里"看事物，那么他就会像先知看待他那个时代那样看待自己这个时代躁动不安的历史了："他看到主耶和华坐在他的宝座上，天上的万军侍立在他左右……耶和华说：谁去引诱以色列王亚哈上基列的拉末去阵亡呢？"[64]上帝所作出的明确判决是其教会中人类代理者的活动每次受阻的原因：一种隐秘的司法裁决，将为什么会有不信异教徒的漫长时代解释过去了；[65]正如我们所看到的那样，这甚至使奥古斯丁对一小群多纳徒派狂热分子可悲的反抗硬起心肠。[66]类似地，选民们所遭受的每一项痛苦都是特意安排的怜悯。单就此而言，就不是一件小事：因为在奥古斯丁作品的选集（后来由普罗斯贝尔所编纂的）[67]中，《上帝之城》开篇第一卷中所载的那些关于未得埋葬的尸体、被强暴的修女、被奴役的战俘的遥远新闻，现在会显得与一个 5 世纪之人的日常经历颇为相关。[68]

奥古斯丁作为一名"上帝的仆人"生活了四十多年。他可以俯瞰许多人完整的生命历程。然而，他所看到的却并不能让他打消疑虑："因为没有一个人能够像他了解自己那样，为他人所熟知。然而，也没有一个人对自己是如此了解，以至于他能够对自己第二天的行为有充分的把握。"[69]奥古斯丁在撰写《忏悔录》的时候，这样一种对个性中未知领域的意识，在他看来似乎是一种谦卑的保证。如今，这种不确定性已经硬化成一种强烈的恐惧感。那些突然出现的裂缝，可能在虔诚之人的生活中裂开，对于它们，"又有谁会不感到惊骇呢？"[70]"当我正在撰写这部书（反驳朱利安的作品）的时候，有人告诉我们说：有一位 84 岁的老人，已经按照宗教戒律和一位虔诚的妻子过了 25 年禁欲的生活，却为了自己的享乐出去给自己买了一名歌妓……"[71]

如果任由天使按照它们的自由意志行动，那么即使是它们，也会背弃信仰，而这个世界也会充斥着"新的魔鬼"。[72]因此，奥古斯丁所专注的，已经不再是如何动员起一种使人采取行动的爱了，而是那种使一些人能在他们的全部生命历程中保持这种爱的神秘恢复力。[73]因为许多人并不能做到这一点："所有明显是良善的、忠实的基督徒都理应得到使之能坚持到底的礼物，这对于人类而言似乎是当然之理；然而，上帝已经做了更好的裁决：一些不能坚持到底的信徒也应该加入已确定的圣徒数目之中。"[74]因此，对于年老的奥古斯丁而言，那种认为神圣法令已经确立了"不可更改的选民数目"的思想，那种认为神的子女"已被永恒地登记在父的档案中"的思想，都是极度受欢迎的；[75]因为它给人类提供了一种在奥古斯丁看来他们永远都无法给自己创造的东西：一种身份的永恒核心，借此可以神秘地从令人眩晕的巨大分歧中解脱，而这类分歧在心灵中的存在是奥古斯丁一度强烈感受到的。在这个时候，奥古斯丁应该已经让他的《忏悔录》流行开来了[76]，他应当已经使它成为自己最为流行的著作了。这并不奇怪，因为在《忏悔录》中，我们已经看到这个极度焦虑不安的人是多么需要将他的青年时代看做是一个早已被预定的过程，而这一过程又是被那冷酷无情的莫尼卡所左右的：[77]这种态度的严重后果不过是为一种认识而付出的一个小代价而已；这种认识就是：在人类无形而无常的"糠秕"中，一个人还是有可能成为一位金匠大师精心打在"金子上的一点小瑕疵"。[78]

奥古斯丁宣称，这类教义其实一直都在教会中得以宣扬。从有限的意义上说，他是对的：因为，在奥古斯丁对预定论的态度里，我们可以感受到非洲人特有的教会观所带来的"北极寒流"。西普里安已经将教会描绘成一个"圣徒"的团体，而只有神才能够使他们在这满怀恶毒敌意的"世界"中活下去。[79]奥古斯丁将寻求这种思想的支持。对他来说，一个人所面临的最困难的工作也仅仅只是活下去。在反对多纳徒派的过程中，他一直坚持认为，罗马公教的存续是得到保证的：如今，教会的永久性依赖于"上帝预定的计划"，而教会的铮铮铁骨完全被内化融合为每一个选民身份的核心。[80]

这是一个严酷时代中的一条严酷的信息。在这些作品中，我们已经可以感觉到一阵秋天的寒意，这几乎就是一场大灾难的先兆。将近429年岁末的时候，奥古斯丁最后的两部著作——《论圣徒的预定》(*On the Predestination*) 和《论坚忍的礼物》(*On the Gift of Perse-*

verance），被传送到了地中海的另一边。那一整个夏天，一支来自西班牙的汪达尔大军都在沿着毛里塔尼亚的海岸线缓慢推进。第二年，他们蹂躏了努米底亚。[81]当奥古斯丁的朋友们再次相遇，围坐在他的桌边时，他们已经成为难民，亲眼目睹自己一生的工作在几个月内消失殆尽。他们已经不再需要奥古斯丁警告他们说：上帝的判决"到了如此程度，以致心灵不寒而栗"。[82]

一种古老的恐惧突然返回到了这群文雅的主教身上：惧怕在逼迫之下会有大规模虔诚之人背弃信仰，惧怕大屠杀，惧怕微妙的宣传运动，惧怕别出心裁的折磨。奥古斯丁命令主教们必须和他们的羊群（即所牧养的会众）在一起：当汪达尔人围攻希波城的时候，奥古斯丁为他和他的会众能够在即将到来的一切中坚持到底而祷告。[83]

他说，这"使人坚持到底的礼物"是上帝所赐予个人的礼物中最伟大的。因为它赋予了脆弱的人类一种如同在基督里的人性所曾享有过的同样不可动摇的坚定：通过这种礼物，一个人便永远与上帝相连结，他便能确信："上帝的手"会伸展出来，在他的上方作他的屏障，万无一失地保护他免受世界的侵害。[84]"无论如何，人性都不可能被提升得比这更高了。"[85]

然而，选民之所以收到这份礼物，是为了使他们也能够踏上基督曾走过的艰难之路。[86]正是为此，他们需要"一种自由……需要使人坚持到底的礼物来保护他们并且使他们坚定，以致能够征服这个世界。而这个世界，也就是一个以其所有的喜爱之物，以其所有的恐怖，以其所有数不胜数的方式走向堕落的世界"。[87]

如今，在 430 年最初的几个月里，奥古斯丁会出现在教堂之中，向那些惊惶失措的人讲述他已经写给几位修士的信件的内容：尽管在他们身上仍然充满着对生活的热爱，但他们必须"坚持到底"。奥古斯丁并没有失去任何感觉方面的能力。在这最后的几篇布道中，我们认识到：这位老人对存在中的种种罪恶的恐惧，曾被如此强有力地导向对朱利安的反驳，而这种恐惧，正是他所深爱之物的对立面：他仍然知道全心全意地热爱生活到底意味着什么；而且，由此他才能向民众传达：殉道者为了克服这种爱曾付出了多大的代价。[88]就像那些殉道者一样，奥古斯丁的听众或许也必须追随基督受难的足迹。[89]对哈德卢姆图和马赛

410

的那些受到保护的团体而言，预定论就像是一块抽象的绊脚石，正如将来那么多的基督徒所感受到的那样。但对奥古斯丁而言，它只有一种意义：它是一条有关生存的教义，一种对唯有上帝才能给人提供一个永不减损的内核这一点的执著坚持。

奥古斯丁死于一场突如其来的热病，这算是不幸中的万幸了。他已经向他的朋友们提供了一种理解他本人和他那个时代的方式。这些最后的作品给奥古斯丁那个圈子里的人留下了深刻的印象：如今，作为他的传记作家的波希迪乌，只能如此看待他这位已经过世的朋友："主教奥古斯丁……一个命中注定的人……涌现于我们这个时代……是那种达成了自己的目标，并且坚持信念到自己生命最后一刻的人。"[90]

注释

[1] 关于奥古斯丁的神学观点，参 Burnaby, *Amor Dei*, pp. 226-241；R. Lorenz, "Der Augustinismus Prospers v. Aquitanien", *Zeitschrift für Kirchengeschichte*, 73, 1962, pp. 217-252, esp. pp. 238-250。

[2] *Op. Imp* II, 102.

[3] Gennadius, *de vir*. ill. 19 (P. L. lviii, 1073).

[4] in *Ep*. 201.

[5] in P. L. xlv, 1751.

[6] v. Schubert, *Der sogennante Praedestinatus*, esp. p. 21. Book III of the *Praedestinatus* 是一部十分出色的讽刺性作品。

[7] O. Chadwick, *John Cassian*, 1950；P. Munz, "John Cassian", *Journ. Eccles. Hist.*, xi, 1960, pp. 1-22.

[8] *Ep*. 215, 2.

[9] e. g. *de dono persev*. xxi, 55.

[10] *Ep*. 216, 3.

[11] v. esp. J. Chéné, "Les origines de la controverse semi-pélagienne", *Année théol. augustin.*, 13, 1953, pp. 56-109.

[12] 作为天命或命运的对立物，智慧是奥古斯丁预定论的中心环节，如 *Ep*. 194, ii, 5. 关于上帝智慧之"深奥"，奥古斯丁与奥利金、圣保罗的认识有很大不同，参 M. Pontet, *L'Exégèse de S. Augustin*, p. 499, esp. p. 513。

[13] As in *Ep*. 190, iii, 12.

[14] *Ep.* 194,ii,3-4. v. A. Sage,"'Praeparatur voluntas a Deo',*Rev. études augustin.*,x,1964,pp. 1-20. 对奥古斯丁观点最经典的阐述，见 O. Rottmanner,*Der Augustinismus*,1892(French trans. in *Mélanges de science religieuse*,vi,1949, pp. 31-48)，与此相对，参 F. J. Thonnard,*Rev. études augustin.*,ix,1963,pp. 259-287；x,1964,pp. 97-123；G. Nygren,*Das Prädestinationsproblem i. d. Theologie Augustins*(Studia Theological Lundensia,12)，1956。关于奥古斯丁布道 的思想特点，参 Pontet,*L'Exégès de S. Augustin*,pp. 480-501。

[15] 这种思想已被某种力量俘获，参 Meyendorff and Baynes,"The Byzantine Inheritance in Russia",*Byzantium*,ed. Baynes and Moss,1948,p. 380。

[16] v. G. Folliet,"Les moines euchites à Carthage en 400-401"(Studia Patristica, ii)，*Texte u. Untersuchungen*,64,1957,pp. 386-399.

[17] *Ep.* 225,3;*de praed. sanct.* x,21.

[18] *Guelf.* 18,1(*Misc. Agostin.*,i,p. 499).

[19] *de don. persev.* xv,38.

[20] *Epp.* 225,226. 关于这封信及普罗斯贝尔的其他作品，参 P. De Letter,*St. Prosper of Aquitaine*,*Defense of St. Augustine*(Ancient Christian Writers, xxxii)，1963。

[21] 参 J. M. Wallace-Hadrill,"Gothia and Romania",*The Long-Haired Kings*, 1962,pp. 35-36。

[22] *Ep.* 226,2.应当记住，耶稣治病的画面频繁出现在早期基督徒的石棺上，耶 稣施治被视为进行精神治疗的象征。

[23] *Ep.* 226,2.

[24] *Ep.* 225,3.

[25] 蓝色海岸，今法国东南部临地中海的一段海岸，自瓦尔省土伦（Toulon）至 阿尔卑斯省芒通（Menton），又称里维埃拉。——译者注

[26] e. g. *Ep.* 225,6.

[27] e. g. the *Epigramma Paulini*,esp. l. i(*Corpus Scriptorum Ecclesiae Latinorum*, xvi,pp. 503-506).

[28] *de vocatione omnium gentium*,ii,16(P. L. li,704A).

[29] e. g. *Ep.* 225,5.

[30] e. g. *de corrept. et gratia*,xiv,44.

[31] Prosper,*Ep. ad Rufinum*,xiii,14(P. L. li,85A).

[32] 圣帕特里克（约390—约460），原名舒加（Sucat），生于不列颠，曾被卖为奴 隶，后到法国欧塞尔求学，任主教后改名帕特里克。432 年前往爱尔兰传播

基督教，441 年到罗马寻求大主教利奥一世的支持，被授予爱尔兰都主教的头衔。457 年退休隐居直至去世。——译者注

[33] Patrick,*Confessio*,16,(P. L. liii,809-810).

[34] *Ep.* 199,xii,46.

[35] *Serm.* III,1.

[36] Ed. G. Morin in *Rev. bénédictine*,18,1901,pp. 241-256.

[37] *Rev. bén*,18,1901,p. 256.

[38] *Rev. bén*,18,1901,p. 247(2*Tim.* ,2,24).

[39] *Rev. bén*,18,1901,p. 253.

[40] *Rev. bén*,18,1901,p. 249.

[41] *Rev. bén*,18,1901,p. 256,citing *Deut.* 32,7;cf. *Ep.* 46,v. sup. p. 271.

[42] *Ep.* 215,6.

[43] *Ep.* 215,8.

[44] *Rev. bén*,18,1901,p. 243.

[45] *Ep.* 220,2.

[46] *de dono persev.* xxi,56;v. inf. p. 432.

[47] *de corrept. et gratia*,x,26.

[48] *de corrept. et gratia*,xxi,54.

[49] *Rev. bén*,18,1901,p. 254.

[50] *de grat. et lib. arb.* i,1;*de praed. sanct.* i,2,citing *Phil.* 3,15-16;v. sup. p. 277, n. 4.

[51] *Ep.* 215,2.

[52] *Ep.* 214,6-7.

[53] Chéné,"Les origines",*Année théol. augustin.* ,13,1953,p. 109.

[54] *Ep.* 225,7.

[55] *de corrept. et gratia*,ii,4.

[56] *de doct. christ.* Prooem. 5.

[57] *de corrept. et gratia*,v,7;cf. *de doct. christ.* IV,xvi,33.

[58] *Vita*,XXVIII,3.

[59] Morris,"Pelagian Literature",*Journ. Theol. Studies*,n. s. xvi,1965,pp. 59-60.

[60] *Deut.* 8,77 in *de grat. et lib. arb.* vii,16.

[61] e. g. *de dono persev.* xii,31.

[62] *C. Jul.* VI,xii,38.

[63] 参 Lorenz,"Der Augustinismus Prospers",*Zeitschr. f. Kirchengesch.* ,73,1962,

p. 246。

[64] I. *Reg.* 22,19,in *C. Jul.* V,iii,13.

[65] e. g. *de dono persev.* ix,22.

[66] *Ep.* 204,2;v. sup. p. 336.

[67] P. L. li,427-496. 参 Lorenz,"Der Augustinismus Prospers",*Zeitschr. f. Kirch-engesch.* ,73,1962,pp. 218-232。

[68] e. g. *Sent.* 50,51,53.

[69] *Ep.* 130,ii,4.

[70] *de corrept. et gratia* ,viii,18;*de dono persev.* ix,21. [71] *C. Jul.* III,x,22.

[72] *Op. Imp.* V,57.

[73] e. g. *de corrept. etgratia*,viii,17.

[74] *de dono persev.* viii,19.

[75] *de corrept. et gratia* ,ix,20.

[76] e. g. *Ep.* 231,6.

[77] *de dono persev.* xx,53.

[78] *Serm.* 15,5.

[79] e. g. *de dono persev.* iii,4;vii,13;xxii,60-62.

[80] v. sup. pp. 216-217,v. esp. *de dono persev.* xii,63.

[81] v. inf. pp. 428-429.

[82] *Vita* ,XXVIII,13.

[83] *Vita* ,XXIXI,1.

[84] *de dono persev.* vii,14.

[85] *de praed. sanct.* xiv,31.

[86] Pontet,*L'Exégèse de S. Augustin*,pp. 502-510.

[87] *de corrept. et gratia* ,xii,35.

[88] *Serm.* 344,4(trans. inf. p. 436).

[89] *Serm.* 345,6.

[90] *Vita* ,Praef. ,2.

34

晚 年 时 代

426 年 9 月 26 日，奥古斯丁将他的神职人员和一大群会众召集到帕西斯大教堂（Basilica Pacis）内，共同见证一项庄严的决定。他任命伊拉克里乌（Eraclius）牧师为他的继承人；而且，他还安排，伊拉克里乌将同时接管他久已厌恶的司法方面的事务。[1]

他告诉他们说："在此生之中，我们所有人都注定要死。对任何人而言，他最后的日子总是不确定的。然而，当我们还是婴儿的时候，我们可以期待成为少年；而作为少年，我们可以期待成为青年；作为青年，我们可以期待成为成年人；作为年轻人，我们可以期待达到我们的盛年，而在盛年，我们可以期待慢慢变老。这一切是否会发生是不确定的；但总是有可期待之物。然而，对于一个老年人而言，他前面是没有一个新的人生阶段的。因为，按照上帝的意愿，我在自己的盛年时期来到这座城市：在那个时候，我还是一名青年，可如今，我已经老了。"[2]在这个决定被记录下来之后，伊拉克里乌站在前面，开始布道，而年迈的奥古斯丁则坐在他后面的那已被提高的宝座之上。伊拉克里乌说道："蟋蟀唧唧作鸣，而天鹅却默不作声。"[3]

对于像伊拉克里乌这样的一名牧师而言，奥古斯丁这位作家的思想并没有引起地中海周围世界的崇拜和关注。更重要的是，他是一位实践了自己布道所言的主教。[4]如今，基督教的主教已经成了整个罗马世界中的重要人物了：参观主教的宅邸已经成为绝大多数城市社会生活的一个常态部分。[5]奥古斯丁感觉到了这种变化：他异常关注一名主教向外部世界所展示的"形象"。他心目中的英雄是安波罗修。有一次，在一位门生犯了错误之后，他本人觉得需要重拾信心。[6]这时，他敦促一位米兰副主祭保利努去撰写安波罗修的生平。[7]安波罗修已经死了 25 年了，时隔那么久，在一个像保利努这样的人看来，这个安波罗修与我们在奥古斯丁《忏悔录》中所看到的那个安波罗修显得很不同。保利努笔下的安波罗修是一个实干家，他在与自己同时代的人中间开凿了一道沟渠：有不下于六个人，因为妨碍或者批评他而遭到毁灭性的惩罚，其中包括极为普通的非洲教士。[8]保利努显然觉得：在最后审判的时候，人类仍然会被分成两部分，一部分是赞赏安波罗修的人，另外一部分是确实不喜欢安波罗修的人。[9]当奥古斯丁的朋友波希迪乌（Possidius）开始撰写《奥古斯丁的一生》时[10]，其中所展示的画面是很不同的。波希迪乌将详述奥古斯丁为自己及其主教宅邸中的其他人所创造的生活；详述奥古斯丁是如何伏案撰写诗句以禁止散布怀有恶意的谣言；[11]详述一些人是如何发誓要为自己的过失而放弃酒杯的；[12]详述他们是如何用银质的汤匙从粗质的瓦罐中取食，"但却不是因为过于贫穷，而是有意为之。"[13]

人们很容易会把波希迪乌当作一个简单的人，认为他无法把握其英雄的复杂性而忽略他的重要性。事实上，这部传记恰如其分地反映了奥古斯丁和他圈内的朋友们在老年时期所经历的焦虑。[14]因为，他们必须在一个改变了的环境中并在一群年轻人中间，维护一种理想——他们正是按照这种理想度过了将近四十年的每一天。

奥古斯丁理想的中心在于与自己的神职人员在主教宅邸内过一种绝对清贫的生活。而希波城的市民也为此而自豪不已："在奥古斯丁的影响下，凡是与他住在一起的人，都过着一种《使徒行传》中所描述的生活。"[15]奥古斯丁把对这种生活的接受作为他的每一个神职人员侍奉的一个条件：任何违反这个约定的人都将被剥夺圣职。[16]奥古斯丁的许多同事认为，他过于严厉了；[17]而典型的是，在强制推行这条教规的过程中，奥古斯丁一直都满足于相信，没有人会回避这条教规。暴露于 424 年的那桩丑闻，完全使他大吃一惊。他的一名神职人员并没有将其所有的钱都交给教会：他以欺诈的方式隐瞒了一些。在他临死的时候，他的继承人为了这份个人财产争斗不休。[18]

奥古斯丁以他特有的方式处理了这件事情——这种方式同时体现了他的魅力和决心。他告诉自己的会众说，他一直都太严格了。或许，他的神职人员们是出于害怕失去圣职而被迫堕入此类虚假的：看吧！在上帝和你们所有人面前，我改变了我的想法。任何想持有私有财产的人，任何对上帝和他的教会不满的人，就让他住在他想住的地方吧，我不会剥夺他的圣职。我不想要任何伪善者……如果他想通过神的教会靠上帝而活，而且让自己一无所有……那么就让他和我待在一起吧。凡是不想这样做的人，就让他拥有他的自由吧：但他应该亲眼看看，他自己能否获得永恒的幸福……[19]

"我已经说得太多了，请原谅我。我是一个唠叨的老人，健康不佳让我变得焦虑不安。正如你们所看到的那样，随着时光的流逝，我已变老；但最近很长时间以来，健康不佳使我衰老加速。不过，如果上帝悦纳我适才所说的话，那么他将赐予我力量：我也不会弃你们而去。"[20]

很快，这件事就得到了解决。奥古斯丁本人从他的读者那里取得了《使徒行传》的"古抄本"并且在教堂中向大家宣读了他的神职人员的生活所依据的章节。[21]他把这本神圣的书卷放在自己的膝盖上，以一种惊人的精确性开始讲述他的每一位神职人员的财务状况：这是一份对一座晚期罗马城市中平民生活的生动写照。[22]甚至奥古斯丁对他的衣服的态度，也呈现出一种动人的坦率："有人带着一件华贵的丝质长袍作为礼物来探访我。这件长袍也许适合一位主教，但不适合奥古斯丁，不适合一个出生于贫穷家庭的人。人们只会说，我如今已经得到华丽昂贵的衣服了，而从我父亲的家里或在我世俗的职业生涯中，我是永远不可能拥有这类衣服的。然而，我要告诉你，一件昂贵的长袍只会让我窘迫不已：因为它既不适合我的职业，也不符合我的原则；而且，它在我这衰老的四肢上，在我这满头的白发下，看起来会是多么地奇怪。"[23]

自此之后，任何假装放弃了一切财产的神职人员，都将遭到就地降职的处分："让他向一千个公会议上诉反对我吧，让他漂洋过海，到

414

他想去的无论哪个宫廷去上诉吧，让他用他所有的时间做他所能做的一切。神会帮助我；在我出任主教的地方，他就不会是教士。"[24]

他的严厉使他在希波并不受欢迎；但他也无意于成为一个受到大众意见折磨的人。"我们并不想以你们为代价来获取这种伟大的功绩。让我在此因失去此项功绩而因此能够和你们所有人一同进入天国。"[25]

这件丑闻并不是一起孤立事件。许多事件都表明了一种因道德败落而产生的模糊的不满意识；这种不满就像奥古斯丁中年时期的激烈斗争一样，让我们更能理解他本人以及他在非洲教会的境况。在此状况中，还有一种个人的因素。奥古斯丁和他的朋友们现在都已经是老年人了。他们曾一度形成了一个紧密的、占据主导地位的团体；而如今，他们却处于变得日益孤立的危险之中。例如，米莱维斯的塞维鲁斯将他对继任者的选择保守为一个只有他和他的神职人员才知道的秘密，因此在他的城市中引起了一场毫无必要的大麻烦；奥古斯丁不得不介入，以平息这场因自己朋友的行为而造成的冲突。[26]古老的忠诚慢慢被破坏了：那座曾由奥古斯丁自己的姐妹掌管的女子修道院，一旦这种家族联系被破坏，情况似乎就恶化了。[27]不管怎样，要找到一批能够替代奥古斯丁这代卓越之士的主教，将是十分困难的。例如，伊拉克里乌就是一个和奥古斯丁非常不同类型的人：受人欢迎、能干高效、在人们看来十分富有，他还对建筑有兴趣，而奥古斯丁则从未有过这类兴趣。[28]

奥古斯丁的非凡才华，甚至有抑制当地才俊的倾向。在晚年的时候，由于全身心地投入到了与帕拉纠主义的国际性论战之中，他曾倾向于认为自己家乡附近的智性生活是不值得考虑的。例如，有一位主教抱怨说，他关于灵魂起源的观点并没有得到"这群神职人员中的乡巴佬"的欣赏，而他本人却又不得不生活在这群乡巴佬之中。结果这位主教受到了奥古斯丁的极大讽刺。[29]

然而，奥古斯丁详细论述基督教学问的伟大著作《论基督教教义》很快就要完成了。从某种意义上说，这部作品已经过时了。因为，那些它曾认为理所当然的事情，在蛮族入侵之后，已经不能再被视为理所当然的了。它曾认为，人们仍然可以在罗马的学校中接受足够健全的初等教育，从而能够在没有修辞学家那种矫揉造作的优雅的情况下，自然地说一口流利标准的拉丁语。它还期待基督教世界中不同地区的学者之间能有一种连续不断的思想流。[30]事实上，在 420 年的时候，对于一个行省之人而言，是不大可能取得奥古斯丁在 4 世纪 70 年代所取得的那种成就的。在希波，并没有古典作品的书店；[31]而奥古斯丁显然对任何给他自己的图书馆的捐献都感到高兴。[32]即便在迦太基，也不可能找出一个能够翻译哪怕是一个简单希腊文文本的译者。[33]最为糟糕的是，新一代非洲神职人员仅仅满足于向奥古斯丁请教。428 年，迦太基副主祭克沃德瓦尔特迪乌（Quodvultdeus）[34]（后来升任为主教）得以求助于奥古斯丁并设法从他那里索得一本纯粹的粗制滥造之作——一份关于异端的简明手册[35]。似乎，只有奥古斯丁才知晓以前用希腊语和拉丁语撰写的异端汇编。[36]当奥古斯丁勇敢地尝试通过学习一些希腊文以获取一种世界性文化，并且不辞辛劳地为《论基督教教义》翻译一篇希腊文短文的时候[37]，克沃德瓦尔特迪乌斯似乎代表了一种停滞不前、自我满足的行省文化所带来的种种危险，而这种文化隐匿在一个伟大的名字之下：优质的"非洲面包"，就是他所需要的一切。[38]

此外，在许多地区，罗马公教还没有从镇压多纳徒主义的暴力中恢复过来。许多主教发现自己被帝国的法律任命为不太情愿的、消极的教会团体的领袖。[39]奥古斯丁曾在福萨拉（Fussala）这个直到最近一段时间仍然是多纳徒派堡垒的地方作过一次关于主教职责的最为紧迫的布道。[40]而且，也正是在福萨拉，另一件严重的丑闻发生了。[41]这个村庄处于奥古斯丁的主教辖区之内。奥古斯丁获得了一项无可争议的权力，使他可以从自己的教会团体中为这样一个地方挑选主教。当他第一次挑选的人被拒绝之后，他向这个地区献上了另外一名灾难性的候选人安东尼努（Antoninus）。这位年轻的安东尼努表现得就像一个小暴君，而且，在受到谴责的时候，他拒绝让出自己的辖区。[42]他到罗马去为自己的案子抗争。在这件事上，非洲的主教们甚至发生了分裂；[43]而奥古斯丁觉得自己应对此负责，为了粉碎安东尼努那显然相当成功的阴谋，奥古斯丁不得不给新的罗马主教塞莱斯坦（Celestine）写了一封热情洋溢而同时又极具外交手腕的信。[44]如果这个年轻人最终成功了，就会造成一种类似于仅仅十年前的局面："因为人们正在受到威胁……来自司法程序和公职人员以及军事的压力……结果，这些不

416

幸的人，虽然是信奉罗马公教的基督徒，却害怕受到罗马公教主教那更沉重的惩罚，甚于害怕当他们是异端分子时受到来自信奉罗马公教的皇帝们的法律的惩罚。"[45]这是对合一所需代价的一次丑陋的提醒。

但是，福萨拉这样一个遥远的、讲"迦太基方言"的村庄，很可能是个例外。在希波，那坚强的罗马公教少数派已经逐渐转变为多数派。这样一个吸纳信徒的过程有可能影响了奥古斯丁所接触到的宗教生活的质量。有证据表明，民众那固执的情感，曾经体现在多纳徒派领袖身上，而今开始沉重地压在奥古斯丁身上了。例如，以被要求受洗为内容的梦，就是古代世界中民间基督教的一个共同特征。事实上，在现今的许多传道地区依然如此。奥古斯丁曾经嘲笑过多纳徒派那些基于此类启示的主张。[46]如今，他竟成了这种激动人心的梦的对象：正是由于这样一个梦，一位来自偏远山村的穷人来到了希波，以便能由奥古斯丁来给他施洗。[47]奥古斯丁知道，自己在许多人的梦中扮演过相应的角色。[48]他在对此的反应中显明，他十足是他的母亲莫尼卡的儿子。[49]在他临终之际，有一位病人被带来给他医治。他的第一反应是开玩笑："如果我拥有你们认为我有的那种恩赐，那么我会首先在自己身上尝试的。"但是，当他听说此人是在一个梦的指引下来找他的时候，他就按手在这个人身上，为他祈祷祛病。[50]

事实上，在他的最后一年中，奥古斯丁不得不处理那些发生在他家门口的奇迹。416年，当奥罗西乌返回非洲的时候，他从耶路撒冷带回了新近被发现的一些圣司提反的遗骸。在接下来的几年中，希波周围的许多城镇和乡村庄园涌现出许多纪念堂（memoriae）——摆放着417 "圣灰"箱（装有圣徒骨灰或遗骸的箱子）的小礼拜堂。波希迪乌在卡拉马有一座，而埃俄迪乌在乌扎利斯也有一座。其他纪念堂，特别是那些收藏米兰殉道者遗骸——格瓦西乌和普洛塔西乌这两位殉道者的遗骸是圣安波罗修发现的——的礼拜堂，早就已经存在了。[51]

这些纪念堂使那些在罗马公教信徒和多纳徒派信徒身上同样强烈的情感具体化了。在晚期罗马的城市中，人们逐渐需要和期望得到强有力之人的保护：圣司提反作为与这种世俗保护者相对应的属灵庇护者而定居在乌扎利斯；在一位农民看来，他穿得像一位定居当地的元老。[52]最重要的是，会有一种强烈的圣体临在感：[53]在纪念堂发生的十二起痊愈事件中，有九起是通过与"圣灰"箱直接接触或与"圣灰"箱曾触及之物的接触而发生的。[54]

一旦这类民间信仰在奥古斯丁看来是多纳徒派教会的防护屏障时，他便会严厉地谈及它们。他曾说："他们崇拜从圣地来的每一点尘土。"[55]如今，他发现自己正在向大批正是被这"一丁点尘土"吸引的人布道。[56]埃俄迪乌甚至利用这些新的遗骸来强化他自己的地位。他把这些遗骸放在那座没收来的多纳徒派教堂（即那座"重新获得的教堂"）之中，为的是加强该教堂之前那些会众的忠诚。[57]在希波周围，这类纪念堂也已经围绕着乡村教堂涌现出来了，而十年之前，这些乡村教堂曾遭受过塞克姆希联派的洗劫。[58]所有这一切，都是丝毫不令人惊讶的。因为非洲一直以来都充满着这类圣体崇拜。[59]然而，新奇的是，突然出现了一波潮流，将神迹般的痊愈与这些圣徒遗骸关联在一起：在两年的时间里，希波就发生了七十起这类痊愈事件。[60]

历史学家们或许永远都无法探明这样一场突如其来的情感危机的根源。然而，我们能够追溯的是奥古斯丁对这些奇迹般的事件作出反应的方式。[61]直到 424 年，希波才有了圣司提反的纪念堂，它是由伊拉克里乌[62]自己出资建造的；里面不但装饰有展示司提反殉道的镶嵌画，还点缀着奥古斯丁亲笔写下的经文。[63]一旦被卷入这场运动，奥古斯丁的贡献便具有一种全面的特征。神迹依然是一个模糊不定的大众情感问题：那些亲身体验过神迹的人将它们看做私密的、个体的启示；[64]那些听说过神迹的人，要么很快就忘了，要么就混淆了关于它们的叙述。[65]奥古斯丁决定，既要检查和记录每一个神迹的事例，也要给予已被证实的痊愈事件尽可能大的公共性。在希波，他坚决要求被治愈的人向他提供一份书面报告（libellus）；而且这份文件将在作者在场的情况下在教堂中被宣读，之后则会被保存在主教的图书馆中。[66]他曾经试图将这套作法推荐给他的同事埃俄迪乌，但并没有取得很好的效果，因为埃俄迪乌本人所搜集的神迹几乎是一种对乌扎利斯市民生活琐事的生动记载，但对于论证超自然之物而言，他所搜集的神迹并不是一种令人印象非常深刻的论据。[67]在奥古斯丁这次的行动中存在着一种紧迫感：有一名迦太基贵妇，没有利用自己的社会地位和影响力去宣传一起发生在她身上的痊愈事件，这使奥古斯丁"非常恼火"。[68]他的目标

418

是将这些零散的事例收集起来，直到它们形成一个单一的集子，就像
那些有助于早期教会成长的神迹一般密集和引人注目。[69]这并不是奥古
斯丁第一次向民间信仰的"事实"求助。为"粉碎"帕拉纠派，他曾
围绕着婴儿受洗的问题在非洲凝聚起同样强烈的情感。[70]正如他在《上
帝之城》最后一卷所致力于实现的目标那样，这场新运动的目标也是
要使理性异教徒（他们中的许多人都是著名的博士[71]）那"惊人的刚
硬"变得"弯曲"；[72]所借助的方式是直接求助于那些发生在他们周围
教会团体中的惊人事件。

419　　　然而，当奥古斯丁在 390 年撰写《论真正的宗教》（*On the True
Religion*）时，他曾明确地表明：那些发生在使徒时代的神迹是不可能
被允许再次发生的；[73]而且，他在许多其他的著作和布道中，也多次通
过暗示重申了这种观点。[74]然而，与此同时，他确实见证并且接受了一
些痊愈的事件；这些痊愈是与在米兰发现格瓦西乌斯和普洛塔西乌斯
的遗骸这一惊人事件联系在一起的。因此，奥古斯丁突然决定要给予
发生在非洲的这些神迹般的痊愈事件以尽可能大的公共性，这不应当
被看做是突然而毫无准备地屈服于大众的轻信。[75]而是，在奥古斯丁极
其复杂的思想体系中，思想的中心发生了转移；如今发生的这些神迹，
曾经一度是次要的，但现在就其对信仰的支撑而言，已具有一种迫切
的重要性。

　　　事实上，在这一思想结构的演化中，我们可以看到一种深层次变
化的缩影；正是这种变化，使青年奥古斯丁的宗教有别于老年奥古斯
丁的宗教。就像绝大多数古代晚期的人一样，奥古斯丁虽然是轻信之
人，但并不就是一个迷信之人。当奇异的事件在圣地发生时，他将自
己全副武装成一名哲学家，以反对对事件的粗浅解释，但是他并不反
对事件本身。[76]他并不打算否认那些可靠之人讲给他听的事情。但是，
任何对这些事件的解释或宗教实践，倘若看上去与对神和灵魂的正确
看法不相称，他都会坚决地予以批评。[77]

　　　即便是自然界，也充满了独特和惊人的事件。作为一个心智成熟
之人，当第一次看到磁铁时，他还是被"深深地震惊了"。[78]那些古代
世界的智慧之人，也没能勾勒出整个自然界。奥古斯丁在他老年的时
候敏锐地意识到了他们的失败。他所面对的两个人都自信于古典学者

所用的理性范畴：学识渊博的波菲利认为，耶稣的复活和升天与古代物理学是不相容的，因此是不值一提的；[79] 埃克拉努姆的朱利安则认为，原罪遗传说是违背逻辑的。[80] 奥古斯丁将列出一系列无法解释的惊人事实来反对这两个人的说法：其中的一个事实是，经过嫁接的橄榄树在获得性状[81] 和习性方面的遗传性[82]。[83] 这便是已为自然科学所揭示的"零星反抗"所作出的无声的反叛：[84]

> 霍雷肖（Horatio），存在于天上和地上的东西，
> 要远远多于在你的哲学中所能梦想到的一切。[85]

420

在奥古斯丁看来，一个"奇迹"不过是这样一个由习惯加在头脑中的界限的提醒物罢了。在一个所有的进程都是借由上帝的意志而发生的宇宙里，即便在这种缓慢的、惯常的自然进程中，也不应当有什么是不令人感到惊异的。对于那种可以把灌溉葡萄园的水变成葡萄酒的缓慢的神迹，我们视之为理所当然：只有当基督可以说是"快速地"变水为酒时，这才使我们感到惊异。[86]

这种突如其来的惊异并没有在奥古斯丁这位年轻的柏拉图主义者的宗教思想里发挥过重要作用。那时，他已将宗教的本质看做是一种摆脱习惯性思维方式的努力，因为由于我们与可感世界的交往，这些思维方式已经被败坏了。他认为，不断出现的神迹，只会使人类的意识更为迟钝；因为神迹一旦变得常见，就不再奇妙了。[87] 因为好沉思之人、奇妙的事物、奇异的事物、不期然的事物，都趋向于遁入一个和谐而理性的宇宙的背景之中，就像微光消失在阳光中一样。理性思维可以以一种不间断的态势逐渐从"自然"的"法则"——仅仅是对惯常事件的主观记录，上升为真正的法则——一种显然更为和谐，更为常规，更为合理的法则。[88] 对年老的奥古斯丁而言，这种态度变得不再那么根深蒂固了。他曾满怀激情且十分坚定地捍卫那些与所有习惯性的推理过程都相违背的教义。例如，人关于公正的观念与人类因为一个人的罪而遭受集体性惩罚的事实处于尚未解决的冲突之中。[89] 在这些问题面前，奥古斯丁悄悄地把人类心智的边界向回撤了一些。如今，沉思者的宇宙已经被一些不可理解的事情包围了。

而且，这些地方性的奇迹，都是一些纯粹的身体痊愈事件。作为一个老人，奥古斯丁还在很大程度上放弃了柏拉图主义者对心智的片

面强调。虽然宗教的本质仍然是"治愈心灵的眼睛";[90]但如今,奥古斯丁也为身体的命运留出了空间:他会为良好的健康而祈祷;[91]而且也期待人们会一直害怕死亡。[92]上帝既然凭借其慷慨,在世上散播了如此之多纯粹身体的美,他自然是不会忽视身体的疾病的。[93]事实上,奥古斯丁已被领入了对人类所遭受的纯粹身体性痛苦的敏锐意识之中。这些奇迹是从人的绝望中萌生出来的;而这些人"遭受了多于任何医典所能记载的疾病"的折磨。[94]人类存在的显而易见之悲惨(miseria),急需些许安慰(solacia)。[95]就像射入黑屋子内微弱的太阳光线一样,这些安慰是一些对最终转变(即选民的身体在荣耀中复活)的轻微暗示。

因为,正是这种要求信仰经历一种令人难以置信的转变的迫切需求,决定了奥古斯丁对发生在他周围的神迹的最终态度。当他还是一位年轻的主教时,他曾认为,人们已经不再需要这些引人注目的证据来支持自己的信仰了。这个时候,他的思想是围绕着信仰的合一而展开的;而在普世大公教会(罗马公教会)中,这种合一正不可思议地"绽放光彩"。[96]早期教会的奇迹已经开始了,甚至"推动了"这种不可思议的的信仰传播,而在他自己的时代,这种传播在很大程度上已经实现了。与罗马公教会的这种稳固而又内敛的合一不同,多纳徒派的民间信仰可以被当作装腔作势的小把戏而不予考虑。[97]在这种态度背后,潜藏着这样的假设:随着罗马世界的迅速基督教化,人们在总体上已经通过某种方式超越了异教时代的不信,因此,也不一定必须被奇迹的力量打动。

如今,奥古斯丁不是那么确信了:人类大体上依然故我,总还是软弱,总还是需要强制性的权威。"我们祖先的上帝也是我们的上帝"[98]:上帝那神秘的全能,把旧约中的神迹与现代世界联系起来了,就像在奥古斯丁对使用强制手段的态度中,这种全能曾将上帝对旧以色列的严厉制裁与奥古斯丁他们在非洲教会强制推行的合一联系起来一样,在没有一个柏拉图主义者提建议的情况下,上帝完全能够自行决定,神迹应当或不应当多久发生一次。[99]如今,上帝的选民将所有希望都寄托于未来,寄托于身体的复活。那些殉道者,正是为了这貌似不可能实现的信仰而献身的;而他们那已死的身体,也可以被用来作这信仰的见证。[100]这就是奥古斯丁在《上帝之城》第 22 卷中所持的态度；他在那个时候，正试图就那些发生在希波、迦太基、卡拉马、乌扎利斯、福萨拉以及乡村小教堂中的奇怪之事，列举一个笨拙而生动的系列，以此来说服那些在古代物理学熏陶下成长起来的人去接受这样一种认识，即在他们想象中的那种纯净无污染的最高天，也许尚能给人类肉身的实体提供些许空间："耶和华知道人的意念是虚妄的。"[101]

注释

[1] *Ep.* 213,5.

[2] *Ep.* 213,1.

[3] Sermon of Eraclius in P. L. xxxix,1717.

[4] P. L. xxxix,1717-1719.

[5] *Guelf.* 32,4(*Misc. Agostin.*,i,p. 566).

[6] v. inf. pp. 415-416.

[7] 关于安波罗修对奥古斯丁影响的具体事例，参 Courcelle, *Les Confessions*, pp. 617-621;关于安波罗修对奥古斯丁的影响的总体论述，参 Van der Meer, *Augustine*,pp. 570-572。

[8] 参 M. Pellegrino, *Paolino di Milano*, *Vita di S. Ambrogio*(Verba Seniorum, n. s. 1),1961; A. Paredi, "Paulinus of Milan", *Sacris Erudiri*, xiv,1963, pp. 206-230。

[9] Paulinius, *Vita*, c. 55(ed. Pellegrinio, pp. 128-129).

[10] 参 H. T. Weisskotten, *Sancti Augustini Vita scripta a Possidio episcopo*, *Edition with Revised Text*, *Introduction*, *Notes and an English Version*,1919; M. Pellegrino, *Possidio*, *Vita di Agostino*(Verba Seniorum,4),1955。

[11] *Vita*, XXII,6.

[12] *Vita*, XXV,2.

[13] *Vita*, XXII,5.

[14] 如 *Vita*, XXIV,1-17。

[15] *Serm.* 356,1.

[16] *Serm.* 355,6.

[17] *Serm.* 355,4,6.

[18] *Serm.* 355,3.

[19] *Serm.* 355,6.

[20] *Serm.* 355,7.

[21] *Serm.* 356,1.

[22] Jones, *The Later Empire*, ii, p. 771.

[23] *Serm.* 356,13.

[24] *Serm.* 356,14.

[25] *Serm.* 356,15.

[26] *Ep.* 213,1.

[27] *Ep.* 211,4.

[28] *Serm.* 356,4. v. P. Verbraken, "Les deux sermons du prêtre éraclius d'Hipp-
one", *Rev. bénédictine*, 71, 1961, pp. 3–21.

[29] e. g. *Ep.* 202A, iii, 7.

[30] v. sup. p. 267.

[31] *Ep.* 118, ii, 9.

[32] *Ep.* 231,7.

[33] *Epp.* 222,1 and 223,4.

[34] 关于此人，可参 R. Braun, Quodvultdeus, *Livre des Promesses et des
Prèdictions de Dieu* (Sources chrétiennes, 101), 1964, I, pp. 88–112.

[35] *Ep.* 221,3.

[36] *Ep.* 221,1.

[37] v. esp. Courcelle, *Les lettres grecques*, pp. 192–194.

[38] *Ep.* 223,3.

[39] v. Brown, "Religious Coercion", *History*, xlviii, 1963, pp. 292–293.

[40] *Guelf*, 32 (*Misc. Agostin.*, I, pp. 563–575).

[41] *Ep.* 209.

[42] *Ep.* 209,4.

[43] *Ep.* 209,6.

[44] *Ep.* 209,5.

[45] *Ep.* 209,9.

[46] *Ep. ad cath.* xix, 49–50.

[47] *de cura ger. pro mort.* xii, 15.

[48] *Serm.* 322; 323,2.

[49] v. sup. pp. 17,21.

[50] *Vita*, XXIX, 5.

[51] v. esp. *de civ. Dei*, XXII, 8.

[52] *de miraculis S. Stephani*, I, 14 (P. L. xli, 841).

[53] *Ep.* 78,3.

[54] in *de civ. Dei*,XXII,8.

[55] *Ep.* 52,2.

[56] *Serm.* 317,1.

[57] *de miraculis S. Stephani*,I,7(P. L. xli,839).

[58] 参 H. J. Diesner,"Die Circumcellionen v. Hippo Regius",*Kirche und Staat im spätrömischen Reich*,1963,p. 79。

[59] *Ep.* 78,3.

[60] 参 Quodvultdeus,*Livre des promesses*,VI,vi,11,ed. Braun,ii,p. 609。其中一位罗马公教徒讲述了与罗马公教敌对、以奇迹来治病的人的施治经过："那不过是建立在纯粹想象基础之上的小把戏。"借此,"老百姓们认为他们重新获得光明,获得了行走能力。"

[61] 参 J. de Vooght,"Les miracles dans la vie de S. Augustin",*Recherches de Théologie ancienne er médiévale*,xi,1939,pp. 5-16。

[62] *Serm.* 356,4.

[63] *Serm.* 316,5.

[64] e. g. *de civ. Dei*,XXII,8,164-168.

[65] *de civ. Dei*,XXII,8,400.

[66] 参 H. Delehaye,"Les premiers 'libelli miraculorum'",*Analecta Bollandiana*,29,1910,pp. 427-434;"Les recueils antiques des miracles des saints",*Analecta Bollandiana*,43,1925,pp. 74-85。

[67] Jones,*The Later Empire*,ii,p. 963.

[68] *de civ. Dei*,XXII,8,160.

[69] *de civ. Dei*,XXII,8,350-353.

[70] v. sup. p. 387.

[71] *Ep.* 227.

[72] *de civ Dei*,XXII,8,568. 这些人的态度得到古代晚期（Later Antiquity）思想界的支持。参 H. I. Marrou(en collaboration avec A. M. La Bonnardière),"Le dogme de la résurrection des corps et la théologie des valeurs humains selon l'enseignement de saint Augustin",*Rev. études augustin.* ,xii,1966,pp. 111-136,115-119。

[73] *de vera relig.* xxv,47.

[74] *Retract.* I,13,7.

[75] Implied by Jones,*The Later Roman Empire*,ii,pp. 963-964.

[76] Van der Meer, *Augustine*, pp. 527–557.

[77] e. g. *de cura pro mort. ger.* xvi, 19.

[78] *de civ. Dei*, XXI, 4, 81.

[79] *de civ. Dei*, XXII, 11.

[80] *C. Julian*, V, xiv, 51.

[81] "获得性状",生物学术语,指不是由基因引起的改变,而是由后天环境获得的改变。——译者注

[82] e. g. *C. Julian*, VI, vi, 15.

[83] *de nupt et concup.* I, xix, 21.

[84] v. esp. *C. Julian*, VI, vi, 17–18.

[85] 见 Marrou, S. *Augustin et la fin de la culture antique*, pp. 151–157。

[86] e. g. *Ep.* 137, iii, 10.

[87] *de util. cred.* xiv, 34.

[88] *C. Faust.* XXVI, 3.

[89] v. sup. pp. 395–396.

[90] *Serm.* 88, 5.

[91] v. esp. Burnaby, *Amor Dei*, pp. 113–114.

[92] *Serm.* 299, 8; 355, 4.

[93] *Serm*, 317, 3.

[94] *de civ. Dei*, XXII, 22, 90.

[95] *de cura ger. mort.* xvi, 20.

[96] *Serm.* 88, 2.

[97] *Tract. in Joh.* 13, 17.

[98] *de VIII Dulcitii quaest.* vii, 3.

[99] *Serm.* 286, 5.

[100] *de civ. Dei*, XXII, 9. *Ps* 93, 11, in *de civ. Dei*, XXII, 4.

[101] *Ps.* 93, 11, in *de civ. Dei*, XXII, 4.

35

罗马统治下的非洲的终结 [1]

奥古斯丁曾给罗马元老院的一位元老写信说："不仅仅在边境地区，而且在整个非洲行省范围内，我们的和平都归功于野蛮人的誓言。"[2]奥古斯丁很少会提及这个"非洲野蛮人的世界"。[3]在希波西部和南部的大山脉中——卡比利亚、霍德纳、欧雷斯——居住着一些半游牧部落。生活在饥饿边缘的他们，经常向下侵入文明的平原地区。他们突袭小组的骑兵，活动范围十分广泛：米莱维斯的塞维鲁斯有一个侄女就是在一次这样的突袭中于塞提夫（Sétif）附近被绑架的。[4]在更往南和往东的地方，在罗马帝国任何与沙漠交界的地区，都能感受到那些真正的游牧民族的存在。在这片天地中，有散布各地的堡垒，半独立的头领，建有多层防御工事的农场；与那些充满和平气息的、无计划地在海岸地区延伸的别墅不同，这些堡垒和工事就像中世纪的城堡一样地守护着橄榄园，朝不保夕地扼守着通往沙漠的道路。[5]这片广袤的内陆地带，与奥古斯丁所熟知的罗马治下的非洲，几乎没有什么关联。只有在希波周围庄园中劳作的奴隶才能使他想起，还有一个世界几乎不在罗马的控制之下，也不为基督教的传播所动。[6]

作为一名主教，奥古斯丁没有怎么改变过他自从学生时代就有的习惯。迦太基仍然是他世界的中心：在三十年中，他曾经到过那里 33次[7]，却只有一次深入到毛里塔尼亚那更为宽广的省份。[8]他会花整整

几个月的时间在这座城里，和他的同事们一起参与忙碌的事务[9]，去
424 拜访一些要人，显然也吃得很好（以烤孔雀为食，这与他在希波修道
院中的素食餐相比，算是一个改变了）。[10] 在迦太基，旧有的生活依然
在继续。在西部帝国其他地区已经遭受了蛮族踩躏的时候，地方总督
管理的非洲行省（Proconsular Africa）仍然是一片繁荣得几乎令人难
以置信的绿洲。它是西部帝国皇帝们财富的"备用大锚"；帝国当局以
频繁的让步向这片土地上的大地主示好，而让步的范围则从有利的税
收调整一直到捕猎狮子的权力。[11] 经常有碑刻继续赞扬那些来到迦太基
（仍然是"非洲的罗马"）的贵族总督的慷慨和正直。[12]

    然而，非洲只是在过去三十年中享受到一种被保护的生活。这是
一个内部分化奇怪且了无生气的社会。当地的大地主们很少会加入到
服务于皇帝的行列中。[13] 他们通常会在政府的正规机构之外行使他们的
权力。他们主要关心的是他们的庄园，他们的作物的产量[14]，他们的
葡萄酒的质量[15]，以及狩猎的乐趣[16]。他们与世隔绝且遭人妒忌："他
们是唯一生活着的一群人。"[17]

    非洲的主教们也使他们自己与这些人相区分。他们已经变成了
"出类拔萃的"廷臣。他们的事务使他们经常到访拉文纳。直到奥古斯
丁生命的最后一刻，阿里庇乌都还在罗马交涉。他已经学会了保持对
意大利人的意见的敏感性，而且知道如何在这些廷臣间周旋。[18] 在那些
来访的官员眼里，罗马公教的主教如今已经具有一种成为行省社会中
资格最老、最受人尊敬之人的优势。因此，当我们发现奥古斯丁最后
的信件是一些文雅的外交照会时，也就不感到吃惊了。[19] 然而，这些主
教之所以活跃，完全是为了他们自己和他们的门生。[20] 他们任由平信徒
自己照料自己。对这些平信徒而言，繁荣的继续也意味着异教生活外
观的延续。他们会加入异教的文学圈，会资助大型的马戏表演；他们
甚至会以异教帝王崇拜的祭司身份，向信奉罗马公教的皇帝们要求税
收豁免。[21] 与这些人相比，这些主教仍然是无足轻重的。在罗马，人们
425 完全有可能相信，奥古斯丁所充当的角色不过是一个大地主的工具，
而这个地主正急于让自己的庄园摆脱某位令人厌烦的主教的控制。[22] 主
教和大地主之间的连结，对于高卢、西班牙和意大利北部的罗马居民
的士气而言是极其重要的，可是这种连结显然没有在非洲发生。然后，

在不知不觉中，非洲各行省的控制权逐渐从当地的百姓手中落到了那些邪恶的外来者——那些继任的军事指挥官手中；他们作为非洲的伯爵，保护着文明的沿岸地区免遭来自广阔内陆地区的侵扰。非洲的军事力量弱到了危险的境地，而且非常分散，同时还普遍不受人欢迎。奥古斯丁对他们不抱任何幻想：士兵生活的主要乐趣在于欺凌当地的农场主。[23]对此，奥古斯丁的会众显然十分认同，因为他们曾经私下里将驻军的一个指挥官处决了。[24]这些如今出现在非洲的官员，提醒着人们，在地中海以北有一个骚动不安的世界。一个这样的人就安葬在卡登内，这是在希波以西很远的一个地方。此人早已致富：他的制服斗篷上别有一些华丽的黄金胸针；但这些胸针有可能是在遥远的莱茵兰地区，由日尔曼工匠按照日尔曼人的式样打制而成的。[25]

奥古斯丁难以避免与这些人的接触。军队是唯一有效的治安力量；要执行对多纳徒派的镇压政策，它是必不可少的。[26]正是以下考虑，即要执行反对异端分子的法律和维护毛里塔尼亚和南努米底亚地区罗马公教会的安全，促使奥古斯丁去和卜尼法斯（Boniface）建立联系；他是新一代职业军人中最引人注目的，当然也是最致命的人物之一。[27]

当我们第一次在 418 年遇到卜尼法斯的时候，他所从事的职业已经将他从多瑙河带到了马赛。他在蛮族中间生活了一辈子。如今，他正率领一支哥特人雇佣军驻扎在非洲南部的边境地区，或许是在维塞拉（Vescera）附近。对多纳徒派的镇压也许是一项让他感到迷惑的任务：他自己的军队，作为哥特人，是阿里乌派信徒；因此，从严格的意义上来说，也是"异端分子"。[28]但是，由于他有一位虔诚信奉罗马公教的妻子，他便是一个奥古斯丁能够以一封证明这些镇压举措合理性的长信去接近的人。[29]富有影响力的地方性军事指挥官是主教们唯一需要的盟友。卜尼法斯看起来正好就是这样一个人。当他的妻子在 420 年左右的某个时间去世的时候，卜尼法斯甚至考虑过要进修道院。[30]然而，在所有人中，正是奥古斯丁和阿里庇乌说服他不要这么做的。三十年前，为了劝说帝国特务机关的一个成员成为一名修士，奥古斯丁特地从塔加斯特赶到了希波；[31]如今，他进行了一次前所未有的长途旅行，深入到努米底亚腹地，来到了图布奈（Tubunae），为的是让一位将军留在他的职位上。[32]他已经逐渐认识到对安全的迫切需要。在《上

426

帝之城》中，他探讨和证实了纯粹"现世"和平的价值；[33]在努米底亚南部地区，他可能第一次真正认识到，那种他在家时视为理所当然的"现世和平"，在这片荒蛮的土地上却极其宝贵。这里的公教团体需要一个强人来作为它们的保护者，以保护它们免遭那些游牧民族闪电般的突袭。[34]

因此，奥古斯丁和阿里庇乌直接向一位驻守在边境的将军寻求保护，就像他们时常向拉文纳的皇帝们求助一样。但对于一个像卜尼法斯这样的人，他们的评判已经过时了。在他们更年轻一些的时候，有一位伟大的摩尔人将军吉尔多（Gildo），虽然很可能不怎么受人欢迎，但至少还是一个本地人，在他所戍守的行省中有自己的大片庄园。[35]相比之下，卜尼法斯是一个职业将军。他的财富取决于他在各种战事中的参与，而这些战事有时远至多瑙河和西班牙南部。他属于一个正在成为西部帝国那些可耻皇帝的拥立者（造王者）的阶层。对他而言，继续在非洲行省那偏僻的边疆地区留任，和成为一名修士确乎完全一样，都意味着对这个世界的弃绝。奥古斯丁希望他能够作出这样的牺牲：作为一名有着禁欲苦修思想的虔诚基督徒，遵从一位主教安贫、公正和独身的建议，完全是他的义务。[36]主教的这个建议，事实上意味着，卜尼法斯应当放弃所有晋升的机会。

卜尼法斯的亡妻影响很快就消退了。到 423 年时，他已经使自己成为"事实上的"（de facto）非洲伯爵；到 426 年时，他已经通过一次宫廷之行，巩固了自己的职位。而这次朝廷之行也标志着奥古斯丁对他所抱有的幻想的终结。在回来的时候，卜尼法斯不但带回了一名富有的女继承人，而且还带回来一些侍妾以作为他在这场政治角逐中对自己的安慰。[37]他甚至向许多转投罗马为将军的蛮族将领所信仰的宗教妥协，而他的妻子也是一名阿里乌派信徒，而且他还让女儿接受异端分子所施行的洗礼。[38]对于这个行省而言，最为糟糕的是，他是一名不得不使用他的军队来保护自己的位置免遭意大利方面攻击的非洲伯爵。在所有地区中，迦太基被强化成一个抵御罗马进攻的堡垒[39]，与此同时，在内陆地区，"非洲的蛮族们"则处于一种骚动不安的状态之中。[40]

所有这一切，都令奥古斯丁沮丧。如此之多的行省都已在一次蛮族入侵的蹂躏下为它们的罪付出了代价。在他看来，如今在非洲存在着足够多的罪恶——当然也存在着足够多的野蛮人——使得一场灾难不可避免。[41]

然而，卜尼法斯却希望主教们给他支持。他声称自己的事业是正义的；[42] 在奥古斯丁讲道的时候，他也会去教堂；[43] 他曾满怀敬意，专程去拜访这位老人，结果却发现，奥古斯丁是如此精疲力竭，以至于无力和他交流。[44] 然而，在 427 年和 428 年之间的那个冬天，他收到了一封奥古斯丁的来信，这是由一名获得高度信任的机要信使送来的。[45] 这封有意无关于政治的信件，不仅是主教对他的一个提醒，提醒他关注那些已经被他放弃的理想，而且还心照不宣地撤回了对他的支持。一直到最后，奥古斯丁都只不过是一个平民。当那些部族发生叛乱的消息传到他那里的时候，他感到非常恐惧。[46] 他严厉抨击了这位伯爵门下武装家臣凶残暴虐的行径。[47] 出于对帝国朝廷本能的忠诚，对于使卜尼法斯与拉文纳相互疏离的争端，他拒绝作出评判。[48] 作为一个老人，他现在已经不能再提供任何政治建议了。[49] 他刚刚重新阅读了旧约以色列诸王的历史。在这段历史中，令他印象最为深刻的是事情发生的方式，其中神隐秘的行事使得最合理的政策也归于失败。[50] 难道他与卜尼法斯之间的关系不是以同样的不幸为标志的吗？他所能够给出的建议，只能是珍爱和平。他赞美帝国特使达利乌（Darius）正是由于这样的一项政策；而达利乌会在第二年来与这位伯爵谈判以达成一项协议。[51]

428

这种将军事勒索和外交谈判混合在一起的作法，仍然属于古老的、受保护的非洲政治世界的作风。但也维持不了多久了。当这位将军、主教们以及朝廷大臣们正在相互交换经过仔细权衡的信件时，地中海远端的人正密切关注着他们之间的分歧。在西部帝国这个最为富庶的行省和一个新近被立的部落首领（这个部落一直在帝国外交体系之外）之间，只隔着直布罗陀海峡和那漫长空旷的毛里塔尼亚海岸地带。这个部落首领是一个瘸子，他"精于算计、沉默寡言、蔑视奢华、暴躁易怒、贪恋财富，擅长在部落间耍弄各种阴谋诡计，总是随时准备撒下不和的种子，变出新的仇恨"[52]——这个人就是该萨利克（Genseric），汪达尔人国王。

当他们渡过直布罗陀海峡时，整个部族拥有 8 万人。他们的战士形成了"一个巨大的兵团"。[53]阿兰人、哥特人等来自其他部族的冒险家也加入了他们：因为这是一次所有蛮族人都梦想过但一直都没能实现的征服。汪达尔人也是信奉阿里乌派的基督徒，他们相信战神是站在他们这边的。在与罗马人交战时，他们曾将乌尔菲拉斯（Ulfilas）[54]翻译的哥特语圣经放在自己的头上。[55]

罗马在非洲的统治轻易地崩溃了。[56]在429年夏天和430年春天，汪达尔人突然迅速地侵占了毛里塔尼亚和努米底亚。至今没有关于当地居民抵抗的记录：并没有公教团体像在西班牙所发生过的情况那样，集结在他们主教的身后，去抵抗并不断地攻击野蛮人。罗马公教的主教们已然分裂，而且意志消沉，他们的会众则萎靡不振。在面对"罗马世界的颠覆者"[57]时，他们失去了对殉道的兴趣。奥古斯丁曾经嘲笑多纳徒派说：当遭到迫害时，他们应当采纳福音书中的建议，"逃往另一座城"。[58]这种不得体的嘲讽，如今有报应了：他的同事们将用这段文字为一种容易传染的恐慌辩护。[59]有人写道："如果我们守在我们的教堂中，我实在难以看出，这对我们自己和人民会有任何的用处。我们只能待在那里，眼睁睁地看着我们的男人被杀死，妇女被强暴，教堂被焚毁；而我们也会因为我们根本没有的财富而被活活地折磨至死。"[60]

奥古斯丁在一封有着其典型的谨慎和有所区分的信中回应了这些理由。[61]他的决定是清晰明了的：他的理想岌岌可危；将主教和他的会众连结在一起的纽带必须予以固守。"不能让任何人妄图如此轻易地控制我们的船，以至于水手，更别提船长，竟然在危险的时候舍弃她……"[62]

希波是一座有着坚固防御工事的城市。这是一种自相矛盾的时运流转，卜尼法斯指挥了这次防御之战：这位伟大的非洲伯爵如今又仅仅只是一支哥特人雇佣军的指挥官了。[63]逃难的主教，或者失去自己羊群的主教，纷纷涌进这座城市来避难。其中也包括那可怜的波希迪乌："就在我们的眼前，上帝施行了可怕的判决，就这样，我们所有人都被丢在了一起。我们只能这样来认识这些判决，并且说：'您是公正的，哦，主啊，您的判决也是公义的。'"[64]

就在那个冬天，汪达尔人包围了这座城市，他们的舰队控制了海面。16 年前，奥古斯丁曾根据李维（Livy）[65]的作品，描述了萨坤图姆遭受围攻时所经历的恐怖。他曾问道，"一个信奉基督教的民族"会怎样表现呢？[66]汪达尔人已经在他们所占领城市的城外将两位主教折磨至死了。[67]"有一天，当我们和他一起坐在桌边交谈的时候，他对我们说道：'你们应该知道，我已经向上帝祈祷，他会解救这座被敌人围攻的城市，或者，如果他另有考虑的话，他会让他的仆人坚强得足以经受住他的意志，或者，他甚至会接我脱离现世的存在。'"[68]

奥古斯丁活着看到自己在非洲毕生的心血被暴力所毁灭。"多有智慧，就多有愁烦；加增知识的，就加增忧伤。"（传 1：18）这位上帝的仆人看到了一整座一整座的城市被劫掠；乡村别墅被拆毁，它们的主人要么被杀死，要么被驱散为难民；丧失了主教和神职人员的教堂；四散而逃的圣女和苦修士；有的人被折磨至死，有的人被即行处决；其他的人，沦为囚徒，以致在灵魂和身体之中都丧失了正直，被迫服侍一群邪恶而残暴的敌人。教堂中歌颂神和赞美上帝的活动也已经停止了。在许多地方，教堂被焚为平地。向上帝的献祭再也不能在它们合适的地方庆祝了；而圣礼，则要么无人寻求，要么当有人想参加时，却找不到人来主持……[69]

"置身于这些罪恶之中，某位智者的话语让他感到了些许慰藉：'他并不是这样一位伟人——认为砖瓦倾覆是件伟大的事；认为所有必死之人都将死去。'"[70]

当然，这"某位智者"不是别人，正是普罗提诺。[71]奥古斯丁，这位罗马公教的主教，将念叨着一位骄傲的异教贤哲的这些话，退隐于他那临终的卧榻之上。

注释

[1] 这方面最出色的研究是 Chr. Courtois, *Les Vandales et l'Afrique*, 1955。

[2] *Ep.* 47, 2.

[3] *Ep.* 220, 7.

[4] *Ep.* 111, 7.

[5] B. H. Warmington, *The North African Provinces*, pp. 20-26.

[6] *Ep.* 199, xii, 46.

[7] v. sup. p. 187.

[8] v. sup. p. 365; v. G. Bonner, "Augustine's Visit to Caesarea in 418", *Studies in Church History*, i, ed. Dugmore and Duggan, 1964, pp. 104–113.

[9] v. sup. p. 226, pp. 337–338.

[10] *de civ. Dei*, XXI, 4, 15.

[11] e. g. *Cod. Theod.* XV, 11, 1.

[12] Salvian, *de gubernatione Dei*, VII, 16 (P. L. liii, 143).

[13] v. sup. p. 13.

[14] *Enarr. in Ps.* 136, 3.

[15] *Enarr. in Ps.* 136, 5; cf. *de miraculis S. Stephani*, II, iii, 9 (P. L. xli, 849).

[16] *Mai* 126, 12, (*Misc. Agostin.* i, p. 366).

[17] *Serm.* 345, 1.

[18] v. sup. pp. 363–364, p. 385.

[19] *Epp.* 229–231.

[20] Frend, *Donatist Church*, p. 329.

[21] 例如 *Cod. Theod.* VII, xiii, 22 (428) 写给沃卢西阿努的意味深长的信 (v. sup. p. 298); 也可参 T. Kotula, *Zgromadzenia prowincjonalne wrzymskiej Afryce w epoce póznego Cesarstwa*, 1965, pp. 161–166 (French resumé: *Les Assemblées provinciales dans l'Afrique romaine sous le Bas-Empire*, pp. 171–179)。今人可能将《农神节》的作者马可罗比乌看做是这种环境的产物 (v. sup. p. 298, n. 7)。

[22] *Ep.* 209, 5.

[23] 关于马匹征用，参 *Enarr. in Ps.* 136, 3; cf. *de div. quaest.* LXXXIII, 79, 4。

[24] *Serm.* 302, 16.

[25] J. Heurgon, *Le trésor de Ténès*, 1958.

[26] e. g. *Cod. Theod.* XVI, 2, 31; v. Brown, "Religious Coercion", *History*, xlviii, 1963, p. 288.

[27] v. esp. H. J. Diesner, "Die Laufbahn des *Comes Africae* Bonifatius und seine Beziehungen zu Augustin", *Kirche und Staat im spätrömischen Reich*, 1963, pp. 100–126.

[28] *Ep.* 185, i, 1. 关于非洲阿里乌主义在士兵和主教中间的传播，可参 La Bonnardière, *Rech. de chronologie augustin.*, pp. 94–97。

[29] *Retract.* II, 73.

[30] *Ep.* 220, 2, 12.

[31] v. sup. p. 129.

［32］ *Ep.* 220,3.

［33］ v. sup. p. 324.

［34］ *Ep.* 220,3.

［35］ Warmington, *The North African Provinces* , pp. 10-12.

［36］ *Ep.* 220,3,5.

［37］ *Ep.* 220,4.

［38］ *Ep.* 220,4.

［39］ Diesner, "Bonifatius", *Kirche und Staat* , p. 111.

［40］ *Ep.* 220,7.

［41］ *Ep.* 220,8.

［42］ *Ep.* 220,5.

［43］ *Serm.* 114.

［44］ *Ep.* 220,2.

［45］ *Ep.* 220,1-2.

［46］ *Ep.* 220,7.

［47］ *Ep.* 220,6.

［48］ *Ep.* 220,5.

［49］ *Ep.* 220,1,9.

［50］ 参 A. M. La Bonnardière, "Quelques remarques sur les scripturaires du *de gratia et libero arbitrio*" , *Rev. études augustin.* ,ix,1963,pp. 77 -83。

［51］ *Ep.* 220,12;cf. *Ep.* 229,2.

［52］ Jordanes, *Getica* ,33.

［53］ *Vita* ,XXVIII,4.

［54］ 乌尔菲拉斯（约 311—383），哥特人主教，曾将圣经翻译成哥特语。——译者注

［55］ Salvian, *de gubernatione Dei* , VII,11(P. L. liii,138).

［56］ 参 H. J. Diesner, "Die Lage der nordafrikan. Bevölkerung im Zeitpunkt der Vandaleninvasion" , *Historia* ,xi,1962,pp. 97-111(*Kirche und Staat* ,pp. 127-139); P. Courcelle, *Histoire littéraire des grandes invasions* , pp. 115-139.

［57］ *Vita* ,XXX,1.

［58］ e. g. C. *litt. Petil.* II,xix,42-43.

［59］ *Ep.* 228,2 and 4.

［60］ *Ep.* 228,4.

［61］ *Ep.* 228,被波希迪乌收录于 *Vita* ,(XXX,3-51)。

［62］*Ep.* 228,11.

［63］*Vita*,XXVIII,12.

［64］*Vita*,XXVIII,13.

［65］李维（前 59—17），罗马历史学家。——译者注

［66］*de civ. Dei*,III,20,39.

［67］Victor Vitensis,*Historia persecutionis Vandalicae*,I,iii,10(P. L. lviii,185);v. Courtois,*Les Vandales*,p. 163.

［68］*Vita*,XXIX,1.

［69］*Vita*,XXVIII,6-8.

［70］*Vita*,XXVIII,11.

［71］Plotinus,*Ennead* I,iv,7(MacKenna 2,pp. 46-47);v Pellegrino,*Possidio*,p. 226,n. 14;Courcelle,*Hist littéraire*,pp. 277-282.

36

去　世

在那场灾难（发生在 428 年和 429 年之间）到来之前的那个冬天，奥古斯丁收到了一份高度赞扬和恭维他的照会，这份照会来自达利乌伯爵，也就是被派遣来与卜尼法斯谈判的那位帝国特使。[1] 通过奥古斯丁对这封信中华贵称颂之词所作出的反应，我们可以最后一次间接一瞥奥古斯丁的形象——极富教养、满腹经纶，时刻警醒于自己的名声所带来的各种诱惑。[2] 达利乌显然是一个受过良好教育的人，而且他对奥古斯丁大加颂扬："或许有人会说：'难道这些事物不令你感到高兴吗？'是的，它们确实使我感到高兴。'因为我的心，'正如那位诗人所说，'并不是用牛角做成的'，以至于我竟然可以要么完全不关注这些事物，要么不带有任何喜悦地看待它们。"[3] 当然，《忏悔录》便是奥古斯丁对这些看法的回应。他赠送给达利乌一部《忏悔录》的抄本："请在我的这些忏悔中来审视我，这样你就不会赞美我超过我的所是；请在这些忏悔中，相信我对自己的述说，而不是别人对我的谈论。请在这些忏悔中思考我，并看到我在我的自我之中，以及我在独处时曾是怎样的……因为'造我们的是他，而不是我们自己'，事实上，我们曾毁了自己，但造了我们的他，已重新造了我们……"[4]

他还提醒达利乌注意，狄米斯托克利（Themistocles）[5] 也曾喜欢听到对他本人的赞颂。[6] 为什么呢？因为这是一个凭借他的技艺"使一座小城变得伟大"[7]的人。乍一看，在罗马统治非洲的最后几天里，提及这位杰出的雅典人似乎是不合时宜的。但是，奥古斯丁已经创立了他自己的思想帝国；而达利乌也已认识到这一点了：他曾经向"我的图书馆"捐资，"以便我有财力去编辑新书，修复旧书。"[8]

奥古斯丁得以在过去的三年里生活在自己的图书馆中。像往常一样，奥古斯丁打算将闲暇花在"在圣经中操练自己"上。[9] 在他的阅读中，他似乎专注于旧约的历史书。在此之前，他是根据保罗的思想——个人的道德挣扎，基督赋予新生的权能——来发展自己关于恩典和自由意志的观点的。如今，他将表明，即便在 72 岁的高龄，他仍然能够将他的思想注入另一个更为奇怪的模子之中。对帕拉纠派而言，那不过是一个简单的善恶行为事迹集，而在奥古斯丁那里，却是一段略带神秘色彩的历史。不管在公共活动中，还是在私人行动中，自觉的人类意图只能运行到这个程度，而不可能超越这个局限。在以色列的历史中，他会看到，大规模的恐慌突然降临到得胜的军队中，明智稳妥的政策出现了不可预知的结果，国王的内心突然发生转变。[10]

这一计划最终湮没在大量的作品之中，而这些作品依然是奥古斯丁为了应对刻不容缓的问题和攻击而不得不写的：修道院的无言反叛；[11] 朱利安的恶意；[12] 犹太人团体的长期挑战；[13] 伴随敌军而来的阿里乌派主教，突然而不详地出现，满怀信心；而且作为日耳曼将军们所信任的代表，他们如今知道自己的时代终于到来了。[14]

但首先，正是图书馆本身引起了他的注意。在那些书架上，在罗马帝国晚期人们用作书架的那些小橱柜中[15]，存放着 93 部他自己的著作，这些著作是由 232 本小书组成的，还有他的好多捆信件，可能还塞满了他的布道辞选集，而这些布道辞是由他那些崇拜者中的速记员记下的。[16]

在这些手稿中，有一些需要编辑，有一些是尚未完成的草稿[17]，还有许多让他想起了那些尚未最终定型就从他手中传抄出去的作品。[18] 他的时日不多了。正如他十分小心地任命继承人一样，如今他也必须整理自己巨大的文学遗产。

奥古斯丁努力地从事这项工作直到生命的结束。在整个多灾多难的时期，他在夜间阅读自己以前的作品，白天则待在图书馆中，口授对纠缠不休的朱利安的回应。[19]我们只有他阅读其主要作品的结果——他的《订正录》一书。[20]这是一本按照年代顺序编订的标题目录集。书中，奥古斯丁时常给出相应作品创作的理由和对作品内容的简单介绍，加之以他的评论。这位老人所作的这些极为宝贵的评论，部分是出于自我批评，但它们更多的是在尝试向世人解释他自己。[21]反对朱利安的工作使奥古斯丁无法口授一些会使我们更感兴趣的内容：他对自己书信的评注，以及更为重要的是，他对那数百篇布道辞的评论。这些布道辞的年代排序仍然令我们困惑不已，而它们的即兴发挥的特征似乎引起了老主教的某种关切。因为他承认，在教堂中，他几乎不能做到"快快地听，慢慢地说"。[22]

在这本《订正录》的前言里，奥古斯丁清楚地意识到，他正在撰写一种新书。[23]虽然他给出的理由并不是很明确，但却是足够清楚的。这是一个巨大的藏书室，摆满了各种著作，而对于这些著作在罗马公教信徒中的影响，奥古斯丁最近才能认识并给予高度的评价。[24]"经上记着说，'多言多语，难免有过'，这使我极为恐惧。并不是我写得太多了……不管对不得不说的事物的描述有多长和多使人精疲力竭，天国都是禁止把这些描述称之为'言语过多'的；但我还是害怕圣经的这一判决，因为我毫不怀疑，从我如此之多的作品中，有可能收集到许多即使不是错误的，却看起来像是，或被发现是毫无必要的内容。"[25]

奥古斯丁希望将他的作品看成一个整体，以便将来那些达到和他一样确信的人以及成熟的罗马公教信徒可以有机会阅读这些作品。这些人一定能明白奥古斯丁取得目前的认识所走过的漫长历程。这就是奥古斯丁为什么故意以编年的顺序来评论这些作品，而不以主题来安排它们的原因。[26]然而，这些并不是深刻的自传式评论。活跃的思维偶有灵光闪现，这显示了，奥古斯丁至少作为一名哲学家已经意识到，他的人生已经将他带入了新的视野。[27]但是，奥古斯丁的主要意图是帮助读者"有益地"，也就是透过奥古斯丁目前的双眼，读出他作品中那些哪怕是最为细小的令人满意之处。[28]出于同样的原因，许多奥古斯丁曾因其过于复杂和不完善而倾向于禁止公布的作品，如今也得"赦免"了，因为它们或许包含某一个"必要的"但在别处找不到的论点。[29]

434

因此，奥古斯丁并不是一个生活在自己过去的人。他的目光是在当下。例如，他同时代的人似乎没有触及他在反对摩尼教、为自由意志辩护的过程中所面临的问题。[30]非洲知识分子中那可以说是摩尼教徒"同行者"的卓越一代，已然不存在了；能引起 5 世纪 30 年代之人兴趣的，是帕拉纠，而不是摩尼。

奥古斯丁的同事们显然也有这种紧迫感；因为他们敦促奥古斯丁尽快写下他所有正式作品的目录，也就是我们现在所拥有的那部分《订正录》。在那时，未来是如此不确定，以至于不能再犹豫了。没有一个西部帝国的行省可以自认为是安全的。奥古斯丁提供给罗马公教会的，是它在未来几个世纪中所亟需的：在一个骚动不安的世界中存在着一片绝对确信的绿洲：这便是一个人的图书馆；而此人的生命历程可以被视为一个朝着罗马公教正统"教会规范"（the ecclesiastical norms)[31]稳固前行的过程。

总的说来，《订正录》的撰写是一项枯燥乏味的工作。它展现出罗马帝国晚期文人作品中可以预期看到的那种非同一般而又目光短浅的执著：在对《创世记》中那些"会飞的生物"进行评论的时候，他忘了提及蚱蜢；[32]在撰写作品以反驳埃克拉努姆的朱利安时，他给塞浦路斯的一位国王起了一个名字，而在那里，索拉努斯（Soranus），这位医学界的权威，并没有给出过任何名字。[33]在枯燥乏味的工作之中，只存在一片感情的绿洲：

> "在我的十三卷《忏悔录》中，我用尽了一切可能的方式，不管是好的还是坏的，来赞美这位公正、良善的上帝，来激起人们向往他的心思和情感：就我个人的而言，当我撰写这十三卷书的时候，它们确实对我起到了这样的作用；而且，当我现在重新阅读它们的时候，它们仍然具有同样的效果。其他人怎么想，那是他们自己的事情；但我知道，至少有许多弟兄曾喜爱过它们，而且现在仍然喜爱它们。"[34]

《忏悔录》的精神和这部精细作品的外观相去不远："因此，剩下我所要做的，是在我唯一的主的指导下，审判自己。由于我此前对主的种种冒犯，我渴望能够逃脱主的审判。"[35]

在他生命的最后几个月里，在一个挤满了沮丧残民（来自一个曾经辉煌的罗马社会）的教会中，他的思维和身体显得仍然很活跃。[36]那些曾经生活在无比富足之中的人，如今却和长期忌妒他们的乞丐混在一起。那些汪达尔人，通过拷打和勒索赎金的方式，已经敲诈得到了基督和他的穷人们从来都没有得到过的财富。[37]这是一个受大众欢迎的道德家所关注的主题；但却不是奥古斯丁认为唯一重要的主题。他在这个时期的两次出色的布道，与他对那曾使罗马痛苦不堪的、遥远的大灾难所作出的反应，是很不同的。410年的时候，他曾反复而连贯地谈到上帝一视同仁的惩罚，谈到苦难的价值，谈到一切物质事物不可避免的腐朽，谈到世界正惨淡地接近它的暮年。[38]如今，正值灾难发生的时候，他的谈话发生了很大变化。野蛮军队突然降临在一个富饶的行省，这使人们认识到，并不是说这个世界是丑陋的、无法把握的，而是说它使他们体验到了自己对生命之爱的完全而绝望的执著：当他们焦急地在自己的保险柜里找钱的时候，当他们把自己所继承的所有遗产都交给那些折磨他们的人的时候，当他们抵达安全的希波城墙之下，发现自己身无分文、衣不遮体然而还活着的时候，他们在自己身上生动地认识到了这一点。[39]这场灾难所教给难民的，正是这种对世界、对生活之爱的乖僻的力量；而当奥古斯丁对目前这些人说话的时候，他完全了解他们的感受：

"当你年老的时候，你要伸出手来，别人要把你束上，带你到不愿意去的地方。"（约21：18）

殉道者的英雄主义是由此构成的："他们确实热爱此世的生命，然而他们对它做了权衡：他们考虑到，如果他们有能力如此热爱那些终将消逝的事物……那么对那永恒之物，他们该怀有多大的热爱啊。"

"我知道，你们想继续活下去。你们并不想死。你们想要以这样一种完全活着并且全然转变的方式，而不是作为一个死人从死里复活的方式，从此生转入永生。这就是你们所渴望的。这是最深刻的人类情感：神秘的是，灵魂本身也希望，而且本能地渴望它……"[40]

430年8月，因为发烧，奥古斯丁病倒了。他知道自己就要死了。在遥远的意大利，保利努也快要死了；但他在一个和平的行省小城中，接受着朋友们谦恭的探访。[41]而奥古斯丁则想要独自死去。

"任何不想害怕的人，应该探查他内心最深处的自我。不要只触及表面；要深入你自己，到达你心灵那最遥远的角落。然后再仔细地检查它：看看在那里，日趋衰微的爱世界之心是否仍在跳动；看看你是否受到某些肉体欲望的驱动，是否受到某些感官法则的束缚；你是否从未因空洞的吹嘘而沾沾自喜，是否从未因某种无端的焦虑而抑郁消沉。只有当你对内在之我最深处的一切事物都仔细审查过之后，你才敢宣称，自己是纯洁的，就如水晶般透彻。"[42]

"事实上，当我们亲密交谈的时候，这位圣洁的人……总是习惯于告诉我们：即便是那些值得赞颂的基督徒和主教，尽管已经受洗，但仍然不应该不进行相宜而严格的悔罪，就离开此生。而这正是他在病危之时所做的事：因为他已经要求将大卫那四篇涉及悔罪的诗篇抄录下来。从他的病榻上，他每天都可以看到这些悬挂在他房间墙上的纸张，而且他会持续而深切地哭泣着阅读它们。为了不让自己的注意力以任何方式从中转移，在他死前大约十天的时候，他要求我们，除了医生来检查身体或者送饭的时候，任何人都不能进去看他。这条规定也得到了应有的遵守：因此，他有整段的时间去祷告……"[43]

430 年 8 月 28 日，奥古斯丁去世并被安葬。

一年前，希波城的居民已经撤离，而且这城遭到了部分焚毁。然而，这座图书馆似乎奇迹般地逃脱了被毁灭的厄运。[44]波希迪乌保存了奥古斯丁最后一封致主教们的信，在这封信中，奥古斯丁敦促主教们坚守自己的岗位。波希迪乌会把这封信收录在他的《奥古斯丁生平》（*Life of Augustine*）一书中。他说，这封信"用途极大，关联性极强"。[45]波希迪乌在废墟之中生活了几年。接着，迦太基的新统治者，一名阿里乌派基督徒，将他赶出了卡拉马，就像他曾将他的基督徒同仁（一名多纳徒派主教）逐出那样。[46]

除了他的图书馆，奥古斯丁什么也没有留下。波希迪乌编纂了一份奥古斯丁著作的完整目录；[47]他认为，没有人能读完它们。[48]所有后来的奥古斯丁传记作家都逐渐感受到了波希迪乌在那空荡荡的房间中所感受到的某种东西：

"然而，我还是认为，从他身上获益最多的人，是那些能够亲眼看到他和亲耳听到他在教堂中布道的人，尤其是那些接触到他在人们之中过着怎样生活的人。"[49]

注释

[1] *Ep.* 230.

[2] *Ep.* 231.

[3] *Ep.* 231,2.

[4] *Ep.* 231,6.

[5] 狄米斯托克利（约前525—前460），雅典国务活动家、将军。——译者注

[6] *Ep.* 231,3.

[7] *Ep.* 231,3；cf. *Ep.* 118,iii,13.

[8] *Ep.* 231,7.

[9] *Ep.* 213,1.

[10] v. esp. La Bonnardière,in *Rev études augustin.*,ix,1963,pp. 77-83.

[11] v. sup. pp. 400 sq.

[12] v. sup. p. 386.

[13] Hence the *Tractatus adversus Judaeos*.

[14] *Collatio cum Maximino*,esp. I,1.

[15] v. B. Altaner,"Die Bibliothek des helligen Augustinus",*Theologische Revue*,1948,pp. 73-78. 关于罗马帝国晚期其他书馆的情况，可参 H. L. Marrou,"Autour de la bibliothèque du pape Agapet",*Mél. d'archéol. et d'hist.*,48,1931,pp. 124-169。

[16] e. g. *Retract.* II,39.

[17] e. g. *Retract.* I,17.

[18] *Retract.*,Prolog. 3.

[19] *Ep.* 224,3.

[20] v. esp. A. Harnack,"Die Retractationen Augustins",*Sitzungsber. preuss. Akad der Wiss.*,1905,2,pp. 1096-1131.

[21] v. esp. J. Burnaby,"The 'Retractations' of St. Augustine：Self-criticism or Apologia？",*Aug. Mag.*,I,1954,pp. 85-92.

[22] *Retract.*,Prolog. 3.

[23] *Retract.*,Prolog. 1.

[24] v. sup 为反对纯粹的半帕拉纠派"讲演"，Prosper of Aquitaine 总是求助于奥古斯丁《作品全集》。

[25] *Retract.*,Prolog. 2.

[26] *Retract.*,Prolog. 3.

[27] e. g. *Retract.* I,10,2,on *de Musica*;II,41,2,on the *de Trinitate*。参 R. A. Markus"'Imago' and 'Similitudo' in Augustine",*Rev. études augustin.*,xi, 1964,pp. 125-143。

[28] *Retract.* ,Prolog. 3.

[29] e. g. *Retract.* I,26.

[30] e. g. *Retract.* I,8.

[31] *Vita*,XXVIII,1.

[32] *Retract.* II,41,3.

[33] *Retract.* II,88,2.

[34] *Retract.* II,32.

[35] *Retract.* ,Prolog. 2.

[36] *Vita*,XXXI,4.

[37] *Serm.* 345,2.

[38] v. sup. pp. 291-292,295-296.

[39] *Serm.* 345,2.

[40] *Serm.* 344,4.

[41] Uranius,*de obitu sancti Paulini*,3(P. L. liii,861).

[42] *Serm.* 348,2.

[43] *Vita*,XXXI,1-3.

[44] v. H. V. M. Dennis,"Another Note on the Vandal Occupation of Hippo",*Journ. Rom. Studies*,xv,1925,pp. 263-268. 近百年后，一位汪达尔人的施瓦本妻子也将被葬在奥古斯丁大教堂下，参见 Marec,*Les Monuments*,pp. 62-63。关于希波人对奥古斯丁的记忆，Frend(*Donatist Church*,pp. 229-230)的叙述或许有点过于悲观，可参 H. I. Marrou,"épitaphe chrétienne d'Hippone à réminiscences virgiliennes",*Libyca*,I,1953,pp. 215-230。

[45] *Vita*,XXX,1.

[46] Prosper,*Chron.* ,ad ann. 438(P. L. li,547).

[47] Ed. A. Wilmart,*Misc. Agostin.* ,ii,pp. 149-233.

[48] *Vita*,XVIII,9.

[49] *Vita*,XXXI,9.

跋

1

新 证 据

当汪达尔人的劫掠持续到 430 年冬天的时候，在希波教会的图书馆中，奥古斯丁的朋友们，尤其是奥古斯丁的传记作家卡拉马的主教波希迪乌（Possidius），采取了各种预防措施，以确保在奥古斯丁去世之后他的作品能够直接地、没有任何问题地流传后世。他的作品就是他留给罗马公教会的遗产。他的朋友们希望确保让未来读到他作品的人，都能够清楚地明白哪些作品是他的，这些作品的内容是什么，它们是在什么时候因为什么而写成的。正如我们看到的那样，奥古斯丁本人已经预见到这种需要，在 427 年就撰写了《订正录》。[1]

在随后的几年中，当波希迪乌撰写《奥古斯丁生平》的时候，他还特意在这部著作中附录了一份《著作清单》（Indiculum），即一份先前就编纂好的、收藏在主教图书馆中的奥古斯丁著作表。这份《著作清单》不仅包含了奥古斯丁的信件和布道辞，而且也包含了他的正式作品。这份文件也是对那些默默无闻的、为奥古斯丁的写作提供许多帮助之人（即那些为主教服务的速记员和誊写员）坚定而有序工作的成果的认可，波希迪乌决定把这份文件包含进来，这项举动被证明具有十分重要的意义。与奥古斯丁的《订正录》一道，波希迪乌所作的《著作清单》确保了奥古斯丁正式的神学作品从一开始就得到了毫无疑问的确认。奥古斯丁后来成为西方拉丁世界中最具权威的人物，在很大程度上就是因为这一点。[2] 在撰写完《奥古斯丁生平》一书的时候，他知道自己在进行一项怎样的工作。他采用了一种对于一名主教来说多少有些让人惊奇的办法，引用了一位并不知名的异教徒诗人墓碑上的话语：

> 过路的人啊，难道你不知道，诗人是怎样不受坟墓的限制而存在的吗？留步并阅读这些诗句吧，说话的正是我；高声朗读这部著作吧，你鲜活的声音实际上就是我的声音。[3]

442　　可是，波希迪乌并没有完全如愿。虽然奥古斯丁正式的作品被小心地编入到《订正录》和波希迪乌《著作清单》中，但这些作品仍然保持着它们原有的令人生畏的编排顺序。奥古斯丁本人也曾试图用同样的方式来整理自己的信件，或许他试图按时间顺序来整理，并对其目的、内容和疏漏进行简要的评价。到 428 年年底的时候，他已经重新阅读了自己绝大多数的信件，就在他准备口授对这些信件的评价时，情绪激动的埃克拉努姆的朱利安又把 8 本书寄到了希波。这无异于一次雪崩。毫无疑问，奥古斯丁必须再次为了教会的公共利益而作出牺牲，不得不把自己过去 41 年间所写的信件放到一边。然而，直到自己去世，奥古斯丁都没能再整理这些信件了。[4]他的布道辞，也没能得到分类和整理。

　　就这样，奥古斯丁两种类型著作的主要分歧就产生了。在随后的若干世纪中，奥古斯丁的书信和布道辞有力地流传开来，这些作品分散在不同的文集中。和奥古斯丁的正式著作相比，要识别这些书信和布道辞要困难得多。当奥古斯丁的作品集在 16 世纪和 17 世纪通过印刷的方式开始被编辑出版时，他的许多布道辞和信件并没有被包含其中。因为编辑们得不到这些布道辞和信件的手抄本，从而使得奥古斯丁的许多布道辞和信件都没有被编入到这些新的、权威性的大部头著作之中。可是人们还是知道有这些作品，因为这些作品的标题被列入在波希迪乌的《著作清单》之中。在加洛林文库（Carolingian libraries）的藏书目录中，还提到了部分奥古斯丁信件和布道辞的标题。还有一些信件和布道辞，可以通过一些中世纪作者们所引用的片段而窥见一斑。[5]

　　事实证明，要搜寻到这些信件和布道辞是相当困难的。欧洲各大图书馆总共收藏了 15000 多份奥古斯丁著作的手抄本。这些手抄本大都是中世纪晚期对奥古斯丁一些有名著作的誊写，在后来的几个世纪中，许多抄本又重新被复制。要在如此多的手抄本中搜寻出全新的奥古斯丁布道辞和信件，其困难程度无异于在当地的一个二手书店中搜寻一本第一版的莎士比亚作品。然而，在 1975 年和 1990 年，这样的事情确确实实发生了两次。

时代发展了。计算机技术的发展使得以一种前所未有的速度来登记、甄别和确认各种中世纪文本成为了可能。自 1969 年起，奥地利科学院（the Austrian Academy of Sciences）开始对西欧各地图书馆中所有奥古斯丁的知名作品进行登记。为了参与这个项目，维也纳的约翰内斯·迪弗雅克（Johannes Divjak）来到了法国。在马赛市图书馆（Bibliothèque Municipale of Marseilles）中，他发现了一部标准的奥古斯丁书信集，其中包含了 29 封其他书信集中从未包含的信件。在这 29 封信中，有 27 封被证明是完全未知的。人们习惯称这些信件为"迪弗雅克信件"（Divjak letters），通过在这 29 封信件的每一个序号前加星号的方式，将它们和以前就收录到奥古斯丁书信集中的信件区别开来。[6]

迪弗雅克是在一本手抄本中发现这 29 封信的，可是这本手抄本并不是一部古代的手抄本，它完成于 1455—1465 年之间。这是一部十分重要的作品，一位曾经在安茹的雷诺国王（King René of Anjou）身边工作过的著名宫廷艺术家为它绘制了插图，雷诺国王是一位相当富有但却有些不幸的国王，他亲自撰写了一部名为《一个爱情俘虏的故事》（*The Story of a Heart Caught by Love*）的典雅爱情小说。[7] 在此之前相当长的时期内，人们都想当然地认为，任何一部优雅的、中世纪晚期的手抄本中是不会收录尚未发现的奥古斯丁的作品的。因此，当迪弗雅克发现自己正在阅读的是一些到那时为止尚未出版的信件时，就连他自己都感到十分惊奇。当他了解到这些信件中有许多都谈到了北非和其他地区的一些戏剧性的、我们以前要么不知道，要么只知道部分真相的事件后，他感到十分高兴。这些作品让我们了解到了奥古斯丁晚年生活中的一些令人激动的细节，尤其是 418 年到 428 年（即从奥古斯丁 65 岁到他去世两年前）生活的情景。

1990 年，巴黎的弗朗索瓦·多尔博（François Dolbeau）有了一个重要的发现，美茵茨城市图书馆新近编目的一本并不显眼的手抄本中包含有一组布道辞，在这组布道辞中，有些非常长，其中的 26 篇要么完全不为人知，要么只是以摘录的形式被少数人所了解。这些布道辞由十几个不同的人通过手抄的方式抄录下来，完成时间大约在 1470—1475 年之间，有可能是为了满足美茵茨加尔都西会修士们的需要而完成的。[8] 这些布道辞首先被命名为 "美茵茨布道辞文集"（*les sermons de Mayence*），如今人们在引用的时候把它们称为 "多尔博布道辞文集"（Dolbeau sermons）。[9] 作为本书的核心，有一组布道辞或许是奥古斯丁于 397 年晚春和夏天在迦太基所作的。对于奥古斯丁在 397 年所作的布道辞数量，我们还不清楚。至于那一年他在迦太基停留了多长时间，我们也还不完全清楚。但是这些目前基本可以肯定是在 397 年所作的布道辞却表明，那时的奥古斯丁处于一个十分关键的时期。这些布道辞不但表明了奥古斯丁初次以一名主教的身份亮相时的情况，而且还表明，《忏悔录》这部著作此时已经在奥古斯丁的头脑中成型了。[10] 另外一组包含了奥古斯丁在迦太基和上迈杰尔达山谷（the upper Medjerda valley）所作的布道辞，可以被确定的是，这些布道的完成日期是在 403 年冬末到 404 年初春。这是一个让人感到前途一片光明的时期，在这个时候，非洲的罗马公教会已经开始了自身的改革，并清楚地表明了它们的决心，它们试图向多纳徒派教会和那些顽固不化的异教思想发起正面攻击，从而掌控这个行省的宗教生活。[11] 不管是来自于 "美茵茨布道辞文集"，还是来自于弗朗索瓦·多尔博辛勤劳动向我们提供的新发现，这些完成于不同日期的布道辞都是上述材料的很好补充。[12] 用多尔博的话来说，阅读这些布道辞将是一种很特别的经历，其感觉就像 "当录音机把一位死去多年的好友的声音重放出来时人们的感受"[13] 一样。

因为，如果不了解这一点，不管是美茵茨加尔都西会修士还是那现代风格的迪弗雅克信件誊写员，都将忽略大批尚未被人接触的、"化石般"的证据。这些信件和布道辞是 "可遇不可求的"，正是这一特征，使得这些特别的信件和布道辞在中世纪流传得十分缓慢；也正是这一特征，使得我们在发现这些布道辞后激动不已。对于那些中世纪在欧洲北部阅读和抄录这些布道辞和信件的人来说，北非就像一座被湮没的城市一样，是沉寂的，然而这些信件和布道辞本身却传递着一种来自北非的声音。许多信件都以看起来十分冗长的篇幅谈到了那些发生在农场和名称奇怪的、讲迦太基方言的村庄里的故事。[14] 作为一名主教，奥古斯丁的工作是在某种特定的司法体系框架之内开展的，这一司法体系仍然想当然地认为：条条大路通罗马。在中世纪的读者看来，这些作品中所包含的法律方面的素材既不适用于当时，也很难理解。更为重要的是，这些信件都很世俗，所涉及的都是一些生活在北非小城镇中的小人物们的日常事务。只有极少数的信件涉及永恒的基督教教义问题。

透过多尔博布道辞，我们可以瞥见这样的一个场景，在欧洲北部遥远的某个地区，有一群修士，他们正在阅读这些布道辞，寻找那些与他们那个时代相关的章节。700 年左右，正是尊者比德（the Venerable Bede）阅读了这些布道辞中最长的那一篇，并在异教徒一月朔日的新年聚会（the pagan New Year's Feast of the Kalends of January）上用这篇布道辞进行了布道。[15] 面对着这篇由 1543 行所组成的名篇，他的目光变得呆滞起来了。因为他瞥见了一个完全不同的世界，对于他那个时代的世界而言，他所窥见的这个世界太过于古老，太过于遥远了。它谈到了一座地中海沿岸大城市中基督教会的情况，在那个时候，那里的基督教会正受到暗潮涌动的、形形色色异教的围攻。从这么多的话中，比德摘取了不到一百句话。其余的都被他遗弃了。这篇布道辞对罗马帝国末期的一座异教城市作出了十分宝贵、异常敏锐的观察，然而这并没有引起比德太大的兴趣。这场战斗至少是用一种特别的、异教的方式展开的，到他那个时代，基督教已经取得了这场战争的胜利。在过去的 1500 年中，对于这样的一篇大篇幅的布道辞，我们将不得不满足于一些较短的摘录，这些摘录都是由欧洲北部的一些教士为实现自己的目标而挑选并流传开来的。只是到了现在，我们才能够完整地阅读到这些布道辞，通过对奥古斯丁向迦太基民众进行布道的特写，再次和奥古斯丁相遇。

用多尔博的话来说，多尔博布道辞和迪弗雅克信件确实"把一位死去多年的好友的声音给重放出来了"。他们已经捕捉到了奥古斯丁人生中的两个独立的重要阶段。多尔博布道辞展示的是四十多岁的奥古

445

斯丁刚就任北非主教时进行布道的情景。迪弗雅克信件则展现了一个完全不同的奥古斯丁形象，这是一位上了年纪的主教，被迫承担起各种忧虑所带来的全部负担，他是一名公众人物，是一位享有国际声誉的作家，已经步入了人生的最后阶段。[16]

但是，那种声音具体又像什么东西呢？它与我在 20 世纪 60 年代撰写奥古斯丁传时努力捕捉的声音又有哪些差异呢？这并不是作为一名神学家或者思想家的奥古斯丁所发出的声音，而是作为一名最亲切、最日常的主教所发出的生动的声音。在奥古斯丁布道的时候，速记员们将布道的话语记录下来，透过这些速记员记录下来的布道辞，我们确实可以捕捉到奥古斯丁在自己任期头十年中与公教会会众面对面地交谈时所发出的声音。大约二十年之后，通过迪弗雅克信件，我们发现，奥古斯丁已经是一位上了年纪的主教，每天都被那些似乎是没完没了的、非洲公教会的日常事务给湮没了。

正是这种亲切与日常事务的结合，才让我感到惊奇。这种结合使得我重新审视我的传记在很多地方所刻画的作为主教的奥古斯丁的形象。简而言之，20 世纪 60 年代我所看到的材料使得我把奥古斯丁刻画为一名既专制又严厉的人物，然而，根据多尔博布道辞和迪弗雅克信件，我发现奥古斯丁并非那么专制和严厉。

在那个时候，让我感兴趣的是公教会的主教逐渐在罗马人社会中所行使的新权力。通过首先当一名牧师，最终成为一名主教的这一过程，奥古斯丁开始认同那种权力。自从 391 年被任命为一名牧师到 430 年他去世为止，奥古斯丁的写作和活动在很大程度上都是为了维护公教会权威的。在我看来，这种连续不断的活动是奥古斯丁后来思想和性格变化的关键。奥古斯丁把自己视为权威，行使主教的权力，这种心态成为这部传记第三和第四部分的主题之一。事实上，在最后 244 页的篇幅中，我发现自己密切地关注（但未必赞同）奥古斯丁生活和活动环境的一些方面，这些方面能够更好地揭示作为一名主教，"他作出了巨大的调整，成为一位严厉的、好战的权威人物。"[17]

权威人物，尤其是当他们显得"严厉和好战的"时候，是不适合去吸引年轻学者的。20 世纪 60 年代，当我致力于奥古斯丁研究时，在牛津万灵学院绅士般的、怡然恬静的氛围中，奥古斯丁为行使一名主教权力而作出的自我调整触动了我，甚至让我觉得那是一种令人不安的改变。在我看来，这些调整在不知不觉的情况下影响到了奥古斯丁思想的质量，对未来拉丁教会的发展产生了重大的影响。多尔博布道辞和迪弗雅克信件使我认识到我的预感有些夸张。在奥古斯丁身上以及他留给后世的遗产中，包含了一种确定无疑的、严厉的因素，正是这些因素，成为了我描写奥古斯丁的核心。作为一名主教，他在日常生活中的行事风格更为隐晦、更不起眼，我以前并没有注意到这种行事的风格。[18]回顾我的作品，我过于关注奥古斯丁的神学作品了，我对奥古斯丁的布道辞和信件关注得并不够。正是因为这些新的证据是由布道辞和信件所构成，才使得我头脑中的天平发生了倾斜，使得我更为关注作为一名北非主教的奥古斯丁生活中的那些乏味的、不太顺利的、更为温和而辛劳的方面。

例如，多尔博布道辞已经清楚地表明，当奥古斯丁布道的时候，他的表述并非完全代表了那已经建制的公教等级体系。他的布道很精彩、很急迫、有时候也很坚决，把它们描述为"与普通老百姓的对话"[19]更为合适。很多情况下，它们都是一些没有结果的对话。在这些布道辞中，人们能够意识到，经常会出现一些难以被说服的、冷漠的和干脆就是不愿顺服的人。我们并没有听到他作为一名公教主教所发出的自信的声音，他并没有让人们意识到，他是应召来统治社会各阶层的。事实上，正是布道辞中的那急迫、尖锐的语调暴露了如下事实：对于自己的听众，奥古斯丁能够行使的权力是很小的。

正如我们很快就会看到的那样，多尔博布道辞中最令人畏惧的那篇被恰当地冠名为"论顺服"（On Obedience）。[20]在这篇布道辞中，奥古斯丁花费了一个小时的时间来详细说明不顺服的危害。可是，他布道的环境却抵消了他权威性语气所产生的效果。"论顺服"是一次彻头彻尾的闹剧的产物。因为就在前一天，迦太基的部分公教的会众用自己的喊叫声盖过了奥古斯丁的讲话，迫使他放弃了原先准备好的、在一重要的公教圣徒日上宣讲的布道。尽管奥古斯丁或许希望自己能够坚决，但他绝不是在向一群被动的、受到很好约束的民众布道。其他多尔博布道辞还清楚地表明，尽管根据帝国法律，异教思想已经被官方镇压了，虽然那些洋洋自得的基督教作家一再声称，异教思想事实

447

上已经不存在了，但它绝没有在罗马帝国治下的北非各城中被基督教完全击败。这些新发现的、令人沉痛的迪弗雅克信件表明，在奥古斯丁人生即将终结的时期，在他的神学主张已经被接受为西罗马帝国官方的正统教义的时候，虽然奥古斯丁和他的同事们仍然在战斗，但却无法抑制那些最为严重的对帝国行政权力的滥用。当地方上的公教主教们（如奥古斯丁和他的朋友们）试图干预并减少征税和奴隶贸易的残忍性时，尽管从名义上属于基督教帝国，但帝国当局很少尊重各地主教们的意见。

总而言之，这些新发现的文件并不仅仅只起到了证实我们已知情况的作用。在 20 世纪 60 年代，各方面的情况促使我得出如下结论：奥古斯丁及其同事们在罗马帝国晚期的掌权完全是意料之中的事情。虽然奥古斯丁的思想对中世纪的基督教王国的形成作出了巨大的贡献，但是中世纪的基督教王国与奥古斯丁时代的北非却有着很大的差异。作为主教的奥古斯丁，其工作环境的不稳定性远远超过了我们原先的设想，只有随时考虑到这种不稳定的工作环境所带来的各种挑战，我们至少才能够首先将注意力转向这些新的布道辞中的精彩之处，然后转向其老年时期的一些最具启示意义的信件。首先，我们必须要听听他 397 年在迦太基的布道。

（一）迦太基：397 年

奥古斯丁有可能在 397 年 5 月初就来到迦太基了，一直在那里待到了 9 月末（也就是说，正如第一组多尔博布道辞所指出的那样，他有可能是在 5 月到 9 月迦太基所举行的圣徒纪念日上作了这些布道的）。如果这是真的，这次便是他一生中在迦太基城停留最长的一次。即便这不是最长的一次，但可以肯定的是，他在迦太基度过自己 397 年的夏季，他在那里连续不断地进行了布道。在那个时候，许多人都还不认识他。他是最近（或许一年前，最多不超过两年前）才被任命为希波主教的。[21] 他是一个病人。不管是在他来迦太基之前，还是在这些繁忙的月份之中，由于患了十分痛苦的痔疮，他不得不受困于床上，许多晚上都无法入睡，或许还不得不求助于外科手术。[22] 可是，不管自己的健康状况如何，奥古斯丁都没有停止布道。听众们听到的是一个新的声音。在上一年里，为回答希姆普利齐亚努的《问题》（the *Questions*），奥古斯丁致力于弄清楚保罗的《罗马书》的涵义。在他看来，这个问题已经解决，一切都是出于上帝的恩典：你有什么不是领受的呢？如今，他首先是以一名传讲忏悔、归信和上帝恩典的传道人身份，来接触迦太基人的。换句话说，他是传讲盼望的传道人。[23]

奥古斯丁的会众既包括受洗的，也包括没有受洗的，既包括结了婚的，也包括立志独身的，既包括男士，也包括女士。面对他们，奥古斯丁坚持宣讲说，上帝已经将改变人生的恩典赐予了每一种类型的人。上帝并不仅仅站在远处旁观人们内心的争战。正是上帝那丰富的恩典，使人们在内心争战中得以开始、坚持并最终经历得胜。[24]悔改总是可能的。异教徒们或许会谴责基督教坚持赦罪的教义："你们把人都变成了罪人，对于那些突然归信的人，你们马上就作出了不予惩罚的承诺。"[25]但在奥古斯丁看来，正是因为罪恶本身大得令人绝望才让我们呼求怜悯。听他布道的人从角斗士的角斗游戏中知晓了那句无情的格言："远离那受伤的人！"[26]在不断地被罪所伤之后，一种因为绝望而产生的盲目的愤怒已经靠近他们每个人。"如果把怜悯拿走，把赦罪的应许拿走，那么也就把这最为狂暴的罪恶大海上的那一个避风港也拿走了。"[27]

恩典带来的是人们对上帝和对邻人的爱慢慢却稳定的增长，奥古斯丁取了他所生活时代迦太基的一个生动比喻，把这种爱比作当时年青人对竞技表演明星的狂热，他们可以说是"疯狂了"：

> 你喜欢那位驾着双轮战车的人，你怂恿喜欢你的人和你一起去看那位明星，与你一起去喜欢那位明星，为他喝彩。如果他们不这样做，你就会嘲笑他们，称他们为白痴……如果到了野兽表演的日子，你，某位斗兽者（一位被放到了斗兽场内的、只拿着一支长矛与狮子、黑豹和熊进行搏斗的人）的崇拜者，根本就睡不着觉……出发的时间到了，你就会变成一个让你的朋友很讨厌的人，你的这位朋友马上就要睡着了，他很想睡觉，根本就不愿意起床……可是，你却逮住机会，一把将他从床上拽下来，把他拖到圆形斗兽场。[28]

这就是奥古斯丁的一面，自 397 年起，迦太基的民众们就开始习惯听到这类的信息。但是在 397 年奥古斯丁明确地扮演了另外一个角色。就是在那一年，他第一次以一名主教的身份，应邀就当时地中海沿岸基督徒之中存在严重分歧的一些问题发表权威性的布道。第一组多尔博布道辞几乎不关注异教徒和异端。相反，这些布道辞标志着作为一种新兴知识分子力量的奥古斯丁已经开始亮相了，他开始第一次介入到公教信徒之间的争论了。通过在迦太基的布道，奥古斯丁成为西部拉丁教会中"热心"基督徒联系网中的一个关键的连接点，这个联系网已经扩展到了整个地中海沿岸。[29]在 4 世纪晚期拉丁教会的这座宽阔的"窃窃私语的长廊"中，奥古斯丁在迦太基的布道却能跨过地中海，通过像诺拉的保利努在意大利的南部，尤其通过那令人敬佩的哲罗姆在伯利恒，以及哲罗姆的仰慕者和敌人在罗马，为人们所知晓。

奥古斯丁已经让哲罗姆知道了他就是"基督教北非教会中热心人士"[30]的代言人。当 394 年他还是一名牧师的时候，他就以写作的方式，就圣经的翻译和解读等核心问题向哲罗姆发起挑战。对他而言，这是一个不幸的姿态。这最终导致了信件上的往来，这种往来却"表明，两个极有教养的人尽管在言辞上比较客气，书信中却表现出了明显的怨恨"[31]。如今，一篇多尔博布道辞却让我们第一次听到了类似于现在新闻发布会的东西，这是由奥古斯丁于 397 年夏天在迦太基就他与哲罗姆有争议的一个问题而专门发布的。[32]

这牵涉到彼得和保罗在安提阿（Antioch）进行的那个著名的争论，在《加拉太书》中，保罗也提到过这个争论。当彼得来到安提阿的时候，由于彼得试图将犹太人的风俗（如割礼）强加到非犹太信徒之上，保罗"就当面反对他，因为他有可责之处"（加 2∶11）。对于 4 世纪的基督徒而言，这并不是一件很遥远的事。两大使徒之间就信仰问题而产生的冲突使他们感到很尴尬。[33]当时的趋势就是为这件事作辩解。当时绝大多数的基督教解经家都提出，彼得和保罗的这次冲突并不表明这两大使徒之间在看法上存在真正的差异。相反，它只是一种宽容的假装，是为了维护基督教群体的合一而设计出来的。彼得允许保罗假装当众责备他把割礼强加到非犹太人身上。可是，彼得当然没有做过这样的事情。对彼得的斥责给了保罗一个通过斥责彼得而谴责其他人这种做法的机会。哲罗姆和东部教会中的那些伟大的思想家都是这样解释的。除此之外的任何解释，都暗含着容忍犹太教（通过承认彼得仍然没有放弃犹太人的做法）以及两大使徒有可能就某个严肃问题产生分歧之意。在听奥古斯丁布道的人群中，肯定有许多"热心的"基督徒，其中一些并非完全无意识迫不及待地等着，他们想看看这位新的希波主教是如何让自己走出这个困境的。

布道是在邻近圣彼得和圣保罗联合纪念日（6月29日）的时候举行的。奥古斯丁清楚地表明，目前的这种解释让他很吃惊。一旦某位使徒被认为撒谎或者密谋伪造一起事件，这就好比一只飞蛾已经潜入到了藏着圣经的宝柜之中。其幼虫不但会吞噬记载上帝启示真理的书卷，而且也肯定会毁坏整柜子的衣服（我们应该记得，古人是把衣服和书一起保存在大箱子和柜子之中的）。[34]

当然，保罗确实郑重地斥责过彼得，彼得也确实要在自己的犹太信徒中坚持犹太人的习俗。在奥古斯丁看来，这一点都不奇怪。割礼和按教义规定进食清洁食物都是古老的习俗，就连上帝自己也喜欢这样做。犹太人的仪式和其他的异教徒仪式不一样，不能被嫌恶和草率地抛弃掉。在被尊奉多年之后，其精义已经荡然无存。我们应该恭敬地，如果有必要还应该缓缓地，将其带入坟墓。[35]保罗之所以斥责彼得，是因为他试图将那些古老又受到尊敬的犹太传统强加到那些非犹太基督徒身上，他采取的方式似乎暗示着上帝的恩典还不足以使外邦人得救。

两大使徒之间真实冲突的故事也是给奥古斯丁那个时代的一个教训。主教或许会被认为是"无可指责的"（提前3：2），但这并不意味着主教就不会犯错误，就不应该被他人斥责。对此，他的听众必须明白无误。奥古斯丁断然触犯了哲罗姆和更广泛或许更聪明的圈子的权威。可是，他这样做，目的只是为了将圣经的权威置于任何人的争论之上。任何人写的书都不能与圣经相比。

> 我们，这些既布道又写作的人，在写作方式上与圣经的创作方式完全不同。我们是边进步边写作的。我们每天都会学到新东西。我们在探索的同时也就进行了口授。我们在推敲的时候就进行了宣讲……为了我自己，我恳请你们，不要将我以前的书籍和布道当作圣经……如果有人在我说得对的时候批评我，那么他是

不对的。可是，如果有人赞扬我并把我写的东西当作绝对的真理，那么我对他的愤怒是会超过那些对我提出不公正批评的人的。[36]

有可能是在 397 年夏末的时候，奥古斯丁发现，自己不得不就一个微妙的、具有潜在爆炸性的话题阐述自己的观点，那就是夫妻之间的性生活问题。[37]这也是一个在基督教社团中存在不同看法的问题。许多看法都是尖刻的和自信的。在 4 世纪晚期，婚姻是一个会引发激烈反应的话题，易于引出那些激进的基督徒们一时之快的、不负责任的言论。禁欲主义运动使得婚姻处于一种被质疑的境地。[38]戏剧性地摒弃性生活的故事到处流传。在婚礼当晚发誓永远保持贞洁的行为受到了赞扬。那些为了贞洁而抵制自己好色丈夫性侵扰的纯洁女子的英勇事迹为基督教的想象提供了帮助。许多基督徒作家，甚至是布道者，都毫不犹豫地暗示说，婚姻被性交这种行为给玷污了，婚姻充其量不过是一个反对奸淫的堡垒。总的说来，结过婚的人都被当作是无聊的人。他们是上帝队伍中的"落后分子"。394 年，哲罗姆在一本小册子中暗示了上述看法，由于小册子言辞过激，以至于当这部小册子在罗马出现时，他的朋友们都不让它流传开来。[39]

在一种被这些争论所充满的氛围中，奥古斯丁坚定地站到了赞成结婚的人的这一边。单方面的禁欲宣誓，将会使自己的伴侣无法获得性的满足，从而将其斥责为一个自私和危险的人。[40]他指出，就连圣保罗本人，在《哥林多前书》中都大篇幅地暗示说已婚夫妇应该有性生活。事实上，他投入了很多精力来确定在哪些情况之下夫妻之间应该禁欲，哪些情况之下不应该禁欲。奥古斯丁指出，保罗并不是那些对婚姻问题持禁欲观点的激进批评家们想象出来的、过于神圣的使徒。

452

> 总是不停地讨论这个问题似乎有些不合时宜……但是，在我们身上，又有什么能够与保罗的圣洁相媲美呢？带着虔诚的谦恭、安慰人心的话语、上帝赐予的药物，保罗走进了人们的卧室，俯身于人们的婚床之上，注视着躺在那里的夫妇，他是多么的圣洁啊![41]

现代人或许不会欢迎一位使徒，或者是低一级的主教，注视自己的婚床。但是人们还是有理由怀疑，奥古斯丁听众中的已婚人士还是欢迎这种宗教方面的约束措施的。它至少暗示着一种对他们结婚现状的认可。经常被主教教训（正如奥古斯丁其时所做的那样）什么时候才可以过性生活、什么时候不能过，比被那些品格高尚的人（这些人将所有已婚夫妇看做是教会生活中的边缘人物）长久地忽视要好。

在这些问题上，奥古斯丁的布道或许与奥勒里乌斯及其同事们相一致。他就一些有争议的问题（如保罗对彼得的斥责和保罗对婚姻的教导）所作的以正视听式的布道，是不依赖于其他人而作出的慎重宣告。对于那些整个地中海沿岸的基督徒们都在争论的问题，非洲教会——奥古斯丁如今已经成为它最具辩才的代言人——除了为自己的观点摇旗呐喊之外，是不会支持其他任何观点的。

作为现代人，我们很自然地会对圣经的解释问题感兴趣，当一个主教就性爱问题发布公告时，我们肯定会坐直身子，认真关注的。可是在 4 世纪晚期的迦太基，对一名普通的基督徒而言，对殉道者的崇拜意义要重大得多。正如奥古斯丁在晚些时候提醒其听众的那样：

> 弟兄们啊！看看一旦提到殉道者纪念日或者某个圣地时的情景吧！人们会涌在一处，举行盛大的宴会。看看他们是如何相互鼓动的吧！他们会说："我们走吧，我们走吧！"有人会问道："到哪去啊？"别人则回答说："到那个地方去，到那个神圣的地方去啊！"他们相互交谈，似乎每个人都被点燃了，他们聚在一起，形成了一堆熊熊燃烧的大火。[42]

453

在整个 397 年的夏天，奥古斯丁多次在这种殉道者纪念日的场合，在迦太基周围分散的教堂中进行布道。在后来的岁月中，他也是这样做的。如果许多在殉道者纪念日上所作的多尔博布道辞的日期可以确定为 397 年（因为确实可能），那么我们就能够第一次听到奥古斯丁将自己独特的看法带到了那些场合。对于奥古斯丁的听众们而言，殉道者纪念日就是温暖夏日晚上的一个个点起火把的不眠之夜。这是一个欢乐的时刻，在此期间一切日常活动都被停止了，这是一个放声歌唱、畅饮美酒，甚至翩翩起舞的时刻。这种高涨的情绪映射出了人们在上帝的帮助下，通过上帝的仆人殉道者本人，不可思议地暂停了痛苦和死亡的冷酷法则。参加殉道者纪念日并不一定就要求人们努力模仿殉道者的忍耐。而是要求人们通过庆祝殉道者得胜过程中的那些深层次的、几乎是非言语的参与（即通过兴奋的人群、烈酒、音乐和摇摆动作）来汲取营养。这种场合发出的欢呼声，与任何一种古代节日所包含的粗俗因素相似，都是庆祝那种具有超自然力量的眩目神光。人们希望这会给普通基督徒那沉闷的、受到种种限制的人生带来些许的光彩。[43]

奥古斯丁对于殉道者纪念日的看法有所不同。正如我们看到的那样，作为一名牧师，他写给奥勒里乌斯和阿里庇乌的信件表明，他已经下定决心，准备减弱这种圣徒纪念日里高涨的欢乐气氛。这是一种前瞻性的决心，它表明了进行变革的必要性，这种变革从他本人自上而下地进行，通过追随他的主教们，最终将施加到那些难以管理的、处于蒙昧状态之下的普通老百姓的身上。

　　奥古斯丁和他的同仁将通过一种精心策划的、既坚定又婉转的方式开始着手改变所有基督教社团的习俗，这种方式我们也是第一次见识到。[44]

如果大多数多尔博布道辞都是在 397 年完成的，那么它们将清晰地表明，一个更深层次的、更深刻的理由已经在奥古斯丁的脑海中形成了，正是这一理由，才促成了奥古斯丁希望改革公教会的习俗。这是一个建立在他新的恩典神学思想之上的理由。他希望参加殉道者得胜纪念日的人们情绪不那么高涨，以便上帝恩典那属天的光芒和殉道者们非凡的死亡不再蒙蔽普通基督徒的双眼，使得他们对那频繁降临于他们生活之中、没有那么耀眼但同样也是非凡的上帝恩典的得胜不再视而不见。他使得殉道者纪念日少了一些戏剧性，以便能够突出上帝对普通基督徒内心每日都施加的影响的效果。

奥古斯丁坚持认为："上帝并不喜欢从血液的喷洒中取乐。"[45]然而，每个基督徒家中赤褐色灯上的基督教殉道者们的画像却表明，绝大多数的人并不认可他。对那些获胜的竞技明星们的描绘手法在很大程度上也影响到了对殉道者们的描绘：在灯上，殉道者都被描绘为肌肉发达的运动员。殉道者们在圆形剧场中流出了宝贵的鲜血，对殉道者流血的纪念给 5 世纪的圣徒崇拜添加了一种狂喜的元素。[46]在这个时期的布道中，奥古斯丁背离了那时流行的、纪念殉道者的理论，而是故意将目光转向了日常生活中的那些小痛苦和小成功之上。

上帝有许多秘密的殉道者。我们也不希望回到从前，那时我们的先辈们遭受在上掌权者的迫害……可是这个世界却没有放弃。有时候你因发烧而发抖：你是在战斗。你躺在床上，那你就是运动员。[47]

在罗马帝国晚期的许多治疗中，都会伴随着剧痛。此外，每个人，也包括奥古斯丁，都相信，由技术熟练的巫师（许多巫师也是基督徒）所提供的驱邪物确实能够保护这些承受剧痛的人，可是却要付出依赖基督之外其他神灵的代价。可是这些驱邪之物却奏效了。忽略它们无异于放弃某种治疗的办法。[48]可是基督徒是不能使用这些东西的。奥古斯丁将基督徒的病床比喻为殉道者的殉道场，这种比喻并不一定就是不自然的。他这样做，是为了将上帝的荣耀带到每个基督徒的家中；而过去，人们是在分散于迦太基周围的殉道者教会中举行的长时间的、热烈的纪念活动中颂赞上帝的荣耀。

波希迪乌《著作清单》中专门有一组布道辞，其中的一些很久以来就为人们所熟知，而多尔博布道辞就是这组布道辞的一部分。我们不能说波希迪乌的那组布道辞都是在 397 年完成的。有些布道辞可能是后来才被插入到这一组之中的。可是，如果这组布道辞的核心部分都是在 397 年完成的，那么那年在迦太基开展的布道运动在当时就有可能被奥古斯丁本人当做一起重大事件。[49]虽然要确定这些事件发生的时间很困难，但我还是要冒险尝试作出假设。撰写《忏悔录》和在迦太基的布道是在同一年（即 397 年）完成的。但是哪一件事情发生在先呢？是撰写《忏悔录》在先呢，还是就忏悔、恩典和圣经权威等问题所作的、如沐清风的布道在先？我假设的结论是：布道是在撰写《忏悔录》之前完成的。当奥古斯丁返回希波时，莫尼卡去世 10 周年纪念日临近，从他在迦太基的经历中，他意识到上帝已经把他确立为基督教会中的一位布道者了。如今他需要说明这是如何发生的。他着手撰写《忏悔录》，正如我所指出的那样，不仅仅是将其当作一种治疗，一种对"迷惘未来"十分伤感的治疗。[50]如果《忏悔录》的写作是 397 年夏他在迦太基完成布道之后开始的，那么这一写作不但是对他本人的告诫，而且也是对上帝的感恩。

感谢您使得我手中的笔能够讲述您所有的告诫和威严，您的宽慰和教导，正是凭借这种教导，您才把我变成您的仆人，宣讲您话语的布道者。[51]

6 年之后，多尔博另一组布道辞（这组布道辞的日期已经被确定为 403—404 年）反映出了作为一名布道者的奥古斯丁另外的、更具雄心抱负的一面。

（二）迦太基和迈杰尔达山谷：403—404 年

403 年末奥古斯丁再一次来到迦太基，从 397 年起到那时为止，他一共四次来到这座城市。"上帝的子民"有很多机会聆听到他这位"宣讲上帝之言的人"。可是，并非所有的听众都喜欢他们所听到的东西。在多尔博布道辞中，有一篇是在 404 年 1 月于迦太基所作的，这篇布道表明了奥古斯丁不受迦太基教会许多会众欢迎的程度，起因是奥古斯丁及其同事们对公教中的殉道者崇拜进行了改革。在圣西普里安纪念日上禁止歌唱、跳舞和饮酒，以及在进入拥挤的教堂和在殉道者墓地周围时，公教会要求把男女会众分开，这些做法都招致了人们的憎恨。[52]

这种憎恨在 404 年 1 月 22 日爆发了。[53]那天是塔拉戈纳的圣文森特（S. Vincent of Tarragona）纪念日，纪念活动是在迦太基中部奥勒里乌主教座堂中举行的。[54]应奥勒里乌的邀请，奥古斯丁起身布道。但是他的声音能够传遍这么大的一个教堂吗？一部分会众朝着教堂东部那凸出的半圆形后殿涌去，以便能够更靠近他。而另外一部分会众则聚集在教堂中央的祭坛（早期基督教堂就是这样布置的）周围。他们朝奥古斯丁喊道，叫他到他们那里，以便能够在教堂的正中央周围都被会众包围的情况下布道。这本身是一个合理的建议。可是，涌向后殿的那一部分会众停了下来，开始朝后退。在返回祭坛的途中，有些人挤倒了另外一些人。祭坛周围的那些人不断地朝奥古斯丁喊话，叫他赶紧到他们那里，一种僵局出现了。

奥古斯丁不同意这样做。很显然，他被这种呼喊激怒了。他突然转身，背对会众，回坐到主教们落座的长凳上。部分会众被这一举动激怒了。通过拒绝布道，奥古斯丁似乎是在以一种蔑视的态度来对待自己的会众。从教堂的中部，传来了有节奏的对 *Missa sint* 的反复呼喊声："让我们继续举行弥撒吧"！他们不再期待布道了。由于这种赌气式的做法，奥古斯丁失去了在一次重要的公教会圣徒纪念日上进行布道的机会。[55]

我们很少有机会像那一刻那样如此清楚地认识奥古斯丁。当第二天他通过名为"论顺服"的长篇布道为自己辩解的时候，我们也很少有这样的机会如此清楚地把握到一位如此强烈地要求一种秩序感的人说这番话时的语气。顺服并不是一件容易做到的事情。亚当和夏娃的堕落就是他们不顺服上帝第一条命令的结果，他们的堕落已经清楚地表明了这一点。他承认，在最近的布道中确实说过主教的职责就是"服侍弱者"。但是他的服侍是为了他们的益处，因此他期待人们服从他。他认为，迦太基将成为展示整个改革后非洲公教新秩序的场所。当遇到"乡村中骚乱和反对他们主教的那一小部分会众时，我会对他们说，去看看迦太基教会的会众吧！"[56]

很突然，我们看到，在这次布道的中间，他谈到了自己，谈到了自己三十年前在迦太基作学生时的情景：

> 当我在这座城市以一名学生的身份守夜的时候，我整晚都在女士们旁边磨蹭，其他的男生们则迫不及待地表现自己，以便给这些女士们留下一些印象。他们知道，在那里，机会或许会降临到他们身上，这样他们就能和那些女士们产生一段风流韵事。[57]

457

在《忏悔录》中，奥古斯丁暗示说，他曾经开始过这样的一段韵事，"在教堂的四墙之内"。[58]可是，他是小心翼翼地用简短的话语谈及这件事情的。没有这份新的多尔博布道辞，我们除了知道有这件事之外，对于此事的其他方面将一无所知。这是一句相当直白的表述。据说，一位当时叙利亚的圣徒曾经说道，"即便（！）他频繁地参加殉道者纪念日"，可他还是保持住了自己的贞洁。[59]关于奥古斯丁，说得就没有这样详细了。可是，那个4世纪70年代兴奋不已的学生如今已经成为了一位公教会的主教，成为了宣讲404年那篇令人生畏的、名为"论顺服"的布道辞的人。

尽管"论顺服"这篇布道辞的语气十分严厉，但新近发现的那个时期其他的布道展示的却是另外一个不同的奥古斯丁，他正尽其所能地使用各种辞藻华丽、说教式的言辞，以防止信奉基督教的会众被重新拉回到那个基督教尚未在文化上取得优势的世界之中。就这样，当他在 404 年春天返回希波的时候，他不但在 404 年 1 月的第一个朔日（即 404 年的 1 月 1 日）向迦太基的会众作了名为"反对异教徒"（Against the Pagans）的长篇布道[60]，而且他还向迈杰尔达山谷中各小镇的会众们（其中也包括了一些非基督徒）进行了一系列类似的、篇幅更为简短的布道。[61]

在那些场合中，奥古斯丁总是表现得十分完美。"反对异教徒"这篇布道辞长达两个半小时。它被弗朗索瓦·多尔博当之无愧地称为"美茵茨布道辞文集中的瑰宝"（the jewel of the Mayence collection）。[62]当我们阅读这样的一篇精心的杰作时，我们必须要记住，和那长篇累牍的文字描述相比，这个世界更能为我们所适应。罗马人的审判本身就是一种"群众爱看的活动"。当一个人"命悬于一位老练的辩护者之口"的时候，迦太基的观众们就能够在审判场上站直身子一连聆听好几个小时。[63]站在教堂中听奥古斯丁布道一两个小时所作出的牺牲并不像我们所预料的那样大。有人怀疑说，许多听众很随便地进进出出，在奥古斯丁的想法为很多人所接受的时候，他们只是听到了布道的一些片段，总认为自己能够在话题变换之前回来，就这样，他们将奥古斯丁的布道分成了一些更短的单元。

458   奥古斯丁并不是在发布对诸神的严厉谴责的意思上"宣读"布道辞。相反，他给予会众的是被他称之为"感化教导"（teach-in）的东西。在一个其大多数会众都还是文盲的社会中，大多数的基督教教义不是靠书本来进行传播的。它是通过详细的布道来传递的。奥古斯丁在 404 年所作的布道简直就是一系列的、就上帝和人之间关系本质所作的经典之作。当它们被宣讲出来的时候，速记员将它们记录下来，从而被保存下来。在这些布道中，我们听到了《忏悔录》、《论三位一体》和《上帝之城》的主题思想，这些主题思想是通过迦太基、迈杰尔达山谷中各小镇街道上人们所讲的比较简单的拉丁语生动表达出来的。就连普通会众都能够完全分享奥古斯丁对于基督教的宏伟异象（magnificent vision）。[64]

这些布道也使得我们面临一种无言的、对基督教的抵制，这种抵制是以一种完全异教的思维方式进行的。君士坦丁归信基督教已经快一个世纪了，诸神具有神秘莫测力量的意识，仍然笼罩在普通基督徒的头脑之中，古代的诸神崇拜者能行神迹的故事又助长了这种意识。即便奥古斯丁，也准备至少对一些古代圣贤们持一种开明的态度。他暗示说，例如毕达哥拉斯，他依靠的完全是自己的聪明才智产生的强大力量，而不是各种骗人的异教崇拜仪式。

> 对于那些既不崇拜偶像也不通过各种巫术让自己受控于魔鬼的人，我们不能草率地下结论，因为，或许，救世主基督（没有他任何人都无法得救）用这种或者那种方式向他们做出了启示。[65]

但是奥古斯丁那个时代的杰出异教徒却不是这样的。在迦太基，就像在其他地方一样，那些不是基督徒的异教圣贤们仍然是文化界的精英。在城市中也有他们的模仿者。这些人都有着高贵的生活方式，都和某种神奇的力量联系在一起。他们崇高的威望使得某些古代的仪式尽管已经被帝国法律禁止，还是没被从这片土地上祛除掉。许多基督徒也相信，既然这些仪式被使用了如此长的时间，既然这些仪式被这样聪明的人所接受，那么其中必然有一定的合理性。[66]对一位有文化的异教徒而言，成为一名基督徒就意味着与一种光荣的传统失去联系："难道我要变得和我的看门人一样吗？难道我不想作柏拉图，作毕达哥拉斯了吗？"[67]奥古斯丁希望不要有任何这样的思想。基督之道对所有人都是敞开的。决不能让自己的会众被这些声称有着某种特别学问的人给吓倒。

> 弟兄们啊，你们可没有那种能力，可以看到他们（即非基督教的大贤们）所能看到的东西。因为，单靠思维的力量，他们是不可能跃居于所有受造物之上……看到那永恒的上帝的……不要着急，不要放弃希望……因为站在傲慢之巅，从远处观看那个家园对他们来说又有什么好处呢？……他们好像是站在傲慢的顶峰看到那处家园的，仿佛就站在家园对面的山脊上来俯视一样。可是，任何人，如果不首先到达下面的山谷，是不可能登上那座顶峰的……
>
> 因为我们的方法是谦卑。基督本人也在自己的本体中展示了这一点。无论是谁，只要偏离了谦卑这条道路，那么他就会迷失

459

> 在那道路蜿蜒、没有任何出路的半山腰之中，埋伏在半山腰山坡上的，是魔鬼……[68]

在"跋"这样有限的篇幅中，不可能充分展示许多 404 年多尔博布道辞在文辞方面的多样性和高超性。应该指出的是，这些布道辞大大加深了我原先的猜测〔这些猜测在前面名为"出场"（Instantia）和"惩戒"（Disciplina）的章节中几乎都被表达出来了〕，我原来猜想，404 年左右不仅是公教会及其北非宗教敌手关系的转折点，也是奥古斯丁思想发展变化的转折点，还是他对宗教和社会关系认识方面的转折点。[69]这些布道的标题被恰当地确定为"就异教徒和多纳徒派归信所作的布道"（Sermons on the Conversion of Pagans and Donatists）。[70]不管是否主要是针对异教徒或者多纳徒派，这些布道辞都有一个共同的主题：奥古斯丁希望他的听众们明白一个道理，从最为字面的意义上看，公教会都是一种"普世的"教会：公教会是一种能够成为整个社会，或者至少是任何社会绝大多数人的宗教。公教会如今"已经完全长大了"[71]，注定要将所有的其他信仰都吸纳掉。奥古斯丁一再表示，这就是他那个时代最为明显的"历史教训"。迦太基腹地小镇上的那些非基督教名流，如提格尼卡（Thignica）和波瑟茨（Boseth），成群结队地、恭顺地来到了当地的教堂，聆听奥古斯丁的布道。奥古斯丁则坦率地告诉他们说，他们有些落伍了：

> 让他们马上意识到这个世界的呼喊声吧！（这种呼喊就像戏院中观众们发出的呼喊，这是罗马帝国晚期人们为加深人们印象、作出无法解释的一致赞同时所发出的呼喊）。整个世界都发出了这种吼声。

460　公教会所信奉的是各个地方每个阶层人们的宗教：

> 每个人都惊奇地发现，全人类，无论是高贵的皇帝还是衣衫褴褛的乞丐，都汇集在耶稣基督被钉十字架上……没有任何一个年龄段，没有任何一种生活方式，没有任何一种后天形成的传统，被忽略……各阶层的人，各收入水平的人，拥有各种财富的人，都来了。把各色人等纳入教会的时刻到了。[72]

我们或许会认为，从罗马帝国晚期一位公教会主教的口中说出这样的话，是再正常不过的了，以至于会使我们忽略了在404年说出这番言语的革命性。绝大多数的基督徒都不会像奥古斯丁这样认为。绝大多数的基督徒已经处于一种被我们称为"古代多元主义"（archaic pluralism）的精神状态之中（将其称为"古代多元主义"，目的是区别于现代的宗教宽容的概念）。他们乐于将自己看成是一个享受特权的，甚至是耀武扬威的少数派。他们教会的富有以及他们从皇帝那里享受到的支持足以显示他们的神对其他诸神的优越性。他们只想维持这种状态。即便他们不支持其他神，但依然容许其他神灵的存在。优秀的基督徒或许会鄙视其他宗教，并尽力避免被任何一种异教仪式给"污染"。但他们并不指望生活在一个异教被完全吞并的社会之中。相反，他们尽力保持与那种"古老宗教"有一种以示敬意的距离，"不崇拜，不嘲讽"便是他们的座右铭。[73]建立一个完全公教化的社会的设想仍然是他们认识水平之外的东西。[74]

奥古斯丁及其同伴们并不是这么认为的。正如我们已经看到的那样，奥古斯丁和奥勒里乌已经对公教崇拜（尤其是对殉道者的崇拜）进行了改革，目的是净化教会活动中的那些"愚昧的"（*imperiti*）活动，正是这些愚昧的崇拜活动，使得公教崇拜与异教崇拜十分相像。奥古斯丁准备谴责这些愚昧的崇拜活动，如在进入教堂时亲吻教堂入口的举动。由于对内部改革的进展不满，他便异常努力地进行布道，他的同伴们甚至向皇帝求助，以便能够"消灭"那些不符合基督教的"愚昧之举"。[75]

奥古斯丁也进行了反对多纳徒派（另外一个注定要被公教"消灭"的集团）的布道，这些布道使得他成为一名引人注目的人物。从多尔博布道辞所提供的材料我们可以知道，在403年夏秋之际，奥古斯丁侥幸逃过了那可怕的塞克姆希联派的伏击。多纳徒派声称，与死亡擦身而过的恐惧使得奥古斯丁沉寂了一阵子。[76]对于多纳徒派而言，他们永远都不会忘记"马卡里乌时代"在公教官员屠杀中殉道的主教和信徒。奥古斯丁不得不就这一可怕的、在基督徒相互残杀中死难的殉道者事件进行公开的布道。他的会众并没有对这些"殉道者"表示同情。相反，恶魔，那远古时期的恶龙，永远都不会改变自己狡猾的本性，想出了在基督教时代制造最大混乱的方法。"在这6000年中，他采取

461

了诱惑善良仁爱之人的办法……由于他不可能为基督徒树立一些假神，因此他向基督徒提供了一些伪殉道者。"[77]正如他在教会改革内部习俗，平息每座城市街道上人们关于异教崇拜不同声音时所做的那样，奥古斯丁采取了少说多做的办法，他只是简单地指出，多纳徒派对其殉道者的忠诚是顽固不化"愚昧之举"的另一个表现，对于此等愚昧之举，公教会无须理会。

在404年左右，作为一名布道者，奥古斯丁准备一边思考一边宣传这种将基督教变为一种真正的普世宗教的构想，上述之举就是这种构想所产生的严酷后果。在自己那气势恢弘的、名为《罗马帝国诸行省》（The Provinces of the Roman Empire）的调查中，西奥多·蒙森（Theodor Mommsen）是这样评论基督教的："如果它产生于叙利亚，那么它是在非洲并且通过非洲成为普世宗教的。"[78]阅读404年左右的多尔博布道辞，我们逐渐听到了一种令人不安的、十分明确的声音，这种声音来自于那位十分大胆的人，他比同时代拉丁教会中任何基督徒都要勇敢，他不可思议地想到了要将基督教变成一种全社会的宗教。

这倒不是说奥古斯丁自己的确信就不尖锐。有篇后面的多尔博布道辞，其布道日期肯定不是在404年，那是一篇简短的演说，长度不超过5分钟。在这篇布道辞中，他为当地一名主教的决定作出了辩解。这位主教决定，一位刚刚入教（没有领受洗礼）就死去的年轻人不能作为一名信徒被安葬在靠近祭坛、举行圣餐礼的地方。[79]在这些简短、悲痛的言辞之前的那篇布道中，很明显地避开了普世的公教获胜的这个老生常谈的话题。因为普世性也有其锋利的一面。所有人都可以通过洗礼参加教会，可这并不意味着每个人都已经被吸纳进教会了。这儿有一个来自于信奉公教的家庭的孩子，是一个受大家喜爱的年轻人，还没领受到那种救赎礼仪就死了。他的灵魂，无论如何，肯定还是"死的"，永远处于不断壮大的教会"之外"。这就足够了。

> 兄弟们，我不想多说什么。不加添那些被这个事件震动的弟兄们的悲痛，这足以令人惧怕。要是你们不逼着我发表一些告诫性的和建议性的言辞，我是不会说这么多的。[80]

（三）"从这里、那里和任何地方，从来都是不期而至的"：迪弗雅克信件中晚年时期的奥古斯丁

迪弗雅克信件最初是在 1981 年出版的，自 1989 年起，就可以看到这些信件的英译本了。[81]这些信件已经渗入到了奥古斯丁专业研究圈子的骨子之中去了。[82]因此，并不需要对它们作出大量的介绍。在这篇跋中，我只想突出那些最具启发性的事件，这些事件是第一次因为这些信件而为人们所知的。

作为文献，我们应该知道，迪弗雅克信件和多尔博布道辞有着很大的不同。在 397 年和 404 年，我们是在一个较为亲切的环境中（主要是在迦太基）遇到布道者奥古斯丁的，他是在当地公教教堂中对着那些专心致志的人们进行布道的。通过迪弗雅克信件，我们要把时间向后推移 15 年，实际上是在 5 世纪 20 年代，此时的奥古斯丁已经六七十岁，已经步入了他人生的最后一个十年了。我们还发现自己处于一个不同的大背景之中。我们将随着奥古斯丁再次回到希波，我们正用一种迫切的目光，审视着罗马帝国地中海沿岸各地区。

413 年后，与帕拉纠派公开的辩论使得奥古斯丁在自己的人生中第一次成为了一个真正的国际知名人物。即便是在希波向自己的会众布道，他也不得不关注从港口而来的其他地区的消息。397 年，他是刚刚步入基督教世界"勤学者"队伍中的一名新人，如今他已经不再是一个新人了。他的主教身份，他定义哪些是（哪些不是）异端的权力，都将受到发生在地中海沿岸各个角落的事件的直接影响。

弗朗索瓦·多尔博的一个新发现使得人们对这一新情况获得了意想不到的生动了解。在一份不招人喜欢的、1453 年在赛瑟纳（Cesena）抄录的手稿中，多尔博发现了一份完整的、奥古斯丁反对帕拉纠的布道辞。[83]通过一部奥古斯丁作品选录，这篇布道辞的后半部分已经为整个地中海世界所熟知了。这是对帕拉纠派观点所进行的一种清晰而又永远的驳斥。不提及那生动的开头部分，是中世纪早期文献选录者的一种典型的做法。通过这次完整的布道，我们现在可以听到 416 年春天人们在听到如下"爆炸"新闻时最初的反应，该新闻说，415 年 12 月迪奥斯波利斯宗教会议（the Synod of Diospolis）宣布，巴勒斯坦主

教们对帕拉纠的异端指控不成立。[84]

每年，冬季的风暴都会把地中海封闭起来，向希波施加一种"新闻封锁"（news black-out），这种新闻封锁要到春天才能够解除。那个时候，船只才会再次驶入这个港口，带来那些迟到了好几个月的消息。416 年春天的情形也是如此，帕拉提努执事（the deacon Palatinus）从圣地返回希波来看望自己的父亲，不但带来了帕拉纠不被指控的惊人消息，而且还带来了一本小册子，在小册子中，帕拉纠胜利地驳斥了敌人针对他的所有指控。在一年中刚与外部世界取得联系的时候就得到了这样的消息，显然不是一件好事。

当他向激动喧闹的会众汇报这起事件的时候，奥古斯丁非常坚决。他清楚地表明，这场争论并不是一起个人之间的事情。他澄清了自己以前和帕拉纠的交往。他强调，在自己以前的任何作品中，他都很小心地避免对帕拉纠个人进行抨击。事实上，他就像对待一个"上帝之仆"那样，给帕拉纠写过一些友好的私人信件。他也曾经给巴勒斯坦的帕拉纠捎去过一个长长的口信，提醒他注意自己观点的后果。这一信息是作为一种个人之间的警示，通过口头来送达的，之所以这样做，是为了避免他们两个人之间文字上的争论。[85]重要的是他的思想。不管是帕拉纠试图洗清自己，还是不再坚持那些使他遭受指控的观点，这都是无关紧要的。这些思想本身，以及这些思想的传播，仍然没有受到约束。希波的公教应该警惕起来，防范"一种新的异端思想，这种异端思想被巧妙地隐藏起来，通过伪装，在各个地方像蛇一样地滑行"[86]。

这种谨慎的语气奠定了迪弗雅克信件的基调。这些信件揭示了一些不为人们所知的、与帕拉纠主义争论相关的建议，这些建议是写给伯利恒的哲罗姆（Jerome at Bethlehem）[87]、亚历山大的西利尔主教（the Patriarch Cyril）[88]、君士坦丁堡主教阿提库斯（the Patriarch Atticus）[89]的。这些信件能够让我们非常难得地一窥奥古斯丁与地中海远端各主教进行交往时的情景。

在远方的人们看来，希波主教并不是一个杰出的人物。417 年，奥古斯丁不得不写信给亚历山大的西利尔，就人们指控他否认地狱之火的存在为自己辩护。在亚历山大的读者们看来，奥古斯丁最近反帕拉

464

纠派的作品似乎"表明了并非所有的罪人都将遭受永恒之火的惩罚"[90]。如今他写信给西利尔，这并不是他原先想证明的观点。帕拉纠派声称，基督徒可以是完美的，每种罪行都是一种自愿选择的、对上帝进行蔑视的行为，都应自动地遭受地狱之火的惩罚。这种观点会使得每一个不完美的信徒都可能遭受到被打入地狱的惩罚。在这些问题上，奥古斯丁是一个温和得多的人。奥古斯丁不但采取实际行动，而且还通过写作来遏制帕拉纠观点中所蕴含的完美主义的那种残酷性。

> 无论如何都应当避免这种错误，这种错误认为，如果他们不能完全无罪地度过此生，就将遭受永恒之火的惩罚。[91]

和他人相比，指责奥古斯丁在罪恶这个问题上心慈手软，这还是不常见的。

希腊教会中的一些领袖人物几乎就没有关注到他。420 年，君士坦丁堡的人可能宣称说他们以为他已经死了。在写信给迦太基的奥勒里乌时，君士坦丁堡主教阿提库斯，并没有给奥古斯丁寄去一封类似的问候信。阿提库斯以前曾经是一名官员，如今他是新罗马（即东部帝国的首都）的主教。他认为，向地位低于自己的人致以问候是一件有失身份的事情。迦太基的奥勒里乌是一个地位与他相仿的人，奥古斯丁则不是。在希腊化世界中，神学家都是一些普通的、不怎么吃香的人；即便这个人在神学方面有些名望，也没有必要仅仅因为这个原因就向一名希波主教致以问候。对于这种轻慢，对于后来的十分勉强的解释，奥古斯丁显得非常平静。奥古斯丁给阿提库斯写了一封回信，他使用了一点点的幽默，使得人们原谅了那位老人："相信一个注定要死的人已经去世了，要比相信其他任何事情都要容易得多。"[92]可是，希波主教离自己的死期还很远呢！阿提库斯不得不阅读一封不期而至的长信。在信中，奥古斯丁对自己的性爱观和婚姻观作了辩护，因为在此之前，他的这些观点被信奉帕拉纠主义的、埃克拉努姆的朱利安的支持者们歪曲和嘲讽，这种歪曲式的描绘在东部帝国各地广为流传。这是一封非常谨慎的信，是所有迪弗雅克信件中最具"神学色彩"的信件。[93]这是一封具有如下认识的人所写的信件：此人认识到，不管他在非洲可以行使多大的权威，他对一个更为广阔的基督教世界人们看法的影响是很小的，小到只能用指尖来衡量。

在奥古斯丁人生最后的一个十年里，迪弗雅克信件提醒我们注意，
465 作为一座被称为希波雷吉乌斯的城市的主教，维持他的地位是十分重
要的。因为在迦太基方言中，"希波"（Hippo）的意思就是"港口"。
"希波雷吉乌斯"的意思，就是"皇帝的港口"。希波是连接努米底亚
腹地和罗马的唯一港口。谷物、税收，正如我们将看到的，令人心情
沉痛的运载奴隶的船队，都将通过这个港口。每年，大海都会"发
笑"。[94] 从三月到十月，夏日的平静都将降临于地中海之上，这些小船
也将在各个港口之间穿梭。"乘船去宫廷"，去意大利、去罗马主教和
拉文纳皇帝那里，是迪弗雅克信件中反复出现的话语。阿里庇乌是塔
加斯特主教，也是奥古斯丁一生的朋友，他的信使将穿过这个港口。
如今阿里庇乌很多时候都是"跨过地中海"，在罗马和拉文纳生活的。
他几乎扮演起非洲公教会常驻大使的角色了。正是他，确保了那些反
对帕拉纠派和其他异端学说的法律得到维护。可是，从迪弗雅克信件
中，我们第一次了解到，他同时还不断地努力，让皇帝关注许多非洲
的社会问题。[95]

跨越这么远的距离逐渐变得重要起来了。419 年，一封给波希迪乌
的信件带来了好消息。阿里庇乌的信使路过此地。他汇报说，康斯坦
提乌伯爵（Count Constantius，西罗马帝国事实上的统治者）已经在
高卢颁发了对迦太基人的赦令，在此之前，迦太基人曾经举行了一场
大规模的反抗税收的暴动。在发现这封信之前，我们对此一无所知。
官方的赦令正在发出。如今，主教们能做的就是以个人的名义为那些
起义的领袖们求情，这些人此前已经逃到教会的庇护所之中。[96] 这一事
件把奥古斯丁和他的同伴们卷入一场长期的通讯和请愿的运动之中。
在谈判的过程中，一名各地区主教的代表自始至终都在非洲和拉文纳
来回，从拉文纳远到比利牛斯山的边缘地区，然后返回非洲，就这样，
他绕了一个大约 1800 英里的弧线。奥古斯丁一直都在希波，等待着成
功消息的到来。这封信还同时提到了另外一些让奥古斯丁十分关注的
事件，这些事件发生在沿着非洲海岸线向西很远的毛里塔尼亚·凯撒
利亚［Mauretanian Caesarea，现在的舍尔沙勒（modern Cherchel）］
和直布罗陀附近的地区。[97]

迪弗雅克信件给我们塑造了一个新的奥古斯丁形象，一个任劳任

怨、很有耐心、致力于为一个疆域辽阔的思想王国划定界限的人。如果天赋是"一种特别能吃苦的能力",那么,通过这些信件,我们就能够进一步地了解到老年时期的奥古斯丁的天赋。在他的这一方面逗留一会儿是值得的。许多阅读过他正式作品的现代读者都不喜欢他晚年时期反对帕拉纠派时的写作风格,因为它不但冗长和乏味,而且还喜欢挑起争论。以前谈到这些作品时,我显得有些尖刻了。他与埃克拉努姆的朱利安的争论被我当作"一场不明智的缠斗"给忽略掉了。[98]回顾过去,我发现自己的判断受到了当时最杰出的奥古斯丁思想阐释者的悲观结论的影响。在谈到奥古斯丁最后的、论恩典和预定的著作时,约翰·本纳比(John Burnaby)写道:"奥古斯丁七十岁之后的作品几乎全是一位精力已被耗尽,爱心早已冷却之人的作品。"[99]对于这样一个权威人士如此审慎的观点,我抵制不住诱惑,把它扩展成为奥古斯丁老年时代的全部特征。本纳比的判断是可以理解的。它代表了一位现代奥古斯丁忠实信徒的尝试,他试图稍稍减轻一下奥古斯丁的思想(尤其是他的预定论思想)压在后辈基督徒肩上的重担。可以把奥古斯丁最后的论述当作"对其最为深刻和重要思想的残酷歪曲"而轻易地忽略掉。[100]这样奥古斯丁恩典论教义那无情的最后一拧就可以被否认:它不过是一位疲惫不堪的老人思想可悲地僵化的反映。可是,对于能否得出如下结论(即我们可以将奥古斯丁最后著作中的这种令人沮丧的基调进一步扩大,从而得出无论是从整体,还是各个方面看,奥古斯丁人生最后十年的生活都是让人寒心的),我不如以前那么自信了。

最为重要的是,正是迪弗雅克信件,才使我改变了自己的认识。由于他的努力如此辛酸,我们面对的是一位老人的非常特别的、很有魅力的一面。这些信件表明,即使奥古斯丁真的经常流露出要辞职的迹象,但他还是扮演起了其他主教们忠实同伴的角色,和其他主教一道,他们坚决与那些没完没了的暴力事件和教士、地主以及帝国官员滥用权力的行为作斗争。他的信件不但具有一种发自灵感的、以小见大的特点,而且还表现出了如下特征,一旦要宽慰某颗遭受危难的心灵,它便拿不出什么有效的措施。一个七十多岁的老人,还花时间去会见遭到奴隶贩子恐吓的年轻女子[101],不辞辛劳地要求去看一位十多岁男孩在学校中的锻炼和雄辩术修辞训练(这是试图鼓励这位孩子的父亲接受洗礼的一部分）[102]，根本没有"耗尽"的迹象。这些信件清楚地表明，只要有什么问题给信徒带来困扰，不管这个问题多么地琐碎，不管这个问题总的情况多么地糟糕，不管这个问题离希波有多么地遥远，不管提出问题者多么地古怪，也不管自己有多忙，老年时代的奥古斯丁都决定给予充分的关注。

467

一些奥古斯丁在当时偶然碰到的作家一出场就让人感到惊奇。他们根本不会因为奥古斯丁的权威而胆怯。例如，419 年，奥古斯丁收到了一封来自康森提乌的来信，这是一位博学的平信徒，刚刚在巴利阿里群岛定居，这封信让我们对当时许多作家对奥古斯丁的看法有了一种全新的认识。[103]他们的看法和我们的看法并不一样。康森提乌告诉奥古斯丁说，十二年前他曾经买过一本奥古斯丁的《忏悔录》，可是这本书并没有给他留下什么印象。他只是浏览了几页，就把它放到一边了。这是一本很时髦的书。他告诉奥古斯丁说，他更喜欢拉克唐修（Lactantius）"清新、优雅和组织有序的写作风格"，他的古典散文为他赢得了"基督教世界的西塞罗"的美名。[104]有人怀疑说，在 5 世纪早期，有许多具有保守倾向的基督徒，他们和康森提乌持相同的看法。康森提乌也不准备完全接受奥古斯丁作为一名神学家所写的东西：那些思辨性神学，如奥古斯丁的神学思想，只会引起他的不安：

> ……即便我们现在认为奥古斯丁的作品是无可挑剔的，可是我们仍然不知道后世子孙们会如何评价他的作品。在奥利金在世时，没有一个人对他提出过批判……可是，两百年左右之后，他毫无疑问地受到了指责。[105]

这些新的迪弗雅克信件使我们认识到，作为一个快七十岁老人的奥古斯丁，这段时间以来他是多么地辛苦。为了非洲教会的公事，他频繁地造访迦太基，这带来了许多不好的后果。他没有机会去接触自己教士队伍中的年青成员。[106]在这个时候，他的生活经常被一些不期而至的长途跋涉给打断（例如，在 418 年，他一路骑马从迦太基赶赴毛里塔尼亚·凯撒利亚）。[107]在奥古斯丁返回希波时，他不得不面临一大堆数量惊人的信件，征求他对新问题的看法。

419 年 12 月 1 日，他给自己的好朋友卡拉马的波希迪乌写了一封信，告诉他说，自上次他们一起从迦太基返回后的 3 个月内，他已经口授了 6000 行（即六万多字）的作品。[108] 他不得不把每个星期六和星期天的晚上都投入进来，口授完成他的《约翰福音讲演录》（*Tractatus of the Gospel of S. John*）的最终文本。[109] 这些作品，还有两篇布道辞（一篇是论圣诞节的，另一篇是论主显节的）都将被送给迦太基的奥勒里乌。为完成这些作品，"我不得不牺牲我所有从其他日常事务中偷取的时间。"[110] 就在同一个月，提姆加德的一位多纳徒派主教的小册子得要作出回应，还有一名阿里乌派信徒的异议（是希波附近一座小镇上的牧师向他汇报的）也得回应。作为一位在北非最西端尖角地区的主教，一位生活在大西洋边上一块几乎既不受迦太基也不受罗马帝国控制的飞地之上的人，被再次提醒，要注意自己在灵魂起源问题上过于自信的观点。他的这种观点可能有利于帕拉纠异端——这位优秀的主教可能从来都没有听说过这样的言论。[111] 除此之外，正当奥古斯丁坐下来准备完成《上帝之城》时，一位从毛里塔尼亚·凯撒利亚而来的修士给他带来了两本书，这些书是一位名叫文森迪乌斯·维克多的平信徒写的，"斥责我在灵魂起源问题上持一种骑墙的态度"。对于维克托的观点可不能置之不理，因为他的书用词典雅，可能对信徒们产生危害。[112] 就这样，他不得不再次搁置《上帝之城》的撰写：

> 但是我还是为那些强加给我的、让我不得不写作的要求感到烦恼，这些要求从四面八方不期而至。它们打断和延迟了我本来安排得井井有条的事情。这样的要求似乎没完没了。[113]

当然，作为历史学家，我们希望这样的要求没完没了。因为在迪弗雅克信件发现之前，我们对老年奥古斯丁生活的了解是不全面的，这些信件正好可以向我们展示奥古斯丁老年时期生活的某些方面。和这些信件（许多信件都是以正式的备忘录的形式出现的）相比，很少有文献能够如此生动地展示出奥古斯丁及其同伴们参与解决当时各种社会弊端的紧迫性和参与度。在此之前，没有任何信件能够如此生动地展示出奥古斯丁在自己主教管区内所面临的种种困难。[114]

为了说明这最后一点，我相信读者们愿意让我作一个自传式的旁白。很久以前我们就知道，在 422 年的时候，奥古斯丁曾经给罗马主教塞莱斯廷（Pope Celestine）写过一封紧急信，其中谈到了一位名叫福萨拉的安东尼努（Antoninus of Fussala）的乡村主教的种种劣迹，奥古斯丁任命他为辖区内某个郊区的主教,很大程度上由于这个年青人通晓迦太基方言。当1955年我第一次读到这封信的时候,我还是一个学习中世纪史的学生。我被这封信的生动描写给吸引住了。这封信向罗马大主教讲述了一个在离希波仅仅五十英里的地方"贪得无厌、欺压良善、虐待民众,犯下种种令人难以忍受的罪行的暴君"的故事。[115] 在此之前,受古代史专家的影响,我还以为北非的罗马帝国一定是一个很有序的结构,可这封信却表明,情况并非如此。这封信还表明,公教会也不是一个运转良好的机构。这位年轻的福萨拉的安东尼努的故事还让我想起了我曾经读过的关于中世纪西方"封建"社会中的各种暴力和混乱的材料。在那个时候,我就得出结论,研究奥古斯丁时代的北非是一件极其有趣的事情,对于一名中世纪史学者而言,决不会有什么不合适的。因为这就是关于晚期罗马帝国机构如何在基层运行的十分珍贵的史料。在很大程度上,正是因为年轻的福萨拉的安东尼努的胡作非为才使得我开始转向对奥古斯丁的研究。

因此,你能够想象在将近三十年之后的1982年,在翻开那没有经过任何删减的、刚刚出版的迪弗雅克信件(更为准确地说,是在我把这本书归还给加利福尼亚大学伯克利分校图书馆之前复印这本书的过程中,当相关书页慢慢地出现在复印机托盘上的时候),当我第一次发现这里还有一篇更为完整的、记述安东尼努胡作非为的信件时的心情吗?这封信也是在422年写成的,是奥古斯丁写给一位名叫法比奥拉(Fabiola)女元老院议员的,安东尼努曾经请求这位夫人保护自己。[116]

在自己写给法比奥拉的信件中,他详细地描述了当时的情景,以及他在这种情景下是多么地无助,我们以前很少看到他是这么地无能为力。他多次试图调查和训诫安东尼努,最终的结果就是在炎热的422年夏末,奥古斯丁发现自己被迫滞留在一个人人都只讲迦太基方言的村子的中央,这一呆就是好几个星期。[117] 他访问了福萨拉,那里的居民把他们房子上的大洞指给他看,这些大洞是安东尼努为建盖自己主教行宫而抢劫居民住房墙上的石头之后留下的。[118] 那天早上,在所有会众厌恶地走出那座乡村教堂之后,他被留了下来,孤零零地坐在那座教堂之中。他还告诉法比奥拉,就连修女们都离他和他的同伴们而去了,她们不明白,一个能干的无赖,充分利用了他们一系列的误判,使得他们给"这座村庄的人们带来如此多的悲伤"[119]。这并不是一个法比奥拉可以相信的人:"你(一名既富有又虔诚的基督徒)是在尘世之中寻求上帝,可他却在教会之中寻求尘世。"[120]可是,话又说回来,"教会"又能够"在尘世中"做些什么呢?在努力地完成"那部伟大而艰辛的著作"《上帝之城》时,这个问题仍然在困扰着奥古斯丁。

在这一方面,对于那些探究教会在北非中的作用的历史学家而言,迪弗雅克信件中那几封为数不多的、奥古斯丁在人生最后几年中写给阿里庇乌的信件,确实是一个大大的惊喜。尽管处在拉文纳的信奉公教的皇帝的领导之下,但帝国的管理机构却仍然是采取高压政策的,仍然在坚定不移地亵渎神灵。[121]一封420年初写给阿里庇乌的迪弗雅克信件很清楚地表明了这一点。那些允许欠债的人到教会中避难的主教遭到了帝国政府的起诉,理由是他们妨碍了"向公众"征税。[122]教士的招募也受到了影响,因为能够提供教士候选人的那个阶层已经被主观性很强的税收要求给贫困化了。[123]阿里庇乌能够做的就是再次向皇帝请愿,要求在非洲设立一个通过选举产生的名为"城市保护者"的机构,这是一个运用于其他行省的纯世俗的机构。[124]除此之外,主教便无能为力了。与那些掌握了世俗权力的人(即官员和大地主们)相比,非洲的公教主教仍然是一些掌握很小权力的小人物。教会的避难所确实能够保护少数几个受到不公正的司法判决的受害者,可城市和穷人们仍然继续被虐待,"而我们只能空叹息,不能提供任何的帮助。"[125]

在422到423年之间,情况变得更糟了。[126]在奴隶贩子、绑架人口分子和当地官员勾结起来的情况下,非洲沿海各地已经前所未有地向这些人敞开了大门。这些人急匆匆地通过绑架非洲农民的方式,为意大利和南高卢地区那些遭到破坏的庄园提供奴隶。"他们装扮成士兵或者野蛮人,高声呐喊,制造恐慌,他们侵入到人烟稀少、较为偏远的乡村地区。"[127]他们把自由的罗马人也当做奴隶带走。成群结队的俘虏来到了海边,那些装载奴隶的船只就停泊在希波海岸警卫当局的眼皮底下。希波的一些基督徒为其中的120名左右的俘虏交付了赎金。奥古斯丁还亲自会见了一位受到惊吓的女孩,这次会面是通过这位女孩的哥哥才最终得以实现的。这位女孩向奥古斯丁讲述了自己农庄遭

470

到袭击以及保卫农庄的人惨遭杀害的经过。[128]可是，就在这个时候，奥古斯丁的随从却因为试图干扰这种贸易而遭到了那些很有地位的、奴隶贩子保护者们的起诉，这些人起诉奥古斯丁的随从搞破坏。[129]

在这种情形下，生气是没有用的。作为主教，奥古斯丁不得不完全在罗马法的框架之内来行动。[130]可是，要得到这些法律文本是很困难的。法律条文的解释也是模糊的。他曾经抄了一条法律给阿里庇乌，但这条法律似乎已经过期了，并不完全适用于他要处理的那个案件。此外，在法律中所臆想的那种惩罚，即用铅一般沉重的鞭子（leaden whips）进行抽打，已经被证明是一种危害极大的惩罚。如果所采用的这种惩罚，有可能导致死亡，没有一个主教敢使用这种惩罚来对付那些违法者。阿里庇乌应该在罗马的图书馆中找到更好的法律。[131]阿里庇乌应该想办法让皇帝关注到这件事。阿里庇乌就是应该这样说：就这样，再一次使用了一位大修辞家那不费吹灰之力的技巧，奥古斯丁口授了能够打动远方朝廷的恰当措辞：

> 当罗马军队担心自己会被野蛮人俘虏时，他们的状态就会很好，他们就能够抵挡住野蛮人。但是又有谁来回击那些在各个地方出现的人贩子呢？这些人不是在买卖牲口，而是在买卖人；不是在交易野蛮人，而是在贩卖忠诚的罗马人……又有谁会以罗马自由（我说的不是以罗马这个国家而是罗马人自身的公共自由）的名义来遏制这种行为呢？[132]

这起惊人的事件过去之后不久，也就是在 428 年的时候，奥古斯丁收到了一封信，这封信来自于一个更为古老、更为和平的世界，从时间上看，这也是迪弗雅克信件中日期最晚的那一封。[133]菲尔姆斯（Firmus）是迦太基的一位很有文化的贵族，曾经写信给他，并送上了自己孩子所写的一篇学生演说词，以前这位老主教曾经要求看看这篇演说词。[134]菲尔姆斯和奥古斯丁的交往已经有一些年头了，那个时候，奥古斯丁《上帝之城》的第 18 卷已经连续三个下午在公共集会上被朗诵。或许这是一个"校对"（emendatio）的阶段，在这个阶段，作品将被朗读给一群朋友和专家们听，这是一个综合了"预审"（sneak preview）和文字编辑的阶段。[135]奥古斯丁甚至为菲尔姆斯准备了一份这部伟大著作的手抄本，这一手抄本经过严格的检查，后面还附有如何将其中包含的四个一组的注释抄本组合起来的最佳方法。[136]

虽然菲尔姆斯已经读完了《上帝之城》的第 10 卷，但他仍然还没有被说服（加入基督教）。他还没有领受洗礼，仍然是一名慕道者。作为一个生活在古代世界的人，在面临一个无法解释或者用科学方法无法证明的信仰奥义时，菲尔姆斯采取了一种非基督教的"谋定才后动"，以示对这一奥义的尊重。[137]他还要等待上帝的神迹——或许就是一个梦，就像君士坦丁那样，或者是某起不同寻常的事件。[138]可是他的妻子却在他之前受洗了：尽管菲尔姆斯熟悉基督教的典籍，可是他并不熟悉那可以挽救人们灵魂的神秘仪式（如洗礼仪式和领受圣餐的途径），对这些神秘仪式有所了解的是她，而不是菲尔姆斯：

> 因此，尽管你对教义或许更为了解，但她却更能确保自己被拯救，因为她更了解那些神秘的东西……因此，实际上，你正在抛弃所有你爱之书的精髓。这些精髓是什么呢？精髓既不在于有些人（读过《上帝之城》的人）读到了一些有趣的东西，也不在于他了解到了许多他以前不知道的东西。精髓就在于（读过《上帝之城》的）读者们相信那座（真实的）"上帝之城"（即那座等待着信徒的天上的耶路撒冷就存在于公教会之中）。精髓还在于他们应该毫不耽搁地走进这座"上帝之城"，而且，一旦走了进来，就越发受到触动，想呆在这座城市里面，首先是通过重生（即洗礼）走了进来，然后凭借着对义的热爱，继续往里走。如果人们既读过也赞美过这些书籍，但这些书籍却没能使他们有所行动，那么这些书籍又有什么益处呢？[139]

这是奥古斯丁对一个到那时为止还不太有名的对话者就其写作生涯目的所作的最后一次谈话。

他很快就要去世了。但是他知道，其他人还要继续写下去。"我们的小希腊天才"，他这样称呼菲尔姆斯的儿子，已经在自己的辩论词中展现出了很高的天分。他是一个能够为自己所受教育赢得尊重的人。"在所有的人中，就你们知晓这些东西好，这些东西有益。"[140]但是这些天赋是应该使用起来的。这个男孩应该记住他的西塞罗：

> 口才加智慧被证明是演说中最为重要的东西，可是有口才没

智慧是有害的，对任何人都无益处。[141]

这个男孩应该像西塞罗期望的那样，成长为"一个好人，擅长演说"。

（奥古斯丁继续说道）古人们知道，他们说如下话语的涵义：把演讲的法则交给蠢人，并不能造就演说家，这等于把武器放到精神错乱的人手中。[142]

与此同时，菲尔姆斯肯定要告诉奥古斯丁这位小孩的年龄以及那个时候他正在阅读的希腊语和拉丁语著作的名称。[143]

没有任何一位历史学家告诉过暮年的奥古斯丁，黑暗的世代即将来临。他也没有意识到，或者是并不关心，一些骇人听闻的、无法避免的变化有可能降临到他所熟悉的世界。他只知道，罗马社会和罗马文化将继续平静地发展下去。他已经走到了人生最后的阶段，他丝毫都不曾怀疑，在未来的岁月中，小孩们将继续记住西塞罗，将继续享受到那熠熠生辉的罗马人的各种雄辩技能，有些人肯定能够极好地使用这些技能，正如他本人这些年一直在努力做到的那样，另一些使用这些技能的人，他坦率地承认，会是"装备精良的疯子"。这位老人将平静地面对那本质上是好坏参半的、他本人也居住于其中的世界（saeculum），为此他写下了上述话语。一种成熟的罗马文化，一个看起来虽然有些僵化但依然是罗马式的社会秩序，事实上还是给他和他的教会带来了很多帮助。但与此同时，受一些不负责任的人的操控，滥用权力和文化本身，都成了众多残忍、众多谬误、带给自身和他人众多苦难的根源之一。

注释

[1] 参阅本书 433—435 页以及 Goulven Madec, *Introduction aux "Revision"*(Paris：Institut d'études augustiniennes,1996)：9-24。

（"本书"页码均指英文版页码，即中文版的边码，后同。——编者注）

[2] 关于《著作清单》的论述，可特别参阅 G. Madec, "Possidius de calama et les listes des oeuvres d' Augustin", *Titres et articulations du texte dans les oeuvres antiques*, ed. J. C. Fredouille, M. O. Goulet Caze, P. Hoffmann, P. Petitmengin

(Paris：Institut d'études augustiniennes,1997),pp. 427—445 以及 F. Dolbeau,
"La survie des oeuvres d'Augustin. Remarques sur l'*Indiculum* attribuè á Pos-
side er sur la bibliotheque d'Anségise",*Bibliologia*,18（1998）,pp. 3-22。还可
参阅 J. J O'Donnell,"The Authority of Augustine",*Augustinian Studies* 22
（1991）,pp. 7-35,尤其是 21 页;"The Next Life of Augustine",*The End of
Ancient Christianity：Essays on Late Antique Thought and Culture presented to
R. A. Markus*, ed. W. Klingshirn and M. Vessey（Ann Arbor：University of
Michigan Press,1999：pp. 215-231）;M. Vessey,"*Opus Imperfectum*：Augustine
and His Readers,A. D. 426-435",*Vigiliae Christianae* 52（1988）,pp. 264-285。

[3] Possidius,*Vita* XXXI. 8.

[4] Aug. *Ep.* 224. 2；也可参阅本书 pp. 383-399。

[5] P. Verbraken,*études critiques sur les sermons authentiques de saint Augustin*
（Steenbrugge：Abbey of St. Peter,1976）.

[6] Ed. J. Divjak,*Corpus Scriptorum Ecclesiasticorum Latinorum* 88（Vienna：
Tempsky 1981）;*Oeuvres de saint Augustin 46 B：Lettres 1**-29*,Bibliothèque
augustiniennes,1987 以及本书中的翻译和评论；由 Robert B. Eno 翻译的 *Saint
Augustine*,*Letters* VI（1*-29）,Fathers of the Church 81（Washington,D. C：
Catholic University of American Press,1989）。后来，人们在巴黎国家图书馆
（the Bibliothèque Nationale of Paris）中发现了类似的 12 世纪的上述信件的手抄
本，这一发现进一步佐证了迪弗雅克信件的真实性。在本章及其随后的章节中，
我是根据 *Oeuvres de saint Augustin* 这部书中的编排序号、章节、行数和页码来
使用这些信件的，页码背后括号中的数字，指的是这部书英译本的页码。

[7] F. Robin,*La Cour d'Anjoun* I *à Provence：la vie artistique sous le règne du roi
René*（Paris：Picard,1985）.

[8] F. Dolbeau,"Sermons inédits de Saint Augustin dans un manuscript de Mayence"
（Stadtbibliothek I,9）,*Rev. ét. aug.* 36（1990）：355-359 and "le sermonnaire au-
gustinien de Mayence",*revue bénédictine* 106（1996）：5-52.

[9] 这些布道辞的绝大部分都被编辑在两个不同的系列之中，这样的编排反映了这
些布道辞被发现时的情况，这样的编排虽然没有完全，但是在一定程度上与这
些布道辞被使用的场合相吻合。

要了解那些绝大多数在 397 年（关于这一时期，为谨慎起见，还应该注
意其注释 10 的说明）所作的布道辞，可参阅 F. Dolbeau,"Sermons inédits de
Saint Augustin prêchés en 397",*revue bénédictine* 101（1991）to 104（1994）以
及在 *Analecta Bollandiana* 110（1992）267—310 页中的 "Nouveaux sermons de

saint Augustin pour les fêtes des martyrs"。

关于在 403—404 年所作的布道辞，可参阅 *Rev. ét aug.* 37（1991）to 40
（1994）中的"Nouveaux sermons de saint Augustin pour la conversion des päens
et des donatistes"，*Recherches augustinniennes* 26（1992），以及 *Philologia Sa-
cra. Studien für J. Frede und W. Thiele*（Freiburg im Breisgau：Herder,1993），
vol. 2：523 -59 中的"le sermon 374 de saint Augustin sur l'épiphanie"。

这些布道辞都被 F. Dolbeau 拍摄成照片，并编辑成册，书名为 *Vingt-six
Sermons au Peuple d'Afrique*（Paris：Institut d'études augustiniennes,1996）。
这本书被 Edmund Hill 翻译成英文，编辑成 *The Complete Works of Saint Au-
gustine：A Translation for the Twenty-First Century. Sermons III/I：Newly
Discovered Sermons*（Hyde Park,New York：City Press,1997）。我是刚刚完成
这章后才得到这部著作的。因此我引用时就保留了我原来的翻译。

在本章和以后的章节中，在引用某篇布道辞的时候，我注明了目前为止
的两套书（即 Mayence/Dolbeau, M. /D 和 *Vingt-six Sermons au Peuple d'Af-
rique*）不同的编排序号。每篇布道辞的序号、出现在各书中的章节和那些在必
要时表明该布道辞首次出现于其中的期刊名称、日期和页码也都被标识出来。
Mayence/Dolbeau, M. /D 的页码标之于前，*Vingt-six Sermons au Peuple d'Af-
rique* 的情况标识在其后的括号中。*Vingt-six Sermons au Peuple d'Afrique* 的
英译本被称为了"Hill, *Sermons*"，其页码也被标识出来。

在 *Journal of Theological Studies* n. s. 47（1996）中的 69—91 页由 H.
Chadwick 所撰写的"New Sermons of Saint Augustine"中，我们可以很好地了
解到对这些布道辞内容所进行的总结。也可以通过由 G. Madec 主编的 *Augus-
tin Prédicateur*（395-411）（Paris：Institut d'études augustiniennes,1998）了解
"多尔博布道辞"座谈会论文集的情况，这次座谈会是 1996 年 9 月 5 日到 7 日
由奥古斯丁研究所（Institut d'études augustiniennes）资助召开的。

据我所知，唯一一部充分利用了这些新近发现所写成的奥古斯丁传记是由
Serge Lancel 写成的 *Saint Augustin*（Paris：Fayard,1999）。这是一部值得 Henri-
Irénée Marrou 和一位对奥古斯丁的非洲十分了解的大行家们学习的作品。

[10] 可参阅本书 139—150，198—206 页。对于这个问题，为谨慎起见，可特别参
阅 F. Dolbeau, *Vingt-Ssix Sermons* 6 页。在此，我要向多尔博教授异常无
私的帮助致予深深的谢意，正是他帮助我确认了哪些布道辞可以被合理地认
为是在 397 年所作的。简而言之，在多尔博布道辞中，从这些布道辞的内容
和奥古斯丁思想体系的联系来看，凡是就圣经的权威和婚姻问题所作的布道
辞都可以被认定是在 397 年完成的。那些就一些常见的、奥古斯丁一生中都

经常谈到话题（如恩宠、忏悔、殉道）所作的布道，尽管确定其布道日期难度较大，但基本上还是可以认定为在 397 年之后完成的。因此，我特意标明了多尔博此观点的出处。尽管如此，读者们仍然要切记，虽然奥古斯丁 397 年布道辞的范围和内容非常重要，但这一问题仍然还没有能够形成定论。

[11] 参阅本书 202—228 页。

[12] F. Dolbeau, "Un sermon inédit de saint Augustin sur la santé corporelle", *Rev. ét. aug.* 40 (1994)：279-302 (Dolbeau 28)；"Sermon inédit de saint Augustin sur la providence divine", *Rev. ét. aug.* 41 (1995)：267-289 (Dolbeau 29)；"Le sermon 348 de saint Augustin contre Pélage", *Recherches augustiniennes* 28 (1995)：37-63 (Dolbeau 30). 以上三篇布道辞都被 Hill 翻译在他的 *Sermon* 一书之中，其页码分别为 29—36 页，55—63 页，310—321 页。

[13] Dolbeau, *Rev. ét. aug.* 38 (1992)：51 (316).

[14] *Ep.* 20*. 3. 62 and 21. 374, *Bibliothèque augustinienne*, pp. 298 and 324, transl. Eno, *Letters*, pp. 135 and 144, with M. 7/D. 3. 8. 126, *Rev. ét. aug.* 39 (1993)：389 (489), transl. Hill, *Sermons*, p. 257.

[15] F. Dolbeau, "Bède lecteur des sermons d'Augustin", *Filologia mediolatina* 3 (1996)：105-133.

[16] 可参阅本书 354—366，383—422 页。

[17] 参阅本书第 197 页。

[18] 如今我将接受我的朋友 Gerald Bonner 在自己再版的 *Saint Augustine：Life and Controversies* (Norwich：Canterbury Press, 1986) 2 页中所作的批评。他认为，在我对奥古斯丁的描述中，缺乏对他作为一名主教的日常活动的叙述。如今也可以参阅 Lancel, *Saint Augustin*, pp. 313-381。

[19] A. Mandouze, *Saint Augustin. L'Aventure de la Raison et de la Grace* (Paris：études augustiniennes, 1968)：591-663.

[20] 参阅后面注释 53。

[21] 关于这个既非常微小 (exceedingly delicate) 又重要的问题，O. Perler 在 *Les Voyage de saint Augustin* (Paris：Études augustiniennes, 1969)：164—178 页中提出，奥古斯丁此次被任命为希波主教是在 395 年。在 "The Dates of the Ordination of Paulinus of Bordeaux and of his departure for Nola", *Rev. ét. aug.* 37 (1991)：237-260, at pp. 242-248, D. Trout 很大程度上根据诺拉的保利努人生大事年表，坚持认为奥古斯丁此次被任命为希波主教发生在稍晚的 396 年。关于进一步的、坚持 395 年被任命（为希波主教）的论述，如今可参阅 Lancel, *Saint Augustin*, 265 页，关于坚持在 396—397 年被任命为希波主教的

阐述，可参阅 266-289 页。

[22] *Ep.* 38. I and *Sermon Dolbeau* 28. 11. 167, *Rev. ét. aug.* 40（1994）：298，Hill，*Sermons*，p. 34. Note that Hill, *Sermons*, p. 35 favors a latter date for this sermon.

[23] 参阅本书 146—148 页。现在也可参阅 P. M. Hombert, *Gloria Gratiae*（Paris：Institut d'études augustiniennes, 1996）：91-122 以及"Augustin, prédicateur de la grace au début de son épiscopat", *Augustin Prédicateur*, pp. 217-45。

[24] M. 50/D. 18. 2. 8, *Anal Boll.* 110（1992）：297（211），Hill, *Sermons*, p. 275. 关于另一个可能的日期，可参阅 294—295（208—209）页。

[25] M. 44/D. 14. 6. 120, *Rev. bén.* 103（1993）：317（111），Hill, *Sermons*, p. 90。关于另一个可能的日期，可参阅 311—312（105—106）页。这是一个很严重的问题，因为他会影响到异教历史学家对基督教公众人物的判断。对于他们的观点，基督徒们坚持一种"仁慈的"人生道路。如今可以参阅 T. D. Barnes, *Ammianus Marcellunus and the Representation of Historical Reality*（Ithaca, New York：Cornell University Press, 1998）：86。

[26] M. 44/D. 14. 6. 139. 318（111），Hill, *Sermons*, p. 91.

[27] Ibid. 6. 131. 317（111），Hill, *Sermons*, p. 91.

[28] M. 40/D. 11. 8. 149. and 11. 210, *Rev. bén.* 102（1992）：70 and 72（63 and 65），Hill, *Sermons*, p. 81 and 82-83：for a possible date, see pp. 64-65（57-58）.

[29] 在"Les premiers rapports de Paulin de Nole avec Jér? me", *Studi tardoantichi* 7（1989）：177 -216 中, Y. M. Duval. 讲述了类似的、保利努试图与哲罗姆建立这种"热心"关系的情况。

[30] *Ep.* 28. 2. 2-3. 5；see now R. Hennings, *Der Briefwechsel zwischen Augustinus und Hieronymus*, Supplements of Vigiliae Christianae 31, with M. Vessey, "Conference and Confession：Literary Pragmatics in Augustine's Apologia contra Hieronymum", *Journal of Early Christian Studies* 1（1993）：175-213.

[31] 参阅本书 271—272 页。

[32] M. 27/D. 10, *Rev. bén.* 102（1992）：44-74（37-67），Hill, *Sermons*, pp. 167-179. 虽然我对把这篇布道的日期确定在 397 年几乎没有任何的怀疑，但为了不让读者对这一日期过度地深信不疑，我还是要指出：在"Augustins *sermo Moguntinus* über *Gal.* 2, 11-14", *Theologie und Glaube* 84（1994）：226-242 中, H. R. Drobner 把这篇布道的日期确定在 418 年。

[33] 在 Henning, *Briefwechsel*, pp. 220-291 中，可参阅对此问题观点的述评。在 Jerome, *Ep.* 75, 可以看到哲罗姆后来对奥古斯丁作出的批判性的回应。

［34］ M. 27/D. 10. 13. 300. 61（54），Hill，*Sermons*，p. 175.

［35］ Ibid. 6. 140. 56（49），Hill，*Sermons*，pp. 170–171.

［36］ Ibid. 15. 347. 62（55），Hill，*Sermons*，p. 176. 如今可参阅 G. Madec，"Augustin évêque（pour un renouvellement de la problématique doctrinale）"，*Augustin Prédicateur*，pp. 11–32，at pp. 17–30。

［37］ M. 41/D. 12，*Rev. bén.* 102（1992）：267–82（69–84），Hill，*Sermons*，pp. 322–30. 我认为，没有任何理由来怀疑 397 年这个布道日期。可参阅 Dolbeau，pp. 271–4（71 –6）。

［38］ 如今可参阅 Peter Brown，*The Body and Society. Men，Women and Sexual Renunciation in Early Christianity*（New York：University of Columbia Press，1988；London：Faber & Faber，1989）：285–386（on Augustine's Latin contemporaries）and 387–427（on Augustine）。

［39］ 关于这个时期的哲罗姆，可参阅 Brown，*The Body and Society.*，p. 377。人们应该明白，虽然争论得最激烈和彻底的就是已婚的神职人员的问题，但这一争论把平信徒的婚姻状况纳入到了争论之中。在提出"婚姻充其量不过是一个反对奸淫的堡垒"这一观点时，克里索斯托是在使用修辞性语言，以期说服别人支持他的观点。可参阅 Brown，*The Body and Society.*，p. 308。在这篇布道辞中，奥古斯丁强烈地反驳了这一观点。M. 41/D. 12.8 124. 279（81），Hill，*Sermons*，pp. 325–6.

［40］ Ibid. 5. 68. 277（79），Hill，*Sermons*，p. 324.

［41］ Ibid. 4. 47. 47. 227（79），Hill，*Sermons*，p. 323. 人们会对大格列高利是否也读过这样大胆的描绘产生疑问。*Registrum* 1. 24. 206，ed. D. Norberg，*Corpus Christianorum* 140 A（Turnhout：Brepols，1982）：27：*Ecce iam caelestibus secretis inseritur，et tamen per condescensionis viscera carnalium cubile perscrutatur*：Behold Paul 如今已经被提到了天国的中心，却仍然通过他的怜悯，注视着世俗人士的婚床。

［42］ *Ennarr. In Ps.* 121. 1.

［43］ Peter Brown，*The Cult of the Saints*（Chicago University Press，1981；London：SCM Press，1981）：79 –81 and V. Saxer，*Morts，martyrs et reliques en Afrique chrétienne*（Paris：Beauchesne，1980）；see also A. Dihle，"La fête chrétienne"，*Rev. ét. aug.* 38（1992）：323–335.

［44］ 参阅本书 202 页和 Brown，*The Cult of the Saints*，pp. 26–35。

［45］ M. 50/D. 18. 6. 13，*Anal Boll.* 110（1992）：300（214），Hill，*Sermons*，p. 277.

［46］ J. W. H. Salomonson，*Voluptatem spectandi non perdat sed mutet. Observations sur l'iconographie des martyrs en Afrique romaine*, Koninklijke Nederlands Akademie van Wetenschapen. Verhand. Afdel. Letterkunde, n. s. 98（Amsterdam：North Holland, 1979）.

[47] M. 50/D. 18. 6. 13, *Anal Boll.* 110（1992）：301（215）, Hill, *Sermons*, p. 277.

[48] Ibid. 7. 6. 301（215）, Hill, *Sermons*, pp. 277-278.

[49] 在"La chronologie de quelques sermons de saint Augustin", *Revue bénédictine* 43（1931）：185-193 中, D. de Bruyne 已经看到了波希迪乌《著作清单》的这个特点。在"Augustin prédicateur d'apres la *De doctrina christiana*", *Augustin Prédicateur*, pp. 49 -61 中, J. Bouhot 暗示说，这些布道辞有可能是收集起来作为一组标准的布道辞，来替换 *de doctrina christiana* 之中的那些更为抽象的对布道的分析。当然，问题的关键仍然是，波希迪乌所突出的这组布道辞中，是不是所有的都来自于 397 年。可参阅 Lancel, *Saint Augustin*, pp. 284 -289。

[50] 可参阅本书 139—140 页。如今，也可参阅 J. J. O'Donnell, *Augustine. Confessions*（Oxford：Clrendon Press, 1992）, I：xli-l and Lancel, *Saint Augustin*, pp. 292-6。

[51] *Confessions* 11. 2. 2, transl. F. J. Sheed, *Augustine's Confessions*（Indianapolis：Hackett, 1993）：211；也可参阅彼得·布朗所作的介绍，p. xxii。

[52] M. 5/D. 2. 5. 77, *Rev. ét. aug.* 38（1992）：65（330）；Hill, *Sermons*, pp. 333 -334.

[53] M. 5/D. 2：*de oboedientia*, *Rev. ét. aug.* 38（1992）：50-79（315-344）；Hill, *Sermons*, pp. 331-342. 也可参阅多尔博布道辞 53—61 页（318—326）之上的极其宝贵的评价。

[54] L. Ennabli, Carthae. *Une métropole chrétienne de ive à la fin du viie siècle*, études d'antiquités africaines（Paris：CNRS, 1997）：29-31.

[55] M. 5/D. 2：*de oboedientia*, *Rev. ét. aug.* 38（1992）：3. 40-44. 73. 64-65, 20. 445. 77 and 23. 514. 79（329-330, 342, 344）；Hill, *Sermons*, pp. 332-333, 349, 351。关于这起事件与北非教会教堂结构的关系，可参阅 N. Duval, "Commentaire topographique et archéologique de sept dossiers des nouveaux sermons", *Augustin Prédicateur*, pp. 171-214, at 179-190。

[56] Ibid. 5. 105. 66（331）, Hill, *Sermons*, p. 334.

[57] Ibid. 5. 79. 65（330）, Hill, *Sermons*, p. 333. 关于把男生女生们分开的努力，可参阅 Duval, "Commentaire topographique et archéologique", *Augustin Prédicateur*, pp. 190-193。

［58］*Confessions*. 3. 3. 5. 可参阅本书 30 页，在那里我犯了一个错误，误认为奥古斯丁在《忏悔录》中行为的严重性要比他在实际生活中行为的严重性小得多。

［59］Theodoret of Cyrrhus, *History of the Monks of Syria* 20. 2, transl. R. M. Price, Cistercian Studies 88 (Kalamazoo：Cistercian Publications, 1985)：131；可参阅 Peter Brown, *Cult of the Saints*, pp. 43-44.

［60］M. 62/D. 26："Against the Pagans", *Recherches augustiniennes* 26 (1992)：69-141 (345-417), Hill, *Sermons*, pp. 180-237.

［61］M. 61/ D. 25 (at Boseth), *Rev. ét. aug.* 37 (1991)：53-77 (243-267), Hill, *Sermons*, pp. 366-386 and M. 54/D. 21 (at Thignica), *Rev. ét. aug.* 37 (1991)：263-288 (271-96)；Hill, *Sermons*, pp. 146-166.

［62］Dolbeau, *Recherches augustiniennes* 26 (1992)：69 (345).

［63］Aug. *Enarr. in Ps.* 136. 3. 就奥古斯丁在这样的场合拉丁语使用熟练程度的评价，可参阅 M. Banniard, "Variations langagières et communication dans la prédication de saint Augustin", *Augustin Prédicateur*, pp. 73-93.

［64］论证基督是上帝和人之间唯一的中保，是奥古斯丁为基督教辩护，反对各种各样多神论思想的核心，可参阅 Goulven Madec, *La Patrie et la Voie. Le Christ dans la Vie et la Pensée de saint Augustin* (Paris：Desclée, 1989)：对于奥古斯丁思想的丰富性和他就这一主题所作的布道，该研究给予了十分公正的评价。

［65］M. 62/D. 26. 36. 862. *Rech. aug.* 26 (1992)：118 (394), Hill, *Sermons*, p. 208. 现在也可参阅 A. Solignac, "Le salut des païens d'après la prédication d'Augustin", *Augustin Prédicateur*, pp. 419-428。

［66］See esp. *de divinatione daemonum* 2. 5 and G. Madec, "Le Christ des païens d'après le *de consensu evangelistarum* de saint Augustin", *Recherches augustiniennes* 26 (1992)：3-67. See also H. Chadwick, "Augustin et les païens", *Augustin Prédicateur*, pp. 323-326, C. Lepelley, "L'aristocratie lettrée païenne：une menace aux yeux d'Augustin", ibid. pp. 327-342 and J. Scheid, "Les réjouissances des calendes de janvier d'après le sermon Dolbeau 26. Nouvelles lumières sur une fête mal connue", ibid. pp. 353-365.

［67］M. 62/D. 26. 36. 862. *Rech. aug.* 26 (1992)：59. 1437. 137 (414), Hill, *Sermons*, p. 225.

［68］Ibid. 59. 1428. 137 (413), Hill, *Sermons*, p. 225.

［69］参阅本书 219—239 页和 Lancel, *Saint Augustin*, pp. 388-403 and 430-437。

［70］除了注释 60 和 61 所标注的那些反对异教徒的布道外，其他反对多纳徒派的

布道也被清楚地标识出来了，比较有名的是：M. 60/ D. 24 *Rev. ét. aug.* 37 (1991)：37-52 (229-242)，Hill, *Sermons*, pp. 354-365；M. 63/ D. 27, *Rev. ét. aug.* 37 (1991)：296-306 (304-314)，Hill, *Sermons*, pp. 387-391；and M. 9/ D. 4, *Rev. ét. aug.* 39 (1993)：396-420 (496-520)，Hill, *Sermons*, pp. 264-273. 在多尔博的其他许多布道辞中，也提到了多纳徒派。

[71] M. 62/ D. 26. 8. 196. 131 (407)，Hill, *Sermons*, p. 187.

[72] M. 61/ D. 25. 25. 510. 76 (266)，Hill, *Sermons*, p. 382.

[73] M. 60/ D. 24. 10. 257. 50 (240)，Hill, *Sermons*, p. 362.

[74] 在 *The End of Ancient Christianity* (Cambridge University Press, 1990) 107—123 页中，R. A. Markus 已经察觉到这一心理状态变化的重要性。在 Peter Brown, *Power and Persuasion in Late Antiquity*：*Towards a Christian Empire* (Madison, Wisconsin：University of Wisconsin Press, 1992) 114—115 页，在 Peter Brown, *Authority and the Sacred. Aspects of the Christianization of the Roman World* (Cambridge University Press, 1995) 16—24 页，在 "Christianization and Religious Conflict", *Cambridge Ancient History XIII*：*The Late Empire*, ed. A. Cameron and P. Garnsey (Cambridge University Press, 1998) 632—664 页中，这一重要性得到了进一步的揭示。还可参阅 J. Vanderspoel, "The Background to Augustine's Denial of Religious Plurality", *Grace, Politics and Desire. Essays on Augustine*, ed. H. A. Meynell (Calgary：University of Calgary Press, 1990)：179-193。

[75] M. 62/ D. 26. 10. 231. 98 and 16. 377. 103 (374 and 379)，Hill, *Sermons*, p. 188 and 193. 可参阅 Peter Brown, "*Qui adorant columnas in ecclesia*. Saint Augustine and a Pratice of the *imperiti*", *Augustin Prédicateur*, pp. 367-375, at 373-374。

[76] M. 9/ D. 4. 3. 51, *Rev. ét aug.* 39 (1993)：413 (513)，Hill, *Sermons*, p. 266.

[77] M. 5/ D. 2. 16. 358, *Rev. ét aug.* 38 (1992)：74 (339)，Hill, *Sermons*, p. 346.

[78] T. Mommsen, *The Provinces of the Roman Empire*, traqnsl. W. P. Dickson (New York：Scribner's, 1887), 2：373.

[79] M. 15/ D. 7：*de sepultura catechumenorum*, *Rev. ét aug.* 37 (1991)：289-295 (297-303)，Hill, *Sermons*, pp. 131-134. 如今可参阅 é. Rebillard, "La figure du catéchumène et le problème du délai du baptême dans la prédication d'Augustin", *Augustin Prédicateur*, pp. 285-292, with Duval, "Commentaire topographique et archéologique", *Augustin Prédicateur*, pp. 199-200。

[80] Ibid. 3. 36. 295 (303)，Hill, *Sermons*, p. 132.

[81] 可参阅注释 6 对迪弗雅克信件引用方法的说明。

[82] 这些信件很快就引起了人们广泛的评论，有些评论至今仍然是很有价值的，这些评论被组织成了一本对话体的作品（a colloquy）：*Les Letters de Saint Augustin découverts par Johannes Divjak*（Paris：études augustiniennes，1983）。Henry Chadwick 将这些谈话的内容总结成了 "New Letters of Saint Augustine"，*Journal of Theological Studies*，n. s. 34（1983）：425-452。读者们需要注意的是，就编译者的评论而言，*Bibliothèque augustinienne* 的法文评论要比 Eno 的英文评论更受人们欢迎。需要欣慰地指出的是，迪弗雅克信件所激发出来的对被忽略史料的重视，已经导致了对一些还不为人们所知的信件的整理和出版，这是一些关于另一位不知名的、与奥古斯丁同时代的非洲公教主教活动的信件：C. Lepelley，"Trois documents méconnus sur l'histoire sociale et religieuse de l'Afrique romaine"，*Antiquités africaines* 25（1989）：235-262。

[83] Dolbeau 30："Against Pelagius"，*Recherches augustiniennes* 28（1995）：37-63，transl. Hill，*Sermons*，pp. 310-321。

[84] 关于帕拉纠和迪奥斯波利斯宗教会议的情况，可参阅本书 357—358 页。

[85] Dolbeau 30.6.81.56，Hill，*Sermons*，pp. 312-313. 鉴于对自己观点的陈述（即 *de natura*）可能早在 405—406 年（而不是人们通常认为的 414 年）就已经写成了，奥古斯丁的宽容，事实上，他缺乏获得帕拉纠作品的途径，就格外地引人注目了。可参阅 Lancel，*Saint Augustin*，pp. 459-469。

[86] Dolbeau 30.5.63.55，Hill，*Sermons*，p. 312。

[87] *Ep.* 19*，pp. 286-290，以及 pp. 507-516(128-130)中对此所作的评论。

[88] *Ep.* 4*，pp. 108-116，以及 pp. 430-442(40-43)中对此所作的评论。

[89] *Ep.* 6*，pp. 126-144，以及 pp. 444-456(53-59)中对此所作的评论。

[90] *Ep.* 4*.3.38.110 (42)。

[91] Ibid. 4.78.114 (43). 奥古斯丁的信件暗示着他的一种信念，他认为在最后审判的永恒之火之前，有一种暂时的"净化之火"。至少可以把这种思想解读为后来的炼狱说的一个方面。可参阅 Peter Brown，"Vers la naissance du purgatoire. Amnistie et pénitence dans le christianisme occidental de l'Antiqué tardive au Haut Moyen Age"，*Annales* 52（1997）：1247-1261 and Lancel，Saint Augustin，pp. 623-630。

[92] *Ep.* 6*.1.13.126 (54)。

[93] 可参阅 Brown，*Body and Society*，pp. 412-419 and 423-424 and "Sexuality and Society and in the Fifth Century A. D.：Augustine and Julian of Eclanum"，*Tria Corda. Scritti in onore di Arnaldo Momigliano*，ed. E. Gabba，Biblioteca di Ath-

enaeum I（Como：New Press，1983）：49-70。

［94］Aug. *Contra Mendacium* 1.1.

［95］关于阿里庇乌 419—420 年，422—424 年和 428 年的活动，可参阅 A. Mandouze，*Prosopographie de l'Afrique chrétienne*（Paris：CNRS，1982）：53-65，此外，还可参阅 M. F. Berrouard，"Deux missions d'Alypius en Italie"，*Rev. et. aug.* 31（1985）：53-65 所作的补充。如今还可参阅 O. Wermelinger，s. v. Alypius，*Augustinus Lexikon*（Basel：Schwabe，1994），I：262-266 and Lancel，*Saint Augustin*，p. 506 and pp. 580-584。

［96］*Ep.* 15*.2.10.264（115）.

［97］*Ep.* 22*.5.75.352（157）and 23 A*.3.223.372（166-167）.

［98］可参阅本书 389 页。在我后来的作品和 *Ep.* 6* 的指引下，我更为严肃地对待了奥古斯丁和埃克拉努姆的朱利安之间的辩论。可参阅注释 93。

［99］John Burnaby，*Amor Dei. A Study of the Religion of Saint Augustine*（1938：reprinted Norwich：Canterbury Press，1991）：231. 在"The Last Congruous Vocation"，*Collectanea Augustiniana. Mélanges T. J. van Bavel*，ed. B. Bruning（Louvain：Peeters，1991）：645-657 中，Eiichi Katayanagi 引用并驳斥了这一观点。

［100］Burnaby，*Amor Dei.*，p. 231.

［101］*Ep.* 10*.3.50.170（77）.

［102］*Ep.* 2*.12.348.88（28）.当还是一个孩子的时候，奥古斯丁也接受过这种雄辩术的修辞训练，可参阅本书 25 页。

［103］*Epp.* 11* and 12*，pp. 184-254（81-108）是不大可能公正地对待这两封信中所反映的材料的，因为这些材料是关于在西班牙搜捕异端和巫师行动的。现在可参阅 V. Burrus，*The Making of a Heretic. Gender，Authority and the Priscillianist Controversy*（Berkeley：University of California Press，1995）：115-22. 对我们来说，康森提乌以其反智主义（anti-intellectualism）和痴迷于异教的打猎运动而著名，可参阅本书 236 页，在那里，我将其称为"一名西班牙的牧师"。在 20 世纪 60 年代的大背景下，这样的称谓并没有什么赞美之意！

［104］*Ep.* 12*.1.18.230（100）.这使得康森提乌成为首批读到过《忏悔录》的读者之一。可参阅 C. E. Quillen，"Consentius as a Reader of Augustine's Confessions"，*Rev. ét. aug.* 37（1992）：87-109 and *Rereading the Renaissance*（Ann Arbor：University of Michigan Press，1998）：35-9 and 51-63.

［105］Ibid. 11.210.246.（105）.这一比较有可能比我们想象的还要尖锐。奥利金主义在西部拉丁世界所引发的争论，以及它与帕拉纠主义所引发的争论之间的联系所产生的后果，可参阅 E. A. Clark，*The Origenist Controversy*（Princeton University Press，1992）：194-247.

[106] *Ep.* 20＊. 2. 33. 294 (134-5).

[107] 可特别参阅 S. Lancel,"Saint Autustin et la Maurétanie Césaréenne",*Rev. ét. aug.* 30. (1984)：48-59 and 251-262 以及 *Saint Augustin*,pp. 487-497。

[108] *Ep.* 23 A＊. 3. 20-55. 372-378 (166-168).

[109] *Ep.* 23 A＊. 3. 52. 376 (168).

[110] *Ep.* 16＊. 1. 6. 270 (118).

[111] 在 "Aux origines du 'De Natura et origine animae' de saint Augustin",*Rev. ét. aug.* 19 (1973)：121 -157 中,A. C. de Veer 清楚地阐明了这些由毛里塔尼亚主教们和平信徒所提出的问题。如今也可参阅 Lancel,*Saint Augustin*,pp. 497-500 and 508-514。

[112] *Ep.* 23 A＊. 3. 40. 374 (167). 还可参阅本书 365 页。

[113] Ibid. 23 A＊. 4. 64. 378 (168-169).

[114] 可是,人们应该记住,迪弗雅克信件通常都是以请愿稿和冤情汇报书的形式出现的。因此,就它们所涉及的问题而言,它们往往言辞过于夸张。可参阅 P. A. Février,"Discours d'église et réalité historique dans les nouvelles lettres de saint Augustin",*Les Lettres de saint Augustin découvertes par Johannes Divjak*,pp. 101-115。

[115] *Ep.* 209. 4. transl. J. H. Baxter,*Augustine. Seclected Letters*,Leob Classical Liberary (Harvard University Press,1953)：358.

[116] *Ep.* 20＊,pp. 292-342,以及 pp. 516-520 (131-149) 上的评论。关于这封信,有很多评论,可特别参阅 J. Desanges and S. Lancel,"L'apport des nouvelles Lettres à la géographie historique de l'Afrique antique et de l'église d'Afrique",*Les Lettres de Saint Augustin découvertes par Johannes Divjak*,pp. 87 -99,at pp. 93 -94 (还附有一份地图). and Lancel,*Saint Augustin*,pp. 356 - 365. 关于安东尼努向罗马主教上诉的背景,可参阅 C. Ocker,"Augustine, Episcopal Interests and the Papacy in Late Roman Africa",*Journal of Ecclesiastical History* 42 (1991)：179-201 and J. Merdinger,*Rome and the African Church in the Time of Augustine* (New Haven,Conn：Yale University Press, 1997)：154 -182。

[117] *Ep.* 20＊. 21. 373. 324 (114).

[118] Ibid. 31. 566. 340 (148).

[119] Ibid. 21. 380. 324 (144).

[120] Ibid. 28. 514. 336 (147).

[121] 这是 C. Lepelley,*Les Cités de l'Afrique romaine au Bas-Empire*,2 vols. (Paris：études Augustiniennes,1979 and 1981),1：382-408 中进行重大研究之后得出的结论。也可参阅 Peter Brown,*Power and Persuasion*,pp. 146-8。这些研究成果使我修正了我的观点,我曾经认为,在罗马帝国的晚期,主教是以地方实权派的身份而兴起的。我是在 "Religion Coercion in the Late Roman

Empire：the Case of North Africa"，*History* 48（1963）：283-305，后来是在 *Religion and Society in the Age of Saint Augustine*（London：Faber，1972）：301-331 中表达上述观点的。

[122] *Ep.* 22*. 3. 47. 350（157）.

[123] Ibid. 2. 22. 348（156）.

[124] Ibid. 2. 32. 348 and 4. 58. 350（156 and 157）；可参阅 F. Jacques，"Le défenseur de la cité d'après la lettre 22* de saint Augustin"，*Rev. ét. aug.* 32（1986）：56 -73。

[125] *Ep.* 22*. 2. 40. 348（156）.

[126] *Ep.* 10*，pp. 166-182，with a commentary at pp. 466-479. 可特别参阅 C. Lep-elley，"Liberté，colonat et esclavage"，*Les Lettres de saint Augustin*，pp. 329-42 and J. Rougé，"Escroquerie et brigandage en Afrique romaine au temps de saint Augustin"，*Lettres*，pp. 177-188 and Lancel，*Saint Augustin*，pp. 371-374。如今可参阅 J. Harries，*Law and Empire in Late Antiquity*（Cambridge University Press，1999）：pp. 92-93。

[127] *Ep.* 10*. 2. 41. 170（77）.

[128] Ibid. 3. 50. 170（77）.

[129] Ibid. 8. 165. 180（80）.

[130] 在 *Ep.* 24*，pp. 382-386 中，奥古斯丁曾经咨询过一名律师，试图弄清父母出卖孩子以及地主出售农奴的法律内涵。奥古斯丁主教法庭的判决都是严格遵照罗马法的条款来作出的。可参阅 G. Folliet，"L'Affaire Faventius"，*Rev. ét. aug.* 30（1984）：240-250. 如今可参阅 J. Lamoreaux，"Episcopal Courts in Late Antiquity"，*Journal of Early Christian Studies* 2（1995）：143-167.

[131] *Ep.* 10*. 3. 65-4. 93. 172-174（77-78）.

[132] Ibid. 5. 112. 176（79）.

[133] *Ep.* 2*，pp. 60-92（17-30）.

[134] *Ep.* 2*. 1. 15. 60（19）.

[135] Ibid. 3. 38. 62（79）. Goulven Madec 向我提供了这个有趣的暗示，对于他的好心，我深表谢意。

[136] *Ep.* 1 A，pp. 54-58（14-16）.

[137] Ibid. 6. 97. 68（21）.

[138] Ibid. 7. 150. 72（23）；也可参阅 Peter Brown，*Power and Persuasion*，p. 124 中的例子，这些例子表明，等待神迹的绝不只有菲尔姆斯一人。

[139] Ibid. 3. 45. 64（20）.

[140] Ibid. 12. 341. 88（28）.

[141] Ibid. 12. 371. 90（29）.

[142] Ibid. 12. 371. 90（29）.

[143] Ibid. 13. 393. 92（30）.

2

新 方 向

　　"时间不会自动停止前进的步伐"（*Non vacant tempora*）。[1]迪弗雅克信件和多尔博布道辞的发现虽然令人激动，但也是一个意外。除了这个令人激动的意外发现，一代不断进取的学者已经向研究奥古斯丁的初学者们提供了丰富的关于其生平、思想和活动环境的权威之作。在我1961年开始撰写这部奥古斯丁传记时，我多么希望能够得到哪怕是其中的任何一本大作啊！在那个时候，我还是牛津万灵学院的一名年轻学者，我首先是通过17世纪晚期的作品来了解奥古斯丁的。我进入到了万灵学院的科德林顿图书馆（Codrington Library），向那些可靠程度极高的大部头巨著求教。我从头到尾读了《奥古斯丁作品全集》。这个版本是由圣莫尔（Saint Maur）修道院的修士们在1679—1700年间编辑出版的，附有注释，书页很宽。我仔细地阅读了1693—1712年出版的、勒南·蒂勒蒙（Lenain Tillemont）的《教会历史回忆录》（*Mémoires pour servir à l'histoire ecclésiastique*）第13卷中按时间顺序编排的对奥古斯丁生平的记述（都是从奥古斯丁本人的著作中精选提炼出来的），并以此开始了我对奥古斯丁人生各阶段的研究。这位"诚实的蒂勒蒙"重新描述了基督教会在前五个世纪中发生的所有大事。他已经为爱德华·吉本（Edward Gibbon）的《罗马帝国衰亡史》（*Decline and Fall of the Roman Empire*）第一部分提供了不可或缺的、以年代为顺序的坚实基础。如果说他帮了吉本的忙，那么他肯定也帮了我的忙。

史学编纂工作者需要想象力的一些跳跃才能领会到,即便到了1961年,这仍然是一条合理的、仍未过时的开始撰写严肃奥古斯丁传记的途径。如今,撰写奥古斯丁传记已被证明是一个涉及面如此广泛的话题,以至于这条途径稍显狭窄了。最为重要的是,这一途径能够把我的注意力集中到奥古斯丁人生的各个阶段之上,因为沿着这条道路,就可以穿梭于奥古斯丁著作系列中包含的丰富明证之中。按照这种途径,我们可以了解到很多东西,这是很引人注目的。与这种相对狭窄的方法相比,在1999年,我发现:现代的有关奥古斯丁的专著,不但数量众多、可靠性很高,视野也是十分广阔,而且并非所有的专著都只是狭隘地关注奥古斯丁的生平,这给我留下了深刻的印象。如今,这都是一些可以指引、激励和提醒未来传记作家的作品。

在这些指引性作品中,我只想谈谈其中最具指导意义的作品。在重述奥古斯丁一生的时候,最难的一点仍然是弄清楚他布道的年代顺序。这一年代顺序在很大程度上被拉博纳迪尔(A. M. La Bonnardière)考订好了。耐心细致地考订如此多的奥古斯丁布道辞的时间顺序和布道地点使得我们有可能写出一个引人入胜的、关于奥古斯丁在自己正式作品和日常布道中变换使用圣经引文的故事。[2]作为一个主教,奥古斯丁不断地在希波、迦太基和其他城市间穿梭,奥特玛·佩勒(Othmar Perler)的《圣奥古斯丁旅行记》(*Les Voyages de Saint Augustin*)对奥古斯丁的出行进行了非常完整的描述,该书还附有许多奥古斯丁所经之地风景和奥古斯丁作过布道的教堂遗迹的插图。[3]安德烈·曼多兹(André Mandouze)对奥古斯丁传记式的描绘提供了十分广博的知识,在写作风格和结构安排上与我的传记有很大的不同。[4]在此之后的是那位法国学者的"成名之作"(*chef d'oeuvre*),在曼多兹的指引下,最终写成了《非洲基督徒群体传记》(*Prosopographie de l'Afrique chrétienne*)(303–533)这部著作。[5]我们现在拥有的简直就是奥古斯丁那个时代非洲基督徒的"传记集"(collective biography)。教士和平信徒、公教徒、多纳徒派和异教徒都被包含其中。在1961年,对于这样的著作,我连想都不敢想。

奥古斯丁时代非洲的世俗世界也没有被学者们忽略。克劳狄·勒佩雷(Claude Lepelley)非常全面地展示了罗马帝国晚期非洲城市的坚忍不拔和其顽固不化的、不敬上帝的公共生活。他把奥古斯丁描绘成了一个与其生活的大背景很不相容的人,他生活在一个富有活力的世俗世界之中。作为一个整体,这个世俗世界是绝不可能被基督教的价值观所团结起来的。[6]另外一些人则把研究的视角对准了努米底亚的乡村、政府管理较松的山区和小城镇周围的沙漠地带。[7]一批杰出考古学家[其中最为著名的就是已故的保罗·阿尔伯特·费弗里尔(Paul-Albert Février)、诺伊尔·杜瓦尔(Noël Duval)、耶特·杜瓦尔(Yvette Duval)和考察迦太基的利利安娜·伊纳布里(Liliana Ennabli)]谨慎和耐心的工作使我们能够看到奥古斯丁布道用的教堂和他那个时代基督徒宗教活动的自然环境,虽然这种观看是不完整的,但看到的东西却是非常生动的。[8]

重要的是,阅读我这部传记的人应该知晓扩宽我们视野的涵义。我 484 最早对奥古斯丁研究产生兴趣是因为受到威廉·福伦德(William Frend)的《多纳徒教会:罗马北非的抗议运动》(*The Donatist Church:A Movement of Protest in Roman North Africa*)这部著作精彩的演绎推理的影响。[9]在这本书中,奥古斯丁与多纳徒派之间的关系是那漫无边际同时又很有吸引力的假设的重要组成部分,该假设是关于多纳徒派运动的社会和文化基础的。可是,《多纳徒教会》这部著作巧妙地把我们的视野限定在了罗马帝国晚期非洲一个方面。它将注意力集中到了那所谓的多纳徒主义的种族和社会基础以及奥古斯丁处理这件事的正误之上。因此,在1999年,我们已经有了一个相当宽阔的大舞台。我们可以将整个基督教化的非洲都包括进来,而不仅仅只包括奥古斯丁参与和多纳徒派辩论过程中所涉及的那些部分。在这个大舞台上,奥古斯丁只是一个小人物。他那清晰坚决的声音并没有传遍这一广袤的地区。

让我们举两个虽然很小但却很有意义的例子吧!这两个例子提醒我们,罗马人统治的非洲是一个很大的舞台。即便在宗教领域,奥古斯丁所关注的问题绝不仅仅是那些已经发生的问题。就在奥古斯丁担任希波主教的时候,在特福斯特[Theveste,现在的特贝撒(Tebessa)]圣克里斯皮纳(St. Crispina)墓地上,建起了一座宏伟的庇护所。这是一位能够把当时顶级工匠都动员过来的主教(该主教肯定是奥古斯丁的一个同伴,信奉的是公教)的杰作。人们需要走上一条很具神圣感的道路,通过一些罗马凯旋门式的门拱(这些门拱具有一种纯粹的、与"狄奥多西文艺复兴"相联系的、古典时代末期的风格），才能进入到这座庇护所。然而，奥古斯丁任何一部作品都没有提到过这位主教和这座恢弘的建筑。如果不是在本世纪被发现和考证出来，那么我们是完全不知道曾经有过这样一座宏伟的庇护所的。[10]在其他地方，基督徒墓碑上的碑铭，还有散落在墓边成堆的用来盛装葡萄酒的双耳细颈酒罐，都表明奥古斯丁和奥勒里乌在希波和迦太基努力开展的、在死者坟墓周围禁止饮宴和喝酒的公教虔信改革运动，并没有引起其他大城市的关注。[11]我们逐渐意识到北非基督教世界中还有很大的一个区域并没有或者很少出现在奥古斯丁的作品中，这不但有助于我们提升对他特有形象的认识，而且还有助于我们在他那个时代和区域的大背景下更为清晰地勾勒出一个人的人生特点和局限。

485   我们也能够更为"三维式"地认识到这个宗教和文化的氛围，正是在这个氛围中，在 370 年到 387 年之间，年轻的奥古斯丁形成并发展了自己的思想。正是在这个氛围之下，他使得自己的言论符合一个主教的身份。正是在这样的大背景中，我们才能够有进一步的意外发现。现在，研究青年时代还是一名摩尼教徒的奥古斯丁的学者们可以阅读到 1969 年在埃及发现的、写在纸莎草上的《摩尼的一生》（*Life of Mani*）[12]，可以阅读到不亚于从一个摩尼教社区（凯里斯村庄中的一个社区）中而来的信件和文献，这是 1992 年在埃及西部的达克勒绿洲（Dakleh Oasis）发现的。[13]其中的一些信件就是年轻时奥古斯丁同时代的人写的。这些信件让我们能够尽可能近地感受到一个摩尼教基层细胞的氛围，4 世纪 70 年代在迦太基和塔加斯特包围奥古斯丁的正是这种氛围。一位母亲（她是一名摩尼教徒，并不是莫尼卡）写信给她的儿子说，她祈祷，在另外一个世界中，"我们可以笑意盈盈地、彼此公开地相互打量。"[14]这些文件从其内部向我们表明，摩尼教是一种活的信仰。这些文件还提醒我们，使我们认识到摩尼教"教会"的吸引力并不仅仅来自于它关于邪恶的教义和它对那难以控制的肉欲的重视。[15]在摩尼教教会中，仍然存有精神友谊的空间。作为一名摩尼教徒，奥古斯丁很明显地生活在一个个以强烈、高尚的精神交往为其特征的团队之中。[16]那些"复苏的"、"受到启蒙的"心灵组成的小团队，渴望能够一起重新回到光明王国那甜蜜的和谐之中。在这样的光明王国中，由那些把人们灵魂引入到不道德之中所产生的差异,甚至于男女之间的差异,都将被消除掉。只有把地上信徒们联系起来的那种精神层面上的友谊能得以保全。

我们也可以更多地认识到 4 世纪 70 年代和 80 年代初奥古斯丁决定当一名修辞学学者时的政治和社会背景。我们可以更多地了解他那个时代教育的结构和理念,更多地了解到资助体系的运行情况,因为正是这个体系,才使得他还是一个年青人时就可以走出非洲,到达罗马,甚至米兰。[17] 最为重要的是,我们更多地了解了安波罗修,作为一名解经学者、布道家、哲学家和教会中的政治人物,安波罗修在读者眼中确立了自己的形象。[18] 他不再以一个高尚的、但多少有些作为奥古斯丁归信的背景性人物存在于我们的头脑之中。

在我们更多地掌握了安波罗修和他那个时代米兰的情况之后,我们便可以修正我们对 4 世纪 80 年代米兰基督教情况的认识。我们曾经相信,奥古斯丁曾经在自己归信的过程中遇到过米兰的那伙“信奉基督教的柏拉图主义者”,如今这个“米兰社团”(Milanese circle)似乎并不像我们原来想象的那样团结和宽容。[19] “那个我在 1967 年带着明显的喜爱情绪谈到的那个极好的、由信奉基督教的平信徒所组成的团体已经失去了它原有的一些氛围。我们不再认为,当奥古斯丁 384—387 年在米兰的时候,他接触到了这样的一个文化氛围,在这种氛围中,在安波罗修本人那仁慈的指导下,基督教和柏拉图主义可以在不发生冲突的情况下共存。”[20] 安波罗修承认,在基督教和“世俗的”智慧之间,是不太容易达成妥协的。[21] 在学术圈中,异教也不是一种已经过时无效的力量。因此,当奥古斯丁 386—387 年间第一次接触到新柏拉图主义者的作品时,他不得不做出艰难的选择。他得自己做出选择。他并没有得到那个团队的支持,该团队致力于构建一种新思想,该思想在融合了基督教和各种非基督教的柏拉图主义思想之后,成为一种在任何情况下都能生存的、不断修正自己的(*bricolage*)思想。结果,奥古斯丁在 386 年接受的那种类型的柏拉图主义是一种随时都准备战斗的柏拉图主义。通过把基督置于自己宗教观的中心,通过坚持认为基督是人类和上帝之间唯一的、必不可少的中保,奥古斯丁可以有意识地蔑视其他任何非基督教的、善于表达自身的替代性思想的存在,或许这种异教思想也能够得到非基督教学者们的支持吧。可是,非基督教哲学是绝不可能被米兰的这伙基督徒用简单的综合给"驯化"的。那些可以在柏拉图主义中"一起沐浴"的人，不一定就能够在彼此认可的基础上一起走出浴场。[22]

在最近的、关于奥古斯丁晚年对手的研究中，人们也可以体会到研究的视野已经扩大了。多纳徒主义的研究和非洲教会独特传统的研究（这可以追溯到西普里安关于洗礼的教义）使得我们随时都可以听到多纳徒派的观点。[23]那些关键的多纳徒派文献已经被收集成一部史料汇编了。[24]除了奥古斯丁的叙述之外，公教的叙述、文件甚至评论被很好地编辑起来了，这些评论主要是根据速记员们生动的、对两派在 411 年迦太基宗教会议上冲突的记录来做出的。[25]有相当数量的起源于非洲的布道辞被证明是多纳徒派的布道辞。[26]其中的一篇布道辞有可能是在 405 年多纳徒派教会遭到镇压之后发布的。在这篇布道辞中，我们可以听到一个受到束缚的教会所发出的声音。在一次论述"真""假"基督徒差异的布道中，一名多纳徒派主教（有可能是一个与奥古斯丁同时代的人）指出，虽然法老（Pharaoh）曾经试图杀害在埃及的以色列人的孩子，但他从来不敢试图让他们改变自己的宗教信仰，然而公教却对非洲的基督徒作出了如此的举动！[27]

487 奥古斯丁晚年时期的异教领袖，杰出的帕拉纠，自 413 年起，就撰写了一些标志性的作品，这些作品的手稿使得我们能够从他那个角度，对他 400 年初期在罗马讲学评论圣保罗书信时的情况有更好的了解。通过这些新版的帕拉纠作品集，我们遇到了一个此前只能通过奥古斯丁的观察才能了解的人物。我们发现，帕拉纠也在努力，他是一名信奉基督教的教师，被一群学生和传播他思想的人簇拥着。[28]我们也逐渐能够更好地欣赏到帕拉纠思想对除了奥古斯丁之外的人们的影响。帕拉纠和罗马的平信徒、教士和罗马教宗们的交往被非常详细地记录下来。[29]正如我们已经看到的那样，迪弗雅克信件已经向我们讲述了更多的、地中海东部的大人物们对帕拉纠主义所引起的争论的看法。[30]奥古斯丁不是参与那场大战的唯一的战士，他也不是唯一试图透过帕拉纠本人看到他背后可以被打上异端标签的思想体系的人。[31]

至于奥古斯丁，具有最高水准的学者们连续不断的努力使得他思想和行动中没有哪一个方面不被触及。[32]讲英语的研究奥古斯丁的学者们将特别获益于最近翻译出版的几部重要著作，这些著作在 1967 年还不可能得到。[33]此外,他们还应该感谢对一些原来最为人们喜爱的作品(如《上帝之城》)的重译。[34]感谢希德(F. J. Sheed)对《忏悔录》那"悦耳的"翻译所进行的重新编辑(我对 20 世纪 60 年代的这部译作一直心存感激)[35],感谢由亨利·查德威克(Henry Chadwick)这位研究早期基督教思想的大家所作的《忏悔录》的翻译,该译作清新可人,虽然被我列在最后,但也是同样重要的。我们知道,作为一名哲学家,奥古斯丁是沉浸在那严肃的柏拉图世界观之中的,而柏拉图的世界观,是很难用现代的语言来加以阐释的。在精确展现作为一名哲学家的奥古斯丁的风貌时,查德威克的翻译比其他任何一部译作都要好。[36]或许,最好的就是詹姆斯·奥多内尔(James O'Donnel)对《忏悔录》所作的三卷本的注释,该注释的用词精确、生动、机敏,即便在这个最为现代的现代世界中,仍然是了解这部因其杂乱而让人头痛的著作的最为安全和最令人激动的有效途径。[37]

488

　　读者们应该明白,这些研究绝不是这部在 20 世纪 60 年代写成的传记的令人愉快的"补充"。这些作品迫使读者们认识到我们之间(即 1999 年和那遥远独特的 20 世纪 60 年代的奥古斯丁研究)真切的时代差别。冒着一种采用自传式口吻的风险,这或许有助于读者们明白我在写作方式方面改进的幅度和这样做的理由,我将用一种不同于我 1961 到 1967 年撰写这部传记的风格来写作。这些建议不可避免的是个人的,也是不成体系的。这并不是对那广阔的奥古斯丁研究领域所作出的全面的评判。考虑到过去 30 年的研究动向,我提供了上述建议。我这样做,还希望使那些读过这部 1967 年首次出版的奥古斯丁传记的人能够有充分的理由改进自己的认识,就像我所作的那样,对于这位神奇的、极其独特的人,我在过去的岁月中也经常修正对他的认识。

　　简而言之,如果我打算重写一部奥古斯丁传记,我将比我在 1961 年更多地关注他生平和思想的大背景,最近的研究使得我们对这一大的背景有了更多的了解。奥古斯丁将被置于一个比 20 世纪 60 年代更为丰富、更为多彩的大背景之中。那些与奥古斯丁同时代的基督徒,虽然经常与奥古斯丁的想法不一致,但并不一定就是反对奥古斯丁的"异端",如今我们可以更多地了解到这些人的思想了。如今我们已经领会到这样一个事实,许多基督徒,在整个地中海地区,他们的生活传统和观念都与奥古斯丁的不一样。如今我们也可以考察西欧的那种被奥古斯丁强大的融合所掩盖的思想体系的可靠性。可是,我们朝这方面做得越多,奥古斯丁在他那个时代的舞台上显现得也就越少。尽管如此,他的个性仍然被清楚地突显出来,与同时代的人形成了鲜明的对比。

但是,在 1961 年,这种更为宽阔的背景意识并不明显。对我来说,奥古斯丁本人就足够了。传记作家应该全身心地,有时候甚至是排他性地尽力理解他的写作目标,这是任何一部传记的特点。这样的方法具有一定的风险,我敢肯定,60 年代时我是乐意冒这样的风险的。在我看来,奥古斯丁是古代晚期为数不多的几个我们可以为其作传的人之一。他的作品很多,也非常的生动,更为重要的是,绝大多数作品的写作日期是清楚的。此外,在那个时候,我逐渐认识到奥古斯丁思想是完整无缺的,这种完整性使得他成为一个独特的、可以为其作传的典型。他不仅使自己成为一个传记的对象,而且也表明了该如何来写这部传记。我很快就被这种方法吸引住了,通过这种方法,通过《忏悔录》和他的许多信件和布道辞,奥古斯丁可以亲自观看自己的人生是如何被一步步地展开的。正是这一点,才在 20 世纪 60 年代初期,一步步地把我吸引到奥古斯丁的研究之中。他经常长时间地思考动机的本质和人类本性的连续性,这对我的写作造成了一定的影响。最为重要的,鉴于奥古斯丁本人十分迷恋探究自己生活以及同时代人生活中的内在灵感和外部环境的关系,因而我写的传记打上了奥古斯丁这种偏好的烙印。

在进一步阅读奥古斯丁的著作之后,我发现,他人生不同时期的作品在内容和风格上是有所变化的,正是这种兴奋感和不断增长的目的意识(是不太容易把这种情感从年青人身上去除掉的),才使我发现自己关于奥古斯丁的作品是能够变成一部真正的传记的。1961 年,我以一种传统的方法开始撰写这部传记,希望能够撰写出一部关于奥古斯丁人生和时代的研究性著作。到 1963 年时,我认识到,我还可以在此基础上添加一些新的东西,一些关于这个人在一系列变化的环境中内心不断成长的故事。我之所以能够跟得上这个生活在一千六百年前的人的"漫长的心路旅程",很大程度上是因为这个人用一种能够为他作传的方式来谈论他自己。

在 20 世纪 60 年代,对我而言,这是一种历史撰写方法的变革。罗马帝国晚期的历史,就像那个时代在牛津所教授和学习到的其他地区的历史一样,好像总是从外部看到的历史。"客观"事件(帝国的管理、帝国之内各阶层的关系、精英们的手段、统治的过程、内战的过程和蛮族入侵的过程)的分量要比那些事件参与者"内心的"主观感受重要得多。令人惊奇的是,对于那个时代的人带给自身周围世界的那些文化和宗教方面的期望,几乎就没有引起我们的关注。在奥古斯丁研究的过程中,我发现自己已经找到了一条我最希望走的研究道路,即一条从罗马帝国晚期"外部的"历史进入到"内部的"历史的道路。那个狂暴时代发生的一切重大事件,没有哪一个能够逃脱奥古斯丁的宽阔的解读范围,没有哪一件不被他的作品(有时候是用一种出人意料的方式)所反映。作为一个老年人的奥古斯丁和作为一名年轻思想家的奥古斯丁,看世界的角度是有所不同的,这表明,这个人看世界的视角是随着时间的变化而不断发生变化的。透过这些不停变换的视角,我们就有可能看到晚期罗马帝国史中的一个完整的阶段。这就是我撰写奥古斯丁传记的原因,也是我采用这种方式来撰写这部传记的原因。

我们还应记住,在 20 世纪 60 年代,在那部最好的关于奥古斯丁思想研究的作品中,有的地方强调的是奥古斯丁对一些重要事件的认识上的变化。这些研究考察了奥古斯丁主动吸收基督教圣经的方法、充当神职人员的经历,以及他在恩典和自由意志这些问题上思想斗争的过程,正是这些斗争,使得他放弃了他早期对社会本质、上层文化的作用、人类本性潜在可能性的认识。他的思想也是变化的,尽管很缓慢,但肯定能跟上环境变化的步伐。[38] 正是有了这些研究,才让我确信,通过一部奥古斯丁的传记,是有可能把握住"那个外部变化和内心变化相互触动的世界"[39]的。在一位通常被等同于公教教义中最严格的、最不变的一切的人身上,发现一种人的运动,这正是我这部传记努力要传达的。

这种对奥古斯丁思想和观念变化的强调有可能遭到别人的挑战。奥古斯丁思想中的那些中心元素已经被证明是相当稳定的。它们似乎很少显现出不连贯的迹象。很难说奥古斯丁作为一名主教的学术生活已经完全走出了"迷惘的将来"这个阴影的影响,正如我在本书前面以"迷惘的将来"为标题的那一章中所暗示的那样。[40]同样,我们很难把奥古斯丁后来几十年中对恩典、自由意志和预定的看法看做是对以前更

490

"好"的奥古斯丁所持观点的背离,而轻易地将它们抛弃掉。[41]和我以前所认为的不同,奥古斯丁是一个浑然一体的(*aus einem Guss*)人物,而不是一个被那些致命的非延续性分裂的人。

可是,在我写这部著作时,我对奥古斯丁思想基本框架中因变化和延续所引发的哲学和神学问题并不是很感兴趣。让我感兴趣的是在他的思想中所发现的那些变化。我想强调的是那些确实反映了他不断变换的生活环境的变化。担任一名主教的职责、在其中发现自己的那种新环境,都巧妙地、不可避免地改变了他对文化、社会和人类本性的看法。围绕着这些主题写成的奥古斯丁传,使得我能够从"内部"来处理罗马帝国晚期历史中最具重要意义的外部事件之一,即基督教在罗马社会中的兴起问题。

因为在 1961 年,我完全同意爱德华·吉本和我的导师阿纳尔多·莫米利亚诺(Arnaldo Momigliano)的看法,现在我仍然同意他们的看法,基督教会的兴起是古代世界最后几个世纪中所发生的唯一最为重要的变化。因为这是一个某种宗教制度兴起的故事,它的兴起触及了罗马社会的基层。基督教逐渐要求贵族(如安波罗修)和知识分子(如奥古斯丁)向其效忠,与此同时它也设法解决普通大众(即奥古斯丁在迦太基和希波向其布道的会众,他们是半文盲)的需求。作为自己教区中的主教,奥古斯丁发现,与那虽然威严但却遥远的罗马帝国的框架相比,自己所处的这个机构使得他能够接触到更多的人,在更深的层面上接触自己的民众。通过创立一种新的、对上帝那个更大的、不可见的帝国的忠诚,基督教将会众们的爱心都动员起来了。[42]我突然认识到,一部关注其多年以来思想和个人发展的奥古斯丁传记,将打开一口穿越其发展过程中心的竖井。我将饶有兴趣地关注,对于一个最初试图在罗马帝国世俗框架中追求成功的人来说,他如何调整自己,以适应那种新的环境、对人类本性的新认识、对社会的新看法;而只有在自己以一名公教主教的身份为其进行几十年服侍的过程中,这个社会才慢慢地向他敞开大门。

在过去的岁月中,我对基督教在晚期罗马帝国中的兴起仍然非常着迷,程度丝毫不减。可是,在回首过去时,我发现自己对基督教主教在这一发展过程中所起作用的关注有些过分了。事实上,他们并不是这一发展过程的唯一推动者。可是,在那个时候,首先看他们的动向是很自然的。在牛津接受的、成为一名中世纪史研究者的训练使得我把主教的权威问题变成了我研究兴趣的核心。对我而言,了解奥古斯丁如何使公教会在中世纪欧洲获得那令人敬畏的支配权是非常重要的。他与多纳徒派斗争,他同意使用帝国法律来镇压多纳徒派、异端和异教徒提出了这样一个问题,他是否应该获得那令人不快的"宗教裁判所理论家"的称号。任何一位中世纪研究者都有可能在某个时候提出这个关于奥古斯丁的问题,这使得我不带任何偏见和不受任何后见之明地去重新描述罗马帝国晚期非洲的社会背景。在这样做的过程中,我试图恢复那些社会和道德方面的约束,在这些约束下,奥古斯丁可以行使一种在理论上如此强大但在实践中远非如此的权威。[43]

站在一个更为个人的层面上,我要指出的是,在一个 20 世纪 40—50 年代在拥挤的爱尔兰新教家庭中长大的年青人眼里,主教(即公教的主教)并没有被指望是一个宽慰他人的人物。"年长的主教"(elderly bishop)有可能被认为是相当可怕的人物。我对老年奥古斯丁的判断是很粗糙的,但是那些宽容的读者却愿意把它理解为我这个年轻人缺乏现实经验的表现。从那时起,我对主教有了了解。有些主教非常高尚,就像圣徒一样;许多主教确实非常的善良;但绝大多数的主教都是不起作用的。迪弗雅克信件表明,在他们那个时代,面临一个相当世俗的社会时,奥古斯丁和他的同伴们是起不了多大作用的。现在的主教,在面临当今这个既狂妄又世俗的世界时,他们与奥古斯丁及其同伴们一样,都是发挥不了什么作用的。奥古斯丁的作品以及他在非洲活动的典范或许对西欧以公教为基础的基督教帝国的形成起到了十分重要的作用。可是,5 世纪非洲的主教们并没有生活在这样的一个帝国之内。他们根本就不是一个"教会和国家密不可分、相互依存"的社会中无可争议的精神领袖。[44]

正如我在讨论迪弗雅克信件时所表明的那样,我现在认为,我片面地对奥古斯丁与其主教权威之间的内在关系感兴趣,已经在不知不觉中把这个人的形象降低了。是我的这个兴趣使得他显得比现实中更严厉,使得他的老年时代显得可悲地僵化。回顾过去,我发现自己将奥古斯丁晚年时期作品的风格过于"打上个人的标签"了。因为我在浏览这些作品时,是希望找出那些能够泄露奥古斯丁内心与其攻击性作斗争的迹象。在一个公开表达宗教差异时比我们现在更有所保留的社会中，那些战斗性的作品是不可能如此迅速地"表明自己一切"的。迪弗雅克信件显示出来的内容对这个人的传记更具直接意义。在这里，我们看到的并不是一种思想上的攻击性。相反，它们表明，对于那些可能扰乱基督徒心智的问题，奥古斯丁都努力地表现出了一种极大的宽容。在奥古斯丁一次又一次地用自己的笔，以牺牲那些自己深感兴趣的学术活动为代价，为自己的教会作辩护的过程中，这些信件还准确地刻画出了一位疲惫老人难以抑制的叹息，以及这些活动所具有的那种不断地自我牺牲的特点。

对于现代人来说，奥古斯丁的用词风格是灾难性的，但他同时代的人会用一种很不相同的眼光来看待这位辩论家的作品。这些人会把它们看做是反映一种被古代罗马人高度敬重的友好和纯粹德行的作品。辩论是忠诚的表现。奥古斯丁那些反对摩尼教、异教、多纳徒派和帕拉纠派的论战性作品是他真心希望为一个新的"共和国"（即公教会）服务的产物。奥古斯丁生活在一个要求每个人都站起来坚持不懈、甚至有些严厉地维护自己观点的世界之中，就好像敌人入侵时保卫自己国家利益一样。人们希望他能够"以一种战斗的姿态，尽可能多地，篇幅尽可能长地进行写作"（正如圣保罗在他那个时代所做的那样）。[45]

一封对撰写传记来说具有重要意义的信件直到现在才引起我们的注意，这封信件说道，要说的一切都是站在老年奥古斯丁那一边的。[46]这封信是写给一位名叫"科内里乌"（Cornelius）的人。最近一种对塔加斯特碑文所作的重新解释表明，"科内里乌"是塔加斯特的罗马尼阿努的另外一个（或许是更为正式的）名字。罗马尼阿努是奥古斯丁年轻时代的资助人和朋友。此前，对于奥古斯丁归信并返回非洲之后奥古斯丁和罗马尼阿努之间的交往情况，我们一无所知。我们最后一次听说他的情况，是在奥古斯丁成为希波主教的那一年他再次前往帝国宫廷的途中。[47]

如今这封信件表明，罗马尼阿努已经受洗并和一位信奉公教的女子结了婚。408年，他找到了奥古斯丁。那时他已经成了一名鳏夫，请他的老朋友奥古斯丁为自己的亡妻写一篇颂辞。奥古斯丁了解到，此时的罗马尼阿努为了安慰自己的空虚，正在和另外一名女子同居。因此，奥古斯丁以一名主教的身份，不但严词拒绝了罗马尼阿努的请求，而且还说，除非把这名同居者驱逐出去,否则他是不可能得到任何颂辞的。对于奥古斯丁在朋友丧亲之痛的时候,就一件我们现代人可能认为是私事的事而严词斥责自己老朋友的做法,一些现代人或许是不会喜欢这种办事方式的。可是这封信件有助于我们看到作为一名公众人物的奥古斯丁的形象。他被迫就一起有可能动摇他反对非婚同居立场的事件作一个公开的表态。作为一名主教,他只能说"不"。他也逐渐意识到忠于一种制度究竟意味着什么。而且,作为一名罗马人,这种忠诚就意味着决不让步。在一位老人写给另一位老人的信件中,奥古斯丁敦促罗马尼阿努,要记住西塞罗曾经在元老院中所说的话:

> 我希望,各位元老们,是好心肠的。但是,在面临这些降临到国家之上的危险时,我希望大家不要妥协。[48]

罗马尼阿努肯定理解这种做法。对于一位主教而言,就一个他必须要站在公正立场之上的问题,他肯定是不会妥协的。

对于作为一名主教的奥古斯丁,就只能说这么一些了。对于作为一名思想家的奥古斯丁,我们还能说些什么呢?我突然意识到,在20世纪60年代的学术研究和现在的学术研究之间,存在着相当大的差异。对于60年代的文化而言,如果其中有哪个方面能够让我怀着喜悦和崇敬的心情去回顾,那就是那个时代许多作家都坚持的普遍信念,他们认为,那些看起来难以触及、论述那些要么让现代读者感到恐惧要么让他们没有兴趣的问题的看法,其实是可以被"解读"的。用一种特别的办法,使普通的知识分子(不一定非得是学者,有可能是既没有宗教文化也没有宗教忠诚的人)都至少能够重新活出一点他们起初的热情,重新获得一点这些观点曾经带给很久以前的人们的急切的意义,我们便可以理解这些观点。这是一种真正意义上的、对一种"现代化"(*aggiornamento*)可能性深信不疑的信仰。它反映出了一种广为流传的意识,即通过那敏锐的"理解",是有可能把遥远过去的财富带回现实之中的。许多基督教学者,不管是新教的还是天主教的(我不但了解这些学者的著作而且也由衷地尊敬他们)都相信,让现代知识分子了解远古时期基督教的思想和世界观是可能的。信徒也好,非信徒也罢,他们都怀有这种进取精神。

但是这种"解读"却是一种非常微妙的工作。即便是一丝丝的傲慢和自负都将招致一种方法论上的危险。我故意不让自己的读者局限于信徒。事实上,我发现,自己身上有着令人赞赏的年轻人的拘谨,因此当自己看到在评判奥古斯丁行为过程中,居然存在着一种基于教派的偏见,这让我感到非常震惊。我曾经读过许多喜欢为奥古斯丁作一种特别辩护的作品。它们试图证明奥古斯丁行为的合理性,与此同时,北非的一名主教,则把批评的重点放到了他的侵略性、欺诈和不如对手聪明之上。我并不想采取这样的立场,我认为,历史学家的职责就是扮演起“魔鬼的辩护者”(advocatus diaboli)[49] 的角色。我这样做的目的就是让一个真正的罗马帝国晚期的人显现出来,至少不受这些虔诚的后代歪曲描述的影响。因此,我对那些具有教派(不管是新教还是天主教)倾向的声明十分反感,他们宣称说,只有自己才通晓奥古斯丁的思想和动机。

　　因此,我该怎么做呢?通过一种把化学物质熟练组合在一起,通过一种对原汁原味的复制,我要让现代读者了解奥古斯丁的思想,为此我将面临一种修正(operation),这种修正的难度和原创的难度一样大。为此我不得不动用周围现有文化中的某些元素,这些元素与奥古斯丁及其同时代的人所关注的内容具有某些相似之处。这都是一些帮助我理解和传达奥古斯丁思想某个方面独特韵味的“催化手段”。我将特别感谢其中的两个“催化手段”。我认为,我对心理分析的喜好将为我提供一种既合理又合格的对应手段,使得我能够理解奥古斯丁的恩典论神学思想,因为这将涉及人类动机的本质和人类自由的那种不确定性。我对社会心理学的爱好使得我对他关于个人、社会和教会之间关系的论述十分感兴趣,为维护这些看法,奥古斯丁曾经和多纳徒派和帕拉纠派展开争论。这两个主题(他的恩典论和教会观)成为奥古斯丁人生中思索得最多的两件大事,这绝不是一种巧合。正是在这两大思索中,奥古斯丁在最大程度上是直指未来的。它们直接指向了中世纪的天主教会,指向了宗教改革运动中的那场关于恩典和自由的危机,以及那场危机所带来的现代世俗化后果。对于奥古斯丁思想世界中其他独具特色的方面,我要么缺乏必要的催化手段,要么只能用一种不能正确评价它们的方式复制出许多刺鼻的味道。因此我谨慎地避开了作为玄学家的奥古斯丁,将我对他神学方面的探讨在很大程度上局限到其恩典观和教会观之上。

　　因此,我的奥古斯丁传被认为是一部“没有神学思想的传记”[50],我接受了这一来自亨利·查德威克的公正评价。他设法只用一百九十页的篇幅,通过一种激动人心、举重若轻的方式澄清这一体系中的张力及其后果,从而对奥古斯丁作出了言简意赅的研究。这一研究弥补了我这部著作的不足,因此我非常高兴地接受了上述评价。现在还可以看到其他的一些奥古斯丁思想研究指南,它们的出现也将弥补我这部著作的缺漏。[51]

然而,在进行回顾的时候,我将用有些不同的方式来表述这个问题。我书中所缺乏的并不仅仅是其"哲学味"或者"神学味"不足。所缺乏的还有一种开阔的背景意识,缺乏对古代晚期的宗教和思想的一种全面认识,这些宗教和思想向奥古斯丁努力解决的问题中增添了不少难度和严肃性。奥古斯丁试图解决的问题,即便放到 20 世纪 60 年代,都是不容易的,都难以找到一种合适的催化手段,为我们这个时代所理解。因此,我把注意力集中到那些能够用现代术语加以表述的话题之上,这样就能避免陷入到由古代晚期和基督教早期思想界所构成的、极其复杂和十分陌生的世界之中。然而,现在我们有了更好的条件,能够把奥古斯丁置于一个比 1961 年更为广阔的背景之中。这部分是因为如下事实,从 1967 年到现在,对奥古斯丁的研究已经被那十分成熟的、对古代晚期基督教和多神教的总体研究给超越了,在讲英语的世界中,这种超越尤其明显。

我们应该记住,20 世纪 60 年代的研究具有一个重大缺陷。这个缺陷就是相关的研究成果太多了,这是一个悖论。到 1960 年的时候,那场致力于传统学术命题研究的运动已经达到了它的顶点。自早期文艺复兴以来,奥古斯丁与他过去的非基督教经历之间的关系一直都是欧洲学者着迷的对象之一。在二战之前和之后的数十年中,一批杰出的法国学者将这一问题的研究提升到了前所未有的高度,并取得了巨大的成功。20 世纪 60 年代时,我们已经站在那些巨人的肩膀上了。这些巨人们也倾向于朝这个方向看。基督教和古典文化之间的关系是一个十分古老的话题,通过亨利·伊雷内·马鲁(Henri-Irénée Marrou)的作品,无论从精确程度还是从人文关怀来看,对这一问题的关注已经被提升到了一个新的水平。我们第一次可以把奥古斯丁的《论基督教教义》(*de doctrina christiana*)当作是对那鲜活的、他成长于其中的古典文化的评论,在自己思想成长和辩论的过程中,奥古斯丁给这种古典文化留下了长长的印迹。[52]

通过保罗·亨利(Paul Henri)和皮埃尔·库尔瑟勒(Pierre Courcelle)的哲学研究,奥古斯丁和柏拉图主义之间的关系被置于一个新的基础之上。[53]关于奥古斯丁和柏拉图之间关系的模糊的言辞已经被一种迷人的、关于新柏拉图主义 4 世纪在西部的拉丁世界中传播的研究给替代了。

但是,这些发现并不仅仅是拉丁世界思想史中那原来不为人们所知的章节的再现。长久以来,人们都欢迎这样一种认识:基督教能够吸收异教思想中的精华部分。就这样,这种欢迎也迎合了皮埃尔·库尔瑟勒"所有人的安波罗修"的猜想,这种猜想认为,安波罗修(迄今为止我们只知道他是一名主教,是 4 世纪西方公教中最不妥协的人)在自己的布道中引用了普罗提诺的话语,甚至有可能是第一个向奥古斯丁介绍新柏拉图主义的人。[54]"基督教人文主义"(Christian Humanism)在流行。事实上,这种"人文主义"被看做是早期教父时代(the Patristic period)的一个很具有吸引力的特征。[55]发现任何的"基督教人文主义者"都是一件令人鼓舞的事情。即便是对米兰当时那一伙值得尊敬的人中最难以捉摸的代表性人物曼利乌·西奥多鲁(Manlius Theodorus)的发现,(在最近几年逐渐淡出人们视野之前)也都受到了人们的赞扬。这一发现是由皮埃尔·库尔瑟勒最近才完成的。而曼利乌·西奥多鲁则是米兰的一名大地主,后来成为了罗马的执政。[56]

在奥古斯丁与新柏拉图主义首次接触后,他对古典文化的兴趣并没有随着这次接触而终结。情况远非如此。奥古斯丁心中的非基督教的过去和基督教的现在之间的张力继续向他后来几十年的公教主教生涯中注入了令他感到激动的因素。"维吉尔诗歌的影子一直与奥古斯丁同步,静静地伴随了他一生,并随着他的改变而改变。"[57]正是出于同样的理由,奥古斯丁在撰写《上帝之城》时对罗马人历史的态度也引起了学者们的关注。[58]

可是,并不只有古代作家才会仿效奥古斯丁审视自己的非基督教经历。早期教会史家们也仿效这种做法。因此,在奥古斯丁和帕拉纠之间的神学冲突就带有那种特别的痛楚。与帕拉纠派的争论便成为基督教和古典文化长期争论的最后的、也是具有决定性的阶段。如今,人们依然认为,奥古斯丁的恩典论对帕拉纠的自由意志论(其根源在于古典的、斯多葛派的思想)的胜利是古代社会在西欧终结的标志。

　　在我写作的时候,我是不可能不被这些观点触动的。使我受到触动的就是,在阅读圣保罗关于恩典和上帝拣选的教义时,奥古斯丁公开表达了自己对于人类本性的悲观看法,就这样,在 4 世纪 90 年代的过程中,奥古斯丁就"不知不觉地进入到一个新的世界之中了"。对奥古斯丁而言,借用圣保罗的观点标志着那种古典的、对人类生存状况独特认识的结束,在归信的过程中,奥古斯丁也曾公开发表过这种认识。随着 5 世纪 20 年代中奥古斯丁对帕拉纠的胜利,曾经笼罩在他"迷惘的未来"之上的阴影(古典时代的人们认为,人类具有一种自我救赎的能力,然而这一观点被可悲地放弃了,这一阴影是与这种放弃相关的)与西方基督教的整个传统偶然相遇了。部分是受我对奥古斯丁在 4 世纪 90 年代思想变化的描述的影响,许多学者准备宣称,那些变化使得一个险恶的裂缝张开了,这是一个更为阳光(因为其更为"古典")的早期基督教和一个被原罪教义、上帝恩典的作为无所不能、奇妙难测等思想意识所主宰的中世纪之间的差别。[59] 我本人并不同意这样极端的解释。然而口说之语消失无踪,书写之言长久留存。如果有人根据那些表明我对其十分着迷的文字(20 世纪 60 年代其他许多学者也和我一样)得出他们自己的结论,把奥古斯丁看做是一个雅努斯式的人物(a Janus figure)[60],高于同时代的其他人,站在古代世界和中世纪世界之间的门槛上,对此我不会感到惊讶。

498

　　这一观点最主要的缺陷就在于,注意力完全放在奥古斯丁及其古典经历之间的关系上,经常会让我们忘记他基督教的现在和他那个时代的其他宗教思想流派之间的关系。这就像我们经常凝视深井,努力地去发现那些去世已久、却仍然活在奥古斯丁心中的异教徒(如维吉尔和西塞罗、普罗提诺和波菲利)一样。我们希望了解的正是这些人对奥古斯丁思想的影响,我们也希望能够提升自己的研究水平,从而探究出这些人对奥古斯丁思想的影响。如果说奥古斯丁曾经就某个问题改变过看法的话,那么我们倾向于认为,他这样做是因为他已经放弃或者重新思考过普罗提诺的某个观点,他重新阐释了西塞罗的某句名言,或者在维吉尔身上找到自己成见的共鸣。如果有人告诉你:要证明奥古斯丁改变自己的看法是因为他可能听过奥利金的某个理论[61]或者不希望被哲罗姆误解[62],那是非常困难的,那么这肯定不是一件什么有趣的事情。为了隐藏对公教同事们的不认可,奥古斯丁往往表现为沉默寡言,这种沉默寡言经常误导我们讲说奥古斯丁从希腊教会中的"光荣脱离"[63]。可是,迪弗雅克信件却表明,奥古斯丁和东部地区主教们的接触十分广泛,多尔博布道辞生动地记录了奥古斯丁与哲罗姆之间的分歧,他与一种当时比较活跃的异教思想之间的对话,这种异教思想并不单单只是出现在他图书馆的藏书中。特别关注奥古斯丁与其古典(时代的)经历之间的关系所产生的总体效果与如下做法所产生的效果是一致的。有时候,奥古斯丁和他的基督徒同伴们产生分歧,但是只有当这种分歧最终演变为一种与"异端"(如多纳徒派和帕拉纠派)之间的重大争议时,才能激起我们的兴趣。具有讽刺意味的是,在我撰写自己的奥古斯丁传时,在这一方面,我必须忠实于他的朋友波希迪乌《奥古斯丁生平》一书的结构。我这本传记的目标是用一种非常现代的方式来把握奥古斯丁思想方面的许多变化,这有可能会吓到那忠诚的波希迪乌。但这一目标在很大程度上是通过奥古斯丁对那些重大争论(如与多纳徒派、与帕拉纠派和异教徒之间的争论)的反应来实现的。波希迪乌也是围绕着这些争论来组织自己的叙述的。

最近学术界的一个最为重大的收获就是有可能在不降低他在这些剧变中的作用的情况下,把奥古斯丁的人生概括为一个主教的一生。在这部大的奥古斯丁传记和他的争论中,还留有一些其他"小的传记"。例如,是到了撰写一章论述奥古斯丁与其非洲同事之间关系的时候了,这一章是站在他们和奥古斯丁交往的角度来完成的。当他们发现自己中间有一个天才,对他们究竟意味着什么? 如果我们从凯撒利亚的巴西尔(Bacil of Caesarea)的小亚细亚转到奥古斯丁的非洲,只要一会儿,他就难免会因为一个重大的差别而震惊不已。在巴西尔那里,作为一个文化人的主教,要指望他保持沉默,就像指望"夜莺在春天的晚上不唱歌"[64]一样。在小亚细亚地区,几乎所有城镇的主教都会对任何问题发表书面评论。信奉公教的北非,却是另外一种景象,那是一块沉寂得不可思议的地区。在那里,只有那只"大天鹅"[65]才被允许歌唱。

即便我们考虑到材料的遗失问题,但这样明显的沉寂还是令人吃惊的。奥古斯丁的同事们绝不可能都是一些没有受过教育的人,更不能说他们都具有一种奴性。情况有可能是这样的:在那些影响他们利益和他们深刻信仰的问题之上，他们满怀激情地跟随着他，让奥古斯丁本人来思考那些他们认为没必要让他们去思考的问题。对于一个善于思考的人来说，这并不是一个最佳的环境。用贵格会教徒(the Quaker)的话来说，即便是来自公教会同事中的一个"小兄弟"，都会给奥古斯丁带来好处。和诸如迦太基的奥勒里乌讨论他的看法有可能平衡那些奥古斯丁从自己独自应对圣经中所得出的极端结论。[66]这并不是说他显现出了试图主宰那些靠近他的人的迹象。我们可以作出一本有趣的材料汇编，这本材料汇编是关于那些与奥古斯丁生活在一起的人的，现代学者所认为的、奥古斯丁思想体系核心的那些观点并没有给这些人造成太大的影响。[67]

另外的一些"小传记"也逐渐地被写好了。这些传记都涉及奥古斯丁对他那个时代基督教宗教活动所持的态度。1967年之后的几十年中，我把许多时间都用来研究地中海东岸和中东地区的苦修运动，后来我才惊奇地发现，自己在苦修主义和修道院组织对奥古斯丁生活影响方面的研究实在是太不够了。[68]我对奥古斯丁返回就任希波主教时大众宗教文化的本质并不感兴趣。我想当然地认为，从本质上讲它是"原始的"，并倾向于指出(通常都带有一种不赞成的暗示)：在这些场合，它似乎已经向奥古斯丁的宗教观中添加了一种更粗糙、更"地方性"的元素。[69]让我更感兴趣的(同时也是让20世纪60年代如此多的学者感兴趣的)就是古典社会向基督教社会的缓慢变迁，奥古斯丁的人生就展示出了这种变迁。这也是一种体面的过程，是由一些知识分子在舒适的环境中完成的。在那个时候，我受过的教育和我本人的爱好都没有让我准备好去理解那种横扫地中海沿岸地区的海啸般的力量，这种海啸般的力量是由埃及和叙利亚激进的苦修主义运动所引发的。我在20世纪70年代中才理解这种力量。我希望通过对基督教东部教会中那位提倡禁欲的圣人所起作用的进一步研究，最主要的就是通过我的《身体与社会》(*Body and Society*)一书，来弥补我以前对奥古斯丁论述上的缺陷。在那本书中，我最后才论述到奥古斯丁。我从圣保罗时代开始，围绕着禁欲及其对男女关系、人与社会看法的影响这个主题，开始我的论述。我领着读者，走完了地中海沿岸地区和中东地区，最后才返回非洲，用一名来自异国他乡旅行者的眼光，审视那位曾经十分熟悉的奥古斯丁。[70]

500

对于我看到的一切,我感到很吃惊。我看到的许多东西都与我们现代人对这个问题的广为流传的认识相矛盾。[71]我也认识到,在以前我对奥古斯丁的论述中,我对这类话题的关注实在是太少了。我们简直就是来到了一个不同的时代,有着不同的优先考虑对象。我们希望奥古斯丁此时能够给我们讲讲性和婚姻的问题,而不是恩典和教会的问题。20世纪80年代期间,我认识到自己必须要重新研究奥古斯丁思想和行为的这个方面。我首先意识到的就是奥古斯丁的观点已经发展到了站到那些大辩论的某个阵营之中了。那篇在397年完成的、论婚姻的多尔博布道辞确认了我的看法,如果奥古斯丁确实礼貌地反对过其他基督徒和那些持激进禁欲观的人(最为激进的就是哲罗姆),那么他对性这个问题认识的发展步伐就已经被牢牢地确定下来了。[72]

在阅读奥古斯丁作品时,我们绝不能将他看成是和我们同时代的人。他和哲罗姆是同时代的人,后者把婚姻说成是一种纠缠不清的带刺的荆棘丛,唯一的好处就是制造出一些从小就献身于一种禁欲守身生活的孩子,即童贞男女中的"玫瑰"。他和尼撒的格列高利(Gregory of Nyssa)是同时代的人,后者温和的语气使得我们忘记了如下事实,由于对性生活非常不感兴趣,因而他认为那不过是人类"天使般"本性之上的一种"野兽般"的附属物。他和安波罗修是同时代的人,当面临那些结了婚的人想入教时,后者希望自己的读经师们(his readers)坚决支持说,是肉欲享乐(*voluptas*)把亚当驱逐出伊甸园的。[73]与这种大背景的看法不同,如果有什么区别的话,奥古斯丁的布道和作品代表着一种对节制的呼唤。他希望能够在更大的程度上认可人类本性中的那些物质的、性欲的成分,并准备为它们通过婚姻的合理表现(如果得到约束的话)进行辩护。

我逐渐认识到,在后来反对埃克拉努姆的朱利安的过程中,奥古斯丁就自己对性和原罪的观点进行了激烈的辩护,那种激烈正是这种"节制"的直接后果。奥古斯丁非常固执地坚持认为,亚当的堕落很快,并且很明显地导致了一种对性的控制的失败,由于具有一种令人敬佩的宽宏大量和一种自由主义的气质(就像许多年轻学者们那样,我喜欢显得如此),因此,我对奥古斯丁的这种过分强调身体的说法并没有感到太多的不快。我只用了几页纸的篇幅就摆脱了这种不快。[74]在那个时候,我并没有意识到,奥古斯丁和朱利安之间的辩论竟然是如此尖锐,因为奥古斯丁本人大约在二十年前就冒险进入到了那个当时在很大程度上仍然涉足很少的领域。他开始用一种比同时代许多基督徒自信得多的方式展望出如下情景:作为在性方面完全成熟的人,亚当和夏娃可以在伊甸园中发生性关系,那是一种纯粹的交合,没有因为不一致的欲望而分裂,之上也没有笼罩着罪的阴影。在阅读了那些希腊教父们的作品,兜了一个大圈子之后,我回到了奥古斯丁那里。对于一个像尼撒的格列高利这样的人而言,亚当和夏娃曾经是"天使般好的"人物,在伊甸园的深处,他们的性欲是完全休眠的,伊甸园释放出了炫目的荣光,根本不容许现世的、"粗俗的"人的因素进入其中。看到这样的作品,我认识到,奥古斯丁已经完成了一次"漫长的内心之旅"。在他看来,伊甸园已经变成了一个纯人类的地方。新近发现的第六封迪弗雅克信件表明他走过了怎样的一段内心之旅。在写给一名希腊主教(君士坦丁堡的阿提库斯)的信中,他异常小心地讲明了自己对于性爱的看法,这个极具个性的看法让每一个卡帕多西亚教父(the Cappadocian Fathers)都震惊不已。性爱被说成是一种非常正当的善行。信奉公教的基督徒应该承认这一事实,并做好准备,想象一下,如果亚当夏娃没有堕落,他们在伊甸园的性爱将是怎样的一番情形。这样的性爱将是一件既神圣庄严又非常快乐的事情,在那里,两个人的身体将完全随着他们的心灵而萌动,"所有的一切都是在极其平静状态之下进行的"[75]。完全是亚当心理上的傲慢,以及随之而来的对上帝的不顺服,才永远地破坏了这种潜在的、肉体和心灵那令人愉悦的和谐。奥古斯丁认为,性爱是一种悲剧,因为它完全有可能不是现在的这种样子。对许多基督徒而言,性爱和婚姻不过是向那最初的、天使般美好的人的本性上添加一些"物质的"、"野兽般粗俗的"东西而已。在伊甸园中人类那天使般美好的状态和他们现在物质世界中的状态之间,是没有什么可比性的。在奥古斯丁看来,现实世界总是被一种巨大的悲伤所笼罩着。结了婚的夫妇们应该带着一种忏悔的心情,穿过那尚可识别的、被亚当的傲慢彻底毁坏的、曾经完美无缺的性爱的废墟。

关于作为一名作家的奥古斯丁,就谈论这么多了。已婚夫妇从作为布道者的奥古斯丁那里所听到的则是一些简明和故意比较老套的东西。

502

他们应该谨慎。最为理想的就是,除非为了生育孩子,他们不应该发生性关系。即便他们不相信自己的主教,那他们也应该看一看"那一小张写好了的"婚姻协议。罗马法也坚持说结婚是"为了生儿育女"。如果"跨越了协议的界限",他们应为此而羞愧,但不应该感到过度的罪责。与通奸和夫妻之间不忠等真正严重的罪相比,这不过是一种最小的罪罢了。这是人性弱点的一种表现,可以通过念诵主祷文(the Lord's Prayer)中的"免我们的债"并且向蹲在教堂大门口的乞丐布施来加以补救。[76]

就性爱问题上,我们一定要非常小心,不能把奥古斯丁"妖魔化"。将他说成是"欧洲天才般的恶魔"[77],把直到我们现在基督教群体处理性这个问题时所产生的一切弊端都归咎于奥古斯丁(好像我们只要一抛弃奥古斯丁,就可以实现自我解放似的),这是一种用最简单的方法来解决极复杂问题的典型。实际上,这个问题的根源十分复杂,是深深地植根于我们自己的历史之中的。很多个世纪以来,我们都在自作自受。并不是奥古斯丁让我们来承担这些恶果。对奥古斯丁的谴责一般只会歪曲这个人,无论如何,只会让我们在完成那缓慢的、严肃的、重新评估奥古斯丁的任务上裹足不前。事实上,认为我们可以通过某个人思想这面遥远的镜子来窥见我们当前所有的不快,这本身就是一种极坏的、文化上的自恋。与神学家不同,历史学家们必须具有一种很强的时间和空间意识。在认识到道德观念的演变是一个复杂、缓慢、需要好多个世纪才能完成的过程之后,在认识到那些以各种形式、在奥古斯丁做梦都没法想到的地区和社会中发生作用的多变性之后,历史学家们不应该参与这种轻率的"打板子"的活动。

总而言之,我们越能够把奥古斯丁置于那更为广阔的古代晚期的大背景中,我们就越能够认识到,他的那些与我们现代人最为接近的思想的许多方面,恰恰是那些最能够让他同时代的人震惊,最容易被认为是他的特色思想。举一个关键的例子吧!在了解了那更为广阔的古典哲学传统的这个大背景之后,我们会发现,奥古斯丁全神贯注于人的问题,迷恋于探讨人类意志的功效,这本身就表明了人们关注的重点已经发生决定性的改变了。奥古斯丁把以前就已经存在的一些问题清晰地突出出来了。由于奥古斯丁的作品,这些问题被推到西部拉丁教会中最为显眼的位置上。我的一位研究哲学的朋友向我保证说,奥古斯丁对自我的发现标志着人类在其思想发展史上已经向前迈出了重大的一步。他的介入,对于西方文化中独特的个人主义观念的出现,具有决定性的意义。长期以来,奥古斯丁都被誉为"现代意志观的提出者"。他要为"从本体论来理解宗教和文化向从心理学角度来理解宗教和文化"这一具有决定意义的转变负责。[78]

　　研究古代思想的历史学家必须作出判断,这种有关奥古斯丁的新观点是否是合乎情理的。但即便这种观点只是部分正确,也会把奥古斯丁的传记作家置于一个进退两难的境地。这个人已经十分特别地提出了一系列的范畴,我们现在都还在用来分析任意一个传记式的题目。怎么可能写出他这么一个人的传记呢? 因为当我们撰写他的一生并试图评价他那个时代的思想时,一直停留在我们头脑中的就是奥古斯丁本人的范畴。对研究奥古斯丁的学者而言,最大的挑战或许就是:如果把奥古斯丁置于由其先辈和同辈所构成的大背景中,如何才能把握住其思想的鲜明特征。这些人既不会对奥古斯丁怀有敌意,也并不一定就不如他聪明,奥古斯丁的许多同辈和前辈们并不是用奥古斯丁本人所发明的那些新的范畴来看待他们的世界的。

　　在奥古斯丁吸收和转化新柏拉图主义的过程中,这一点体现得最为淋漓尽致。这种吸收既是全心全意的,也是具有创造性的。尽管我们对奥古斯丁如何处理新柏拉图主义思想体系非常着迷,但我们不能让这一点把我们的注意力完全吸引了。我们绝不能忘记,奥古斯丁的"基督教柏拉图主义"(Christian Platonism)只不过是众多的柏拉图主义之一。而且它还不一定就是最好的那一种柏拉图主义。那些对多神论的柏拉图主义世界观有非常深入了解的人,最为强烈地感受到了这一点,这一事实让我很震惊。希拉里·阿姆斯特朗(Hilary Armstrong)甚至因此怀疑说,奥古斯丁(或许是通过一些起到中介作用的基督徒)所接受的是不是一种"生硬的、僵化的、甚至在某种程度上不名一文的普罗提诺的观点"。[79]这个观点是由学术圈中对普罗提诺和奥古斯丁最为了解的那位学者提出的,因此非常地尖锐。

　　通过阅读新柏拉图主义者的作品,从而确立了一种全新的、对个人的内心生活的理解,奥古斯丁的这种非凡的建构能力是付了一定的代价

504

才获得的。他让柏拉图主义那宏伟的宇宙（cosmos）观变得苍白无力。由于全神贯注地思索人类的意志问题，奥古斯丁迷失在那狭窄的、甚至有些令人着迷的迷宫之中（在我叙述他的思想发展时，我也是怀着极大的热情而迷失自己的），不但对世界（the mundus），而且对那些与晚期柏拉图主义（later Platonism）中物质世界相联系的各种神秘美好的事物，一概视而不见。那座"伟大的、诸神和人类的城市"中，充满着灵魂和一级又一级的、看不见的、十分可爱的精灵。这种认识总是处于奥古斯丁思想的边缘。他当然相信，世界的秩序在不断地提醒人类注意他们的造物主所具有的那种智慧和力量。普罗提诺是怀着一种宗教敬畏般的心情，战栗着喊出"所有的地方都是神圣的"（pas de ho khôros hieros）这句话的[就像俄狄浦斯（Oedipus）在科罗诺斯（Colonus）高呼那样，就像雅各在伯特利高呼："耶和华真在这里"（创28：16）一样]。可是奥古斯丁则绝不会带着这种战栗的、宗教敬畏般的心情来仰望星空和关注周围世界的。在写到"宇宙"时，普罗提诺说："在这个宇宙中，没有哪样东西是灵魂不参与其中的。"[80]奥古斯丁明确拒绝这种激情。普罗提诺认为存在着一个"世界灵魂"（World Soul），即一个给整个自然王国以生命和活力的伟大的"世界灵魂"（anima mundi）。而奥古斯丁则认为，这种看法是一种无趣的、基本上没有任何必要的推测：如果确实存在着这么一个东西，那么重要的就是它不应该被当作上帝，为人们所崇拜。对于这件事，只需要说这么多。[81]在这种鲜明的、似乎有些常识性的判断的影响下，有的东西在西部的基督教王国消失了。可是古代人的常识和我们现代人的常识是不相同的。七百多年之后，通过他们自己的对"世界灵魂"的认识，夏尔特柏拉图派（Platonists of Chartres）得到了复兴。[82]

亨利·伊雷内·马鲁和希拉里·阿姆斯特朗都是一些心中既容得下多神教也容得下基督教，既容得下奥古斯丁也容得下他的希腊同辈的人，就连他们这样最伟大的研究古代晚期的学者，在谈到奥古斯丁拒绝这种"宇宙"时，都显得十分伤感，这是很值得我们深思的。[83]如果说奥古斯丁是"第一个现代人"，那么他的这种"现代性"是通过重价买来的。他已经把自我从一个神灵无所不在的宇宙的怀抱中给剥离出去了，这种剥离多少有些莽撞，而且也没有考虑到这样做的后果。对于他那个时代其他思想家们而言，比如说奥利金的追随者，卡帕多西亚人，甚至于埃及的那些聪明的老者,宇宙中的那一系列精美的精神和物质组成了一个整体,提供了一个框架,在这个框架内的人体中,是可以构思出肉体和精神之间的一种脆弱的平衡的。在这个世界中,在成群的天使之中,人类不再孤独,在这种安详的氛围中,人们的头脑中又多了一种神圣的毅力。个人道德的提升可以被看做是所有被造物一起努力回归上帝的一部分。与蕴含在这更为宏大的观念之中的开阔视野相比,奥古斯丁显得非常的匆忙:"人们之中确实有些光,但是让他们走吧,让他们快点走吧,否则黑暗就要来了。"[84]

对于他的许多同时代人都认可的那种平静的宇宙观,奥古斯丁并不认同,对于一个研究思想史的学者而言,对此有一点点悲伤是完全恰当的。因为悲伤公正地评价了任何一种真正具有创造性的思想体系的那种无法再简化的特性。思想史上的任何一个重大突破所带来的影响就是,它阻碍了其他可替代性的世界观的出现。那些被认为是高尚的、可以让很多个世纪都获益的思想是令人难以置信的。一种完整的世界观的消失只会伴随着许多必要的养分"被过滤掉"。将来的世代失去了它们。而且因此,每一个世代都给后一个世代留下了因其自身最独特的成就而带来的思想和宗教养分的缺乏。然而,我怀疑,奥古斯丁本人没有被这些学究气的作品给打动过。对奥古斯丁而言,由于他思维的重心已经转移到了别的地方,这种宇宙观的宗教涵义在很大程度上就都被剥夺了。他在关注另外一件十分紧迫的事情——上帝如何可能伸手拯救人类。在弗朗索瓦另外一个令人开心的发现[即一篇名为"论上帝的护理"(On the Providence of God)的布道辞]中,我们可以清楚地看到这一点。这篇布道辞是用来教导其会众,该如何回答那些不信教的人就命运和上帝关爱全世界所发出的质疑。[85]这是一种多少有些枯燥的经历。可是其中的情感平衡方面的转移无疑是因为这个原因才作出的。当然,奥古斯丁认为,世界的秩序本身就表明了上帝是以世界创造者的身份而存在的。世界(mundus)本身就是上帝的一件令人惊奇的手工制品。其中的那些最为奇特的东西就像是由技艺高超的工匠(mechanici)制作出来的设备一样。它们将让观看者感到惊叹,又会让他们迷惑不解,对隐藏于其中的机械装置进行细致的查看,就会发现制作者那掌控一切的聪明才智。[86]但这是一个支持不信仰基督教的人的观点。对于基督徒而言,它根本上是一个外来的观点。

506
> 因为在创造和指导万物的时候,上帝的护理是相当明显的……但是他对人类的爱的程度远远不如当创造人类的他自己变为人时那样明显……就对人类的爱而言,就这种爱的程度而言,与基督的道成肉身相比,与他牺牲时的忍耐相比,与他那死而复活的力量相比,根本就不存在更大的、更具说服力的例子。[87]

由于对上帝赐予人类的那种令人震惊的、积极的爱有了一种新的认识,因而奥古斯丁身上发生了一种对宗教感受力(religious sensibility)的彻底的替换(displacement),和这种强大的替换相比,奥古斯丁从"宇宙"转向意志不过是一件小事而已。绝不只有奥古斯丁一个人经历过这种转向。许多4世纪的神学家都发现,那些在宗教和思想上使得他们激动不已、难以自拔的东西并不是一条能够使人类沿着世界(mundus)秩序井然的台阶不断攀升,最终接近上帝的"道"(way)。真正让他们激动不已、难以自拔的是上帝通过基督,来到这个世界的最底层,把堕落的人类提升上去的那条"道"。[88]但是,在朝着这个方向前进方面,奥古斯丁比同时代绝大多数人都要坚决。在人的身上,在基督身上,奥古斯丁看到了人和神的完美结合,也正是在这种结合中,奥古斯丁看到了普罗提诺在宇宙中所看到的一切的敬畏、一切的甜蜜、一切神就近人类所带来的感觉。也正是在基督的一生和基督本人身上,他看到了最为强烈、最具重大意义的"物质和美的联盟"。[89]基督徒们唯一需要竖起耳朵聆听其旋律的歌曲并不是宇宙所发出的、厚重的和谐之声,而是上帝和人类交往、其选民们朝着"上帝之城"进发时所发出的、已经奏响了好几个世纪的"最为完美的曲调"。[90]

奥古斯丁将其注意力从"宇宙"(cosmus)转移到上帝救赎的功效之上,这种转移的后果引起了人们最为热烈的争论,上帝的救赎是通过基督来完成的,他的这种关于上帝恩典功效的教义是他众多教义中争论最大的教义。这是一种在与帕拉纠派展开争论的过程中所产生的教义。但对于许多现代读者而言,这一教义似乎都是他思想中最特别和最难以理解的方面。如今,越来越多人将奥古斯丁的恩典论思想体系说成是一种全新的思想,一种纯粹属于他个人的创造。

507
我认为,我们并非一定要这样来看待这个问题。全面考察一下古代晚期的宗教情况,就会让我们同意歌德的那句名言:"天才标志着一个时代的结束,而不是一个时代的开始。"在考察他那个时代的宗教观念之后,不难发现奥古斯丁的恩典论教义肯定是一种新的开始。使它成为一种新思想的是他使用的方法,通过这种全新的方法,通过这样的一套教义,奥古斯丁总结和使人们重新考虑了他那个时代的宗教体验。

奥古斯丁生活在古代历史终结的时期,这个时期可以被罗马的一个最为伟大的历史学家恰当地描述为一个以"圣灵恩赐观"(*la prospettiva carismatica*)为其特征的时代。[91]上帝每一次特别恩典都会发出一种闪烁的、激动人心的光芒,这种光芒将照耀在每一次重大的行动之上。这种观点强调如下事实:伟大的事情要由伟大的人物来完成,因为伟大的人物都是上帝挑选出来完成这些大事的人。他们首先是受到上帝的呼召和被上帝感动来做事的,他们从上帝那里获得力量,在面临危险和采取新的行动时,他们将享受到上帝的庇护。奥古斯丁的那个时代充满了这样的人物。[92]上帝发出了非凡的异象,引导着君士坦丁走向胜利,并在他做出决策时给予他许多引导。在埃及的沙漠中,上帝把许多"神赐的"智慧赋予了圣安东尼(S. Anthony)这个比君士坦丁年长的同时代人。[93]即便是卑微的人,如叙利亚的一个名叫阿贝德拉帕萨斯(Abedrapsas)的农民,也在一篇碑铭中吹嘘道:"从我先辈们所崇敬的上帝那里,我看到了一种异象……也正因为他的及时介入",才使我能够学到一种很有好处的本领,使得我能够退下来,居住在我的乡村庄园之内。[94]

那些认为自己已经被上帝拣选并受到上帝感动的人在谈及自己的时候绝不会用抽象的"自由"这个字眼。他们使用"得自由"这个词语。他们根据上帝的拣选和上帝的感动来看待自己的活动。是上帝,或者神灵,使得他们能够完成那些伟大的业绩。他们从上帝那里寻求的是自由,这是一种就像阿尔弗雷德·诺斯·怀特海(Alfred North Whitehead)所定义的那种自由:"意图的实践性"。他们相信,他们已经把一根由上帝的意图和上帝的督促所拧成的牢不可断的细线织进了由正常人那脆弱的意志所组成的织物之中。与上帝(或者神灵)的意志相比,就人类能够维持多大程度上的自主的这个问题,古代晚期的思想家们的认识差别很大。可是,他们都生活于一种共同的宗教文化之中,这种宗教文化认为,当被一种高于自己的力量全面掌控之后,人们能做到的最多

就是不受控制,并能发挥一定的作用。在奥古斯丁之前很长一段时间
508 内,基督徒和异教徒都想当然地认为,根本就不可能出现"在没有上帝的
情况下拥有上帝"(to have God without God)。[95]

　　问题当然就在于,从这种广为流传的宗教笃信中,可以得出怎样的
结论。事实证明,奥古斯丁的介入对于西欧公教的未来是具有决定性意
义的。因为在 394 年他出任牧师兼主教的第一年中,当开始更为全面地
思索圣保罗的作品时,奥古斯丁面临的是像波涛起伏的大海那样不平静
的宗教世界,就上帝的保护、上帝的指引、上帝对一些令人吃惊的行为的
认可等问题上,有着众多相互敌对的看法。这是一个很容易就把那些杰
出人物誉为被上帝拣选出来的人物的世界。为了普通信徒的利益,当地
的一些圣洁的人被上帝独自"提拔出来"了。而一些更为卑微的人,则在
教会中被区分开来了。那些从当地洗礼池中出来的新近受洗的人则穿
着白色的长袍,表明他们刚刚经历了一次非常特别的、神秘的入会仪式。
"教会的圣女",即那些修女和其他独身女子,则被要求在教堂中的一个
乳白色的大理石栏杆后唱颂圣歌,以这种方式把她们和普通基督徒区分
开来。在非洲的基督教群体中,殉道者被认为是"无上光荣"、无与伦比
的英雄而受到崇拜,通过这种崇拜,这种"圣灵恩赐观"在非洲的基督徒
群体中达到了顶峰。没有人会怀疑,上帝的恩典已经重重地、明显地降
临到了极少数的人身上。但是,其他人怎么样呢?

　　这就是当奥古斯丁第一次全面阐述他的恩典观时所遇到的问题。
对于基督教世界,很多基督徒都持有一种虽然令人兴奋但在本质上差异
很大的看法。这些看法使得普通人一方面要像英雄们那样不畏艰难,另
一方面又必须要迈过那些令人丧失信心的门槛。许多人都认为,最好是
避开这个为自己要求如此显眼的上帝特别恩典的宗教团体。既然基督
教是一种造就圣徒的宗教,那么就让它成为一种只接纳圣人的宗教
吧![96]当菲尔姆斯为自己迟迟不接受洗礼辩护的时候,他的辩护实际上
代表着一种广为流传的态度:"不能让那些目前还没有什么特别力量的
人来挑起如此沉重的重担。"[97]他在等待着上帝赐予他那种力量(即当时
比较流行的术语"圣灵恩赐"所表示的那种力量)。上帝将赐给他一个梦
或者什么代表主意志的东西。

509 　　对于那个时代的人来说,问题根本不在于上帝的恩典是否存在,也

不在于它是否是全能的。上帝的恩典既是存在的,也是全能的。它是通过一些绝妙的方式在少数人的行动中体现出来的。可是,上帝的恩典又会扩展到多少其他的普通基督徒之上呢? 由于普通信徒卑微的努力有可能迷失于环绕在少数领受特恩的人头上炫目的光环之中,因而奥古斯丁希望通过一种神圣的方式为每一个基督徒都保留着改正和提高的希望。当他 394 年之后转向保罗时,他就紧紧抓住保罗的《哥林多前书》中的两段经文不放:

> 使你与人不同的是谁呢? 你有什么不是领受的呢? 若是领受的,为何自夸,仿佛不是领受的呢? ……然后,正如经中所记:"夸口的,当指着主夸口。"[98]

这两段话对于接下来奥古斯丁恩典论论述的每一句话都十分重要。因为在这两段话中,奥古斯丁找到"矫正基督教精英主义的药方了"[99]。从最有可能在 397 年于迦太基所作的多尔博布道辞中,我们可以看到,在自己就任主教的第一年里,奥古斯丁马上就开始将这种"矫正基督教精英主义的药方"运用到各个层面的基督教实践活动之中了。这都是一些带来希望的布道,而且最为关键的是,它们都是带来平等的布道。没有哪个团体不被上帝的恩典所触及。因为,就像那最为荣耀的"圣灵恩赐"这个词所展现的那样,没有哪一种努力,不管它是多么的卑微,不是完全依靠上帝恩典这种白白的赐予的。所有的信徒都是平等的,因为所有的人都是同样"贫穷的"。所有的人都是平等的,因为所有人的存在都完全依赖于上帝的盛宴。[100]

让一个历史学家参与对奥古斯丁恩典和拣选教义的全面分析,并对这些教义的每个方面进行辩护,这几乎是不可能的。但还是有可能看清楚奥古斯丁是如何努力地在自己的教会中实践这些教义的。他在殉道者纪念日上所作的布道最终成为他关于上帝恩典荣耀教义的坚实基础,这并不是偶然的。因为殉道者都是一些其荣耀不容置疑的基督徒。上帝的恩典肯定以一种可见的、英雄般的方式在他们身上发生作用了。他们"预定"得荣耀也不再是不确定的了。正如他在后来的日子中所辩护的那样,对于许多与他同时代的人来说,他关于预定的学说似乎是比较隐晦的。但是在殉道者纪念日上,这一学说却是非常明显的。每个殉道者都凭借着自己英勇的业绩,被宣布成为"预定的得救者"中的一员。人

510 们只需要按照一年中圣徒纪念日的一览表，就可以回顾基督教的过去，看到那些"被拣选的人"，即那些各种各样的圣人，有男有女，来自各个阶层，既包括了结婚者，也包括了没有结过婚的人，既有平信徒，也有教士。他们都被"置于高处"，就像教堂之中正在发光、排列成行的大烛台一样。[101]

上帝的恩典在殉道者身上取得了胜利，因为对于绝大多数的信众来说，殉道者的行为是如此无与伦比，如此"出乎于众"；对于那些普通的信徒而言，当他们在人生中遇到痛苦和遭受诱惑时，上帝同样的恩典所起到的效果虽然没有这么大，但同样也是具有决定性意义的。奥古斯丁试图在这两者之间架起一座沟通的桥梁。他也是用同样的方式与修女们谈话的。修女们是她们这个时代的精英，是"选民中的选民"[102]。但是奥古斯丁告诫她们，不能看不起那些已婚妇女。上帝同样的恩典使得那些已婚的、生过孩子的妇女，如佩尔培图阿（Perpetua）和菲里西塔斯（Felicitas）[103]承受了殉道那样的痛苦，这样的恩典在任何已婚妇女的日常生活中都发挥着作用。有朝一日或许她变成了一位"佩尔培图阿"，而那位傲慢的修女则没能成为一名"菲里西塔斯"。[104]作为"更为强大的"男性，也没有任何理由而自满。因为在殉道的时候，是同样一种上帝的恩典，使得男殉道者和女殉道者都充满了来自于基督的力量。[405]

最为重要的是，任何人都不能失去希望。公教会的进步并不是由那些跨过高门槛的行为所组成。因为，如果恩典降临，任何的门槛都不会是高的。奥古斯丁非常反对在接受洗礼这个问题上的拖沓。他认为，没有必要留在原处。那些信奉基督教的平信徒们没有必要永远都作一个"慕道者"，没有必要永远都作一个二等公民，不能承担起受洗者生活中的全部重担。上帝的恩典将伴随着基督徒人生的所有阶段，对于那些接受过洗礼的信徒而言，即便是在他人生最为软弱的阶段，上帝的恩典都能够给他提供庇护。很小的时候就接受洗礼的孩子（奥古斯丁后来曾希望自己在还是一个孩子的时候就被施以洗礼），只要他们谦卑地向上帝的恩典求助，是能够保持他们的信仰，甚至是贞洁（奥古斯丁就没能做到这一点）的。在他们做不到这一点时，也可以恳请赦免的。[106]面对一个高期望和教会内部日益阶层化为特征的世界，奥古斯丁将一种基本上是非戏剧性的视野带到了恩典在教会之内的日常作为之中。

　　总而言之,在通过自己作品就人类总的状况发表评论时,奥古斯丁错误地表现出了一种悲观主义的看法;在布道和教导他的公教追随者时,他又错误地表现出了一种乐观主义的情绪。他认为,自己生活在一个流动的世界中,好的事情经常在这里发生。例如,他认为,许多站在教会身体之中听过他布道的世俗人士,总有一天会以主教的同路人的身份和他坐在一起。[107]鉴于他对上帝恩典的信心,他拒绝从一个极端的角度来看待都得向教士靠拢(其中也包括了禁欲)这个问题。许多人或许会发现,自己是在被迫的情况下被选为该教区的主教或者牧师的,就像奥古斯丁本人在被迫的情况下被选为希波的牧师一样。如果这些人碰巧是结了婚的,那么教会的传统要求他必须放弃与自己的妻子同睡。这不是一个大的问题,奥古斯丁写道:上帝会赐予他们恩典,让他们做出这种放弃的。当奥古斯丁在米兰的花园中为过一种独身的生活而作准备的时候,他经历了十分强烈的感情方面的激荡。如今,奥古斯丁明确地表明,自己并不希望每个人都必须经历那样强烈的激荡。是上帝赐予的恩典使得奥古斯丁摆脱了这种束缚。同样也是这种恩典的荣耀,使得那些不爱张扬的主教和神父默默地做出决定,过一种自己职位所要求的禁欲生活。[108]

　　总而言之,在面对那些让现代奥古斯丁研究者忧心忡忡的问题时,由于奥古斯丁的这种恩典观,确保了他本人不为情感所动,做到了令人惊奇的客观。例如,"守贞的斗争"是约翰·卡西安(John Cassian)[109]这样的禁欲主义作家作品中的一个最为重要的主题,甚至吸引了米歇尔·福柯(Michel Foucault)那样机敏的目光[110],却几乎就没有出现在奥古斯丁的布道中。

　　一种类似的乐观主义也影响到了奥古斯丁对于教会外人士的态度。新近发现的致迦太基的菲尔姆斯的迪弗雅克信件清楚地表明:《上帝之城》不仅仅是为了谴责那些顽固不化的异教徒,打消那些因为蛮族入侵而理想破灭的基督徒的顾虑写的,而且还是为了那些在加入基督教方面犹豫不决的人写的。[111]奥古斯丁的天上耶路撒冷就是上帝之城,其中荣耀之事在《诗篇》87篇中就被提到过。诗篇已经清楚地表明了:上帝早已把各民族都看做是在锡安出生的民族,并作了登记。因此,所有人都是潜在的公教的成员。之所以撰写《上帝之城》,部分是为了扫清把异教知识分子和基督教知识分子共同基础搞得一团糟的那些障碍,以便让那些异教徒走过来(他们肯定会这样做的),加入到基督教会之中。如果上帝果真希望如此,那么菲尔姆斯和他的儿子(也就是那位其家庭作业让这位老主教非常感兴趣的"小希腊人")迟早都会被招入到"上帝之城"(他们真正的家)中的。

512　　　最为重要的是,通过他的恩典论,奥古斯丁已经非常清楚强烈的代理者意识的后果,这些后果通过超自然的启示而发生作用,这种超自然的启示贯穿着他那个时代一切的宗教文化。通过让所有人都能够得到上帝恩典的荣耀,他驯服了那种代理者的意识。在一个没有人能够自取荣耀的世界中,他给所有人留下一条向他们开放的道路,使得他们能够通过建立在上帝之上的代理者意识,在公教会中获得荣耀。因为他坚持认为上帝已经在每一个人的心灵之中都安置了极重的荣耀(林后 4:17)。[112]根据古代物理学的原理而不是现代的重力的观念,这种"重"(pondus)是一种推动力,根据这种推动力,就像一支信鸽努力地返回自己的家一样,就像恒星释放出的火焰那摇曳的火苗试图重新返回其"天然"之家一样,宇宙的每一部分都默默地坚持着,坚持寻找并返回到自己原来所逗留的位置。[113]如果任其自然,各种身份和各种情况的基督徒就会像一盘散沙那样很容易就掉落下来,因此他们必须记住,自己是极重的人(the heavy people),不管遇到世间任何强风,都必须尽忠职守,在"爱的重力"的牵引之下归属在一起。[114]

　　奥古斯丁在其去世之后直接传给意大利和高卢公教的正是这种强大的归属感。亚奎台尼的普罗斯波(Prosper of Aquitaine)是一位崇拜奥古斯丁的人,他的作品表明,在高卢和意大利有一些人联合起来支持奥古斯丁关于恩典和自由意志的教义,他们之所以这样做,是因为他们非常欣赏在古代晚期的模式中所造就出来的勇于行动的人。[115]这些人表明,在这样危险的一个世界中,上帝的恩典仍然在发挥效用。通过自己那部关于当时西罗马帝国大事的《编年史》,普罗斯波用自己的作品支持着奥古斯丁。他以阶段来编写,一直写到了 5 世纪中叶那多灾多难的时期。《编年史》清楚地表明,即便是在那个远比奥古斯丁所能设想的还要艰难的时代,上帝恩典的荣耀仍然再次闪耀,产生了新一代的圣徒。在这个时候,他们不再是殉道者,而是一批主教,是一批"能够驯服这个世界各种非正义的力量,保护那些无助的基督教群体免遭战争野蛮行径侵害的强有力的人物"。[116]普罗斯波强调如下事实:是罗马主教利奥于452年使得阿提拉(Attila)和他的匈奴人撤离意大利北部的,他是一个人完成这项壮举的,因为他把一切都"寄予上帝的帮助之上,人们应该知道,主是从来就不会不帮助虔诚信徒的努力的"。[117]

通过各种方式,使恩典对那些极其庞杂的、也非常谦逊的男女会众产生影响,这是奥古斯丁布道中所暗含的道理。当然,在普罗斯波的叙述中,人们是体会不到这种感觉的。惨遭战争蹂躏的西罗马帝国各行省,被迫依靠一些英雄,依靠那些传说中的公众人物。普通基督徒较少出现在普罗斯波所叙述的世界之中。但是,就像他的导师一样,普罗斯波有一点是非常明确的,他总是小心翼翼地指出:"选民们之所以领受恩典,不是为了让他们无所事事,而是为了让他们有所作为⋯⋯"[118]这句坚定的格言就是对奥古斯丁给欧洲中世纪早期形成所留下的直接遗产的最好总结。

513

注释

[1] *Confessions* 4.8.13.

[2] A. M. La Bonnardière, *Recherches de chronologie augustinienne* (Paris: études augustiniennes, 1965) and *Biblia Augustiniana: Ancient Testament* (Paris: études augustiniennes, 1960-67), *Nouveau Testament* (Paris: études augustiniennes, 1964); ed. A. M. La Bonnardière, *Saint Augustin et la Bible* (Paris: Beauchesne, 1986). 如今可参阅 P. M. Bogaert, "La Bible d'Augustin. état des questions et application aux sermons Dolbeau", *Augustin Prédicateur* (395-411), ed. G. Madec (Paris: Institut d'études augustiniennes, 1998): 33-47。

[3] O. Perler, *Les Voyages de Saint Augustin*, (Paris: études augustiniennes, 1969).

[4] A. Mandouze, *Saint Augustin. L'Aventure de la Raison et de la Grace* (Paris: études augustiniennes, 1968) 现可参阅 S. Lancel, *Saint Augustin* (Paris: Fayard, 1999). 以及 Garry Wills, *Saint Augustine*, Penguin Lives (New York: Viking; London: Weidenfeld & Nicolson, 1999) 这部虽然简单但却一语中的的研究。

[5] A. Mandouze with A. M. La Bonnardière, *Prosopographie de l'Afrique chrétienne* (303-533), (Paris: CNRS, 1982).

［6］C. Lepelley, *Les Cités de l'Afrique romaine au Bas-Empire*, 2 vols（Paris：études augustiniennes,1979 and 1981）,and "The Survival and Fall of the Classical City in Late Roman North Africa", ed. J. Rich, *The City in Late Antiquity* （London：Routledge,1992）：50-76.

［7］A. P. Février,*Aspects du Maghreb romain：pouvoirs,différences et conflicts*,2 vols. (La Calade,Aixen-Provence：Edisud,1989-90)；B. D. Shaw,*Rulers, Nomads and Christians in Roman North Africa* (Aldershot：Variorum,1995)；G. R. Whittaker,"Land and Labour in North Africa",*Klio* 60 (1978)：331-362.

［8］Yvette Duval,*Loca sanctorum. Le culte des martyrs en Afrique du ive au viie. siècle*,2 vols. ,Collection de l'école franaise de Rome 58 (Rome：Palais Farnèse, 1982)；N. Duval,"l'évêque et sa cathédrale en Afrique du Nord",*Actes du ixe congrès d'archéologie chrétienne*,Collection de l'école franéaise de Rome 123 (Rome：Palais Farnèse,1983),1：345-99；I. Gui, *Basiliques chrétiennes d'Afrique du Nord*, vol. 1 （Paris：études augustiniennes, 1992）；L. Ennabli, *Carthage.Une métropole chrétienne du ive à la fin du viie siècle* (Paris：CNRS, 1997).

［9］W. H. C. Frend, *The Donatist Church：a movement of protest in Roman North Africa*,(Oxford,Clarendon Press,1952)；现在还可参阅 W. H. C. Frend, "Donatus 'paene totam Africam decepit. ' How?",*Journal of Ecclesiastical History* 48 (1997)：611-627。关于我的保留意见，可参阅 "Religious Dissent in later Roman Empire：the Case of North Africa",*History* 46 (1961)：83-101 and "Christianity and Local Culture in Late Roman Africa",*Journal of Roman Studies* 58 (1968)：85-95,both in *Religion and Society in the Age of Saint Augustine* (London：Faber,1972)：237-259 and 279-300.

［10］J. Christern,*Das frühchristliche Pilgerheiligtum von Tebessa* (Wiesbaden：F. Steiner,1976). 可以和 Lancel,*Saint Augustin*,pp. 335-336 中奥古斯丁时代的希波很少有什么大的建筑进行比较。

［11］P. A. Février, "A propos du culte funéraire：Culte et sociabilité", *Cahiers archéologiques* 26 （1977）：29-45；S. Lancel, "Modalités de l'inhumation privilégiée dans la nécropole de Sainte-Salsa à Tipasa (Algèrie)",*Comptes-Rendus de l'Académie des Inscriptions et Belles-Lettres* 1998：791-812.

［12］R. Cameron and A. J. Dewey,*The Cologne Mani-Codex-"Concerning the Origin of his Body"*：*P. Colon. Inv.* 4780 (Missoula,Montana：Scholars Press,1980).

［13］I. M. F. Gardner and S. N. C. Lieu,"From Narmouthis (Medinet Madi) to Kellis

(Ismant al-Kharab)", *Journal of Roman Studies* 86 (1996): 146 -169。

[14] 引自 I. Gardner,"The Manichaean Community at Kellis: A Progress Report", *Emerging from Darkness*, Nag Hammadi Studies 43, ed. P. Mirecki and J. Be Duhn (Leiden: Brill,1997): 161-175,at p. 173。

[15] 需要注意的是，没有一种来自于摩尼教的证据可以支持那长久以来被人们所坚持的说法，即奥古斯丁后来关于肉欲和原罪的观念直接来自于他当摩尼教徒时的体验。可参阅 Peter Brown, *The Body and Society. Men, Women and Sexual Renunciation in Early Christianity* (New York: Columbia University Press,1988; London: Faber & Faber,1989): 197-202。还可参阅 E. Feldmann, *Der Einfluss des Hortensius und des Manich? ismus auf das Denken des jungen Augustins von* 374, Diss. Münster-in-Westflan,1975。

[16] 在 R. Lim,"Unity and Diversity among Western Manichaeans: A Reconsideration of Mani's Sancta ecclesia", *Rev. ét. aug.* 35 (1989): 231-250 中,R. Lim 很好地看到了这一点。关于对摩尼教的总的论述，可参阅 P. Brown,"The Diffusion of Manichaeism in the Roman Empire", *Journal of Roman Studies* 59 (1969): 92-103, in *Religion and Society*, pp. 94-118; F. Decret, *L'Afrique manichéenne* (Paris: études augustiniennes,1978); S. N. C. Lieu, *Manichaeism in the Late Roman Empire and Medieval China* (Manchester University Press, 1985; 2nd. Edn. Tübingen: J. B. C. Mohr,1992)。

[17] R. Kaster, *Guardians of the Language* (Berkeley: University of California Press,1988) 关于奥古斯丁和西马库斯的关系，可参阅 T. D. Barnes,"Augustine, Symmachus and Ambrose", *Augustine. From Rhetor to Theologian*, ed. J. Mc William (Waterton, Ontario: Wilfrid Laurier University Press,1992): 7-13, which may correct above pp. 58-60。

[18] H. Savon, *Saint Ambroise devant l'exégèse de Philon le juif*, 2 vols (Paris: ètudes augustiniennes, 1977); G. Nauroy, "La méthode de composition et la structure du *De Isaac et beata vita*", *Ambroise de Milan*, ed. Y. M. Duval (Paris: ètudes augustiniennes,1974): 115-53; G. Madec, *Saint Ambroise et la philosophie* (Paris: ètudes augustiniennes,1974); and N. Mclynn, *Ambrose of Milan: Church and Court in a Christian Capital* (Berkeley: University of Califonia Press,1994). 现在可参阅 H. Savon, *Ambroise de Milan* (Paris: Desclée, 1997)。

[19] 最新的研究是 J. J. O'Donnel, *Augustine: Confessions*,3 vols. (Oxford: Clarendon Press,1992),2: 413-418。

［20］参阅本书 75—110 页。

［21］Madec,*Saint Ambroise et la philosophie*,pp. 96-7 and 339-347.

［22］这句话引自 Lancel,*Saint Augustin*, p. 125。可特别参阅 G. Madec,*La Patrie et la Voie. Le Christ dans la vie et la pensée de Saint Augustin* (Paris：Desclée, 1989)：35 -82 那些奥古斯丁在 388—391 年逗留在塔加斯特时所做出的注释，经过 F. Dollbeau,"Le *Liber XXI Sententiarum* (CPL 373)：édition d'un texte de travail",*Recherches augustiniennes* 30 (1997)：113-165,能够为读者们所看到。在这里（156 页，160—161 页中），甚至也包含了普罗提诺对《埃涅阿斯》的一些字句的翻译。

［23］A. Schindler,"Die Theologie der Donatisten und Augustins Reaktion", *Internationales Symposium über der Stand der Augustinus-Forschung* (Würzburg：Augustinus Verlag,1989)：131 -47；J. Patout Burns, "On Rebaptism：Social Organization in the Third Century", *Journal of Early Christian Studies* 1 (1993)：367-403 and "The Atmosphere of Election：Augustinianism as Common Sense",*Journal of Early Christian Studies* 2 (1994)：325-339；M. A. Tilley,"Sustaining Donatist Self-Identity. From the Church of the Martyrs to the *Collecta* in the Desert",*Journal of Early Christian Studies* 5 (1997)：21- 35 and *The Bible in Christian North Africa：The Donatist World* (Minneapolis,Minn.：Fortress Press,1997).

［24］J. L. Maier,*Le dossier du Donatisme*,2 vols.,*Texte und Untersuchungen* 134- 135 (Berlin：Akademie Verlag,1987 and 1989) and M. Tilley,*Donatist Martyr Stories：the Church in conflict in Roman North Africa* (Livepool：Livepool University Press,1996).

［25］*Optat de Milev：Traité contre les donatistes.* ed. M. Labrousse, Sources chrétiennes 411-13 (Paris：Le Cerf,1995)；S. Lancel,*Actes de la Conférence de Carthage en* 411,Sources chrétiennes 194,195,224 and 373 (Paris：Le Cerf, 1972,1975 and 1991)；关于公教会的，可参阅 C. Munier,*Concilia Africae* (a. 345 -525),Corpus Christianorum 149 (Turnhout：Brepols,1974)。新近的可参阅 M. Edwards,*Optatus：Against the Donatists* (Livepool：Livepool University Press,1997)。关于奥古斯丁和多纳徒主义，Lancel,*Saint Augustin*,pp. 232 - 48 and 382-429 不负众望，是最好的研究。

［26］F. Leroy,"Vingt-Deux homélies africaines attribuables à l'un des anonymes du Chrysostomus latinus (PLS 4)",*Revue bénédictine* 104 (1994)：123-147.

［27］*Codex Escurialensis. Hom.* 18,*Patrologia Latina Supplementum* 4：707-710, at 709: See F. Leroy, "L'homélie donatiste ignorée du Corpus Escorial", *Revue bénédictine* 107 (1997): 250-262.

[28] H. J. Frede, *Ein neuer Paulustext und Kommentar*, 2 vols. (Freiburg: Herder, 1973); *Pelagius' Commentary on Saint Paul's Epistle to the Romans*, ed. transl. T. de Bruyn (Oxford: Clarendon Press, 1993); *The Letters of Pelagius and His Fellowers*, transl. B. Rees (Woodbridge, Suffolk: Boydell Press, 1991). 参阅 F. Nuvolone, *s. v.* "Pélage et pélagianisme", *Dictionnaire de la Spiritualité* 12: 2 (Beauchesne 1986): 2889-942; P. Brown, "Pelagius and his Supporters: Aims and Environment", *Journal of Theological Studies* n. s. 19 (1968): 93-134 in *Religion and Society*, pp. 183-207; J. Tauer, "Neue Orientierungen zur Paulusexegese des Pelagius", *Augustinianum* 34 (1994): 313-58。

[29] O. Wermelinger, *Rom und Pelagius*, Päpste und Papsttum 7 (Stuttgart: Hiersemann, 1975).

[30] Esp. *Epp.* 4* and 6*, cited above p. 463, at notes 88 and 89.

[31] Wermelinger, *Rom und Pelagius*, pp. 4-18 和 46-67 可以更正本书 345—346 页的认识，在那里，我认为，只有奥古斯丁一个人把"帕拉纠主义"看成是一组异端思想。

[32] *Revue des études augustiniennes* 这份文献学公告（the Bibliographical Bulletin）仍然是所有奥古斯丁研究的最为可靠的指南。在 1968 到 1996 年之间，据我认真的统计，几乎九千多篇（部）作品都通过这种或者那种方式触及到奥古斯丁的生活、思想和活动的环境。由 C. Mayer. 编辑的 *Augustinus-Lexikon* (Basel: Schwabe, 1986-1994) 已经出版到 D 起首的词条了。也可参阅 *Thesaurus augustinianus* (Turnhout: Brepols, 1989 onwards)。新近的可参阅由 A. D. Fitzgerald 主编的 *Augustine through the Ages: An Encyclopaedia* (Grand Rapids, Michigan: Eerdmans 1999)。

[33] 这里只想以 J. H. Taylor, *Saint Augustine: The Literal Meaning of Genesis*, Ancient Christian Writers 41-2 (New York: Newman Press, 1982) 为例。The American series of Ancient Christian Writers and Fathers of the Church 已经翻译出了一系列含有最新信息的译作，这些译作比我 1967 年在英国看到的更现代。下列作品也可以很好地补充上述提到过的作品。*The Complete Works of Saint Augustine. A Translation for the Twenty-First Century* (New York: New City Press, 1990 onwards)。其中，由 Maria Boulding 翻译的《忏悔录》(Hyde Park, New York: New City Press, 1997) 是最为典型的例子。M. T. Clark, *Augustine of Hippo. Selected Writings* (New York: Paulist Press,

1997）是最为出色的作品选集。

[34] *Augustine*：*Concerning the City of God against the Pagans*，transl. H. Betten-son（Harmondsworth，Middlesex：Penguin，1972）.

[35] *Augustine*：*Confessions*，*Books I-XIII*，transl. F. J. Sheed，introduction by P. Brown（Indianapolis，Indiana：Hackett，1993）.

[36] *Saint Augustine*：*Confessions*，transl. H. Chadwick（Oxford University Press，1991）.

[37] O'Donnell，*Augustine*：*Confessions*（cited at n. 19）。当然，这并不是唯一的途径，例如 B. Stock，*Augustine the Reader. Meditation*，*Self-Knowledge and the Ethics of Interpretation*（Cambridge Mass.：Harvard University Press，1996）and "La Connaissance de Soi au Moyen Age"，*Collège de France. Chaire inter-nationale*：*Leçon inaugurale*（Paris：Collège de France，1998），at pp. 12-15。

[38] 在本书 139 页注释 1 中，我已经向那些提供帮助的人表示了感谢。其中我最需要感谢的就是 John Burnaby，*Amor Dei. A Study of the Religion of Saint Augustine*（reprint Norwich：Canterbury Press，1991），esp. at p. 34。这一传统被 Robert Markus 很好地继承发扬了，Robert Markus，*Saeculum*：*History and Society in the Theology of Saint Augustine*（Cambridge University Press，1970；2ⁿᵈ. Edn. 1989）and *The End of Ancient Christianity*（Cambridge University Press，1992）。

[39] 参阅本书 xi 页。

[40] 可参阅本书 139—150 页。Madec，*La Patrie et la Voie*，esp. pp. 18-19，表达了一个很有说服力的、与我的看法不一致的观点。

[41] 现可参阅 J. J. O'Donnell，"The Next Life of Augustine"，*The End of Ancient Christianity*：*Essays in Late Antique Thought and Culture presented to R. A. Markus*，ed. W. E. Klingshirn and M. Vessey（Ann Arbor：University of Michi-gan Press，1999）：215-31 中对我的理解所作的恰当的评价。

[42] A. D. Momigliano，"Introduction. Christianity and the Decline of the Roman Em-pire"，*The Conflict between Paganism and Christianity in the Fourth Century*（Oxford：Clarendon Press，1963）：1-16.

[43] 可参阅本书 229—236 页；P. Brown，"Saint Augustine's Attitude to Religious Coercion"，*Journal of Roman Studies* 54（1964）：107-16，now in *Religion and Society*，pp. 260 -78.

[44] Elaine Pagels，*Adam，Eve and the Serpent*（New York：Random House，1988）：126.

［45］*de spiritu et littera* 7.12.

［46］*Ep.* 259：see A. Gabillon，"Romanianus alias Cornelius"，*Rev. ét aug.* 24 (1978)：58-70.

［47］参阅本书 138 页。

［48］*Ep.* 259.2.

［49］"魔鬼的辩护者"，常用于指论证自己未必相信的观点，这样做是为了让各方的意见都得到表达。——译者注

［50］H. Chadwick，*Augustine*，*Past Masters* (Oxford University Press，1986)：120.

［51］J. M. Rist，*Augustine. Ancient Thought Baptized* (Cambridge University Press，1994).

［52］H. I. Marrou，*Saint Augustin et le fin de la culture antique*，*Bibliothèque des écoles française d'Athènes et de Rome* 145 (Paris：de Boccard，1949)：331-540；新近的可参阅 K. Pollmann，*Doctrina christiana*，Paradosis 41 (Freiburg in Schweiz：Universitätsverlag，1996)：66-89 and *De doctrina christiana. A Classic of Western Culture*，ed. D. W. H. Arnold and P. Bright (Notre Dame，Indiana：University of Notre Dame Press，1995).

［53］P. Henry，*Plotin et l'Occident* (Louvain：Spicilegium sacrum Lovaniense，1934) and P. Courcelle，*Les Lettres grecques en Occident* (Paris：de Boccard，1948)，transl. H. E. Wedeck，*Late Latin Writers and their Greek Sources* (Cambridge，Mass.，Havard University Press，1969).

［54］参阅本书 79—92 页，尤其是 81 页。

［55］H. I. Marrou，"Patristique et humanisme"，Inaugural Lecture，First International Conference on Patristic Studies，Oxford，1951。如今在 *Patristique et humanisme* (Paris：Le Seuil，1976)：25-34.

［56］P. Courcelle，*Recherches sur les Confessions de Saint Augustin* (Paris：de Boccard，1950)：153-156 现可参阅 Mclynn，*Ambrose*，pp. 240-243，他提供了一种不同的观点。

［57］S. G. MacCormack，*The Shadows of Poetry. Vergil in the Mind of Augustine* (Berkeley：University of California Press，1998).

［58］如今可参阅 *History，Apocalypse and the Secular Imagination. New Essays on Augustine's City of God*，ed. M. Vessey，K. Pollman and A. Fitzgerald，*Augustinian Studies* 30 (Villanova，Penn：Villanova University Press，1999)。

［59］K. Flasch，*Augustin. Einführung in sein Denken* (Stuttgart：P. Reklam，1994，2nd. edn.)：224-231 and 424 and Pagles，*Adam，Eve and the Serpent* (cited at note 44),pp. 98-126 and 151-154 是这种观点的有力支持。关于对这种观点的批评，可参阅 G. Madec，*Rev. ét. aug.* 28（1982）：100-111 and *Rev. ét. aug.* 35（1989）：416 -418。

    在一个不太严肃的注释中，人们还可以添加说，对帕拉纠的入迷使得一位俄罗斯作家写了一部生动的、关于帕拉纠的历史小说，在这部小说中，帕拉纠表现得像一个克尔凯郭尔(a Kierkegaard-like figure)式的人物：Igor Yefimov，*Ne mir*，*no mech*（Not Peace，but a sword），*Zvezda* 9（Sankt Peterburg，1996）：19-125 and 10（1996）：39-116。如今被编辑为 *Pelagii Britanets*（Pelagius the Briton），Tainy Istorii（Moscow：Terra 1998）。这样的小说，像《忏悔录》，M. Sergeenko 的 Blazhennii Augustin：Ispoved（Moscow：Gendalf，1992）这样优秀的翻译，都是一些在 20 世纪 60 年代难以想象的事情。

［60］伊阿诺斯是罗马神话中的人物，是守卫门户的两面神，具有前后两张面孔，既可瞻前又可顾后，掌管门户出入和水陆交通。——译者注。

［61］虽然人们非常想知道奥古斯丁与奥利金作品之间的关系，但这一关系仍然是不清楚的。可以参阅 Caroline Hammond Bammel 的系列文章。如今这些作品被收集到了 C. H. Bammel，*Tradition and Exegesis in the Early Christian Tradition*（Aldershot：Variorum，1995）and *Origeniana et Rufiniana*，Vetus Latina 29（Freiburg：Herder，1996）。

［62］参阅本书 449 页以及注释 29—30，451 页以及注释 38。

［63］参阅本书 268 页。

［64］Basil，*Ep.* 20. ed. R. Deferrari，*Basil：Letters*，Loeb Classical Library（Cambridge，Massachusetts：Harvard University Press，1961），1：124.

［65］伊拉克里乌在奥古斯丁前面布道：参阅本书 411 页。

［66］关于对奥古斯丁的 *Answer to the Questions of Simplicianus*（这是一部他关于恩宠和自由意志看法形成的重要作品，见本书 146—148 页），可参阅 P. M. Hombert，*Gloria Gratiae*（Paris：Institut d'études augustiniennes，1996）：113。现在也可参阅 G. Madec，"Augustin évêque（pour un renouvellement de la problématique doctrinale）"，*Augustin Prédicateur*，pp. 11-32，at pp. 29-30。

［67］埃俄迪乌有可能就是那位向帕拉纠提起《忏悔录》这部著作的主教（参阅本书 343 页），Y. M. Duval，"La date de la 'de natura' de Pélage"，*Rev. ét aug.* 36（1990）：257-283 at p. 283，note 178。但是他对灵魂和来世本质的看法与奥古斯丁的看法是不一致的，可参阅 W. Baltes，"Platonisches Gedankengut im Brief des Evodius an Augustinus（Ep. 158）"，*Rev. ét aug.* 40（1980）：251-260 和 V. Zangara，*Exeuntes de corpore. Discussioni sulle apparizioni dei morti in epoca agostiniana*（Florence：Olschki,1990）。克沃德瓦尔特迪乌（Quodvult-deus）继任奥勒里乌斯成为了迦太基的主教，他对罗马帝国的看法与奥古斯丁的看法非常不一致，可参阅 H. Inglebert, *Les Romanis chrétiens face à l'histoire de Rome*（Paris：Institut d'études augustiniennes,1996）：611-622。

[68] 这一缺陷很快就被 Mandouze, *Saint Augustin*, pp. 165-242 给修正了。关于被编辑、翻译和评论的宗教仪式上引用的圣经经文情况，可参阅 G. Lawless, *Augustine of Hippo and His Rule*（Oxford：Clarendon Press,1987）and G. Madec, *Saint Augustin：La vie communautaire：traduction annotée des sermons* 355 -6, Nouvelle bibliothèque augustinienne 6（Paris：Institut d'études augusti-niennes,1996）。

[69] 例如，可参阅本书 240 页和 387—388 页。我后来的研究 "The Rise and Func-tion of the Holy Man in Late Antiquity", *Journal of Roman Studies* 61（1971）：80 -101,如今在 *Society and the Holy in Late Antiquity*（Berkeley：University of California Press,1982：London Faber & Faber 1982）and *The Cult of the Saints：its Rise and Function in Latin Christianity*（University of Chicago Press,1981：London 1981），是我的新的开始。关于这一点，可参阅 P. Brown, "The World of Late Antiquity Revisted", *Symbolae Osloenses* 72（1997）：5 -30 and "The Rise and Function of the Holy Man in Late Antiquity, 1971-1997", *Journal of Early Christian Studies* 6（1998）：353-376。

[70] Brown, *Body and Society*（cited at note 15）, pp. 387-427.

[71] 正是因为这个原因，我才认为 U. Ranke Heinemann, *Eunuchs for Heaven：the Catholic Church and Sexuality*（London：Deutsch,1990）：62 -83 是对奥古斯丁的思想和行为的一种歪曲。

[72] 可特别参阅 D. G. Hunter, "Augustine's Pessimism? A New Look at Augus-tine's Teaching on Sex, Marriage and Celibacy", *Augustinian Studies* 25（1994）：153-77。

[73] 分别引自 Brown, *Body and Society*, pp. 375-77,293-6 and 359-62。

[74] 参阅本书 390—391 页。

[75] *Ep.* 6*. 8. 201, p. 142. transl. Eno, p. 38；see Brown, cited on p. 464 note 93.

[76] M. 41/ D. 12. 9. 132, *Rev. bén.* 102（1992）：279-80, Dolbeau, *Vingt -six ser-mons*, pp. 81-2, transl. Hill, *New Sermons*, p. 326. é. Rebillard, *In hora mortis. L'évolution de la pastorale chrétienne de la mort aux ive et ve siècles*, Bibliothèque des Écoles françaises d'Athènes et de Rome 283（Rome：Palais Farnèse,1994）：160-7 是论述奥古斯丁对于日常补赎的经典之作。

[77] 这是 Goulven Madec 在概括和驳斥一种十分流行的、对奥古斯丁思想持有敌
对情绪的观点时所选用的话语。可参阅 G. Madec, "Saint Augustin est-il le
malin génie de l'Europe?" *Petites études augustiniennes* (Paris: Institut
d'études augustiniennes, 1994): 319-330。

[78] A. Dihle, *The Theory of the Will in Classical Antiquity* (Berkeley: University
of California Press, 1982): 123-144, at pp. 132 and 144.

[79] A. H. Armstrong, "Neo-Platonic Valuations of Nature, Body and Intellect", *Au-
gustinian Studies* 3 (1972): 35-59, at p. 39.

[80] Plotinus, *Enneads* 1. 8 [51]. 14. 36, transl. A. H. Armstrong. *Plotinus I*, Loeb
Classical Library (Cambridge: Mass.: Harvard University Press, 1978): 312.
可参阅 A. H. Armstrong, *Saint Augustine and Christian Platonism* (Villano-
va, Penn.: Villanova University Press, 1967), esp. at pp. 14-18, now in *Plotin-
ian and Christian Studies* (London: Variorum, 1979)。

[81] *Retracttationes* 1. 11. 3.

[82] 可特别参阅 M. D. Chenu, *La Théologie au douzième siècle* (Paris: Vrin, 1957):
21 -34 and 118 -128, 以及有所删减的英译本 *Nature, Man and Society in the
Twelfth Century* (University of Chicago Press, 1968): 18-24 and 64-72。

[83] H. I. Marrou, *Saint Augustine and his Influence through the Ages* (New York:
Harper Torchbooks, 1957): 72 -73 and "Une théologie de la musique chez
Grégoire de Nysse", *Epektasis. Mélanges offerts au cardinal Jean Daniélou*,
ed. J. Fontaine and C. Kannengiesser (Paris: Beauchesne, 1972): 501-508 at
507. 如今在 *Christiana Tempora*, Collection de l'école française de Rome 35
(Rome: Palais Farnèse, 1978) 365-372。

[84] *Confessions* 10. 23. 33, citing John 12: 35; see now Peter Brown, "Asceticism,
Pagan and Christian", *Cambridge Ancient History XIII: The Late Empire*
(Cambridge University Press, 1998): 601-31 at pp. 628-630.

[85] *Sermon Dolbeau* 29: F. Dolbeau, "Un sermon inédit de Saint Augustin sur la
providence divine", *Rev. ét. aug.* 41 (1995): 267 -289, transl. Hill, *New Ser-
mons*, pp. 55-63. 要欣赏其中所蕴含的观点方面的变化，我们可以把它与一位
信奉新柏拉图主义的哲学家所写的一首诗来做比较，在388—391 年间的某个
时候，奥古斯丁在塔加斯特将这首诗抄录在自己的记事本之中。F. Dolbeau,
"Un poème philosophique del'Antiqué tardive: De pulchritudine mundi", *Rev.
ét. aug.* 42 (1996): 21 -43, also in *Recherches augustiniennes* 30 (1997),
pp. 153-156.

[86] *Sermon Dolbeau* 29.10.171,p.287,transl. Hill,*New Sermons*,p.60.

[87] *Sermon Dolbeau* 29.11.188,p.288,transl. Hill,*New Sermons*,p.61.

[88] 可特别参阅 R. Lyman,*Christology and Cosmology. Models of Divine Activity in Origien,Eusebius and Athanasius* (Oxford:Clarendon Press,1993):124-159。

[89] C. Harrison, *Beauty and Revelation in the Thought of Saint Augustine* (Oxford:Clarendon Press,1992):192-238 and 270-4,at p.271.

[90] *Ep.*138.i.5:可参阅本书 316—317 页，关于把宇宙看成一种"歌曲"（*carmen*）,可参阅 *De pulchritudine mundi*,line 81:Dolbeau,Rev. ét. aug. 42 (1996):25。

[91] S. Mazzarino,*Trattato di storia romana* 2 (Rome:Tumminelli,1956):419.

[92] 参阅 S. Swain 在 *Portraits. Biographical Representation in the Greek and Latin Literature of the Roman Empire* (Oxford:Clarendon Press,1997):27-36 中所作的评论。

[93] Peter Brown,*The Making of Late Antiquity* (Cambridge,Mass:Havard University Press,1978):54-80.

[94] *Inscriptions grecques et latines de la Syrie* no.1410,ed. L. Jalabert and R. Mouterde,*Institut française d'archéologie de Beyrouth* 61 (Paris:P. Geuthner,1955):120-from Frçkyia,Jebel Zaouyé,near Apamea.

[95] *de patientia* 18.15.

[96] *Enarr. in Ps.* 103.iii.13.

[97] *Ep.* 2*.4.57-9,p.64,transl. Eno,p.20.

[98] I Cor.1:31 and 4:7.这个问题曾经被 Hombert 用很长的篇幅来探讨过,*Gloria Gratiae* (cited at note 64):见 pp.19-24。现可参阅 P. M. Hombert,"Augustin, prédicateur de la grace au début de son épiscopat",*Augustin Prédicateur*,pp.217-245。

[99] W. S. Babcock,"Augustine and Tyconius. A Study of the Latin Appropriation of Paul",*Studia Patristica* 17 (1982):1209-20 at p.1220.

[100] M.24/ D.9.5.123,*Rev. bén.* 101 (1991):254;Dolbeau,*Vingt-six sermons*,p.33,transl. Hill,*New Sermons*,p.51.

[101] Brown,*The Cult of the Saints*,pp.71-73.

[102] *de virginitate* 40.41.

[103] 维比娅·佩尔培图阿（181—203 年）,是一个居住在迦太基附近的罗马贵族。202 年,罗马皇帝塞普提姆斯·塞维鲁斯（Septimus Severus）颁布禁令,禁止人们皈依犹太教或者基督教,迦太基总督热情地推行了这一敕令。和其

他的五位慕道者（即虽然入教但仍然未接受洗礼的人）一起，已婚并且自己的孩子还是婴儿的佩尔培图阿遭到了逮捕。203 年 3 月 7 日，她们为了基督教的信仰而殉道了。菲里西塔斯是佩尔培图阿的奴隶，是一位即将成为母亲的人，也是在这次迫害中一起殉道的。——译者注

[104] *de virginitate* 44. 45.

[105] *Sermo Guelf.* 30. 1, ed. G. Morin, *Miscellanea agostiniana*（Rome：Vatican, 1931）,2：625.

[106] S. Poque, "Un souci pastoral d'Augustin. La persévérance des chrétiens baptisés dans leur enfance", *Bulletin de la sociéte de littérature ecclésiastique* 88 (1987)：273-86. 可特别参阅. é. Rebillard, "La figure du catéchumène et le problème du délai du baptême dans la pastorale de saint Augustin", *Augustin Prédicateur*, pp. 285-292 中所强调的看法，即在北非的会众中，很少有在接受洗礼方面的拖沓行为。

[107] *Sermo* 101. iv. 4.

[108] *de coniugiis adulterinis* 2. 20. 22.

[109] 约翰·卡西安（Saint John Cassian, 360—435），是一个东西方教会都颂扬的基督教神学家，以"锡西厄修士"（Scythian monks）和"沙漠教父"而为世人所知。——译者注

[110] M. Foucault, "Le combat de la chasteté", *Communications* 35 (1982)：15-25, transl. in *Western Sexuality：Practice and Precept in Past and Present Times*, ed. P. Ariès and P. Béjin (Oxford：Blackwell, 1985)：14-25; see Brown, *Body and Society*, pp. 420-423.

[111] 在 "Aspects of the Background of the 'City of God'", *Revue de l'Université d'Ottawa* 52 (1982)：64-80 中，T. D. Barnes 很好地看到了这一点。

[112] M. 45/ D. 15. 5. 6, *Anal. Boll.* 110 (1991)：285, Dolbeau, *Vingt-six sermons*, p. 199, transl. Hill, *New Sermons*, p. 248.

[113] 参 *Confessions* 13. 9. 10. with D. O'Brien, "'Pondus meum amor meus'：Saint Augustin et Jamblique", *Revue de l'histoire des Religions* 198 (1981)：423-428 and Dolbeau, "Le Liber XXI Sententiarum", *Recherches augustiniennes* 30 (1997)：137。

[114] M. 45/ D. 15. 5. 11. p. 110, Dolbeau, *Vingt-six sermons*, p. 199, transl. Hill, *New Sermons*, p. 248.

[115] 在 S. Muhlberger, *The Fifth Century Chroniclers*, ARCA Monograph 27 (Leeds：F. Cairns, 1990)：48-135 中，可以清楚地看到这一点。普罗斯波并不

是一个只受奥古斯丁影响的人：他也被认为与那位罗马教皇的神学思想有关。
参阅 Robert Markus, "Chronicle and Theology: Prosper of Anquitaine", *The Inheritance of Historiography* 350-900, ed. C. Holdsworth and T. P. Wiseman (Exter: Exter University Press, 1986): 31-43; T. M. Charles-Edwards, "Palladius, Prosper and Leo the Great: Mission and Primatial Authority", *Saint Patrick. A. D.* 493-1993, ed. Dumville (Woodbridge, Suffolk: Boydell Press, 1993): 1-12; and Inglebert, *Les Romains chrétiens* (cited at note 65), pp. 635-655。

[116] Muhlberger, *The Fifth Century Chroniclers*, p. 131.

[117] Prosper, *Chronicon* 1376; Muhlberger, *Fifth Century Chroniclers*, p. 131.

[118] Prosper, *de vocatione omnium gentium* 2. 35; see R. H. Weaver, *Divine Grace and Human Agency. A Study of the Semi-Pelagian Controversy* (Macon, Georgia: Mercer University Press, 1996): 117-154.

参 考 文 献

Aalders, G. J. D. 'L'Épître à Menoch attribuée à Mani,' *Vigiliae Christianae*, 14, 1960, pp. 245–249.

Adam, A. 'Der manichäische Ursprung von den zwei Reichen bei Augustin,' *Theologische Literaturzeitung*. 77, 1952, pp. 385–390.

—*Texte zum Manichäismus*, (Kleine Texte für Vorlesungen and übungen, 175). Berlin: W. de Gruyter, 1954; second edition, 1969.

—'Das Fortwirken des Manichäismus bei Augustinus,' *Zeitschrift für Kirchengeschichte*, 69, 1958, pp. 1–25.

—'Manichäismus,' in *Handbuch der Orientalistik. Erste. Abteilung: Der Nahe und der Mittlere Osten. Bd. 8. Religion. 2. Abschnitt, Religionsgeschichte des Orients in der Zeit der Weltreligionen*, edited by J. Leipoldt et al. Leiden: Brill, 1961, pp. 102–119.

Alfaric, P. ,*L'Évolution intellectuelle de S. Augustin*, Paris: E. Nourry, 1918.

Alföldi, A. , *A Conflict of Ideas in the Later Roman Empire: The Clash between the Senate and Valentinian I*, transl. by H. Mattingly. Oxford: Clarendon Press, 1952.

Allberry, C. R. C. *A Manichaean Psalmbook*, (Part Ⅱ), (Manichaean Manuscripts in the Chester Beatty Collection, vol. ii) Stuttgart: W. Kohlhammer, 1938.

Altaner, B. 'Die Bibliothek des heiligen Augustinus,' *Theologische Re-*

vue ,1948,pp. 73-78.

——'Augustinus und die griechische Patristik,' *Revue bénédictine*, 62, 1952,pp. 201-215.

——'Augustsins Methode der Quellenbenützung. Sein Studium der Väterliteratur,' *Sacris Erudiri* ,4,1952,pp. 5-17.

Andresen,C. ,*Bibliographia Augustiniana* ,(Wege der Forschung,Bd. 5). Darmstadt: Wissenschaftlische Buchgesellschaft,1962. second edition,1973.

Antin,P. ,'Autour du songe de S. JéRöme,' *Revue des études latines* , 41,1963,pp. 350-377.

Armstrong,H. ,'Salvation,Plotinian and Christian,' *The Downside Review* ,75,1957,pp. 126-139.

Asmussen,J. P. , *X"ĀSTV ĀNIFT. Studies in Manichaeism* ,(Acta Theologica Danica,vii),trans. by N. Haislund. Copenhagen: Prostant apud Munksgaard,1965.

Aubin,P. ,*Le problème de la 'conversion'* : *étude sur un terme commun à l'hellénisme et au christianisme des trois premiers siècles*. Paris: Beauchesne,1963.

Audollent,A. ,*Carthage romaine* ,Paris: A. Fontemoing,1901.

Auerbach,E. ,'Sermo humilis', *Literary Language and its Public in Late Latin Antiquity and in the Middle Ages* ,trans by Manheim. New York: Pantheon Books,1965,pp. 27-66

Barrow,R. H. ,*Introduction to St. Augustine,The City of God* : *Being selections from the De Civitate Dei including most of the XIXth book*. London: Faber and Faber,1950

Baur,F. C. ,*Das manichäische Religionssystem nach den Quellen neu untersucht und entwickelt*. Tübingen: C. F. Osiander,1831.

Baxter,J. H. ,"Notes on the Latin of Julian of Eclanum", *Bulletin du Cange* , 21,1949,pp. 5-54.

Baynes,N. H. ,*Byzantine Studies and Other Essays* ,London: University of London Athlone Press,1955.

Berrouard,M. F. ,"S. Augustin et le ministère de la prédication",*Recherches augustiniennes*,ii,1962,pp. 447–501.

Bloch,H. ,"The Pagan Revival in the West at the End of the Fourth Century", *The Conflict between Paganism and Christianity in the Fourth Century*,ed. Momigliano,Oxford: Clarendon Press,1963,pp. 193–218.

den Boer,W. ,"Porphyrius als historicus in zijn strijd tegen het Christendom",*Varia Historica aangeboden an Prifessor Doctor A. W. Bijvanck*,Assen: Van Gorcum,1954

Böhlig,A. ,"Christliche Wurzeln im Manich? ismus",*Bulletin de la société,d'archéologie copte*,xv,1960,pp. 41–61.

Bohlin,T. ,*Die Theologie des Pelagius und ihre Genesis*,(Uppsala Universitets Årsskrift,9),Uppsala: Lundequistska bokhandeln,1957.

Bonner,G. ,*St. Augustine of Hippo: Life and Controversies*,Philadelphia,PA: Westminster Press,1963.

Bonner,G. ,"Augustine's Visit to Caesarea in 418",*Studies in Church History*,1964,pp. 104–113.

Boyce,M. ,*The Manichaean Hymn Cycle in Parthian*,London: Oxford Universtiy Press,1954.

Braun,R. ,"Deus Christianorum",*Recherches sur le vocabulaire doctrinal de Tertullien*. Paris: Presses universitaires de France,1962.

Braun,R. ,ed. *Quodvultdeus*,*Livre des Promesses et des Prédictions*,(Sources chrétiennes,101-2). Paris: éditions du Cerf,1964.

Bréhier,E. , *La Philosophie de Plotin*,revised ed. Paris: J. Vrin,1961.

Brisson,J. P. ,*Autonomisme et christianisme dans l'Afrique romaine*,Paris: E. de Boccard,1958.

Brown,P. R. L. ,"Religious Dissent in the Later Roman Empire: the Case of North Africa",*History*,xlvi,1961,pp. 83–101.

—"Aspects of the Christianisation of the Roman Aristocracy",*Journal of Roman Studies*,li,1961,pp. 1–11.

—"Religious Coercion in the Later Roman Empire: the Case of North

Africa", *History*, xlviii, 1963, pp. 283-305.

—"St. Augustine's Attitude to Religious Coercion", *Journal of Roman Studies*, liv, 1964, pp. 107-116.

Bruckner, A., *Julian von Eclanum, sein Leben und seine Lebre: ein Beitrag zur Geschichte des Pelagianismus.* (Texte und Untersuchungen, 15 Bd., Heft 3). Lepzig: J. C. Hinrichs, 1897.

Burnaby, J., *Amor Dei: A Study of the Religion of St. Augustine*, London: Hodder & Stoughton, 1938.

—"The 'Retractions' of St. Augustine: Self-criticism or Apologia?", *Augustinus Magister*, I (Congrès international augustinien, Paris, 1954) Paris: ètudes augustiniennes, 1954-55, pp. 85-92.

— *Augustine: Later Works*, (Library of Christian Classics, viii), Philadelphia: Westminster Press, 1955.

BURY, J., *History of the Later Roman Empire from the death of Theodosius I to the death of Justinian* (A. D. 395to A. D. 565), Vol. i, London: Macmillan and Co., Ltd., 1923.

Calabi, I., 'Le fonti della storia romana nel, "de civitate Dei"di Sant' Agostino, '*Parola del Passato*, 43, 1955, pp. 247-294.

Cameron, A., 'The Roman Friends of Ammianus, '*Journal of Roman Studies*, liv, 1964, pp. 15-28.

—'Palladas and Christian Polemic, ' *Journal of Roman Studies*, lv, 1965, pp. 17-30.

—'Wandering Poets: a literary movement in Byzantine Egypt", *Historia*, xiv, 1965, pp. 470-509.

—'The Date and Identity of Macrobius, '*Journal of Roman Studies*, lvi, 1966, pp. 25-38.

von Campenhausen, H., *The Fathers of the Latin Church*, transl. by M. Hoffman. London: A. & C. Black, 1964.

Cantarelli, L., 'L'iscrizione onoraria di Giunio Quarto Palladio, '*Bulletino Comunale di Roma*, liv, 1926, pp. 35-41.

Caron, P. G., 'Les Seniores Laici de l'Eglise africaine, '*Revue interna-

tionale des Droits de l'Antiquité,vi,1951,pp. 7–22

Caspar,E. ,*Geschichte des Papsttums von den Anfängen bis zur Höhe der weltherrschaft* ,Vol. I,Tübingen: J. C. B. Mohr,1930–33.

Caspari,C. P. ,*Briefe,Abhandlungen und Predigten aus den zwei letzten Jahrbunderten des kirchlichen Alterthums und dem Anfang des Mittelalters*. Christiania: Mallingsche Buchdruckerei,1890.

Cayré,F. ,*Initiation à la Philosophie des. Augustin*,Paris: Ėtudes augustiniennes,1947.

Chandwick,H. ,*The Sentences of Sixtus. A Contribution to the History of Early Christian Ethics* ,(Texts and Studies,n. s. ,v). Cambridge, UK: Cambridge University Press,1959.

—'Pope Damasus and the Peculiar Claim of Rome to St. Peter and St. Paul', *Neotestamentica et patristica: eine Freundesgabe, Herrn. Professor Dr. Oscar Cullmann zu seinem* 60 (Novum Testamentum, Suppl. 6),1962,pp. 313 –318.

Chadwick,O. ,*John Cassian: A Study in Primitive Monasticism*. Cambridge,UK. ,Cambridge University Press,1950.

Chastagnol,A. ,'Le sénateur Volusien et la conversion d'une famille de l'aristocratie romaine au Bas—Empire,'*Revue des études anciennes* , 58,1956,pp. 240–253.

—*La Préfecture urbaine à Rome sous le Bas-Empire* ,Paris: Nouvelles éditions latines,1960.

—*Les Fastes de la Préfecture urbaine de Rome au Bas-Empire*. Paris: Nouvelles éditions,1962.

Chéné,J. , "Les origines de la controverse semi-Pélagienne", *Année théologique augustinienne* ,13,1953,pp. 56–109.

Clarke,A. K. ,'*Licentius,Carmen ad Augustinum* ,ll. 45 seqq. ,and the Easter Vigil,' (Studia Patristica, viii), *Texte und Untersuchungen*, 93. (1966): 171–5.

Congar,Y. M. J. ,"'Civitas Dei' et 'Ecclesia' chez S. Augustin," *Revue des études augustiniennes* ,iii,1957,pp. 1–14.

Chavannes, A. , and P. Pelliot, 'Un traité manichéen retrouvé en Chine,' *Journal asia tique* , ser. X , xviii , 1911 , pp 99–199 , and sér. XI , i , 1913 , pp. 177 –196.

Courcelle , P. , "Quelques symboles funéraires du néoplatonisme latin", *Revue des études anciennes* , 46 , 1944 , pp. 65–93.

— "Commodien er les invasions du Vᵉ siècle", *Rev. des études latines* , 24 , 1946 , pp. 227–246.

— "Paulin de Nole er saint Jérôme", *Rev. des études latines* , 25 , 1947 , pp. 274–279.

— *Les lettres grecques en Occident de Macrobe à Cassiodore* , (second edition). Paris : E. de Boccard, 1948. English Version : *Late Latin Writers and their Greek Sources* , transl. by H. E. Wedeck. Cambridge , Mass. : Havard University Press , 1969.

— *Recherches sur les "Confessions" de S. Augustin* , Paris : E. de Boccard , 1950.

— "Les lacunes dans la correspondance entre s. Augustin et Paulin de Nole", *Revue des études anciennes* , 53 , 1951 , pp. 253–300.

— "Les sages de Porphyre er les 'viri novi' d' Arnobe", *Rev. des études latines* , 31 , 1953 , pp. 257–271.

— "S. Augustin 'photinien' à Milan : *Conf.* VII , 19 , 25", *Ricerche di storia religiosa* , I , 1954 , pp. 225–239.

— "Nouveauc aspects du platonisme chez saint Ambroise", *Rev. des études latines* , 34 , 1956 , pp. 220–239.

— "Propos antichrétiens rapportés par S. Augustin", *Recherches augustiniennes* , I , 1958 , pp. 149–189.

— "De Platon à saint Ambroise par Apulée", *Revue de Philogie* , n. s. , xxxv , 1961 , pp. 15–28.

— "Anti-Christian arguments and Christian Platonism", *The Conflict between Paganism and Christianity in the Fourth Century* , ed. Momiglianto. Oxford : Clarendon Press , 1963 , pp. 151–92.

— "Scènes anciennes de l; iconographie augustinienne", *Revue des études augustiniennes*, x, 1964, pp. 51 -96.

—*Histoire littéraire des grandes invasions germaniques*, 3rd ed. Paris: études augustiniennes, 1964.

—*Les Confessions de S. Augustin dans la tradition littéraire*: *Antécédents et Postérité*, Paris: études augustiniennes, 1963.

Courtois, C. , "S. Augustin et la survivance de la Punique", *Revue africaine*, 94, 1950, pp. 239-282.

—*Les Vandales et l'Afrique*. Paris: Arts et métiers graphiques, 1955.

Cranz, E. , "The Development of Augustine's ideas on Society before the Donatist Controversy", *Harvard Theological Review*, 47, 1954, pp. 255-316.

Crespin, R. , *Ministère et Saintetè*: *Pastorale du clergé et solution de la crise donatiste dans la vie et la doctrine de S. Augustin*, études augustiniennes, 1965.

Cross, F. L. , "History and Fiction in the African Canons", *Journal of Theological Studies*, n. s. , xii, 1961, pp. 227-247.

Deichgräber, K. , "Vindicianus", *PaulyRealencyclopädie der classischen Alterumswissenschaft* ser. 2, 9 pt. 1: Vindelici bis Vulca. Stuttgart: Alfred Druckenmüller Verlag, 1961, coll. 29-36.

Delehaye, H. , "Les premiers 'libelli miraculorum'," *Analecta Bollandiana*, 29, 1910, pp. 427-434.

—"Les recueils antiques des miracles des saints", *Analecta Bollandiana*, 43, 1925, pp. 74-85.

Dennis, H. V. M. , "Another note on the Vandal occupation of Hippo", *Journal of Roman Studies*, xv, 1925, pp. 263-268.

Diesner, H. J. , "Die Lage der nordafrikanischen Bevölkerung im Zeitpunkt der Vandaleninvasion", *Historia*, xi, 1962, pp. 97 - 111. (= *Kirche und Staat im spätrömischen Reich*, 1963, pp. 127-130.)

—"Die Laufbahn des *Comes Africae* Bonifatius und seine Beziehungen zu Augustin", *Kirche und Staat im spätrömischen Reich*, Berlin: Evangelische Verlagsanstalt, 1963, pp. 100-126.

—"Die Circumcellionen von Hippo Regius", *Kirche und Staat im spätrömischen Reich*, Berlin: Evangelische Verlagsanstalt, 1963, pp. 78-90.

Dill, S. , *Roman Society in the Last Century of the Western Empire*, London: Macmillian and Co. 1898, Updated, 1933.

Dodds, E. R. , "Augustine's Confessions: A study of spiritual maladjustment", *Hibbert Journal*, 26, 1927-1928, pp. 459-473.

—"Tradition and Personal Achievement in the Philosophy of Plotinus", *Journal of Roman Studies*, 1, 1960, pp. 1 -7.

—*Pagan and Christian in an Age of Anxiety*, Cambridge, UK. , Cambridge University Press, 1965.

Dölger, F. , "Die Kaiserurkunde der Byzantiner", *Historische Zeitschrift* 159 (138/9): 229 -50

Dörrie, H. , "Porphyrius als Mittler zwischen Plotin und Augustin", *Antike und Orient im Mittelalter*, Miscellanea Medievalia I, 1962, pp. 26-47.

Drews, R. , "Assyria in Classical Universal Histories", *Historia*, xiv, 1965, pp. 129-142.

Duchrow, U. , "'SIGNUM' und 'SUPERBIA' beim jungen Augustin", *Revue des études augustiniennes*, vii, 1961, pp. 369-372.

—"Zum Prolog v. Augustins 'De Doctrina Christiana'", *Vigiliae Christianae*, 17, 1963, pp. 165-172.

Duncan-jones, R. P. , "Wealth and Munificence in Roman Africa", *Papers of the British School at Rome*, xxxi, 1963, pp. 159-177.

Duval, Y. M. , "Saint Augustin et le Commentaire sur Jonas de saint Jérôme", *Revue des études augustiniennes*, xii, 1966, pp. 9-40.

Evans, R. F. , "Pelagius, Fastidius and the pseudo-Augustinian 'de Vita Christiana'", *Journal of Theological Studies*, n. s. , xiii, 1962, pp. 72-78.

Fabre, P. , *S. Paulin de Nole et l'amitié chrétienne*, Paris: E. de Boccard, 1949.

Favonius Eulogius, *Disputatio de Somnio Scipions*, (Collection Latomus, xxvii), ed. and transl. R. E. van Weddingen. Brussels: Latomus revue d'études latines, 1957.

Fink-Errera, G. , "San Agustiny Orosio", *Ciudad de Dios*, 167, 1954, pp. 455–549.

Floeri, F. , "Le pape Zosime et la doctrine augustineinne du péché originel", *Augustinus Magister*, ii, (Congrès international augustinien, Paris, 1954, Paris: études augustiniennes, 1954–55, pp. 755–761.

Folliset, G. , "La typologie du sabbat chez s. Augustin", *Revue des études augustiniennes*, ii, 1956, pp. 371–390.

Folliset, G. , "Les moines euchites à Carthage en 400–401", (Studia Patristica, ii), *Texte und Untersuchungen*, 64, 1957, pp. 386–399.

—"Aux origines de l' ascétisme et du cénobitisme africain", *Studia Anselmiana*, 46, 1961, pp. 25–44.

—"'Deificari in otio', Augustin, *Epistula*, X, 2", *Recherches augustiniennes*, ii, 1962, pp. 225–236.

Frend, W. H. C. , "The Revival of Berber Art", *Antiquity*, 1942, pp. 342 –352.

—"A note on the Berber background in the life of Augustine", *Journal of Theological Studies*, xliii, 1942, pp. 188–191.

—*The Donatist Church: a movement of protest in Roman North Africa* Oxford: Clarendon Press, 1952.

—"The *cellae* of the African Circumcellions", *Journal of Theological Studies*, n. s. , iii, 1952, pp. 87–89.

—"The Gnostic-Manichaean Tradition in Roman North Africa", *Journal of Ecclesiastical History*, iv, 1953, pp. 13–26.

—"Manichaeism in the Struggle between St. Augustine and Petilian of Constantine", *Augustinus Magister*, ii, (Congrès international augustinien, Paris, 1954, Paris: études augustiniennes, 1954–55, pp. 859 –866.

—"The Seniores Laici and the origins of the Church in N. Africa",

Journal of Theological Studies, n. s. , xii, 1961, pp. 280–284.

—"The Roman Empire in the eyes of Western Schismatics during the 4th century", *Miscellanea Historiae Ecclesiasticae*, 1961, pp. 9–22.

—*Martyrdom and Persecution in the Early Church*: *a study of conflict from the Maccabees to Donatus*. Oxford: Blackwell, 1965.

Gallay, J. , " 'Dilige et quod vis fac' ", *Recherches de sciences religieuses*, xliii, 1955, pp. 545 –555.

Gaudemet, J. , *L'église dans l'Empire romain*, (*IV-Ve s.*), (Histoire du droit et des institutions de l'église en Occident, III, 1958.)

—"L'étranger au Bas-Empire", *Recueils de la Société Jean Bodin*, ix, 1958, pp. 207–235.

Gibb, J. , and Montgomery, W. , *The Confessions of St. Augustine*, (Cambridge Patristic Texts), Cambridge, UK: Cambridge University Press, 1908.

Giet, S. , "Basile, était-il sénateur?", *Revue d'Histoire ecclésiastique*, 60, 1965, pp. 429–443.

Gordini, G. D. , "Il monachesimo romano in Palestina nel IV secolo", *Studia Anselmiana*, 46, 1961, pp. 85–107.

Grabmann, M. , "Der Einfluss des heiligen Augustinus auf die Verwertung und Bewertung der Antike im Mittelalter", *Mittelalterliches Geistesleben*: *Abhandlungen zur Geschichte der Scholastik und Mystik*, ii, Münich: M. Hueber, 1926–1956, pp. 1–24.

Grasmück, E. L. , *Coercitio*: *Staat und Kirche im Donatistenstreit*. Bonn: L. Röhrscheid, 1964.

Green, W. M. , "A Fourth Century Manuscript of Saint Augustine?", *Revue bénédictine*, 69, 1959, pp. 191–197.

Gross, J. , *Entstehungsgeschichte des Erbsündendogmas*, *von der Bibel bis Augustinus*, Munich: E. Reinhardt, 1960.

Guy, J. C. , *Unité et structure logique de la Cité de Dieu*, Paris: études augustiniennes, 1961.

Hadot, P. , "Citations de Porphyre chez Augustin (à propos d'un livre récent)", *Revue des études augustiniennes*, vi, 1960, pp. 205-244.

—Introduction: *Marius Victorinus*, *Traités théologiques sur la Trinité*, (Sources chrétiennes, 68), Paris: études Cerf, 1960.

—*Plotin ou la simplicité du regard*, Paris: Plon, 1963.

Hahn, T., *Tyconius-Studien*, Leipzig: Dieterich, 1900.

Harder, R., *Kleine Schriften*, edited by W. Marg. Munich: Beck, 1960.

Harmand, L., *Le Patronat sur les collectivités publiques des origines au Bas-Empire: un aspect social et politique du monde romain*. Paris: Presses universitaires de France, 1957.

Harnack, A., "Die Retractationen Augustins", *Sitzungsberichte der preussischen Akademie der Wissenschaften*, 1905, 2, pp. 1096-1131.

—*History of Dogma*, v, trans. by N. Buchanan. Third edition. New York: Dover Books, 1961.

Haslehurst, R. S. T., *The Works of Fastidius*, London: The Society of Saints Peter and Paul, 1927.

Henry, P., *Plotin et l'Occident. Firmicus Maternus*, *Marius Victorinus*, *Saint Augustin et Macrobe*. (Spicilegium Sacrum Lovaniense, 15), Louvain: "Spicilegium Sacrum Lovaniense" Bureaux, 1934.

—*La Vision d'Ostie. Sa place dans la vie et l'oeuvre de S. Augustin*, Paris: J. Vrin, 1938.

Herrmann, L., "Hierius et Domitius", *Latomus*, xiii, 1954, pp. 37-39.

Heurgon, J., *Le trésor de Ténès*, Paris: Arts et métiers graphiques, 1958.

Hiltbrunner, O., "Die Schrift 'de officiis ministrorum' des hl. Ambrosius und ihr ciceronisches Vorbild", *Gymnasium*, 71, 1964, pp. 174-189.

Holl, K., "Augustine innere Entwicklung", *Abhandlungen der preussichen Akademie der Wissenschaften. Philosophische-historische Klasse*, 1923, pp. 1-51. (= *Gesammelte Aufsätze zur Kirchengeschichte*, iii, 1928, pp. 54-116.)

Holte, R., *Béatitude et Sagesse: S. Augustin et le problème de la fin de l'homme dans la philosophie ancienne*, Paris: études augustiniennes, 1962.

Hones-Dudden, F. , *The Life and Times of St. Ambrose*, 2 vols, Oxford: Clarendon Press, 1935.

Jaeger, H. , "L'examen de conscience dans les religions non-chrétiennes et avant le Christianisme", *Numen*, vi, 1959, pp. 176–133.

—"Justinien et l'episcopalis audientia", *Revue Historique de Droit francais et étranger*, 4ᵉ sér. , xxxviii, 1960, pp. 214–262.

—"La preuve judiciaire d'après la tradition rabbinique et patristique", *Recueils de la Société Jean Bodin*, xvi, 1964, pp. 415–594.

Jalland, T. G. , *The Church and the Papacy*, London: Society for Promoting Christian Knowledge, 1944.

Jones, A. H. M. , *The Later Roman Empire*: 284–602, 3 vols, Oxford: Blackwell, 1964.

Jones, B. V. E. , "The Manuscript Tradition of Augustine's De Civitate Dei", *Journal of Theological Studies*, n. s. , xvi, 1965, pp. 142–145.

Kajanto, I. , *Onomastic Studies in the Early Christian Inscriptions of Rome and Carthage*, (Acta Instituti Romani Finlandiae, ii, 1), Helsinki, 1963.

Kannengiesser, C. , "Enarratio in Psalmum CXVIII: Science de la révélation et progrès spirituel", *Recherches augustiniennes*, ii, 1962, pp. 359–381.

Katô, T. , "Melodia interior. Sur le traité De pulchro et apto", *Revue des études augustiniennes*, xii, 1966, pp. 229 –240.

Kiry, K. E. , *The Vision of God*: *the Christian doctrine of the summum bonum*, London: Longmans, Green and Co. , 1932.

Klegeman, C. , "A psychoanalytic study of the Confessions of St. Augustine", *Journal of the American Psychoanalytic Association*, v, 1957, pp. 469–484.

Knauer, G. N. , *Die Psalmenzitate in Augustins Konfessionen*, Göttingen: Vandenhoeck & Ruprecht, 1955.

—"Peregrinatio Animae. (Zur Frage der Einheit der augustinischen Konfessionen)", *Hermes*, 85, 1957, pp. 216-248.

Koopmans, J. H. , "Augustine's first contact with Pelagius and the Dating of the Condemnation Caelestius at Carthage", *Vigiliae Christianae*, 8, 1954, pp. 149-153.

Kotula, T. , *Zgromadzenia prowincjonalne w rzymskiej Afryce w epoce póz'nego Cesarstwa* , (French resumé: *Les Assemblées provinciales dans l'Afrique romaine sous le Bas-Empire*). Wroclaw, 1965.

La Bonnardière, A. M. , "Quelques remarques sur les citations scripturaires de de gratia et libero arbitrio", *Revue des études augustiniennes*, ix, 1963, pp. 77-83.

—*Recherches de chronologie augustinienne*, Paris: études augustiniennes, 1965.

—"Le combat chrétien. Exégèse augustinienne d'éphés. 6, 12", *Revue des études augustiniennes*, xi, 1965, pp. 235-238.

Lachoix, B. , *Orose et ses Idées* , (Université de Montréal. Publications de l'Institut d'études Mediévales, xviii). Montréal: Institut d'études Mediévales, 1965.

Lamirande, é. , "Un siècle er demi d' études sur l'ecclésiologie de S. Augustin," *Revue des études augustiniennes*, viii, 1962, pp. 1-124.

—L' église céleste selon saint Augustin. Paris: études augustiniennes, 1963.

Langgärtner, G. , *Die Gallienpolitik der Päpste in den V^{ien} und VI^{ien} Jahrhunderten Eine Studie über dem apostolischen Vikariat von Arles*, (Theophaneria, 16). Bonn: P. Hanstein, 1964.

Lauras-H. Rondet, A. , "Le thème des deux cités dans l'oeuvre de S. Augustin", *études augustiniennes*, Edited by H. Rondet et al. Paris: Aubier, 1953, pp. 99-162.

Lazzati, G. , *Il valore letterario dell'esegesi ambrosiana* , (Archivio ambrosiano, xi). Milan, 1960.

Leclercq, J. , "Prédication er rhétorique au temps de S. Augustin", *Revue bénédictine*,67,1947,pp. 117 –131.

Legwie,B. ,*Augustinus*: *Eine Psychographie* . Bonn: A. Marcus & E. Webers Verlag,1925.

—"Die körperliche Konstitution und Krankheite. Augustins",*Miscellanea Agostiniana*,ii,edited by A. Casamassa. Rome: Tipografia Poliglotta Vaticana,1931,pp. 5–21.

Leisecang, H. , "Der Ursprung der Lehre Augustins von der 'Civitas Dei' ," *Archiv für Kulturgeschichte*,16,1925,pp. 127–155.

Lewy, H. , *Chaldaean Oracles and Theurgy*. *Mysticism, Magic and Platonism in the Later Roman Empire*. Le Caire: L'Institut francais d'archéologie orientale,1956.

Libanius,*Autography*: (*Oration I*), ed. and transl. A. F. NORMAN. London: Oxford University Press,1965.

Liebeschütz,W. ,"Did the Pelagian Movement have social aims?",*Historia*, xii,1963,pp. 227–241.

Lo Bue,F. , *The Turin Fragments of Tyconius' Commentary on Revelation*, (Texts and Studies, n. s. , vii). Cambridge, UK: Cambridge University Press,1963.

Löhrer,M. ,*Der Glaubensbegriff des heiligen Augustins in seinen ersten Schriften bis zu den 'Confessiones'* Einsiedeln: Benziger,1955.

H. P. L'Orange, "The Portrait of Plotinus", *Cahiers archéologiques*. *Fin de l'Antiquité et Moyen-Âge*,v,1951,pp. 15–30.

—"Plotinus-Paul",*Byzantion*,25–27,1955–1957,pp. 473–483.

Lorenz, R. , " Die Wissenschaftslehre Augustins ", *Zeitschrift für Kirchengeschichte*,67,1956,pp. 29–60.

—"Der Augustinismus Prospers von Aquitanien", *Zeitschrift für Kirchengeschichte*,73,1962,pp. 217–252.

—"Gnade und Erkenntnis bei Augustinus",*Zeitschrift für Kirchengeschichte*, 75,1964,pp. 21–78.

—"Die Anfänge des abendländischen Mönchtums im 4. Jahrhundert", *Zeitschrift für Kirchengeschichte*, 77,1966,pp. 1–61.

Luneau, A. , *Histoire du Salut chez les Pères de l'Église: La doctrine des a-ges du monde* , (Théologie Historique, 2). Paris: Beauchesne, 1964.

Macmullen, R. , "The Roman Concept of Robber-Pretender", *Revue internationale des Droits de l'Antiquité* , 3e sér. , x, 1963, pp. 221–226.

Macnamara, M. A. , *Friendship in St. Augustine* , (Studia Friburgensia, n. s. , 20). Fribourg, Switzerland: The University Press, 1958.

Macrobius: W. H. STAHL, *Macrobius' Commentary on the Dream of Scipio* , trans. by W. H. Stahl. (Records of Civilisation: sources and studies, 48). New York: Columbia University Press, 1952.

Madec, G. , "Connaissance de Dieu et action de graces", *Recherches augustiniennes* , ii, 1962, pp. 273–309.

Maier, F. G. , *Augustin und das antike Rom.* Stuttgart: W. Kohlhammer, 1955.

Maisonneuve, H. , "Croyance religieuse et contrainte: la doctrine de S. Augustin", *Mélanges de science religieuse* , xix, 1962, pp. 49–68.

Mandouze, A. , "L'extase d'ostie: possibilités et limites de la méthode de parallèles textuels", *Augustinus Magister* , I (Congrès international augustinien, Paris, 1954) Paris: ètudes augustiniennes 1954–55, pp. 67–84.

—"S. Augustin et la religion romaine", *Recherches augustiniennes* , I, 1958, pp. 187–223.

Marec, E. , "Deux mosaïques d'Hippone", *Libyca* , I, 1953, pp. 95–108.

—*Hippone-la-royale: antique Hippo Regius.* Algeria: Direction de l'intérieur et des beaux-arts, Service des Antiquités, 1954

—*Monuments chrétiens d'Hippone, Ville épiscopale de Saint Augustin.* Paris: Arts et métiers graphiques, 1958.

Markus, R. A. , "'Imago' and 'Similitudo' in Augustine", *Revue des études augustiniennes* , xi, 1964, pp. 125–143.

—"Two Conceptions of Political Authority: Augustine's *De Civ. Dei* , XIX, 14–15 and some Thirteenth-Century Interpretations", *Journal of Theological Studies* , n. s. , xvi, 1965, pp. 68–100.

Marrou,H. I. ,"Author de la bibliothèque du pape Agapet",*Mélanges d'archéologie et d'histoire*,48,1931,pp. 124-169.

—*MOYCIKOC ANHP. études sur les scènes de la vie intellectulle figurants sur les monuments funéraires romains.* Grenoble: Didier & Richard,1938.

—*S. Augustin et la fin de la culture antique*,1ˢᵗ. ed. and "*Retractatio*" (Vol. 2). Paris: E. de Boccard,1938-49.

—"Survivances païennes dans les rites funéraires des donatistes",*Extrait de la Collection Latomus*, ii. Bruxelles: Latomus, Revue d'études latines,1949,pp. 193-203.

—"La technique de l'édition a l'époque patristique",*Vigiliae Christianae*,3,1949,pp. 217-224.

—*L'Ambivalence du Temps de l'Histoire chez S. Augustin.* Montreal: Inst. d'études médiévales,1950.

—"La division en chapitres des livres de la 'Cité de Dieu'",*Mélanges J. de Ghellinck*,I. Gembloux: J. Duculot,1951,pp. 235-249.

—"Épitaphe chrétienne d'hippone à réminischences virgiliennes",*Libyca*,I,1953,pp. 215-230.

—"Un lieu dit 'Cité de Dieu'",*Augustinus Magister*,I,(Congrès international augustinien,Paris,1954) Paris: ètudes augustiniennes 1954-55,pp. 101 -110.

—*History of Education in the Ancient World*,transl. by G. Lamb. New York: Sheed and Ward,1956

—*St. Agustine and his influence through the ages*,(Men of Wisdom), (transl. by P. Hepburne-Scott with E. Hill. New York: Harper Torchbooks,1957).

—"Civitas Dei,civitas terrena: num tertium quid?",(Studia Patristica, ii),*Texte und Untersuchungen*, 64,1957,pp. 342-350.

—"La Basilique chrétienne d'Hippone d'après le résultat des dernières fouilles",*Revue des études augustiniennes*,vi,1960,pp. 109-154.

—"Synesius of Cyrene and Alexandrian Neo-Platonism", *The Conflict between Paganism and Christianity in the Fourth Century*, edited by A. Momigliano. Oxford: Clarendon Press, 1963, pp. 126–150.

—(and A. M. La Bonnardière), "Le dogme de la résurrection et la théologie des valeurs humains selon l'enseignement de saint Augustin", *Revue des études augustiniennes*, xii, 1966, pp. 111–136 (= *The Resurrection and St. Augustine's Theology of Human Values*, Villanova University Press, 1966).

Martroye, F., "S. Augustin et la compétence de la juridiction ecclésiastique au ve siècle", *Mémoires de la société nationale des antiquaires de France*, 7e sér., x, 1911, pp. 1–78.

Mathew, G., *Byzantine Aesthetics*. London: J. Murray, 1963.

Masai, F., "Les conversions de S. Augustin et les débust du spiritualisme de l'Occident", *Le Moyen Âge*, 67, 1961, pp. 1–40.

Mazzarino, S., "'Sull'otium di Massiminiano Erculio", *Rendiconti dell' Accademia dei Lincei*, ser. 8, viii, 1954, pp. 417–421.

Meiggs, R., *Roman Ostia*. Oxford: Clarendon Press, 1960.

Melania: *Vie de sainte Mélanie*, edited and. Transl. by D. Gorce, (Sources chrétiennes, 90). Paris: éditions du Cerf, 1962.

Menasce, P. J., "Augustin manichéen", *Freundesgabe für Ernst Robert Curtius*. Bern: Francke, 1956, pp. 79–93.

Merkle, S., "Augustin über eine Unterbrechung der Höllenstrafen", *Aurelius Augustinus*. edited by Görres-Gesellschaft. Köln: J. P. Bachem, 1930, pp. 197–202.

Mersch, E., *Le corps mystique du Christ*, ii, 3rd. ed. Paris: Desclée de Brouwer, 1951.

Minio-Paluello, L., "The Text of the Catègoriae: the Latin Tradition", *Classical Quarterly*, 39, 1945, pp. 63–74.

Mitterer, A., *Die Entwicklungslehre Augustins*. Vienna: Herder, 1956.

Mohrmann, C., "Le latin commun et latin des Chrétiens", *Vigiliae Christianae*, I, 1947, pp. 1–12.

—"Comment s. Augustin s'est familiarisé avecn le latin des Chrétiens,"

Augustinus Magister, I, (Congrès international augustinien, Paris, 1954) Paris: ètudes augustiniennes 1954-55, pp. 111-116.

—and F. van der Meer, *Atlas of the Early Christian World*. edited and transl. by M. F. Hedlund and H. H. Rowley. London: Nelson, 1958.

—"Augustine and the Eloquentia," *Études sur le latin des Chrétiens*, I. Rome: Edizioni di storia e letteratura, 1958, pp. 351 -370.

—"S. Augustin écrivain, "*Recherches augustiniennes*, I, 1958, pp. 43-66.

Momigliano, A. , "Some Observations on the 'Origo Gentis Romanae' ,"*Secondo contributo alla storia degli studi classici*, Rome: Edizioni di storia e letteratura, 1960, pp. 145-178.

—"Pagan and Christian Historiography in the Fourth Century," *The Conflict between Christianity and Paganism in the Fourth Century*, ed. Momigliano. Oxford: Clarendon Press, 1963, pp. 79 -99.

Mommsen, T. , "Petrarch and the Decoration of the 'Sala Virorum Illustrium'in Padua, "*Medieval and Renaissance Studies*, ed by. Rice. Ithaca, NY: Cornell University Press, 1959, pp. 130-174.

—"Orosius and Augustine," *Medieval and Renaissance Studies*, ed by. Rice, Ithaca, NY: Cornell University Press, 1959, pp. 325 -348.

Monceaux, P. , *Les Africains*: *études sur la littérature latine d'Afrique*: *Les Païens*. Paris: Lecène, Oudin, 1894.

—*Histoire littéraire de l'Afrique chrétienne*, v-vii. Paris: E. Leroux, 1920-1923.

—"Le manichéen Fauste de Milev: Restitution de ses 'capitula'," *Mémoires de l'Académie des Inscriptions et Belles Lettres*. Paris: Imprimerie nationale ,1924.

—"S. Augustin et S. Antoine, "*Miscellanea Agostiniana*, ii, 1931. edited by A. Casamassa. Rome: Tipografia Poliglotta Vaticana, pp. 61-89.

Morris, J. , "Pelagian Literature, "*Journal of Theological Studies*, n. s, xvi, 1965, pp. 26-60.

Munz, P. , "John Cassian", *Journal of Ecclesiastical History*, xi, 1960, pp. 1-22.

Myres,J. N. L. ,"Pelagius and the End of Rome Rule in Britain", *Journal of Roman Studies*,1,1960,pp. 21–36.

Nock,A. D. ,*Conversion: the old and the new in religion from Alexander the Great to Augustine of Hippo*. London: Oxford University Press,1933.

Nørregaard,J. ,*Augustins Bekehrung*. Tübingen: Mohr,1923.

Nygren,G. ,*Das Prädestinationsproblem in der Theologie Augustins*, (Studia Theological Lundensia,12). Lund: C. W. K. Gleerup,1956.

O'Connell,R. J. ,"Ennead VI,4 and 5 in the Works of St. Augustine", *Revue des études augustiniennes*,ix,1963,pp. 1–39.

—"The Plotinian Fall of the Soul in St. Augustine", *Traditio*,19,1963, pp. 1 –35.

—"The Riddle of Augustine's 'Confessions': A Plotinian Key", *International Philosophical Quarterly*,iv,1964,pp. 327–372.

O'Meara,J. ,St. Augustine: Against the Academics, (Ancient Christian Writers,12). Westminster,Md: New Man Press,1950.

—*The Young Agustine*. London: Longmans,1954.

—*Porphyry's Philosophy from Oracles in Augustine*. Paris: études augustiniennes,1959.

Orosius,*Seven Books of History against the Pagans*,trans. I. W. Raymond,*Seven Books of History against the Pagans*,(Columbia University Records of Civilization,xxii). New York: Columbia Univeristy Press,1936.

Parodi,B. ,*La catachesi di S. Ambrogio*. Genova,1957.

Parodi,A. ,"Paulinus of Milan",*Sacris Erudiri*,14,1963,pp. 206–230.

Pellegrino,M. ,*Possidio,Vita di Agostino*,(*Verba Seniorum*,4). Alba: Edizioni Paoline,1955.

—*Les Confessions de S. Augustin*. Paris: éditions Alsatia,1961.

—*Paolino di Milano*,Vita di S. Ambrogio,(*Verba Seniorum*, n. s. 1),1961.

Pépin,J. ,"Recherches sur le sens et les origines de l'expression 'caelum caeli'dans le livre XII des Confessions de saint Augustin", *Bulletin du Cange*,23,1953,pp. 185–274.

—"à propos de l'histoire de l'exégèse allégorique: l'absurdité,signe de l'allégorie", (Studia Patristica, i), *Texte und Untersuchungen*, 63, 1957,pp. 395–413.

—*Mythe et Allégorie: les origines grecques et les contestations judéochrétiennes*. Paris: éditions Montaigne,1958.

—"S. Augustin et la fonction protréptique de l'allégorie", *Recherches augustiniennes*, I,1958,pp. 243–286.

—*Théologie cosmique et théologie chrétienne*,(Ambroise,*éxaém.* I,1,1 –4). Paris: Presses universitaires de France,1964.

Perler,O. , "Les voyages de S. Augustin", *Recherches augustiniennes*, I,1958,pp. 5–42.

—"Das Datum der Bischofsweihe des heiligen Augustinus",*Revue des études augustiniennes*,xi,1965,pp. 25–37.

de la Peza,E. , "El significado de 'cor' en San Augustin,"*Revue des études augustiniennes*,vii,1961,pp. 339–368.

Charles-Picard,G. ,*La civilisation de l'Afrique romaine*. Paris: Plon, 1959. Reissued: Paris: études augustiniennes,1990

—"Un palais du IVe s. à Carthage,*Comptes-Rendus de l'Académie des Inscriptions et Belles Lettres. Comptes-Rendus des séances de l'année*,1964,pp. 101–118.

—*La Carthage de saint Augustin*. Paris: Fayard,1965.

Pietri,C. , "Concordia apostolorum et renovatio urbis. (Culte des martyres et propagande papale",*Mélanges d'archéologie et d'histoire*, 73,1961,275–322.

—"Le Serment du Soldat chrétien", *Mélanges d'archéologie et d'histoire*,74,1962,pp. 649–664.

Piganiol,A. , *L'Empire chrétien*, (Histoire romaine, IV, 2). Paris: Presses universitaires de France,1947.

Pincherle,A. ,*La formazione teologica di S. Agostino*. Rome: Edizioni italiane,1947.

Pizzolato,L. F. ,*La "Explanatio Psalmorum XII". Studio letterario sulla esegesi di Sant'Ambrogio*,(Archivio Ambrosiano, xvii). Milan,1965.

De Plinval,G. ,*Pélage: ses écrits,sa vie et sa réforme.* Lausanne: Payot,1943.

—*Essai sur le style et la langue de Pélage.* Fribourg en Suisse: Librairie de l'Université, 1947.

Plotinus,*Enneads*: transl. S. Mackenna,*Plotinus,The Enneads*,2nd edition. London: Faber and Faber,1956.

Polotsky,H. J. ,*Manichäische Homilien.* Stuttgart: W. Kohlhammer,1934.

Pondet,M. ,*L'Exégèse de S. Augustin prédicateur.* Paris: Aubier,1945.

Portallé,E. ,*A Guide to the Thought of St. Agustine*,transl. by Bastian. Chicago: H. Regnery Co. ,1960.

Prete,S. ,*Pelagio e il Pelagianesimo.* Brescia: Morcelliana, 1961.

Prosper,*St. Prosper of Aquitaine: Defense of St. Augustine*,trans. by P. de Letter,(Ancient Christian Writers,xxxii). Westminster,Md. : Newman Press,1963.

Puech,H. C. , "Der Begriff der Erlösung im Manichäismus", *Eranos Jahrbuch*, 1936,pp. 183–286.

—*Le Manichéisme: son fondateur, sa doctrine*, (Musée Guimet. Bibliothéque de diffusion,lvi). Paris: Civilisations du Sud,1949.

—"Plotin et les gnostiques",*Les Sources de Plotin*,(Entretiens: Fondation Hardt,v). Geneva: Fondation Hardt,1960,pp. 161–174.

Quasten,J. , "'Vetus superstito et nova religio'", *Harvard Theological Review*,xxxiii,1940,pp. 253–266.

Ragona, A. , *Il proprietario della villa romana di Pizza Armerina.* C, 1962.

Ratti,A. , "Il più antico ritratto di S. Ambrogio",*Ambrosiana.* Milan: L. F. Cogliati, ch. xiv,1897.

Ratzinger, J. , *Volk und Haus Gottes in Augustins Lehre von der*

Kirche. Mucich: K. Zink, 1954.

—"Originalität und Überlieferung in Augusyins Begriff der 'Confessio'", *Revue des études augustiniennes*, iii, 1957, pp. 375–392.

—"Beobachtungen zum Kirchenbegriff des Tyconius", *Revue des études augustiniennes*, ii, 1958, pp. 173–185.

Refoulé, F. , "La datation du premier concile de Carthage contre les Pélagiens et du Libellus fidei de Rufin", *Revue des études augustiniennes*, xi, 1963, pp. 41–49.

—"Julien d'éclane, théologien et philosophe", *Recherches de sciences religieuses*, 52, 1964, pp. 42–84 and 233–247.

Ries, J. , "Introduction aux études manichéennes", *Ephemerides Theologicae Lovanienses*, 33, 1957, pp. 453–482, and 35, 1959, pp. 362–409.

—"La Bible chez S. Augustin et chez les manichéennes", *Revue des études augustiniennes*, ix, 1963, pp. 201–215.

—"Jésus-Christ dans la religion de Mani. Quelques éléments d'une confrontation de saint Augustin avec un hymnaire christologique manichéen copte", *Augustiniana*, 14, 1964, pp. 437–454.

Rondet, H. , "Richesse et pauvreté dans la prédication de S. Augustin", *Revue d'ascétisme et mystique*, xxx, 1954, pp. 193–231.

Rottmanner, O. , *Der Augustinismus*, 1892 (trans. by Liebaert, "L'Augustinisme", *Mélanges de science religieuse*, vi, 1949, pp. 31–48).

Rougé, J. , "Une émeute à Rome au IVe s. ", *Revue des études anciennes*, 63, 1963, pp. 59–77.

Ruggini, L. , "Ebrei e orientali nell'Italia settentrionale (iv-vi s.)", *Studia et documenta Historiae et Juris*, xxv, 1959, pp. 186–308.

—*Economia e società nell'Italia annonaria*. Milan: Giuffre, 1961.

Sage, A. , "'Praeparatur voluntas a Deo'", *Revue des études augustiniennes*, x, 1964, pp. 1–20.

Sanders, G. , *Licht en Duisternis in de christelijke Grafschriften*, 2 vols. (Verhandelingen van de koninklijke Vlaamse van België. Klasse der Letteren, Jaargang xxvii, nr. 56). Brussels: Paleis der Academien, 1965.

Sasse, H. , "*Sacra Scriptura*: Bemerkungen zur Inspirationslehre Augustins", *Festschrift Franz Dornseiff*. edited by H. Kusch. Leipzig: Bibliographisches Institut, 1953, pp. 262-273.

Saumagne, C. , "Ouvriers agricoles ou rôdeurs de celliers? Les cironcellions d'Afrique", *Annales d'Histoire écon. et sociale*, 6, 1934, pp. 351 -364.

Schmaus, M. , *Die Denkform Augustins in seinem Werk de Trinitate*, (Bayerischen Akademie der Wissenschaften, Philiosophisch-Historische Klasse. Sitzungsberichte; Jahr, 1962; Heft 6.) Munich: Verlag der Bayerischen Akademie der Wissenschaften in Kommission bei C. H. Beck, 1962

Schöndorf, K. A. , *Die Geschichtstheologie des Orosius*, (Phd Diss.) Munich: M. Hueber, 1952.

Schubert, H. v. , *Der sogenannte Praedestinatus: ein Beitrag zur Geschichte des Pelagianismus*, (Texte und Untersuchungen, 24, 4). Leipzig: J. C. Hinrichs, 1903.

Schwarte, K. H. , *Die Vorgeschichte der augustinischen Weltaltulehre*. Bonn: R. Habelt, 1966.

Simon, M. , "Le judaïsme berbère dans l'Afrique ancienne", *Revue d'histoire et de philosophie religieuses*, xxvi, 1946, pp. 1-31 and 105-145 (= *Recherches d'Histoire Judéo-Chrétienne*. Paris: Mouton, 1962, pp. 30-87).

—"Punique ou berbère?" *Annuaire de l'Institut de Philologie et d'Histoire Orientales et Slaves*, xiii, 1955, pp. 613-629 (= *Recherches d'Histoire Judéo-Chrétienne*, Paris: Mouton, 1962, pp. 88-100)

Sollgnac, A. , "Doxographies et manuels dans la formation philosophique de S. Augustin", *Recherches augustiniennes*, I, 1958, pp. 113 -148.

—Introduction and notes to *Les Confessions*, trans. by E. Tréhorel,

（Bibliothèque augustinienne sér. ii, 13 - 14.). Bruges: Desclée de Brouwer,1962.

Steinwenter,A. "Eine kirchliche Quelle des nachklassischen Zivilprozesses", *Acta congressus iuridici internationalis VII saeculo a decretalibus Gregorii IX et XIV a codice Iustiniano promulgatis Romae 12-17 Novembris* 1934, vol,2,Rome: Apud Custodian Librariam Pont. Instituti Utriusque Iuris,1935,pp. 123-144.

Strauss,G. *Schriftgebrauch, Schriftauslegung und Schriftbeweis bei Augustin*,(Beiträge zur Geschichte der biblischen Hermeneutik,1) TüBINGEN: Mohr,1959.

Sundwall,J. ,*Weströmische Studien*. Berlin: Mayer & Muller,1915.

Tajo,M. ,"Un confronto tra s. Ambrogio e s. Agostino a propostio dell' esegesi del Cantico dei Cantici", *Revue des études augustiniennes*, vii,1961,pp. 127-151.

Tengström,E. ,*Die Protokollierung der Collatio Carthaginensis*,(Studia Graeca et Latina Gothoburgensia,xiv). Göteborg,1962.

—*Donatisten und Katholiken: soziale, wirtschaftliche und politische Aspekte einer nordafrikanischen Kirchenspaltung*,(Studia Graeca et Latina Gothoburgensia,xviii)Stockholm: Almqvist & Wiksell,1964.

Testard,M. S. *Augustin et Cicéron*, 2 vols. Paris: études augustiniennes,1958.

Thompson,E. A. ,"The Settlement of the Babarians in Southern Gaul", *Journal of Roman Studi*es,xlvi,1956,pp. 65 -75.

—"The Visgoths from Fritigern to Euric", *Historia*, xii, 1963, pp. 105 -126.

Thonnard,F. J. ,"La prédestination augustinienne et l'interprétation de O. Rottmanner",*Revue des études augustiniennes*, ix,1963,pp. 259-287.

—"La prédestination augustinienne. Sa place en philosophie augustinienne",*Revue des études augustiniennes*, x,1964,pp. 97-123.

—"L'aristotélisme de Julien d'éclane et saint Augustin",*Revue des études augustiniennes*, 296-304.

Toutain,J. ,*Les cultes païens dans l'Empire romain* , iii. Paris: E. Leroux,1917.

Ulbrich,H. ,"Augustins Briefe zur entscheidender Phase des pelagianischen Streites",*Revue des études augustiniennes* , ix,1963,pp. 51–75 and 235–258.

Van Bavel,T. ,*Répertoire bibliographique de S. Augustin*,1950–1960, (Instrumenta Patristica, III). Steenbrugge: In Abbatia Sancti Petri,1963.

Van der Meer, F. , *Augustine the Bishop* , (trans. by Battershaw and Lamb). London: Sheed and Ward,1961.

—"à propos du sarcophage du Mas d'Aire",*Mélanges Christiane Mohrmann*,Utrecht: Spectrum,1963,pp. 169–176.

de Veer,A. C. ,"'Revelare','Revelatio'. éléments d'une études sur l'emploi du mot et sur sa signification chez s. Augustin",*Recherches augustiniennes*,ii,1962,pp. 331–357.

—"La date du de unico baptismo",*Revue des études augustiniennes*, x, 1964,pp. 35–38.

—"L'exploitation du schisme maximianiste par S. Augustin dans sa lutte contre le Donatisme",*Recherches augustiniennes* , iii,1965,pp. 219–237.

Verbaraken,P. ,"Les deux sermons du prêtre éraclius d'Hippone",*Revue bénédictine*,71,1961,pp. 3–21.

Ville,G. ,"Les jeux de gladiateurs dans l'Empire chrétien",*Mélanges d'archéologie et d'histoire*,72,1960,pp. 273–335.

Vittinghoff, F. , " Zum geschichtlichen Selbstverständnis der Spätantike",*Historische Zeitschrift*, 198,1964,pp. 529–574.

Vogt,J. ,"*Ammianus marcellinus als erzählender Geschichtsschreiber der Spätzeit*",(Ábhandlungen der Geistes und Sozial-wissenschaftlichen Klasse,Jahrg. 1963, Nr. 8). Mainz: Verlag der Akademie der Wissenschaften und der Literatur. ; in Kommission bei F. Steiner, Wiesbaden,1963.

De Vooght,J. ,"Les miracles dans la vie de S. Augustin",*Recherches de Théologie ancienne et médiévale*,xi,1939,pp. 5 -16.

Wachtel,A. , *Beiträge zur Geschichtstheologie des Aurelius Augustinus*. Bonn: L. Röhrscheid,1960.

Walsh,P. G. , "Massinissa",*Journal of Roman Studies*, lv, 1965, pp. 149-160.

Walzer,R. ,"Platonism in Islamic Philosophy",*Greek into Arabic : Essays on Islamic Philosophy*. Cambridge,Mass. : Havard University Presss,1962,pp. 236-52.

—"Porphyry and the Arabic Tradition",*Porphyre*,(Entretiens: Fondation Hardt,xii),Geneva: Vandoeuvres,1965

Warmington,B. H. , *The North African Provinces from Diocletian to the Vandal Conquest*. Cambridge, UK: Cambridge University Press,1954.

Weisskotten,H. T. ,*Sancti Augustini Vita scripta a Possidio episcopo*, (Edition with Revised Text,Introduction,Notes and an English Version). Princeton,NJ: Princeton University Press,1919.

West,R. ,*St. Augustine*. London: P. Davies,Ltd. , 1933.

Widengren,G. , *Mani and Manichaeism* , (transl. Kessler). London: Weidenfeld and Nicolson,1965.

Williams,N. P. , *The Idea of the Fall and of Original Sin*. London: Longmans,Green and Co. ,Ltd. ,1927.

de Wit,J. ,*Die Miniaturen des Vergilius Vaticanus*. Amsterdam: Swets & Zeitlinger,1959.

Woods, H. , *Augustine and Evolution*. New York: The Universal Knowledge Foundation,1924.

Wucherer-Huldenfeld,A. ,"Mönchtum und kirchlicher Dienst bei Augustinus nach dem Bilde des Neubekehrtens und des Bischofs", *Zeitschrift für Katholosche Theologie* , 82,1962,pp. 182-211.

索　引

（本索引页码为原书页码，即本书的边码）

译 后 记

　　这部译著能够与读者见面，经历了一个十分艰难的过程。2004 年
6 月，当我从北京大学历史系博士毕业时，导师朱孝远教授充分认识到
这部著作的学术价值，建议我翻译这部著作。博士毕业后，我离开北
京，离开恩师和北京大学历史系的各位老师，到云南大学任教。在随
后的四年中，我将自己的绝大部分精力都投入到这部著作的翻译上。
在翻译的过程中，我充分体会到翻译这部巨著的艰难，虽然我是英语
专业出身，又是欧洲中世纪史专业的博士，但许多知识，尤其是哲学
和基督教神学方面的有些知识，都远远超出了我所能理解的范畴。
2008 年 10 月，我终于完成了这部著作的翻译工作，但却无法出版，因
为原先准备出版这部著作的出版社始终没有能够解决版权问题，这部
译著的出版便成了遥遥无期的梦想。
　　让这部著作"起死回生"的是 2010 年朱孝远老师和游冠辉老师的
一次偶遇。游老师不但顺利地解决了这部译著的版权问题，而且还为
这部译著联系和安排好了新的出版社。游老师知道这部著作的第二版
已经出版，便建议我翻译第二版。正如作者彼得·布朗在新版序言中
所言，第二版是在第一版基础上添加了后面的"跋"。于是，经过一年
多的努力，我便在第一版的基础上翻译完成了"跋"。交稿后，游老师
发现，囿于专业背景，我对奥古斯丁的哲学思想和基督教本身的理解
上存在着许多不到位的地方，便邀请到了从事奥古斯丁研究的沈小龙
博士来把关。沈小龙博士对我原来的译文进行了全面细致的审阅，对
我原来的翻译做出了许多修改，从而进一步保证和提升了这部译著的

质量。此外，在校稿过程中，刘峣女士、中国社会科学出版社的陈彪老师，也对这部译著的翻译提出了许多宝贵的修改意见。

因此，这部译著是多人共同努力的结果，我要向朱孝远老师、游冠辉老师、李洪昌先生、刘峣女士、陈彪老师、刘云霞女士、罗文波女士以及其他为这部译著付出艰辛劳动的人表述最为诚挚的谢意。此外，我还要感谢云南大学校长林文勋教授、人文学院的罗群教授、李晨阳教授、段炳昌教授以及其他所有关心和支持我成长的领导和同事们，感谢他们多年来对我的关心和帮助，为我提供了一个十分有利的发展环境。最后，我要特别感谢我的家人和妻子余媛媛女士多年来默默无闻的奉献和对这个家庭的大力支持。

尽管我和沈小龙博士已经做出了十分艰辛的努力，但由于我们的水平和这部著作本身的难度，错误在所难免，我们真诚地期待大家提出宝贵的意见！

钱金飞

2013 年 6 月于云南大学